R Ackers

STÄMPFLIS JURISTISCHE LEHRBÜCHER

ALFRED MAURER

SCHWEIZERISCHES PRIVATVERSICHERUNGSRECHT

DR. IUR. ALFRED MAURER

em. Professor an der Universität Bern

SCHWEIZERISCHES PRIVATVERSICHERUNGSRECHT

2., völlig neubearbeitete und erweiterte Auflage

BERN · VERLAG STÄMPFLI & CIE AG · 1986

Titel der Erstauflage:
Einführung in das schweizerische Privatversicherungsrecht

Stand der Gesetzgebung, Judikatur
und Literatur 1. Juni 1986

©

Verlag Stämpfli & Cie AG Bern · 1986
Druck und Einband Stämpfli & Cie AG,
Graphisches Unternehmen, Bern
Printed in Switzerland

ISBN 3-7272-0842-2

Meiner lieben Frau

INHALTSVERZEICHNIS

Vorwort 21
Abkürzungen und Zitierweise 25
Wichtigere Rechtsquellen 30
Literatur 32

1. TEIL: GRUNDLAGEN

1. Abschnitt: Versicherung

§ 1 Typische Züge der Versicherung 37
    I. Allgemeines 37
    II. Charakterisierung der Versicherung 39
        1. Vorsorge 39
        2. Versichertengemeinschaft, Versicherungsträger, versicherte Gefahren, Versicherungsleistungen und Prämien 41
    III. Typische Züge der Privatversicherung 44
        1. Privatrechtlicher Versicherungsvertrag 44
        2. Relation zwischen Prämie und Risiko 44
        3. Relation zwischen Prämie und Versicherungsleistung 45
        4. Versicherungstechnik und Planmässigkeit 45
    IV. Versicherung und Volkswirtschaft 46

§ 2 Geschichtliche Hinweise 47

§ 3 Organisation des Versicherungsunternehmens. Organisationen und Institutionen der Privatassekuranz 52
    I. Das Versicherungsunternehmen 52
    II. Organisationen und Institutionen der Privatassekuranz 56

§ 4 Finanzierung 60
    I. Einnahmen und Ausgaben des Versicherungsunternehmens ... 60
        1. Ausgaben 60
        2. Einnahmen 60
    II. Finanzierungssysteme oder Finanzierungsverfahren ... 61
        1. Umlageverfahren 61
        2. Kapitaldeckungsverfahren 62
    III. Statistik, Wahrscheinlichkeitsrechnung und Gesetz der grossen Zahl 64

Inhaltsverzeichnis

1. Allgemeines	64
2. Einzelheiten	65
IV. Rückstellungen und Reserven	70
1. Schadenrückstellungen oder Schadenreserve	70
2. Prämienübertrag	72
V. Prämientarif und Prämie	73

2. Abschnitt: Aufsichtsrecht

§ 5 Rechtsquellen und Aufsichtsinstanzen	78
§ 6 Grundzüge des Aufsichtsrechts gemäss VAG	84
I. Allgemeines	84
1. Verfassungsrechtliche Grundlagen	84
2. System	85
3. Bedeutung des Zweckartikels	86
II. Aufsichtspflichtige und von der Aufsicht befreite private Versicherungseinrichtungen	87
1. Versicherungseinrichtungen	87
a) Allgemeines zum Versicherungsbegriff	87
b) Versicherungsbegriff im VAG	88
2. *Private* Versicherungseinrichtungen	91
3. Weitere Voraussetzungen der Aufsichtspflicht	92
4. Ausnahmen von der Aufsichtspflicht	93
a) Ausnahmen gemäss VAG 4	93
b) Anerkannte Krankenkassen	96
5. Vereinfachte Aufsicht	97
6. Zur Terminologie	100
III. Bewilligung	101
1. Allgemeines	101
2. Gesuch und Geschäftsplan	102
3. Versicherungsfremdes Geschäft und Spartentrennung	102
4. Deckung für Personalvorsorgeeinrichtungen	103
IV. Aufsicht	104
1. Allgemeines	104
2. Inhalt der Aufsicht	104
3. Zwangsmittel	107
V. Beendigung des Geschäftsbetriebes	111
1. Freiwillige Übertragung des Versicherungsbestandes	111
2. Entzug der Bewilligung und Verzicht auf sie	113
3. Zwangsweise Übertragung des Versicherungsbestandes	115
4. Private Versicherungseinrichtungen als Sozialversicherer	116

Inhaltsverzeichnis

VI. Erfüllungsort, Gerichtsstand und Betreibungsort	116
VII. Aufsichtsrechtliche Wirkungen auf Verträge	119
1. Allgemeines.................................	119
2. Ausschluss der Nichtigkeit wegen Verletzung aufsichtsrechtlicher Bestimmungen durch den Versicherer	119

§ 7 Rechtspflege zum Aufsichtsrecht 123
    I. VwVG, OG und VAG 123
    II. Verfügungen und Weisungen 126
    III. Strafverfügungen bei Ordnungswidrigkeiten 129

*3. Abschnitt: Versicherungsvertragsgesetz
und Versicherungsvertrag*

§ 8 Versicherungsvertragsgesetz 130
    I. Allgemeines 130
    II. Zur Entstehungsgeschichte 130
    III. Geltungsbereich 131
        1. Sachlicher Geltungsbereich 131
        2. Örtlicher Geltungsbereich 134
    IV. Rechtsnatur und System des Versicherungsvertragsgesetzes ... 137
        1. Vertragsfreiheit 137
        2. Zum Aufbau und Inhalt des Versicherungsvertragsgesetzes . 139
        3. Auslegung des Gesetzes und Lückenprobleme 140

§ 9 Versicherungsbedingungen 142
    1. Allgemeine und Besondere Versicherungsbedingungen 142
    2. Rechtsnatur der Versicherungsbedingungen 143
    3. Bewilligungspflicht 143
    4. Auslegungsgrundsätze 144

§ 10 Versicherungsrechtliche Grundbegriffe im Überblick 148
    I. Versicherte Gefahr oder versicherter Tatbestand 148
    II. Eintritt des befürchteten Ereignisses oder des Versicherungsfalles 149
    III. Versicherter Gegenstand und Versicherungsarten 150
    IV. Vertragsparteien 153
    V. Weitere am Versicherungsvertrag beteiligte oder interessierte Personen 154
        1. Versicherter 154
        2. Anspruchsberechtigter und Versicherungsanspruch 157
        3. Anspruchsteller 158

Inhaltsverzeichnis

4. Begünstigter und Begünstigung	158
VI. Einzel- und Kollektivversicherung	159
VII. Eigen- und Fremdversicherung	161
VIII. Summen- und Schadensversicherung	162
IX. Deckung	164
§ 11 Versicherungsverhältnis und Versicherungsvertrag	165
I. Versicherungsverhältnis	165
II. Privatrechtlicher Versicherungsvertrag	167

4. Abschnitt: Hilfen für die Rechtsanwendung

§ 12 Rechtsschutz	170
I. Allgemeines	170
II. Gesellschaftsinterne Überprüfung	172
III. Aufsichtsanzeige beim BPV	172
IV. Ombudsmann der Privatversicherung	173
V. Prozessweg	175
1. Zivilprozess	175
2. Schieds- und Vermittlungsverfahren	176
VI. Beizug eines Rechtsanwalts	177
§ 13 Judikatur und Literatur	179
I. Judikatur	179
II. Literatur	179
1. Schweizerische Literatur	180
2. Ausländische Literatur	181

2. TEIL: VERSICHERUNGSVERTRAG

1. Abschnitt: Entstehung und Beendigung des Versicherungsvertrages

§ 14 Vertragsparteien	183
I. Versicherungsnehmer	183
II. Versicherer	184
§ 15 Versicherungsagenten	188
I. Begriff und Arten	188
II. Vertretungsbefugnis des Agenten	189

§ 16 Abschluss des Versicherungsvertrages 194
    I. Rechtsnatur des Versicherungsvertrages 194
    II. Versicherungsantrag – Bindungsfristen 197
    III. Annahme oder Ablehnung des Antrages durch den Versicherer 198
    IV. Sozialversicherungsrecht 200

§ 17 Versicherungspolice 201
    I. Pflicht des Versicherers zur Aushändigung der Police 201
    II. Berichtigungsrecht des Versicherungsnehmers 202
    III. Rechtsnatur der Police 204

§ 18 Beginn der vertraglichen Wirkungen 206
    I. Allgemeines 206
    II. Einlösungsklausel 207
    III. Vorläufige Deckungszusage 208

§ 19 Dauer und Ende sowie Änderung des Versicherungsvertrages 210
    I. Dauer 210
    II. Vorzeitige Vertragsauflösung 211
        1. Erlöschen von Gesetzes wegen 212
        2. Vertragsauflösung durch Parteivereinbarung 213
        3. Vertragsauflösung durch einseitige Parteierklärung 213
            a) Kündigung 214
            b) Rücktritt 215
            c) Vertragsaufhebung wegen veränderter Umstände 217
    III. Änderung des Versicherungsvertrages 219
        1. Durch Vereinbarung 219
        2. Durch einseitige Parteierklärung 221
    IV. Anspruch auf Versicherungsleistungen nach Beendigung des Versicherungsvertrages 222

2. Abschnitt: Versicherte Gefahr

§ 20 Gefahr und Gefahrstatsachen 225
    I. Zum Begriff der versicherten Gefahr 225
    II. Gefahr als Vertragsbestandteil 228
    III. Gefahrstatsachen 231

§ 21 Anzeigepflicht oder Pflicht zur Gefahrsdeklaration bei Vertragsabschluss 233
    I. Anzeigepflicht 233
    II. Folgen der Anzeigepflichtverletzung 236

Inhaltsverzeichnis

    III. Nichteintritt der Folgen der verletzten Anzeigepflicht 237
    IV. Rechtsnatur der Anzeigepflicht 239

§ 22 Gefahrserhöhung 241
    I. Begriff der erheblichen Gefahrserhöhung 241
    II. Rechtliche Folgen der Gefahrserhöhung 243
        1. Gefahrserhöhung mit Zutun des Versicherungsnehmers 243
        2. Gefahrserhöhung ohne Zutun des Versicherungsnehmers ... 244
    III. Nichteintritt der Folgen der Gefahrserhöhung 245

§ 23 Gefahrsverminderung und Prävention 247
    I. Gesetzliche Folgen der Gefahrsverminderung 247
    II. Prävention oder Prophylaxe 248

3. Abschnitt: Versicherter Gegenstand

§ 24 Versicherter Gegenstand und Interessenlehre 252
    I. Abgrenzungsfragen zum Begriff des versicherten Gegenstandes 252
    II. Interessenlehre 256

§ 25 Handänderung 258
    I. Sachversicherung 258
    II. Vermögens- und Personenversicherung 263

§ 26 Rechte Dritter an versicherten Sachen 265
    I. Pfändung und Arrest 265
    II. Pfandrecht 266

4. Abschnitt: Prämie

§ 27 Prämienzahlungspflicht 268
    I. Allgemeines 268
    II. Fälligkeit der Prämienschuld 270
    III. Grundsatz der Unteilbarkeit der Prämie 271

§ 28 Verzug in der Prämienzahlung 272
    I. Allgemeines 272
    II. Mahnverfahren 273
    III. Vertragsschicksal nach Eintritt des Verzuges 275
    IV. Privatversicherer als Unfallversicherer gemäss UVG 277

    1. Obligatorische Unfallversicherung 277
    2. Freiwillige Versicherung 278
  V. Kritik 278

5. Abschnitt: Obliegenheiten

§ 29 Inhalt und Rechtsnatur der Obliegenheiten 280
  I. Allgemeines 280
  II. Arten von Obliegenheiten 281
  III. Rechtsnatur der Obliegenheiten 282

§ 30 Folgen der Verletzung von Obliegenheiten 287
  I. Gesetzliche Folgen 287
  II. Vereinbarte Folgen 288
  III. Einstehen für Hilfspersonen 290

6. Abschnitt: Fremdversicherung

§ 31 Allgemeines 293

§ 32 Personenversicherung als Fremdversicherung 295
  I. Unfall- und Krankenversicherung fremder Personen 295
  II. Fremdversicherung in den übrigen Zweigen der Personenversicherung 298

§ 33 Versicherung für fremde Rechnung 301
  I. Allgemeines 301
  II. Rechtsverhältnis zwischen dem Versicherungsnehmer und dem versicherten Dritten 303
  III. Rechtsverhältnis zwischen dem Versicherungsnehmer und dem Versicherer 304
  IV. Rechtsverhältnis zwischen dem versicherten Dritten und dem Versicherer 305

7. Abschnitt: Versicherungsfall

§ 34 Versicherungsfall und Vertragsschicksal 307
  I. Begriff und Funktion des Versicherungsfalles 307
  II. Kausalität und Beweis 313
  III. Vertragsschicksal nach dem Versicherungsfall 314

Inhaltsverzeichnis

§ 35 Obliegenheiten aus dem Versicherungsfall 318
    I. Anzeigepflicht 319
    II. Veränderungsverbot 322
    III. Rettungs- oder Schadenminderungspflicht 324

§ 36 Schuldhafte Herbeiführung des Versicherungsfalles 327
    I. Allgemeines 327
    II. Verschulden 329
    III. Kausalzusammenhang 331
    IV. Abgrenzungen 334
    V. Beweis 335
    VI. Wirkungen schuldhafter Herbeiführung des Versicherungsfalles 336
    VII. Herbeiführung des versicherten Ereignisses durch Drittpersonen 341
    VIII. Ablehnung und Kürzung der Leistungen in der Haftpflichtversicherung 342
    IX. Gebote der Menschlichkeit 345

8. Abschnitt: Versicherungsleistungen – Versicherungsansprüche

§ 37 Versicherungsleistungen 346
    I. Arten von Versicherungsleistungen 346
    II. Versicherungs- und Deckungssumme 349
    III. Selbstbehalt und Franchise 351
    IV. Subsidiärklauseln, komplementäre Leistungen und Kürzungen 353
    V. Rechtsnatur der Versicherungsleistungen 359

§ 38 Versicherungsanspruch 361
    I. Anspruch und Anspruchsberechtiger 361
    II. Anspruchsbegründung 362
    III. Fälligkeit, Verzug und Erfüllung 368
    IV. Übertragung des Versicherungsanspruches 371
    V. Erlöschen des Versicherungsanspruches 373
        1. Versicherungsrechtliche Verjährung 373
        2. Verjährung, Befristung sowie zeitliche Risiko- und Leistungsbegrenzung 380

§ 39 Mehrfache Ansprüche 382
    I. Überblick 382
    II. Doppelversicherung 383
        1. Begriff 383
        2. Rechtsfolgen 385
            a) Vertragsabschluss 385

```
        b) Versicherungsfall .............................  386
        c) Vereinbarungen ..............................  387
     3. Haftpflichtversicherung .........................  387
  III. Kumulation .......................................  390
  IV. Subrogation oder Regress ..........................  395
     1. Anspruchskonkurrenz gemäss Art. 51 OR ............  395
        a) Aussenverhältnis ............................  395
        b) Innenverhältnis .............................  396
     2. Regressrecht des Schadensversicherers gemäss Art. 72 VVG .  397
        a) Sachversicherung ............................  397
        b) Haftpflichtversicherung .....................  401
        c) Vereitelung des Regresses durch den Anspruchsberechtigten  402
        d) Beschränkung des Regresses gemäss Art. 72 Abs. 3 VVG .  402
     3. Regress- oder Subrogationsrecht in der Sozialversicherung .  403
```

3. TEIL: VERSICHERUNGSBRANCHEN ODER VERSICHERUNGSZWEIGE

```
§ 40 Zur Darstellung .....................................  405
    I. Versicherungsbranchen und Versicherungsarten ..........  405
   II. Branchen und AVB ..................................  406
```

1. Abschnitt: Personenversicherung

```
§ 41 Überblick ..........................................  408
     1. Versicherte Tatbestände oder Gefahren ...............  408
     2. Aufsichtsrechtliche Sonderstellung der Lebensversicherer ...  408
     3. Private Personenversicherung und Sozialversicherung .....  409
     4. «Privilegierung» der Unfälle ......................  410
     5. Versicherungsvertragsgesetz und Personenversicherung ....  412

§ 42 Lebensversicherung ..................................  412
    I. Formen oder Typen und rechtliche Besonderheiten der Lebens-
       versicherung ......................................  412
     1. Allgemeines .....................................  412
     2. Einteilungen ....................................  413
        a) Einteilung nach Art des Versicherungsfalles ..........  413
           aa) Todesfallversicherung .....................  413
           bb) Erlebensfallversicherung ..................  414
           cc) Gemischte Versicherung ...................  414
```

dd) Terme-fixe-Versicherungen 414
ee) Weitere Kombinationen 415
b) Unterscheidung nach Versicherungsleistungen 415
   aa) Kapital- oder Rentenversicherung 415
   bb) Gewinnbeteiligung 415
   cc) Summen- und Schadensversicherung 416
c) Lebensversicherung mit und ohne ärztliche Untersuchung 416
d) Einzel- und Kollektiv-Lebensversicherung 417
3. Einige rechtliche Besonderheiten der Lebensversicherung ... 417
   a) Unrichtige Altersdeklaration bei Vertragsabschluss 417
   b) Wesentliche Gefahrserhöhung 418
   c) Absichtliche oder grobfahrlässige Herbeiführung des Versicherungsfalles 418
   d) Besonderes Kündigungsrecht 419
4. Rechtsnatur der Lebensversicherung 420
II. Prämie und Deckungskapital 420
III. Rückkauf, Umwandlung und Beleihung des Lebensversicherungsvertrages 422
1. Rückkauf 422
   a) Allgemeines 422
   b) Voraussetzungen 422
   c) Wirkungen 423
2. Umwandlung 423
   a) Allgemeines 423
   b) Voraussetzungen 423
   c) Automatische Umwandlung bei Prämienverzug 424
3. Nachlese zu Rückkauf und Umwandlung 424
4. Policenbeleihung 425
5. Vorauszahlung 426
IV. Begünstigung 426
1. Rechtsnatur der Begünstigung 426
2. Bezeichnung des Begünstigten 428
3. Widerrufliche und unwiderrufliche Begünstigung 430
V. Lebensversicherung und Familienvorsorge 432
VI. Kollektiv-Lebensversicherungen in der beruflichen Vorsorge .. 433
1. Zur Entwicklung der beruflichen Vorsorge 433
2. Grundzüge der Gesetzgebung über die berufliche Vorsorge .. 435
3. Funktionen der Lebensversicherer in der beruflichen Vorsorge 445
   a) Versicherungsverträge mit Vorsorgeeinrichtungen der Arbeitgeber 445
   b) Sammelstiftungen 448
   c) Freizügigkeitspolicen 451

§ 43 Unfallversicherung	454
I. Überblick	454
II. Unfallbegriff	454
1. Allgemeines	454
2. Merkmale des Unfallbegriffes	457
a) Äusserer Vorgang	457
b) Gewaltsame Einwirkung	457
c) Plötzlichkeit	458
d) Unfreiwilligkeit	458
e) Körperschädigung	459
f) Kausalzusammenhang	460
III. Aus- und Einschlüsse	464
a) Absolute und relative Ausschlüsse	465
b) Echte Aus- und Einschlüsse	465
c) Unechte Aus- und Einschlüsse	465
IV. Leistungen bei Unfall	465
1. Allgemeines	465
2. Leistungen bei Todesfall	466
3. Leistungen bei Invalidität	467
4. Heilungskosten	471
5. Taggeld	472
V. Kollektiv-Unfallversicherung	473
§ 44 Krankenversicherung	475

2. Abschnitt: Sachversicherung

§ 45 Besonderheiten der Sachversicherung	477
I. Sachen als versicherte Gegenstände	477
II. Versicherte Gefahren	478
III. Sach-, Versicherungs- und Ersatzwert sowie verwandte Begriffe	479
1. Allgemeines	479
2. Versicherungswert	480
3. Ersatz-, Zeit- und Neuwert	481
4. Taxierte Police	483
IV. Über- und Unterversicherung	484
1. Überversicherung	484
a) Überversicherung schon zur Zeit des Vertragsabschlusses	484
b) Überversicherung erst nach Vertragsabschluss	485
c) Kontrollrecht der Kantone	485
2. Unterversicherung	486

a) Kürzung der Versicherungsleistung 486
b) Versicherung auf erstes Risiko und Teilwertversicherung . 487

§ 46 Feuerversicherung 489
    I. Staatliche und private Feuerversicherung 489
    II. Versicherte Feuergefahr 490
    III. Gegenstand der Feuerversicherung und Versicherungsort 492
    IV. Ersatzleistung 493

§ 47 Diebstahl-, Wasserschaden- und Glasversicherung 495
    I. Allgemeines 495
    II. Diebstahlversicherung 496
    III. Wasserschadenversicherung 497
    IV. Glasversicherung 498

§ 48 Motorfahrzeug-Kasko- und Reparaturversicherung 499
    I. Überblick 499
    II. Auto-Kaskoversicherung 500
        1. Teilkasko 500
        2. Vollkaskoversicherung 501
        3. Ausschlüsse 501
        4. Leistungen 501
    III. Auto-Reparaturversicherung 502

§ 49 Tansportversicherung 503
    I. Entwicklung der Transportversicherung 503
    II. Begriff und Arten 504
    III. Versicherte und nichtversicherte Transportgefahren 505
    IV. Versicherte Schäden 507
    V. Generalpolice 507

3. Abschnitt: Vermögensversicherung

§ 50 Begriff und Unterarten der Vermögensversicherung 508
    I. Zum Begriff 508
    II. Unterarten der Vermögensversicherung 511
        1. Aufwand- und Kostenversicherungen 512
        2. Vermögensverlust- und Ertragsausfall-Versicherung 513

§ 51 Haftpflichtversicherung 514
    I. Allgemeines 514

	II. Versicherte Haftpflichtgefahr	515
	III. Versicherte Personen	518
	IV. Gegenstand der Haftpflichtversicherung	519
	V. Versicherungsanspruch in der Haftpflichtversicherung	520
	VI. Rechtsstellung des Geschädigten	522

§ 52 Motorfahrzeug-Haftpflichtversicherung 524
    I. Allgemeines 524
    II. Obligatorium 524
    III. Direktes Forderungsrecht des Geschädigten 527
    IV. Einredeverbot 528
    V. Aufsichtsrechtliche Sonderstellung der Motorfahrzeug-
       Haftpflichtversicherung 530
       1. Allgemeines 530
       2. Tarifierung und Prämien 532

§ 53 Rückversicherung 537
    I. Allgemeines 537
    II. Technik der Rückversicherung 539
       1. Formen 539
          a) Schadenexzedentenvertrag 539
          b) Summenexzedentenvertrag 540
          c) Quoten-Rückversicherung 540
       2. Fakultative und obligatorische Rückversicherung 540
       3. Rückversicherungsprovision 541
    III. Rechtliches 541

Sachregister 545
Gesetzesregister 577

VORWORT ZUR 2. AUFLAGE

Seit dem Erscheinen der 1. Auflage im Sommer 1976 hat der Bund mehrere Gesetze erlassen, die für das Privatversicherungsrecht, insbesondere für die Versicherungsgesellschaften und die Versicherten, bedeutsam sind. So trat am 1. Januar 1979 das neue Versicherungsaufsichtsgesetz (VAG) in Kraft, das jenes aus dem Jahre 1885 ablöste. Auf den 1. Januar 1984 setzte der Bundesrat das Bundesgesetz über die Unfallversicherung (UVG) und auf den 1. Januar 1985 das Bundesgesetz über die berufliche Alters-, Hinterlassenen- und Invalidenvorsorge (BVG) in Kraft. Obschon UVG und BVG zum Sozialversicherungsrecht gehören, schaffen sie zahlreiche Berührungspunkte mit dem Privatversicherungsrecht; denn die Versicherungsgesellschaften erfüllen sowohl in der Unfallversicherung als auch in der beruflichen Vorsorge wichtige Funktionen. Diese tiefgreifenden Änderungen der Gesetzgebung machten eine völlige Überarbeitung des Buches erforderlich. Das neue Aufsichtsrecht habe ich in einem stark erweiterten Abschnitt behandelt. Um die Aufgaben der Lebensversicherer in der beruflichen Vorsorge untersuchen und erklären zu können, musste ich die Regelungen des BVG wenigstens grob skizzieren. Die Berührungspunkte zum UVG beleuchtete ich jeweils am gegebenen Ort. Schliesslich behandelte ich auch die Motorfahrzeug-Haftpflichtversicherung wesentlich einlässlicher als in der ersten Auflage.

Die Judikatur und die beträchtlich angewachsene Literatur der letzten zehn Jahre habe ich, wenn auch in Auswahl, verarbeitet. Sie führten zu vielen Änderungen und Ergänzungen.

Das Buch enthält nunmehr ungezählte Verweisungen auf andere Stellen des Buches selbst und ferner auf meine Bücher zum Sozialversicherungsrecht. Dadurch soll es dem Leser erleichtert werden, Zusammenhänge innerhalb des Privatversicherungsrechts und zwischen diesem und dem Sozialversicherungsrecht zu erkennen.

Mehrere Spezialisten haben das Manuskript ganz oder teilweise durchgelesen, nämlich die Herren lic. iur. Adelrich Friedli, Vizedirektor der «Zürich» Versicherungs-Gesellschaft, lic. en droit, lic. ès sc. comm. et act. Jacques Pasche, Chef der Juristischen Sektion des Bundesamtes für Privatversicherungswesen, Dr. Werner Schwander, Direktor der «Zürich» Versicherungs-Gesellschaft, und Dr. Manfred Zobl, Vizedirektor der «Vita» Lebensversicherungs-

Gesellschaft. Für ihre grosse Arbeit und die wertvollen Anregungen möchte ich ihnen herzlich danken.

Frau Monica Strittmatter hat die umfangreichen Schreibarbeiten mit Sorgfalt und Umsicht besorgt und mir auch in anderer Hinsicht nützliche Dienste geleistet. Für ihre Hilfe danke ich ihr recht herzlich.

Zürich, den 1. Juni 1986   A. M.

AUS DEM VORWORT ZUR 1. AUFLAGE

Als mich der Verlag ersuchte, für seine «Reihe juristischer Lehrbücher» die vorliegende Einführung zu schreiben, hatte ich vorerst Bedenken: Zum schweizerischen Privatversicherungsrecht besteht bereits eine umfangreiche Literatur. In ihr heben sich bedeutsame Werke ab, so die systematische Darstellung von Prof. Koenig und der mehrbändige Kommentar zum Versicherungsvertragsgesetz von Prof. Roelli und Bundesrichter Jaeger, der teilweise in neuer Auflage von Prof. Keller und Fürsprecher Tännler herausgebracht worden ist. Zwei Gründe liessen mich die Aufgabe gleichwohl übernehmen. Einmal hatte ich schon für meine Studenten an der Universität Bern und für meine Mitarbeiter bei der «Zürich» Versicherungs-Gesellschaft ein als Skript ausgestaltetes Kurzlehrbuch verfasst und damit beträchtliche Vorarbeit geleistet. Zum andern musste es reizvoll sein, ein Recht systematisch darzustellen, das ich während annähernd zwei Dezennien beruflich in zahllosen Einzelfällen und damit punktuell angewendet habe, nämlich zuerst als Rechtskonsulent und später als der für den Schaden- und Rechtsdienst zuständige Direktor der «Zürich». Die Chance, Theorie und Praxis zu verbinden, konnte und sollte genutzt werden.

Der Stoff ist vorwiegend nach den Bedürfnissen der Praxis ausgewählt. Bei seiner Darstellung lasse ich wichtigere gesetzliche Regelungen und Grundsätze stark hervortreten und verdeutliche sie vor allem durch Beispiele aus dem Alltag. Der Gefahr, mich in Detailfragen zu verlieren, deren es im Versicherungsrecht unendlich viele gibt, weiche ich aus. Der Stoff wird somit grundrissartig dargeboten. Gliederung und Ausdrucksweise wollen Juristen und Nichtjuristen – diese befassen sich in weit grösserer Zahl mit Versicherungsrecht als jene – den Einstieg in ein schwieriges Spezialgebiet erleichtern und ihnen zugleich ermöglichen, auf eine Rechtsfrage die Lösung selbst oder doch den Weg zu finden, der zu ihr hinführt. Literatur und Judikatur werden in Auswahl, ausländisches Schrifttum mit Zurückhaltung zitiert. Versicherungstechnische Gegebenheiten – Statistik, Tarif usw. – habe ich soweit geschildert, als sie dem Verständnis des Versicherungsrechts dienen. Hinweise zum gemeinen Recht, vor allem zu OR und ZGB, und sodann zum Sozialversicherungsrecht, möchten den Blick über die Grenzen des Spezialgebietes hinaus freimachen. Nur zu jenen Streitfragen nehme ich etwas einlässlicher Stellung, die für die Praxis bedeutsam erscheinen. Auseinandersetzungen mit abweichenden Meinungen, die lediglich von theoretischem Interesse sind, vermeide ich weitgehend.

ABKÜRZUNGEN UND ZITIERWEISE

a.	alt
A.	Auflage
a. a. O.	am angeführten Ort
Abs.	Absatz
a. E.	am Ende
AHV	Alters- und Hinterlassenenversicherung
AHVG	BG über die AHV vom 20. 12. 1946 SR 831.10
a. M.	anderer Meinung
ArbG	BG über die Arbeit in Industrie, Gewerbe und Handel vom 13. 3. 1964 SR 822.11
AS	Sammlung der eidg. Gesetze
AT	Bericht und Entwurf zu einem Allgemeinen Teil der Sozialversicherung, Bern 1984 (s. auch Literaturverzeichnis unter Naef Hans)
Aufsichtsgesetz	s. VAG
Aufsichtsverordnung	s. AVO
AVB	Allgemeine Versicherungsbedingungen
AVIG	BG über die obligatorische Arbeitslosenversicherung und die Insolvenzentschädigung vom 25. 6. 1982 SR 837.0
AVO	VO über die Beaufsichtigung von privaten Versicherungseinrichtungen (Aufsichtsverordnung) vom 11. 9. 1931 SR 961.05
BBl	Bundesblatt
bfu	Schweiz. Beratungsstelle für Unfallverhütung, Bern
BG	Bundesgesetz
BGE	Entscheidungen des schweiz. Bundesgerichtes. Amtliche Sammlung
BGer	Bundesgericht
Botschaft zum (neuen) VAG	Botschaft des Bundesrates an die Bundesversammlung zu einem neuen BG über die Beaufsichtigung privater Versicherungseinrichtungen vom 5. 5. 1976, BBl 1976 VII 873 ff.
BPV	Bundesamt für Privatversicherungswesen
BRB	Bundesratsbeschluss
BSV	Bundesamt für Sozialversicherung
BV	Schweizerische Bundesverfassung
BVG	Bundesgesetz über die berufliche Alters-, Hinterlassenen- und Invalidenvorsorge vom 25. 6. 1982 SR 831.40
BVV 1	VO über die Beaufsichtigung und Registrierung der Vorsorgeeinrichtungen vom 29. 6. 1983 SR 831.435.1

Abkürzungen und Zitierweise

BVV 2	VO über die berufliche Alters-, Hinterlassenen- und Invalidenvorsorge vom 18. 4. 1984 SR 831.441.1
d.	daselbst
Delegationsverordnung	Bundesratsbeschluss betreffend die Zuständigkeit der Departemente und der ihnen unterstellten Amtsstellen zur selbständigen Erledigung von Geschäften vom 17. 11. 1914 SR 172.011
deutsches VVG	deutsches Versicherungsvertragsgesetz vom 30. 5. 1908
d.h.	das heisst
Diss.	Dissertation
eidg.	eidgenössisch
E.	Erwägung
EJPD	Eidg. Justiz- und Polizeidepartement
ELG	BG über Ergänzungsleistungen zur AHV und IV vom 19. 3. 1965 SR 831.30
EVA	Eidg. Versicherungsamt, nunmehr BPV
EVD	Eidg. Volkswirtschaftsdepartement
EVG	Eidg. Versicherungsgericht, Luzern
EVGE	Entscheidungen des EVG. Amtliche Sammlung. Seit 1970 fortgesetzt als Teil V der BGE
gl. M.	gleicher Meinung
HMV	Schweiz. Vereinigung der Haftpflicht- und Motorfahrzeugversicherer
Jahresberichte des BPV 19...	Die privaten Versicherungseinrichtungen in der Schweiz ... Bericht des BPV
i. S.	in Sachen
IV	Eidg. Invalidenversicherung
IVG	BG über die IV vom 19. 6. 1959 SR 831.20
Kautionsgesetz	BG über die Kautionen der Versicherungsgesellschaften vom 4. 2. 1919 SR 961.02
KG	s. Kautionsgesetz
KHG	Kernenergiehaftpflichtgesetz vom 18. 3. 1983 SR 732.44
Komm.	Kommentar
KUVG*)	BG über die Kranken- und Unfallversicherung vom 13. 6. 1911 SR 832.10. Seit 1. 1. 1984 durch KVG und UVG ersetzt, s. d.

---

*) Die amtliche Bezeichnung KUVG gilt auch nach dem 1. 1. 1984, obwohl dieses Gesetz nur mehr die Krankenversicherung allein regelt, da die Unfallversicherung in einem besonderen Gesetz, dem UVG, geregelt wird. In diesem Buch wird jedoch die Abkürzung KVG – Krankenversicherungsgesetz – für das ab 1. 1. 1984 geltende «Rumpf»-KUVG gebraucht, während die Abkürzung KUVG für das bis Ende 1983 geltende und beide Versicherungszweige enthaltende Gesetz weitergeführt wird.

KVG	BG über die Kranken- und Unfallversicherung vom 13. 6. 1911; es regelt ab 1. 1. 1984 nur mehr die Krankenversicherung, s. KUVG
lit.	litera, Buchstabe
m. a. W.	mit andern Worten
m. E.	meines Erachtens
MV	Eidg. Militärversicherung
N*)	Note(n), Fussnote(n)
No. oder Nr.	Nummer
n. pbl.	nicht publiziert
NZZ	Neue Zürcher Zeitung
OG	BG über die Organisation der Bundesrechtspflege in der Fassung vom 20. 12. 1968 SR 173.110
OR	BG über das Obligationenrecht SR 220
PKU	Schweiz. Vereinigung privater Kranken- und Unfallversicherer
Praxis	Praxis des Bundesgerichts (Basel)
Privates Versicherungswesen	Das Büchlein enthält den Text zahlreicher Erlasse; es wird herausgegeben von der Bundeskanzlei, 1984
Rohrleitungsgesetz	BG über Rohrleitungsanlagen zur Beförderung flüssiger oder gasförmiger Brenn- und Treibstoffe vom 4. 10. 1963 SR 746.1
RKUV	Revue der Kranken- und Unfallversicherung. Rechtsprechung und Verwaltungspraxis, herausgegeben vom BSV, früher RSKV
RSKV	Krankenversicherung, herausgegeben vom BSV, nunmehr RKUV s. d.
RZ	Randziffer
s.	siehe
sc.	scilicet = d. h., nämlich
SchKG	BG betreffend Schuldbetreibung und Konkurs vom 11. 4. 1889 SR 281.1
schweiz.	schweizerisch
Schweiz. Versicherungsgesellschaften	publiziert durch die Neue Rückversicherungs-Gesellschaft, Genf 1985 (erscheint jährlich)
Sicherstellungsgesetz	BG über die Sicherstellung von Ansprüchen aus Lebensversicherungen inländischer Lebensversicherungsgesellschaften vom 25. 6. 1930 SR 961.03
SJK	Schweiz. Juristische Kartothek
SJZ	Schweiz. Juristen-Zeitung
sog.	sogenannt
SR	Systematische Sammlung des Bundesrechts

*) Die Beifügungen «vor, bei, nach» N bedeuten, dass sich die Fundstelle im *Kontext,* in der Nähe der angegebenen Notenzahl, befindet.

SSG	Sicherstellungsgesetz, s. d.
StGB	Schweiz. Strafgesetzbuch vom 21. 12. 1937 SR 311.0
SUVA	Schweiz. Unfallversicherungsanstalt, Luzern
SVA	Entscheidungen schweiz. Gerichte in privaten Versicherungsstreitigkeiten, herausgegeben vom BPV (bisher erschienen die Bände I–XIV).
SVG	BG über den Strassenverkehr vom 19. 12. 1958 SR 741.01
SVV	Schweiz. Versicherungsverband
SVZ	Schweiz. Versicherungs-Zeitschrift
SZS	Schweiz. Zeitschrift für Sozialversicherung und berufliche Vorsorge
U	Urteil
u. a. m.	und andere(s) mehr
UDK	Unfalldirektoren-Konferenz, nunmehr in HMV und PKU umgewandelt
u. U.	unter Umständen
UVG	BG über die Unfallversicherung vom 20. 3. 1981 SR 832.20
UVV	VO über die Unfallversicherung vom 20. 12. 1982 SR 832.202
VAG	BG betreffend die Aufsicht über die privaten Versicherungseinrichtungen (Versicherungsaufsichtsgesetz) vom 23. 6. 1978 SR 961.01, ersetzt das BG betreffend die Beaufsichtigung von Privatunternehmungen im Gebiete des Versicherungswesens vom 25. 6. 1885 (a. VAG)
VE	Vorsorgeeinrichtung
Verwaltungs-organisations-gesetz	BG über die Organisation und die Geschäftsführung des Bundesrates und der Bundesversammlung vom 19. 9. 1978 SR 172.010
vgl.	vergleiche
VMHV	VO über die Motorfahrzeug-Haftpflichtversicherung vom 5. 6. 1979 SR 961.25
VN	Versicherungsnehmer
VO	Verordnung
VPL	Schweiz. Vereinigung privater Lebensversicherer
VUV	VO über die Verhütung von Unfällen und Berufskrankheiten vom 19. 12. 1983 SR 832.30
VVG	BG über den Versicherungsvertrag vom 2. 4. 1908 SR 221.229.1
VVV	VO über Haftpflicht und Versicherungen im Strassenverkehr vom 20. 11. 1959 SR 741.31
VwVG (auch VwG)	BG über das Verwaltungsverfahren vom 20. 12. 1968 SR 172.021
Z.	Ziffer
ZBJV	Zeitschrift des Bernischen Juristenvereins

ZGB	Schweiz. Zivilgesetzbuch vom 10. 12. 1907 SR 210
zit.	zitiert
ZSR	Zeitschrift für schweiz. Recht, Neue Folge
ZUB	Zeitschrift für Unfallchirurgie, Versicherungsmedizin und Berufskrankheiten

WICHTIGERE RECHTSQUELLEN *

BV	Art. 34 Abs. 2 betreffend die Privatunternehmungen im Gebiete des Versicherungswesens
BG	betreffend die Aufsicht über die privaten Versicherungseinrichtungen (VAG, Versicherungsaufsichtsgesetz) vom 23. 6. 1978 (SR 961.01)
BG	über den Versicherungsvertrag (VVG) vom 2. 4. 1908 (SR 221.229.1)
BG	über die Kautionen der Versicherungsgesellschaften (Kautionsgesetz) vom 4. 2. 1919 (SR 961.02)
BG	über die Sicherstellung von Ansprüchen aus Lebensversicherungen inländischer Lebensversicherungsgesellschaften (SSV, Sicherstellungsgesetz) vom 25. 6. 1930 (SR 961.03)
BG	über den Strassenverkehr (SVG) vom 19. 12. 1958 (SR 741.01)
BG	über die berufliche Alters-, Hinterlassenen- und Invalidenversicherung (BVG) vom 25. 6. 1982 (SR 831.40)
BG	über die Unfallversicherung (UVG) vom 20. 3. 1981 (SR 832.20)
VO	über die Beaufsichtigung von privaten Versicherungseinrichtungen (AVO, Aufsichtsverordnung) vom 11. 9. 1931 (SR 961.05)
VO	betreffend die vereinfachte Aufsicht über Lebensversicherungseinrichtungen vom 17. 12. 1973 (SR 961.051)
VO	über die Abgrenzung der Versicherungsaufsichtspflicht vom 11. 2. 1976 (SR 961.11)
VO	über den Betrieb versicherungsfremder Geschäfte durch die privaten Versicherungseinrichtungen vom 3. 12. 1979 (SR 961.13)
VO	über den Anwerbebetrieb der Lebensversicherungsgesellschaften in der Schweiz vom 10. 12. 1973 (SR 961.51)
VO	über die Aufhebung von Beschränkungen der Vertragsfreiheit für Freizügigkeitspolicen vom 1. 3. 1966 (SR 221.229.11)
VO	des BGer betreffend die Pfändung, Arrestierung und Verwertung von Versicherungsansprüchen nach VVG vom 10. 5. 1910 (SR 281.51)
VO	über Haftpflicht und Versicherungen im Strassenverkehr (VVV) vom 20. 11. 1959 (SR 741.31)
VO	über die Motorfahrzeug-Haftpflichtversicherung (VMHV) vom 5. 6. 1979 (SR 961.25)

* Die Texte der wichtigeren Gesetze und Verordnungen sind ganz oder teilweise abgedruckt im Büchlein «Privates Versicherungswesen», herausgegeben von der Bundeskanzlei.

VO	des EJPD über die individuelle Nachkalkulation in der Motorfahrzeug-Haftpflichtversicherung (VINK) vom 5. 6. 1979 (SR 961.253)
BRB	über die Abonnenten- und die Käufer- und Kundenversicherung vom 22. 11. 1955 (SR 961.21)
BRB	über die Bewertung der Wertpapiere in den Bilanzen der inländischen Lebensversicherungsgesellschaften vom 30. 12. 1971 (SR 961.41)

LITERATUR

(Zitiert werden in den Anmerkungen meistens der Name des Autors und die hier kursiv gedruckten Stichworte; weitere Literatur in den Anmerkungen.)

I. Allgemeine und juristische Literatur

BAUMBERGER PETER: Der *Ausschluss* politischer und sozialer Risiken im Versicherungsvertrag, Diss. Zürich 1968.
BREHM ROLAND: *Le contrat d'assurance RC,* Lausanne 1983.
BRUCK ERNST: Das *Privatversicherungsrecht,* Mannheim/Berlin/Leipzig 1930.
BRUCK/MÖLLER: *Komm*entar zum (deutschen) Versicherungsvertragsgesetz, 8. A. Berlin, Band I 1961, Band II 1980, Band IV 1970, Band VI/1 1978; weitere Bände erscheinen in Lieferungen.
BUCHER PETER*: Krankenversicherung, 2. A. Bern/Zürich 1980.
VON BÜREN BRUNO: Schweizerisches *Obligationenrecht,* Allgemeiner Teil, Zürich 1964.
BÜRGI CHRISTOPH: Allgemeine Versicherungsbedingungen im Lichte der neuesten Entwicklung auf dem Gebiet der Allgemeinen Geschäftsbedingungen, Diss. Zürich 1985 (zit. *AVB*).
DESCHENAUX/TERCIER: La responsabilité civile, 2. A. Bern 1982.
EHRENZWEIG ALBERT: Deutsches (Österreichisches) Versicherungsvertragsrecht, Wien 1952.
EICHLER HERMANN: *Versicherungsrecht,* Karlsruhe 1966.
ENGISCH KARL: *Einführung* in das juristische Denken, 5. A. Stuttgart/Berlin/Köln/Mainz 1971.
FARNER HANS*: Die Unfall- und Haftpflichtversicherung, 5. A. 1971.
GANZ ALEXANDER FELIX: Ausländische Versicherungsunternehmen und *staatliche Aufsicht* in der Schweiz, Diss. Zürich 1979.
VON GIERKE JULIUS: *Versicherungsrecht,* Stuttgart, 1. Hälfte 1937, 2. Hälfte 1947.
GLAUSER PAUL ROBERT: Arthur Schopenhauers *Rechtslehre,* Diss. Zürich 1967.
GRETENER MAX: Der *Ersatzwert* in der Gebäude-Feuerversicherung nach Art. 63 Z. 2 VVG unter besonderer Berücksichtigung der Wiederaufbauklausel, Diss. Zürich 1975.
GROB KURT: Die *Selbstbeteiligung* des Versicherten im Schadenfall, Wesen und Bedeutung im Rahmen der Privatversicherung, Diss. St. Gallen 1967.
GRUSS WILLY*: Versicherungswirtschaft, 5. A. Zürich 1982, überarbeitet und erweitert durch E. Bandle und P. Schenker.

* Leitfäden für das Versicherungswesen, herausgegeben von der Vereinigung für Berufsbildung der schweiz. Versicherungswirtschaft.

Literatur

GUHL/MERZ/KUMMER: Das schweizerische *Obligationenrecht*, 7. A. Zürich 1980.
GULDENER MAX: Schweizerisches Zivilprozessrecht, 2. A. Zürich 1958.
GÜRTLER MAX: Einführung in die Betriebswirtschaftslehre der Versicherung, Stuttgart 1964.
GYGI FRITZ: *Bundesverwaltungsrechtspflege*, 2. A. Bern 1983.
HALLER MATHIAS: *Sicherheit durch Versicherung?* Bern und Frankfurt a. M. 1975.
HANGARTNER JEAN-MARIE: Der Erstversicherer als Angebotsträger auf dem Rückversicherungsmarkt, Diss. St. Gallen 1958.
HEUSSER ROLF: *Das direkte Forderungsrecht* des Geschädigten gegen den Haftpflichtversicherer, Diss. Zürich 1979.
HUNGERBÜHLER ADRIAN: *Äquivalenz* von Leistung und Gegenleistung im Versicherungsvertrag, Diss. Bern 1972.
JAEGER CARL: S. ROELLI
IMBODEN/RHINOW: Schweizerische Verwaltungsrechtsprechung, 5. A. Bände I und II, Basel/Stuttgart 1976.
KARSTEN FRIEDRICH: *Der Rechtsbegriff der Versicherung* und die Praxis des Versicherungsamtes, Diss. Bern und Frankfurt a. M. 1974.
KELLER ALFRED: *Haftpflicht* im Privatrecht, 3. A. Bern 1978
- * Haftpflichtrecht, Zürich 1985.
KELLER MAX: S. unter ROELLI
KELLER WALTER: Die ausserordentliche *Auflösung des Versicherungsvertrages:* Gesetz und Allgemeine Versicherungsbedingungen. Diss. Freiburg 1983.
KIENTSCH JÜRG: Die Auskunfts- und *Mitwirkungspflicht* des Arztes gegenüber dem privaten Versicherer, Diss. Bern 1967.
KOENIG WILLY: «Bereicherungsverbot» im Versicherungsrecht?, SVZ 1965/6.
- *Gegenstand* der Versicherung, Bern 1931.
- Ist das VVG revisionsbedürftig?, ZSR 81, 1962.
- Schweizerisches Privatversicherungsrecht, 3. A. Bern 1967 (es wird im ganzen Buch nur mit dem Namen des Autors zitiert).
- Der *Versicherungsvertrag*, in Schweiz. Privatrecht, Band VII/2 S. 481 ff., Basel 1979.
KRAMER ANDREAS: Die Kompetenzen des Eidg. Versicherungsamtes (zit. *Kompetenzen des EVA*), Diss. Zürich 1977.
KUHN MORITZ: Der Einfluss der *Harmonisierungsbestrebungen der EG* und des Art. 31[sexies] BV auf eine künftige Gestaltung des schweizerischen VVG, Zürich, erscheint 1986.
KUMMER MAX: Grundriss des Zivilprozessrechts, 2. A. Bern 1974.
KUNZ MARKUS H.: *Das* absolut *zwingende Recht* des Bundesgesetzes über den Versicherungsvertrag, Diss. Bern 1970.

---

* Leitfäden für das Versicherungswesen, herausgegeben von der Vereinigung für Berufsbildung der schweiz. Versicherungswirtschaft.

Literatur

KUPPER ALFRED: Die Allgemeinen *Versicherungsbedingungen*, Diss. Zürich 1969.
LARENZ KARL: *Methodenlehre* der Rechtswissenschaft, 3. A. Berlin 1975.
LAURI HANS: *Kausalzusammenhang* und Adäquanz im schweizerischen Haftpflicht- und Versicherungsrecht, Diss. Bern 1976.
LINDT BERNHARD PETER: Ausserordentliche gesetzliche *Auflösungstatbestände* im Versicherungsvertrag, Diss. Bern 1974.
MANES ALFRED: *Versicherungswesen*, System der Versicherungswirtschaft, Band I 5. A. Leipzig und Berlin 1930.
MAHR WERNER: Einführung in die *Versicherungswirtschaft*, Berlin 1951.
MAURER ALFRED: *Geschichte* des schweizerischen Sozialversicherungsrechts, Berlin 1981.
- Kumulation und Subrogation in der Privat- und Sozialversicherung, Buchausgabe 1975 (auch erschienen in SZS 1975). Französische Ausgabe: *Cumul* et subrogation dans l'assurance sociale et privée, Bern 1976.
- Rechtliche *Invaliditätsprobleme* der privaten Unfall- und Haftpflichtversicherungen, SZS 1982 S. 185 ff.
- *Recht und Praxis* der schweizerischen obligatorischen Unfallversicherung, 2. A. Bern 1963.
- Schweizerisches Sozialversicherungsrecht, Band I 2. A. 1983; Band II 1981 (zit. *SVR* I und II), Bern.
- Schweizerisches Unfallversicherungsrecht, Bern 1985 (zit. *Unfallversicherung*).
- *Zur Problematik des Unfallbegriffs* – aus der Sicht der Privatassekuranz, ZUB 1970 S. 168.
MEIER ROBERT*: Die *Transportversicherung*, 1968.
MÖLLER H.: Versicherungsvertragsrecht, Wiesbaden 1971.
MÜLLER OTTO HEINRICH*: *Haftpflichtversicherung*, Zürich 1985.
NAEF HANS: Bericht und Entwurf zu einem Allgemeinen Teil der Sozialversicherung, (zit. AT), Beiheft zu SZS, Bern 1984.
NEUENSCHWANDER MARKUS: Die *Schlechterfüllung* im schweizerischen Vertragsrecht, Diss. Bern 1971.
OFTINGER KARL: Schweizerisches *Haftpflichtrecht*, Band I, 4. A. Zürich 1975; Bände II/1 und II/2, 2. A. 1960/1962 (unveränderte 3. A. 1970/1972).
OSTERTAG F.: Das Bundesgesetz über den *Versicherungsvertrag*, 2. A. von HIESTAND PAUL, Zürich und Leipzig 1928.
OSWALD HANS: Kumul der Leistungen, Regress und Subrogation in der privaten und in der staatlichen Versicherung, *Landesbericht* zum AIDA-Kongress, Zürich 1974.
- Das *Regressrecht* in der Privat- und Sozialversicherung, SZS 1972 S. 1 ff.
- Leistungskollisionen in der Privat- und Sozialversicherung, *Einführungsreferat*, SVZ 1973/74 S. 129 ff.

* Leitfäden für das Versicherungswesen, herausgegeben von der Vereinigung für Berufsbildung der schweiz. Versicherungswirtschaft.

- *Unterschiede* zwischen sozialer und privater Unfallversicherung, SZS 1964 S. 169, 249, 1965 S. 1 ff.
- *Versicherungsleistung* und Schadenersatz, SVZ 44 (1976) S. 3 ff.

PICCARD ET BESSON: Les *assurances terrestres* en droit français, Paris, Band I 5. A. 1982, Band II 1977, Band III 1943, Band IV 1945.

PRÖLSS/MARTIN: Versicherungsvertragsgesetz, Kurzkommentar (zit. *deutsches VVG*), 23. A. München 1984.

PRÖLSS/SCHMIDT/FREY: *Versicherungsaufsichtsgesetz*, 9. A. München 1983.

RICHNER CHRISTIAN: Der *Paket-Versicherungsvertrag*, Diss. Zürich 1968.

RIEMER H. M.: Berner *Komm.*, Die Stiftungen, 3. A. 1975 (Nachdruck 1981).
- Das Recht der beruflichen Vorsorge in der Schweiz, Bern 1985 (zit. *Berufliche Vorsorge*).

ROELLI HANS**: Kommentar zum Schweizerischen Bundesgesetz über den Versicherungsvertrag, Band I, 1. A. Bern 1914; der Komm. wurde fortgesetzt von:
- KELLER/TÄNNLER: Band I, 2. A. 1968;
- JAEGER CARL: Band II, 1. A. 1932;
- JAEGER CARL: Band III, 1. A. 1933;
- JAEGER CARL: Band IV, 1. A. 1933;
- KELLER MAX: Band IV, 2. A. 1962;
(zit. wird: ROELLI, Komm. I 1. A.; KELLER, Komm. I; JAEGER, Komm. II und III (1. A.); KELLER, Komm. IV).

SALADIN PETER: Das *Verwaltungsverfahrensrecht* des Bundes, Basel und Stuttgart 1979.

SCHAER ROLAND: Grundzüge des Zusammenwirkens von Schadenausgleichsystemen (zit. *Schadenausgleichsysteme*), Basel 1984.

SCHAER ROLAND: Rechtsfolgen der Verletzung versicherungsrechtlicher *Obliegenheiten*, Diss. Bern 1972.

SCHNEIDER PAUL: Die versicherungsrechtliche Erfassung der *Gefahrstatsachen* nach schweizerischem und deutschem Recht, Bern 1971.

SCHWANDER WERNER: Die *Verjährung* ausservertraglicher und vertraglicher Schadenersatzforderungen, Diss. Freiburg 1963.

SPIRO KARL: Die Begrenzung privater Rechte durch Verjährungs-, Verwirkungs- und Fatalfristen (zit. *Verjährung*), Bände I und II, Bern 1975.

STARK EMIL W.: Ausservertragliches *Haftpflichtrecht*, Skriptum, Zürich 1982.

STEINER RUDOLF: *Haftpflichtdeckung* zur Ergänzung von Sachversicherungen, Diss. Bern 1971.

STEINLIN-FRITZSCHE PETER: Das *Versicherungswesen* der Schweiz, Band I, Zürich 1961.

STIEFEL BEAT: *Art. 100 VVG*, Diss. Zürich 1968.

SUTER HANS RUDOLF: Allgemeine Bedingungen der *Diebstahl-Versicherung*, 2. A. Bern 1978.

** Vgl. die Bemerkungen hinten nach N 387.

Literatur

- *Sachversicherung*, Bern/Zürich 1982.
- VON TUHR/PETER: Allgemeiner Teil des Schweizerischen Obligationenrechts, Band I, 3. A. Zürich 1974 (zit. *Obligationenrecht*).
- VON TUHR/ESCHER: Band II, 3. A. Zürich 1974.
- VON TUHR/ESCHER/PETER: Supplement zur 3. A. Zürich 1984.
- VIRET BERNARD*: *Privatversicherungsrecht*, deutsche Übersetzung von Christoph Stalder, Zürich 1985.
- WÄLDER JOHANNES: Über das *Wesen der Versicherung*, Berlin 1971.
- WALSER HERMANN: Die *Personalvorsorgestiftung*, Diss. Zürich 1975.
- WANNAGAT GEORG: Lehrbuch des Sozialversicherungsrechts, Band I Tübingen 1965 (zit. *Sozialversicherungsrecht*).
- VON WARTBURG WERNER*: Lebensversicherung, 6. A. 1974.
- Die Versicherung in der Schweiz, 10. A. Bern 1975.
- WICK CHARLES: Der Grundsatz der *Verhältnismässigkeit* im Sozialversicherungsrecht, Diss. Bern 1976.
- WYRSCH ARMAND: Die schweizerische Staatsaufsicht über die Rückversicherung, Diss. Zürich 1957.
- ZULAUF HANS-KASPAR: Rechtsgrundsätze des Gruppenversicherungsvertrages unter besonderer Berücksichtigung der *Personal-Gruppenversicherung*, Diss. Zürich 1971.

II. Medizinische Literatur

BAUR/NIGST (Herausgeber): Versicherungsmedizin. Leitfaden. 2. A. Bern/Stuttgart/Toronto 1985.

FREDENHAGEN HERMANN: Das ärztliche Gutachten, 2. A. Bern/Stuttgart/Wien 1985.

LOB ALFONS: Handbuch der *Unfallbegutachtung*, Stuttgart, Band I Versicherungsrechtlicher Teil 1961, Band II Allgemeiner chirurgischer Teil 1968, Band III Spezieller chirurgischer Teil 1973.

MEYER PAUL: Medizinischer *Leitfaden* zur privaten Unfall- und Haftpflichtversicherung, Bern und Stuttgart 1958.

Pschyrembel, gegründet von DORNBLÜTH: Klinisches Wörterbuch, 254. A. Berlin und New York 1982.

SCHÄR MEINRAD: Leitfaden der Sozial- und Präventivmedizin, Bern und Stuttgart 1968.

---

*) Leitfäden für das Versicherungswesen, herausgegeben von der Vereinigung für Berufsbildung der schweiz. Versicherungswirtschaft.

1. TEIL: GRUNDLAGEN

1. Abschnitt: Versicherung

§ 1 TYPISCHE ZÜGE DER VERSICHERUNG

I. ALLGEMEINES

1. Das Wort Versicherung ist vieldeutig und löst mannigfache Vorstellungen aus. Es wird für sich allein und in verschiedensten Wortbildungen verwendet: Versicherungswirtschaft, Versicherungsgesellschaft, Sozial- und Privatversicherung, Versicherungsvertrag usw. Hier soll unter Versicherung ein Mittel verstanden werden, das vornehmlich für die Befriedigung von Vorsorgebedürfnissen eingesetzt wird. Die Versicherung ist eigenartig: Sie kommt in zahlreichen rechtlichen und technischen Ausgestaltungen vor und weist nicht überall die gleichen Eigenschaften auf. So kann die Versicherung z. B. öffentlich-rechtlich – vor allem als Sozialversicherung – oder privatrechtlich – in der Privatassekuranz – ausgestaltet sein. Da es bis heute nicht geglückt ist, die Versicherung rechtlich oder technisch oder sonstwie gegen verwandte Institutionen allseitig durch Kriterien scharf abzugrenzen, ist für zahlreiche Gebilde umstritten, ob sie als Versicherung aufzufassen sind oder nicht. Dies gilt etwa für gewisse Vorsorgeeinrichtungen, die ein Unternehmen für sein Personal, z. B. als Vorsorgestiftung – früher wurde allgemein von Pensionskassen gesprochen – oder in anderer Form errichtet[1].

2. Der Ausdruck Privatassekuranz ist eine Schöpfung der Praxis. Er hat nur gerade die traditionellen Versicherungsgesellschaften im Auge, d. h. jene, die sich am Versicherungsmarkt beteiligen, mehr oder weniger inten-

---

[1] Zum Begriff der Versicherung vgl. hinten N 131 ff. Verschiedene Versicherungstheorien beschreiben namentlich MAHR, Versicherungswirtschaft S. 27 ff. und 66 ff., und EICHLER, Versicherungsrecht S. 1 ff. – Die Botschaft zum (neuen) VAG verzichtet ausdrücklich darauf, den Versicherungsbegriff zu umschreiben, BBl 1976 S. 883.

Versicherung

siv werben und die Tendenz zur Expansion haben. Der Ausdruck umfasst nicht alle Versicherungseinrichtungen, die unter den Begriff der Versicherung nach VAG[1a] fallen können, z. B. nicht die Krankenkassen, Vorsorgeeinrichtungen und Verbandsversicherungskassen. Die Privatassekuranz[2] bildet somit lediglich einen Ausschnitt aus den Versicherungseinrichtungen, die das VAG meint. Sie wird als solche weder im alten noch im neuen VAG erwähnt.

3. Das Wort Privatversicherung ist wiederum vieldeutig. In der Umgangssprache wird ihm gelegentlich der gleiche Sinn wie dem Wort Privatassekuranz zugelegt. Daneben wird es z. B. auch als privatrechtlicher Versicherungsvertrag, d. h. als rechts-technisches Mittel verstanden, das die Privatassekuranz verwendet, um auf ihre Weise den Vorsorgebedarf von Menschen, Unternehmungen usw. befriedigen zu können. Was jeweilen gemeint ist, muss aus dem Zusammenhang geschlossen werden.

4. Nachstehend wird versucht, einige typische Züge oder Eigenschaften, also einige Charakteristika, der Versicherung allgemein und sodann solche der Privatversicherung kurz zu schildern. Diese «Züge» können verschieden stark ausgeprägt sein, ja einzelne von ihnen können gelegentlich ganz fehlen. Selbst in diesem Fall lässt sich eine Einrichtung, aufgrund des Gesamteindruckes, unter Umständen noch als Versicherung qualifizieren[3].

[1a] Vgl. hinten bei N 134 und 178. – Das VAG verwendet allgemein den Ausdruck Versicherungseinrichtung, während das VVG vom Versicherer spricht; vgl. hinten bei den N 175 ff.

[2] Die Privatassekuranz ist ein Zweig der Privatwirtschaft. Sie wird, wie etwa die Banken, dem Dienstleistungsbereich zugerechnet (tertiärer Sektor der Volkswirtschaft; zum primären Sektor gehören z. B. Landwirtschaft und Bergbau und zum sekundären Sektor die verarbeitende Industrie).

[3] Diese Denkform des Typus und der Typisierung unterscheidet sich wesentlich von jener des abstrakt-allgemeinen Begriffes und der Begriffsbildung; vgl. LARENZ, Methodenlehre S. 443 ff. und 447 ff. Es handelt sich hier um den sog. empirischen Gestalttypus: Bei ihm kommt es – im Gegensatz zum Begriff – weniger auf einzelne Merkmale als auf das gesamte «Erscheinungsbild» an, das auch noch gegeben sein kann, wenn einzelne Eigenschaften nur schwach ausgeprägt sind oder ganz fehlen. Vgl. auch hinten N 130.

II. CHARAKTERISIERUNG DER VERSICHERUNG[3a]

1. Vorsorge

a) Eine Person wird im Verlaufe ihres Lebens aus mannigfachen Gründen finanziellen Sonderbelastungen[4] ausgesetzt oder gerät gar in einen finanziellen Engpass: Ihre Einnahmen können schrumpfen oder ihre Ausgaben zunehmen; sie erleidet Vermögensverminderungen, indem Aktiven zerstört oder beschädigt werden oder abhanden kommen; oder es entstehen Verbindlichkeiten usw. Ursachen solcher Sonderbelastungen sind beispielsweise: Eine Person verunfallt oder wird krank, was sich in Mindereinnahmen (z. B. Ausfall des Lohnes) oder Mehrauslagen (Kosten der Heilbehandlung) auswirkt. Auch der Alterungsprozess führt zu Mindereinnahmen, da im vorgerückten Alter die Kräfte und mit ihnen in der Regel auch das Erwerbseinkommen schwinden. Eine Vermögensminderung besteht etwa darin, dass ein Haus abbrennt und damit ein Vermögensbestandteil zerstört wird. Eine Verbindlichkeit ergibt sich daraus, dass eine Person für den Schaden eines Dritten, z. B. aus einem Verkehrsunfall, haftbar wird und dessen Lohnausfall, Heilungskosten usw. zu ersetzen hat.

Nicht nur der einzelne Mensch, sondern auch das wirtschaftliche Unternehmen kann einer finanziellen Sonderbelastung ausgesetzt sein, indem z. B. seine Fabrikanlagen durch Feuer zerstört werden.

Der verantwortungsbewusste Bürger überlegt sich, welche Ereignisse sein finanzielles Gleichgewicht gefährden können. Sein Vorsorge- oder Sicherungsbedürfnis – auch Sekuritätsbedürfnis genannt – ist wach oder lässt sich wecken. Er will für bestimmte Ereignisse Vorsorge treffen, um zu vermeiden, dass sie seine Ersparnisse aufzehren oder seine Überschuldung bewirken. Vorsorge ist letztlich Ausdruck der Selbstverantwortung und des Selbsterhaltungstriebs[5].

[3a] Vgl. zum Versuch, den Begriff der Versicherung allgemein und gemäss VAG zu bestimmen, hinten bei N 131 ff.

[4] GYSIN, Soziale Ideen und rechtliche Strukturen in der Sozialversicherung, SZS 1964 S. 5 f.

[5] Auch Tiere sorgen vor; so lautet der Titel der von Prof. HEDIGER verfassten Jubiläumsschrift, die 1973 von der «Zürich» und ihren beiden Tochtergesellschaften, der VITA und der ALPINA, herausgegeben worden ist.

Wie der einzelne Bürger will auch der verantwortliche Leiter eines Unternehmens für bestimmte Situationen vorsorgen.

b) Der Bürger und das Unternehmen haben zahlreiche Möglichkeiten, für künftige finanzielle Sonderbelastungen Vorsorge zu treffen; lediglich drei von ihnen seien erwähnt:

aa) Es können Ersparnisse angelegt werden. Sie bilden eine allgemeine Reserve, mit welcher sich künftige Störungen des finanziellen Gleichgewichts wenigstens teilweise meistern lassen.

bb) Für ungezählte Ursachen finanzieller Sonderbelastungen ist der Schutz durch das spezifische Mittel Versicherung möglich und geboten.

cc) Durch Prophylaxe lassen sich bestimmte Gefahren mildern oder gar ausschalten. Zu denken ist etwa an die Verhütung von Unfällen und Krankheiten[6].

Während die Prophylaxe die *Ursachen* schädigender Ereignisse und Entwicklungen ausschalten oder mildern soll, wird der Versicherer in der Regel erst leistungspflichtig, wenn bestimmte Ereignisse bereits eingetreten sind. Naheliegenderweise ist aber der Versicherer bestrebt, die Prophylaxe in seinem Tätigkeitsbereich zu fördern[7].

c) aa) Es lässt sich nicht generell sagen, welche Möglichkeiten ausgeschöpft werden sollen oder können, um Vorsorge für die Zukunft zu treffen. Es gibt nicht für jede Gefahr einen entsprechenden Versicherungsschutz. So kann sich der einzelne Mensch bzw. der Unternehmer z. B. nicht gegen die Folgen schlechter Geschäftsführung versichern; allenfalls versichert er sich absichtlich nicht gegen bestimmte Gefahren, da er sich finanziell so stark wähnt, dass er diesen Schutz nicht braucht[8]. Hingegen ist das

---

[6] Die Verhütung von Krankheiten ist das Ziel der Präventivmedizin, die sich z. B. mit der Frage von Schutzimpfungen, Vorsorgeuntersuchungen usw. befasst; vgl. SCHÄR, Sozial- und Präventivmedizin.

[7] So haben s. Zt. die SUVA und die damalige UDK die Schweiz. Beratungsstelle für Unfallverhütung errichtet und finanziert. Diese Beratungsstelle (bfu) findet nun ihren gesetzlichen Niederschlag in UVG 88 und VUV 59. Sie wird von der SUVA und den Versicherern des erweiterten Obligatoriums (UVG 68) betrieben. Es gehört zu ihren Aufgaben, die Unfallverhütung besonders betreffend Strassenverkehr, Sport und Haushalt zu fördern; vgl. MAURER, Unfallversicherung S. 588.

[8] So schliessen z. B. die SBB keine Haftpflichtversicherung für den Eisenbahnbetrieb ab, da sie annehmen, Schadenersatzansprüche Dritter – z. B. der Fahrgäste – sogar bei einem grossen Eisenbahnunglück verkraften zu können. – Doch pflegen

normale Sparen für zahlreiche Gefahren keine zureichende Vorsorge. Ein junger Ehemann kann vom Tod ereilt werden, bevor er die Möglichkeit gehabt hat, ausreichende Ersparnisse anzulegen, um für Frau und Kinder vorzusorgen. Dafür wäre das Mittel der Versicherung geeignet gewesen.

bb) Die Versicherung ist somit das Instrument, mit welchem für zahlreiche Ereignisse der Vorsorgebedarf[8a] *sachgerecht* befriedigt wird. Dies ist ihre Hauptfunktion, ihre typische Aufgabe.

cc) Der Staat bedient sich dieses Instrumentes vornehmlich, um für einzelne Bevölkerungsteile – z. B. für die Arbeitnehmer – oder für die ganze Bevölkerung Kollektivvorsorge für bestimmte Tatbestände zu treffen und dadurch sozialpolitische Fragen zu lösen[9]. Der einzelne Bürger oder der Unternehmer verwendet das Mittel der Versicherung dagegen hauptsächlich für die individuelle Vorsorge[10].

2. Versichertengemeinschaft, Versicherungsträger, versicherte Gefahren, Versicherungsleistungen und Prämien

a) aa) Die Versicherung bezweckt folgendes: Zahlreiche Personen wollen sich gegen bestimmte, gleichartige Gefahren, z. B. gegen die Gefahr krank zu werden, zu verunfallen usw., finanziell schützen. Fasst man sie zu einer Gemeinschaft zusammen, so ist dies die Gefahren-(Risiko-) oder Versichertengemeinschaft. Jede Person bezahlt nach einem Schlüssel einen Betrag, die Prämie. Dadurch bilden sich mehr oder weniger grosse Kapitalien. Aus diesen werden dann jenen Personen festgelegte Leistungen,

sich auch finanzstarke Unternehmen und das Gemeinwesen gegen zahlreiche Gefahren zu versichern; sie ziehen es aus kalkulatorischen Gründen vor, regelmässig einen bestimmten Betrag für Prämien auszulegen, statt das Risiko zu laufen, unversehens, z. B. wegen Feuer oder aus Haftpflicht, mit gewaltigen Summen belastet zu werden. Zudem nimmt ihnen der Versicherer die Arbeit der Schadenregulierung ab (man denke z. B. an Serienschäden, die durch mangelhafte Produkte verursacht werden und die oft aufwendige Erledigung solcher Haftpflichtfälle).

[8a] Vgl. auch hinten bei N 933.
[9] Das Kerngebiet ist dabei die Sozialversicherung (AHV/IV, Unfallversicherung usw.); vgl. zu deren Begriff MAURER, SVR I S. 77 ff.
[10] Dies trifft für den Unternehmer auch dann zu, wenn er seine Arbeitnehmer durch Privatversicherungsverträge gegen bestimmte Gefahren versichert, da er die Möglichkeit hat, bei der Ausgestaltung dieser Verträge entscheidend mitzuwirken.

eben die Versicherungsleistungen, entrichtet, bei denen sich die versicherte Gefahr verwirklicht, d. h. im Versicherungsfall.

bb) Die Versicherung beruht auf der bedeutsamen Erfahrung, wonach es in hohem Grade unwahrscheinlich ist, dass alle Versicherten innert kürzester Zeit, z. B. innerhalb des gleichen Jahres, von einem versicherten Ereignis betroffen werden. Vielmehr verwirklicht sich die versicherte Gefahr nur bei einem Teil der Versicherten. Somit lässt sich bei der Versicherung das Bild von zwei konzentrischen Kreisen zeichnen. Der grössere Kreis umfasst alle Versicherten, d. h. die ganze Versichertengemeinschaft; der kleinere Kreis dagegen schliesst nur jene Versicherten ein, bei denen innerhalb einer bestimmten Periode, z. B. innerhalb eines Jahres, ein versichertes Ereignis (Unfall, Feuerschaden usw.) eintritt.

cc) Allein diese Erfahrungsregel spielt nur, wenn die Versichertengemeinschaft so gross ist, dass sich die Zahl der zu erwartenden versicherten Ereignisse aufgrund statistischer Regelmässigkeit[11] abschätzen lässt. Nur dann lässt sich die Prämie für bestimmte Arten von Ereignissen und Leistungen zum voraus einigermassen zuverlässig bestimmen. Für die Versicherung ist demnach typisch, dass die für bestimmte, gleichartige Gefahren gebildeten Versichertengemeinschaften genügend gross sind, um den sog. Risikoausgleich zu bewirken. Allein die Versicherungstechnik hat es ermöglicht, unter bestimmten Voraussetzungen auch kleinere Versichertengemeinschaften zu versichern (z. B. durch eine entsprechende Gestaltung der Rückversicherung). Für sie kann die Zahl der zu erwartenden Versicherungsfälle mangels statistischer Regelmässigkeit nicht genügend genau und zuverlässig abgeschätzt werden, weshalb es an der Voraussetzung des notwendigen Risikoausgleichs fehlt[12].

b) Typisch für die Versicherung ist ferner, dass die Tatbestände, bei deren Verwirklichung Leistungen zu entrichten sind, zum voraus um-

---

[11] Vgl. zum Gesetz der grossen Zahl usw. hinten bei N 72.

[12] Mit der Rückversicherung können Versichertengemeinschaften verschiedener Träger zusammengefasst und damit vergrössert werden. Es wird erreicht, dass der Risikoausgleich geographisch – z. B. durch die internationale Gliederung der Rückversicherung – und auch zeitlich verbessert wird, letzteres indem zufällige Schwankungen hinsichtlich Schadenhäufigkeit und Schadendurchschnitt über längere Perioden verringert werden; vgl. hinten bei N 94 ff. und zur technischen Seite des Risikoausgleichs GÜRTLER, Betriebswirtschaftslehre S. 63 ff.

schrieben werden. Man spricht von den versicherten Gefahren; dabei müssen es freilich nicht immer Gefahren im Sinne des allgemeinen Sprachgebrauchs sein; denn man kann z. B. auch Leistungen vorsehen für den Fall, dass eine Person ein bestimmtes Alter erreicht usw. Typisch ist ferner, dass die Versicherungsleistungen zum voraus bestimmt werden oder dass sie bei Verwirklichung des versicherten Tatbestandes bestimmbar sind. Überdies muss ein Rechtsanspruch auf sie bestehen. Eine Vorsorgeeinrichtung, die keinen Rechtsanspruch auf Leistungen gewährt, ist keine Versicherung[12a].

c) Die Versicherung baut auf der Idee der Solidarität auf. Ein Versicherter ist bereit, eine Prämie zu bezahlen, auch wenn er sich bewusst ist, dass er selbst möglicherweise kein versichertes Ereignis, z. B. keinen Unfall, erleiden wird; mit seiner Prämie finanziert er also unter Umständen nur die Leistungen anderer Versicherter, bei denen sich die versicherte Gefahr verwirklicht. Solidarität ist jedoch nur technisch, nicht ethisch zu verstehen. Der einzelne Versicherte bezahlt in der Regel die Prämie nicht aus altruistischer Gesinnung, sondern weil er den eigenen Vorsorgebedarf befriedigen will[13].

d) Zur Durchführung der Versicherung ist eine feste Organisation, der sog. Versicherungsträger, erforderlich. Dieser hat die Aufgaben zu erfüllen, die der Betrieb der Versicherung mit sich bringt, also die Versichertengemeinschaft aufzubauen, Bedingungen und Prämientarife aufzustellen, Prämien einzuziehen, Leistungen zu entrichten usw.

e) Zusammenfassend sind als typische Züge der Versicherung zu nennen:
Tendenz zur Bildung einer genügend grossen Versichertengemeinschaft; Versicherungsträger; Umschreibung der versicherten Gefahren oder Tatbe-

---

[12a] Deshalb ist ein Verein, eine Genossenschaft oder eine Stiftung keine Versicherung, wenn sie für bestimmte Fälle – Tod, Krankheit usw. – nur gerade Leistungen nach Gutdünken der zuständigen Organe, sog. «Ermessensleistungen», gewährt. Dies trifft z. B. bei den Wohlfahrtsfonds von Arbeitgebern zu, auch wenn sie in eine der erwähnten Rechtsformen gekleidet sind; vgl. auch hinten bei N 139.

[13] Der Prämienzahler in der Versicherung denkt im allgemeinen nicht weniger an die eigenen Bedürfnisse als der Sparer, der sein Geld auf der Bank anlegt. Dieser tut es um des eigenen Ertrages willen und nicht, weil er es der Bank ermöglichen will, Drittpersonen Darlehen zu gewähren.

stände und der Versicherungsleistungen; Rechtsanspruch auf Leistungen; ganze oder doch teilweise Finanzierung durch Prämien[14].

III. TYPISCHE ZÜGE DER PRIVATVERSICHERUNG[15]

Ausser den allgemeinen Charakteristika der Versicherung sind bei der Privatassekuranz noch besondere typische Züge festzustellen:

1. Privatrechtlicher Versicherungsvertrag

Die Versicherung entsteht im einzelnen Fall durch Abschluss eines privatrechtlichen Vertrages[16]. Dieser legt Rechte und Pflichten der Beteiligten fest. Demgegenüber beruht die öffentlich-rechtliche Versicherung, vor allem die Sozialversicherung, nicht auf einem solchen Vertrag, sondern auf öffentlichem Recht[16a].

2. Relation zwischen Prämie und Risiko

Private Versicherungsgesellschaften pflegen die Prämie in der Regel nach der Grösse der versicherten Gefahr, nämlich nach Massgabe von Risikomerkmalen, abzustufen. Je grösser die Wahrscheinlichkeit ist, dass sich bei einem Versicherten die versicherte Gefahr verwirklicht, desto höher wird die Prämie angesetzt. Auch von dieser typischen Regel gibt es freilich

---

[14] Zu den einzelnen typischen Zügen ist an mehreren Stellen Weiteres auszuführen; vgl. das Sachregister.

[15] Vgl. zu diesem Begriff vorne vor N 3.

[16] Man spricht daher auch von der Vertragsversicherung – in Deutschland wird sie meistens Individualversicherung genannt –, die sich von der öffentlich-rechtlichen Versicherung unterscheidet. Vgl. für das deutsche Recht WANNAGAT, Sozialversicherungsrecht S. 25 ff.

[16a] Besonderheiten bestehen in der Unfallversicherung nach UVG. Diese Versicherung wird im erweiterten Obligatorium teilweise ebenfalls durch Vertrag begründet. Ihren Inhalt setzt jedoch das öffentliche Recht fest, nämlich das UVG. Vgl. dazu MAURER, Unfallversicherung S. 134 ff. sowie hinten bei N 258 und N 348 und ferner zur beruflichen Vorsorge hinten bei den N 1197 ff.

Ausnahmen, indem nicht nach dem Risiko abgestuft, sondern eine Durchschnittsprämie[17] festgesetzt wird.

3. Relation zwischen Prämie und Versicherungsleistung

Wer eine höhere Versicherungsleistung vereinbart, muss in der Privatversicherung in der Regel eine höhere Prämie bezahlen, als wer geringere Leistungen vereinbart. Diesen Grundsatz beachtet die Privatassekuranz im allgemeinen stark[18].

4. Versicherungstechnik und Planmässigkeit

Da Versicherungsgesellschaften für ihr finanzielles Gleichgewicht selbst die Verantwortung tragen und überdies im Konkurrenzkampf stehen, können sie nur fortbestehen, wenn sie ihren Betrieb nach versicherungstechnischen Grundsätzen betreiben. Sie benötigen Personal, das über ein beträchtliches Fachwissen, das «Know-how», verfügt. Zur Versicherungstechnik einer Gesellschaft gehört auch der Geschäftsplan[19], z. B. hinsichtlich der Ausdehnung des Versichertenbestandes (Kundenwerbung), der

---

[17] Vgl. hinten bei N 99a. In einzelnen Zweigen der Sozialversicherung ist das Risiko ohne Einfluss auf die Bemessung der Prämien, so z. B. in der AHV/IV; vgl. MAURER, SVR I S. 55.

[18] Näheres hinten bei N 98. In der Sozialversicherung wird die Relation zwischen Prämie und Versicherungsleistungen im allgemeinen schwächer, teilweise gar nicht berücksichtigt; vgl. MAURER, SVR I S. 53 und 55.

[19] Die Begriffe des Geschäftsplanes und der Planmässigkeit sind umstritten, ebenso ihre Bedeutung für den Betrieb des Versicherungsunternehmens und für den einzelnen Versicherungsvertrag. Art. 8 VAG regelt nun Einzelheiten zum Geschäftsplan (BBl 1976 S. 899 f.); vgl. auch KARSTEN, Rechtsbegriff der Versicherung S. 197–208. – Einzelheiten zum Geschäftsplan bei ZULAUF, Personal-Gruppenversicherung S. 13 und S. 44 sowie hinten vor N 181. Die Versicherungstechnik weist von Zweig zu Zweig beträchtliche Unterschiede auf; sie ist z. B. in der Lebensversicherung völlig anders als in der Haftpflichtversicherung ausgestaltet. Planmässigkeit ist nicht nur gegeben, wenn der Versicherer den Versichertenbestand auszudehnen sucht, sondern auch wenn er ihn drosselt, weil er auf anderem Wege ständigen Verlusten aus dem Betrieb eines Zweiges nicht beikommt. Gelegentlich erwirbt ein Versicherer die Bewilligung für einen bestimmten Zweig nur, um sein Sortiment für die Kundschaft zu erweitern, obwohl er diesen Zweig geschäftspolitisch gar nicht fördern will.

Annahme von Geschäften (Risikoannahme), der Prämienkalkulation usw. Die Voraussetzungen der Planmässigkeit und des «Know-how» sind gelegentlich bei kleinen Einrichtungen, die der Aufsicht des BPV nicht unterstehen[20], weil sie von geringer wirtschaftlicher Bedeutung im Sinne von VAG 4 I lit. b sind, nur ungenügend gegeben[20a].

IV. VERSICHERUNG UND VOLKSWIRTSCHAFT

Versicherungsleistungen, die den von einem versicherten Ereignis betroffenen Versicherten, dem kleineren Kreis[21], entrichtet werden, müssen vom grösseren Kreis der Versichertengemeinschaft zur Hauptsache durch Prämien finanziert werden. Die Versicherung erfüllt somit eine Verteilungsaufgabe. Volkswirtschaftlich ist dies eine Umverteilung von Volkseinkommen und Volksvermögen. Die Gesamtheit der Prämienzahler zweigt – etwas vereinfacht ausgedrückt – einen Teil des Einkommens oder des Vermögens in Form von Prämien ab, der dem von einem versicherten Ereignis Betroffenen zufliesst. Diese Umverteilung – sie wird auch als sekundäre Einkommens- bzw. Vermögensverteilung oder Redistribution bezeichnet – spielt in der Sozialversicherung, namentlich in der AHV, eine besonders grosse Rolle[22]. Die Redistribution gehört volkswirtschaftlich zu den typischen Zügen der Versicherung.

---

[20] Vgl. hinten bei N 155. Das BGer verwendet den Begriff der Planmässigkeit in einem speziellen Sinne; vgl. hinten bei den N 141 ff.

[20a] Die Versicherung erscheint in ungezählten Variationen. Wenn der Versicherungsgedanke stark zum Ausdruck kommt, spricht man vom technischen «Idealtypus». Er ist besonders dann gegeben, wenn die Prämien nach dem Risiko abgestuft sind (sog. risikogerechte Prämien) und überdies von der Höhe der Leistungen abhängen und wenn ferner soviele Risiken erfasst sind, dass das Gesetz der grossen Zahl spielt. Dieser technische «Idealtypus» hat sich auf dem Boden der Privatassekuranz entwickelt. Abweichungen von ihm kommen auch in der Privatassekuranz vor, sie sind aber in der Sozialversicherung viel häufiger anzutreffen. Vgl. Weiteres bei MAURER; SVR I S. 51 ff.

[21] Vgl. vorne vor N 11.

[22] Eingehender MAURER, SVR I § 6, MAURER/MACCIACHINI, Wechselwirkungen zwischen Sozialversicherung und Volkswirtschaft, SZS 1969 S. 187, und WANNAGAT, Sozialversicherungsrecht, S. 149 ff.

§ 2 GESCHICHTLICHE HINWEISE[23]

1. Der Gedanke der Gefahrengemeinschaft – ein Charakteristikum der Versicherung – hat schon im Altertum gewisse Institutionen entstehen lassen. So gab es im alten Rom Krankenkassenvereine (Collegia tenuiorum) und Sterbevereine (collegia funeratica)[24]. Die Mitglieder hatten ein Eintrittsgeld und Beiträge zu entrichten. Bei Krankheit, Unfall oder beim Tod erhielten sie bzw. ihre Angehörigen Leistungen, die ausser ärztlicher Hilfe und Heilmitteln auch Geldbeträge umfassten. Diese Vereine unterstanden der Staatsaufsicht.

2. Das kommerzielle Versicherungsgeschäft hat sich zuerst als Seeversicherung entwickelt. Schon im Altertum waren sich die Seefahrer bewusst, dass Mannschaft, Schiff und Ladung als beträchtliche Wertballung augenfälligen Gefahren ausgesetzt waren. Das Sicherungsbedürfnis und die Gefahrengemeinschaft führten im Verlaufe der Jahrhunderte zu Formen und Einrichtungen einer sich allmählich entwickelnden Seeversicherung. Dazu lediglich folgendes:

a) In der römisch-rechtlichen Lex Rhodia de iactu findet die Idee der Gefahrengemeinschaft ihren deutlichen Niederschlag. Wenn zur Rettung eines Schiffes, das in Seenot geraten war, Güter über Bord geworfen werden mussten (Seewurf), so sollte der daraus entstandene Schaden von den an der Reise Beteiligten gemeinsam getragen werden. Dieser Gedanke liegt übrigens auch der «Havarie grosse» des modernen Seerechts zugrunde.

b) Im Altertum spielte das griechisch-römische Seedarlehen (foenus nauticum) eine beträchtliche Rolle. Der Darlehensgeber (Finanzmann) gewährte dem Reeder, Warentransporteur usw. ein Darlehen. Dieses war, zusammen mit hohen Zinsen, nur dann zurückzugeben, wenn Schiff und Ladung den Bestimmungsort glücklich erreichten. Andernfalls verlor der Darlehensgeber sein Kapital. Dieses hatte gleichsam die Funktion einer Versicherungssumme, welche vom Versicherer im Schadenfall bezahlt

---

[23] Weiteres besonders bei MAHR, Versicherungswirtschaft S. 39 ff.; KOENIG S. 8 f.; BÜCHNER FRANZ, Geschichtliche Betrachtungen zum Begriff der Versicherung, in Festgabe für Hans Möller, Karlsruhe 1972, S. 112.

[24] WANNAGAT, Sozialversicherungsrecht S. 42.

wird. Gegen Ende des 14. Jahrhunderts entwickelte sich aus diesem Kreditgeschäft die Seeversicherung. Reeder, Warenhändler usw. bezahlten dem Finanzmann vor der Seereise eine Prämie; sie erhielten von ihm das vereinbarte Kapital (d. h. die Versicherungssumme), wenn Schiff und Ladung den Bestimmungsort nicht erreichten, andernfalls nicht. Der Finanzmann trug also gegen eine Prämie die Gefahr. Da er oft nur wenige solcher Verträge abschliessen konnte, spielte das Gesetz der grossen Zahl nicht, weshalb dieses Geschäft einen stark spekulativen Einschlag hatte. Die Seeversicherung breitete sich im Verlauf der Jahrhunderte von Italien (Genua) über Spanien, die Niederlande, Frankreich, England und Deutschland usw. aus[25].

3. Im germanischen Mittelalter bildeten sich etwa ab dem 11. Jahrhundert auf genossenschaftlicher Grundlage Schutzgilden, die sich die gegenseitige Hilfeleistung bei Ereignissen, wie Brandfälle usw., zum Ziele setzten[26]. In unserem Lande erfüllten die Zünfte eine ähnliche Aufgabe[27]. Daraus entstanden im vergangenen Jahrhundert die genossenschaftlich organisierten Versicherungen auf Gegenseitigkeit, die in der Schweiz und in andern Ländern – in Frankreich: Les mutualités – auch heute noch bedeutsam sind[28].

4. Die moderne, sich der Statistik und Wahrscheinlichkeitsrechnung bedienende Versicherung setzte sich in der Schweiz ebenfalls im vergangenen Jahrhundert durch. Zuerst errichteten verschiedene Kantone öffentlich-rechtliche Brandversicherungsanstalten[29]. Ihre Zahlungen sollten den Wiederaufbau des abgebrannten Gebäudes ermöglichen und dadurch der Obdachlosigkeit steuern.

---

[25] Analyse dieser Entwicklung bei BÜCHNER a. a. O. S. 112 ff. Die Ordonnanz von Barcelona aus dem Jahre 1435 befasste sich als einer der ersten behördlichen Erlasse mit der Seeversicherung.

[26] BÜCHNER a. a. O. S. 123 ff.

[27] HEROLD, Voraussetzungen und Ursprünge der Sozialversicherung, SZS 1965 S. 98, besonders S. 107 ff., gibt eine farbige Schildung dieser Entwicklung.

[28] In die Rechtsform der Genossenschaft gekleidet sind z. B. die Schweizerische Lebensversicherungs- und Rentenanstalt, Zürich, die Schweizerische Mobiliar Versicherungs-Gesellschaft, Bern, ferner Krankenkassen gemäss KVG.

[29] Die erste entstand 1805 im Kanton Aargau, ihr folgte 1808 jene des Kantons Zürich; vgl. die Schrift: «150 Jahre Gebäudeversicherung im Kanton Zürich», von HUMMEL und HAAS, 1958.

§ 2 Geschichtliche Hinweise

5. Das private Versicherungsgewerbe erlebte seinen grossen Aufschwung in der zweiten Hälfte des letzten Jahrhunderts, und zwar als Folge der Industrialisierung. Zahlreiche schweizerische Versicherungsgesellschaften wurden, sei es als Aktiengesellschaften, sei es als Genossenschaften, gegründet. Ausländische Versicherungsgesellschaften errichteten in der Schweiz Geschäftsstellen oder Agenturen[30]. Bereits die Bundesverfassung von 1874 räumte in Art. 34 Abs. 2 dem Bunde die Kompetenz zu Aufsicht und Gesetzgebung über den Geschäftsbetrieb der Privatunternehmungen «im Gebiete des Versicherungswesens» ein. Wohl als erstes Land erliess die Schweiz ein Aufsichtsgesetz, nämlich das Bundesgesetz «betreffend die Beaufsichtigung von Privatunternehmungen im Gebiete des Versicherungswesens» vom 25. Juni 1885 (a. VAG), worin die «Vornahme von Versicherungsgeschäften in der Schweiz» ohne bundesrätliche Bewilligung «gänzlich untersagt» wird (Art. 3). Schliesslich regelte das Bundesgesetz über den Versicherungsvertrag vom 2. April 1908 (VVG) die von konzessionierten Gesellschaften abgeschlossenen Versicherungsverträge spezialrechtlich[31]. Da das VAG vom 1885 den Anforderungen unserer Zeit nicht mehr genügte, wurde es einer Totalrevision unterzogen. Den Anstoss gab eine Motion von Nationalrat Cadruvi vom 17. März 1965, die am 24. März 1966 in ein Postulat umgewandelt wurde. Das EJPD setzte im Oktober 1966 eine Expertenkommission ein, die ihren Gesetzesentwurf im Dezember 1971 vorlegte. Gestützt auf das Vernehmlassungsverfahren überarbeitete sie diesen Entwurf, vorab um ihn mit einem bereits vorliegenden Entwurf zu einem Gesetz über die berufliche Vorsorge zu koordinieren. Der neue Entwurf von 1974 erfuhr eine weitere, wichtige Ergänzung. Mit einem

---

[30] In der bundesrätlichen Botschaft zum Aufsichtsgesetz (BBl 1885 I S. 120 f.) wird ausgeführt, dass in den Jahren 1877/78 in der Schweiz 118 Versicherungsgesellschaften, darunter nicht weniger als 97 ausländische, von den Kantonen konzessioniert gewesen seien. Ende 1984 unterstanden 90 schweizerische und 27 ausländische Gesellschaften, total also 117 der bundesrätlichen Aufsicht. In der Regel ist jede Gesellschaft in mehreren Geschäftszweigen tätig; Ende 1984 betrieben die Lebens- und Invaliditätsversicherung 57, die Unfall- und Haftpflichtversicherung 87, die Feuerversicherung 42 und die Rückversicherung 12 Gesellschaften. Die Zahlen wurden dem Jahresbericht des BPV für 1984 S. 192 entnommen.

[31] Näheres dazu hinten § 8. Vgl. zur Geschichte der Privatassekuranz PETER KOCH, Der schweizerische Beitrag zur Entwicklung des Versicherungswesens, SVZ 1985 S. 310 ff. und MAURER, Geschichte S. 43 ff.

Versicherung

Postulat vom 16. Juni 1971 hatte nämlich Nationalrat Renschler beantragt, zur Begutachtung der Tarife in der obligatorischen Motorfahrzeug-Haftpflichtversicherung sei eine konsultative und paritätische Kommission zu schaffen. Das EJPD setzte hierauf eine Studiengruppe ein, welche die langfristigen Fragen der Motorfahrzeug-Haftpflichtversicherung prüfte. Sie empfahl in ihrem Bericht von 1975 die Einsetzung einer ständigen Konsultativkommission für die Motorfahrzeug-Haftpflichtversicherung sowie eine Neuordnung dieses Versicherungszweiges. Der Bundesrat übernahm die wesentlichen Punkte dieser Konzeption in seinem Entwurf zu einem neuen VAG, den er mit Botschaft vom 5. Mai 1976[31a] der Bundesversammlung vorlegte. Die Bundesversammlung verabschiedete das «Bundesgesetz betreffend die Aufsicht über die privaten Versicherungseinrichtungen (Versicherungsaufsichtsgesetz [VAG])» am 23. Juni 1978. Es trat am 1. Januar 1979 in Kraft und löste das alte VAG ab[31b]. Mit dem VAG wurden auch einige wenige Bestimmungen des VVG geändert, das im übrigen seit seinem Erlass keiner grösseren Revision unterzogen worden ist. – Das neue VAG erfährt zurzeit eine weitere kleine Revision. Am 6. bzw. 15. Dezember 1983 haben der Ständerat und der Nationalrat die am 20. September 1983 eingereichten Motionen Kündig und (Muheim)-Reimann – entgegen dem Antrag des Bundesrates – angenommen. Mit ihnen wird der Bundesrat im wesentlichen beauftragt, einen Entwurf zur Änderung von Art. 4 I lit. c VAG zu unterbreiten, damit die Personalvorsorgeeinrichtungen mehrerer Arbeitgeber von der Versicherungsaufsicht befreit werden, sofern sie der Aufsicht gemäss BVG unterliegen. Das EJPD schlägt nun zu Art. 4 I je einen neue lit. c^{bis} und c^{ter} sowie eine entsprechende Anpassung des BVG vor. Das Vernehmlassungsverfahren ist abgeschlossen[31c]. Der Bundesrat wird demnächst über Botschaft und Entwurf zu dieser Änderung Beschluss fassen.

[31a] BBl 1976 II S. 873. Die Botschaft schildert die Entstehungsgeschichte des Entwurfes. Der Bundesrat hatte bereits wenige Monate vor ihrer Verabschiedung, nämlich am 19. Dezember 1975, seine Botschaft über den Entwurf zum BVG veröffentlicht (BBl 1976 I S. 149). Mit diesem Entwurf hatte die Bundesversammlung grosse Mühe, so dass sie das BVG erst am 25. Juni 1982 erlassen konnte. Es trat am 1. Januar 1985 in Kraft.

[31b] Vgl. die Darstellung des Aufsichtsrechts hinten im 2. Abschnitt, S. 78 ff.

[31c] Vgl. das Rundschreiben und den erläuternden Bericht des EJPD vom 23. April 1985 für das Vernehmlassungsverfahren, sowie hinten bei den N 156 und 159.

§ 2 Geschichtliche Hinweise

6. Zahlreiche schweizerische Versicherungsgesellschaften haben teilweise schon vor, in stärkerem Masse aber nach dem Ersten Weltkrieg im Ausland Geschäftsstellen eröffnet, Tochtergesellschaften gegründet oder Versicherungsgesellschaften durch Erwerb der Aktienmehrheit aufgekauft. Der schweizerische «Versicherungsexport» nimmt in der Weltrangliste einen der ersten Plätze ein.

7. Zur Hauptsache erst im 20. Jahrhundert entstand in unserem Lande die Gesetzgebung über die Sozialversicherung. Die Kranken- und die Unfallversicherung regelte ursprünglich das Bundesgesetz über die Kranken- und Unfallversicherung vom 13. Juni 1911 (KUVG). Seit 1. Januar 1984 werden die beiden Zweige je in einem besonderen Gesetz geordnet. Es gelten nunmehr das Bundesgesetz über die Krankenversicherung (KVG)[31d] und das Bundesgesetz über die Unfallversicherung (UVG). Die grosse Entwicklung der Sozialversicherung fällt in die Zeit nach dem Zweiten Weltkrieg. Die AHV wurde durch Bundesgesetz vom 20. Dezember 1946 (AHVG) und die IV durch das Bundesgesetz vom 19. Juni 1959 (IVG) eingeführt. Die AHV/IV sind seither, dank der wirtschaftlichen Hochblüte, beträchtlich ausgebaut worden. Es folgte das Bundesgesetz über die Ergänzungsleistungen zur AHV/IV vom 19. März 1965 (ELG), das bereits genannte Bundesgesetz über die berufliche Alters-, Hinterlassenen- und Invalidenvorsorge (BVG) vom 25. Juni 1982 sowie die Total- oder Teilrevision anderer Sozialversicherungsgesetze[31e].

[31d] Vgl. zu den Abkürzungen vorne S. 26 *).
[31e] Vgl. MAURER, Geschichte S. 68 ff.; derselbe SVR I S. 100 ff. – AHVG, IVG, ELG und BVG sind für die privaten Lebensversicherungsgesellschaften und das UVG für die privaten Unfallversicherungsgesellschaften von grosser Bedeutung. Auf einige dieser Gesetze wird in diesem Buch in den verschiedensten Zusammenhängen hinzuweisen sein.

§ 3 ORGANISATION DES VERSICHERUNGS-UNTERNEHMENS
ORGANISATIONEN UND INSTITUTIONEN DER PRIVAT-ASSEKURANZ

I. DAS VERSICHERUNGSUNTERNEHMEN

Organisation (Aufbau) und Betrieb des Versicherungsunternehmens sind an sich Gegenstand der Betriebswirtschaftslehre der Versicherung. Gleichwohl sollen hier einige wenige Angaben folgen; sie gehören zu den Realien, also zu den Rechtstatsachen, auf welchen die einschlägigen Gesetze beruhen, und sie vermögen daher das Verständnis für das Versicherungsrecht in mehrfacher Hinsicht zu erleichtern[32].

1. Versicherungsunternehmen, die unter das Aufsichtsgesetz[33] fallen, sind zur Hauptsache in die *Rechtsformen* der Aktiengesellschaft und der Genossenschaft gekleidet; VAG 11 I[33a]. Diese beiden Rechtsformen führen nicht zwangsläufig zu beträchtlichen Unterschieden hinsichtlich Organisation und Betrieb. Jedenfalls lassen sich im versicherungstechnischen Bereich kaum signifikante Unterschiede in der Gliederung und in den Arbeitsabläufen feststellen.

2. Versicherungsunternehmen sind nicht einheitlich, gleichsam nach einem bestimmten Modell, organisiert. So gliedern sich grosse Unternehmen häufig anders als kleine, und Direktversicherer anders als Rückversicherer[34].

3. In der Regel wird zwischen *Hauptsitz* (Zentrale) und *Geschäftsstellen* unterschieden:

a) Am Hauptsitz befindet sich die Direktion, die alle wichtigeren technischen, vor allem aber die geschäftspolitischen Entscheidungen trifft. Der

---

[32] Im übrigen wird auf die Spezialliteratur verwiesen, namentlich auf GÜRTLER, Betriebswirtschaftslehre, mit Literaturangaben am Schluss der einzelnen Abschnitte.

[33] Vgl. hinten bei N 129.

[33a] Nach VAG 11 I Satz 2 bleiben «begründete Ausnahmefälle» vorbehalten. Versicherungseinrichtungen kommen etwa als Stiftungen vor, z. B. in der beruflichen Vorsorge, ferner gelegentlich auch als Vereine.

[34] Vgl. zu diesem Unterschied hinten bei N 317 und bei N 1496.

§ 3 Organisation des Versicherungsunternehmens/Privatassekuranz

Direktion unterstellt sind die einzelnen Arbeitsbereiche (Departemente, Ressorts)[35] mit ihren Fachabteilungen. Ausgestaltung und relative Grösse der Fachabteilungen sind branchenabhängig[36]. Man kann vorab folgende Bereiche hervorheben: Bereich für die Prüfung und Annahme von Versicherungsanträgen (Risikoannahme), für die Ausfertigung der Versicherungsdokumente (z. B. der Policen), für die Redaktion der Allgemeinen und Besonderen Versicherungsbedingungen, für die Aufstellung der Prämientarife usw. Die beiden letzteren Bereiche werden in zahlreichen Gesellschaften als Betriebsabteilung bezeichnet. Ein anderer Bereich befasst sich mit der Regulierung der Versicherungsfälle. Zumindest in der Schadensversicherung ist dies die Schaden- und Rechtsabteilung, der meistens auch die technischen Dienste (Autoexperten, medizinischer Dienst[37] usw.) angegliedert sind. Ein weiterer Bereich umfasst die elektronische Datenverarbeitung, mit der oft auch die Statistik und das Inkasso (z. B. Prämieninkasso) verbunden sind (gelegentlich wird dieser Bereich Rechenzentrum genannt). Der Bereich Finanzen ist in der Regel zuständig für Kapitalanlagen, Liegenschaften, Rechnungswesen (Buchhaltung und Kassa) und Steuern; der Bereich Aussendienst ist für Organisation und Betrieb der Geschäftsstellen und gelegentlich auch für den Anwerbebetrieb des Unternehmens überhaupt (Akquisition) zuständig; andere Bereiche sind für Personalwesen, Administration (z. B. Rationalisierung der Arbeitsabläufe), Materialverwaltung, Rückversicherung[38], Geschäftätigkeit in andern Ländern usw. verantwortlich.

b) aa) Jedenfalls die Direktversicherer pflegen ihre Verwaltungsarbeit in erheblichem Ausmasse zu dezentralisieren und errichten zu diesem Zweck ein mehr oder weniger dichtes Netz von Geschäftsstellen oder machen sich bereits bestehende Agenturen dienstbar. Geschäftsstellen und

---

[35] Wie die Organisation selbst, so variiert auch die Terminologie hinsichtlich der einzelnen Bereiche, Abteilungen usw. von Gesellschaft zu Gesellschaft.

[36] So ist die Schadenfrequenz z. B. in der Motorfahrzeug-Haftpflichtversicherung viel grösser als in der Lebensversicherung. Zudem sind dort die Versicherungsfälle rechtlich im allgemeinen bedeutend komplizierter als hier. Deshalb sind Schadenabteilungen bei gleichem Prämienvolumen in der Motorfahrzeug-Haftpflichtversicherung beträchtlich umfangreicher als in der Lebensversicherung.

[37] Zur Rechtsstellung des Gesellschaftsarztes – er wird in der Praxis als beratender Arzt bezeichnet – vgl. KIENTSCH, Mitwirkungspflicht des Arztes S. 71 ff.

[38] Vgl. dazu hinten § 53.

Agenturen befassen sich z. B. mit der Akquisition und mit der Portefeuillepflege (Anpassung der Versicherungssummen in bestehenden Verträgen an die Teuerung u. a. m.), mit der Regulierung von Versicherungsfällen usw.

bb) Zwischen dem Leiter der Geschäftsstelle und der Gesellschaft besteht entweder ein Arbeitsvertrag gemäss Art. 319 ff. OR[39] oder ein Agenturvertrag nach Art. 418a OR[40]. Im ersteren Falle ist der Leiter Angestellter (Arbeitnehmer) der Gesellschaft, im letzteren Falle dagegen selbständiger Kaufmann. Die Geschäftsstelle pflegt ihre Mitarbeiter wiederum entweder durch Arbeitsvertrag oder durch Agenturvertrag einzustellen.

cc) Besteht zwischen dem Leiter der Geschäftsstelle und dem Unternehmen ein Arbeitsvertrag, so ist die Geschäftsstelle ein sogenannter Regiebetrieb, d. h. sie gehört dem Unternehmen selbst. In der Schweiz verfolgen zahlreiche Gesellschaften die deutlich feststellbare Tendenz, ihre Geschäftsstellen als Regiebetriebe auszugestalten, so dass die Zahl der von Agenten, d. h. von selbständigen Kaufleuten, betriebenen Agenturen allmählich zurückgeht. In der Praxis entspricht es freilich einer weitverbreiteten Übung, dass Leiter von Regiebetrieben ebenfalls den Titel eines General- oder Hauptagenten usw. tragen. Anderseits sprechen die Bezeichnungen Regional- oder Subdirektion[41] dafür, dass es sich um gesellschaftseigene, also um Regiestellen des Unternehmens handelt, die für die geschäftliche Tätigkeit in einem bestimmten Landesteil zuständig sind.

dd) Im allgemeinen bezieht der durch Arbeitsvertrag mit dem Unternehmen verbundene Leiter der Geschäftsstelle ein festes Gehalt und daneben eine Spesenvergütung. Freilich wird ihm für bestimmte Funktionen oft eine Provision gewährt; z. B. eine Abschlussprovision, die teilweise ein «Erfolgshonorar» für den Abschluss eines Geschäftes darstellt. Die Agenten dagegen beziehen nur ausnahmsweise feste Gehälter. Ihre Arbeit wird durch Provisionen[41a] mannigfacher Art honoriert, durch die bereits erwähnte Abschlussprovision, durch Inkassoprovision usw. Mit der Ab-

---

[39] In der Fassung vom 25. Juni 1971, in Kraft seit 1. Januar 1972.

[40] Der Abschnitt über den Agenturvertrag wurde dem OR durch das BG vom 4. Februar 1949 eingefügt; vgl. zur rechtlichen Stellung des Agenten hinten § 15.

[41] Das Eidg. Handelsregisteramt lässt nur die Bezeichnung «Zweigniederlassung» für die Eintragung ins Handelsregister zu.

[41a] OR 418g ff. verwenden für den Agenturvertrag den Ausdruck Provision. An seiner Stelle wird in der Praxis auch jener der Kommission gebraucht.

schlussprovision kann der Versicherer die Produktion bis zu einem gewissen Grade steuern; so wird er für Geschäfte, die erfahrungsgemäss eher gewinnbringend sind, eine höhere Provision entrichten als für solche, die er als «schlechtes Geschäft» beurteilt. Es ist hingegen unrichtig, in der Abschlussprovision nur den Anreiz zu starkem geschäftlichen Einsatz zu sehen; denn der Abschluss von Geschäften ist oft mit Spesen und grossem Zeitaufwand verbunden. Die Abschlussprovision enthält daher die Elemente Spesenvergütung, Arbeitsentgelt und Belohnung für den Erfolg. – Was soeben hinsichtlich des Leiters einer Geschäftsstelle und des Agenten gesagt wurde, gilt in ähnlicher Weise für zahlreiche andere Mitarbeiter des Unternehmens oder einer Agentur. Versicherer und selbständiger Agent verwenden Agentur- und Arbeitsverträge zur Einstellung von Mitarbeitern in buntem Nebeneinander, wobei es oft schwierig ist, den Typus des Vertrages rechtlich zutreffend zu bestimmen.

4. Bedeutsam ist die Unterscheidung zwischen *Innen- und Aussendienst*. Der Aussendienst besteht darin, dass Angestellte oder Agenten des Versicherungsunternehmens oder seiner Agenturen Drittpersonen aufsuchen, z. B. um entweder den Abschluss von Geschäften zu vermitteln oder um Versicherungsfälle durch ein persönliches Gespräch zu regulieren. Die erste Kategorie bilden die Versicherungs-Inspektoren, auch Akquisiteure[42] genannt – dies sind also die «Verkäufer» –, die zweite Kategorie die Schadeninspektoren. Es gibt freilich auch Mischformen: Versicherungs-Inspektoren regulieren gelegentlich Versicherungsfälle, und Schadeninspektoren vermitteln bisweilen Geschäfte u. a. m. – Den Innendienst bilden die übrigen Mitarbeiter des Unternehmens. Es kommt nicht selten vor, dass diese Mitarbeiter teilweise auch aussendienstliche Tätigkeiten ausüben.

5. Ausländische Versicherungsgesellschaften, die in der Schweiz Geschäftsstellen unterhalten, müssen gemäss Art. 14 II VAG und Art. 47 AVO einen Generalbevollmächtigten bezeichnen, der sie gegenüber den Aufsichtsinstanzen vertritt[43]. Er muss Leiter der Geschäftsstelle für das gesamte schweizerische Geschäft sein.

---

[42] Rechtlich sind sie meistens Agenten; vgl. zu ihrer rechtlichen Stellung hinten § 15.

[43] Vgl. zu den ausländischen Versicherungsgesellschaften hinten N 186 und bei N 212b.

II. ORGANISATIONEN UND INSTITUTIONEN DER
PRIVATASSEKURANZ

1. Die Versicherungsgesellschaften können nach unterschiedlichen Merkmalen, nach juristischen, ökonomischen usw., eingeteilt werden. Hier ist nur die in der Praxis übliche Gliederung zu skizzieren, der vorwiegend historische und technische Gegebenheiten zugrunde liegen. Im Vordergrund stehen die Branchen, die auch Sparten oder Versicherungszweige genannt werden und die teils an die versicherte Gefahr, teils an den versicherten Gegenstand[44] anknüpfen. Jenes trifft z. B. für die Unfall-, Feuer- und Haftpflichtversicherung zu, da Unfall, Feuer und Haftpflicht die versicherte Gefahr bedeuten. Vom versicherten Gegenstand dagegen gehen z. B. die Branchen Motorfahrzeug-, Flugzeug- und Schiffs-Kasko aus; denn Motorfahrzeuge, Flugzeuge und Schiffe sind jedenfalls in der Sachversicherung die versicherten Gegenstände.

2. Die Privatassekuranz organisiert sich nach Versicherungsbranchen. Man spricht von den Branchenverbänden, die vor allem das Ziel verfolgen, gemeinsame Interessen gegenüber den Behörden, Verbänden, der Öffentlichkeit usw. zu vertreten. So seien z. B. folgende Branchenverbände[45] erwähnt:
- Schweizerische Vereinigung privater Lebensversicherer (VPL).
- Schweizerische Vereinigung der Haftpflicht- und Motorfahrzeug-Versicherer (HMV)[46].

---

[44] Vgl. zu diesen Begriffen hinten § 10 Z. I und III sowie bei N 619.

[45] Einen Überblick über die zahlreichen Verbände, Institutionen und Versicherungsgesellschaften vermittelt das jährlich erscheinende nützliche kleine Büchlein «Schweizerische Versicherungsgesellschaften und in der Schweiz vertretene ausländische Versicherungs-Gesellschaften», herausgegeben von der «Neuen Rückversicherungs-Gesellschaft», Genf.

[46] Zurzeit gehören z. B. die Lloyds-Versicherer, die Secura und die Altstadt der HMV nicht an, obwohl sie das Haftpflichtversicherungsgeschäft betreiben. Die den entsprechenden Verbänden nicht beigetretenen Versicherer pflegt man als Aussenseiter zu bezeichnen. – Die frühere Unfalldirektorenkonferenz (UDK) umfasste die meisten Unfall-, Kranken- und Haftpflichtversicherer. Sie ist in die HMV und PKU umgewandelt worden.

§ 3 Organisation des Versicherungsunternehmens/Privatassekuranz

- Schweizerischer Sachversicherungsverband, der besonders die privaten Feuerversicherer einschliesst[46a].
- Schweizerische Vereinigung privater Kranken- und Unfallversicherer (PKU)[46b]. Ihr gehören nur private Versicherungsgesellschaften, nicht aber die gemäss KVG anerkannten Krankenkassen an, da diese ihre eigenen Verbände (z. B. das Konkordat) haben.
- Schweizerischer Transport-Versicherungs-Verein.
- Schweizerische Maschinen-Versicherungs-Vereinigung.
- Direktorenkonferenz der schweizerischen Waren- und Valorenkonvention.

Neben den Branchenverbänden bestehen für besondere Zwecke sogenannte *Pools:*
- Schweizer Pool für die Versicherung von Nuklearrisiken. Er versichert vor allem Atomanlagen und Transporte von radioaktivem Material. Hier spielt die normale Rückversicherung nicht, da für eine relativ kleine Zahl von Risiken gewaltige Versicherungssummen aufgebracht werden müssen. Deshalb haben sich Versicherer – einschliesslich Rückversicherer – zahlreicher westlicher Länder zu nationalen Pools zusammengeschlossen. Dadurch lässt sich die Versicherungskapazität stark vergrössern. Die Rückversicherung erfolgt von «Pool zu Pool»[47].
- Schweizer Pool für die Luftfahrtversicherungen. Er weist eine ähnliche Organisation auf wie der «Nuklearpool» und verfolgt sinngemäss die gleiche Aufgabe.
- Schweizer Elementarschaden-Pool[48].
- Pool Schweizerischer Lebensversicherungsgesellschaften für Freizügigkeitspolicen.

Die Versicherungsgesellschaften sind sodann in einer Dachorganisation zusammengefasst, nämlich im Schweizerischen Versicherungsverband (SVV). Er vertritt die Gesamtinteressen der Privatassekuranz gegenüber Behörden, andern Verbänden und der Öffentlichkeit. Soweit jedoch die

---

[46a] Die kantonalen (staatlichen) Feuerversicherungsanstalten haben ihre eigene Vereinigung.

[46b] Vgl. auch hinten N 597.

[47] SUTER, Sachversicherung Z. 61 und HANGARTNER, Rückversicherungsmarkt S. 15.

[48] Einzelheiten bei SUTER, Sachversicherung Z. 61.2.

Interessen eines einzelnen Branchenverbandes im Vordergrund stehen, tritt dieser selbst auf, z. B. der HMV hinsichtlich der Motorfahrzeug-Versicherung.

Der SVV ist Mitglied von zwei Spitzenverbänden unserer Wirtschaft, nämlich des Schweizerischen Handels- und Industrievereins (Handelskammer) sowie des Verbandes Schweizerischer Arbeitgeberorganisationen.

Die nationalen Dachverbände Westeuropas arbeiten international in loser Form zusammen. Ihre Organisation heisst Comité Européen des Assurances (CEA)[48a]. Sein ständiges Generalsekretariat befindet sich in Paris. Das CEA gliedert sich in zahlreiche permanente und ad hoc-Kommissionen.

3. Der Schweizerische Versicherungsverband hat die Institution «Ombudsmann der Privatversicherung» geschaffen. Darüber ist an anderer Stelle zu berichten[49]. Die Privatassekuranz ist übrigens der erste Zweig der schweizerischen Privatwirtschaft, der für seinen Bereich eine solche Einrichtung eingeführt hat.

4. Die Schweizerische Kommission für Versicherungsfachprüfungen führt nach den Bestimmungen des Bundesgesetzes über die Berufsbildung vom 19. April 1978 unter Aufsicht des Bundes «Diplomprüfungen für Versicherungsfachleute» durch[50]. Sie hat eine Reihe von Leitfäden für das Versicherungswesen herausgegeben, in denen der Prüfungsstoff dargestellt wird[51].

5. Im Zusammenhang mit der Aus- und Weiterbildung des Versicherungspersonals sind noch folgende Einrichtungen zu erwähnen: Das Institut für Versicherungswirtschaft an der Hochschule St. Gallen für Wirtschafts- und Sozialwissenschaften und das Europäische Zentrum für die Bildung im Versicherungswesen in St. Gallen, das besonders die Weiterbildung von Schulungsleitern der Versicherungsgesellschaften zum Ziele hat.

6. Die Schweizerische Versicherungs-Zeitschrift[52] befasst sich haupt-

---

[48a] Vgl. auch hinten bei N 79.
[49] Vgl. hinten bei N 366.
[50] SR 412.10; Art. 55 nennt sie «höhere Fachprüfung».
[51] Vgl. das Literaturverzeichnis.
[52] Verlag Peter Lang AG, Bern.

§ 3 Organisation des Versicherungsunternehmens/Privatassekuranz

sächlich mit wissenschaftlichen und praktischen Fragen der Privatassekuranz und nur beiläufig z. B. mit der Sozialversicherung, während die Schweizerische Zeitschrift für Sozialversicherung und berufliche Vorsorge[53] umgekehrt Fragen der Sozialversicherung und nur am Rande solche der Privatassekuranz behandelt, nämlich soweit diese von sozialpolitischer Bedeutung sind. Der Schweizerische Versicherungs-Kurier[53a], offizielles Organ der Schweiz. Vereinigung der diplomierten Versicherungsfachleute (ASDA), bringt Beiträge zur Privat- und zur Sozialversicherung. Genannt seien schliesslich Der Generalagent, das offizielle Organ des Schweiz. Zentralverbandes der Versicherungsgeneralagenten[53b], und die Mitteilungen der Vereinigung schweizerischer Versicherungsmathematiker[54].

7. Die Schweizerische Gesellschaft für Versicherungsrecht erstreckt ihre wissenschaftlichen Bestrebungen auf das Privat- *und* das Sozialversicherungsrecht.

Über 40 nationale Gesellschaften für Versicherungsrecht – darunter auch die Schweizerische Gesellschaft – bilden die Association Internationale de Droit des Assurances (AIDA), welche bisher mehrere Weltkongresse über Themen des Versicherungsrechts abgehalten hat[55].

8. Im Rahmen der Privatassekuranz gibt es, ausser den aufgezählten, zahlreiche andere Verbände, Institutionen usw. Beispielsweise seien erwähnt: Schweizerischer Verband der Versicherungs-Inspektoren und -Agenten; Schweizerische Vereinigung der dipl. Versicherungsfachleute (ASDA); Vereinigung schweizerischer Versicherungsmathematiker, welcher Versicherungsmathematiker der privaten und der öffentlichen Versicherung angehören können; Verband der Versicherungsgeneralagenten. Der Schweiz. Versicherungsverband betreibt zusammen mit dem soeben genannten Verband gestützt auf Art. 53 ff. AHVG die Verbandsausgleichskasse «Versicherung».

---

[53] Verlag Stämpfli & Cie AG, Bern.
[53a] Verlag Otto Büchi, Bern.
[53b] Verlag Alphonse Cardinaux, Pully.
[54] Verlag Stämpfli & Cie AG, Bern.
[55] Publikationen der AIDA dürften auch in grösseren Bibliotheken der Schweiz verfügbar sein; gegebenenfalls erteilt das Sekretariat der Schweizerischen Gesellschaft für Versicherungsrecht, das von der Schweizerischen Lebensversicherungs- und Rentenanstalt geführt wird, Auskunft.

§ 4 FINANZIERUNG

I. EINNAHMEN UND AUSGABEN DES VERSICHERUNGSUNTERNEHMENS

1. Ausgaben

Die Ausgaben des Versicherungsunternehmens werden in drei Hauptkategorien gegliedert:

a) *Versicherungsleistungen.* Der Versicherer hat sie im Versicherungsfall vertragsgemäss zu erbringen. Dies ist der weitaus wichtigste Ausgabenposten.

b) *Verwaltungskosten.* Dies sind die Kosten des Versicherungsbetriebes: Gehälter und Spesen des Personals; Provisionen aller Art[56] (z. B. die «Geschäftsaufbringungskosten», soweit sie in Provisionen bestehen), Mietzinse für gemietete Geschäftsräumlichkeiten, Kosten für die elektronische Datenverarbeitungsanlage und das Mobiliar usw.

c) *Gewinn.* Wer Aktien oder Genossenschaftsanteile einer Versicherungsgesellschaft kauft, erwartet einen Ertrag, sei es z. B. eine Dividende, sei es einen Zins[57]. Aktien und Genossenschaftsanteile mehrerer Versicherungsgesellschaften sind in der Schweiz breit gestreut.

2. Einnahmen

Das Schwergewicht der Einnahmen liegt bei den *Prämien,* die der Versicherungsnehmer zu bezahlen hat. Daneben verfügt jede Versicherungsgesellschaft über Kapitalien, die sie anlegt. Die Erträgnisse aus den *Kapitalanlagen*[58] bilden für sie eine wichtige Einnahmequelle. Die Kapitalbildung ist teilweise die Folge davon, dass sie technische und andere Rückstellungen ausscheiden muss, die sich weitgehend aus dem vorgeschriebenen Finan-

---

[56] Vgl. dazu auch vorne bei N 41a.

[57] Art. 859 Abs. 3 OR enthält für die Genossenschaft folgende *zwingende* Bestimmung: «Bestehen Anteilscheine, so darf die auf sie entfallende Quote des Reinertrages den landesüblichen Zinsfuss für langfristige Darlehen ohne besondere Sicherheiten nicht übersteigen»; GUHL/MERZ/KUMMER, Obligationenrecht S. 751.

[58] Die für die Kapitalanlagen und die Liquidität zuständige Finanzabteilung ist gleichsam eine in die Versicherungsgesellschaft eingegliederte Bank.

zierungssystem ergeben[59]. Daneben sind in der Schadenversicherung auch *Regresseinnahmen*[60] von einer gewissen Bedeutung. Es sind dies zur Hauptsache Ansprüche des zahlenden Schadenversicherers gegen einen haftpflichtigen Dritten oder dessen Haftpflichtversicherer.

II. FINANZIERUNGSSYSTEME ODER FINANZIERUNGSVERFAHREN

Das Finanzierungssystem – gleichbedeutender Ausdruck: Finanzierungsverfahren – beantwortet die Frage, nach welchen Gesichtspunkten der Versicherer die Einnahmen zu planen, zu «programmieren» hat. Es gibt viele Finanzierungssysteme. Sie liegen aber meistens als Varianten zwischen dem reinen Kapitaldeckungs- und dem reinen Umlageverfahren. Die Terminologie ist in der Literatur freilich nicht einheitlich[61].

1. Umlageverfahren. Nach ihm muss der Versicherer pro Rechnungsperiode – z. B. während des Kalenderjahres – nur so viele Einnahmen haben, dass er die in dieser Periode fällig werdenden Verbindlichkeiten erfüllen kann; die Ausgaben werden gleichsam Zug um Zug durch Einnahmen gedeckt. Die Einnahmen folgen daher stets den Schwankungen der Ausgaben, was zu ständig ändernden Prämien führen kann. Nach dem reinen Umlageverfahren werden keine Kapitalien gebildet, keine Fonds geäufnet, da es grundsätzlich keine Einnahmenüberschüsse gibt. Es sind auch keine Rückstellungen vorgesehen für die bereits eingetretenen, in der gleichen Rechnungsperiode aber noch nicht erledigten Versicherungsfälle[62]. Würde der Versicherer seinen Betrieb auf das Ende einer Rechnungsperiode einstellen, so hätte er keine Mittel mehr, um für schon angemeldete oder auch erst später eintretende Versicherungsfälle die geschuldeten Leistungen zu erbringen[63]. Somit setzt das reine Umlageverfahren

---

[59] Von den Rückstellungen und den Finanzierungssystemen wird sogleich die Rede sein.

[60] Vgl. zum Regress- oder Rückgriffsrecht hinten § 39 Z. IV.

[61] Vgl. zur Finanzierung und zu den Finanzierungssystemen MAURER, SVR I S. 357 mit Literaturhinweisen in N 793.

[62] Dies ist z. B. die sog. Schadenreserve; vgl. hinten bei N 85.

[63] So könnten z. B. Invaliden- und Hinterlassenenrenten, die vor der Liquidation des Versicherers bereits festgesetzt und entrichtet worden sind, nach der Liquidation nicht mehr bezahlt werden, da keine entsprechenden Rückstellungen gemacht, d. h. keine Fonds gebildet worden sind; vgl. MAURER, SVR I bei N 807.

grundsätzlich *Perennität* des Versicherers voraus: Es muss feststehen, dass ein Versicherer nicht liquidieren wird oder muss. Diese Voraussetzung ist erfüllt, wenn ausscheidende Prämienzahler immer wieder durch neue ersetzt werden und überdies Vorsorge für den Fall getroffen ist, dass der Versicherer zahlungsunfähig wird. Diese zwei strengen Bedingungen sind an sich nur gegeben bei den vom Staat getragenen oder garantierten[64] und überdies bei obligatorischen Versicherungen, nicht aber bei privaten Versicherern einer freiwilligen Versicherung[64a]. Privaten Versicherern ist es daher aufsichtsrechtlich grundsätzlich untersagt, Versicherungszweige nach dem Umlageverfahren zu betreiben.

2. Das *Kapitaldeckungsverfahren*[64b] besteht darin, dass Ausgaben, die aus bestimmten Rechtsverhältnissen künftig zu erwarten sind, durch Bereitstellung entsprechender Kapitalien *vorausfinanziert* werden. Es führt zur Bildung von Fonds. Von den verschiedenen Varianten sollen hier nur die beiden wichtigsten geschildert werden.

a) Nach dem *Rentendeckungsverfahren* werden *Renten* im Zeitpunkt ihres Entstehens kapitalisiert und durch Bereitstellung des erforderlichen Kapitals voll gedeckt. Aus diesem Kapital und den Zinsen, die es abwirft, sollen sämtliche künftigen Rentenraten aus dem betreffenden Versicherungsfall bezahlt werden können. Das erforderliche Kapital wird aufgrund statistischer Erfahrungen, anhand von Tabellenwerken ermittelt[65]. Es

---

[64] Die AHV wird z. B. rund zu 90% nach dem Umlageverfahren und zu 10% nach dem noch zu besprechenden Kapitaldeckungsverfahren finanziert. Die Einnahmen sind so «programmiert», dass sämtliche in einer Rechnungsperiode fälligen Verbindlichkeiten erfüllt werden können und darüber hinaus noch 10% Ersparnisse gebildet und im AHV-Fonds angelegt werden. Dieser ist somit die Schwankungs- oder Sicherheitsreserve. Da eine solche besteht, handelt es sich nicht um ein reines Umlageverfahren.

[64a] Wenn private Versicherer als Sozialversicherer eingesetzt sind, wie dies gemäss UVG 68 für die Unfallversicherung zutrifft, könnte an sich das Umlageverfahren vorgeschrieben werden, vorausgesetzt, dass für den Fall ihrer Auflösung oder Zahlungsunfähigkeit vorgesorgt ist. Eine solche Funktion erfüllt nach UVG 72 f. die Ersatzkasse. Gleichwohl wird die Unfallversicherung nur in einem kleinen Bereich nach dem Umlageverfahren finanziert. Vgl. Weiteres bei MAURER, Unfallversicherung S. 64 f. und S. 570 f.

[64b] Vgl. auch hinten bei den N 1160 ff.

[65] So z. B. STAUFFER/SCHAETZLE, Barwerttafeln, 3. A. 1970.

muss in der Bilanz unter den Passiven eingetragen werden. Damit besteht der Zwang, entsprechende Aktiven bereitzustellen, damit die Bilanz ausgeglichen wird. Das Rentendeckungsverfahren wird z. B. in der privaten Unfall- und in der Haftpflichtversicherung angewendet, wenn im Versicherungsfall Renten gewährt werden[66].

b) In der Lebensversicherung gilt eine Variante des Kapitaldeckungsverfahrens, nämlich das Anwartschafts-Deckungsverfahren. Beispielsweise in der gemischten Lebensversicherung[67] ist die Versicherung mit einem Sparvorgang gekoppelt. Der Versicherer muss einen Teil der Prämie als Sparprämie bestimmen[68]. Diesen Teil legt er zinsbringend an. Bei Ablauf der Versicherungsdauer ergibt die Sparprämie zuzüglich Zinsen und Zinseszinsen die Versicherungssumme, die er dann zu bezahlen hat. Gemäss dem Anwartschafts-Deckungsverfahren werden mit den Sparprämien Reserven angesammelt, welche den anwartschaftlichen Wert sämtlicher laufenden und künftigen Rentenzahlungen repräsentieren. Bei Liquidation der Lebensversicherung können die bereits laufenden Renten abgewickelt und Renten, die aufgrund der bestehenden Verträge erst später zu entrichten sind, mit dem anwartschaftlichen Wert abgefunden werden. Dieses Finanzierungssystem setzt daher keine Perennität des Versicherers voraus[69]. Es ist aber nur für das Risiko Alter – Leistungen bei Erreichen eines bestimmten Alters – denkbar. Für Invalidität oder Tod dagegen ist die Bereitstellung der Leistungen aus den Beiträgen des einzelnen Versicherten nicht möglich, da man nicht weiss, ob dieser überhaupt invalid wird und wann er stirbt. Man müsste deshalb ab Beginn der Versicherung die ganze Leistung verfügbar haben. Die Finanzierung erfolgt daher nach den für die Risikoversicherung üblichen Methoden[69a].

c) Für eine private Versicherungsgesellschaft ist in der Regel, da die Vor-

---

[66] UVG 90 II nennt das Rentendeckungsverfahren Rentenumlageverfahren. Letzterer Ausdruck ist verwirrlich: Da künftige Rentenzahlungen zum voraus finanziert werden, handelt es sich nicht um ein Umlageverfahren, sondern um ein Kapitaldeckungsverfahren. Die Terminologie zu den verschiedenen Verfahren ist nicht einheitlich. Vgl. MAURER, SVR I S. 361, besonders N 816 f.
[67] Vgl. hinten bei N 1139a.
[68] Vgl. hinten bei N 1161.
[69] Formulierung in Anlehnung an JECKLIN, SZS 1969 S. 20 N 4.
[69a] Vgl. hinten bei N 1164.

aussetzung der Perennität fehlt, nur eine Variante des Kapitaldeckungsverfahrens geeignet, den Versicherten und Anspruchsberechtigten genügenden finanziellen Schutz zu bieten.

III. STATISTIK, WAHRSCHEINLICHKEITSRECHNUNG UND GESETZ DER GROSSEN ZAHL

1. Allgemeines

a) Die Statistik ist eines der wichtigsten Hilfsmittel des Versicherers. Sie hat die Aufgabe, Daten planmässig zu sammeln, in brauchbarer Weise darzustellen und sie zu verarbeiten, z. B. Erhebungsreihen miteinander zu vergleichen. So registriert der Versicherer die ausgerichteten Leistungen nach Versicherungszweigen. Innerhalb einer Sparte gliedert er sie weiter nach unterschiedlichen Gesichtspunkten, z. B. in der Unfallversicherung nach Leistungen, die er für Todes- und Invaliditätsfälle, Taggeld, Heilungskosten erbringt. Er erfasst ferner die Prämieneinnahmen in den einzelnen Zweigen, Erträgnisse aus verschiedenen Kategorien von Kapitalanlagen usw. Die Vergleichung der Datenreihen hinsichtlich Leistungen und Prämieneinnahmen eines Zweiges zeigt ihm, ob die Prämieneinnahmen ausreichen oder ob die Prämien erhöht werden müssen. Dies ist sozusagen die buchhalterische Komponente der Statistik[70].

b) Der Versicherer versucht jedoch auch, aus Datenreihen der Vergangenheit Schlüsse für die künftige Entwicklung zu ziehen. Er interessiert sich z. B. dafür, ob er aus der Zahl der in den zurückliegenden Jahren eingetretenen Verkehrsunfälle eine *Prognose* über die Entwicklung der kommenden Jahre stellen kann, vor allem ob ein in den letzten Jahren festgestellter *Trend* zur Zu- oder Abnahme der Anzahl Verkehrsunfälle sich fortsetzen oder ob eine Trendumkehr zu erwarten sein wird. Solche Prognosen sind für die Gestaltung der Prämientarife, die ja für die Zukunft gelten, oft unerlässlich.

---

[70] Anderes Beispiel von Vergleich zweier Erhebungsreihen: Für bestimmte einzelne Jahre die Zahl der zum Verkehr zugelassenen Autos mit der Zahl der Verkehrsunfälle. Es wird dann z.B. ausgerechnet, wie viele Verkehrsunfälle auf 10 000 Autos durchschnittlich entfallen. Aus dem entsprechenden Vergleich über mehrere Jahre lassen sich die Veränderungen, also die relativen Zu- oder Abnahmen, erkennen.

Prognosen können unter bestimmten Voraussetzungen aufgrund statistischer Erhebungen von Daten, die sich auf die Vergangenheit beziehen, nach der *Wahrscheinlichkeitsrechnung* oder *Wahrscheinlichkeitstheorie* gewagt werden. Diese ist ein Gebiet der angewandten Mathematik. Sie befasst sich u. a. mit der Frage, ob Massenerscheinungen eine gewisse «statistische Regelmässigkeit» oder «statistische Gesetzmässigkeit»[71] aufweisen, die unter bestimmten Voraussetzungen Prognosen für künftige Entwicklungen ermöglichen. Für den Versicherer ist die Wahrscheinlichkeitsrechnung vor allem in Verbindung mit dem Gesetz der grossen Zahl bedeutsam[72]. Dieses ist – stark vereinfacht – etwa dahin zu erklären, dass die Wirkungen des Zufalls, d. h. die Zufallsschwankungen, abnehmen, m. a. W. dass die erwähnte statistische Regelmässigkeit wächst, wenn man die Zahl der Beobachtungen vergrössert, vorausgesetzt, dass das Beobachtungsmaterial genügend homogen ist.

2. Einzelheiten

Der Versicherer muss für die Statistik und besonders für die statistische Prognose mehrere Gesichtspunkte beachten. Einige davon seien hier erwähnt[73]:

a) aa) Wie gross das statistische Material sein muss, damit daraus eine statistische Regelmässigkeit abgeleitet werden kann und eine Prognose gestattet ist, lässt sich nicht allgemein bestimmen. Dazu ein Beispiel: Das Maximum der Anzahl Todesfälle der schweizerischen Bevölkerung pro Jahr lag für die Zeit von 1965–1969 nur 6% über dem Minimum; die Schwankung ist gering. Es war daher 1969 eine recht zuverlässige Prognose z. B. für die im Jahre 1970 oder 1971 zu erwartenden Todesfälle möglich. Anders dagegen, wenn die Statistik nur die geringe Bevölkerungszahl des

---

[71] Vgl. besonders ERWIN KREYSZIG, Statistische Methoden und ihre Anwendungen, Verlag Vandenhoeck & Ruprecht, Göttingen, 3. Aufl. 1968, S. 14 und 58 ff. Dieses Buch vermag auch der Leser mit wenig mathematischen Vorkenntnissen weitgehend zu verstehen.
[72] Der Ausdruck wurde – im Zusammenhang mit der Statistik – 1831 vom französischen Mathematiker und Physiker POISSON geprägt. Zur mathematischen Seite des Gesetzes vgl. KREYSZIG a. a. O. S. 136.
[73] Vgl. den vorzüglichen Aufsatz von WYSS, Umgang mit Statistiken, SZS 1958 S. 29 ff., dem die hier folgenden Ausführungen teilweise entnommen sind.

Kantons Appenzell Innerrhoden erfasst: Hier lag das Maximum der Todesfälle pro Jahr für den gleichen Zeitraum 24% über dem Minimum, die Schwankung war also viel grösser als bei der gesamtschweizerischen Bevölkerung. Eine Prognose für die im Jahre 1970 oder 1971 in diesem Kanton zu erwartenden Todesfälle war daher viel weniger zuverlässig als sie es für die gesamtschweizerische Bevölkerung sein konnte[74]. Der Versicherer muss sich aufgrund vielfacher Beobachtungen und gestützt auf seine Erfahrung schlüssig werden, ab welcher Grösse der einzelnen Datenkategorien er Prognosen stellen darf.

bb) Eine kleine Versicherungsgesellschaft, z. B. eine Versicherungsgesellschaft, die sich im Aufbau befindet, verfügt nicht über ein genügend grosses eigenes Material, das ihr eine Prognose für die Aufstellung eines Prämientarifs erlaubt. Sie könnte es nicht wagen, z. B. aus der Zahl der ihr im Jahre 1985 gemeldeten Motorfahrzeug-Haftpflichtfälle zu schliessen, 1986 würden ihr wiederum etwa gleich viele Fälle gemeldet. Wollte sie ihren Prämientarif auf einem solchen Schluss aufbauen, so würde sie eine grosse Fehlerquelle in Kauf nehmen; denn die Zufallsschwankungen von Jahr zu Jahr können wegen des geringen Versichertenbestandes beträchtlich sein[75].

cc) Um die Wirkungen des Zufalls und damit die Zufallsschwankungen zu verringern, vergrössern in der Schweiz die Motorfahrzeug-Haftpflichtversicherer ihr Beobachtungsmaterial dadurch, dass sie es zu einer Ge-

---

[74] Aufgrund von Sterbetafeln kann man die Lebenserwartung einer Bevölkerungsgruppe – für Personen, die ein bestimmtes Alter aufweisen, z. B. für die 30jährigen usw. – ermitteln. Wichtig ist, dass diese Lebenserwartung nur für eine Bevölkerungsgruppe, niemals aber für eine bestimmte Person vorausgesagt werden kann. Nur für Massenerscheinungen lassen sich gewisse Gesetzmässigkeiten und Voraussagen ableiten, nicht aber für die Einzelerscheinung; vgl. KREYSZIG a. a. O. S. 13 f.

[75] Vgl. zur Tarifierung in der Motorfahrzeug-Haftpflichtversicherung hinten bei den N 1484 ff. – Vor allem Versicherungsgesellschaften, die in einem Zweig nur über einen kleinen Bestand an versicherten Risiken verfügen, müssen bei der Aufstellung von Prämientarifen andere Möglichkeiten ausschöpfen, sich z. B. an Tarife von Gesellschaften mit grossem Bestand anlehnen. Um die durch den kleinen Bestand verursachten beträchtlichen Schwankungen der zu erbringenden Versicherungsleistungen auszugleichen, sichern sie sich durch eine entsprechende Ausgestaltung der Rückversicherung.

meinschaftsstatistik[76] zusammenlegen; VAG 37 f. Darin erfassen sie die Anzahl der gemeldeten Verkehrsunfälle, die durchschnittlich pro Fall entrichteten und reservierten Leistungen, das Ergebnis der Schadenreserve-Abwicklung, das Total der eingenommenen Prämien für eine bestimmte Zeit, z. B. pro Kalenderjahr usw.

dd) Wenn die Privatassekuranz die Versicherung neuartiger Risiken einführen will, verfügt sie oft über keinerlei Statistiken, die Anhaltspunkte darüber geben, ob relativ viele Versicherungsfälle und welche durchschnittliche Versicherungsleistungen zu erwarten sind. Sie muss dann andere Wege suchen, um den künftigen Risikoverlauf abzuschätzen. Schwierig wird dies, wenn nur wenige Objekte zu versichern sind, die überdies ein grosses Schadenpotential aufweisen. Als vor einigen Jahren die ersten Atomkraftwerke für das Risiko der radioaktiven Verseuchung zu versichern waren, bestanden keine statistischen Unterlagen, die eine Prognose über die relative Zahl der zu erwartenden Versicherungsfälle und der daraus zu erbringenden durchschnittlichen Versicherungsleistungen erlaubten. Eine solche statistische Prognose wäre ohnehin unzuverlässig gewesen, da insgesamt nur wenige zu versichernde Atomkraftwerke vorhanden waren. Das Gesetz der grossen Zahl spielte daher nicht, und damit fehlte es auch an der Voraussetzung eines Risikoausgleichs[77]. Die Versicherer vieler Länder mussten daher den zu erwartenden Risikoverlauf abschätzen, indem sie zahlreiche Hilfsmittel einsetzten. So benötigten sie die Meinungsäusserungen von Wissenschaftern über die Wirksamkeit der Sicherheitsvorkehren, das Schädigungspotential usw. Die Prämien waren und sind daher erheblich mit dem Charakter des Zufälligen und Spekulativen belastet.

b) aa) Internationale statistische Vergleiche über bestimmte Erhebungsreihen sind oft unzuverlässig; denn die Kriterien für die Anlage der Erhebungen sind von Land zu Land verschieden, und das Beobachtungsmaterial ist überdies nicht genügend homogen[78]. Immerhin gibt es auch

---

[76] STEINER, Die schweizerische Motorfahrzeug-Haftpflichtversicherung im Lichte der Empfehlungen der Studiengruppe, SVZ 43 S. 274 f. Vgl. ferner hinten bei N 1482.

[77] Vgl. vorne bei N 72. – Für zahlreiche Einzelheiten zum Begriff des Risikos vgl. HALLER, Sicherheit durch Versicherung?

[78] So sind z. B. internationale Vergleiche zur Frage, wie viele Prozent des Bruttosozialproduktes in den Haushalt der Sozialversicherer fliessen, meistens irrefüh-

hier ziemlich zuverlässige und sinnvolle Vergleiche. So hat vor wenigen Jahren eine Kommission des CEA[79] statistische Erhebungen zur Frage durchgeführt, wie viele Prozesse in einem bestimmten Zeitraum durchschnittlich auf 1000 erledigte Motorfahrzeug-Haftpflichtfälle in mehreren europäischen Ländern – darunter auch der Schweiz – entfielen. Es wurden sehr grosse Unterschiede zwischen den einzelnen Ländern festgestellt. Versicherungsgesellschaften mehrerer Länder mit einem hohen Promillesatz an Prozessen waren daran interessiert, über die Ursachen dieses Phänomens nachzudenken[80].

bb) Die Zusammenlegung von statistischem Material aus mehreren Ländern zu seiner Vergrösserung ist jedenfalls für die Prognose in einem bestimmten Land ungeeignet. So wäre es z. B. wertlos oder gar gefährlich, das Beobachtungsmaterial von afrikanischen Ländern über die Lebenserwartung des Menschen mit dem schweizerischen Material zu dieser Frage zusammenzulegen, um gestützt auf die Ergebnisse einen Tarif für eine schweizerische Lebensversicherung aufzubauen[81].

c) Das statistische Material darf nicht zu alt sein, sonst hat es für die Gegenwart oder gar für die Zukunft keine Aussagekraft mehr. Wollten z. B. die Motorfahrzeug-Haftpflichtversicherer das statistische Material über Verkehrsunfälle im Jahre 1960 verwenden, um den Prämientarif für 1987 aufzustellen, dann wären die Prämien unzureichend; denn in der Schweiz sind z. B. die durchschnittlichen Kosten pro Schadenfall seit 1960 schon allein wegen der Teuerung stark angestiegen.

d) Eine Statistik setzt einwandfreie Kriterien voraus. Sonst ergeben sich Zerrbilder der Wirklichkeit. Will man z. B. die Zahl der Todesfälle aus Verkehrsunfällen pro Jahr über einen längeren Zeitraum miteinander vergleichen, müsste festgelegt werden, ob Todesfälle nur erfasst werden, wenn der Tod am Unfalltag eingetreten ist oder ob man auch Fälle einbeziehen will, in denen der Verunfallte z. B. noch innert 10 Wochen ab Unfalltag stirbt.

---

rend, weil keine Einhelligkeit darüber besteht, welche Institutionen überhaupt der Sozialversicherung zuzuzählen sind.

[79] Vgl. vorne bei N 48a.

[80] Die Schweiz wies den geringsten Promillesatz auf (rund 0,8‰). In einigen Ländern betrug er ein Vielfaches davon.

[81] Vgl. dazu auch MANES, Versicherungswesen S. 192.

e) Es gibt statistische Bereiche, die für Prognosen geeigneter und solche, die ungeeigneter sind. So erlauben z. B. Todesfälle einer Bevölkerung oder Bevölkerungsgruppe im allgemeinen recht zuverlässige Prognosen über die zu erwartende Entwicklung der Sterblichkeit in den folgenden Jahren. Aber selbst hier sind aussergewöhnliche Umstände, wie z. B. ein Krieg, vorzubehalten. Die Stetigkeit in der Entwicklung der Todesfälle ist z. B. für die Prämiengestaltung der Lebensversicherer und der AHV von grösster Bedeutung. Einer Prognose feindlich sind andere Daten. So verbietet sich eine solche aus den statistischen Erhebungen über die Zahl der Arbeitslosen der vergangenen Jahre – z. B. in der Schweiz – für die kommenden Jahre[82]. Dies gilt auch für die zu erwartende Teuerung usw.

f) Der Versicherer ist oft gezwungen, eine statistische Prognose zu stellen, also aus Beobachtungen in der Vergangenheit Schlüsse für die Zukunft zu ziehen. Er muss sich aber voll bewusst sein, dass er auf Prognosen nur mit grösster Vorsicht, unter Vorbehalten, abstellen darf. Insbesondere hat er zu berücksichtigen, dass sich die Voraussetzungen, die dem statistischen Material der Vergangenheit zugrunde liegen, künftig wahrscheinlich ändern. Solche Änderungen können z. B. rechtlicher Natur sein. Als die zuständigen Behörden beschlossen, die Höchstgeschwindigkeit auf Strassen zu beschränken, liess dies einen Rückgang der Verkehrsunfälle erwarten, denn gerade dieses Ziel wurde mit der Massnahme verfolgt. Deshalb war es angezeigt, dass die Motorfahrzeug-Haftpflichtversicherer den erhofften Rückgang in ihrer statistischen Prognose in angemessener Weise berücksichtigten, als sie die Prämientarife für die folgenden Jahre festsetzten.

g) Es gibt zahlreiche Methoden, wie man statistische Daten gewinnt, darstellt, verarbeitet, für Prognosen verwendet usw. Für die Privatassekuranz von wachsender Bedeutung ist die *Repräsentativstatistik*. Sie sammelt und verarbeitet Daten aufgrund von *Stichproben*[83], die sie

---

[82] Daher kann z. B. die Arbeitslosenversicherung nicht auf Statistiken der zurückliegenden Jahre über die Zahl der Arbeitslosen abstellen, wenn sie die Grundsätze der Finanzierung festlegt.

[83] Solche liegen auch der Repräsentativbefragung zugrunde: Diese Methode der empirischen Sozialforschung erlaubt es, durch Befragung kleiner Gruppen über bestimmte Probleme usw. gewisse Schlüsse über die entsprechende Meinung einer ganzen Bevölkerung zu ziehen (Meinungsforschung usw.). Dass solche Schlüsse nur unter vielfachen Vorbehalten gezogen werden dürfen, liegt nahe.

nach gewissen Kriterien, vor allem nach dem Verfahren der Zufälligkeit, zieht.

IV. RÜCKSTELLUNGEN UND RESERVEN

In den Bilanzen von Versicherungsgesellschaften finden sich mehrere Arten von Rückstellungen und Reserven. Diese figurieren auf der Passivseite. Somit müssen auf der Aktivseite entsprechende Werte (z. B. Wertschriften, Immobilien usw.) vorhanden sein, damit die Bilanz ausgeglichen ist. Rückstellungen und Reserven können nach mannigfachen Merkmalen unterschieden werden. So regeln Art. 671 OR den gesetzlichen und Art. 672 OR den statutarischen Reservefonds der Aktiengesellschaft. Man unterscheidet ferner offene und stille Reserven, freie und gebundene Reserven usw. Freie Reserven sind an keine Zweckbestimmung gebunden und lassen sich von der Gesellschaft beliebig auflösen und verwenden, z. B. um die Aktien einer andern Versicherungsgesellschaft zu kaufen. Sie stellen auch eine Sicherheit für Verluste dar, die aus dem technischen Geschäft oder aus der Vermögensverwaltung entstehen können[83a]. Zu den gebundenen Reserven gehören die technischen Rückstellungen – in den Geschäftsberichten werden sie oft «technische Verbindlichkeiten» genannt –, die von grösster Bedeutung sind. Von ihnen soll im folgenden die Rede sein[84].

1. Schadenrückstellungen oder Schadenreserve

a) Wenn ein bereits angemeldeter Versicherungsfall am Ende des Geschäftsjahres noch nicht abgewickelt ist, muss der Versicherer schätzen, welchen Betrag er für diesen Fall in Zukunft voraussichtlich noch zu bezahlen haben wird. Alle Beträge dieser Art zusammen bilden die Schaden-

---

[83a] VAG 33 schreibt betreffend die vereinfachte Aufsicht – vgl. hinten bei N 166 – folgendes vor: «Die Versicherungseinrichtungen müssen über eine Reserve verfügen, die abhängig ist von Art und Umfang des von der Versicherungseinrichtung selbst getragenen Risikos. Die Aufsichtsbehörde bestimmt die Höhe der Reserve». UVG 90 IV: «Zum Ausgleich von Schwankungen der Betriebsergebnisse sind Reserven zu bilden. Der Bundesrat erlässt Richtlinien».

[84] Vgl. Weiteres bei GRUSS, Versicherungswirtschaft S. 135 ff.; GÜRTLER, Betriebswirtschaftslehre S. 74 f.

reserve oder – was dasselbe ist – die Schadenrückstellungen[85]. Da die Schadenreserve – wie bereits erwähnt – unter den Passiven aufzuführen ist, hat der Versicherer auf der Aktivseite entsprechende Vermögenswerte bereitzustellen. Wenn er dann tatsächlich mehr bezahlen muss, als er reserviert hat, spricht man von einem Abwicklungsverlust; die bereitgestellten Aktiven reichen nicht aus, um alle Leistungen aus den reservierten Fällen zu erbringen. Der Versicherer ist deshalb genötigt, aus andern Quellen zu schöpfen, z. B. aus dem Reservefonds. Kosten die reservierten Fälle weniger als geschätzt worden ist, so liegt ein Abwicklungsgewinn vor. Aktiven, die bereitgestellt worden sind, werden frei.

b) Zahlreiche Gesellschaften reservieren nicht jeden Fall individuell. Sie bestimmen pro Versicherungszweig eine Limite. Werden die in einem Fall zu erwartenden Leistungen diese Limite voraussichtlich nicht erreichen, dann wird dieser Fall mit einer Pauschale, mit einem Durchschnittswert, in die Reserve aufgenommen. Der Durchschnittswert wird statistisch ermittelt. Mit der Pauschalreservierung kann viel Zeit und Arbeit gespart werden. Die Aufsichtsbehörde behält sich vor, die ihr zum voraus mitgeteilten Limiten und Pauschalen zu überprüfen.

c) Der Versicherer kann bei weitem nicht immer mit Sicherheit voraussehen, welche Zahlungen er aus den reservierten Fällen zu erbringen haben wird. Er pflegt daher vorsichtig zu reservieren, um einen Abwicklungsgewinn zu erzielen. Somit ist in der Schadenreserve regelmässig ein Betrag enthalten, der für die reservierten Fälle nicht benötigt wird. Diese Sicherheitsmarge kann als Schwankungs- oder Solvabilitätsrückstellung bezeichnet werden[86]. Sie soll innerhalb einer Sparte das finanzielle Gleichgewicht des Versicherers auch über längere Zeit aufrechterhalten. Somit stecken bei einer finanziell gesunden Gesellschaft in der Schadenreserve regelmässig stille Reserven.

[85] In der Praxis wird in den meisten Zweigen der Ausdruck Schadenreserve gebraucht. Die Geschäftsberichte sprechen oft unter dem Titel der «technischen Verbindlichkeiten» von den «schwebenden Schäden», womit die Schadenreserve gemeint ist. Das VAG erwähnt an verschiedenen Stellen die «technischen Rückstellungen», z. B. in den Art. 8 I lit. g, 32 usw. UVG 90 I, Satz 2: «Zur Deckung aller Ausgaben aus bereits eingetretenen Unfällen sind angemessene Rückstellungen vorzunehmen».

[86] Urteil des BGer vom 2. 7. 1973, S. 41 (TCS und Kons. gegen UDK; dieser Teil des Urteils ist nicht publiziert): Näheres dazu bei STEINER, SVZ 43 S. 281 ff.

d) Die Gesellschaften sind zur Bildung der Schadenreserve aufsichtsrechtlich verpflichtet, da sie sich nach dem Kapitaldeckungsverfahren finanzieren müssen[87].

2. Prämienübertrag

a) Versicherungsverträge werden während der ganzen Dauer des Geschäftsjahres einer Gesellschaft abgeschlossen. Die Prämien sind in der Regel zum voraus für ein Jahr zu entrichten. Wenn nun eine Prämie z. B. am 1. August fällig ist und auch bezahlt wird, trägt der Versicherer das Risiko aus diesem Vertrag nur noch während fünf Monaten des laufenden Geschäftsjahres, vorausgesetzt, dass dieses mit dem Kalenderjahr übereinstimmt. Die auf diesen Zeitraum entfallende Prämie bezeichnet man als *verdiente Prämie*. Die Prämie muss aber auch noch dazu dienen, das Risiko des Versicherers während sieben Monaten des folgenden Geschäftsjahres zu tragen, d. h. den Versicherungsschutz zu finanzieren. In der Praxis nennt man den Teil der Prämie, der auf das folgende Geschäftsjahr entfällt, die *nichtverdiente Prämie*. Der Versicherer muss sie als sog. Prämienübertrag in seiner Bilanz unter den Passiven aufführen. Dies zwingt ihn, entsprechende Aktiven bereitzustellen, damit die Bilanz ausgeglichen ist. Diese stehen zur Verfügung, um das Risiko aus dem Vertrag im kommenden Geschäftsjahr zu tragen.

b) Es gibt zahlreiche Methoden, um den Prämienübertrag, also die nichtverdiente Prämie, auf vereinfachte Weise zu ermitteln. Es wäre nämlich aufwendig – im Zeitalter der Elektronik aber durchaus möglich – die exakte «pro rata temporis»-Methode anzuwenden, d. h. für jeden Versicherungsvertrag genau zu ermitteln, wieviele Tage auf das laufende und wieviele Tage auf das folgende Geschäftsjahr entfallen[88].

---

[87] Vgl. vorne bei N 64b.
[88] Weitere Einzelheiten bei GRUSS, Versicherungswirtschaft S. 137 f. – Es kann auch eine Pauschalmethode verwendet werden: Für jeden Versicherungszweig wird statistisch für frühere Jahre ermittelt, wieviele Prozente der eingenommenen Prämie je auf die verdiente und die nichtverdiente Prämie pro Jahr entfallen sind. Der gefundene durchschnittliche Prozentsatz wird auch für die kommenden Jahre angenommen.

V. PRÄMIENTARIF UND PRÄMIE

1. Der Versicherer fasst Verträge, die für gleichartige Gefahren Versicherungsschutz bieten – z. B. gegen Feuer, Unfall, Haftpflicht usw. – zu Gruppen zusammen. Damit entstehen die Gefahren- oder Versichertengemeinschaften[89]. Innerhalb einzelner Zweige kann er weiter gliedern, also Untergruppen bilden; z. B. unterscheidet er in der Unfallversicherung Einzel- und Kollektivversicherungsverträge, in der Feuerversicherung Gebäude-, Mobiliar- und Industrieversicherung.

2. Der Versicherer lässt die Auslagen[90], die sein Betrieb mit sich bringt, zur Hauptsache von den Prämienzahlern tragen. Er erstellt für die gebildeten Gruppen und Untergruppen Prämientarife. Diese bilden sein Instrument, um die finanziellen Lasten sachgerecht auf die Prämienzahler zu verteilen[91]. Der Prämientarif enthält generell die Angaben und Merkmale, die es ermöglichen, die Prämie für den einzelnen Vertrag zu bestimmen.

3. Die Prämie[91a] setzt sich aus diversen Elementen zusammen. Regelmässig enthält sie, sozusagen als Hauptbestandteile, die Nettoprämie und den Unkostenzuschlag. Die Nettoprämie[91b] ist zur Deckung der zu erwartenden Versicherungsleistungen bestimmt. Mit dem Unkostenzuschlag sollen die Verwaltungskosten[92] finanziert werden. Die innerhalb einer Versichertengemeinschaft zu erwartenden Leistungen schätzt man in der Regel gestützt auf eine statistische Prognose[93]. Anhaltspunkte liefert einmal die Schadenfrequenz. Sie gibt an, wie viele Versicherungsfälle innerhalb einer Gefahrengemeinschaft und einer Zeiteinheit, z. B. innert einem

---

[89] Vgl. vorne vor N 11.
[90] Vgl. vorne bei N 56.
[91] Vgl. zu den Prämientarifen gemäss UVG 92 und UVV 113 MAURER, Unfallversicherung S. 574 f. sowie zu jenen in der Motorfahrzeug-Haftpflichtversicherung hinten bei den N 1484 ff.
[91a] Zum Beitragsrecht in der Sozialversicherung MAURER, SVR I § 18 sowie zur Prämienzahlungspflicht hinten § 27.
[91b] Vgl. den abweichenden Begriffsinhalt in der Motorfahrzeug-Haftpflichtversicherung hinten bei N 1491a.
[92] Vgl. vorne bei N 56. – GÜRTLER, Betriebswirtschaftslehre S. 45.
[93] Vgl. vorne nach N 70.

Versicherung

Jahr, gemeldet werden. Es ist also eine Verhältniszahl, welche die Anzahl Versicherungsfälle zur Anzahl der versicherten Risiken in Beziehung setzt[94]. Sodann ist zu berücksichtigen, dass innerhalb einer Gefahrengemeinschaft nicht jeder Versicherungsfall gleich hohe Versicherungsleistungen zur Folge hat. In der Feuerversicherung gibt es z.B. kleine und grosse Feuerschäden. Deshalb muss statistisch ermittelt werden, welchen Betrag es durchschnittlich auf einen Versicherungsfall trifft. Dies nennt man im allgemeinen den Schadendurchschnitt oder auch den durchschnittlichen Schaden. Anhand von Schadenfrequenz und Schadendurchschnitt kann die Nettoprämie festgesetzt werden. Sie wird nach ihrer Funktion auch als Risikoprämie bezeichnet[95].

Meistens wird die Nettoprämie noch durch Zuschläge erhöht, z.B. durch einen Sicherheits- und einen Gewinnzuschlag. Die nach Vertrag geschuldete Prämie heisst Bruttoprämie. Man nennt sie auch Bedarfsprämie oder – wenn sie in einem Tarif aufgeführt ist – Tarifprämie[96].

4. In der Privatassekuranz besteht eine Relation zwischen der Prämie und den versicherten Leistungen. Wer sich für höhere Leistungen versichert, hat, bei sonst gleichen Voraussetzungen, eine höhere Prämie zu entrichten, als wer geringere Leistungen vereinbart. Dazu Beispiele: Wünscht der Versicherungsnehmer in der gemischten Lebensversicherung eine Versicherungssumme von Fr. 100 000.–, so wird seine Prämie höher sein, als wenn er eine Versicherungssumme von Fr. 20 000.– vereinbart; in der Unfallversicherung wird die Prämie für ein Taggeld von Fr. 100.– grösser als für ein Taggeld von Fr. 10.– sein; wer sein Mobiliar in der Feuerversicherung für eine Versicherungssumme von Fr. 50 000.– versichert, wird ebenfalls eine höhere Prämie zu bezahlen haben, als wer es bloss zu Fr. 10 000.– versichert[97].

---

[94] Beispiel: Auf 10 000 gegen Haftpflicht versicherte Motorfahrzeughalter trifft es innert einem Jahr x angemeldete Versicherungsfälle.

[95] Die Terminologie hinsichtlich der Prämien ist nicht einheitlich; vgl. STEINLIN, Versicherungswesen S. 245 f.

[96] STEINLIN a.a.O. S. 247; GRUSS, Versicherungswirtschaft S. 89 ff. – Vgl. zur Zusammensetzung der Prämie in der Unfallversicherung gemäss UVG MAURER, Unfallversicherung S. 573, und zur Verschiedenheit in der Terminologie hinten N 1491a.

[97] In der Sozialversicherung wird die Relation zwischen Prämie – in einzelnen Zweigen wird sie Beitrag genannt – und Versicherungsleistung unterschiedlich berücksichtigt. In der Unfallversicherung wird sie für berufliche Unfälle stark und in

5. a) Eine weitere Relation besteht im allgemeinen in der Privatassekuranz zwischen der Prämie und dem versicherten Risiko[98]. Innerhalb einer Versichertengemeinschaft, in welcher gleichartige Risiken versichert werden – z. B. innerhalb der Motorfahrzeug-Haftpflichtversicherung –, kann die Wahrscheinlichkeit, dass sich Versicherungsfälle ereignen werden, unterschiedlich gross sein. Es fährt z. B. der eine Motorfahrzeughalter während 20 Jahren unfallfrei, während der andere vielleicht jedes Jahr einen Unfall verursacht. Im einen Versicherungsfall müssen auch grössere Leistungen als im andern erbracht werden. Der Versicherer versucht aufgrund statistischer und anderer Erfahrungen sog. Risiko- oder Gefahrsmerkmale zu bilden. Nach ihnen kann er beurteilen, ob die Wahrscheinlichkeit, dass sich Versicherungsfälle ereignen, grösser oder geringer ist und ob mit grösseren oder geringeren Leistungen gerechnet werden muss. Der Feuerversicherer wird z. B. annehmen, dass ein altes und aus Holz gebautes Berghotel, das mit Löscheinrichtungen schlecht versorgt ist, ein grösseres Risiko darstellt als ein etwa gleich grosses und gleichwertiges Hotel aus Stein, das in einer Stadt mit Berufsfeuerwehr steht. Die Wahrscheinlichkeit, dass das Berghotel Feuer fängt und dass es zudem ganz abbrennt, ist grösser als beim Hotel aus Stein. Der Privatversicherer verfolgt im allgemeinen die Tendenz, die Prämie nach der Grösse des Risikos abzustufen. Verträge, mit welchen ein kleineres Risiko versichert wird, sehen daher eine geringere Prämie vor, als solche mit höherem Risiko gleicher Art. Wenn die Prämie nach dem Risiko abgestuft ist, bezeichnet man sie als Individualprämie[99].

---

der AHV/IV nur schwach betont. In der AHV/IV beeinflusst der Beitrag des einzelnen Beitragspflichtigen die Höhe seiner Rente nur bis zu einer gewissen Höhe des Erwerbseinkommens; Beiträge, die auf den darüber hinausgehenden Einkommensteilen erhoben werden, haben keinen Einfluss auf die für diesen Beitragspflichtigen in Frage kommende AHV/IV-Rente. Man nennt sie Solidaritätsbeiträge; vgl. MAURER, SVR I S. 372 f. und vorne bei N 18.

[98] Zum rechtlichen Begriff des Risikos und der Gefahrstatsachen (Terminologie des VVG) vgl. hinten bei den N 539 ff. und zur technischen Seite des Risikos die Schrift von HALLER, Sicherheit durch Versicherung? sowie BÜRGI, AVB, S. 52 ff. und §§ 5 und 6. Vgl. ferner vorne bei N 17.

[99] GRUSS, Versicherungswirtschaft S. 88; in Deutschland wird der Ausdruck spezielle Prämie verwendet; MAHR, Versicherungswirtschaft S. 187; sie bildet das Gegenstück zur generellen Prämie, die im folgenden Durchschnittsprämie genannt wird.

Versicherung

b) Freilich ist es technisch ohne weiteres möglich, die Prämie innerhalb einer Versicherungsgemeinschaft ohne Rücksicht auf die Grösse des Risikos festzusetzen. Dies ist das System der Durchschnittsprämie. Es wird z. B. in der Abonnentenversicherung[99a] angewendet: Versicherte, die ein kleines Unfallrisiko darstellen, bezahlen die gleiche Prämie wie jene mit einem grossen Risiko; der Dachdecker wird bei diesem System gleich wie das Bürofräulein behandelt, obwohl bei ihm Unfälle wahrscheinlicher sind und wohl auch zu schwereren Folgen führen als beim Bürofräulein. Man pflegt beim System der Durchschnittsprämie zu sagen: Die guten Risiken bezahlen für die schlechten Risiken. Die Solidarität der Versicherten, die erfahrungsgemäss einen guten Risikoverlauf haben, wird strapaziert.

c) Die Privatassekuranz wendet das System der Durchschnittsprämie selten an. Im allgemeinen stuft sie die Prämie mehr oder weniger stark nach dem Risiko ab. Sie folgt damit dem Prinzip der *risikogerechten Prämie*[100]. Sie will aber die Abstufungen nicht zu weit treiben, sonst ergäben sich innerhalb eines Versicherungszweiges u. U. ganz kleine Gruppen von Versicherten mit sehr grossem Risiko. Dies würde sich prohibitiv auswirken: Die Prämien müssten derart hoch angesetzt werden, dass sich diese Gruppen gar nicht mehr versichern könnten. Im Extremfall wäre die risikogerechte Prämie unsozial.

d) Auch bei Versicherten, bei denen die im Prämientarif berücksichtigten Risikomerkmale übereinstimmen, können Schadenfrequenz und Schadendurchschnitt unterschiedlich sein. Der Versicherer ist versucht, schlechte Risiken, d. h. solche mit grösserer Schadenfrequenz und höherem Schadendurchschnitt, von der Versicherung auszuschliessen. Hätte er innerhalb einer Gefahrengemeinschaft nur gute Risiken, so könnte er die Prämie senken. Dadurch vermöchte er sich im Konkurrenzkampf Vorteile zu verschaffen. Man nennt dies *Risikoselektion*[100a]. Die ausgeschalteten Risiken würden bei einem anderen Versicherer Schutz suchen und führten

---

[99a] Vgl. hinten bei N 1286.

[100] In der Sozialversicherung wird das Prinzip der risikogerechten Prämie von Zweig zu Zweig unterschiedlich betont. Es wird in der obligatorischen Berufsunfallversicherung stark, in der Nichtberufsunfallversicherung schwach und in der AHV/IV überhaupt nicht berücksichtigt. Vgl. MAURER, SVR I, S. 370 f.; derselbe, Unfallversicherung S. 574 ff.

[100a] Vgl. auch hinten bei N 648.

bei diesem zu einer Antiselektion. Wenn Versicherte, die als schlechtes Risiko bewertet werden, überhaupt keinen Schutz finden würden, so bestünde für sie ein Versicherungsnotstand. Ein solcher liegt im allgemeinen nicht im Interesse der Privatassekuranz. Deshalb beschreiten Versicherer nicht selten den Weg, schlechte Risiken zwar zu versichern, für sie aber einen Prämienzuschlag zu verlangen[101] oder Selbstbehalte festzulegen oder auch andere versicherungstechnische Massnahmen zu ergreifen[102].

6. Der Versicherer kann oder muss bei der Bestimmung der Prämie noch zahlreiche andere Gesichtspunkte berücksichtigen. Hier soll lediglich die Lebensversicherung erwähnt werden: Sofern mit ihr ein Sparvorgang verbunden ist[103], muss in der Prämie der Bestandteil Sparprämie eingebaut sein[104].

---

[101] Wenn eine Person, die wegen schlechten Gesundheitszustandes ein erhöhtes Risiko darstellt, eine Lebensversicherung abschliesst, muss sie einen Prämienzuschlag bezahlen. In der Motorfahrzeug-Haftpflichtversicherung wird der schlechte Risikoverlauf – erhöhte Schadenfrequenz – vor allem mit dem Prämienstufensystem (Bonus-/Malussystem) aufgefangen; vgl. hinten bei N 1488.

[102] Der Risikoselektion sind in der Schweiz aus aufsichtsrechtlichen Gründen enge Grenzen gesetzt. Vgl. auch GRUSS, Versicherungswirtschaft S. 88.

[103] Vgl. hinten bei N 1161.

[104] Vgl. für weitere Einzelheiten hinten bei N 661; MAHR, Versicherungswirtschaft S. 136 ff. Es gehört zu den Hauptaufgaben des BPV, Prämientarife der Versicherungsgesellschaften materiell zu prüfen; vgl. hinten bei N 192.

2. Abschnitt: Aufsichtsrecht[105, 105a]

§ 5 RECHTSQUELLEN UND AUFSICHTSINSTANZEN

1. Art. 34 Abs. 2 BV lautet wie folgt:
«Der Geschäftsbetrieb von Auswanderungsagenturen und von Privatunternehmungen im Gebiete des Versicherungswesens unterliegt der Aufsicht und Gesetzgebung des Bundes.»

Die Bestimmung wurde bereits in die Bundesverfassung von 1874 aufgenommen. Die Auswanderungsagenturen haben keinen funktionellen Zusammenhang mit dem Versicherungsgewerbe; ihre Erwähnung neben diesen ist nur historisch zu verstehen[106].

2. Gestützt auf BV 34 II hat der Bund das Aufsichtsgesetz vom 25. Juni 1885 erlassen und mit ihm die privaten Versicherungsgesellschaften einer Bewilligungspflicht und der Aufsicht des Bundesrates unterstellt. Anstelle dieses Gesetzes gilt ab 1. Januar 1979 das Bundesgesetz betreffend die Auf-

---

[105] *Literatur zum Aufsichtsrecht.* BESSERT, SVZ 43 S. 193; BOSS P., System der Staatsaufsicht über Versicherungsunternehmungen, Berlin, 1955; CHRISTINGER U., SVZ 42 S. 3 ff. «Das schweizerische Versicherungsaufsichtsrecht»; DIEHL W., SVZ 48 S. 234 «Konsumentenschutz in der Versicherung»; 51 S. 260 «Preis und Konkurrenz in der Versicherungswirtschaft»; GANZ, Staatliche Aufsicht; HATZ H., Entwicklung, Aufgaben und Abgrenzung der Staatsaufsicht über die privaten Versicherungsunternehmen in der Schweiz, Zürcher Diss. 1951; KOENIG, S. 15 ff. und S. 47 ff.; KRAMER, Kompetenzen des EVA; KUHN, Harmonisierungsbestrebungen der EG, Z. 5.2.2.1 ff.; OSWALD W., Rechtsgutachten über verschiedene, mit der Revision des Versicherungsaufsichtsgesetzes zusammenhängende Fragen, dem EJPD erstattet, Villars-sur-Glâne, 1966. – SVZ 46 mit Beiträgen zum neuen VAG von BINSWANGER, S. 354; CHRISTINGER, S. 341; GMEINER, S. 394; MEYER, S. 347; PARATTE, S. 376; REICHENBACH, S. 379; SCHMIDT, S. 385; STEINER, S. 370; VIRET, S. 360; – VIRET, Privatversicherungsrecht S. 28 ff.; WYRSCH, Staatsaufsicht. – Deutsches Recht: PRÖLSS/SCHMIDT/FREY.

[105a] Die Aufsichtsgesetze sowie die meisten Verordnungen und übrigen Erlasse über die Bundesaufsicht sind in dem von der Bundeskanzlei herausgegebenen Büchlein «Privates Versicherungswesen – Schweiz. Gesetzgebung», aufgenommen. Die Sammlung enthält auch zahlreiche andere Erlasse, so das VVG usw.

[106] Vgl. BURCKHARDT, Komm. der Schweizerischen Bundesverfassung, 3. A., Bern 1931, S. 282 und 285 ff. und die weitere staatsrechtliche Literatur.

§ 5 Rechtsquellen und Aufsichtsinstanzen

sicht über die privaten Versicherungseinrichtungen vom 23. Juni 1978, das die amtlichen Kurzbezeichnungen Versicherungsaufsichtsgesetz und VAG führt[107].

3. Es sind zwei weitere Aufsichtsgesetze erlassen worden:

a) Das Bundesgesetz über Kautionen der Versicherungsgesellschaften vom 4. Februar 1919 (Kautionsgesetz, KG). Es ordnet die Kaution, die zu bestellen und bei der Schweizerischen Nationalbank zu hinterlegen ist. Die Regelung ist für inländische und für ausländische Gesellschaften verschieden. Die Kaution soll Forderungen aus Versicherungsverträgen sicherstellen. Das Kautionsgesetz ist durch Z. 1 des Anhanges des neuen Versicherungsaufsichtsgesetzes in einzelnen Punkten geändert worden; es gilt aber weiterhin[107a].

b) Das Bundesgesetz über die Sicherstellung von Ansprüchen aus Lebensversicherungen inländischer Lebensversicherungsgesellschaften vom 25. Juni 1930 (Sicherstellungsgesetz, SSG). Inländische Gesellschaften, die diese Sparte betreiben, haben nicht eine Kaution nach dem Kautionsgesetz zu leisten, sondern einen Sicherungsfonds zu bilden, der von ihrem übrigen Vermögen streng zu trennen ist. Das Sicherstellungsgesetz regelt die Einzelheiten. Es wurde durch Z. 2 des Anhanges des neuen Versicherungsaufsichtsgesetzes in wenigen Punkten geändert, bleibt aber weiterhin in Kraft[107b].

4. a) Der Bundesrat hat zu den erwähnten Gesetzen und zum VAG von 1885 Vollzugsbestimmungen erlassen. Erwähnt seien hier folgende:

Verordnung vom 11. September 1931 über die Beaufsichtigung von privaten Versicherungseinrichtungen (Aufsichtsverordnung, AVO); Verordnung vom 17. Dezember 1973 betreffend eine vereinfachte Aufsicht über Lebensversicherungseinrichtungen; Verordnung vom 11. Februar 1976 über die Abgrenzung der Versicherungsaufsichtspflicht; Verordnung vom 3. Dezember 1979 über den Betrieb versicherungsfremder Geschäfte durch die privaten Versicherungseinrichtungen; Bundesratsbeschluss vom 22.

---

[107] Vgl. zur Entstehungsgeschichte vorne bei N 31a und zur verfassungsrechtlichen Grundlage des VAG hinten bei N 119. – Die Schweiz hat als eines der ersten Länder – vielleicht sogar als erstes Land überhaupt – durch Gesetz Bewilligungspflicht und Aufsicht eingeführt.

[107a] Vgl. auch hinten N 170 und bei N 204.

[107b] Vgl. hinten N 170.

November 1955 über die Abonnenten- und die Käufer- und Kundenversicherung; Bundesratsbeschluss vom 1. Juni 1945 über die Rechtsschutzversicherung. Bestimmungen mit aufsichtsrechtlichen Inhalten finden sich in zahlreichen weiteren Verordnungen, z. B. in Verordnungen zur Motorfahrzeug-Haftpflichtversicherung[108].

Auch die genannten Verordnungen, die bereits vor dem 1. Januar 1979, d. h. gestützt auf das VAG von 1885, erlassen wurden, bleiben gemäss Bundesratsbeschluss vom 22. November 1978 über die Inkraftsetzung des VAG und die Weitergeltung von Bundesrecht[109] in Kraft. Es ist jeweils zu prüfen, ob ihre Bestimmungen mit dem VAG von 1978 übereinstimmen. Widersprechen sie ihm, so sind sie nicht anzuwenden. Hinsichtlich der Geltung der erwähnten Verordnungen zu einzelnen Fragen besteht heute eine unerfreuliche Rechtsunsicherheit[110].

b) Versicherungseinrichtungen können der Aufsicht nach verschiedenen Gesetzen und Verordnungen, d. h. einer mehrfachen Aufsicht, unterworfen sein. VAG 44 bestimmt für diesen Sachverhalt folgendes:

«Übt der Bund die Aufsicht über Versicherungseinrichtungen kraft mehrerer Gesetze aus, so sorgt der Bundesrat dafür, dass eine einzige Aufsichtsbehörde die Beziehungen mit den Versicherungseinrichtungen wahrnimmt.»

Dazu einige Hinweise:

UVG 68 I lit. a lässt private Versicherungseinrichtungen, die dem VAG unterstehen, als Versicherungsträger zu. Hinsichtlich der Unfallversicherung ist UVG 79 (Aufsicht) auf sie anwendbar, gleichzeitig aber auch das VAG, dem sie «von Haus aus» unterstellt sind. Nach UVV 104 I übt das BSV «die Aufsicht über die einheitliche Anwendung des Gesetzes durch die Versicherer aus». Gemäss UVV 104 III ist das BPV für die Aufsicht über diese Versicherer «nach Massgabe der Versicherungsaufsichtsgesetzgebung» zuständig. Damit wird kaum etwas ausgesagt, wie die Kompeten-

---

[108] Vgl. die Verzeichnisse in «Privates Versicherungswesen» S. III.
[109] SR 961.011.
[110] Der Richter hat im Streitfall ganz allgemein zu prüfen, ob die in Frage kommende Bestimmung einer Verordnung gesetzeskonform ist; vgl. zum sog. akzessorischen richterlichen Prüfungsrecht MAURER, SVR I S. 139 mit Hinweisen. – Die Aufsichtsverordnung wurde durch die VO vom 14. 11. 1979 (AS 1979 S. 1588) in zahlreichen Punkten geändert und ergänzt.

zen zwischen ihm und dem BSV abgegrenzt sind. UVV 104 IV verpflichtet die beiden Bundesämter, ihre Aufsicht zu koordinieren. UVV 110 ermächtigt das BPV, Richtlinien über den Umfang der Rückstellungen aufzustellen, soweit Versicherer gemäss VAG betroffen sind, während für die übrigen Versicherer das BSV zuständig ist. Die erwähnten Bestimmungen können dahin ausgelegt werden, dass grundsätzlich die Aufsichtsbehörden nach VAG zuständig sind, jedenfalls soweit es sich um die Genehmigung von Geschäftsplan, Tarifen und andern vorlagepflichtigen Materialien wie AVB handelt, überdies für die Rückstellungen. Das BSV kann in diesem Bereich die einheitliche Rechtsanwendung nicht sicherstellen, da ihm hier die Kompetenz zur Entscheidung fehlt. Es hat aber die Aufgabe, die einheitliche Rechtsanwendung durch Absprachen mit dem BPV, d.h. durch Koordination, anzustreben. Aufsichtsrechtliche Befugnis zu Weisungen dürfte das BSV vor allem im Gebiete des materiellen Rechts haben, z.B. betreffend den Kreis der Versicherten, die Leistungen – hier vorab die Koordination, die durch die mehrfache Trägerschaft erforderlich ist, z.B. die Vorleistungspflicht –, ferner den Rückgriff gegen haftpflichtige Dritte usw. Wenn sich die Aufsichtsbehörden nach VAG und das BSV in einer Frage nicht einigen könnten, so dass für die Versicherer gemäss VAG eine andere Lösung als für die übrigen Versicherer nach UVG gelten würde, müsste wohl der Bundesrat als hierarchische Spitze der Bundesverwaltung auf die beteiligten Departemente einwirken, wenn die einheitliche Rechtsanwendung nach UVV 104 I verwirklicht werden soll. Von praktischer Bedeutung könnte dies z.B. bei den Prämientarifen[111] sein, sofern einheitliche Tarife angestrebt werden.

Hinsichtlich der beruflichen Vorsorge gilt folgendes:

Versicherungseinrichtungen, die dem VAG unterstehen, können sich unter bestimmten Voraussetzungen gemäss BVG 48 als «Vorsorgeeinrichtungen, die an der Durchführung der obligatorischen Versicherung teilnehmen wollen», registrieren lassen. Auch auf sie ist für die Aufsicht BVG 61 III anwendbar. Art. 3 BVV 1 legt die Zuständigkeiten fest. Nach Abs. 4 beaufsichtigt das BPV die Vorsorgeeinrichtungen, die dem VAG unterstehen. Mit dieser Regelung soll eine Doppelaufsicht ausgeschlossen werden.

---

[111] Vgl. hinten N 228 sowie MAURER, Unfallversicherung N 107a und zu den von der Aufsicht nach VAG befreiten Versicherungseinrichtungen hinten bei N 152.

– Vorsorgeeinrichtungen, die der vereinfachten Versicherungsaufsicht nach VAG 6 unterstehen und noch keine Bewilligung des EJPD nach VAG 7 haben, bleiben nach Art. 3 V BVV 1 bis zur Erteilung der Bewilligung unter der Aufsicht des BSV, womit die Doppelaufsicht ebenfalls ausgeschlossen ist[112].

5. a) Bestimmungen, die sich auf die *Aufsichtsinstanzen* und deren Aufgaben beziehen, sind über mehrere noch geltende Gesetze und Verordnungen verstreut. Davon sollen einige erwähnt werden:[113]

Bundesratsbeschluss vom 17. November 1914 betreffend die Zuständigkeit der Departemente und der ihnen unterstellten Amtsstellen zur selbständigen Erledigung von Geschäften, Art. 20 (sog. Delegationsverordnung); Aufsichtsverordnung vom 11. September 1931, z. B. die Art. 6 II und 11 II; VAG von 1978, z. B. die Art. 42 und 43; die gestützt auf das Verwaltungsorganisationsgesetz vom 19. September 1978 vom Bundesrat erlassene Verordnung vom 9. Mai 1979 über die Aufgaben der Departemente, Gruppen und Ämter, die Art. 6 und 7; Verordnung vom 20. November 1959 über Haftpflicht und Versicherungen im Strassenverkehr (VVV), Art. 76 b in der Fassung vom 6. Oktober 1980; Verordnung vom 5. Juni 1979 über die Motorfahrzeug-Haftpflichtversicherung (VMHV), z. B. die Art. 7 f. und 23. Diese Aufzählung lässt erkennen, dass die Kompetenzordnung hinsichtlich der Aufsichtsinstanzen schwer überschaubar, ja sogar verwirrlich ist.

b) Das VAG enthält in den Art. 42 ff. eine besondere Kompetenzordnung. Der *Bundesrat* hat nach Art. 42 I lit. b die Ausführungsbestimmungen zum VAG zu erlassen. Dafür ist er schon gemäss BV 102 Z. 5 zuständig. Lit. a zählt sodann die verschiedenen Bestimmungen des VAG auf, die ihn zu «ergänzenden Bestimmungen» verpflichten. Dabei handelt es sich teilweise ebenfalls um Ausführungsbestimmungen, teilweise aber auch um sog. Delegationsnormen, d. h. um die Kompetenz zu gesetzesvertretenden Verordnungen[114].

---

[112] Vgl. hinten bei N 174.

[113] Vgl. die Zitate im Verzeichnis der Rechtsquellen vorne S. 30 und bei den N 108 f.

[114] Vgl. zum Unterschied von Vollziehungsverordnung und gesetzesvertretender Verordnung z. B. MAURER: SVR I S. 134 ff., besonders N 256. Die Grenze ist fliessend. Die Botschaft zum VAG scheint auf S. 914 davon auszugehen, dass es sich bei

§ 5 Rechtsquellen und Aufsichtsinstanzen

Solange der Bundesrat zu einem Artikel die erforderliche ergänzende Bestimmung noch nicht erlassen hat, muss die Kompetenz, im konkreten Einzelfall durch eine Verfügung zu entscheiden, beim EJPD oder beim BPV liegen, je nachdem, ob die eine oder die andere Instanz für die betreffende Materie zuständig ist. Diese Ämter müssen nämlich auch dann entscheiden, wenn die Gesetzgebung über die Aufsicht andere Lücken aufweisen sollte.

Nach VAG 43 I «stehen die Aufsicht und die Entscheidungsbefugnis» dem BPV zu, «wo nicht ausdrücklich das EJPD als zuständig erklärt worden ist»[115]. Die Erwähnung des EJPD in den verschiedenen Artikeln ist somit abschliessend; seine Kompetenz darf nicht durch Analogieschluss auf weitere Bestimmungen ausgedehnt werden. Das Schwergewicht der Aufsicht liegt beim BPV. Wenn das VAG von der Aufsichtsbehörde spricht, wie z. B. in den Art. 17, 18 und 19, so meint es das BPV[116].

VAG 43 II verpflichtet das EJPD, die unmittelbar Betroffenen anzuhören, bevor es «Weisungen allgemeinen Charakters» erlässt. Dies gilt sinngemäss auch für das BPV, soweit es sich um Sammelverfügungen handelt[117].

VAG 45 schreibt vor, dass der Bundesrat für die obligatorische Motorfahrzeug-Haftpflichtversicherung eine Eidg. Konsultativkommission von 11–15 Mitgliedern zu bestellen hat, «die aus Vertretern der Versicherungseinrichtungen und der Strassenverkehrsverbände in gleicher Zahl sowie aus unabhängigen Sachverständigen zusammengesetzt wird». Er kann

den in VAG 42 I lit. a genannten Bestimmungen ausschliesslich um gesetzesvertretende Bestimmungen handelt. – Vgl. zur Kompetenz des Bundesrates ferner hinten bei N 229.

[115] Die in den früheren Erlassen verwendete Bezeichnung «Eidg. Versicherungsamt» oder auch «Versicherungsamt» (EVA) ist mit Art. 7 der VO vom 9. Mai 1979 über die Aufgaben der Departemente, Gruppen und Ämter durch die Bezeichnung «Bundesamt für Privatversicherungswesen» (BPV) ersetzt worden.

[116] Art. 20 der Delegationsverordnung vom 17. November 1914 stellt einen Katalog der Geschäfte auf, die dem BPV «zur selbständigen Erledigung» aufgetragen sind. – Vgl. für Weiteres KRAMER: Die Kompetenzen des Eidgenössischen Versicherungsamtes, Zürcher Diss. 1977.

[117] Vgl. zu diesem Begriff hinten bei den N 234 und 238; bevor die beiden Ämter Einzelverfügungen erlassen, haben sie den Parteien das rechtliche Gehör nach VwVG 29 zu gewähren.

auch für andere Versicherungszweige, die ein Versicherungsobligatorium vorsehen, Eidg. Konsultativkommissionen einsetzen, die nach den gleichen Merkmalen wie jene zusammengesetzt sind. Nach Abs. 3 begutachten die Konsultativkommissionen «zuhanden der Bundesbehörden Fragen der gesetzlichen Regelung und des Vollzugs sowie der Durchführung der betreffenden Versicherungszweige, insbesondere auch Fragen der Tarifgestaltung und der Prämienfestsetzung; sie können von sich aus Anregungen machen und Empfehlungen unterbreiten». Die Konsultativkommissionen besitzen keine Befugnis, gegenüber den Versicherungsgesellschaften Verfügungen zu erlassen. Sie sind, wie ihr Name sagt, als Fachgremien beratende Organe[118] der Bundesbehörden, besonders aber des BPV.

§ 6 GRUNDZÜGE DES AUFSICHTRSRECHTS GEMÄSS VAG

I. ALLGEMEINES

1. Verfassungsrechtliche Grundlagen

a) Die privaten Versicherungseinrichtungen geniessen die Handels- und Gewerbefreiheit, die Art. 31 I BV gewährleistet. Er lässt Einschränkungen dieser Freiheit zu, soweit sie durch die Bundesverfassung und die auf ihr beruhende Gesetzgebung vorgesehen sind. Solche Einschränkungen enthält Art. 34 II BV, indem er die «Privatunternehmungen im Gebiete des Versicherungswesens» der Aufsicht und Gesetzgebung des Bundes unterstellt. Die Aufsicht leitet sich aus dem Polizeibegriff ab[119]. Er ist zur Hauptsache auf die Gefahrenabwehr begrenzt. Diese erfolgt zur Herstellung oder Aufrechterhaltung der öffentlichen Ordnung und Sicherheit. Dazu gehört aber nicht nur die «Wahrung von Sicherheit, Ruhe, Gesund-

---

[118] Vgl. zur Entstehungsgeschichte Botschaft zum VAG Z. 235 und zu Art. 45, sowie hinten bei N 1482a. Diese Kommissionen haben eine ähnliche Aufgabe wie z. B. die Eidg. Kommission für die AHV/IV gemäss AHVG 73 und AHVV 177; vgl. MAURER, SVR II S. 60.

[119] Vgl. besonders JOST ANDREAS, Die neueste Entwicklung des Polizeibegriffs im schweizerischen Recht, Berner Diss. 1975.

heit und Sittlichkeit und von Treu und Glauben im Geschäftsverkehr»[120], sondern in gewissen Bereichen auch der Schutz des Vermögens. Hingegen dürfen mit der Aufsicht nicht wirtschafts- und konjunkturpolitische oder konkurrenzausgleichende Zielsetzungen verfolgt werden[121].

b) Das VAG wird nach seinem Einleitungssatz auf verschiedene Bestimmungen der BV gestützt, nämlich auf den bereits genannten Art. 34 II, ferner auf Art. 34bis, der dem Bund die Kompetenz zur Gesetzgebung über die Kranken- und Unfallversicherung einräumt sowie auf Art. 37bis, mit dem der Bund ermächtigt wird, Vorschriften über Automobile aufzustellen. Die Erwähnung von Art. 34bis BV erklärt sich dadurch, dass das VAG auch Vorschriften über die anerkannten Krankenkassen enthält, und Art. 37bis BV bildet die Grundlage für die besonderen Bestimmungen des VAG zur Motorfahrzeug-Haftpflichtversicherung. Richtigerweise sollte der Einleitungssatz auch Art. 34[quater] BV nennen, der die Befugnis des Bundes im Gebiet der Alters-, Hinterlassenen- und Invalidenvorsorge begründet und der Sache nach das Drei-Säulen-Prinzip aufstellt[122]. Das VAG enthält nämlich auch Bestimmungen über Einrichtungen der Personalvorsorge, die dem Bereich der zweiten Säule, d.h. der beruflichen Vorsorge, angehören.

2. System

Das VAG unterstellt die privaten Versicherungseinrichtungen, wenn auch mit einigen Ausnahmen, der Aufsicht des Bundes. Die der Aufsicht unterstellten Einrichtungen dürfen sich nur dann als Versicherer betätigen, wenn sie dafür die Bewilligung des EJPD besitzen. Andernfalls ist ihnen eine solche Tätigkeit verboten. Verwaltungsrechtlich handelt es sich um ein «Polizeiverbot mit Erlaubnisvorbehalt»[123] oder kurz um bewilligungspflichtige Betriebe.

[120] Wie BGE 99 I b 58 offenbar annimmt. Die Aufsicht soll z.B. die Prämienzahler in ihrem Vermögen vor ungerechtfertigt hohen Prämien schützen; vgl. VAG 20.

[121] Dies lässt sich aus BV 31 ableiten; vgl. CHRISTINGER, SVZ 46 S. 344 und Botschaft zum VAG zu Art. 1 a. E.

[122] Vgl. dazu MAURER, SVR I N 244a. – Der Einleitungssatz erwähnt BV 34[quater] wohl deshalb nicht, weil die Bundesversammlung das BVG noch nicht angenommen hatte, als sie das VAG verabschiedete.

[123] FLEINER/GIACOMETTI, Schweizerisches Bundesstaatsrecht, Zürich 1949 S. 305. – Vgl. dazu ferner hinten nach N 179.

3. Bedeutung des Zweckartikels[124]

a) Art. 1 VAG mit dem Titel «Zweck» lautet wie folgt:
«Der Bund übt, insbesondere zum Schutze der Versicherten, die Aufsicht über die privaten Versicherungseinrichtungen aus.»

b) Dieser Zweckartikel ist nicht nur dekorativer Natur, sondern er hat eine mehrfache Bedeutung. So bringt er zum Ausdruck, dass das VAG ein *Schutzgesetz* ist: Es soll bestimmten Personengruppen Schutz gewähren, und zwar vorrangig hinsichtlich des Vermögens[125]. Sodann ist der Zweckartikel bei der Auslegung des VAG selbst und überdies des VVG zu beachten, da er dessen Sinn und Zweck, die ratio legis, umschreibt. Er muss auch Richtschnur für die Rechtsverordnungen und für die aufsichtsrechtlichen Weisungen an die Versicherungseinrichtungen sein. Besonders wichtig ist schliesslich, dass sich die Aufsichtsbehörden in ihren Einzel- und Sammelverfügungen[126] zum Zweck der Aufsicht leiten lassen und somit aufsichtsfremde Anordnungen unterlassen.

c) Der Zweckartikel unterliegt auch seinerseits, wie jede andere gesetzliche Bestimmung, der Auslegung. Mit ihr sind somit die Grenzen der Aufsicht festzulegen. Dazu ein Hinweis zum Kreise der zu schützenden Personen. Er erwähnt «insbesondere die Versicherten». Ausser ihnen verdienen den Schutz auch andere Anspruchsberechtigte, ferner die Prämienschuldner – meistens sind dies die Versicherungsnehmer – und in der Haftpflichtversicherung die Geschädigten[127]. Wenn das VAG die Versicherten nennt, muss jeweils geprüft werden, ob es die Versicherten im rechtstechnischen Sinn oder aber alle aufgezählten Personen oder lediglich einzelne von ihnen im Auge hat[128].

---

[124] Vgl. Botschaft zum VAG zu Art. 1 und – allgemein zu Programmartikeln – IMBODEN/RHINOW, Verwaltungsrechtsprechung I Nr. 21 B I.

[125] Vgl. weitere Teilaufgaben hinten N 187.

[126] Vgl. dazu hinten bei N 234 und Botschaft zum VAG zu den Art. 43–44.

[127] Die Botschaft zum VAG zu Art. 1 nennt auch die «Versicherungsinteressenten», ohne freilich zu präzisieren, was sie darunter versteht. – Vgl. zu den Begriffen Versicherte, Anspruchsberechtigte, Versicherungsnehmer usw. hinten § 10 Z. IV und V und ferner BGE 108 I b 283 sowie hinten N 187 a. E.

[128] So versteht z. B. VAG 27, der den Erfüllungsort regelt, unter den Versicherten: diese selbst im rechtstechnischen Sinn, ferner Versicherungsnehmer und Anspruchsberechtigte, nicht aber Geschädigte im Sinne des Haftpflichtrechts.

II. AUFSICHTSPFLICHTIGE UND VON DER AUFSICHT BEFREITE PRIVATE VERSICHERUNGSEINRICHTUNGEN

Art. 3 I VAG stellt den Grundsatz auf, dass «die privaten Versicherungseinrichtungen, die in der Schweiz oder von der Schweiz aus im direkten Geschäft oder im Rückversicherungsgeschäft tätig sind», der Aufsicht unterstehen. Mehrere positive und negative Voraussetzungen müssen erfüllt sein, damit ein Unternehmen der Aufsicht unterworfen ist. Einige dieser Voraussetzungen sollen im folgenden erörtert werden.

1. Versicherungseinrichtungen

Der Aufsicht unterstehen Einrichtungen, welche die Versicherung betreiben. Das VAG umschreibt den Begriff der Versicherung nicht, sondern setzt ihn voraus[129]. Bereits in § 1 wurden typische Züge der Versicherung erklärt. Im folgenden geht es darum, Merkmale zu bestimmen, die gegeben sein müssen, damit eine Versicherung im Sinne des VAG vorliegt. Zuvor sollen allgemeine Hinweise zum Versicherungsbegriff gegeben werden.

a) *Allgemeines zum Versicherungsbegriff*

aa) Ungezählte, vor allem deutsche Autoren haben den Begriff[130] der Versicherung definiert[131]. Sie gehören verschiedenen Bereichen der Wissenschaft an, so der Rechtswissenschaft, der Volkswirtschaft, der Be-

---

[129] Die Botschaft zum VAG führt in Z. 231.3 aus, dass der Versicherungsbegriff durch die Aufsichts- und Gerichtspraxis zu bestimmen sei.

[130] Zu unterscheiden sind die Denkformen des Typus und des Begriffs; vgl. Näheres bei LARENZ, Methodenlehre S. 432 und 444 ff. und bereits vorne N 3. Beim Typus kommt es auf das gesamte Erscheinungsbild eines Gebildes an. Die Züge, die dem Typus zugeordnet werden, können in unterschiedlicher Stärke und und in verschiedenen Mischungen vorhanden sein, wobei einzelne sogar fehlen dürfen. Der Begriff wird dagegen durch Merkmale fixiert. Wenn einem Gebilde auch nur ein einziges Merkmal fehlt, dann ist der Begriff nicht erfüllt. Die Auswirkungen sind z. B. beim Begriff des Unfalles deutlich, wie er vom EVG umschrieben wird. Wenn einem Geschehnis auch nur ein einziges der fünf Merkmale fehlt, welche den Unfallbegriff festlegen, dann ist der Begriff nicht erfüllt, weshalb der Versicherer nicht leistungspflichtig wird; vgl. MAURER, Unfallversicherung S. 165.

[131] WÄLDER, Wesen der Versicherung S. 22 ff., analysiert zwölf ausgewählte Definitionen. Auch KARSTEN, Rechtsbegriff der Versicherung, gibt mehrere Definitionen wieder.

triebswissenschaft usw. Die Definitionen weichen teilweise erheblich voneinander ab. Dies erklärt sich vorwiegend dadurch, dass die Auswahl der Merkmale, die in der Definition aufgenommen werden, wesentlich durch den Zweck mitbestimmt wird, den die betreffende Wissenschaft mit ihrer Begriffsbildung verfolgt. Der Ökonom sieht die Versicherung aus einem andern Blickwinkel als z. B. der Versicherungsmathematiker oder der Betriebswissenschafter. Selbst innerhalb der gleichen Wissenschaft, z. B. der Rechtswissenschaft, hat sich bis heute keine Definition durchzusetzen vermocht. Die Versicherung ist dermassen vielgestaltig und in ständiger technischer Entwicklung, dass sie die Begriffsbildung erschwert.

bb) In Deutschland ist der Versuch unternommen worden, einen einheitlichen wissenschaftlichen Begriff der Versicherung zu umschreiben, da in jeder Versicherung «ein gewisser Kern» vorhanden sein müsse. Die Abteilung für Versicherungslehre im Deutschen Verein für Versicherungswissenschaft hat am 17. März 1966 vorgeschlagen, unter Versicherung solle verstanden werden «die planmässige Deckung eines im einzelnen ungewissen, insgesamt aber schätzbaren Geldbedarfs auf der Grundlage eines durch Zusammenfassung einer grossen Anzahl von Einzelwirtschaften herbeigeführten Risikoausgleichs»[132]. Allein diese Definition kann dem VAG nicht zugrunde gelegt werden, da sich die einzelnen Merkmale zu wenig deutlich abheben[133].

b) *Versicherungsbegriff im VAG*

aa) Dem VAG liegt ein weiterer Versicherungsbegriff zugrunde, worauf schon der gesetzliche Ausdruck der Versicherungseinrichtung hinweist. Er

---

[132] Näheres bei Karsten a. a. O. S. 25 ff. und 36 ff. sowie bei Wälder, Wesen der Versicherung S. 15 ff. Im deutschen Schrifttum findet die neuere «Plansicherungstheorie» Beachtung. Danach hat die Versicherung die Funktion, «durch gewisse Ereignisse ausgelöste Störungen in den Wirtschaftsplänen der Versicherten (planwidrig entgehende Einnahmen, ausserplanmässige Ausgaben) auszugleichen» (Braess u. a., zit. von Prölss/Martin, deutsches VVG, § 1 N 1 A und B mit näherer Begründung).

[133] Für jedes Gesetz, das den Ausdruck Versicherung verwendet, muss besonders untersucht werden, was es darunter versteht. Es handelt sich um eine Auslegungsfrage. Man kann mit Larenz, Methodenlehre S. 466 ff., von einem «funktionsbestimmten Rechtsbegriff» sprechen. So ist z. B. der Versicherungsbegriff in den Sozialversicherungsgesetzen oder in den Steuergesetzen ein etwas anderer als im VAG und im VVG. Vgl. Maurer, SVR I S. 69 ff.

§ 6 Grundzüge des Aufsichtsrechts gemäss VAG

soll nach der Absicht des Gesetzgebers nicht nur die privaten Versicherungsgesellschaften im herkömmlichen Sinn einschliessen, sondern grundsätzlich ebenso Pensionskassen einzelner Arbeitgeber – dies sind in der Sprache des BVG die Vorsorgeeinrichtungen –, und ferner auch die (privaten) Kranken- und Arbeitslosenversicherungskassen[134]. Damit können sogar kleinste Einrichtungen mit nur einigen wenigen Versicherten unter den Versicherungsbegriff fallen[135].

bb) Das Bundesgericht hat den Versicherungsbegriff bereits im Hinblick auf das VAG von 1885 durch folgende fünf (begriffsnotwendige) Merkmale festgelegt[136] und diese für das neue VAG übernommen[137]:
 a) das Risiko oder die Gefahr
 b) die Leistung des Versicherten = Prämie
 c) die Leistung des Versicherers
 d) die Selbständigkeit der Operation
 e) die Kompensation der Risiken nach den Gesetzen der Statistik = der planmässige Geschäftsbetrieb.

cc) Zu diesen Merkmalen folgendes:

Die Versicherung ist nur gegeben, wenn bestimmte Risiken[138] oder Gefahren als Voraussetzung für die Leistungen des Versicherers umschrieben werden. Das weitere Merkmal bei lit. b, die Voraussetzung einer Prämie, wird mit «Leistung des Versicherten» zu eng umschrieben[138a]. Prämienschuldner ist oft nicht der Versicherte, sondern der mit ihm nicht identische Versicherungsnehmer, so z. B. in der Kollektivversicherung. Das Merkmal bei lit. c – Leistung des Versicherers – enthält den ausschlaggebenden

---

[134] Botschaft zum VAG zu Z. 231.2 f. und zu den Art. 4 und 5. Vgl. dazu MAURER, SVR I § 12.

[135] Es gibt sowohl anerkannte Krankenkassen – z. B. Betriebskrankenkassen kleiner Unternehmungen, die nur den Lohnausfall bei Krankheit versichern – als auch Vorsorgeeinrichtungen, die weniger als 30 Versicherte aufweisen.

[136] BGE 58 I 259, 76 I 368 und 100 IV 120 E. 1.

[137] BGE 107 I b S. 56 ff.

[138] Vgl. zu diesen Begriffen hinten bei den N 519 ff. BGE 92 I 133 versteht darunter ein Ereignis, dessen Eintritt zugleich möglich und ungewiss ist (incertus an oder incertus quando = ungewiss ob oder wann).

[138a] Wenn man nicht die Terminologie des VVG – dieses unterscheidet zwischen dem VN und den Versicherten – sondern jene des VAG im Auge hat, ist die Bezeichnung «Versicherter» begreiflich; vgl. vorne bei N 128 und hinten N 187 a. E.

Punkt nicht: Massgebend ist nämlich ein *Rechtsanspruch* des Versicherten auf Leistungen im Versicherungsfall. Fehlt es an einem solchen Anspruch – oder umgekehrt ausgedrückt – an einer Leistungspflicht des Versicherers, so liegt keine Versicherung vor[139]. Das Merkmal nach lit. d, die Selbständigkeit der Operation, ist gegeben, «wenn den Versicherungsleistungen eine gewisse Bedeutung zukommt und wenn sie nicht als einfache Nebenabrede oder eine Modalität des andern Vertragsteils erscheinen. Für die Entscheidung der Frage, ob die Versicherungsleistung sich lediglich als Nebenabrede oder Modalität des andern Vertragsteils darstellt, ist der äussere Zusammenhang mit diesem von entscheidender Bedeutung». Somit kann die Versicherungsleistung an sich durchaus auch mit einem andern Vertrag verbunden sein – z. B. bei Mischgeschäften –, wenn die beschriebene «Selbständigkeit der Operation» anzunehmen ist[140]. Das Merkmal bei lit. e ist eher fragwürdig. Eine Unternehmung kann auch dann den Versicherungsbegriff erfüllen, wenn sie sich nicht um Statistik und Planmässigkeit des Geschäftsbetriebes, d. h. um die Versicherungstechnik, kümmert, sofern die übrigen Merkmale gegeben sind[141]. Gerade eine solche

---

[139] Vgl. bereits vorne N 12a. – Umstritten ist die Frage, ob die Leistungen auch in Dienst- und Sachleistungen des Versicherers bestehen können. Diese entsprechen sinngemäss den Naturalleistungen in der Sozialversicherung: Der Versicherer schuldet Dienstleistungen oder Sachen, sei es, dass er sie durch eigene Organe selbst erbringt, sei es, dass er sie auf seine Kosten durch Dritte erbringen lässt. Nur er wird Schuldner des Leistungserbringers, nicht aber der Versicherte; vgl. MAURER, Unfallversicherung S. 274 f. und SVR I S. 295 f. Solche Naturalleistungen können darin bestehen, dass der Versicherer Reparaturen am beschädigten Fahrzeug des Versicherten durch eigene Reparaturwerkstätten ausführen lässt oder Medizinalpersonal vertraglich verpflichtet, auf seine Kosten die Heilbehandlung des Unfallversicherers zu besorgen usw. Der Schutzzweck des VAG verlangt, dass solche Naturalleistungen grundsätzlich als Versicherungsleistungen im Sinne des Versicherungsbegriffes anerkannt werden, und zwar unabhängig davon, ob sie Neben- oder Hauptleistung sind. BGE 92 I 134 E. 5 lässt die Frage offen. Vgl. hinten bei N 941 ff.

[140] BGE 107 I b 60 f.: Eine Unternehmung stellt Ölzusätze für Automobilmotoren her und gibt an Garagebetriebe für Käufer von Occasionswagen «Garantiescheine» ab, wonach sie Reparaturkosten übernimmt. Das BGer bejaht den Versicherungsbegriff und die Aufsichtspflicht der Unternehmung gemäss VAG.

[141] Richtigerweise sollten die Kompensation nach der Statistik und die Planmässigkeit auseinandergehalten werden. Jene ist nur *ein* Gesichtspunkt des Ge-

Unternehmung muss nach dem Schutzzweck des Gesetzes unter die Aufsicht fallen, da das Schutzbedürfnis der Prämienzahler und Anspruchsberechtigten besonders gross sein kann. Sie erfüllt den Versicherungsbegriff, obwohl die erwähnten Merkmale bei ihr fehlen[142]. Man könnte allenfalls sagen, dass der Begriff auch dann gegeben sei, wenn eine Unternehmung zwar nicht geschäftsplanmässig handelt, aber bei seriöser Geschäftsführung eben handeln sollte[143]. Wenn sie der Aufsicht gemäss VAG untersteht, wird es gerade Sache der Aufsichtsbehörden sein, die Planmässigkeit der Geschäftsführung zu sichern, damit Prämienzahler, Anspruchsberechtigte usw. geschützt werden. Dies entspricht der Zielsetzung des VAG. Das Merkmal nach lit. e sollte daher fallen gelassen werden[144].

2. Private Versicherungseinrichtungen

Der Aufsicht sind nach VAG 3 nur die *privaten* Versicherungseinrichtungen unterworfen[145]; sie bilden den Gegensatz zu den *öffentlichen* Versicherungseinrichtungen. Letztere sollen von der Aufsicht befreit sein, da hinter ihnen ein Gemeinwesen steht, «das für ihre Verbindlichkeiten haftet,

---

schäftsplanes gemäss VAG 8, da dieser noch weitere Elemente enthält; BGE 108 I b 289 und 107 I b 56 ff. machen diese Unterscheidung nicht.

[142] BGE 92 I 132 E 3 knüpft das Erfordernis der statistischen Kompensation ohnehin nur an eine schwache Voraussetzung: Es genüge, dass das Total der Einnahmen nach Abzug der gesamten Ausgaben noch eine genügende Sicherheitsmarge enthalte.

[143] Wenn z. B. ein grösserer, bereits bestehender Verein für seine Mitglieder eine nicht anerkannte Krankenkasse einrichtet, dafür erhebliche Prämien einnimmt, um bei Krankheiten Leistungen zu erbringen, ist der Versicherungsbegriff – angesichts des Schutzwecks des VAG – auch dann zu bejahen, wenn der Verein die Kasse dilettantisch, ohne Rücksicht auf Planmässigkeit, geordnete Buchhaltung und Statistik betreibt. Es genügt, dass er sie nach der Art dieser Einrichtung planmässig betreiben sollte.

[144] Vgl. auch weitergehende Bemerkungen in der 1. A. dieses Buches S. 111 f. sowie KOENIG, Privatversicherungsrecht S. 36.

[145] Botschaft zum VAG unter Berufung auf ein Gutachten von Prof. OSWALD, Z. 223.2 und 231.3. – Nach Art. 34 II BV fallen nur «Privatunternehmungen» unter die Versicherungsaufsicht. Das VAG ist daher verfassungskonform, wenn es nur sie und nicht auch die öffentlichen Versicherungsträger zum Gegenstand hat. – VAG 11 schreibt für die privaten Versicherungseinrichtungen die Rechtsform der Aktiengesellschaft oder der Genossenschaft vor, lässt aber Ausnahmen zu.

so dass sich eine besondere Staatsaufsicht erübrigt»[146]. Öffentlich ist eine Versicherungseinrichtung, wenn sie im öffentlichen Recht wurzelt und eine öffentliche Aufgabe erfüllt. Unerheblich dürfte sein, ob sie in eine Rechtsform des Privatrechts – Aktiengesellschaft usw. – gekleidet oder z. B. als öffentliche Anstalt oder Körperschaft errichtet ist und ferner, ob ihr Verhältnis zu den Versicherten, Prämienzahlern usw. öffentlich-rechtlich oder privatrechtlich ausgestaltet ist[147].

3. Weitere Voraussetzungen der Aufsichtspflicht

a) Aufsichtspflichtig sind Versicherungseinrichtungen, «die in der Schweiz oder von der Schweiz aus ... tätig sind». Die Verordnung über die Abgrenzung der Versicherungsaufsichtspflicht vom 11. Februar 1976 (Abgrenzungsverordnung)[148], die auch nach Inkrafttreten des VAG von 1978 gilt, regelt mehrere Tatbestände. Unerheblich ist, ob der Vertrag im Ausland oder in der Schweiz oder auf dem Korrespondenzweg[149] abgeschlossen wird. Somit kann auch eine Geschäftätigkeit der Aufsicht unterstehen, die in der Schweiz wirksam wird, obschon die Versicherungseinrichtung in der Schweiz keine Zweigniederlassung besitzt[150].

---

[146] Gutachten OSWALD, zit. in der Botschaft Z. 223.2.

[147] Beispiel öffentlicher Versicherungseinrichtungen: Exportrisikoversicherung des Bundes gemäss BG vom 26. 9. 1958; Brandversicherungsanstalten der Kantone; Versicherungskassen des Bundes, der Kantone und der Gemeinden; öffentliche Viehversicherungsgenossenschaften. Die öffentlichen Versicherungseinrichtungen können der Aufsicht nach andern Gesetzen – z. B. auch der Gesetze zur Sozialversicherung – unterstehen. Letzteres trifft z. B. auf die anerkannten öffentlichen Krankenkassen zu, da sie nach KVG 33 unter die Aufsicht des BSV fallen; vgl. auch hinten bei N 163.

[148] Vgl. besonders FELIX GANZ, Staatliche Aufsicht, S. 41 ff.

[149] Zur Korrespondenzversicherung vgl. PRÖLSS/SCHMIDT/FREY, Versicherungsaufsichtsgesetz zu § 107 N 1 und 4.

[150] Ähnlich Botschaft zum VAG zu Art. 3. Solche Sachverhalte sind aufsichtsrechtlich schwer zu erfassen, da die Schweiz ausserhalb ihres Staatsgebietes nicht hoheitlich handeln, d. h. den im Ausland liegenden Geschäftsstellen gegenüber allfällige Weisungen nicht mit Zwangsmitteln durchsetzen kann. BGE 108 I b 291 nimmt jedoch zutreffend an, dass die Abgrenzungsverordnung auch einzelne Versicherungsverträge, die von Versicherern mit Sitz im Ausland abgeschlossen werden, der Aufsicht unterstellen darf, wenn der Versicherungsnehmer in der Schweiz seinen Sitz oder Wohnsitz hat. Das Urteil verneint jedoch im betreffenden Fall ein

b) Der Aufsicht untersteht die Versicherungseinrichtung, gleichgültig, ob sie im direkten Geschäft oder im Rückversicherungsgeschäft tätig ist[151].

4. Ausnahmen von der Aufsichtspflicht[152]

Art. 4 VAG hält in einem Katalog Versicherungseinrichtungen fest, die von der Aufsichtspflicht befreit sind, und Art. 5 VAG regelt in besonderer Weise die anerkannten, d. h. dem KVG unterstellten, Krankenkassen. Art. 6 VAG nennt die Voraussetzungen, unter denen inländische Lebensversicherungseinrichtungen zwar aufsichtspflichtig sind, aber nur der vereinfachten, nämlich einer milderen Aufsicht unterstehen. Die Ausnahmen werden im folgenden entsprechend dem Aufbau des VAG erwähnt.

a) *Ausnahmen gemäss VAG 4*

Von der Aufsicht ausgenommen sind nach Abs. 1:

lit. a: «Die ausländischen Versicherungseinrichtungen, die in der Schweiz nur das Rückversicherungsgeschäft betreiben.» Diese Ausnahme gilt auch dann, wenn der ausländische Rückversicherer in der Schweiz eine Zweigniederlassung besitzt[153]. Somit unterstehen dem VAG nur Rückversicherer, die in der Schweiz ihren Hauptsitz haben, und zwar mit ihrem gesamten Geschäftsbetrieb[154].

lit. b: «Die Versicherungseinrichtungen von geringer wirtschaftlicher Bedeutung, nämlich solche, die keinen grossen Kreis von Versicherten haben und deren versicherte Leistungen nicht erheblich sind.» Wenn die beiden Voraussetzungen kumulativ gegeben sind, entfällt die Aufsicht, da ein Schutzbedürfnis verneint wird. Unerheblich ist, ob der Geschäftsbetrieb regional beschränkt ist oder sich auf das ganze Land erstreckt[155].

Schutzbedürfnis im Sinne von Art. 3 II dieser Verordnung. Es stellt darauf ab, dass der Versicherungsnehmer über besondere Fachkenntnisse verfüge und deshalb die Vertrauenswürdigkeit des ausländischen Versicherers ausreichend beurteilen könne. Das Urteil enthält Erwägungen zur Gesetzmässigkeit der Abgrenzungsverordnung.

[151] Vgl. zur Unterscheidung von Direkt- und Rückversicherung hinten vor N 1496 sowie zur Ausnahme betreffend ausländische Rückversicherer bei N 153.
[152] Vgl. auch vorne bei N 111 und 112.
[153] Vgl. vorne bei N 151.
[154] Botschaft zum VAG zu den Art. 4 und 5 sowie hinten bei N 1507.
[155] Botschaft zum VAG zu Art. 4 und 5: Die Ausnahme beruht auf dem gleichen Gedanken wie das VAG von 1885, das Vereine mit örtlich beschränktem Geschäfts-

lit. c: «Die Personalversicherungseinrichtungen eines privaten Arbeitgebers, eines oder mehrerer öffentlicher Arbeitgeber sowie mehrerer privater Arbeitgeber, die wirtschaftlich oder finanziell eng miteinander verbunden sind.» Es kann sich um Vorsorgeeinrichtungen gemäss BVG 48 ff. handeln.

Unterschieden werden die privaten und öffentlichen Arbeitgeber. Letztere sind Arbeitgeber, die im öffentlichen Recht wurzeln und eine öffentliche Aufgabe erfüllen[156]. Unerheblich ist, ob der Betrieb des Arbeitgebers in einer Rechtsform des Privatrechts – z. B. als Aktiengesellschaft – oder des öffentlichen Rechts – z. B. als öffentliche Anstalt – errichtet ist. Es kommt auch nicht darauf an, ob das Verhältnis zwischen Arbeitgeber und Arbeitnehmer dem öffentlichen Recht, z. B. dem Beamtenrecht, oder dem Privatrecht, z. B. dem Arbeitsvertragsrecht gemäss OR 319ff., unterstellt ist, wie dies etwa bei der SUVA zutrifft. Die Vorsorgeeinrichtungen öffentlicher Arbeitgeber sind ganz allgemein von der Aufsicht befreit, da hinter ihnen das Gemeinwesen steht und sie nicht im Stiche lassen kann, wenn sie in finanzielle Bedrängnis geraten sollten. Das Gemeinwesen bietet, zumindest faktisch, einen qualifizierten Schutz.

betrieb von der Aufsicht befreite, nämlich dass im Hinblick auf kleinere und kleinste Versicherungsbetriebe kein Schutzbedürfnis besteht. Hingegen lässt das neue VAG die Voraussetzung der örtlichen Beschränkung fallen. BGE 107 I b 60 f. – vgl. dazu bereits vorne N 140 – nimmt an, dass 300 Versicherte bereits nicht mehr unter die Ausnahme fallen, da der Kundenkreis «grundsätzlich ein offener ist». Auch seien die versicherten Leistungen nicht unerheblich, da pro Fall im *Maximum* immerhin 3 500 Fr. bezahlt würden. Die Schutzbedürftigkeit der versicherten Kunden müsse bejaht werden. Mit diesem Entscheid dürfte der bloss etwa ein Jahr später gefällte BGE 108 I b 286 ff. in einem gewissen Widerspruch stehen. Hier ging es – bei einer Pferdeversicherungsgenossenschaft – etwa um 560 Versicherte und um die angenommene Höchstleistung pro Schadenfall von 12 000 Fr. Wenn aber z. B. bei einer Feuersbrunst 10 Pferde – einer Reitschule oder eines Pferdezüchters usw. – getötet würden, könnte der Höchstschaden auch 120 000 Fr. betragen. Das BGer nahm eine geringe Zahl von Versicherten und die Unerheblichkeit der Leistungen an und befreite die Genossenschaft von der Aufsicht. Mit diesem Urteil scheint es – bezogen auf BGE 107 I b 55 ff. – eine «Trendwende» herbeizuführen und die Ausnahmebestimmung von Abs. 1 lit. b large zu handhaben. Die Erwägungen vermögen freilich nicht durchwegs zu überzeugen.

[156] Es kann das gleiche Kriterium wie bei der Unterscheidung zwischen öffentlicher und privater Versicherung verwendet werden; vgl. vorne nach N 146.

§ 6   Grundzüge des Aufsichtsrechts gemäss VAG

Die Vorsorgeeinrichtungen der einzelnen privaten Arbeitgeber – sie bilden die weit überwiegende Zahl aller Vorsorgeeinrichtungen – sind ebenfalls von der Aufsicht nach VAG befreit, zumal sie ohnehin unter der Aufsicht gemäss BVG stehen[157]. Dies gilt auch für Vorsorgeeinrichtungen mehrerer privater Arbeitgeber, «die wirtschaftlich oder finanziell eng miteinander verbunden sind». Die Voraussetzung einer engen Verflechtung ist in der Regel bei Holding- und Konzerngesellschaften erfüllt[158]. Nicht erwähnt wird im VAG der Tatbestand, dass die gleiche Vorsorgeeinrichtung sowohl private als auch öffentliche Arbeitgeber einschliesst, wie dies z. B. bei Banken vorkommt. Nach wörtlicher Auslegung ist eine solche Versicherungseinrichtung nicht von der Aufsicht befreit[159].

lit. d und e: «Die vom Bund anerkannten Arbeitslosenversicherungskassen» sowie «die Personalhilfskassen, die aufgrund des Eisenbahngesetzes vom 20. Dezember 1957 beaufsichtigt werden». Diese Versicherungseinrichtungen unterstehen einer besonderen Aufsicht nach den einschlägigen Gesetzen, weshalb ein Bedürfnis für die Aufsicht nach VAG fehlt[160].

lit. f und g: «Die vom Bund anerkannten Krankenkassen nach Art. 5» und «die Rückversicherungsverbände anerkannter Krankenkassen, wenn

---

[157] Vgl. vorne vor N 112.

[158] Eine Aktiengesellschaft – als Muttergesellschaft – besitzt die Aktienmehrheit mehrerer anderer Aktiengesellschaften – der Tochtergesellschaften – und kann diese daher kontrollieren. Rechtlich ist jede dieser Gesellschaften ein Arbeitgeber. Die Befreiung der *gemeinsamen* Vorsorgeeinrichtung von der Aufsicht beruht auf der Überlegung, dass der Konzern einen ausreichenden Schutz für seine Vorsorgeeinrichtung gewährt, zumal diese ohnehin der Aufsicht nach BVG untersteht. Hingegen sieht das VAG die Befreiung nicht vor, wenn mehrere Arbeitgeber in einem Verband zusammengeschlossen sind, der eine Verbandsversicherung betreibt, auch wenn sie unter die Aufsicht nach BVG fällt. Die Ausnahmen und Gegenausnahmen zur Befreiung von der Aufsicht nach lit. c scheinen nicht durchwegs überzeugend.

[159] In diesem Sinne U des BGer vom 20. 12. 1985. – Die lit. c ist derzeit in Revision; vgl. dazu vorne N 31c.

[160] Die privaten Familien-Ausgleichskassen werden im Katalog der Ausnahmen nicht aufgeführt; die Botschaft zum VAG zu Art. 4 und 5 erklärt dazu, dass es sich bei ihnen nicht um Versicherungseinrichtungen handle. Diese Annahme ist angesichts des weiten Versicherungsbegriffs nicht zutreffend. Immerhin macht die Botschaft mit ihrem Hinweis klar, dass diese Einrichtungen der Aufsicht nach VAG nicht unterstehen.

sie ausschliesslich Rückversicherungen von solchen Kassen übernehmen».

Die anerkannten Krankenkassen unterliegen der besondern Regelung nach VAG 5, die sogleich zu schildern sein wird. Die Rückversicherungsverbände anerkannter Krankenkassen unterstehen dem KVG sowie den Verordnungen III und V über die Krankenversicherung und damit auch der gleichen Aufsicht wie die Krankenkassen selbst[161].

Nach Abs. 2 von VAG 4 kann das EJPD, «weitere Versicherungseinrichtungen, bei denen ähnliche Verhältnisse es rechtfertigen, von der Aufsicht ausnehmen». Eine Ähnlichkeit darf angenommen werden, wenn zwar eine Versicherungseinrichtung die Voraussetzungen der einzelnen Ausnahmebestimmungen von VAG 4 nicht voll erfüllt, wenn aber ein Schutzbedürfnis aus der gleichen Überlegung, die der betreffenden Ausnahmebestimmung zugrundeliegt, verneint werden kann[162].

b) *Anerkannte Krankenkassen*

aa) Nach Abs. 1 sind die anerkannten Krankenkassen von der Aufsicht ausgenommen, sofern sie nur die Kranken- und Mutterschaftsversicherung betreiben. Die Ausnahme gilt auch dann, wenn die Krankenkassen nach ihren Statuten Unfälle im Sinne von Art. 14 II VO III über die Krankenversicherung ebenfalls versichern[163].

bb) Krankenkassen betreiben nicht selten auch andere Versicherungsarten. Diese sind nach Abs. 2 von der Aufsicht gemäss VAG nur ausgenommen, wenn mehrere Voraussetzungen erfüllt sind. So dürfen solche Versicherungsarten nach lit. a lediglich den Nebenzweck im Verhältnis zur Krankenversicherung bilden, also bedeutungsmässig weit hinter ihr zurückstehen. Die andern Versicherungsarten müssen gemäss lit. b «beschränkte Versicherungsleistungen vorsehen und in einem inneren Zusammenhang mit der Krankenversicherung stehen». Der Ausdruck «beschränkte» Leistungen ist etwas unglücklich gewählt, da eine Krankenkasse angesichts ihrer begrenzten finanziellen Möglichkeiten nie «unbegrenzte» Leistungen gewähren kann. «Beschränkt» will wohl besagen, dass die Leistungen innerhalb des gesamten Leistungsspektrums von eher unter-

---

[161] Vgl. MAURER, SVR II S. 283.

[162] Vgl. die analoge Ähnlichkeitsklausel zur vereinfachten Aufsicht hinten bei N 172.

[163] Vgl. dazu MAURER, SVR II S. 314 und BGE 111 V 138 ff.

geordneter Bedeutung sind. Dies ist z. B. wichtig, wenn sie Leistungen für die Risiken Invalidität und Tod versichern. Krankenkassen sollen angesichts ihrer finanziellen Struktur nicht die Möglichkeit haben, sich durch allmählichen Ausbau der Leistungen zu traditionellen Lebensversicherungsgesellschaften zu entwickeln, ohne aber einer gleichen Aufsicht wie diese zu unterstehen. Lit. c nennt die weitere Voraussetzung, dass «in den andern Versicherungssparten nur Personen versichert werden, die zugleich bei derselben Kasse gegen Krankheit versichert sind».

cc) Eine Besonderheit ergibt sich aus dem UVG. Nach Art. 68 UVG sind Krankenkassen als Versicherer im Gebiete des UVG nur beschränkt zugelassen. Vor allem für Dauerleistungen – Renten aller Art – haben sie mit einer privaten Versicherungseinrichtung im Sinne des VAG «die gegenseitige Zusammenarbeit zu vereinbaren», d. h. die erwähnten Leistungen durch sie erbringen zu lassen. Sie unterstehen für den von ihnen abgedeckten Bereich grundsätzlich der Aufsicht des BSV[164]. Für die privaten Versicherungseinrichtungen gelten aufsichtsrechtlich die bereits früher dargelegten Regeln[165].

5. Vereinfachte Aufsicht[166]

a) Bereits unter dem VAG von 1885 hat der Bundesrat eine Verordnung betreffend eine vereinfachte Aufsicht über *Lebens*versicherungseinrichtungen vom 17. Dezember 1973 erlassen. Er wollte bestimmte Lebensversicherungseinrichtungen, vor allem solche im Bereich der beruflichen Vorsorge, nicht der strengen Aufsicht wie die traditionellen Lebensversicherungen unterstellen, von denen ein besonders hoher Kapitalisierungsgrad, d. h. ein «dickes finanzielles Sicherheitspolster», verlangt wird, sondern einer milderen Aufsicht[167]. Der Gesetzgeber hat nun diese Verordnung weitgehend, teilweise sogar wörtlich, im VAG übernommen. Soweit sie

---

[164] Vgl. die soeben unter lit. bb genannten Ausnahmen.

[165] Vgl. vor N 111. – BGE 110 I b 74 ff.: Die Krankenkassen dürfen eine private Unfallversicherung errichten, sofern sie ihr Vermögen nicht belasten. Vgl. MAURER, Unfallversicherung N 49.

[166] Vgl. bereits bei den N 112 und 162.

[167] Die Verordnung wurde in der 1. Auflage dieses Buches auf S. 75 N 137 als teilweise gesetzwidrig bezeichnet.

Aufsichtsrecht

dem neuen VAG nicht widerspricht, bleibt sie in Kraft[168]. Das VAG unterscheidet daher zwei Arten von Aufsicht: die ordentliche und die vereinfachte Aufsicht. Nach VAG 2 II gelten die Bestimmungen des VAG für beide Arten, sofern sie sich nicht *ausdrücklich* nur auf eine Art beziehen[169].

b) VAG 6 umschreibt mit Abs. 1 in den lit. a–d die Voraussetzungen, die eine Lebensversicherungseinrichtung erfüllen muss, damit sie der vereinfachten Aufsicht unterstellt werden kann[170]. Diese setzt jedoch weiter voraus, dass eine Versicherungseinrichtung überhaupt unter das VAG fällt und nicht etwa nach den Art. 4 und 5 von der Aufsicht befreit ist. Die Versicherungseinrichtungen müssen folgende Voraussetzungen erfüllen[171]:

lit. a: «Sie betreiben die Versicherung als Nebenaufgabe eines Vereins, einer Genossenschaft oder einer ähnlichen Institution.» Dies trifft z. B. zu, wenn Berufsverbände, Gewerkschaften, Arbeitgeberverbände – als Gründervereinigungen – Vorsorgeeinrichtungen für ihre Mitglieder betreiben. Man nennt sie Verbandsvorsorgeeinrichtungen. Wenn ein Verband die Versicherung seiner Mitglieder als Hauptaufgabe durchführt, unterliegt er der ordentlichen Aufsicht. Man pflegt von den Zweck-Verbandsversicherungskassen zu sprechen.

lit. b: «Sie versichern nur die Mitglieder dieser Vereine, Genossenschaften oder ähnliche Institutionen und ihre Arbeitnehmer sowie die Betriebsinhaber und Arbeitnehmer derjenigen Unternehmen, deren Anschluss in einem Gesamtarbeitsvertrag vorgesehen ist. Der Bundesrat kann eine Min-

---

[168] Vgl. vorne bei N 109. Es wäre wünschbar, dass die VO redaktionell im Hinblick auf das VAG bereinigt würde, damit unnötige Auslegungsschwierigkeiten beseitigt werden. Mehrere Bestimmungen könnten ganz wegfallen, da sie im VAG übernommen worden sind.

[169] Z. B. die Art. 31–36 VAG gelten nur für die vereinfachte Aufsicht.

[170] Das Kautionsgesetz ist auf die der vereinfachten Aufsicht unterstellten Versicherungseinrichtungen nicht anwendbar: Art. 1 III KG in der Fassung gemäss Z. 1 des Anhangs zum VAG; das Sicherstellungsgesetz ist hingegen – mit Ausnahme einiger Bestimmungen – auf sie anwendbar; vgl. zu diesen Gesetzen vorne bei N 107 a und b.

[171] Vgl. für weitere Einzelheiten die Botschaft zum VAG zu Art. 6 und Z. 234. – Die Jahresberichte des BPV enthalten ab 1981 ein Verzeichnis der Versicherungseinrichtungen, für die das EJPD eine *Feststellungs*verfügung betreffend die vereinfachte Aufsicht getroffen hat.

destzahl von Versicherten festsetzen.» Es handelt sich um «geschlossene», d. h. auf bestimmte Personenkreise beschränkte Versicherungseinrichtungen. Demgegenüber pflegen sich die traditionellen Lebensversicherer dem breiten Publikum zu öffnen.

lit. c: «Sie versichern nur Personen, die in der Schweiz ihren Wohnsitz haben oder hier erwerbstätig sind oder von einem in der Schweiz niedergelassenen Arbeitgeber im Ausland beschäftigt werden. In begründeten Ausnahmefällen können Ausnahmen gemacht werden.» Wenn z. B. eine Versicherungseinrichtung Grenzgänger versichert, schliesst dies die vereinfachte Aufsicht nicht aus, da Grenzgänger zwar im Ausland wohnen, aber in der Schweiz erwerbstätig sind.

lit. d: «Ihre Tätigkeit ist auf eine kleine Zahl von Versicherungskombinationen beschränkt.» Da es sich um die Sparte Lebensversicherung handelt, stehen die Risiken Alter, Invalidität und Tod im Vordergrund, wobei nicht beliebige Beitrags- und Leistungsvarianten angeboten werden können.

c) Gemäss Abs. 2 von VAG 6 kann das EJPD «weitere, dem Gesetz unterstehende Lebensversicherungseinrichtungen der vereinfachten Aufsicht unterstellen, wenn ähnliche Verhältnisse es rechtfertigen»[172].

d) Die Art. 31–36 VAG legen mehrere technische Einzelheiten über Kapitalausstattung, Rückstellungen und Reserven usw. fest. Da die Anforderungen an die finanzielle Sicherheit – und damit auch der Schutz für die Versicherten – geringer als bei der ordentlichen Aufsicht sind, schreibt VAG 36 eine Anpassungsklausel vor, die sich ebenfalls in zahlreichen Reglementen von Personalvorsorgeeinrichtungen findet[173]. Nach dieser Klausel darf die Versicherungseinrichtung die Beiträge erhöhen oder die Versicherungsleistungen herabsetzen, «wenn dies zur Beseitigung eines versicherungstechnischen Fehlbetrages erforderlich ist». Ein solcher Fehlbetrag kann aus verschiedenen Gründen entstehen, z. B. wegen Fehlern im Prämientarif und Verlusten aus Kapitalanlagen.

Bedeutsam ist VAG 53, der eine Übergangsbestimmung enthält. Versicherungseinrichtungen, die der vereinfachten Aufsicht unterstehen und bei

---

[172] Vgl. die analoge Ähnlichkeitsklausel von VAG 4 II und dazu vorne bei N 162.

[173] Wenn diese Reglemente keine Anpassungsklausel enthalten, kann ihre Abänderung, mit der die Leistungen, z. B. die Altersrenten, herabgesetzt werden, wohlerworbene Rechte der Versicherten verletzen; vgl. zur Garantie wohlerworbener Rechte auch Art. 91 BVG.

Inkrafttreten des VAG – 1. Januar 1979 – die Bewilligung des EJPD noch nicht besassen, hatten diese innert Jahresfrist zu beantragen. Sie müssen sich innert zehn Jahren an das Gesetz anpassen. Wenn sie nach Ablauf dieser Frist die Bewilligung noch nicht besitzen, dürfen sie keine neuen Versicherungen mehr eingehen[174].

6. Zur Terminologie[175]

a) Das VAG verwendet durchgehend den Ausdruck private Versicherungseinrichtung. Darunter versteht es sämtliche Einrichtungen, die an sich der Aufsicht nach VAG unterstehen, auch wenn sie gemäss den Art. 4 und 5 von der Aufsicht befreit sind. Der im Kautionsgesetz und im Sicherstellungsgesetz gebrauchte Ausdruck Versicherungsgesellschaft entspricht jenem der privaten Versicherungseinrichtung des VAG[176].

b) Das VVG, das gemäss VVG 101 – mit einigen Ausnahmen – auf die privaten Versicherungseinrichtungen des VAG Anwendung findet[177], spricht im Gegensatz zum VAG nicht von Versicherungseinrichtung, sondern vom Versicherer, meint aber jene. Das UVG folgt weitgehend der Terminologie des VVG, jedenfalls soweit es sich um die zugelassenen Versicherer handelt. Das BVG bevorzugt den Ausdruck Vorsorgeeinrichtung. In andern Gesetzen sind weitere Bezeichnungen anzutreffen.

c) Wie bereits früher ausgeführt worden ist[178], legt man in der Umgangs- und Fachsprache dem Ausdruck der Versicherungsgesellschaften weiterhin den historischen, traditionellen Sinn zugrunde. Man versteht unter ihnen nur jene Unternehmungen, die sich am Versicherungsmarkt betätigen. Sie bilden in ihrer Gesamtheit die Privatassekuranz.

---

[174] Vorsorgeeinrichtungen im Sinne von BVG 48, die der vereinfachten Aufsicht unterstehen, bleiben der Aufsicht des BSV unterstellt, bis ihnen die Bewilligung erteilt wird; Art. 3 V BVV 1; vgl. bereits vorne bei N 112.

[175] Vgl. auch vorne bei N 2. – Im Sozialversicherungsrecht wird der Ausdruck Sozialversicherungsträger als Oberbegriff verwendet, der die verschiedensten Arten von Einrichtungen einschliesst; vgl. MAURER, SVR I S. 242.

[176] Botschaft zum VAG Z. 231.1. – Leider ist bei der Totalrevision des VAG die Gelegenheit verpasst worden, die Terminologie in der Aufsichtsgesetzgebung, eingeschlossen die verschiedenen Verordnungen, zu vereinheitlichen und damit die Auslegung zu vereinfachen.

[177] Vgl. hinten bei N 250.

[178] Vgl. vorne bei N 1a.

III. BEWILLIGUNG

1. Allgemeines

Die privaten Versicherungseinrichtungen, die der Aufsicht gemäss VAG unterliegen (vgl. vorne Z. II), dürfen das Versicherungsgeschäft nur betreiben, wenn sie dafür die Bewilligung haben. Solange sie keine Bewilligung besitzen, ist ihnen die Vornahme von Versicherungsgeschäften verboten[179]. VAG 7 bestimmt, dass die Bewilligung «für jeden einzelnen Zweig» erforderlich ist. Es gibt somit keine allgemeine, den ganzen Geschäftsbetrieb einer Versicherungseinrichtung umfassende Bewilligung. Da die Bewilligung verwaltungsrechtlich als Polizeierlaubnis oder -bewilligung zu verstehen ist, darf die zuständige Behörde lediglich prüfen, ob der Gesuchsteller sämtliche gesetzlichen Voraussetzungen erfüllt. Trifft dies zu, so *muss* sie die Bewilligung erteilen; der Gesuchsteller hat einen Rechtsanspruch darauf. Weder die Bundesverfassung noch die Aufsichtsgesetze enthalten die Bestimmung, dass die Bewilligung davon abhängig gemacht werden dürfe, ob wirtschaftlich ein *Bedürfnis* für weitere Versicherungseinrichtungen bestehe oder nicht[180]. Das Gesuch ist beim BPV einzureichen. Zuständig für die Erteilung der Bewilligung ist das EJPD. Die Einzelheiten werden in den Art. 8–16 VAG geregelt. Auf einige von ihnen wird in den folgenden Ziffern hingewiesen.

---

[179] Botschaft zum VAG zu Art. 7 und bereits vorne bei N 123; die Missachtung des Verbotes kann die Bestrafung gemäss VAG 50 Z. 1 zur Folge haben; vgl. hinten nach N 199.

[180] JOST, zit. vorne in N 119, S. 76; Botschaft zum VAG S. 900 zu Art. 9. – Das VAG von 1885 verwendete nebeneinander die Ausdrücke Bewilligung und Konzession. In der Praxis hat sich der Ausdruck Konzession eingebürgert. Man spricht auch heute noch von den konzessionierten Versicherungsgesellschaften. Die Bewilligung nach VAG 7 ff. ist rechtlich keine Konzession. Eine solche liegt dann vor, wenn die öffentliche Hand ein Regal oder ein Monopol in einem Bereich besitzt – z. B. für das Post- und Eisenbahnwesen – und weitgehend nach freiem Ermessen entscheiden kann, ob sie Dritten das Recht auf Betätigung in diesem Bereich erteilen will oder nicht. Dritte haben keinen Rechtsanspruch auf eine Konzession. Vgl. zum Unterschied von Polizeibewilligung und Konzession z. B. BGE 96 I 554.

2. *Gesuch und Geschäftsplan*

Einem Gesuch ist nach VAG 8 der Geschäftsplan beizulegen. Er bildet nicht nur die Grundlage für die Bewilligung, sondern auch für die laufende Aufsicht. Deshalb ist für jede spätere Änderung die Genehmigung der Aufsichtsbehörde erforderlich; VAG 19. Der Geschäftsplan – ein aufsichtsrechtlicher Grundbegriff – muss sämtliche wichtigeren Angaben darüber enthalten, welche Geschäfte der Gesuchsteller tätigen will, welche Mittel ihm zur Verfügung stehen, welche Tarife und andern Versicherungsmaterialien er zu verwenden gedenkt usw.[181]. Der Geschäftsplan gibt Einblick in die Absichten sowie in die technischen und finanziellen Möglichkeiten des Gesuchstellers zur Geschäftsführung. Die ihm beigelegten Dokumente sollen belegen, ob der Gesuchsteller die für den Schutz der Versicherten erforderliche Garantie hinsichtlich Solvenz, Liquidität, Organisation und Geschäftsführung bietet; VAG 10.

3. *Versicherungsfremdes Geschäft und Spartentrennung*

Um zu verhindern, dass finanzielle Mittel dem für die Versicherung bestimmten Zweck entfremdet oder dass bestimmte Interessenkollisionen entstehen und dadurch der Schutz der Versicherten beeinträchtigt wird, schränken die Art. 12 und 13 VAG die Handlungsfreiheit der Versicherungseinrichtungen in besonderer Weise ein. Dazu folgendes:

a) Abs. 1 von VAG 12 verbietet den Versicherungseinrichtungen grundsätzlich, versicherungsfremde Geschäfte zu führen. Abs. 2 unterstellt ihre Beteiligungen an versicherungsfremden Unternehmungen – z. B. durch Kauf grösserer Aktienpakete – einer Bewilligungspflicht. Die Verordnung über den Betrieb versicherungsfremder Geschäfte durch die privaten Versicherungseinrichtungen vom 3. Dezember 1979 regelt zahlreiche Einzelheiten. Als versicherungsfremd gelten u. a. Bankgeschäfte sowie der Betrieb von Anlagegesellschaften und -fonds. Art. 4 unterstellt Beteiligungen von Lebensversicherungseinrichtungen der Bewilligung, wenn sie mehr als 10% des Aktien- oder Genossenschaftskapitals einer versicherungsfremden Unternehmung oder mehr als 10% der Eigenmittel betragen. Für die

---

[181] Anzugeben ist auch die Rechtsform des Versicherers. Vgl. zu den nach VAG 11 erlaubten Rechtsformen – Aktiengesellschaft usw. – bereits vorne bei N 33a.

Nicht-Lebensversicherungseinrichtungen lauten die entsprechenden Zahlen auf 20%/10%. Im Rahmen der Bewilligungspflicht darf die Versicherungseinrichtung z. B. weder die Geschäftsleitung noch die Verwaltung der versicherungsfremden Unternehmung übernehmen.

b) aa) Für Lebensversicherungseinrichtungen, die der *ordentlichen* Aufsicht unterstehen – dies sind die Lebensversicherungsgesellschaften im herkömmlichen Sinn –, gilt gemäss VAG 13 I der Grundsatz der Spartentrennung. Da die Lebensversicherer nach Massgabe des Anwartschafts-Deckungsverfahrens[182] grosse Deckungskapitalien zu verwalten haben, sollen diese letzteren gegen Zweckentfremdungen geschützt werden. Deshalb ist es den Lebensversicherern verboten, Versicherungszweige ausserhalb ihrer Stammgebiete zu betreiben. Sie dürfen z. B. nicht die Haftpflicht- und die Sachversicherung tätigen.

Versicherungseinrichtungen, die der *vereinfachten* Aufsicht[183] unterstehen, sind nach VAG 13 II nur ermächtigt, ausser der Lebensversicherung die beim Betrieb der Lebensversicherung zugelassenen Zusatzversicherungen abzuschliessen.

bb) Der Bundesrat hat nach VAG 13 III für weitere Zweige zu bestimmen, wieweit die Spartentrennung gilt. So ist z. B. die Sterbegeldversicherung als Zusatz zu der Unfall-, der Kranken- und der Invaliditätsversicherung nur in begrenztem Umfange zulässig. Nach Art. 54 b der Aufsichtsverordnung hat das EJPD den Höchstbetrag des Sterbegeldes festzusetzen.

Ebenfalls zu bestimmen hat der Bundesrat, inwieweit die Rechtsschutzversicherung in Verbindung mit der Haftpflichtversicherung betrieben werden darf. Es können hier Interessenkollisionen entstehen, z. B. wenn der Geschädigte in einem Haftpflichtfall bei der gleichen Versicherungseinrichtung für Rechtsschutz und der Haftpflichtige für seine Haftpflicht versichert sind.

4. Deckung für Personalversicherungseinrichtungen

Nach BVG 67 und BVV 2 42 f. können Vorsorgeeinrichtungen die Risi-

---

[182] Vgl. vorne bei N 67.
[183] Verschiedene Versicherungsgesellschaften, die die Unfall-, Haftpflicht- und Sachversicherungszweige betreiben, haben deshalb für die Lebensversicherung Tochtergesellschaften gegründet. Die Spartentrennung wurde ihnen aufsichtsrechtlich vorgeschrieben.

ken Alter, Tod und Invalidität unter bestimmten Voraussetzungen selbst decken oder sie ganz oder teilweise bei einer Versicherungseinrichtung im Sinne des VAG «rückversichern»[183a]. Die Übernahme solcher Risiken fällt an sich in den Geschäftsbereich der Lebensversicherer. VAG 15 in Verbindung mit Art. 54 c der Aufsichtsverordnung[184] bestimmt, in welchem Rahmen auch in- oder ausländische Versicherungseinrichtungen, welche die Bewilligung zum Betrieb der Lebensversicherung nicht besitzen, diese Rückdeckung tätigen dürfen. Es geht z. B. um die Unfallversicherer, die in der Regel zwar das Todesfall- und Invaliditätsrisiko, nicht aber das Altersrisiko decken können.

IV. AUFSICHT[185]

1. Allgemeines

Die Aufsichtsbehörde hat einmal die Aufsicht über jene Versicherungseinrichtungen auszuüben, denen die Bewilligung zum Geschäftsbetrieb erteilt worden ist, und zwar für die ganze Dauer der geschäftlichen Betätigung. Sodann muss sie darüber wachen, dass kein Unternehmen ohne Bewilligung das Versicherungsgeschäft betreibt.

2. Inhalt der Aufsicht

Die Art. 17-25 und 31-36 VAG sowie zahlreiche Bestimmungen in den Verordnungen legen den Inhalt der Aufsicht fest. Dazu sollen hier mehrere Hinweise gegeben werden.

a) Die staatliche Aufsicht über Versicherungseinrichtungen wird mit verschiedenen Gründen gerechtfertigt: volkswirtschaftliche Bedeutung des privaten Versicherungswesens; ausserordentliche Summe von Interessen, welche damit verknüpft sind; Schwierigkeit, ja Unmöglichkeit des Laien, die komplexe Materie – z. B. die Angemessenheit der Tarife nach VAG 37 V – zu beurteilen. Hauptziel der Aufsicht ist jedoch, die Versicherten, Geschädigten usw. vor Insolvenz des Versicherers zu schützen[186]; VAG

[183a] Vgl. zur Rechtsnatur dieser Verträge hinten bei N 1222a und N 1508a.

[184] Fassung gemäss Verordnung vom 14. November 1979 (AS 1979 S. 1588).

[185] Vgl. zum Wesen und zum Zweck der Aufsicht bereits vorne bei N 119, N 124 ff. und zur Aufsicht im Sozialversicherungsrecht MAURER, SVR I S. 248 ff.

[186] BGE 99 I b 58; Botschaft zum VAG von 1978 Z. 232. – Das VAG unterscheidet die inländischen und die ausländischen Versicherungseinrichtungen. Es setzt

§ 6 Grundzüge des Aufsichtsrechts gemäss VAG

17 I. Dazu gehört auch die Sorge für eine genügende Liquidität: Der Versicherer soll jederzeit in der Lage sein, im Versicherungsfall seine finanziellen Verpflichtungen zu erfüllen. Verschiedene Gründe können die Insolvenz herbeiführen: Spekulative Anlage der Kapitalien; unzureichende Prämien und Schadenrückstellungen; mangelhafte Regulierung der Versicherungsfälle usw. Die Aufsicht soll aber auch verhindern, dass die Versicherten, Geschädigten usw. übervorteilt werden. Damit will der Gesetzgeber wiederum das Vermögen der Betroffenen schützen[187].

b) Die Aufsicht muss im Hinblick auf ihren Zweck umfassend sein. Sie wird denn auch als materielle Staatsaufsicht umschrieben[188]. Deshalb beinhaltet sie nicht nur eine Rechts-, sondern auch eine Ermessenskontrolle.

für sie die Inhalte der Aufsicht teilweise verschieden fest, z. B. in den Art. 17 und 18. So unterwirft es in Art. 17 die inländischen Versicherer auch hinsichtlich ihrer Tätigkeit im Ausland der Aufsicht. Wenn nämlich letztere mit grossen Verlusten verbunden wäre, könnte sie die Solvenz des Unternehmens für die schweizerischen Versicherten ebenfalls gefährden. Art. 18 VAG unterstellt die ausländische Tätigkeit der ausländischen Versicherer, die auch in der Schweiz arbeiten, nur einer beschränkten Aufsicht. Die Aufsichtsbehörde könnte schon aus praktischen und überdies aus rechtlichen Gründen Versicherer, die ihren Hauptsitz im Ausland haben, nicht materiell umfassend kontrollieren. Vgl. auch vorne bei N 43.

[187] Die Aufsicht betreibt daher eine Art von Konsumentenschutz; vgl. zur gedanklichen Verbindung zwischen Konsumentenschutz und Versicherungsaufsicht KUHN, Harmonisierungsbestrebungen der EG, Z. 5.2. Die Botschaft zum VAG zu Art. 1 umschreibt die Teilaufgaben der Aufsicht im Sinne von Beispielen: «Schutz der Versicherten vor technischer und finanzieller Insuffizienz und Insolvenz der Versicherungseinrichtungen, Schutz vor Täuschung durch unwahre Kundgebungen und falsche Angaben, Schutz der Versicherten vor zu hoher Prämienbelastung, Schutz der Versicherten vor Versicherungsbedingungen, die mit zwingenden Bestimmungen des VVG in Widerspruch stehen und vor sachwidriger Gestaltung der Versicherungsbedingungen, deren Tragweite sie nicht zu überblicken vermögen.» – Unter den Versicherten versteht die Botschaft in einem weiten Sinn auch Versicherungsnehmer, Geschädigte, Anspruchsberechtigte usw. BGE 108 I b 283 übernimmt die erwähnten Ausführungen der Botschaft. Vgl. bereits vorne bei N 128 und hinten bei N 316a.

[188] BGE 110 I b 77. – Das System der materiellen Staatsaufsicht hat sich in den meisten europäischen Staaten durchgesetzt. Vgl. z. B. KARSTEN, Rechtsbegriff der Versicherung S. 47 ff., wo auch andere Systeme der Versicherungsaufsicht kurz geschildert werden (Publizitätssystem, System der Normativbestimmungen). Die Botschaft zum VAG, Z. 233, gibt eine rechtsvergleichende Darstellung.

Aufsichtsrecht

Die Aufsichtsbehörde kann die Geschäftstätigkeit der Versicherungseinrichtung unter allen Gesichtspunkten überprüfen, soweit dies im Hinblick auf den Schutzzweck des Gesetzes notwendig und gerechtfertigt ist. Daraus ergeben sich aber auch die Grenzen der Aufsicht: Da sich die Aufsicht zur Hauptsache auf die Gefahrenabwehr beschränkt[189], darf sie nicht die Geschäftsführung positiv, gestalterisch bestimmen; sie darf z. B. nicht vorschreiben, welche Versicherungszweige zu führen, welche Vertragstypen und -strukturen zu schaffen seien und ob das Unternehmen im Ausland tätig sein soll oder nicht. Die Aufsicht hat weitgehend vorbeugenden, präventiven Charakter.

c) Das Aufsichtsrecht ist öffentliches Recht, und zwar Verwaltungsrecht. Die Aufsichtsbehörde handelt hoheitlich[190]. Sie ist Trägerin von Amtsgewalt. Deshalb hat sie, wenn sie Weisungen und Verfügungen erlässt, die allgemeinen Rechtsgrundsätze zu beachten, also das Prinzip der Gesetzmässigkeit der Verwaltung, den Grundsatz der Rechtsgleichheit usw.[191]. Besondere Bedeutung kommt dem Grundsatz der Verhältnismässigkeit zu. Die Aufsichtsbehörde darf nur Massnahmen anordnen, die im Hinblick auf die Ziele der Aufsicht angemessen und notwendig sind. Das Bundesgesetz über das Verwaltungsverfahren (VwVG), das auf sie anwendbar ist, umschreibt die Verhältnismässigkeit in Art. 42 in prägnanter Weise: «Die Behörde darf sich keines schärferen Zwangsmittels bedienen, als es die Verhältnisse erfordern».

d) Die Aufsichtsbehörde prüft nach VAG 20 im Genehmigungsverfahren die Prämientarife, zu denen auch deren Struktur gehört. Die Prämien müssen sich «in einem Rahmen halten, der einerseits die Solvenz der einzelnen Versicherungseinrichtungen und andererseits den Schutz der Versicherten vor Missbrauch gewährleistet»[192]. Ein Missbrauch kann z. B. darin bestehen, dass einzelne Gruppen von Prämienzahlern innerhalb des

---

[189] Vgl. vorne bei N 119.
[190] Vgl. zu diesem Begriff MAURER, SVR I S. 210, mit Hinweisen.
[191] Vgl. zu diesen Grundsätzen MAURER, SVR I § 8 A, mit Hinweisen.
[192] In diesem Rahmen muss die Aufsichtsbehörde den Versicherungseinrichtungen Spielraum belassen, da sonst die Konkurrenz unter ihnen ausgeschlossen wäre. Einheitstarife schliessen die Konkurrenz unter den Versicherern in diesem wichtigen Bereich aus. Vgl. die Abgrenzungen der Aufsicht zur Preisüberwachung, zum unlauteren Wettbewerb und zum Kartellgesetz KUHN, a. a. O. Z. 5.2.2.2 ff.

Tarifes viel stärker als andere Gruppen belastet werden, obwohl dies sachlich nicht gerechtfertigt ist. Einen für alle Versicherungseinrichtungen einheitlichen Prämientarif darf die Aufsichtsbehörde nur verlangen, wo dies gesetzlich vorgesehen ist. Dies trifft nach VAG 37 für die Motorfahrzeug-Haftpflichtversicherung zu[192a]. – Die Aufsichtsbehörde muss im Genehmigungsverfahren ausser den Tarifen auch die Versicherungsmaterialien prüfen[193], zu denen z. B. die Allgemeinen Versicherungsbedingungen gehören.

e) Die Versicherungseinrichtungen haben der Aufsichtsbehörde jährlich bis zum 30. Juni einen Bericht über das abgelaufene Geschäftsjahr einzureichen, ihr überdies die erforderlichen Auskünft zu erteilen sowie die Bücher und Unterlagen zur Einsicht vorzulegen; VAG 22 und 23. Die Aufsichtsbehörde darf sich auch durch Inspektionen Einblick in die Geschäftsführung der Einrichtung verschaffen, z. B. um zu prüfen, ob die Rückstellungen der am Ende des Geschäftsjahres nicht erledigten Schadenfälle (Schadenreserve) ausreichend bemessen sind.

f) Die Art. 37 und 38 VAG enthalten besondere Bestimmungen für die Motorfahrzeug-Haftpflichtversicherung. Sie werden durch zwei VO vom 5. Juni 1979 präzisiert. Dieser Regelungskomplex wird im Zusammenhang mit der Motorfahrzeug-Haftpflichtversicherung darzustellen sein[194].

3. Zwangsmittel[194a]

a) Die Aufsichtsbehörde hat zahlreiche Möglichkeiten, Einblick in die Geschäftstätigkeit einer Versicherungseinrichtung zu nehmen. Solche Einblicksmöglichkeiten[195] ergeben sich für sie aus der umfassenden Auskunftspflicht der Versicherungseinrichtung, aus deren Vorlagepflicht, vor allem aus der Pflicht, Tarife und Versicherungsmaterialien den Behörden zur Genehmigung zu unterbreiten, ferner auch aus Aufsichtsanzeigen[196] und aufgrund von Inspektionen.

[192a] Vgl. hinten bei N 1483.
[193] Art. 54 d der Aufsichtsverordnung: «Das EJPD regelt die Vorlagepflicht der ... übrigen Versicherungsmaterialien».
[194] Vgl. hinten § 52.
[194a] Vgl. auch hinten N 210.
[195] Vgl. zu den Einblicks- und Eingriffsmöglichkeiten in der Unfallversicherung gemäss UVG MAURER, Unfallversicherung S. 83 ff.
[196] Vgl. zur Aufsichtsanzeige hinten bei den N 365 ff.

b) Die Aufsichtsbehörde kann durch ihr Handeln sowohl präventiv als auch repressiv wirken. Präventive Möglichkeiten ergeben sich für sie aus der Vorlage- und Genehmigungspflicht. Die Aufsichtsbehörde kann Prämientarife und Versicherungsmaterialien kontrollieren, die erst in Zukunft verwendet werden, und sie kann daher allfällige Mängel bereits im Genehmigungsverfahren ausschalten, bevor diese Schaden stiften. Repressiv wird die Aufsichtsbehörde tätig, wenn sie aufgrund von ihren Einblicksmöglichkeiten bereits vorhandene Mängel feststellt. Sie wird nun überlegen, welche Massnahmen zur Behebung dieser Mängel geeignet und zulässig sind.

c) Das VAG stellt keinen Massnahmenkatalog auf. Immerhin regelt es die einschneidendsten Sanktionen: in Art. 40 f. den Entzug der Bewilligung und in Art. 49 f. die Bestrafung.

Bevor die Aufsichtsbehörde eine Sanktion ergreift, wird sie die Versicherungseinrichtung zur Stellungnahme hinsichtlich des Mangels und der vorgesehenen Sanktion einladen. Damit gewährt sie ihr das rechtliche Gehör, wie dies in den Art. 29 ff. VwVG vorgeschrieben ist.

Wenn die Aufsichtsbehörde einen Mangel festgestellt hat, droht sie nach der Verwaltungspraxis in der Regel nicht sofort eine Sanktion an. Vielmehr ermahnt sie die Versicherungseinrichtung durch einfachen Brief, den Mangel zu beheben und innert einer bestimmten Frist über dessen Behebung zu berichten. Nur wenn diese Mahnung fruchtlos bleibt, greift sie zu schärferen Mitteln wie zur Verhängung einer Ordnungsbusse oder zur Androhung des Entzuges der Bewilligung.

d) VAG 49 befasst sich unter dem Titel «Ordnungswidrigkeiten» mit den Ordnungsbussen[197].

aa) Abs. 2 räumt dem BPV die Befugnis ein, Ordnungsbussen im Sinne des Bundesgesetzes über das Verwaltungsstrafrecht vom 22. März 1974[197a] zu beurteilen.

bb) Abs. 1 umschreibt den Kreis der Adressaten wie folgt: «Versicherungseinrichtungen oder deren Organe, Vertreter und Hilfspersonen».

---

[197] Vgl. ROBERT PFUND, Verwaltungsrecht – Strafrecht, Schweiz. Juristenverein, Referate, Heft 2/1971. – Art. 19 des Kautionsgesetzes und Art. 31 des Sicherstellungsgesetzes enthalten die VAG 49 angepassten, entsprechenden Bestimmungen über Ordnungswidrigkeiten.

[197a] SR 313.0.

Somit kann das BPV die Versicherungseinrichtung als solche und ebenso die für sie handelnde Einzelperson bestrafen. Die Adressaten sind hier abschliessend aufgezählt. Das BPV ist daher nicht befugt, Versicherte, Versicherungsnehmer usw. ebenfalls zu büssen, wenn sie z. B. einen Vertrag mit der Versicherungseinrichtung abschliessen, obwohl sie wissen, dass er aufsichtsrechtlich verboten ist.

cc) Die Bestrafung setzt nach Abs. 1 voraus, dass die Adressaten «einer Vorschrift dieses Gesetzes – sc. des VAG –, einer Verordnung, einer aufgrund solcher Vorschriften erlassenen allgemeinen Weisung oder einer unter Hinweis auf die Strafdrohung dieses Artikels an sie gerichteten Einzelverfügung zuwiderhandeln». Wenn das BPV in einer Einzelverfügung eine Widerhandlung feststellt, und die Versicherungseinrichtung unter Einräumung einer Frist auffordert, sie zu beheben, ist die Bestrafung des Adressaten nur zulässig, wenn sie in der Verfügung angedroht wird. Wenn aber das BPV wegen einer Widerhandlung gegen Vorschriften keine Verfügung erlässt, müsste es von Gesetzes wegen die Bestrafung nicht zuerst androhen, sondern es könnte sie sogleich nach Anhören des Adressaten verhängen. Da diese Diskrepanz unbefriedigend ist, wird das BPV wenigstens in der Regel nur eine Ordnungsbusse aussprechen, wenn es zuvor den genannten Weg über die Verfügung mit der Strafandrohung beschritten hat.

dd) Die Ordnungsbusse beträgt nach VAG 49 Abs. 1 höchstens 5 000 Franken. In geringfügigen Fällen kann anstelle der Strafe eine blosse Verwarnung ausgesprochen werden[198].

e) aa) Die «Vergehen und Übertretungen» werden in Art. 50 VAG geordnet[199]. Anwendbar sind die allgemeinen Bestimmungen des Strafgesetzbuches sowie gemäss Abs. 6 auch Art. 6 des Bundesgesetzes über das Verwaltungsstrafrecht, der näher bestimmt, wer zu bestrafen ist, wenn Widerhandlungen in Geschäftsbetrieben vorkommen: Es sind dies die (natürlichen) Personen, die für das «Kollektiv» gehandelt haben.

---

[198] Vgl. zum Verfahren und zur Beschwerdemöglichkeit hinten nach N 244.
[199] Vgl. zur strafrechtlichen Regelung im UVG MAURER, Unfallversicherung S. 628 und – einlässlicher – im BVG H. M. RIEMER, SZS 1985 S. 94 ff. – Vergehen sind nach Art. 9 II StGB Handlungen, «die mit Gefängnis als Höchststrafe bedroht sind»; Übertretungen sind nach Art. 101 StGB die «mit Haft oder mit Busse allein bedrohten Handlungen».

bb) VAG 50 Z. 1 umschreibt die Straftatbestände wie folgt: «Wer das Versicherungsgeschäft ohne die vorgeschriebene Bewilligung betreibt, wer im direkten Geschäft für eine in der Schweiz zum Geschäftsbetrieb nicht ermächtigte Versicherungseinrichtung Versicherungen vermittelt, wer gegenüber der Aufsichtsbehörde die Geschäftsverhältnisse der Versicherungseinrichtung unwahr darstellt oder verschleiert»
wird mit Gefängnis bis zu sechs Monaten oder mit Busse bestraft. Die Busse ist gemäss Art. 48 I StGB auf 40 000 Franken beschränkt. Wenn aber der Täter aus Gewinnsucht handelt, so ist der Richter an diesen Höchstbetrag nicht gebunden. Handelt der Täter fahrlässig, so ist die Strafe gemäss Z. 2 Busse.

Wenn sich eine private Versicherungseinrichtung als Unfallversicherer im Sinne von UVG 68 I lit. a beteiligen will, muss sie nach UVV 90 II einmal die Bewilligung zum Betrieb der Unfallversicherung nach VAG 7 besitzen. Sodann benötigt sie eine Bewilligung des BSV für den Registereintrag und damit als Unfallversicherer gemäss UVG, d. h. sie benötigt zwei verschiedene Bewilligungen. Obwohl die in Z. 1 von VAG 50 genannte «vorgeschriebene Bewilligung» – historisch gesehen – nur gerade die Bewilligung nach VAG 7 im Auge gehabt haben dürfte, entspricht es der ratio legis, dass darunter auch die zweite Bewilligung, jene nach UVV 90 II fällt. Somit macht sich nach VAG 50 Z. 1 auch jene Versicherungseinrichtung strafbar, welche Versicherungsverträge nach UVG abschliesst, ohne die Bewilligung nach UVV 90 II zu besitzen.

cc) Einen besonderen Tatbestand stellt Z. 3 auf. Wenn der Richter eine Gefängnisstrafe im Sinne von VAG 50 ausspricht, kann er sie mit einem Berufsverbot verbinden: Er verbietet dem «Verurteilten jede Tätigkeit in leitender Stellung» bei einer dem VAG unterstellten Versicherungseinrichtung bis zu fünf Jahren. Dieses Berufsverbot ist unabhängig davon zulässig, in welcher Eigenschaft der Verurteilte seine strafbaren Handlungen begangen hat, ob er z. B. als Agent, Angestellter oder in leitender Stellung straffällig geworden ist[200].

dd) Die Untersuchung und die Beurteilung der Fälle gemäss VAG 50 obliegt dem Kanton. Das BPV kann nach Z. 4 bei der kantonalen Behörde die Untersuchung verlangen.

[200] Z. 3 regelt das Berufsverbot losgelöst von Art. 54 StGB, da dieser es an die Voraussetzung knüpft, dass der Täter in Ausübung eines Berufes oder Gewerbes strafbar geworden ist, die von einer behördlichen Bewilligung abhängt.

ee) Die strafrechtliche Regelung hat – aufsichtsrechtlich – nicht nur eine repressive Wirkung, sondern dient der Generalprävention: Sie soll Personen davon abhalten, die in Art. 50 Z. 1 VAG verbotenen und zugleich strafbaren Handlungen zu begehen.

f) Die schwerste Sanktion ist der Entzug der Bewilligung. Wenn eine Versicherungseinrichtung die gesetzlichen Erfordernisse nicht mehr erfüllt, so fordert das EJPD die Versicherungseinrichtung gemäss VAG 40 I auf, «innert einer bestimmten Frist den gesetzmässigen Zustand wiederherzustellen. Leistet sie dieser Aufforderung nicht Folge, so entzieht ihr das EJPD die Bewilligung». Das EJPD darf diese Massnahme nach Art. 42 VwVG nur verfügen, wenn ein milderes Zwangsmittel, z. B. eine Ordnungsbusse, den Schutzzweck des VAG nicht zu erreichen vermag; denn es muss den Rechtsgrundsatz der Verhältnismässigkeit beachten. Diese Voraussetzung ist gegeben, wenn die Versicherungseinrichtung für die Versicherten, Geschädigten usw. die in Art. 10 VAG vorgeschriebene Garantie z. B. hinsichtlich Solvenz nicht mehr bietet. Da es sich beim Entzug der Bewilligung um einen Fall von «Beendigung des Geschäftsbetriebes» handelt, werden weitere Einzelheiten bei seiner Darstellung zu erwähnen sein[201].

V. BEENDIGUNG DES GESCHÄFTSBETRIEBES

1. Freiwillige Übertragung des Versicherungsbestandes

a) Der Versicherer kann einen Versicherungsvertrag nur dann auf einen andern Versicherer übertragen, wenn sowohl dieser als auch der Versicherungsnehmer zustimmen. Es handelt sich um ein Dreiecksverhältnis. Anwendbar sind die Art. 175 und 176 OR.

Wenn der Versicherer seinen Geschäftsbetrieb in der Schweiz aufgeben will, ist dieser Weg praktisch nicht gangbar, denn er könnte ohne übermässigen Aufwand kaum die Zustimmung jedes einzelnen Versicherungsnehmers bekommen. VAG 39[202] stellt daher eine aufsichtsrechtliche Lösung

---

[201] Vgl. hinten bei N 205. – Auch die zwangsweise Übertragung des Versicherungsbestandes stellt ein aufsichtsrechtliches Zwangsmittel dar; vgl. hinten bei N 208a.

[202] VAG 39 entspricht im wesentlichen dem bisherigen Art. 18 Kautionsgesetz, der durch VAG 51 aufgehoben worden ist. Vgl. Weiteres in der Botschaft zum VAG zu Art. 40–42.

Aufsichtsrecht

zur Verfügung, die die Zustimmung der Versicherungsnehmer nicht erfordert, sondern sie durch jene des EJPD ersetzt. Mit dessen Zustimmung kann die Versicherungseinrichtung «ihren schweizerischen Versicherungsbestand, d. h. Versicherungsverträge, die in der Schweiz zu erfüllen sind (Art. 27), ganz oder teilweise mit Rechten und Pflichten auf eine andere der Aufsicht unterstellte Versicherungseinrichtung übertragen». Somit übernimmt die «andere» Versicherungseinrichtung auch die Pflicht, die laufenden Versicherungsfälle abzuwickeln. Das EJPD darf die Zustimmung erteilen, wenn die Interessen der Gesamtheit der Versicherten gewahrt sind. Die übernehmende Versicherungseinrichtung muss annähernd die gleiche Garantie bieten wie die abgebende. Die beschriebene Lösung ist z. B. zulässig, wenn die abgebende Versicherungseinrichtung ihren Geschäftsbetrieb in der Schweiz ganz aufgeben will, ebenso, wenn sie lediglich einen Versicherungszweig nicht mehr führen möchte und ferner, wenn sie ihre Geschäftstätigkeit nur in einer Landesgegend einstellen und ihre Zweigniederlassung auflösen möchte.

b) Die vorgesehene Übertragung des Versicherungsbestandes ist nach Abs. 2 von VAG 39 dreimal auf Kosten der Versicherungseinrichtung im Schweizerischen Handelsamtsblatt zu veröffentlichen. Die Versicherten können innert drei Monaten seit der ersten Veröffentlichung Einsprache gegen die Übertragung erheben. Das EJPD muss diese Einsprachen prüfen, um beurteilen zu können, ob die Übertragung für die Versicherten – insbesondere für die Versicherungsnehmer – zumutbar ist oder ob z. B. beachtenswerte Interessen einzelner Gruppen von Versicherten gegen die Übertragung sprechen. Hingegen haben die Einsprachen nicht die Bedeutung eines Vetos; das EJPD kann seine Zustimmung zur Übertragung auch gegen den Willen von Einsprechern[203] erteilen, wenn nach seiner Beurtei-

---

[203] Der VN hat kein *besonderes* Kündigungs- oder Rücktrittsrecht; vgl. hinten bei N 208. Dies mag gelegentlich hart sein, so wenn er mit dem übernehmenden Versicherer früher als Geschädigter in einem Haftpflichtfall oder als Versicherter einen Prozess geführt und bestehende Verträge gekündigt und bei einem andern Versicherer abgeschlossen hat. Wenn es ihm nicht zugemutet werden kann, die Verträge wegen der Bestandesübertragung wieder mit dem übernehmenden Versicherer weiterzuführen, sollte er sie wegen veränderter Verhältnisse aufheben können; vgl. dazu hinten bei N 502. – Hingegen kann der VN gegen die Verfügung des EJPD beim BGer Verwaltungsgerichtsbeschwerde einreichen, da er im Sinne von OG 103 lit. a in seinen Rechten «berührt» ist; vgl. hinten bei N 230.

lung die Interessen der Versicherten genügend gewahrt sind. Die Kaution, welche die abgebende Versicherungseinrichtung gemäss Kautionsgesetz geleistet[204] hat, geht mit dem Bestand, für dessen Sicherung sie bestimmt ist, auf die übernehmende Versicherungseinrichtung über. Das EJPD kann jedoch auch anders entscheiden.

2. Entzug der Bewilligung und Verzicht auf sie

a) aa) Wenn eine Versicherungseinrichtung die gesetzlichen Erfordernisse – v. a. die Garantie gemäss VAG 10 – nicht mehr erfüllt, so fordert das EJPD sie nach VAG 40 I auf, den gesetzmässigen Zustand innert einer bestimmten Frist wieder herzustellen. Wenn sie dieser Aufforderung nicht nachkommt, wird ihr die Bewilligung entzogen[205].

bb) Eine Versicherungseinrichtung kann auf die Bewilligung verzichten, so wenn sie ihre Geschäftstätigkeit in der Schweiz ganz oder auch wenn sie einzelne Versicherungszweige aufgeben will. Das EJPD entlässt sie nach VAG 40 II aus der Aufsicht, «sobald sie alle Pflichten aus dem Aufsichtsrecht erfüllt hat». Sie muss vor allem die bereits eingetretenen Versicherungsfälle und die bestehenden Verträge abgewickelt haben. Wenn sie sämtlichen Pflichten nachgekommen ist, muss das EJPD ihr die Kaution erstatten.

cc) Wenn die auf die Bewilligung verzichtende Versicherungseinrichtung den gesetzlichen Erfordernissen nicht mehr genügt, indem sie z. B. die Garantie für die Versicherten im Sinne von VAG 10 nicht mehr bietet, kann das EJPD nach VAG 40 III verlangen, dass sie trotz ihres Verzichtes «den gesetzmässigen Zustand wieder herstellt». Die Aufsicht bleibt also wirksam, bis die Versicherungseinrichtung alle ihre Pflichten erfüllt hat. Vorher darf ihr die Kaution nicht erstattet werden. Diese bezweckt nämlich nach Art. 2 des Kautionsgesetzes, die Forderungen aus Versicherungsverträgen und ferner die öffentlich-rechtlichen Forderungen aus der Aufsichtsgesetzgebung sicherzustellen. Zu den letzteren gehören z. B. auch Ordnungsbussen nach VAG 49[206]. Wenn eine Versicherungsgesell-

---

[204] Vgl. vorne bei N 107a.
[205] Vgl. auch vorne vor N 201.
[206] Vgl. vorne bei N 197. – Für die schweizerischen Lebensversicherungseinrichtungen gelten die Sondervorschriften des Sicherstellungsgesetzes. Zur Sicherstellung dient nicht die Kaution, sondern der Sicherungsfonds nach Art. 1 des Sicherstellungsgesetzes; vgl. bereits vorne bei N 107a.

schaft in mehr oder weniger ernsthaften Schwierigkeiten steckt, kann sie sich deshalb nicht der Aufsicht entziehen, indem sie auf die Bewilligung verzichtet.

b) VAG 41 I schreibt die Veröffentlichung vor, wenn die Bewilligung entzogen wird, bei Verzicht und ebenso, wenn die Versicherungseinrichtung nach ihrem Verzicht den gesetzmässigen Zustand nicht wiederherstellt. Die Veröffentlichung erfolgt nach Abs. 2 überdies, bevor die Versicherungseinrichtung, die auf die Bewilligung verzichtet hat, aus der Aufsicht entlassen wird. Dabei wird den Versicherten Gelegenheit geboten, innert drei Monaten seit der ersten Veröffentlichung Einsprache gegen die Rückerstattung der Kaution zu erheben. Die erwähnten Veröffentlichungen müssen dreimal im Schweizerischen Handelsamtsblatt erscheinen; Abs. 4.

c) Art. 36 VVG knüpft an Art. 40 VAG an. Er räumt dem Versicherungsnehmer ein besonderes Recht ein, vom Versicherungsvertrag zurückzutreten, wenn dem Versicherer die Bewilligung entzogen worden ist und ferner, wenn der Versicherer, der auf die Bewilligung zum Geschäftsbetrieb verzichtet hat, den gesetzmässigen Zustand trotz einer Anordnung des EJPD nicht wieder hergestellt hat. Da der Versicherer in beiden Fällen die Garantie gemäss VAG 10 nicht mehr bietet, kann dem Versicherungsnehmer nicht zugemutet werden, den Versicherungsvertrag weiterzuführen und Prämien zu entrichten, obwohl er nicht sicher ist, dass der Versicherer seine Verpflichtungen aus Versicherungsfällen erfüllen wird. Der Versicherungsnehmer, der vom Vertrag zurücktritt, kann nach VVG 36 Abs. 2 die bezahlte Prämie für die noch nicht abgelaufene Versicherungsperiode und bei Lebensversicherungen gemäss Abs. 3 das Deckungskapital zurückfordern. Überdies bleibt ihm der Anspruch auf Schadenersatz gewahrt, sofern er einen Schaden erlitten hat und ihn auch nachweisen kann[207]. Hingegen besitzt der Versicherungsnehmer kein besonderes Rücktrittsrecht, wenn der Versicherer auf die Bewilligung verzichtet, sofern er die notwendige Garantie bietet, dass er seinen Verpflichtungen aus den Versicherungsverträgen auch weiterhin nachkommen kann und will[208].

---

[207] Es handelt sich um ein Kündigungsrecht; vgl. hinten bei den N 490 und 494 sowie zum Deckungskapital bei den N 1165 ff.
[208] Vgl. bereits vorne N 203.

3. Zwangsweise Übertragung des Versicherungsbestandes[208a]

a) Wenn eine Versicherungseinrichtung die erforderliche Garantie nach VAG 10 nicht mehr bietet, setzt ihr das EJPD gemäss VAG 40 I eine Frist für die Sanierung an. Es kann, wenn diese Sanierung nicht zustandekommt, unter bestimmten Voraussetzungen den Versicherungsbestand zwangsweise ganz oder teilweise auf eine andere Versicherungseinrichtung übertragen, sofern diese zur Übernahme bereit ist. Die Kaution geht auf die übernehmende Versicherungseinrichtung über. Wenn keine Versicherungseinrichtung den Bestand übernehmen will – z. B. weil der bisherige Risikoverlauf ungünstig war, so dass es sich um «schlechtes» Geschäft handelt –, kann der Bund die Liquidation durchführen. Das Kautionsgesetz regelt die zwangsweise Übertragung in Art. 9 für ausländische und in Art. 16 für inländische Versicherungseinrichtungen.

b) Für die inländischen Lebensversicherer gilt das Sicherstellungsgesetz. Über sie darf die Konkurseröffnung nach Art. 18 nur mit Zustimmung des Bundesrates erfolgen. Da die Versicherungsnehmer ihnen oft während Jahrzehnten Spargelder – Sparanteil der Prämie – anvertrauen[209], kann der Konkurs von Lebensversicherern schwere Erschütterungen in der Bevölkerung auslösen. Deshalb unterstehen sie einer besonders strengen Ordnung. Der Bundesrat kann nach Art. 27 über die Verwendung des Sicherungsfonds verfügen. Den durch diesen sichergestellten Versicherungsbestand darf er ganz oder teilweise auf eine andere Gesellschaft übertragen oder ihn von Bundes wegen liquidieren lassen. Der Versicherungsbestand erwirbt im letzteren Fall das Recht der Persönlichkeit. Wenn der Sicherungsfonds nicht ausreicht, ist der Bundesrat zu einer besonders einschneidenden Massnahme befugt: Er darf nach Art. 29 die Versicherungsbedingungen für den Bestand ändern sowie die Versicherungsansprüche und die Ansprüche auf gutgeschriebene Gewinnanteile bis zu einem den vorhandenen Mitteln entsprechenden Betrage herabsetzen[210].

[208a] Vgl. auch vorne N 201.
[209] Vgl. bereits vorne bei N 68 und hinten bei N 1161.
[210] Versicherungseinrichtungen, die der vereinfachten Aufsicht unterstehen, müssen nach VAG 36 eine Anpassungsklausel enthalten, die ihnen eine Herabsetzung der Leistungen erlaubt, wenn ein versicherungstechnischer Fehlbetrag vorliegt; vgl. vorne bei N 173. – Die zwangsweise Übertragung des Versicherungsbe-

4. Private Versicherungseinrichtungen als Sozialversicherer

a) Das UVG ordnet die Übertragung des Versicherungsbestands von einer privaten Versicherungseinrichtung im Sinne von Art. 68 auf andere Versicherer nicht ausdrücklich[211]. Es liegt nahe, die Art. 39–41 VAG sowie für die zwangsweise Übertragung die Art. 9 und 16 des Kautionsgesetzes *sinngemäss* anzuwenden. Dies gilt auch dann, wenn der Versicherungsbestand von einer Versicherungseinrichtung gemäss VAG auf eine anerkannte Krankenkasse oder auf eine öffentliche Unfallversicherungskasse oder auch umgekehrt übertragen werden soll, obwohl dieser Fall durch das VAG nicht geregelt wird. Es handelt sich um eine Gesetzeslücke.

Von praktischer Bedeutung wird die freiwillige Übertragung nach VAG 39 sein. Es dürfte ziemlich oft vorkommen, dass eine private Versicherungseinrichtung sich aus der Unfallversicherung gemäss UVG zurückziehen und den Bestand deshalb durch Vereinbarung auf einen andern Versicherer übertragen will.

b) Diese Überlegungen gelten sinngemäss für Versicherungseinrichtungen, die Risiken von Vorsorgeeinrichtungen gemäss BVG 67 übernommen haben. Je nachdem, ob sie dies als Lebensversicherungseinrichtung oder als andere Versicherungseinrichtung getan haben, sind die einschlägigen Bestimmungen des Sicherstellungs- oder des Kautionsgesetzes anwendbar, und zwar sowohl für die freiwillige als auch für die zwangsweise Übertragung des Versicherungsbestandes auf eine andere Versicherungseinrichtung.

VI. ERFÜLLUNGSORT, GERICHTSSTAND UND BETREIBUNGSORT

1. Das VAG enthält in seinem fünften Kapitel, in den Art. 26–30[211a], mehrere besondere Bestimmungen, die vom gemeinen Recht abweichen oder es doch präzisieren. Dazu folgendes:

standes und die Herabsetzung der Ansprüche sind aufsichtsrechtliche Zwangsmittel, die tief in die einzelnen Vertragsverhältnisse eingreifen, aber schliesslich doch dem Schutz der Versicherten dienen. Vgl. zu den Zwangsmitteln vorne bei den N 194a ff.

[211] Vgl. MAURER, Unfallversicherung S. 55 ff.

[211a] Art. 46a VVG, der durch Z. 3 des Anhanges zum VAG eingefügt worden ist, verweist ausdrücklich auf die Art. 26 ff. VAG.

a) Der Erfüllungsort wird in OR 74 geregelt. Wenn vertraglich nichts anderes vereinbart ist, gilt die *Regel* von Abs. 2 Z. 1: «Geldschulden sind an dem Ort zu zahlen, wo der Gläubiger zur Zeit der Erfüllung seinen Wohnsitz hat.» Abs. 3 stellt zu dieser Regel eine Ausnahme auf: Wenn der Gläubiger seinen Wohnsitz nach der Entstehung der Schuld ändert und dem Schuldner daraus eine erhebliche Belästigung erwächst, so ist dieser berechtigt, an dem ursprünglichen Wohnsitz zu erfüllen. VAG 27 bestätigt und präzisiert nun die erwähnte Regel. Danach muss die *Versicherungseinrichtung* ihre Verbindlichkeiten aus Versicherungsverträgen am schweizerischen Wohnsitz des Versicherten[212] erfüllen. Abweichende vertragliche Vereinbarungen sind nichtig; VAG 30. Die Bestimmung ist in gleicher Weise anwendbar, ob der Versicherer Versicherungsleistungen zu erbringen oder Prämien zu erstatten hat usw. Seine Verpflichtungen müssen im Versicherungsvertrag begründet sein. Abweichende Vereinbarungen sind aber zulässig, soweit der *Versicherungsnehmer* Schuldner ist, so hinsichtlich der Prämien. – Die Art. 23 ff. ZGB sind für die Bestimmung des Wohnsitzes massgebend.

b) Hinsichtlich des Gerichtsstandes[212a] öffnet Art. 28 VAG verschiedene Wahlmöglichkeiten. Der Versicherte kann den Versicherer gemäss Abs. 1 einmal am ordentlichen Gerichtsstand nach BV 59, d. h. am Sitz oder Wohnsitz des Versicherers, einklagen. Als weiterer Gerichtsstand gilt sein schweizerischer Wohnsitz, womit ihm die Klage wesentlich erleichtert wird. Wenn das Haftpflichtrecht einen besonderen Gerichtsstand vorsieht, ist Abs. 1 nicht anwendbar. Somit gilt – in der Praxis ist dies besonders bedeutsam – z. B. nur Art. 84 SVG für Zivilklagen aus Motorfahrzeug- und Fahrradunfällen. Nach ihm hat der Geschädigte an seinem Wohnsitz keinen Gerichtsstand. – Eine weitere Besonderheit findet sich in Abs. 3 von VAG 28 für die Feuerversicherung: Klagen können am Ort der gelegenen Sache eingereicht werden. Dieser Gerichtsstand eweitert die bereits erwähnten Wahlmöglichkeiten von Abs. 1.

c) Das VAG setzt für Versicherungsverträge keinen besonderen Betreibungsort fest, so dass die Art. 46 ff. SchKG gelten. Eine ergänzende Vorschrift stellt VAG 29 für die ausländischen Versicherungseinrichtungen auf.

---

[212] Vgl. zur Frage, was hier unter dem Versicherten verstanden wird, bereits vorne N 127 und N 187a. E. sowie hinten bei N 1003.

[212a] Vgl. auch hinten bei den N 212b und N 375.

Für sie befinden sich sowohl der ordentliche Gerichtsstand als auch der Betreibungsort für ihre Verbindlichkeiten aus Versicherungsverträgen «am Ort der Geschäftsstelle für das gesamte schweizerische Geschäft»[212b]. Diese Geschäftsstelle wird in VAG 14 II vorgeschrieben. Die zusätzlichen Gerichtsstände, die Art. 28 VAG vorsieht, gelten auch für die ausländischen Versicherungseinrichtungen.

d) Nach VAG 30 sind Bestimmungen in Versicherungsverträgen, «die mit diesem Kapitel in Widerspruch stehen», nichtig. Nichtigkeit im Sinne von OR 20 heisst: Jedermann kann sich auf sie berufen, und der Richter hat sie von Amtes wegen zu beachten[213]. Diese Rechtsfolge mag dann als unnötig erscheinen, wenn der Vertrag zugunsten des Versicherten vom Gesetz abweicht, indem er z. B. auf Wunsch des Versicherten einen andern als den gesetzlichen Erfüllungsort oder Gerichtsstand festlegt, um besondern Verhältnissen Rechnung zu tragen[214].

e) Art. 26 VAG schränkt die Anwendbarkeit des fünften Kapitels ein. Dieses Kapitel – d. h. die Art. 27–30 – «gilt nur für die inländische Geschäftstätigkeit der im direkten Geschäft tätigen Versicherungsgesellschaften, die der ordentlichen Aufsicht unterstehen». Somit ist es nicht auf die Rückversicherer, auch nicht auf Versicherungseinrichtungen anwendbar, die der vereinfachten Aufsicht[215] unterstehen und ebensowenig auf Versicherungsverträge, die im Ausland, z. B. auf dem Korrespondenzweg, abgeschlossen werden.

2. Soweit die dem VAG unterstehenden Versicherungseinrichtungen als Sozialversicherungsträger tätig sind, gelten die entsprechenden Bestimmungen der Sozialversicherungsgesetzgebung und nicht jene des VAG. So

[212b] Vgl. vorne bei N 43.
[213] Vgl. z. B. GUHL/MERZ/KUMMER, Obligationenrecht S. 42.
[214] Vgl. Weiteres zur Nichtigkeit hinten bei N 218; die Berufung auf die Nichtigkeit kann rechtsmissbräuchlich sein, so dass sie im Sinne von ZGB 2 II keinen Rechtsschutz findet. Dazu ein Beispiel: Eine Person ist aus persönlichen Gründen nur bereit, einen Versicherungsvertrag abzuschliessen, wenn dieser anstelle ihres Wohnsitzes den mit ihm nicht identischen Arbeitsort als Gerichtsstand vorsieht. Wenn der Versicherer später bei einer Klage des Versicherten wegen eines Versicherungsfalles die Einrede der Nichtigkeit erhebt, ist diese rechtsmissbräuchlich und daher nicht zu schützen. Der Richter sollte auf die Klage eintreten.
[215] Vgl. dazu vorne bei N 166 sowie die Begründung für die Beschränkung der Anwendbarkeit in Botschaft zum VAG zu Art. 27–31.

regeln z. B. Art. 107 UVG und Art. 73 III BVG den Gerichtsstand in besonderer Weise. Dabei fällt auf, dass der Anspruchsberechtigte in der Unfallversicherung – ähnlich wie gemäss VAG 28 I – an seinem Wohnsitz klagen kann, während ihm dieser Vorteil in der beruflichen Vorsorge nach BVG nicht eingeräumt ist.

VII. AUFSICHTSRECHTLICHE WIRKUNGEN AUF VERTRÄGE

1. Allgemeines

Der Gesetzgeber kann aufsichtsrechtliche Tatbestände umschreiben und ihnen ausdrücklich Wirkungen, d.h. Rechtsfolgen, auf Versicherungsverträge oder auch auf andere Verträge, z. B. Agenturverträge, zuordnen. Solche Wirkungen hat er nur mit grosser Zurückhaltung, im Sinne von Ausnahmen, spezialrechtlich geregelt. So erklärt er, wie bereits früher erwähnt[216], in Art. 30 VAG «Bestimmungen in Versicherungsverträgen, die mit diesem Kapitel in Widerspruch stehen», als nichtig. Er setzt somit die Rechtsfolge für abweichende Vertragsbestimmungen selbst fest: Nicht der ganze Vertrag, sondern nur gerade die dem Gesetz widersprechende Bestimmung ist nichtig. Unter Nichtigkeit ist dabei jene zu verstehen, die OR 20 I meint. Der Gesetzgeber kann aber auch einen Tatbestand im VAG und, daran anknüpfend, die rechtliche Wirkung im VVG festlegen. Er hat z. B. den Entzug der Bewilligung zum Geschäftsbetrieb als aufsichtsrechtlichen Tatbestand in Art. 40 I VAG geregelt, die Rechtsfolge für den Versicherungsnehmer dagegen in Art. 36 I VVG, indem er ihm für diesen Fall ein spezielles Rücktrittsrecht einräumt[217].

2. Ausschluss der Nichtigkeit wegen Verletzung aufsichtsrechtlicher Bestimmungen durch den Versicherer

Es fragt sich, ob der Versicherungsvertrag berührt wird, wenn der Versicherer ihn unter Verletzung aufsichtsrechtlicher Bestimmungen abgeschlossen hat. Wird er nichtig im Sinne von OR 20 I, obwohl weder die Aufsichtsgesetzgebung noch das VVG diese Nichtigkeit ausdrücklich festlegen? Dazu folgendes:

---

[216] Vgl. vorne bei N 213.
[217] Vgl. vorne vor N 207.

a) Nach OR 20 I ist ein Vertrag nichtig, der einen unmöglichen oder widerrechtlichen Inhalt hat oder gegen die guten Sitten verstösst. Hier interessiert lediglich die Widerrechtlichkeit. Das Bundesgericht hat bereits wiederholt entschieden, dass nicht jede Verletzung einer Verbots- oder Gebotsnorm durch eine Vertragspartei den Vertrag widerrechtlich im Sinne von OR 20 I und damit nichtig macht. «Die Widerrechtlichkeit macht einen Vertrag nur dann nichtig, wenn diese Rechtsfolge vom Gesetz ausdrücklich vorgesehen wird oder sich aus dem Sinn und Zweck der verletzten Norm ergibt ... Sinn und Zweck einer Verbotsnorm ergeben sich aus der Bedeutung des zu bekämpfenden Erfolges ...: die Folge der Nichtigkeit muss dem Zweck der Norm angemessen sein»[218]. Die Aufsichtsgesetzgebung hat den Zweck, die Versicherten, Versicherungsnehmer usw. zu schützen[219]. Sie würde aber gerade die gegenteilige Wirkung haben, wenn ihre Verletzung die Nichtigkeit des Versicherungsvertrages zur Folge hätte: Die Versicherten würden ihren Versicherungsschutz verlieren. Dies wäre besonders schwerwiegend, wenn sich bereits Versicherungsfälle ereignet hätten, z. B. wenn der gegen Unfall Versicherte verunfallt wäre. Wollte man die Nichtigkeit des Vertrages annehmen, so hätte der Versicherte keinen Anspruch auf Leistungen. Der Versicherte würde «bestraft», nicht geschützt. Deshalb ist ein Vertrag grundsätzlich nicht nichtig, wenn der Versicherer ihn unter Verletzung von Aufsichtsrecht abgeschlossen hat.

b) Der Versicherer kann sich nach den Art. 49 und 50 VAG strafbar machen, wenn er Versicherungsverträge abschliesst und mit ihnen aufsichtsrechtlichen Bestimmungen zuwiderhandelt[220]. In BGE 102 II 408 E. 3, d wird ausgeführt, dass es nicht zu verstehen wäre, «wenn man Verträge, deren Abschluss bei Strafe verboten ist, zivilrechtlich dennoch dulden und gerichtlich schützen würde». Die Nichtigkeit des Vertrags sei in einem solchen Fall auch das geeignete Mittel, Verstössen vorzubeugen. Allein das Bundesgericht modifizierte diese Auffassung später: Bei einem Vertrag, mit dem eine «Ordnungswidrigkeit» im Sinne von VAG 49 begangen worden war, hat es die Nichtigkeit verneint[221]. Es ist jedoch auch dann keine

---

[218] BGE 102 II 404 E. 2, b und 406 E. 3, b, bestätigt in BGE 107 II 193 E. 3, 109 II 59 und 111 II 52 ff.
[219] Vgl. bei den N 125 und 187.
[220] Vgl. vorne bei den N 197 und 199.
[221] Vgl. das in N 218 am Ende zit. Urteil: Die Agentin hatte einer Gesellschaft

Nichtigkeit gegeben, wenn der Versicherer durch Abschluss des Versicherungsvertrages ein Vergehen oder eine Übertretung gemäss VAG 50 begeht. Die Strafbestimmungen von VAG 50 gelten nur für die Versicherer und ihre Mitarbeiter und nicht für die Versicherten usw. Sie dienen im Gegenteil dem Schutze der Versicherten. Dieser Schutzzweck hat vorrangige Bedeutung, weshalb selbst dann keine Nichtigkeit des Versicherungsvertrages angenommen werden darf[222], wenn seitens des Versicherers ein Vergehen begangen wurde.

c) Die Versicherungseinrichtung kann durch den Abschluss eines Versicherungsvertrages die verschiedensten aufsichtsrechtlichen Bestimmungen missachten. Dazu einige Beispiele: Sie besitzt die Bewilligung zum Geschäftsbetrieb nicht, da das EJPD über ihr Gesuch nach VAG 8 noch nicht verfügt hat; das EJPD hat ihr Gesuch bereits abgelehnt; was für den Geschäftsbetrieb als solchen gilt, kann auch nur auf einen bestimmten Versicherungszweig zutreffen; das EJPD hat die Bewilligung gemäss VAG 40 entzogen oder die Versicherungseinrichtung hat auf sie verzichtet; die Versicherungseinrichtung verwendet Tarife oder Materialien, die aufsichtsrechtlich nicht genehmigt sind. Soweit der Schutzzweck des VAG es erfordert, darf in keinem dieser Fälle die Nichtigkeit des Versicherungsvertrages angenommen werden.

versprochen, ihr einen Teil der Provision zu überlassen, sofern ein Lebensversicherungsvertrag abgeschlossen werde, obwohl Art. 2 II VO über den Anwerbebetrieb der Lebensversicherungsgesellschaften in der Schweiz vom 10. 12. 1973 solche Provisionsabgaben verbietet. Das BGer verneinte die Nichtigkeit des Provisionsversprechens. – Vgl. auch BGE 99 II 73: Der Versicherer hatte das in englischer Sprache redigierte Antragsformular der Aufsichtsbehörde nicht zur Genehmigung unterbreitet, obwohl er dazu verpflichtet gewesen wäre: «Auf die Gültigkeit des Vertrages, der unter Verwendung dieses Formulars abgeschlossen wurde, hat das Fehlen der Genehmigung des Formulartextes durch die Aufsichtsinstanz keinen Einfluss». Das Fehlen der Genehmigung konnte nur Folgen öffentlich-rechtlicher Natur auslösen. Diese bestünden nach dem neuen VAG z. B. in einer Verwarnung oder in einer Ordnungsbusse nach Art. 49. Im beurteilten Fall war noch das VAG von 1885 anwendbar.

[222] Es ist zu berücksichtigen, dass in der Regel der Versicherer die Verträge redigiert. An ihn und nicht an Versicherungsnehmer richten sich die aufsichtsrechtlichen Gebote und Verbote. – Hingegen kann z. B. ein Agenturvertrag nach OR 418a nichtig sein, wenn der Versicherer ihn abgeschlossen hat, obwohl sein Gesuch um Bewilligung vom EJPD abgewiesen worden ist.

d) Die Aufsichtsbehörde ist nicht befugt, direkt in bestehende Versicherungsverträge einzugreifen[222a]: Sie kann sie weder ändern noch aufheben. Gegenüber dem Versicherungsnehmer besitzt sie nämlich keine hoheitliche Gewalt. Im übrigen ist es nach VAG 47 Sache der ordentlichen Gerichte, d. h. des Zivilrichters, über privatrechtliche Streitigkeiten zwischen Versicherungseinrichtungen oder zwischen solchen und den Versicherten zu entscheiden.

Hingegen kann die Aufsichtsbehörde im Rahmen ihrer Kompetenzen mittelbar auf Versicherungsverträge Einfluss nehmen. Wenn sie z. B. feststellt, dass eine Versicherungseinrichtung die Bewilligung gemäss VAG 7 nicht oder wegen Entzuges nach VAG 40 I nicht mehr besitzt und trotzdem Versicherungsverträge abschliesst, dann darf und soll die Aufsichtsbehörde verfügen, dass die Versicherungseinrichtung diese Verträge entsprechend den gesetzlichen und vertraglichen Möglichkeiten aufhebt (Kündigung usw.). Es wäre mit dem Schutzzweck des VAG nicht vereinbar, dass eine Versicherungseinrichtung ohne Bewilligung während Jahren solche Verträge weiterführt. Die Aufsichtsbehörde darf in ihrer Verfügung die Strafdrohung nach Art. 292 StGB aufnehmen: Wenn die für die Versicherungseinrichtung handelnde Person die Versicherungsverträge nicht auf den frühest möglichen Zeitpunkt kündige, werde sie nach der erwähnten Bestimmung mit Haft oder mit Busse bestraft. Die Aufsichtsbehörde wird aber keine solche Verfügung erlassen, solange bei ihr das Gesuch um Bewilligung hängig ist, da ihre Massnahme sonst den Grundsatz der Verhältnismässigkeit verletzen würde.

e) Für den Versicherungsnehmer ist der Versicherungsvertrag wegen Willensmängeln unverbindlich, wenn er beim Abschluss nicht gewusst hat, dass die Versicherungseinrichtung nicht über die Bewilligung nach VAG 7 verfügte. Die Art. 23 ff. OR sind anwendbar. Überdies kann er, wie schon früher erwähnt, vom Vertrag gemäss VVG 36 I zurücktreten, wenn dem Versicherer die Bewilligung zum Geschäftsbetrieb nach VAG 40 I entzogen worden ist oder wenn der Versicherer, nachdem er auf die Bewilligung verzichtet hat, den gesetzmässigen Zustand nicht innert der vom EJPD angesetzten Frist wieder herstellt[223].

[222a] Vgl. auch hinten bei N 365.
[223] Vgl. vorne vor N 206.

f) Die bisherigen Ausführungen unter den lit. a–e sind sinngemäss anwendbar, wenn eine private Versicherungseinrichtung Versicherungsverträge nach UVG abschliesst, ohne die vorgeschriebenen Bewilligungen zu besitzen, oder wenn sie ohne Bewilligung die Deckung von Risiken nach BVG 67 übernimmt[224], m. a. W. wenn sie sich als Sozialversicherer gemäss UVG oder BVG betätigt.

§ 7 RECHTSPFLEGE ZUM AUFSICHTSRECHT

I. VwVG, OG UND VAG[225]

1. Wenn das EJPD und das BPV aufsichtsrechtliche Anordnungen gegenüber den Versicherungseinrichtungen treffen, haben sie das BG über das Verwaltungsverfahren (VwVG) anzuwenden. Das VwVG regelt einerseits das Entstehen und den Erlass von Verfügungen, d. h. von Anordnungen im Einzelfall. Dies ist das Verfügungsverfahren. Anderseits bestimmt es die Anfechtung solcher Verfügungen bei übergeordneten Verwaltungsstellen durch Beschwerde[226] (Beschwerdeverfahren). Somit befasst sich das VwVG mit dem verwaltungsinternen Rechtsschutz.

2. Das BG über die Organisation der Bundesrechtspflege (OG) legt fest, gegen welche Verfügungen und Beschwerdeentscheide der Verwaltung die Verwaltungs*gerichts*beschwerde beim Bundesgericht oder allenfalls beim Eidg. Versicherungsgericht erhoben werden kann. Das OG überträgt diesen beiden Gerichten somit die Aufgabe, gewisse Verfügungen der Bundesverwaltung gerichtlich zu überprüfen, soweit sie sich auf Bundesrecht stützen. Das OG umschreibt die Zuständigkeit des Bundesgerichts durch Generalklausel, die mit einer abschliessenden Aufzählung der Ausnahmen verbunden ist.

---

[224] Vgl. bereits vorne bei N 184, ferner bei N 211 und nach N 199.

[225] Vgl. besonders GYGI, Bundesverwaltungsrechtspflege; SALADIN, Verwaltungsverfahrensrecht sowie z. B. MAURER, SVR I S. 433 ff. und 442 ff., mit einer Übersicht über das VwVG auf S. 445.

[226] Die sog. Aufsichtsbeschwerde ist keine Beschwerde im Rechtssinn; vgl. dazu hinten bei N 365a.

3. Damit der Betroffene sich leichter zurechtfindet, weist VAG 46 ausdrücklich auf die Rechtsmittel hin. Danach unterliegen die Verfügungen des BPV der Beschwerde an das EJPD nach VwVG. Erstinstanzliche Verfügungen des EJPD sowie dessen Beschwerdeentscheide können mit der Verwaltungsgerichtsbeschwerde nach dem OG an das Bundesgericht weitergezogen werden. Somit kann jede Verfügung zum Aufsichtsrecht letztinstanzlich beim Bundesgericht angefochten werden.

4. a) Das EJPD verfügt als erste Instanz in verschiedenen Sachgeschäften und Rechtsfragen, die im VAG ausdrücklich in seine Kompetenz verwiesen sind. Dazu einige Beispiele[227]: Es kann nach VAG 4 II «weitere Versicherungseinrichtungen, bei denen ähnliche Verhältnisse es rechtfertigen», von der Aufsicht ausnehmen und nach VAG 6 II weitere Lebensversicherungseinrichtungen, «wenn ähnliche Verhältnisse es rechtfertigen», der vereinfachten Aufsicht unterstellen. Es entscheidet nach VAG 7 und 8 über Gesuche zur Bewilligung des Geschäftsbetriebes und gemäss VAG 40 über den Entzug der Bewilligung. Die für die Verfügung erforderlichen Abklärungen besorgt in der Regel das BPV. Es stellt dem EJPD auch Antrag, wie zu verfügen sei.

b) Das BPV hat die Entscheidungsbefugnis in allen aufsichtsrechtlichen Fragen, in denen das Gesetz nicht ausdrücklich das EJPD als zuständig erklärt; VAG 43 I. So hat es z. B. über die Genehmigung der Prämientarife[228] (VAG 20) und der Versicherungsmaterialien (AVB u. a. m.) zu verfügen.

[227] Die Entscheidungsbefugnisse des EJPD und des BPV wurden in § 6 in den verschiedensten Zusammenhängen bereits erwähnt; vgl. ferner zu den Aufsichtsinstanzen vorne § 5 Z. 5.

[228] Verfügungen über Privatversicherungstarife des BPV können durch Beschwerde beim EJPD und dessen Beschwerdeentscheid gemäss OG 99 lit. b durch Verwaltungsgerichtsbeschwerde beim Bundesgericht angefochten werden; vgl. BGE 99 I b 54. Tarife zum UVG sind an sich solche «im Gebiete der Sozialversicherung», die nach OG 128 und 129 I lit. b nicht beim EVG und nach OG 99 lit. b auch nicht beim BGer angefochten werden könnten. Wenn jedoch das BPV über Tarife verfügt, welche die in der Unfallversicherung gemäss UVG 68 I lit. a tätigen privaten Versicherungseinrichtungen betreffen – UVG 92 –, ist nach VAG 46 gleichwohl die Beschwerde an das EJPD und gegen dessen Beschwerdeentscheid die Verwaltungsgerichtsbeschwerde an das BGer zulässig. Art. 46 VAG geht den erwähnten Bestimmungen des OG vor, da er später als diese erlassen wurde (lex posterior derogat legi priori). Hingegen können Prämientarife zum UVG der andern Versicherungsträger (SUVA, Krankenkassen, öffentliche Unfallversicherungskassen)

c) Es fragt sich, ob auch der Bundesrat Verfügungen in Einzelfällen erlassen dürfe und müsse. Zu dieser Annahme könnte der Wortlaut einzelner Kompetenzbestimmungen verleiten, z. B. wenn der Bundesrat in VAG 5 III ermächtigt wird, für Krankenkassen, die unter bestimmten Voraussetzungen der Aufsicht nach VAG unterstehen, «in begründeten Fällen Ausnahmen» zu machen. VAG 42 verdeutlicht indessen, dass der Bundesrat nur befugt ist, «ergänzende Bestimmungen» zu erlassen: Er soll mit Verordnungen Recht setzen oder einen Sachverhalt durch Bundesratsbeschluss regeln, jedoch nicht im Einzelfall Verfügungen treffen[229]. Dies gilt auch für die Generalklausel, die Art. 42 I lit. a umschreibt: «... ergänzende Bestimmungen ... zum Einschreiten gegen Missstände, welche die Interessen der Versicherten gefährden» zu erlassen. Auf diese Generalklausel wird sich der Bundesrat lediglich berufen, wenn er seine Kompetenz für ergänzende Bestimmungen dieser Art nicht schon aus andern Normen der Aufsichtsgesetzgebung ableiten kann. Die Generalklausel ist gleichsam ein Notventil.

5. Zur Beschwerde gegen eine Verfügung berechtigt ist nach VwVG 48 lit. a «wer durch die angefochtene Verfügung berührt ist und ein schutzwürdiges Interesse an deren Aufhebung hat». Die gleiche Formulierung verwendet OG 103 lit. a, mit welcher die Berechtigung zur Verwaltungsgerichtsbeschwerde an das Bundesgericht geregelt wird. Berührt ist einmal der Adressat der aufsichtsrechtlichen Verfügung, d. h. die betroffene Versicherungseinrichtung. Es können aber auch Dritte durch sie berührt sein, sofern sie in ihren rechtlichen oder tatsächlichen Interessen beeinträchtigt werden[230]. Dies können z. B. alle Versicherungsnehmer sein, wenn die auf

---

weder beim BGer noch beim EVG angefochten werden, da für sie die erwähnten Bestimmungen des OG gelten. Damit ist die Vereinheitlichung des Tarifwesens im Bereiche des UVG nicht sichergestellt. – Die Art. 20 und 46 VAG sind auch auf Tarife von Lebensversicherern anwendbar, die sich im Rahmen der beruflichen Vorsorge nach BVG betätigen; vgl. hinten bei den N 1217 ff.

[229] Vgl. bereits vorne bei N 114. – Der Bundesrat hat in andern Rechtsgebieten die Befugnis, Verfügungen zu erlassen, z. B. bestimmte Bundesbeiträge festzusetzen. Seine Verfügungen können nicht durch Verwaltungsgerichtsbeschwerde an das BGer (OG 98 lit. a) und nur ausnahmsweise durch Beschwerde bei der Bundesversammlung angefochten werden (VwVG 79); vgl. SALADIN: Verwaltungsverfahrensrecht S. 43.

[230] Vgl. Weiteres bei SALADIN a. a. O. Z. 20.3 und GYGI a. a. O. § 15 sowie zur Motorfahrzeug-Haftpflichtversicherung hinten bei N 1483b.

ihre Versicherungsverträge anwendbaren Prämientarife geändert werden. Deshalb bestimmt VAG 46 III, dass im Bundesblatt mitgeteilt werden muss, wenn «eine Verfügung über Tarife ergeht, die laufende Versicherungsverträge berührt». Eine solche Mitteilung gilt als Eröffnung der Verfügung nach Art. 36 VwVG: Beschwerden können von den Betroffenen innert 30 Tagen eingereicht werden.

II. VERFÜGUNGEN UND WEISUNGEN

1. Die Aufsichtsbehörden haben ihre Anordnungen gegenüber den Adressaten, d. h. den Versicherungseinrichtungen, durch Verfügungen zu treffen. Unter Verfügungen[231] versteht Art. 5 I VwVG «Anordnungen der Behörden im Einzelfall, die sich auf öffentliches Recht des Bundes stützen». Er zählt in einem Katalog auf, was die Anordnungen zum Gegenstand haben können, z. B. in lit. a die «Begründung, Änderung oder Aufhebung von Rechten und Pflichten» und in lit. b die «Feststellung[231a] des Bestehens, Nichtbestehens oder Umfanges von Rechten oder Pflichten». Die Verfügungen sind unter den in Art. 39 VwVG genannten Voraussetzungen vollstreckbar. Soweit sie auf Geldzahlung oder Sicherheitsleistung lauten, stehen sie, wenn sie in Rechtskraft erwachsen sind, vollstreckbaren gerichtlichen Urteilen gleich. Die Aufsichtsbehörden können weitere in Art. 41 VwVG aufgeführte Zwangsmittel ergreifen.

2. Eine Verfügung bildet die Voraussetzung für eine Beschwerde oder Verwaltungsgerichtsbeschwerde[232]. Wenn die Aufsichtsbehörde eine Verfügung unrechtmässig verweigert oder verzögert, kann nach VwVG 70 I und OG 97 II die Rechtsverweigerungs- oder Rechtsverzögerungsbeschwerde erhoben werden[233].

3. Die Verfügung hat in der Regel nur einen einzigen Adressaten, nämlich eine bestimmte Versicherungseinrichtung. Dies ist die Einzelverfügung. Sie ist erforderlich, weil sie meistens eine Änderung des Geschäfts-

---

[231] Vgl. Näheres bei GYGI a. a. O. § 14; SALADIN a. a. O. Z. 10; GOSSWEILER MARTIN, Die Verfügung im schweizerischen Sozialversicherungsrecht, Berner Diss. 1983; MAURER, SVR I § 24 u. a. m.
[231a] Vgl. als Beispiel einer Feststellungsverfügung vorne N 171.
[232] GYGI a. a. O. S. 127.
[233] Vgl. z. B. SALADIN a. a. O. Z. 24.3.

§ 7 Rechtspflege zum Aufsichtsrecht

planes im Sinne von VAG 19 betrifft, der sich immer nur auf eine bestimmte Versicherungseinrichtung beziehen kann. Ausnahmsweise reichen mehrere Versicherer gemeinsam – oder einer ihrer Verbände – ein Gesuch ein, nämlich wenn es um die Genehmigung von Prämientarifen der Motorfahrzeug-Haftpflichtversicherung nach VAG 37 geht; denn diese Prämientarife sind vereinheitlicht[233a]. In diesem Fall wird die Aufsichtsbehörde eine für alle Gesuchsteller inhaltlich gleichlautende Verfügung erlassen. Man nennt sie Sammelverfügung[234].

4. Die Aufsichtsinstanzen können Verfügungen nur gegenüber Versicherungseinrichtungen treffen; diesen gegenüber besitzen sie hoheitliche Gewalt. Sie sind jedoch nicht befugt, auch die Versicherten durch Verfügung zu einem bestimmten Verhalten zu verpflichten, ihnen Verbote zu erteilen usw. Das Gesetz räumt ihnen keine entsprechende Kompetenz ein. Trotzdem wirken sich ihre Verfügungen, auch wenn sie eine Versicherungseinrichtung zum Adressaten haben, öfters auch auf die Versicherten aus. Dies ist besonders augenfällig, wenn die Aufsichtsbehörde gemäss VAG 36 bestimmt, dass (vertraglich geschuldete) Versicherungsleistungen herabgesetzt werden, damit ein versicherungstechnischer Fehlbetrag beseitigt werden kann. Eine solche Verfügung greift tief in die Rechte der Versicherten ein; sie hat eine *Aussenwirkung:*[235] Rechtliche oder tatsächliche Folgen treten bei Dritten ein, die gar nicht Adressaten der Verfügung sind[236].

5. Das BPV beaufsichtigt in engerem oder weiterem Rahmen auch Versicherungseinrichtungen, die sich als Sozialversicherer in der Unfallversicherung und in der beruflichen Vorsorge betätigen; UVG 68 und BVG 48. Wenn es ihnen gegenüber aufsichtsrechtliche Anordnungen verfügt, stützt

---

[233a] Vgl. hinten bei N 1483.
[234] Diesen Ausdruck verwendet VAG 43 II. Er ist nicht ganz eindeutig. Vgl. auch hinten N 242. – Von der Sammelverfügung kann man die Allgemeinverfügung unterscheiden. «Sie trifft meistenteils für eine nicht zum voraus bestimmte Zahl von Personen, jedoch für einen konkreten Sachverhalt eine bestimmte Regelung»: GYGI a. a. O. S. 135, der z. B. die Genehmigung von Privatversicherungstarifen als Allgemeinverfügung bezeichnet; vgl. ferner SALADIN: a. a. O. Z. 10.4.
[235] Vgl. z. B. SALADIN: a. a. O. S. 57.
[236] Obwohl diese Dritten nicht als Adressaten der Verfügung erscheinen, sind sie zur Beschwerde gemäss VwVG 48 berechtigt, ebenso zur Verwaltungsgerichtsbeschwerde nach OG 103 lit. a. Sie werden nämlich durch die Verfügung «berührt», d. h. in ihren Interessen beeinträchtigt; vgl. vorne bei N 230.

es sich zwar auf das VAG, ausnahmsweise aber auch auf diese beiden Gesetzgebungen zur Sozialversicherung. Nach OG 128 sind aufsichtsrechtliche Verfügungen «auf dem Gebiete der Sozialversicherung» letztinstanzlich vom Eidg. Versicherungsgericht und nicht vom Bundesgericht zu beurteilen. Es dürfte zutreffend sein, die Kompetenz des EVG zu bejahen, obschon sich die Verfügungen auch auf das VAG – und somit nicht ausschliesslich auf ein Sozialversicherungsgesetz – stützen. Damit wird erreicht, dass das gleiche oberste Gericht, d. h. das EVG, sämtliche aufsichtsrechtlichen Verfügungen zur Sozialversicherung überprüfen kann. Dies liegt im Interesse einer einheitlichen Rechtsprechung[237].

6. Gemäss VAG 43 II kann das EJPD den «unmittelbar Betroffenen Weisungen allgemeinen Charakters» erteilen[238]. Unter ihnen werden aufsichtsrechtliche Weisungen verstanden, die an die Versicherungseinrichtungen adressiert sind. Sie sind keine Rechtssätze, sondern sogenannte Verwaltungsverordnungen. Da sie keine Rechtssätze sind, gehören sie auch nicht zum Bundesrecht; nur wenn sich eine Verfügung auf Bundesrecht stützt, gilt sie als Verfügung nach VwVG 5, die durch Beschwerde oder Verwaltungsgerichtsbeschwerde angefochten werden kann[239]. Zudem wird durch «Weisungen allgemeinen Charakters» nicht der konkrete Einzelfall geordnet, wie VwVG 5 dies ebenfalls voraussetzt. Deshalb ist gegen solche Weisungen des EJPD die Verwaltungsgerichtsbeschwerde an das Bundesgericht unzulässig. Zulässig ist sie hingegen, wenn das BPV oder das EJPD unter Bezugnahme auf solche Weisungen eine Verfügung erlässt und darin einer bestimmten Privatversicherungseinrichtung gegenüber eine konkrete Anordnung trifft. Das Bundesgericht bzw. das Eidg. Versicherungsgericht wird hier freilich auch prüfen, ob die Weisung, die der Verfügung zugrundeliegt, gesetzeskonform ist oder nicht. Wenn es eine Gesetzwidrigkeit feststellt, so sollte es dies im Urteil erwähnen, damit das EJPD sie ausmerzen kann. Es darf nicht übersehen werden, dass aufsichtsrechtliche Weisungen ebenfalls eine Aussenwirkung haben können[240]; sie binden zwar nur die der Aufsicht unterstellten Organisationen und Personen, sie haben

---

[237] Vgl. in diesem Sinn bereits MAURER, Unfallversicherung S. 86.
[238] Vgl. auch hinten N 241.
[239] SALADIN: a. a. O. Z. 10.15.
[240] Vgl. vorne bei N 235 und zu diesem Problem GYGI a. a. O. S. 290 und MAURER, Unfallversicherung S. 85, mit Hinweisen.

aber oft auch Wirkungen auf Dritte, vor allem auf Versicherte und Versicherungsnehmer.

III. STRAFVERFÜGUNGEN BEI ORDNUNGSWIDRIGKEITEN

1. Versicherungseinrichtungen und ihre Mitarbeiter können nach VAG 49 mit einer Ordnungsbusse bestraft werden, wenn sie einer Vorschrift der Aufsichtsgesetzgebung oder einer auf sie gestützten allgemeinen Weisung[241] oder einer Einzelverfügung[242], die mit einer Strafandrohung versehen ist, zuwiderhandeln. Zuständig für die Untersuchung und Bestrafung ist das BPV[243].

2. Das BPV «verfolgt und beurteilt diese Widerhandlungen nach dem Bundesgesetz über das Verwaltungsstrafrecht» (VStrR). «Dessen allgemeine Bestimmungen (Art. 2–13) sind anwendbar»; VAG 49 II. Nicht nur die Art. 2–13, die hier erwähnt werden, sondern auch die andern einschlägigen Bestimmungen des VStrR sind anwendbar[244], somit auch jene des dritten Titels über das Verwaltungsstrafverfahren (ab Art. 19). Daraus ergibt sich, dass das BPV nach durchgeführter Untersuchung den schriftlichen Strafbescheid erlässt (Art. 62 ff.). Gegen diesen ist die Einsprache beim BPV zulässig (Art. 67). Wenn es an der Ordnungsbusse festhält, erlässt es die Strafverfügung (Art. 70). Der Betroffene kann das Begehren um gerichtliche Beurteilung stellen (Art. 72). Zuständig zur Beurteilung sind die kantonalen Gerichte (Art. 73). Wenn der Strafbescheid oder die Strafverfügung rechtskräftig geworden sind, werden sie gemäss Art. 72 III einem vollstreckbaren gerichtlichen Urteil im Sinne von Art. 80 SchKG gleichgestellt.

---

[241] Gemeint ist damit vor allem eine Weisung allgemeinen Charakters des EJPD nach VAG 43 II; vgl. vorne bei N 238.

[242] Es fällt auf, dass die Sammelverfügung gemäss VAG 43 II nicht erwähnt wird. Angesichts des klaren Wortlautes kann ihre Missachtung keine Ordnungsstrafe begründen, auch wenn in ihr eine solche angedroht worden sein sollte; vgl. auch vorne bei N 234.

[243] Vgl. Weiteres zu den Ordnungswidrigkeiten vorne bei N 197.

[244] Andernfalls gäbe es keine Rechtsmittel gegen die Verhängung einer Ordnungsbusse. Dies kann nicht der Sinn von VAG 49 sein.

3. Abschnitt: Versicherungsvertragsgesetz und Versicherungsvertrag

§ 8 VERSICHERUNGSVERTRAGSGESETZ

I. ALLGEMEINES

Das VVG regelt einen privatrechtlichen Vertrag. Kernstück dieses Vertrages ist das Versicherungsverhältnis, das zwischen dem Versicherer einerseits sowie dem Versicherungsnehmer und Versicherten anderseits besteht. Da es sich zur Hauptsache um Privatrecht handelt, wird das VVG nicht auf Art. 34 Abs. 2 BV, der die öffentlich-rechtliche Aufsicht des Bundes über die privaten Versicherungsunternehmungen beschlägt, sondern auf Art. 64 BV gestützt, der dem Bund die Kompetenz zur Gesetzgebung über das Zivilrecht einräumt. An sich könnte der Versicherungsvertrag als besonderer Vertragstypus auch im OR geregelt sein. Praktische Erwägungen haben den Gesetzgeber bewogen, den Weg eines Spezialgesetzes zu beschreiten[245]. Eine enge Verflechtung zwischen dem VVG als Spezialgesetz und dem gemeinen Zivilrecht – OR und ZGB – bleibt bestehen[246].

II. ZUR ENTSTEHUNGSGESCHICHTE[247]

Das OR vom 14. Juni 1881 regelte den Versicherungsvertrag nicht und behielt besondere Bestimmungen des kantonalen Rechts bis zum Erlass eines Bundesgesetzes ausdrücklich vor. Nur wenige Kantone hatten jedoch solche Bestimmungen erlassen. Nachdem das Aufsichtsgesetz des Bundes in Kraft getreten war, wurde es als unbefriedigend empfunden, dass das Aufsichtsrecht betreffend die Versicherungsgesellschaften eidgenössisches, das Privatrecht hinsichtlich der von diesen abgeschlossenen Ver-

---

[245] Auch weitere Staaten haben zu Beginn des 20. Jahrhunderts Spezialgesetze erlassen.

[246] Gemäss Art. 100 VVG ist das OR subsidiär anwendbar; vgl. hinten bei N 267.

[247] Vgl. zur Entstehungsgeschichte einlässlich und anschaulich JAEGER, Komm. IV (1. A.) S. 70 ff., und ROELLI, Die Vorarbeiten für ein Bundesgesetz über den Versicherungsvertrag, ZSR 1899, S. I ff.

träge zur Hauptsache noch kantonales und überdies nur mangelhaft entwickeltes Recht war. Der Schweizerische Juristenverein bezeichnete es 1891 als wünschbar, dass der Versicherungsvertrag bundesrechtlich geregelt werde. Zum gleichen Ergebnis kam eine vom Eidg. Justiz- und Polizeidepartement eingesetzte Expertenkommission 1893. Dr. ROELLI, damals juristischer Mitarbeiter des Eidg. Versicherungsamtes, später Professor an der Eidgenössischen Technischen Hochschule in Zürich, erhielt dann den Auftrag, einen entsprechenden Entwurf auszuarbeiten. Er legte 1896 einen Entwurf mit Motiven vor. Dieser führte schliesslich zum Bundesgesetz über den Versicherungsvertrag vom 2. April 1908, das auf den 1. Januar 1910 in Kraft gesetzt wurde. Die Arbeiten von ROELLI beeinflussten auch das deutsche VVG beträchtlich, das am 7. Mai 1908 verabschiedet wurde[248].

Das VVG ist über 70 Jahre alt. Seine Langlebigkeit spricht für seine Zweckmässigkeit, vor allem für seine relative Flexibilität. Die Frage, ob dieses alte Gesetz revisionsbedürftig sei, ist umstritten[249]. Immerhin kann kaum in Abrede gestellt werden, dass die eine oder andere Bestimmung den Anschauungen, die sich im Verlaufe von sieben Dezennien in mancher Hinsicht, so z. B. im Bereiche von Sozialpolitik und Sozialversicherung, gewandelt haben, nicht mehr gerecht wird. Darauf wird an einigen Stellen zurückzukommen sein.

III. GELTUNGSBEREICH

1. Sachlicher Geltungsbereich

Die Frage, welche Verträge unter das VVG fallen, wird in Art. 101 VVG eigenartigerweise nicht positiv, sondern negativ, per exclusionem, umschrieben.

«¹ Dieses Gesetz findet keine Anwendung:[250]

---

[248] JAEGER a. a. O. S. 75 N 6.
[249] KOENIG, Ist das Versicherungsvertragsgesetz revisionsbedürftig? DE BUREN, La loi sur le contrat d'assurance doit-elle être revisée? Referate des Schweiz. Juristenvereins, Heft 2, 1962. KUHN, Harmonisierungsbestrebungen der EG, nimmt in Z. 5 zu mehreren Revisionsvorschlägen Stellung.
[250] Fassung gemäss Z. 3 des Anhanges zum VAG vom 23. Juni 1978. Abs. 1 Z. 2 wurde dem neuen VAG angepasst.

1. auf Rückversicherungsverträge;
2. auf die privaten Rechtsverhältnisse zwischen den der Aufsicht nicht unterstellten Versicherungseinrichtungen (Art. 4 des Versicherungsaufsichtsgesetzes vom 23. Juni 1978) oder den der vereinfachten Aufsicht unterstellten Versicherungseinrichtungen (Art. 6 des Versicherungsaufsichtsgesetzes) und ihren Versicherten.
² Für diese Rechtsverhältnisse gilt das Obligationenrecht.»

Diese Regelung lässt folgende Ordnung erkennen:

a) Versicherungsverträge, die ein der ordentlichen Aufsicht unterstehender Direktversicherer abschliesst[251], beurteilen sich nach dem VVG. Wenn ein solcher Versicherer die Bewilligung nicht oder doch für einen bestimmten Versicherungszweig nicht besitzt, sie aber benötigen würde, so fallen Versicherungsverträge, die er – verbotenerweise – abschliesst, ebenfalls unter das VVG[252]. Art. 101 I Z. 2 VVG stellt wenigstens dem Grundsatze nach nicht auf das formale Merkmal ab, ob eine Bewilligung bereits oder immer noch vorliegt[252a]. Massgebend ist, ob der Versicherer der Aufsicht nach VAG untersteht oder nicht. Wenn z. B. der Versicherer die Bewilligung wegen Entzuges oder Verzichts nicht mehr besitzt und trotzdem noch Versicherungsverträge abschliesst, ist auf sie das VVG anwendbar. Ein solcher Versicherer untersteht auch nach Verlust der Bewilligung der Aufsicht des Bundes. Zudem liegt es näher, insoweit das Spezialgesetz mit seinen zahl-

---

[251] Vgl. vorne bei N 151 und vor N 169.

[252] Vgl. vorne bei den N 123 und 179; im Ergebnis gleich ROELLI, Komm. I (1. A.) S. 23. – Es kann Rechtsunsicherheit darüber bestehen, ob das VVG auf Versicherungsverträge anwendbar ist oder nicht. Dies trifft z. B. zu, wenn das EJPD die Aufsichtspflicht bejaht, seine Verfügung aber angefochten und vom BGer später aufgehoben wird, z. B. weil die Versicherungseinrichtung nach VAG 4 von der Aufsicht befreit ist (vgl. die in N 155 zit. Urteile). Wenn in einem solchen Fall während des «Schwebezustandes» streitig ist, ob das VVG auf einen Versicherungsvertrag angewendet werden müsse, wird der Zivilrichter den Prozess sistieren, bis das BGer über die Aufsichtspflicht entschieden hat.

[252a] Eine Ausnahme ist gegeben, wenn durch eine rechtskräftige Verfügung des EJPD oder durch ein rechtskräftiges Urteil des BGer entschieden worden ist, dass eine Versicherungseinrichtung von der Aufsicht nach VAG 4 f ausgenommen wird oder dass es sich bei der fraglichen Einrichtung gar nicht um eine Versicherungseinrichtung handelt. An eine solche Entscheidung ist der Zivilrichter gebunden, wenn er zu prüfen hat, ob das VVG auf einen Vertrag anwendbar ist oder nicht.

reichen Schutzbestimmungen anzuwenden als das OR, das den Versicherungsvertrag gar nicht regelt.

b) Nicht unter das VVG fallen Rückversicherungsverträge. Dies überrascht, denn an sich unterstehen grundsätzlich Rückversicherungsunternehmen der Aufsicht des Bundes[253]. Allein der Gesetzgeber hat sich zu dieser Regelung hauptsächlich aus zwei Überlegungen entschlossen: Rückversicherungsverträge werden zwischen Versicherungsgesellschaften abgeschlossen, die im Regelfall fachkundig sind; sie bedürfen daher des Schutzes nicht, den das VVG errichtet. Dazu kommt, dass die Rückversicherung in hohem Grade international tätig ist und dies wegen des wünschbaren Risikoausgleichs auch sein sollte. Der Gesetzgeber wollte die internationale Entwicklung der Rückversicherung nicht durch eine einengende spezialrechtliche Ausgestaltung des Rückversicherungsvertrages hemmen[254].

c) Wenn eine private Versicherungseinrichtung der Aufsicht nicht untersteht, da sie gemäss VAG 4 von ihr befreit ist[255], findet das VVG auf ihre «privaten Rechtsverhältnisse» ebenfalls keine Anwendung, sondern es gilt wenigstens dem Grundsatze nach das OR. Für die anerkannten Arbeitslosenversicherungs- und die Krankenkassen, die in Formen des Privatrechts gekleidet sind, wird das Versicherungsverhältnis öffentlich-rechtlich, nämlich durch die betreffenden Sozialversicherungsgesetze AVIG und KVG geregelt. Zwischen den Personalvorsorgeeinrichtungen der privaten Arbeitgeber, die von der Aufsicht nach VAG 4 lit. c ausgenommen sind, und den versicherten Arbeitnehmern, bestehen hinsichtlich der Personalvorsorge «private Rechtsverhältnisse». Diese beurteilen sich nicht nach VVG, sondern nach OR. Sie werden jedoch durch verschiedene Bestimmungen des BVG, also durch öffentliches Recht, modifiziert[256]. – Das VVG ist schliesslich auch nicht anwendbar, wenn es sich um die der vereinfachten Aufsicht unterstellten Versicherungseinrichtungen[257] handelt. Sie befassen sich hauptsächlich mit der Personalvorsorge.

[253] Vgl. vorne bei den N 151 und 153.
[254] KOENIG S. 21.
[255] Vgl. vorne bei N 152.
[256] Vgl. RIEMER, Berufliche Vorsorge, § 1, B. – Auf Personalfürsorgestiftungen ist überdies Art. 89bis ZGB anwendbar (Fassung gemäss Z. 1 des Anhanges zum BVG).
[257] Vgl. vorne bei den N 112 und 166.

d) Wenn sich private Unfallversicherer gemäss UVG 68 an der Unfallversicherung beteiligen, schliessen sie mit dem Arbeitgeber oder – in der freiwilligen Versicherung – mit dem Selbständigerwerbenden einen Versicherungsvertrag ab, um das Versicherungsverhältnis nach UVG zu begründen. Die Frage ist derzeit gerichtlich noch nicht entschieden, ob dieser Versicherungsvertrag dem VVG unterliegt oder nicht[258].

e) Für die «privaten Rechtsverhältnisse», auf die das VVG nach Art. 101 Abs. 1 keine Anwendung findet, gilt, wie mehrfach erwähnt, nach VVG 101 Abs. 2 das OR. Da das OR den Versicherungsvertrag nicht als besonderen Vertragstypus regelt, enthält es für zahlreiche Rechtsfragen keine Vorschrift, weist also Lücken auf. Der Richter hat daher im Sinne von Art. 1 Abs. 2 und 3 ZGB «nach der Regel zu entscheiden, die er als Gesetzgeber aufstellen würde»[259]. Er wird nicht unbesehen das VVG analog anwenden. Vielmehr wird er einmal die besonderen Gegebenheiten des einzelnen Vertrages[260] und sodann den Umstand berücksichtigen, dass das VVG verschiedene Bestimmungen enthält, die den heutigen Anschauungen nicht mehr gerecht werden; deshalb wird er prüfen, ob er als Gesetzgeber abweichende Regeln aufstellen würde.

f) Sofern ein privater Versicherungsvertrag nicht unter die in Art. 101 Abs. 1 VVG genannten Ausnahmen fällt, ist auf ihn das VVG anwendbar. Auch hier gibt es Abweichungen, nämlich wenn andere Bundesgesetze besondere Regeln aufstellen. Solche Regeln enthalten z. B. die Art. 63 ff. SVG hinsichtlich der Haftpflichtversicherung für Motorfahrzeuge[261].

2. Örtlicher Geltungsbereich

a) Es fragt sich, ob das VVG auch dann anzuwenden sei, wenn der Versicherungsvertrag im Ausland Wirkungen erzeugt, z. B. wenn versicherte

---

[258] MAURER, Unfallversicherung S. 134 f. verneint diese Frage und betrachtet den Vertrag – auch in diesem Buche – als besonderen öffentlich-rechtlichen Versicherungsvertrag nach UVG; vgl. hinten N 348.

[259] Vgl. betreffend Auslegung und Gesetzeslücken insbesondere MEIER-HAYOZ, Berner Komm. zu Art. 1 ZGB und die weitere Literatur zu dieser Bestimmung.

[260] Dies gilt vor allem auch für den Rückversicherungsvertrag, vgl. dazu BGE 107 II 196 ff. (= SVA XIV No 81). Da das OR den Versicherungsvertrag nicht regelt, handelt es sich bei ihm, soweit er dem OR untersteht, um einen Innominatkontrakt.

[261] Vgl. hinten § 52.

Personen oder Sachen im Ausland von einem Versicherungsfall betroffen werden. Diese örtliche oder räumliche Geltung des VVG bildet einen Ausschnitt aus dem internationalen Privatrecht (IPR) oder – konkreter – des internationalen Versicherungsvertragsrechts[261a].

b) Wenn eine in der Schweiz gelegene Geschäftsstelle des Versicherers den Vertrag abschliesst, verwendet sie die vom BPV genehmigten Materialien, vor allem die AVB. Darin ist in der Regel die Klausel enthalten, dass das VVG auf den Vertrag anwendbar sei. Wenn die Gegenpartei, d. h. der Versicherungsnehmer, dem Vertrag zustimmt, wird dadurch das VVG auch für Wirkungen im Ausland als anwendbar erklärt. Man nennt dies im IPR die Rechtswahl oder die Parteiautonomie. Sie ist nach der jüngeren Rechtsprechung zulässig, sofern die Parteien an der Anwendung des gewählten Rechts vernünftigerweise interessiert sind[262]. Anhand der Umstände ist jeweils zu prüfen, ob diese Voraussetzung bejaht werden kann.

c) Wenn im Versicherungsvertrag – ausnahmsweise – keine Rechtswahl getroffen wird und sich die Parteien auch sonst nicht – z. B. durch Briefwechsel oder mündliche Absprache – auf das anwendbare Recht geeinigt haben, pflegt man auf den Geschäftssitz jener Partei abzustellen, deren Leistung für den Vertrag charakteristisch ist. Im Versicherungsvertrag gilt die Versicherungsleistung im Versicherungsfall als charakteristisch. Somit wird der schweizerische Richter das VVG in der Regel auch für Wirkungen im Ausland anwenden, wenn der Vertrag von einer in der Schweiz gelegenen Geschäftsstelle des Versicherers abgeschlossen wurde. Man knüpft, wie die Lehre es nennt, an das Betriebsstatut an[263].

d) Zu den bisherigen Ausführungen ein Beispiel. Der Hauptsitz eines schweizerischen Fabrikationsunternehmens schliesst für das Personal der ausländischen Tochtergesellschaften eine Unfallversicherung ab, mit der Leistungen vereinbart werden, die zusätzlich zu den Sozialversicherungsleistungen des betreffenden Landes zu erbringen sind (Zusatzversicherung). Der Vertrag sieht vor, dass das VVG anwendbar sei, und er legt zugleich den Gerichtsstand in der Schweiz fest. Wenn ein im Ausland woh-

---

[261a] Vgl. die reichhaltige Literatur zum IPR, z. B. VISCHER FRANK, Internationales Privatrecht, in Schweiz. Privatrecht, Bd. I S. 509, Basel und Stuttgart 1969.
[262] Vgl. z. B. BGE 102 II 145 f.
[263] Eingehend KELLER, Komm. IV S. 7 ff. und S. 39 ff.; gleich für das deutsche Recht PRÖLSS/MARTIN, deutsches VVG, Vorbem. V, 3.

nender Versicherter verunfallt, dürfte der schweizerische Richter im Prozessfall das VVG anwenden[264]. Die gleiche Lösung ergibt sich jedoch auch, wenn der Vertrag die genannten Klauseln nicht aufweisen sollte. Es wird an das Betriebsstatut angeknüpft: Massgebend – jedenfalls für das anwendbare Recht – ist, dass der Versicherungsvertrag von einer in der Schweiz gelegenen Geschäftsstelle des Versicherers abgeschlossen wurde.

e) Mit seiner Botschaft vom 10. November 1982 hat der Bundesrat der Bundesversammlung den Entwurf zum Bundesgesetz über das internationale Privatrecht (IPR-Gesetz) unterbreitet[265]. Art. 113 des Entwurfes lässt die Rechtswahl zu. Er behält jedoch in Abs. 3 Satz 2 «die Rechte Dritter» vor[265a]. Für den Fall, dass keine Rechtswahl getroffen wurde, stellt Art. 114 auf das Recht des Staates ab, mit dem der Vertrag am ehesten zusammenhängt. «Es wird vermutet, der engste Zusammenhang bestehe mit dem Staat, in dem die Partei, welche die charakteristischen Leistungen erbringen soll, ihren gewöhnlichen Aufenthalt hat oder, wenn sie den Vertrag aufgrund einer beruflichen Tätigkeit abgeschlossen hat, in dem sich ihre Niederlassung befindet.» Bei Versicherungsverträgen ist die Leistung des Versicherers im Versicherungsfall in der Regel die charakteristische Leistung[266]. Der Entwurf übernimmt somit grundsätzlich die bisherige Lösung von der Anknüpfung an das Betriebsstatut[266a].

[264] Wenn aber der Verunfallte an seinem ausländischen Wohnsitz klagt, steht durchaus nicht fest, dass der angerufene ausländische Richter die vertraglichen Klauseln über die Rechtswahl und den Gerichtsstand anerkennen wird. Die dargelegten Regeln entsprechen zwar der schweizerischen Rechtsprechung; ausländische Richter sind an sie nicht gebunden, insofern nicht Staatsverträge oder internationale Konventionen sie ebenfalls verankern und im konkreten Fall anwendbar sind. – Klauseln im Versicherungsvertrag binden nur Versicherer und Versicherungsnehmer, nicht aber Dritte, z. B. Geschädigte im Haftpflichtfall, da sie am Vertrag nicht beteiligt sind. Im geschilderten Beispiel sollte der Vertrag das am ausländischen Wohnsitz geltende Recht zulassen, damit die im Ausland wohnenden Versicherten für ihre Ansprüche nicht einem fremden Recht unterstellt werden.

[265] BBl 1983 I S. 263 ff.

[265a] Dies könnte bedeuten, dass die in N 264 erwähnten Versicherten, die im Ausland wohnen, auch vom schweizerischen Richter die Anwendung ihres Heimatrechts verlangen dürfen.

[266] BBl 1983 I S. 410 f. – Auf weitere Einzelheiten wird hier nicht hingewiesen, da das Schicksal der Gesetzesvorlage derzeit noch ungewiss ist.

[266a] Vgl. vorne bei N 263.

IV. RECHTSNATUR UND SYSTEM DES VERSICHERUNGSVERTRAGSGESETZES

1. Vertragsfreiheit

a) Das VVG gehört zum Privatrecht. Die Brücke zum gemeinen Recht, nämlich zum OR, schlägt Art. 100 VVG; er lautet wie folgt:

«Soweit dieses Gesetz keine Vorschriften enthält, finden auf den Versicherungsvertrag die Bestimmungen des Obligationenrechts Anwendung.»

Somit gilt das OR subsidiär[267]. Anwendbar ist somit auch Art. 19 Abs. 1 OR:

«Der Inhalt des Vertrages kann innerhalb der Schranken des Gesetzes beliebig festgestellt werden.»

Deshalb herrscht für den Versicherungsvertrag der Grundsatz der Vertragsfreiheit der Parteien. Es besteht Privatautonomie[268].

b) Die Vertragsfreiheit wird in mehrfacher Hinsicht eingeschränkt:

aa) Dies geschieht einmal durch die Aufsichtsinstanzen. Sie prüfen unter aufsichtsrechtlichen Gesichtspunkten vor allem die AVB und die Prämientarife[269]. Daraus kann sich für den Versicherer manche Einschränkung der Vertragsfreiheit ergeben.

bb) Sodann enthält das VVG *absolutzwingende* und *relativzwingende* (halbzwingende) Bestimmungen. Art. 97 Abs. 1 VVG zählt jene Bestimmungen des Gesetzes auf, die durch Vertragsabrede überhaupt nicht abgeändert werden dürfen und somit für die Vertragsparteien absolutzwingend

---

[267] Darüber hinaus sind Art. 1–10 ZGB und weitere Bestimmungen des ZGB subsidiär anwendbar. Zum Verhältnis zwischen ZGB und OR vgl. GUHL/MERZ/KUMMER, Obligationenrecht § 1, Z. V., und KOENIG S. 44. – Da das VVG z. B. keine Sonderregelung hinsichtlich der Willensmängel enthält, sind die Art. 23 ff. OR anzuwenden; BGE *90* II 454 f. – Vgl. die Zusammenstellung der neueren Literatur zum OR bei VON TUHR/PETER/ESCHER, Obligationenrecht, Supplement S. VIII ff.

[268] BGE *92* II 253 E. 1. Von der Vertragsfreiheit ist ausdrücklich in Art. 99 VVG die Rede. Vgl. zum Begriff der Privatautonomie VON TUHR/PETER, Obligationenrecht I S. 143 mit weiteren Literaturhinweisen, sowie einlässlich zum umstrittenen Begriff der Vertragsfreiheit KUNZ, Das zwingende Recht S. 8 ff.

[269] Vgl. vorne bei N 192 f.

sind. Jede Abweichung ist nichtig. Eine hier nicht näher zu behandelnde Ausnahme sieht Abs. 2 lediglich für die Transportversicherung vor. Art. 98 Abs. 1 VVG führt sodann jene Bestimmungen des Gesetzes auf, die durch Vertragsabrede nicht «zu*un*gunsten des Versicherungsnehmers oder des Anspruchsberechtigten» abgeändert werden dürfen. Sie werden als relativzwingend oder halbzwingend bezeichnet, da von ihnen nicht zugunsten des Versicherers, wohl aber zugunsten des Versicherungsnehmers oder des Anspruchsberechtigten abgewichen werden darf[270]. Abs. 2 bestimmt, dass Abs. 1 auf die Transportversicherung (generell) keine Anwendung findet. Zudem ermächtigt Art. 99 VVG den Bundesrat, durch Verordnung die sich aus Art. 98 Abs. 1[271] ergebenden Einschränkungen der Vertragsfreiheit bei einzelnen Versicherungsarten soweit ausser Kraft zu setzen, als die Eigenart oder die besonderen Verhältnisse einer Versicherungsart es erfordern[271a].

Alle in Art. 97 und 98 VVG nicht aufgeführten Bestimmungen stellen nachgiebiges oder dispositives Recht dar. Sie sind dann anwendbar, wenn die Parteien im Versicherungsvertrag keine abweichende Regelung treffen.

cc) Die Ordnung der zwingenden und halbzwingenden Bestimmungen zeigt deutlich, dass der Versicherungsnehmer oder der Anspruchsberechtigte die schwächere Partei ist und deshalb des besonderen Schutzes bedarf. Dies ist der Schutzgedanke, der sowohl im Aufsichtsrecht als auch im VVG seinen Niederschlag gefunden hat[272].

---

[270] Weiteres bei KUNZ, Das zwingende Recht S. 32 ff. und – zu den Rechtsfolgen bei Missachtung der zwingenden Bestimmungen – S. 41 ff.

[271] Fassung gemäss Z. 3 des Anhanges zum VAG vom 23. Juni 1978.

[271a] Von dieser Kompetenz hat der Bundesrat in seiner VO über die Aufhebung von Beschränkungen der Vertragsfreiheit bei kantonalen obligatorischen Unfallversicherungen vom 23. 12. 1966 Gebrauch gemacht; AS 1966 S. 476: Kantone, die die Unfallversicherungen obligatorisch erklärten, konnten für die Verdienstausfall- und Heilungskostendeckung von Art. 96 VVG abweichen und anstelle des Kumulationsprinzips das Subrogationsprinzip einführen, sofern dies in der Prämie berücksichtigt wurde. Die Kantone Genf und Tessin hatten für bestimmte Arbeitnehmerkreise die Unfallversicherung obligatorisch erklärt. Die VO ist durch Art. 141 lit. e UVV aufgehoben worden, da die kantonalen Gesetze zur Unfallversicherung mit dem Inkrafttreten des UVG dahingefallen sind. – Vgl. betreffend Freizügigkeitspolicen hinten bei N 1237a.

[272] Vgl. vorne bei N 125. – Das neue Arbeitsvertragsrecht hat das System des VVG übernommen: in Art. 361 OR werden die absolutzwingenden und in Art. 362

c) Jedenfalls für den Versicherer bedeutet die Vertragsfreiheit nach geltendem Recht, dass er keinem Kontrahierungszwang unterworfen ist. Der Versicherer wird selbst im Bereiche der obligatorischen Versicherungen – Motorfahrzeughaftpflicht usw. – nicht verpflichtet, einen Versicherungsvertrag abzuschliessen, wenn ein Dritter einen Antrag stellt[273]. Er ist gesetzlich frei, Risikoselektion zu betreiben, d. h. unerwünschte Versicherungsverträge nicht abzuschliessen. Ein Kontrahierungszwang könnte nur durch ausdrückliche gesetzliche Vorschrift, z. B. im Aufsichtsgesetz, im VVG oder in einem andern Spezialgesetz (SVG usw.) eingeführt werden.

2. Zum Aufbau und Inhalt des Versicherungsvertragsgesetzes

a) Das Gesetz ist wie folgt gegliedert:
 I. Allgemeine Bestimmungen, Art. 1–47
 II. Besondere Bestimmungen über die Schadensversicherung, Art. 48–72
 III. Besondere Bestimmungen über die Personenversicherung, Art. 73–96
 IV. Zwingende Bestimmungen, Art. 97–99
 V. Schlussbestimmungen, Art. 100–104

Hier sei lediglich bemerkt, dass die Schadensversicherung[274] sowohl die Sach- als auch die Vermögensversicherung (Haftpflicht- und andere Versicherungszweige) umfasst.

b) Das Gesetz regelt mehrfache privatrechtliche Verhältnisse, so die Rechte und Pflichten der Vertragsparteien selbst, d. h. des Versicherers und des Versicherungsnehmers, ferner die Rechte von Dritten, die zwar nicht Vertragspartei sind, aber durch den Vertrag mehr oder weniger stark berührt werden, wie z. B. die Versicherten, soweit sie nicht Versicherungsnehmer sind, Begünstigte usw. Ebenfalls regelt das Gesetz Entstehung und Beendigung des Versicherungsvertrages.

Der Inhalt des Versicherungsvertrages und damit auch des Gesetzes wird zur Hauptsache im zweiten Teil dieses Buches dargestellt.

OR die relativzwingenden Bestimmungen aufgezählt; vgl. dazu GUHL/MERZ/KUMMER, Obligationenrecht S. 400.

[273] Vgl. hinten N 444 und 1490a; ebenso KELLER, Komm. I S. 48 ff., KOENIG S. 72 und MAURER, Unfallversicherung S. 59.

[274] Vgl. dazu hinten N 1118.

3. Auslegung des Gesetzes und Lückenprobleme

Für die Auslegung des VVG und für die Bestimmung und Ausfüllung echter und unechter Gesetzeslücken gelten die allgemein für das Privatrecht massgebenden Grundsätze. Sie können hier nicht dargelegt werden[275]. Immerhin sind einige Bemerkungen angezeigt:

a) Nach Art. 100 VVG ist das OR anzuwenden, wenn das VVG keine Vorschriften enthält[276]. Daraus darf nicht geschlossen werden, dass die Grundsätze zur Ausfüllung von Lücken gemäss Art. 1 Abs. 2 und 3 ZGB für das VVG überhaupt nicht anwendbar seien, dass der Richter m. a. W. die Pflicht habe, Lücken des VVG ausnahmslos durch Regeln des OR zu schliessen. Vielmehr ist im Einzelfalle zu prüfen, ob eine festgestellte Lücke aus dem System und dem Sinngehalt des VVG selbst durch Aufstellung entsprechender Regeln sachgerechter, befriedigender geschlossen werden könne, als wenn eine Bestimmung des OR schematisch angewendet wird, die dem Versicherungsvertrag gleichsam wesensfremd ist. Der systemsgerechteren Lösung ist der Vorzug zu geben[277].

b) Bei der Auslegung ist der Schutzgedanke, der dem VVG zugrunde liegt, in angemessener Weise zu berücksichtigen. Im Vordergrund steht naturgemäss der Schutz der Versicherungsnehmer, Versicherten, Begünstigten usw.[278] Allein das Gesetz will auch die Gegebenheiten des Versicherers berücksichtigen. Zahlreichen Bestimmungen liegt daher eine Interessenabwägung zugrunde[279].

---

[275] Vgl. für Einzelheiten besonders MEIER-HAYOZ, Berner Komm. zu Art. 1 ZGB, ab N 132 (Auslegung) und ab N 251 (Lückenproblem) sowie MAURER, SVR I § 11.

[276] Weiteres bei STIEFEL, Art. 100 VVG, S. 9 ff.

[277] Zur Frage, welche Auslegungsregeln gelten, wenn es sich um einen Versicherungsvertrag handelt, der nicht unter das VVG fällt, vgl. vorne bei N 259.

[278] Vgl. vorne bei N 125.

[279] Freilich ist nicht zu übersehen, dass der Gesetzgeber beim Erlass des VVG die Interessen in mancher Hinsicht anders abgewogen hat, als er dies heute tun würde. Er musste auf die damals eher noch schwache finanzielle Grundlage der Versicherungswirtschaft Rücksicht nehmen, um deren Entwicklung nicht unnötig zu gefährden. Diese Einstellung äussert sich in manchen Bestimmungen. Auf einige von ihnen wird noch am gegebenen Ort hinzuweisen sein.

c) Seit dem Erlass des VVG im Jahre 1908 haben sich die Verhältnisse in mancher Hinsicht fundamental geändert. So ist seither z. B. die Bundessozialversicherung geschaffen worden; das älteste eigentliche Gesetz, nämlich das KUVG, stammt aus dem Jahre 1911, die grossen Sozialversicherungswerke AHV und IV wurden erst nach dem Zweiten Weltkrieg errichtet[280]. Verkehrsunfälle spielten in jener Zeit praktisch keine Rolle, und auch Sportunfälle waren von eher untergeordneter Bedeutung; heute dagegen stellen diese beiden Gruppen von Unfällen nationale Probleme dar. Deshalb gab es damals z. B. noch keine obligatorische Haftpflichtversicherung für Motorfahrzeughalter. Die Industrie hat sich in den letzten Jahrzehnten stark entwickelt. Mit ihr ist aber das Schädigungspotential ebenfalls in beängstigender Weise gewachsen. Auch die Doktrin zum Versicherungsrecht hat erhebliche Wandlungen durchgemacht. Es ist gerechtfertigt, diese Änderungen bei der Auslegung des VVG angemessen zu berücksichtigen. Es sollte daher der objektiv-zeitgemässen Auslegungsmethode erhöhtes Gewicht zuerkannt werden[281]. Sie und übrigens auch die *objektiv*-historische Methode erlauben es, das Gesetz abweichend vom historisch ermittelten Sinn auszulegen, wenn veränderte Umstände oder neue Entwicklungen oder auch neue Erkenntnisse und Anschauungen der Wissenschaft das historische Auslegungsergebnis als unbefriedigend oder gar untragbar erscheinen lassen. Auch diese Auslegungsmethoden sind an die Grenzen des gesetzlichen Wortlautes[282] gebunden.

[280] Vgl. vorne vor N 31d.

[281] Das BGer hat diese Methode in andern Rechtsgebieten angewendet; z. B. in BGE *81* I 282 Z. 3: «Wie das Bundesgericht wiederholt erklärt hat, ist nicht massgebend, was in den Gesetzesmaterialien steht oder was bei der Gesetzesberatung in der gesetzgebenden Behörde gesagt wurde, sondern was dem Gesetz im Lichte allgemeiner Rechtsanschauung zu entnehmen ist, wobei die gegenwärtigen Verhältnisse zu berücksichtigen sind»; vgl. dazu MEIER-HAYOZ a. a. O. S. 126 ff. Für die Auslegung des VVG dagegen wird z. B. in BGE *94* II 187 ff. grosses Gewicht auf die Materialien gelegt, während die veränderten Anschauungen und Verhältnisse nicht berücksichtigt werden. Es ging hier um die Auslegung von Art. 96 VVG: Soll das Kumulationsprinzip auch für die Heilungskosten gelten, so dass diese mehrmals gefordert werden dürfen? Mit BGE 104 II 44 ff. hat das BGer nunmehr seine Praxis geändert und damit dem Wandel der Anschauungen Rechnung getragen; vgl. hinten N 342.

[282] Vgl. Näheres zu diesen Methoden bei MEIER-HAYOZ a. a. O. S. 124 ff. – Es ist aber grundsätzlich nicht Sache des Richters, sondern des Gesetzgebers, Normkor-

§ 9 VERSICHERUNGSBEDINGUNGEN

1. Allgemeine und Besondere Versicherungsbedingungen

a) Die Versicherung ist im allgemeinen ein Massengeschäft. In zahlreichen Zweigen bestehen daher typisierte Bedingungen, d. h. allgemeine Geschäftsbedingungen[282a], wie sie im Handel, in der Industrie usw. verwendet werden. Im Bereiche der Privatassekuranz nennt man sie «Allgemeine Versicherungsbedingungen» (AVB). Sie bilden meistens den Hauptinhalt des Versicherungsvertrages. Daneben gibt es auch «Besondere Versicherungsbedingungen». Mit ihnen wird der Vertrag im einzelnen Fall konkretisiert und allenfalls in Abweichung von den AVB an die individuellen Verhältnisse des Versicherungsnehmers angepasst. Bei der Auslegung des Vertrages gilt die Regel, dass die Besonderen Bedingungen den AVB vorgehen, etwa analog dem Grundsatz: lex specialis derogat legi generali. Allein diese Regel wird in der Praxis nicht selten durchbrochen. Deshalb ist bei Widersprüchen zwischen den AVB und den Besonderen Bedingungen stets sorgfältig zu prüfen, ob nach dem gesamten Zusammenhang die erwähnte Regel anzuwenden sei oder ob nicht ausnahmsweise die AVB vorgehen.

b) Das Schwergewicht des Versicherungsgeschäftes liegt in den AVB: Der Vertragsinhalt wird durch sie in weit höherem Masse geprägt und auf die Bedürfnisse des einzelnen Versicherungszweiges zugeschnitten als durch die Bestimmungen des VVG; denn diese sind oft ausgeschaltet, soweit sie dispositives[283] Recht darstellen.

---

rekturen, namentlich die Abänderung «antiquierten Rechts», vorzunehmen: GERMANN, Probleme und Methoden der Rechtsfindung 1965 S. 118, und MAURER, Rechtsfortbildung durch die sozialgerichtliche Rechtsprechung in der Schweiz, SZS 1972 S. 188. – Die Revisionsbedürftigkeit des VVG wird teilweise dadurch etwas verdeckt, dass die im Konkurrenzkampf stehenden Versicherungsgesellschaften «antiquierte Bestimmungen» des VVG mit Zurückhaltung oder gar nicht anwenden, auch wenn diese ihnen im Einzelfalle materielle Vorteile bringen würden. Vgl. Weiteres bei KUHN, Harmonisierungsbestrebungen der EG Z. 5.3.5.3.

[282a] Vgl. die Übersicht über die Lehre und Rechtsprechung zu den allgemeinen Geschäftsbedingungen, besonders auch zu deren Problematik, BÜRGI, AVB, §§ 1–3, mit vielen Literaturhinweisen.

[283] Zur Revision der AVB vgl. Art. 35 VVG und Art. 36 VAG.

§ 9 Versicherungsbedingungen

c) Für einzelne Bereiche von besonderer praktischer Bedeutung haben die Branchenverbände[284] für die ihnen angeschlossenen Versicherungsgesellschaften die AVB vereinheitlicht, z. B. für die Feuerversicherung usw. Gleichzeitig wurde nicht selten auch der Prämientarif standardisiert[285, 286].

2. Rechtsnatur der Versicherungsbedingungen

Die Versicherungsbedingungen stellen nicht Bedingungen im Sinne von Art. 151 ff. OR dar. Vielmehr sind sie Vertragsbestimmungen, also gleichsam die Bauelemente des einzelnen Vertrages. Mit ihnen werden die Rechte und Pflichten der am Vertrag beteiligten Personen festgelegt[287].

3. Bewilligungspflicht[288]

a) Die AVB, nicht aber die Besonderen Bedingungen, bedürfen der Genehmigung durch das BPV. Wenn aber die Besonderen Bedingungen ebenfalls typisiert sind und für erhebliche Teile eines Versicherungszweiges Abweichungen von den AVB vorsehen, unterliegen sie der Bewilligungspflicht ebenfalls[288a].

b) Auch wenn Versicherungsbedingungen vom BPV genehmigt sind, können sie vom Zivilrichter frei auf ihre Gesetzmässigkeit, d. h. vor allem daraufhin überprüft werden, ob sie zwingenden Bestimmungen des VVG

---

[284] Vgl. vorne bei N 45.

[285] Solche Vereinheitlichungstendenzen können durchaus im Interesse der VN liegen; sie haben jedoch den Nachteil, dass sie die Konkurrenz unter den Versicherungsgesellschaften in wichtigen Bereichen ausschalten. Damit geht der Privatassekuranz ein Vorteil verloren, den sie gegenüber staatlichen Monopolträgern hat.

[286] In der Motorfahrzeug-Haftpflichtversicherung sind die Prämientarife gemäss VAG 37 I vereinheitlicht. Die AVB sind zwar weitgehend, aber doch nicht ganz vereinheitlicht. Vgl. hinten bei N 1483.

[287] KOENIG S. 25 f.; KUPPER, Versicherungsbedingungen S. 66 ff.

[288] Vgl. zur Versicherungsaufsicht vorne bei N 193.

[288a] Vgl. die «Weisungen über die Materialien und Spezialverträge», vom EJPD erlassen am 11. 12. 1972. Sie gelten auch unter dem neuen VAG. Nach der Praxis der Aufsichtsbehörde dürfen die Versicherer Bedingungen, die sie für eine unbestimmte Anzahl von Verträgen verwenden wollen, nicht als «Besondere Bedingungen» bezeichnen. Solche Bedingungen müssen sie dem BPV vorlegen, auch wenn sie sie nicht als AVB ausgeben. Weiteres zu den erwähnten Weisungen bei BÜRGI, AVB, S. 135 ff.

widersprechen. Der Zivilrichter ist m. a. W. nicht an den Genehmigungsentscheid des BPV gebunden[289].

c) Die Aufsichtsinstanz prüft jedoch nicht nur die Gesetzmässigkeit, sondern ganz allgemein, ob die Bedingungen den aufsichtsrechtlichen Zielen[290] entsprechen. Tun sie es nicht, so hat sie deren Abänderung zu veranlassen[291, 291a].

4. Auslegungsgrundsätze

a) Ein Vertrag kann mehrdeutige, unklare Bestimmungen oder auch Lücken aufweisen. Verschiedene Gesetze enthalten Vorschriften, wie der

---

[289] BGE *100* II 462: eine vom BPV genehmigte Subsidiärklausel wird als gesetzwidrig und daher ungültig erklärt.

[290] Vgl. dazu vorne bei N 188.

[291] Wenn der bundesrätliche Entwurf zu einem BG über den unlauteren Wettbewerb vom 18. 5. 1983, Art. 8 (UWG, BBl 1983 II 1092 f.) Gesetz wird, hat das BPV bei der Prüfung der AVB dieses Gesetz ebenfalls zu berücksichtigen (vgl. N 291a). Aufsichtsrechtlich wird auch das BG über die Förderung der Konsumenteninformation bedeutsam sein, sofern es zustande kommt (Entwurf des EVD vom Mai 1984). Zu erwähnen ist schliesslich der Entwurf des EVD zu einem BG über Änderung von Erlassen im Bereiche des Vertrags- und Wettbewerbsrechtes vom Mai 1984. Vgl. Näheres zu diesen Entwürfen KUHN, Harmonisierungsbestrebungen der EG Z. 5.2.2.3 und Z. 5.4.2.

[291a] Der vom Bundesrat vorgeschlagene Art. 8 UWG (s. N 291) lautet wie folgt:
«Verwendung missbräuchlicher Geschäftsbedingungen
Unlauter handelt insbesondere, wer vorformulierte Allgemeine Geschäftsbedingungen verwendet, die zum Nachteil einer Vertragspartei
a. von der unmittelbar oder sinngemäss anwendbaren gesetzlichen Ordnung erheblich abweichen oder
b. eine der Vertragsnatur erheblich widersprechende Verteilung von Rechten und Pflichten vorsehen.»
Das BPV und – in einem Prozess – der Richter könnten nach dieser Generalklausel auch die AVB überprüfen (BÜRGI, AVB S. 184). Sie bekämen damit wahrscheinlich die Befugnis, den Inhalt der AVB bedeutend umfassender zu kontrollieren, als dies aufgrund des VAG zulässig ist, zumal die Aufzählung in den lit. a und b nur im Sinne von Beispielen erfolgt (der Einleitungssatz spricht von «insbesondere»). Sie könnten z. B. nach lit. a Klauseln der AVB, die von dispositivem Recht des VVG erheblich abweichen, als ungültig erklären. Die Frage, welche Abweichung erheblich sei, würde angesichts der besonderen Natur des Versicherungsrechts zu grosser Rechtsunsicherheit und wohl zu einer Quelle häufiger Auseinandersetzungen führen. Weniger skeptisch ist KUHN, Harmonisierungsbestrebungen der EG, Z. 5.4.4.3.3. Einlässlich zur Inhaltskontrolle von AVB nach Art. 8 UWG (Entwurf) BÜRGI § 9.

Sinngehalt zu ermitteln sei[292]. Ganz allgemein gilt das Vertrauensprinzip, das letztlich aus dem in Art. 2 Abs. 1 ZGB verankerten Grundsatz von Treu und Glauben abgeleitet wird. Nach dem Vertrauensprinzip sind Willenserklärungen – also auch die Bestimmungen eines Vertrages – so auszulegen, wie ihr Empfänger sie in guten Treuen verstehen durfte und verstehen musste. «Beide Parteien geniessen Schutz, der Erklärende in seinem Vertrauen auf vernünftiges Verstehen, der Empfänger in seinem Vertrauen auf die loyale Meinung des Erklärenden[293].»

b) Das Vertrauensprinzip gilt an sich auch für Versicherungsverträge[294]. Aus ihm wird abgeleitet, dass unklare Formulierungen in Vertragstexten zuungunsten desjenigen Vertragspartners auszulegen sind, der den Text verfasst hat. Diese sog. *Unklarheitenregel*[295] wird vom Bundesgericht insbesondere bei der Auslegung der Versicherungsverträge angewendet, zu denen sowohl die AVB als auch die Besonderen Versicherungsbedingungen gehören. Bei der Auslegung einer vertraglichen Bestimmung ist vom allgemeinen Sprachgebrauch auszugehen. Fachtechnische Ausdrücke sind so

---

[292] Art. 18 Abs. 1 OR und dazu BGE *90* II 454; Art. 33 VVG usw.; zu dieser letzteren Bestimmung vgl. hinten bei den N 535 ff.

[293] GUHL/MERZ/KUMMER, Obligationenrecht S. 91. – Einlässlich: MERZ, Berner Komm. zu Art. 2 ZGB N 119 ff., und zur Auslegung von Ausschlussklauseln BAUMBERGER, Ausschluss S. 36 ff.

[294] BGE *97* II 73 f. mit Literaturhinweisen und *99* II 76 sowie KELLER, Auflösung des Versicherungsvertrages S. 12 ff.

[295] Sie geht auf den römisch-rechtlichen Grundsatz «in dubio contra stipulatorem» zurück; daraus wurde versicherungsrechtlich der Grundsatz «in dubio contra assecuratorem» abgeleitet. Unter die Unklarheitenregel fallen Vertragsbestimmungen, die in guten Treuen verschieden aufgefasst werden können, m. a. W. die nach sachlicher Prüfung nicht eindeutig, sondern eben mehrdeutig erscheinen; ähnlich BGE *99* II 75 f. – ENGISCH, Einführung S. 108, hat überzeugend dargetan, dass beinahe alle Gesetzesbegriffe mehrdeutig sind. Dies kann ganz allgemein auch von den generell-abstrakten Normen gesagt werden, zu denen nicht nur gesetzliche Bestimmungen, sondern auch die meisten AVB gehören. Es hängt deshalb weitgehend von der Phantasie ab, ob der Ausleger bei der Beurteilung des konkreten Sachverhalts die Mehrdeutigkeit der Bestimmung «entdeckt». Mehrdeutigkeit darf daher nur angenommen werden, wenn sie sich aufgrund sachlicher Überlegung ergibt, sonst hätte es der phantasiereiche VN in der Hand, im Versicherungsfall bei den meisten Versicherungsbedingungen die Anwendung der Unklarheitenregel zu seinen Gunsten zu erzwingen.

auszulegen, wie ein Versicherungsnehmer sie nach Treu und Glauben verstehen würde. Die Unklarheitenregel darf jedoch nur herangezogen werden, wenn sich der wirkliche Wille der Parteien nicht aus Sinn und Wortlaut des Vertrages ermitteln lässt[296]. Bevor daher die Unklarheitenregel angewendet wird, muss versucht werden, Unklarheiten, d. h. Mehrdeutigkeiten, nach dem erwähnten Vertrauensgrundsatz zu beheben[296a]. Nur wenn dies nicht gelingt, ist zugunsten des Versicherungsnehmers und der andern am Vertrage beteiligten Personen zu entscheiden[297]. Aber auch bei dieser Entscheidung ist das Prinzip von Treu und Glauben zu beachten[297a]. Bei

---

[296] KELLER, Komm. I S. 457, kritisiert mit einlässlicher Begründung, dass das BGer in verschiedenen Urteilen Unklarheiten nicht «zuerst auf dem Wege eines eigentlichen Auslegungsvorganges auszuräumen versucht», sondern sofort die Unklarheitenregel angewendet und zugunsten des VN entschieden hat. Die deutsche Rechtsprechung habe diesen «allzu bequemen Auslegungsgrundsatz» schon längst aufgegeben. Vgl. auch PRÖLSS/MARTIN, deutsches VVG, Vorbem. III, 8, b.

[296a] U des BGer vom 8. 5. 1970, in SVA XIII Nr. 113 S. 575: «Erst dann, wenn nach sorgfältiger objektiver Auslegung eine Bestimmung sich in guten Treuen noch verschieden auffassen lässt, ist sie zuungunsten des Versicherers als derjenigen Partei, die sie aufgestellt hat, auszulegen (BGE 87 II 26 . . .)».

[297] Vom unklaren ist der unvollständige Vertrag zu unterscheiden, vgl. BGE *100* II 330 f. – Wie im Text BGE *87* II 96 und SVA XII Nr. 40 S. 218.

[297a] Aus dem gleichen Prinzip leitet BGE 109 II 452 ff. (grundsätzlicher Entscheid) im Hinblick auf allgemeine Geschäftsbedingungen die sog. *Ungewöhnlichkeitsregel* ab, wobei sich das BGer auf SCHÖNENBERGER/JÄGGI, Komm. zu Art. 1 OR N 499, GIGER, Geltungs- und Inhaltskontrolle Allgemeiner Geschäftsbedingungen S. 36 und GAUCH, Vorgeformte Baubedingungen, Baurecht 1979/1 S. 5, stützt. Aus den Erwägungen folgendes: Wenn eine Vertragspartei allgemeinen Geschäftsbedingungen pauschal zustimmt, sind ungewöhnliche Klauseln von der Zustimmung ausgenommen. Die Ungewöhnlichkeitsregel will die schwächere oder unerfahrenere Partei schützen. Diese Voraussetzung ist individuell, d. h. aus der Sicht des Zustimmenden zurzeit des Vertragsabschlusses, zu beurteilen. Für einen Branchenfremden könnten deshalb auch branchenübliche Klauseln ungewöhnlich sein. Neben dieser subjektiven muss eine objektive Voraussetzung gegeben sein; die Klausel muss danach einen *geschäftsfremden Inhalt* aufweisen. «Dabei sind unter geschäftsfremden Bestimmungen solche zu verstehen, die zu einer wesentlichen Änderung des Vertragscharakters führen oder in erheblichem Masse aus dem gesetzlichen Rahmen des Vertragstypus fallen» (S. 458 E. 5 b). Es ging um die Frage, ob die SIA-Norm 118 (Ausgabe 1977), welche die Vertretungsbefugnis des bauleitenden Architekten regelt, in diesem Fall nach der Ungewöhnlichkeitsregel ungewöhnlich und deshalb nicht anwendbar sei.

§ 9 Versicherungsbedingungen

mehrdeutigen Bedingungen ist nicht einfach die für den Versicherungsnehmer günstigste aller überhaupt denkbaren Lösungen anzunehmen; vielmehr ist auch hier nach Vernunft und Korrektheit[298] zu urteilen.

c) Bei der Auslegung von AVB wendet die neuere deutsche Rechtsprechung die für die Auslegung von *Gesetzen* entwickelten Grundsätze an[299], da ihnen normativer, gesetzesähnlicher Charakter zukomme[300]. Damit wurde die Unklarheitenregel zur Hauptsache ausgeschaltet. Allein die gesetzesähnliche Auslegung von AVB ist rechtsstaatlich nicht unbedenklich. Sie übersieht, dass die AVB von der einen Vertragspartei aufgestellt werden[301], während Gesetze durch staatliche Organe geschaffen werden, und zwar in einem durch Verfassung und Gesetz vorgeschriebenen Verfahren. Dieses Bedenken wird auch dadurch nicht beseitigt, dass die AVB von einer staatlichen Stelle, dem BPV, geprüft werden und seiner Genehmigung bedürfen[302]. Zudem darf der Versicherungsnehmer einer Klausel der AVB jenen Sinnesgehalt beimessen, den ihm der Agent bei Abschluss des Vertrages erklärt[302a], auch wenn er von der «gesetzesähnlichen Auslegung» abweicht.

Die Ungewöhnlichkeitsregel kann – wenn auch mit grosser Zurückhaltung – im Bereiche der AVB angewendet werden (ebenso BÜRGI, ABV S. 161, und KELLER W., Auflösung des Versicherungsvertrages, S. 11 RZ 40 f.), da es sich bei ihnen ebenfalls um Allgemeine Geschäftsbedingungen handelt. Wegen der strengen Kontrolle der Aufsichtsbehörden (BPV) dürfte es schon heute eher selten vorkommen, dass die AVB «geschäftsfremde Bestimmungen» enthalten.

[298] Vgl. KELLER a. a. O. S. 460 und 462 f.

[299] Zu den in der Schweiz gebräuchlichen Auslegungsmethoden vgl. MEIER-HAYOZ, Berner Komm. zu Art. 1 ZGB, besonders ab N 132 (Auslegung) und ab N 251 (Lückenprobleme).

[300] Einlässlicher dazu PRÖLSS-MARTIN, deutsches VVG S. 19 ff. N 8a. – KOENIG, Versicherungsvertrag, S. 487, stimmt der deutschen Praxis zu. In BGE 97 II 74/77 wird die Frage ebenfalls angeschnitten, aber offengelassen. Immerhin lässt das BGer Bedenken gegen die gesetzesähnliche Auslegung durchblicken.

[301] M. E. zutreffend VON TUHR/PETER, Obligationenrecht I S. 143 f.: Geschäftsbedingungen von Versicherungsgesellschaften, Banken usw. können nicht objektives Recht schaffen, obwohl sie äusserlich wegen ihrer abstrakten Fassung eine gewisse Ähnlichkeit mit diesem aufweisen. Vgl. die neuere Literatur im Supplement S. 25 N 3.

[302] Gl. M. KUPPER a. a. O. S. 77 f. und 84 ff. und KELLER, Auflösung des Versicherungsvertrages S. 12 f.

[302a] Vgl. hinten vor N 415. Auch nach der Ungewöhnlichkeitsregel kann die gleiche Klausel der AVB für die Versicherten eine unterschiedliche Bedeutung haben; vgl. vorne N 297a.

§ 10 VERSICHERUNGSRECHTLICHE GRUNDBEGRIFFE IM ÜBERBLICK

Versicherungsvertragsgesetz, Versicherungsbedingungen, Literatur und Rechtsprechung verwenden mehrere Begriffe, die einen besonderen versicherungsrechtlichen Inhalt haben. Ihrer Bedeutung wegen können sie als versicherungsrechtliche Grundbegriffe bezeichnet werden. Einige dieser Grundbegriffe werden hier zusammengestellt und mehr oder weniger einlässlich erklärt.

I. VERSICHERTE GEFAHR ODER VERSICHERTER TATBESTAND

1. Mit dem Versicherungsvertrag trifft eine Person Vorsorge für den Fall, dass sich künftig ein bestimmter Tatbestand verwirklichen wird. Da es sich dabei vorwiegend um Gefahren handelt, nennt man sie die versicherten Gefahren[303]. So versichert man sich gegen die Gefahr, einen Unfall zu erleiden oder haftpflichtig zu werden – z.B. als Halter eines Motorfahrzeuges – oder gegen die Gefahr, dass eine Sache, z.B. der Hausrat, verbrennt. Das VVG verwendet den Ausdruck der Gefahr in verschiedenen Zusammenhängen und Zusammensetzungen; so spricht es in Art. 52 von der Feuergefahr, in Art. 33 von den «Merkmalen der Gefahr, gegen deren Folgen Versicherung genommen wurde» usw. Oft versichert man sich aber auch für Tatbestände, die keine Gefahr im Sinne der Umgangssprache bedeuten: z.B. wird in der Lebensversicherung vereinbart, dass der Versicherer eine bestimmte Summe zu bezahlen habe, wenn der Versicherte ein bestimmtes Alter, z.B. das Alter 60, erreicht (Erlebensversicherung). Der Ausdruck der versicherten Gefahr hat sich aber längst eingebürgert, da er den Kernbereich der Versicherung veranschaulicht: Der Mensch und das Unternehmen sind Gefahren ausgesetzt, für welche sie Versicherungsschutz suchen[304]. Deshalb wird der Ausdruck auch in diesem Buch verwendet.

2. Für die versicherte Gefahr wesentlich sind zwei Gesichtspunkte. Entweder ist ungewiss, also nicht sicher, ob sich die Gefahr in Zukunft über-

---

[303] Vgl. hinten bei den N 519 ff.
[304] Vgl. hinten bei den N 530 ff.

§ 10 Versicherungsrechtliche Grundbegriffe im Überblick

haupt je verwirklichen wird; die Person, die sich gegen Unfall oder ihren Hausrat gegen Feuer versichert, weiss bei Vertragsabschluss nicht mit Sicherheit, ob sie je einen Unfall erleiden wird oder ob ihre Sachen je verbrennen werden. Bei andern Gefahren weiss man, dass sie sich mit Sicherheit verwirklichen werden, aber man weiss nicht zum voraus wann, der Zeitpunkt ist also ungewiss. Dies gilt z. B. für die Todesfallversicherung: Jeder Mensch weiss, dass er sterben wird, er weiss aber nicht wann. Charakteristisch für die versicherte Gefahr ist somit: Entweder ist es überhaupt ungewiss, ob sich die Gefahr in Zukunft verwirklicht, oder aber es ist ungewiss, in welchem Zeitpunkt dies der Fall sein wird[305].

3. Die Praxis der Privatassekuranz verwendet häufiger den Ausdruck Risiko als jenen der Gefahr. Rechtlich haben die beiden Ausdrücke die gleiche Bedeutung. Wenn aber der Versicherungstechniker von Risiko spricht, visiert er oft das kaufmännische Ergebnis des einzelnen Versicherungsvertrages an: Ein gutes oder ein schlechtes Risiko bedeutet dann, dass der Vertrag für den Versicherer gewinnbringend oder eben verlustreich verläuft. Somit sind nicht nur die Grösse der versicherten Gefahr selbst, sondern z. B. auch Schadendurchschnitt und Schadenfrequenz[306] zu berücksichtigen.

II. EINTRITT DES BEFÜRCHTETEN EREIGNISSES ODER DES VERSICHERUNGSFALLES

Wenn sich die versicherte Gefahr hinsichtlich des versicherten Gegenstandes konkret verwirklicht, so ist dies der Versicherungsfall. Das VVG kennt diesen Ausdruck, der schon längst gebräuchlich ist, nicht; vielmehr spricht es meistens – in Art. 14, 38, 96 usw. – vom Eintritt oder von der Herbeiführung des befürchteten Ereignisses[307]. Es knüpft damit an die versicherte Gefahr an. Wie die «Gefahr», so passt auch das «befürchtete» Ereignis nicht für alle Tatbestände: Wenn der Versicherte in der Erlebens-

---

[305] Vgl. bereits vorne N 138 und BGE *99* II 91. – Im Regelfall versichert man sich gegen *künftige* Gefahren und nicht für Ereignisse, die zur Zeit des Vertragsabschlusses bereits eingetreten sind. Von dieser Regel gibt es aber Ausnahmen; vgl. hinten bei N 525.

[306] Vgl. vorne vor N 95. Vgl. zu den verschiedenen technischen Bedeutungen des Risikobegriffes GRUSS, Versicherungswirtschaft S. 64.

[307] Vgl. hinten § 34.

versicherung das vereinbarte Alter – z. B. das 60. Altersjahr – erreicht, ist dies nicht ein «befürchtetes» Ereignis; dies gilt im allgemeinen auch dann, wenn sich eine Frau für den Fall der Mutterschaft versichert und ein gesundes Kind gebärt. Deshalb ist es zutreffender, vom Eintritt des Versicherungsfalles statt vom Eintritt des befürchteten Ereignisses zu sprechen. Die Ausdrücke sind aber synonym.

Hier noch einige Beispiele zum Eintritt des Versicherungsfalles: die gegen Unfall versicherte Person erleidet wirklich einen Unfall; das gegen Feuer versicherte Haus brennt ab; der gegen Haftpflicht versicherte Automobilist verursacht einen Vekehrsunfall und wird für den Schaden haftbar, den er einem Fussgänger zufügt.

III. VERSICHERTER GEGENSTAND UND VERSICHERUNGSARTEN

1. Mit der versicherten Gefahr steht der versicherte Gegenstand[308] in engstem Zusammenhang. Um diesen Begriff zu verstehen, stellt man folgende Fragen: Wer oder was ist der versicherten Gefahr ausgesetzt? Ist es ein Mensch mit Leben und Gesundheit? Oder ist es eine Sache? Oder ist es das Vermögen als solches?

2. Es gibt drei Kategorien von Gegenständen, die einer versicherten Gefahr ausgesetzt sein können: eine Person (der Mensch); eine Sache; das Vermögen als solches:

a) Eine Person, d. h. ein Mensch mit Leben und Gesundheit, ist z. B. der Gefahr eines Unfalles, der Erkrankung, des Todes, der Invalidität ausgesetzt[309]. Es geht hier stets um Fragen, die mit der Gesundheit des Menschen etwas zu tun haben. Wenn eine Person der versicherten Gefahr ausgesetzt ist, handelt es sich um die *Personenversicherung.* Diesen Ausdruck verwenden z. B. Art. 73 ff. VVG sowie Literatur und Rechtsprechung.

Sprachlich ist es unbefriedigend, wenn gesagt wird: in der Personenversicherung sei eine Person, ein Mensch, Gegenstand der Versicherung oder versicherter Gegenstand. Denn der Mensch sollte nicht gleichsam zur

---

[308] Er wird auch Gegenstand der Versicherung genannt; vgl. hinten § 24 I.
[309] Nicht von der versicherten Gefahr, sondern vom versicherten Tatbestand müsste man bei der Erlebensfallversicherung sprechen: Eine Person wird bei Erreichen eines bestimmten Alters die vereinbarte Summe bekommen; vgl. hinten nach N 1139.

Sache, zu einem Gegenstand, degradiert werden. Allein die Formulierung ergibt sich aus der Fragestellung: Ist der Mensch selbst der versicherten Gefahr ausgesetzt? Dann ist er eben Objekt, Gegenstand der versicherten Gefahr. Diese Ausdrucksweise hat sich, obwohl unästhetisch, weitgehend durchgesetzt.

b) Statt Personen können Sachen der versicherten Gefahr ausgesetzt sein: Ein bestimmtes Haus wird gegen die Gefahr des Feuers versichert und ist damit versicherter Gegenstand; ein Auto wird gegen die Gefahren gewaltsamer Beschädigung, Diebstahl, Feuer usw. versichert und ist damit Gegenstand der (Autokasko-)Versicherung. Wenn eine Sache der versicherten Gefahr ausgesetzt und deshalb versicherter Gegenstand ist, handelt es sich um die *Sachversicherung.*

Das VVG enthält Bestimmungen zu «versicherten Sachen», d. h. zur Sachversicherung, so in Art. 55, 56 usw.

c) Erhebliche Schwierigkeiten bereitet die dritte Kategorie: Weder eine Person noch eine Sache ist einer versicherten Gefahr ausgesetzt, sondern das *Vermögen* einer Person, gleichsam als abstrakter Begriff. Das Vermögen selbst kann – in diesem Sinne verstanden – im Versicherungsfall vor allem auf zwei Arten betroffen sein: Es wird entweder durch Forderungen Dritter belastet, oder Einnahmen fallen aus. Ist das Vermögen als solches versichert, so liegt eine Vermögensversicherung vor[309a].

aa) Wichtigster Zweig der Vermögensversicherung ist die Haftpflichtversicherung in ihren verschiedenen Spielarten[309b]. Der Versicherte kann gegenüber einem Dritten haftbar, d. h. ersatzpflichtig werden, wenn er ihm einen Schaden zufügt. Sein Vermögen wird dann durch die Haftpflichtansprüche, also durch Forderungen des Dritten beschwert. Der Automobilist muss z. B. die Ersatzansprüche des Fussgängers, den er angefahren hat, befriedigen, so etwa Ansprüche aus Lohnausfall, Heilungskosten usw. Diese Ersatzansprüche belasten das Vermögen des Automobilisten. Die Haftpflichtversicherung schützt nun sein Vermögen gegen diese Belastung, indem der Versicherer z. B. Ansprüche des Dritten anstelle des Haftpflichtigen befriedigt. Somit wird das Vermögen in diesem Beispiel gegen Einbussen versichert, die aus Forderungen von Drittpersonen entstehen.

[309a] Vgl. hinten bei den N 1403 ff.
[309b] Vgl. hinten § 51 f.

bb) Den gegenteiligen Fall stellt z. B. die Ertragsausfall-Versicherung[310] dar, indem man das Vermögen gegen einen Einnahmeausfall, also gegen Mindereinnahmen, schützt. So kann sich ein Hotelier für den Fall versichern, dass sein Hotel behördlich geschlossen wird, weil Gäste an Typhus oder einer andern ansteckenden Krankheit erkrankt sind. Durch die Schliessung erleidet er einen Ausfall an Einnahmen. Die Versicherung schützt sein Vermögen, indem sie den Einnahmenausfall durch Leistungen ausgleicht. Gegenstand der Versicherung ist wiederum das Vermögen als solches, welches der Gefahr zufolge Betriebsschliessung bei Typhus usw. ausgesetzt ist. Das Vermögen wird hier nicht gegen die Belastung versichert, die durch Forderungen Dritter entstehen, sondern gegen den Ausfall an Einnahmen.

cc) Auch wenn eine *Person* der versicherten Gefahr ausgesetzt ist, kann ihr Vermögen im Versicherungsfall durch Forderungen Dritter oder durch den Ausfall an Einnahmen beeinträchtigt werden: Verunfallt z. B. eine gegen Unfall versicherte Person, so belasten sie die Rechnungen des Arztes, Spitals usw. oder eben ein Lohnausfall; somit erleidet sie einen Schaden.

Wenn die Personenversicherung einen Schaden, z. B. die Heilungskosten oder den Lohnausfall deckt, ist sie eine Schadensversicherung[311]. Häufig wird sie jedoch als Summenversicherung ausgestaltet: Sie bezweckt dann nicht, einen bestimmten Schaden auszugleichen, sondern sie gewährt z. B. im Todes- oder Invaliditätsfall – ohne Rücksicht auf einen Schaden – eine zum voraus vereinbarte Summe. Die Personenversicherung kann somit Schadens- oder Summenversicherung sein, je nachdem, welche Art von Leistungen sie erbringt[311a]. Oft finden sich im gleichen Versicherungsvertrag beide Leistungsarten nebeneinander, z. B. die Summenversicherung, wenn für den Invaliditätsfall eine feste Summe aufgrund einer Gliedertaxe vereinbart ist, und die Schadensversicherung, wenn daneben der Ersatz der Heilungskosten versichert wird. Als Kriterium dient die Art der vereinbarten Leistungen. Die Frage, ob auf die Personenversicherung, soweit sie eine Schadensversicherung ist, ausschliesslich die besonderen Bestimmungen

---

[310] Vgl. hinten bei N 1423a.

[311] Früher lehnte das BGer diese Auffassung ab. Mit BGE 104 II 44 ff. (= SVA XIV Nr. 92 S. 434 ff.) änderte es seine Praxis, indem es die im Text geschilderte Lösung übernahm.

[311a] SCHAER, Schadenausgleichssysteme RZ 14 ff.

des VVG über die Schadensversicherung, nämlich die Art. 48-72, oder auch Bestimmungen über die Personenversicherung, d. h. die Art. 49-96, anwendbar seien, wird später zu erörtern sein[312].

dd) Das VVG kennt den Begriff der Vermögensversicherung nicht, da dieser Begriff zur Zeit seiner Entstehung kaum gebräuchlich war. Immerhin enthält es Bestimmungen über ihren wichtigsten Zweig, die Haftpflichtversicherung, z. B. in Art. 59 f. Es unterscheidet formell zwei und nicht drei Arten von Versicherungen: die Personen- und die Schadensversicherung. Unter die Schadensversicherung[312] sind sinngemäss sowohl die Sach- als auch die Vermögensversicherung – und damit auch die Haftpflichtversicherung – einzureihen. Die Vermögensversicherung ist eine Schöpfung der Wissenschaft. Der Gesetzgeber hat im VVG zwar Sachen als versicherte Gegenstände betrachtet, aber noch nicht das Vermögen als solches, als abstrakten Begriff. Hingegen hat er als Gegenstand der Schadensversicherung ein anderes Merkmal verwendet: das versicherte Interesse oder das wirtschaftliche Interesse (Art. 48 f., 53 usw. VVG). Was darunter zu verstehen ist, wird später erklärt[313].

3. Hier ist noch etwas festzuhalten: In der schweizerischen Literatur (Dogmatik) herrscht die Einteilung der Versicherungen nach dem versicherten Gegenstand vor; danach werden drei *Versicherungsarten* unterschieden, nämlich Personen-, Sach- und Vermögensversicherung[314].

IV. VERTRAGSPARTEIEN

1. Am Versicherungsvertrag sind mindestens zwei Rechtssubjekte als Parteien beteiligt: der Versicherer und der Versicherungsnehmer. Sie verpflichten sich zu gegenseitigen Leistungen[315]; der Versicherer zu solchen im Versicherungsfall und der Versicherungsnehmer zur Bezahlung einer Prämie. Neben diesen Hauptpflichten können verschiedene Nebenpflichten, vor allem Obliegenheiten[316], vereinbart sein.

2. VVG, Doktrin und Rechtsprechung gebrauchen die Ausdrücke Ver-

---

[312] Vgl. Weiteres hinten bei N 342 f. und in § 24 I.
[313] Vgl. hinten bei N 622.
[314] Vgl. zu dieser Dreiteilung OFTINGER; Haftpflichtrecht I S. 61 N 38.
[315] Vgl. hinten bei N 420.
[316] Vgl. hinten bei N 698.

sicherer und Versicherungsnehmer in der soeben erwähnten Bedeutung (vgl. z. B. Art. 11 VVG). Hingegen spricht das Versicherungsaufsichtsgesetz nicht vom Versicherer sondern von der privaten Versicherungseinrichtung und ebensowenig vom Versicherungsnehmer, da es nur den Versicherten nennt und mit diesem Ausdruck meistens den Versicherungsnehmer, Versicherten und Anspruchsberechtigten erfassen will[316a].

3. Zu unterscheiden sind der Erst- oder Direktversicherer einerseits und der Rückversicherer[317] anderseits. Der Erstversicherer bietet dem Publikum Schutz durch Abschluss von Versicherungsverträgen an. Er will aber oft sein eigenes Risiko aus solchen Verträgen verringern, indem er Rückversicherungsverträge abschliesst. Der Rückversicherer kann sein Risiko ebenfalls verringern, indem er sich seinerseits bei andern Versicherern rückversichert (Retrozession oder Weiterrückversicherung). Das vom Erstversicherer durch einen Versicherungsvertrag übernommene Risiko verteilt sich auf diese Weise u. U. auf viele in- und ausländische Versicherungsgesellschaften. Dabei nehmen am Rückversicherungsmarkt sowohl die professionellen Rückversicherer, d. h. jene, die ausschliesslich das Rückversicherungsgeschäft betreiben, als auch Versicherer teil, welche die aktive Rückversicherung neben dem direkten Geschäft, meistens als Nebenzweig, betreiben[318].

V. WEITERE AM VERSICHERUNGSVERTRAG BETEILIGTE ODER INTERESSIERTE PERSONEN

1. Versicherter

Versicherter ist jene Person, die gemäss einem Versicherungsvertrag Schutz für bestimmte Gefahren geniesst[319]. Wird sie selbst (= Personen-

---

[316a] Vgl. bereits vorne bei N 128 und N 187 a. E.

[317] Die Rückversicherung wird gelegentlich auch als indirekte Versicherung bezeichnet, da sie nicht mit dem Publikum, sondern mit Versicherungsgesellschaften abgeschlossen wird. – Die Rückversicherer unterstehen zwar der Aufsicht des Bundes, die Rückversicherungsverträge fallen aber nicht unter das VVG sondern unter das OR; vgl. vorne bei den N 151, 153 und 250 sowie hinten bei N 401 und bei N 1508a.

[318] Die Risikoverteilung kann technisch auf zahlreiche Arten erfolgen; vgl. z. B. GÜRTLER, Betriebswirtschaftslehre S. 40 und 56 ff., und HALLER, Sicherheit durch Versicherung? S. 100 f. und hinten bei N 1500.

[319] KELLER, Komm. I S. 282, versteht unter dem Versicherten diejenige Person,

versicherung) oder ihr Vermögen (= Vermögensversicherung) oder ihre Sache (= Sachversicherung) von der versicherten Gefahr betroffen, so entsteht grundsätzlich die Leistungspflicht des Versicherers. Wenn der Versicherungsnehmer selbst Versicherungsschutz geniesst, ist er nicht nur Vertragspartei, sondern zugleich Versicherter. Es können aber auch andere Personen – je nach Ausgestaltung des einzelnen Vertrages – Versicherte sein. Dazu einige Beispiele:

a) In der Unfallversicherung[320] ist oft, aber nicht immer, der Versicherungsnehmer selbst Versicherter. Er kann auch andere Personen gegen Unfall versichern[321]. Wenn er z. B. als Arbeitgeber für seine Arbeitnehmer eine Unfallversicherung abschliesst, muss im Vertrag geregelt werden, ob er selbst ebenfalls, neben seinen Arbeitnehmern, versichert sei oder nicht[322].

b) In der Autohaftpflichtversicherung ist in der Regel der Halter eines bestimmten Autos Versicherungsnehmer, mithin Vertragspartei. Wenn er aus einem Verkehrsunfall haftbar wird und den Schaden des geschädigten Dritten ganz oder teilweise ersetzen muss, so ist er selbst gemäss Art. 63 SVG versichert, d. h. sein durch den Ersatzanspruch des Geschädigten belastetes Vermögen ist durch den Haftpflichtversicherer geschützt[323]; dieser begleicht z. B. an seiner Stelle die Ersatzforderung. Neben dem Halter sind indessen gemäss Art. 63 Abs. 2 SVG durch die Versicherung noch weitere

---

«auf deren Schädigung durch das befürchtete Ereignis für die Entstehung eines Versicherungsanspruchs abzustellen ist». Da diese Umschreibung an eine Schädigung im Versicherungsfall anknüpft, ist sie zu eng. Sie umfasst die Summenversicherung nicht, bei der im Versicherungsfall eine Schädigung nicht vorausgesetzt wird: So wird z. B. in der Erlebensversicherung die Versicherungssumme ausbezahlt, wenn der Versicherte ein bestimmtes Alter erreicht; eine «Schädigung» wird also nicht vorausgesetzt. Vgl. zur Summenversicherung hinten bei N 340a.

[320] In der Unfallversicherung ist vertraglich genau zu umschreiben, welche Personen Versicherungsschutz geniessen; d. h. es ist der Kreis der versicherten Personen festzulegen.

[321] Zur Eigen- und Fremdversicherung vgl. hinten bei N 337.

[322] Ist er als VN nicht versichert, dann hat der Versicherer auch nicht zu leisten, wenn er verunfallt.

[323] Die Haftpflichtversicherungsverträge lauten jedoch nicht etwa dahin, das Vermögen des X sei gegen Haftpflichtansprüche Dritter geschützt; vielmehr erklären sie, X sei gegen Haftpflicht versichert.

Personen gegen Haftpflicht versichert, nämlich alle jene, für welche er «verantwortlich» ist. Wenn der Halter sein Auto einem Freund überlässt, der einen Dritten schuldhaft verletzt und deswegen haftbar wird, so ist auch dieser Freund mit dem gleichen Vertrag gegen Haftpflicht versichert[324]. Der Freund ist zwar nicht Versicherungsnehmer, da er nicht Vertragspartei ist, er geniesst aber Versicherungsschutz und ist daher Versicherter.

c) Während in der Personen- und in der Vermögensversicherung der Kreis der Versicherten in jedem Vertrag zu regeln ist, sind die Verhältnisse in der Sachversicherung oft anders. Hier werden meistens bestimmte oder im Versicherungsfall bestimmbare Sachen versichert, weshalb nicht von versicherten Personen gesprochen werden kann. Immerhin wird der Vertrag in der Regel so gestaltet, dass Sachen versichert sind, die dem Versicherungsnehmer selbst gehören[325]. Die versicherten Sachen lassen sich aber auch nach anderen Kriterien bestimmen. So kann das in einem Silo aufbewahrte Getreide, gleichgültig wem es gerade gehört, versichert sein. Die versicherte Sache wird dann ohne Rücksicht auf Personen, nur nach den Kriterien des Versicherungsortes und der Sachart bestimmt[326].

d) Das VVG verwendet den Begriff des Versicherten in mehreren Bestimmungen, z. B. in Art. 57 Abs. 2, Art. 88 usw. Es ist freilich terminologisch nicht immer konsequent. So spricht es – unzutreffenderweise – in Art. 87 bei der Kollektiv-Unfall- und -Krankenversicherung von «demjenigen, zu dessen Gunsten die Versicherung abgeschlossen worden ist»; es versteht aber darunter den Versicherten und nicht etwa den Begünstigten, von dem noch die Rede sein wird[327].

---

[324] Neben dem Freund ist freilich auch der Halter selbst haftbar. Sie haften solidarisch.

[325] In der Hausratversicherung (Feuer, Diebstahl usw.) findet sich die Klausel, dass versichert sind die am Versicherungsort gelegenen Sachen, «die Eigentum des Versicherungsnehmers und der mit ihm in Hausgemeinschaft lebenden Familienangehörigen und Arbeitnehmer» sind und ferner «Effekten von Gästen am Versicherungsort» usw. Somit kann man in einem gewissen Sinne auch in der Sachversicherung von versicherten Personen sprechen, da die bestimmten Personen gehörenden Sachen versichert sind.

[326] Vgl. Näheres hinten bei den N 785 und 1348 ff.

[327] Vgl. hinten bei N 333. Zutreffend KOENIG S. 472; m. E. unrichtig KELLER, Komm. I S. 293 (Text in Verbindung mit N 2): Er betrachtet den Dritten in Art. 87

§ 10 Versicherungsrechtliche Grundbegriffe im Überblick

2. Anspruchsberechtigter und Versicherungsanspruch

a) Mit dem Eintritt des Versicherungsfalles entsteht grundsätzlich der Versicherungsanspruch. Er ist das Gegenstück zur Pflicht des Versicherers, die geschuldete Leistung zu erbringen. Z. B. in der Unfallversicherung kann er im Anspruch auf Taggeld, Ersatz der Heilungskosten, Invaliditäts- oder Todesfallentschädigung usw. bestehen.

b) Anspruchsberechtigt ist, wer den Versicherungsanspruch hat und ihn notfalls auch gerichtlich einklagen kann. Zuerst ist stets zu prüfen, worin überhaupt der Anspruch[328] besteht; erst dann stellt sich die Frage, wer anspruchsberechtigt ist.

c) Grundsätzlich ist der Versicherungsnehmer, als Vertragspartei, Anspruchsberechtigter. Es kann aber auch der Versicherte, der nicht mit dem Versicherungsnehmer identisch sein muss, Anspruchsberechtigter sein, nämlich wenn er den Versicherungsfall erleidet. Dies ist in der Unfallversicherung der Versicherte, der verunfallt, in der Haftpflichtversicherung derjenige, der gegen Haftpflicht versichert ist und für den Schaden eines Dritten haftet usw. Allein die Anspruchsberechtigung ist im VVG nicht einheitlich geregelt. Wenn Versicherungsnehmer und Versicherter nicht identisch sind, so hat nicht immer der Versicherte einen Anspruch im Versicherungsfall. In der Kollektiv-Lebensversicherung kann der Versicherte den Anspruch, also z. B. «sein» Alterskapital, von Gesetzes wegen nicht selbst gegen den Lebensversicherer einklagen; an seiner Stelle müsste der Versicherungsnehmer dies tun[329]. Anders dagegen in der Kollektiv-Unfall- und -Krankenversicherung: Gemäss ausdrücklicher Bestimmung in Art. 87 VVG steht den Versicherten ein eigenes Forderungsrecht gegenüber dem Versicherer zu. Damit sind sie Anspruchsbe-

---

VVG nicht als Versicherten, sondern als Begünstigten. Damit folgt er der von ROELLI, Komm. I, S. 244 (I. A.), vertretenen Auffassung, übersieht aber, dass ROELLI bei seiner Einteilung von der Interessenlehre ausgeht, die er, KELLER, selbst ablehnt; vgl. dazu hinten bei den N 622 ff.

[328] Vgl. zum Versicherungsanspruch in der Haftpflichtversicherung – er besteht in einem Befreiungs- und einem Zahlungsanspruch – hinten bei 1449.

[329] KOENIG S. 406; die Versicherten können jedoch im Versicherungsvertrag als Begünstigte bezeichnet werden, dann sind sie anspruchsberechtigt.

rechtigte[330]. – Ein Anspruchsberechtigter besonderer Art ist der Begünstigte[331].

d) Das VVG spricht in zahlreichen Bestimmungen vom Anspruchsberechtigten, z. B. in Art. 14, 38 ff. usw.

3. Anspruchsteller

Der Begriff des Anspruchstellers ist nicht rechtlicher Art; er wird im VVG nicht und in der Doktrin kaum verwendet und definiert. Dagegen ist er in der Praxis der Schadensversicherung, namentlich aber in der Haftpflichtversicherung, üblich. Er will einen rein faktischen Sachverhalt erfassen: Anspruchsteller ist jedermann, der beim Versicherer im Zusammenhang mit einem Versicherungsvertrag einen Anspruch stellt, vor allem als Geschädigter im Haftpflichtfall, dann aber auch als Versicherter usw. Die rechtliche Eigenschaft, in welcher der Anspruch gestellt wird, ist nebensächlich. Der Anspruchsteller ist daher nicht mit dem Anspruchsberechtigten zu verwechseln[332].

4. Begünstigter und Begünstigung

a) Die Begünstigung ist eine Verfügung über den Versicherungsanspruch[333]. Sie stellt eine besondere versicherungsrechtliche Institution dar.

---

[330] Das direkte oder selbständige Forderungsrecht in Art. 87 VVG erstreckte sich ursprünglich nur auf die Kollektiv-*Unfall*versicherung und wurde erst durch die Revision des 10. Titels des OR (Arbeitsvertragsrecht) durch Z. 3 der «Schluss- und Übergangsbestimmungen» auf die Kollektiv-*Kranken*versicherung ausgedehnt. Es ist verwunderlich, dass man es nicht gleichzeitig auf die Kollektiv-*Lebens*versicherung erstreckt hat. Dies hätte zumindest für die zwischen Personalvorsorgeeinrichtungen und Lebensversicherern abgeschlossenen Gruppenversicherungen geschehen können; vgl. hinten bei den N 1217 ff. und bei N 1212. – In der Versicherung für fremde Rechnung ist grundsätzlich der Versicherte anspruchsberechtigt; Art. 17 Abs. 2 VVG sieht aber bestimmte Ausnahmen zu diesem Grundsatz in dem Sinne vor, dass der VN anspruchsberechtigt ist, obwohl der Versicherungsfall den versicherten Dritten betrifft; vgl. dazu hinten bei den N 787 ff.

[331] Vgl. hinten bei N 333. – Anspruchsberechtigt in der Haftpflichtversicherung ist nicht etwa der Geschädigte, sondern der VN oder der Versicherte. Der Versicherungsanspruch besteht nämlich im Befreiungs- oder Zahlungsanspruch, der naturgemäss nur dem Haftpflichtigen zustehen kann; vgl. hinten bei N 1449.

[332] Vgl. vorne vor N 328.

[333] Vgl. hinten bei den N 1176 ff.

§ 10 Versicherungsrechtliche Grundbegriffe im Überblick

Eine Begünstigung ist nur in der Personenversicherung möglich. Ihre grösste praktische Bedeutung hat sie in der Lebens- und Unfallversicherung, und zwar für den Todesfall. Wenn der Versicherte stirbt, fällt die vertraglich vereinbarte Todesfallsumme an die begünstigte Person, z. B. an die Ehefrau oder an die Kinder. Die Begünstigung ist grundsätzlich unabhängig vom Erbrecht. Würde keine Begünstigung vorliegen, so fiele der Anspruch in die Erbmasse des Versicherten, sofern er selbst anspruchsberechtigt war.

b) Der Versicherungsnehmer, also die eine Vertragspartei, ist befugt, einen Dritten als Begünstigten zu bezeichnen; Art. 76 Abs. 1 VVG. Der Begünstigte hat nach Art. 78 VVG «ein eigenes Recht auf den ihm zugewiesenen Versicherungsanspruch». Der solcherart Anspruchsberechtigte kann im Versicherungsfall den Anspruch notfalls gerichtlich geltend machen. Der Begünstigte wird aber nicht etwa Versicherungsnehmer, also Vertragspartei; er schuldet deshalb auch keine Prämien. Hingegen hat er im Versicherungsfall verschiedene Obliegenheiten zu erfüllen, da er Anspruchsberechtigter ist[334].

c) Der Versicherungsnehmer kann die Begünstigung, die er ausgesprochen hat, jederzeit widerrufen. Freilich sieht Art. 77 Abs. 2 VVG eine Ausnahme von dieser Regel vor: Der Versicherungsnehmer kann auf das Recht, die Begünstigung zu widerrufen, verzichten. Dabei hat er die in der erwähnten Bestimmung vorgeschriebenen Formerfordernisse zu erfüllen: Er muss «in der Police auf den Widerruf unterschriftlich» verzichten und die Police zudem dem Begünstigten übergeben. Diese Formerfordernisse sollen dem Versicherungsnehmer die Tragweite seines Verzichtes bewusst machen.

In Doktrin und Praxis wird der geschilderte Unterschied mit den zwei Stichworten «widerrufliche und unwiderrufliche Begünstigung» ausgedrückt.

VI. EINZEL- UND KOLLEKTIVVERSICHERUNG[334a]

1. Ist nur eine einzige Person oder nur eine einzige Sache versichert, so liegt eine *Einzelversicherung* vor. Als Beispiele seien erwähnt: Einzel-Unfall-, Einzel-Kranken- oder auch Einzel-Lebensversicherung; oder es wird

---

[334] Vgl. hinten bei den N 841a ff.
[334a] Vgl. auch hinten bei N 1283.

ein bestimmtes Haus, ohne Mobiliar, gegen Feuer versichert. Die Einzelversicherung bedarf keiner näheren Erklärung.

2. a) Die *Kollektivversicherung* besteht nach Art. 7 VVG darin, dass durch den gleichen Vertrag eine Mehrheit von Personen oder Sachen versichert wird.Sie kommt in allen Versicherungsarten vor. In der Personenversicherung ist sie vor allem als Kollektiv-Unfall-, Kollektiv-Kranken- und Kollektiv-Lebensversicherung ausgestaltet. Diese letztere ist bekannt unter dem Namen Gruppenversicherung. Häufig schliesst der Arbeitgeber für seine Arbeitnehmer solche Verträge ab[335]. In der Sachversicherung bildet die Kollektivversicherung die Regel: z. B. in der Hausratversicherung sind meistens alle beweglichen Sachen des Versicherungsnehmers, die sich am Versicherungsort befinden, gegen Feuer, Diebstahl usw. versichert. Es lassen sich somit zahlreiche Sachen durch den gleichen Vertrag versichern. In der Vermögensversicherung ist etwa die Motorfahrzeug-Haftpflichtversicherung als Beispiel einer Kollektiv-Vermögensversicherung zu nennen. Sie deckt nach Art. 63 SVG «die Haftpflicht des Halters und der Personen, für die er nach diesem Gesetz verantwortlich ist»; dazu gehört z. B. der Dritte, der vom Halter die Erlaubnis erhalten hat, das Fahrzeug zu lenken und der dabei einen Unfall schuldhaft verursacht, für deren Folgen auch er – neben dem Halter – haftet. Dies ist ein Kollektiv-Haftpflichtversicherungsvertrag. Um einen solchen handelt es sich auch, wenn die Mitglieder eines Vereins durch den gleichen Versicherungsvertrag gegen Haftpflicht versichert werden (Jagdvereine, Radfahrerklub usw.).

b) Die versicherten Personen oder Sachen müssen nicht im Vertrag bestimmt sein; es genügt, wenn sie im Versicherungsfall bestimmbar sind. So kann der Vertrag z. B. dahin lauten, dass jede Person gegen Haftpflicht aus der Ausübung der Jagd versichert sei, welche zur Zeit des Versicherungsfalles dem Jagdverein als Mitglied angehöre. Damit ist der Versicherte im Versicherungsfall bestimmbar.

c) Die Frage, ob der Versicherte, der mit dem Versicherungsnehmer nicht identisch zu sein braucht, im Versicherungsfall Anspruchsberechtigter sei, d. h. ob er den Versicherungsanspruch gerichtlich geltend machen könne, wurde bereits kurz gestreift[336].

---

[335] Vgl. zu den Problemen der beruflichen Vorsorge – zweite Säule – hinten bei den N 1197 ff.

[336] Vgl. vorne bei den N 329 und 330.

d) Der Kollektivversicherungsvertrag ist nur als Ganzes abzuschliessen oder aufzuheben. Es gilt der Grundsatz der Unteilbarkeit, so z. B. nach Art. 42 für die Kündigung bei Teilschaden. Zu diesem Grundsatz gibt es aber mehrere Ausnahmen: Art. 7 (Anzeigepflichtverletzung), Art. 31 (Gefahrserhöhung) und Art. 40 (betrügerische Anspruchsbegründung). Der Vertrag ist in diesen Fällen nur teilweise unverbindlich, bleibt also teilweise wirksam.

VII. EIGEN- UND FREMDVERSICHERUNG

a) Um Eigenversicherung handelt es sich dann, wenn der Versicherungsnehmer seine eigene Person, seine eigenen Sachen oder sein eigenes Vermögen – z. B. seine eigene Haftpflicht – versichert. Bei der Fremdversicherung[337] dagegen versichert der Versicherungsnehmer fremde Personen – d. h. nicht sich selbst –, fremde Sachen oder fremde Vermögen. Merkmal für die Unterscheidung ist also der versicherte Gegenstand. Derselbe Vertrag kombiniert dabei oft die Eigen- und die Fremdversicherung: So kann der Arbeitgeber in der gleichen Kollektiv-Unfall- oder -Krankenversicherung[338] sowohl seine Arbeitnehmer als auch sich selbst gegen Unfall oder Krankheit versichern; oder in der Auto-Insassenversicherung versichert der Halter sowohl sich selbst als auch die übrigen Insassen gegen Unfälle, die mit seinem Fahrzeug verursacht werden. Die Eigen-[339]

---

[337] Vgl. dazu hinten bei den N 743 ff. und KOENIG, S. 220; nach JAEGER, Komm. III S. 309 N 26 a. E., ist Eigenversicherung auch dann gegeben, wenn zwar eine Drittperson versichert ist, der Versicherungsanspruch gleichwohl aber dem VN zusteht. Für ihn ist also Kriterium nicht der Gegenstand der Versicherung, sondern die Frage, wer anspruchsberechtigt sei.

[338] Die Kollektivversicherungen sind in der Regel, aber nicht begriffsnotwendig, Fremdversicherungen. Keine Fremdversicherungen stellen die Kollektivversicherungen dar, wenn z. B. mehrere Personen, die eine einfache Gesellschaft bilden, gemeinsam als VN eine Kollektiv-Unfall- oder -Krankenversicherung nur für sich selbst abschliessen. KOENIG S. 221 a. E. übersieht dies und nimmt an, dass die Kollektivversicherung *immer* auch eine Fremdversicherung sein müsse.

[339] Die Eigenversicherung darf nicht mit der «Selbstversicherung» verwechselt werden; diese bedeutet, dass eine Person ein Risiko nicht durch Versicherungsvertrag auf einen andern abwälzt, sondern selbst trägt, indem sie z. B. besondere Rückstellungen macht, um bei Eintritt des «Versicherungsfalles» Mittel zur Verfügung zu haben; sie ist rechtlich keine Versicherung; vgl. vorne N 8 und bei N 137 ff.

und die Fremdversicherung kommen in allen Versicherungsarten vor. Der Dritte, d. h. der «Fremde», ist in der Fremdversicherung stets versicherte Person.

b) Der Begriff der Fremdversicherung ist ein Oberbegriff. In mehreren Versicherungszweigen haben sich besondere Typen entwickelt. So nennt man die Fremdversicherung in der Lebensversicherung «Versicherung auf fremdes Leben» und in der Schadensversicherung «Versicherung für fremde Rechnung». Das VVG enthält Bestimmungen zu den einzelnen Typen, so z. B. in Art. 74 zur «Versicherung auf fremdes Leben» und in Art. 16 f. zur «Versicherung für fremde Rechnung». Obwohl die Art. 16/17 im Abschnitt «Allgemeine Bestimmungen» des Gesetzes stehen, wird angenommen, dass sie nur für die Schadens-, nicht aber für die Personenversicherung gelten[340].

VIII. SUMMEN- UND SCHADENSVERSICHERUNG[340a]

1. Im Bereiche der Versicherungsleistungen unterscheidet man die Summen- und die Schadensversicherung. Hat laut Vertrag der Versicherer im Versicherungsfall eine bestimmte oder doch bestimmbare feste Summe unabhängig davon zu bezahlen, ob der Versicherte einen Schaden erlitten hat, so ist dies eine Summenversicherung. Sie kommt beinahe nur in der Personenversicherung vor. Dazu Beispiele: In der gemischten Lebensversicherung wird vereinbart, dass der Versicherer eine Summe zu entrichten habe, wenn der Versicherte entweder ein bestimmtes Alter erreiche oder auch wenn er vorher sterbe. In beiden Fällen ist diese Summe unabhängig davon zu bezahlen, ob mit dem Versicherungsfall der Eintritt eines Schadens, als einer Vermögenseinbusse, verbunden sei, z. B. ob der Tod einen Versorgerschaden verursache. Ähnlich kann in der Unfallversicherung ein festes Taggeld vereinbart sein, das dem Verunfallten auch dann zu entrichten ist, wenn er – z. B. als Klosterbruder – keinen Lohnausfall, d. h. keinen Schaden als Folge des Unfalles, erleidet. Anders dagegen die Schadensversicherung. Hier bezahlt der Versicherer im Versicherungsfall nicht eine zum voraus festgesetzte Summe, sondern seine Leistung hängt davon ab,

---

[340] KOENIG S. 220.
[340a] Vgl. vorne N 319 und hinten bei N 1145.

ob und in welchem Ausmass der Versicherte als Folge des Versicherungsfalles einen Schaden, d.h. eine Vermögenseinbusse[341], erlitten hat. Die Schadensversicherung deckt einen Schaden.

2. Indem das Bundesgericht die Auffassung der Doktrin übernahm[341a], der Versicherer könne für Störungen der Gesundheit oder für den Tod des Versicherten die Leistungen als Summenversicherung und ebenso als Schadensversicherung vereinbaren[342], legte es den Weg frei, um eine alte Streitfrage zwischen ihm und der herrschenden Doktrin zu bereinigen: Soweit Schadensversicherung besteht, kann der leistende Versicherer in Haftpflichtansprüche, die dem Anspruchsberechtigten gegen Dritte zustehen, im Sinne von VVG 72 eintreten; im Bereiche der Summenversicherung besitzt der Versicherer keine solche Subrogation, sondern es gilt VVG 96, so dass der Anspruchsberechtigte seine Haftpflichtansprüche gegen Dritte ungeschmälert behält und zusätzlich zu den Leistungen aus der Summenversicherung geltend machen kann[343]. Die Frage, ob der Personenversicherer im Bereiche der Schadensversicherung ausschliesslich den Bestimmungen des VVG über die Schadensversicherung oder auch jenen über die Personenversicherung untersteht, wird später zu erörtern sein[343a].

[341] Vgl. hinten bei den N 608 ff. und 1407 ff.
[341a] In diesem Sinne KOENIG S. 214 u. a. m.
[342] BGE 104 II 44 ff. (= SVA XIV Nr. 92 S. 432 ff.) In seiner früheren Praxis – BGE 100 II 453 ff., 94 II 187 ff. usw. – unterstellte das Bundesgericht die Leistungen, die ein Versicherer für Störungen der Gesundheit oder für den Tod des Versicherten erbrachte, generell Art. 96 VVG; es ging davon aus, dass bei solchen Personenversicherungen nicht zwischen dem Zweck der Leistungen, d.h. nicht zwischen Summen- und Schadenversicherung, zu unterscheiden sei. – Vgl. bereits vorne bei N 311 f. sowie hinten § 24 I, 1.
[343] Besonders unbefriedigend an der früheren Praxis war, dass der Versicherte die Heilungskosten vom Unfallversicherer und überdies vom Haftpflichtigen verlangen konnte, da die Kumulation nach VVG 96 zulässig war. Die Rechnungen, die er z. B. dem Arzt bezahlte, konnte er sich zweimal – oder wenn mehrere Unfallversicherungen bestanden – unter Umständen sogar mehrmals erstatten lassen, nämlich vom Unfallversicherer und vom haftpflichtigen Dritten. Solche «Überentschädigungen» (hinten bei N 960) oder Bereicherungen sind nicht mehr möglich, wenn Art. 72 VVG anwendbar ist; vgl. Weiteres zu den Prinzipien der Kumulation und der Subrogation hinten bei den N 1076 ff. und N 1096 ff.
[343a] Vgl. hinten § 24 I, 1.

IX. DECKUNG[343b]

1. Der Ausdruck Deckung ist zur Hauptsache ein versicherungstechnischer Begriff, der in der täglichen Praxis grosse Bedeutung hat. Er ist gleichsam ein Mehrzweckvehikel, denn er kann verschiedene Rechtsbegriffe in sich schliessen. Als gemeinsamer Kern erscheint jedoch immer die Frage, ob und wieweit nach einem konkreten Vertrag Versicherungsschutz bestehe. Von Deckung ist in folgenden Zusammenhängen die Rede:

a) Umfang der versicherten Gefahr

Es wird gefragt, ob für eine bestimmte Gefahr, für ein bestimmtes Risiko, Deckung bestehe, d. h. ob für dieses Risiko Versicherungsschutz gegeben sei. Dazu ein Beispiel: Wenn der gegen Unfall Versicherte beim Sportfliegen verunfallt, muss der Schadensachbearbeiter prüfen, ob das Risiko des Sportfliegens im betreffenden Unfallversicherungsvertrag versichert ist. Man spricht auch vom Deckungsumfang.

b) Versicherte Personen

Es wird gefragt: Besteht gemäss diesem Vertrag für eine bestimmte Person Deckung? Ist also diese Person nach dem Vertrag versichert? Dazu wieder ein Beispiel: Verunfallt der Halter, der eine Auto-Insassenversicherung abgeschlossen hat, am Steuer seines Autos, so wird der Schadensachbearbeiter prüfen, ob der Halter durch die Insassenversicherung gedeckt, d. h. durch die Police versichert sei oder nicht. In der Feuerversicherung wird gefragt, ob nur die Sachen des Versicherungsnehmers oder auch die Sachen Dritter, die sich am Versicherungsort befinden, gedeckt, d. h. versichert seien.

c) Räumlicher Geltungsbereich

Für welche Länder soll der Versicherungsvertrag gelten? Wenn der Versicherungsnehmer z. B. eine Reise nach den USA vorhat, wird er abklären, ob er nach seinem Unfallversicherungsvertrag auch für Unfälle in USA Deckung hat, d. h. ob diese unter den Versicherungsschutz fallen. Der Hal-

---

[343b] Vgl. auch hinten bei N 438.

ter, der mit seinem Auto nach Russland fährt, wird ebenfalls prüfen, ob seine Auto-Haftpflichtversicherung einen Schaden deckt, den er allenfalls in Russland verursacht und für den er haftbar ist.

d) Zeitlicher Geltungsbereich[344]

Ab wann und bis wann besteht nach einem Versicherungsvertrag Deckung, d. h. Versicherungsschutz? Der Schadensachbearbeiter erklärt dem Versicherungsnehmer z. B., es bestehe keine Deckung für den gemeldeten Feuerschaden; denn die Leistungspflicht habe im fraglichen Zeitpunkt im Sinne von Art. 20 Abs. 3 VVG «geruht», da der Versicherungsnehmer die Prämie innerhalb der Mahnfrist von 14 Tagen nicht bezahlt habe.

Wenn von Deckung gesprochen wird, muss stets überlegt werden, welche Bedeutung dieses technischen Begriffes gemeint ist.

2. Im VVG wird der Begriff der Deckung kaum je verwendet. Hingegen spricht z. B. Art. 65 Abs. 1 SVG von der vertraglichen Versicherungsdeckung[345].

§ 11 VERSICHERUNGSVERHÄLTNIS UND VERSICHERUNGSVERTRAG

I. VERSICHERUNGSVERHÄLTNIS

1. Das Versicherungsverhältnis wird als Rechtsbegriff[346] verstanden. In seinem Kern enthält es eine bestimmte Versicherung. Es legt fest, um welche Versicherung es sich handelt, wer an ihr beteiligt ist oder sein kann, welche Rechte und Pflichten für die Beteiligten bestehen, wann der Versicherungsschutz beginnt und endet usw. Das Versicherungsverhältnis lässt sich in Teil- oder Unterbegriffe zerlegen, z. B. in die Begriffe Prämien, Risiko, Leistungen usw.

---

[344] Zu unterscheiden ist der zeitliche, örtliche und sachliche Geltungsbereich des VVG einerseits – vgl. dazu vorne § 8 III – und jener des einzelnen Versicherungsvertrages andererseits.

[345] Vgl. hinten bei N 1474 und zu den Begriffen Deckungs- und Versicherungssumme hinten bei N 948. – Die Art. 43 und 44 BVV 2 verwenden die Begriffe der Rückdeckung und der Deckungslücke; vgl. hinten bei den N 1221.

[346] Der Begriffsinhalt ist umstritten; vgl. Weiteres bei MAURER, SVR I S. 255 ff. mit Literaturhinweisen.

2. Das Versicherungsverhältnis kann abschliessend in der Gesetzgebung geregelt sein. Dies trifft bei verschiedenen Zweigen der Sozialversicherung zu, z. B. in der AHV/IV, und ferner bei den öffentlichen Gebäudeversicherungen der Kantone. Die Rechtsordnung lässt für verschiedene Bereiche auch zu, dass das Versicherungsverhältnis vertraglich vereinbart wird. Es kann sich um einen Vertrag des Privatrechts oder auch um einen öffentlich-rechtlichen Vertrag handeln. Privatrechtliche Versicherungsverträge sind sowohl nach VVG als auch nach OR möglich. Das Schwergewicht liegt bei den Versicherungsverträgen nach VVG. Freilich fallen z. B. Rückversicherungsverträge[347] unter das OR, ebenfalls grundsätzlich privatrechtliche Vorsorgeverträge, soweit sie nicht von Versicherern abgeschlossen werden, die der ordentlichen Aufsicht nach VAG 2 unterliegen (VVG 101 I Z. 2). Öffentlich-rechtliche Versicherungsverträge sind z. B. im Sozialversicherungsrecht anzutreffen. Als Beispiel seien etwa genannt die Rückversicherungs- und die Kollektivversicherungsverträge im Gebiete der Krankenversicherung nach KVG und ferner die Unfallversicherungsverträge nach UVG[348].

3. Die Freiheit, die Versicherungsverhältnisse vertraglich zu regeln, ist durch die einschlägigen Gesetze mehr oder weniger stark eingeschränkt. Sie ist gering bei den gerade erwähnten öffentlich-rechtlichen Versicherungsverträgen, da die Gesetzgebung über die Unfall- und die Krankenversicherung wichtigere Einzelheiten selbst bestimmen. Sie ist am grössten bei den unter das OR fallenden Rückversicherungsverträgen. Für die grundsätzlich ebenfalls dem OR zuzuordnenden Vorsorgeverträge enthält das BVG zahlreiche Bestimmungen, welche die Vertragsfreiheit der Parteien teilweise stark einschränken. Zahlreiche Bestimmungen finden sich schliesslich im VVG – soweit dieses anwendbar ist –, die den Gestaltungsspielraum der Vertragsparteien einengen. Auch die Aufsichtsinstanzen können dies tun[349].

[347] Vgl. zum Geltungsbereich des VVG vorne bei N 250 ff.
[348] Vgl. zu den letzteren MAURER, Unfallversicherung S. 105 f. und N 231a sowie zu den ersteren MAURER, SVR I N 273a. Es ist heute noch nicht geklärt, ob die hier erwähnten Verträge öffentlich-rechtliche Verträge sind. In diesem Buch wird davon ausgegangen, dass die Unfallversicherungsverträge, welche von den privaten Versicherern gemäss UVG abgeschlossen werden, besondere öffentlich-rechtliche Verträge nach UVG darstellen. Vgl. auch hinten N 757 und vorne bei N 258.
[349] Vgl. zu den zwingenden und halbzwingenden Vorschriften des VVG und zu weiteren Beschränkungen der Vertragsfreiheit vorne bei den N 268 ff.

§ 11 Versicherungsverhältnis und Versicherungsvertrag

II. PRIVATRECHTLICHER VERSICHERUNGSVERTRAG

1. Der hier allein interessierende privatrechtliche Versicherungsvertrag lässt sich auf verschiedene Arten umschreiben. Die kürzeste Definition kann etwa wie folgt lauten: «Der Versicherungsvertrag ist ein Vertrag, mit dem ein Versicherungsverhältnis vereinbart wird.» Wesentlich ausführlicher ist die folgende Umschreibung: «Der Versicherungsvertrag ist ein selbständiger Vertrag, bei dem die eine Partei der andern gegen Entgelt eine Vermögensleistung für den Fall verspricht, dass ein Gegenstand durch ein Gefahrsereignis betroffen wird.»[350]

2. Beide Definitionen bringen, wenn auch auf verschiedene Weise, zum Ausdruck, dass der Vertrag eine Versicherung zum Gegenstand hat[351]. Jedenfalls für die Versicherungsverträge nach VVG liegt es nahe, die Versicherung durch die Merkmale zu bestimmen, die für den aufsichtsrechtlichen Begriff der Versicherung massgebend sind. Dabei sollte jedoch für das VAG und das VVG das Merkmal «Kompensation der Risiken nach den Gesetzen der Statistik = der planmässige Geschäftsbetrieb» aufgegeben werden[352]. Es liesse sich dann der gleiche Versicherungsbegriff auch bei

---

[350] In diesem Sinn KOENIG, Versicherungsvertrag S. 491 und Privatversicherungsrecht S. 31 im Hinblick auf das VVG. VIRET, Privatversicherungsrecht S. 86, definiert den Versicherungsvertrag als «Vertrag, durch den die eine Partei, der Versicherungsnehmer, sich gegen Bezahlung eines Entgeltes, der Prämie, von der andern Partei, dem Versicherer, eine Leistung für sich oder einen Dritten versprechen lässt für den Fall, dass sich eine Gefahr verwirklicht»; gleich bereits die 1. A. dieses Buches S. 112. Ähnlich definiert VIRET auf S. 16 den Begriff der Versicherung. Die beiden Begriffe sollten jedoch auseinandergehalten werden. Die Versicherung ist nicht ein Vertrag, sondern kann Gegenstand eines Vertrages sein. – KARSTEN, Rechtsbegriff der Versicherung S. 11 ff., stellt mehrere Definitionen zusammen und prüft die Unterschiede.

[351] Die erste Definition durch Hinweis auf das Versicherungsverhältnis und die zweite mit dem Ausdruck «Gefahrsereignis», das für die Versicherung charakteristisch ist. Vgl. zur Rechtsnatur des Versicherungsvertrages hinten bei den N 420 f.

[352] Vgl. vorne bei den N 137 und 141 ff. In diesem Sinne auch KOENIG S. 36. ROELLI, Komm. I (1. A.) S. 24 und KELLER, Komm. I S. 19 wollen den planmässigen Geschäftsbetrieb als Merkmal des Versicherungsvertragsbegriffs nach VVG verwenden. Für zahlreiche Verträge, die von den unter das VAG fallenden Versicherungseinrichtungen abgeschlossen werden, hätte dies – unnötigerweise – eine grosse Rechtsunsicherheit zur Folge; vgl. Näheres in der 1. A. dieses Buches S. 114.

Versicherungsverträgen verwenden, die nach OR zu beurteilen sind, z. B. weil sie von privaten Versicherungseinrichtungen abgeschlossen werden, die wegen ihrer geringen wirtschaftlichen Bedeutung von der Aufsicht nach VAG 4 lit. b ausgenommen sind. Der Begriff des Versicherungsvertrages wird auf diese Weise im Bereiche des Privatrechts einheitlich umschrieben.

3. Fraglich ist, ob am Merkmal der Entgeltlichkeit, d. h. an der Pflicht zur Entrichtung von Prämien, festgehalten werden soll. Gibt es m. a. W. den «geschenkten», d. h. den unentgeltlichen Versicherungsvertrag? Dazu zwei Beispiele: Ein Haftpflichtversicherer gewährt einem Verein für die Durchführung einer Jubiläumsveranstaltung die Haftpflichtversicherung, indem er zum vorneherein im Sinne einer Vergabung auf die Prämie verzichtet. Der Verein wird nicht Prämienschuldner. – Ein Unfallversicherer versichert das eigene Personal der Tochtergesellschaften gegen Unfall, indem er Leistungen zusätzlich zur obligatorischen Unfallversicherung nach UVG verspricht (Zusatzversicherung) und dafür den gleichen Vertragstypus wie für andere Arbeitgeber als Kunden verwendet; er verzichtet aber zum vorneherein auf die Erhebung einer Prämie, da es sich um Tochtergesellschaften handelt. Es fehlt somit am Merkmal der Entgeltlichkeit; die Versicherungsnehmer schulden keine Prämie. Deshalb liegt kein Versicherungsvertrag im Rechtssinn vor, denn eines der für die Versicherung geforderten Merkmale ist nicht gegeben. In den beiden Beispielen wäre das VVG gar nicht anwendbar; vielmehr würde das OR gelten. Wohl handelt es sich um atypische Versicherungsverträge. Es ist aber kaum sachgerecht, das VVG auf sie nicht anzuwenden und damit auch auf den Schutz zu verzichten, den es den Versicherten bieten will. Deshalb scheint es richtiger, den Versicherungsvertrag nicht begrifflich, sondern als Vertragstypus[353] zu verstehen und ihn damit nicht starr dem Erfordernis von Merkmalen zu unterwerfen. Es kommt dann auf das Erscheinungsbild an, ob die typischen Züge oder Elemente mehr oder weniger ausgeprägt vorhanden sind. Dies kann auch zutreffen, wenn einzelne von ihnen, hier also das Erfordernis der Entgeltlichkeit, fehlen. Dies würde in den beiden Beispielen zwang-

---

[353] Vgl. den Unterschied zwischen den Denkformen der Begriffsbildung und der Typisierung vorne N 3 und 130. – Ähnlich PRÖLSS/MARTIN, deutsches VVG, § 1, N 1, C.

§ 11 Versicherungsverhältnis und Versicherungsvertrag

los erlauben, diese atypischen Verträge gleichwohl als Versicherungsverträge zu verstehen und auf sie das VVG anzuwenden[354].

4. Eine bunte Vielfalt an Versicherungsverhältnissen weist die berufliche Vorsorge[355] auf. Es bestehen hier nebeneinander Versicherungsverhältnisse, die durch einen Versicherungsvertrag nach VVG und nach OR geregelt sind, und das BVG schliesst Versicherungsverhältnisse ein, die nicht auf Vertrag, sondern unmittelbar auf Gesetz beruhen, z. B. bei Beamten der öffentlichen Hand. Diese Versicherungsverhältnisse sind stark, aber doch nicht vollständig durch die Gesetzgebung über die berufliche Vorsorge geprägt. Auf verschiedene Einzelheiten wird später hinzuweisen sein. Angesichts dieser komplizierten Ordnung scheint es wenigstens wünschbar, den Versicherungsvertrag als einheitlichen Typus zu verstehen, gleichviel, ob auf ihn das VVG oder das OR anzuwenden ist.

---

[354] KELLER, Komm. I S. 17 und 309, nimmt – wenn auch ohne nähere Begründung – an, ein Versicherungsvertrag komme nicht zustande, wenn keine Prämie vereinbart sei. Dem VVG lässt sich keine Bestimmung entnehmen, aus welcher dieser Schluss gezogen werden müsste.

[355] Vgl. hinten bei N 449.

4. Abschnitt: Hilfen für die Rechtsanwendung

§ 12 RECHTSSCHUTZ

I. ALLGEMEINES

1. Zwischen dem Versicherer und den andern am Versicherungsvertrag interessierten Personen können Meinungsverschiedenheiten entstehen. Diese beziehen sich vornehmlich auf zwei Bereiche: einerseits auf die Prämie und die Prämientarife und andererseits auf die Versicherungsfälle. Die folgenden Ausführungen visieren vor allem die Versicherungsfälle an.

2. Im Versicherungsfall sind nicht nur gesetzliche Bestimmungen, sondern auch Allgemeine und Besondere Versicherungsbedingungen, d. h. technisch schwieriges Vertragsrecht, anzuwenden und auszulegen. Daneben sind Sachverhalte zu ermitteln, die für die Festsetzung des Anspruches wesentlich sind. Sowohl im rechtlichen als auch im tatbeständlichen Bereich können die Beurteiler in guten Treuen zu voneinander abweichenden Ergebnissen gelangen[356]. Da Anspruchsteller[357] wie Versicherer in der Regel durchaus legitime Interessen vertreten, lassen sich Meinungsverschiedenheiten oft dort nicht vermeiden, wo im Versicherungsfall ein Ermessensspielraum vorhanden ist[358]. Schliesslich ist nicht zu übersehen, dass der zuständige Sachbearbeiter des Versicherers auch einmal versagen

---

[356] Dazu Beispiele: Ist in der Unfallversicherung die Invalidität auf 10% oder 11% oder 12% anzusetzen, wenn der medizinische Experte schreibt, sie betrage 10-12%? Die Differenz wirkt sich bei hohen Versicherungssummen erheblich aus. Soll der Haftpflichtversicherer des Automobilisten den Haftpflichtanspruch wegen Selbstverschuldens um 20 oder 30% oder sogar mehr kürzen, wenn der Radfahrer das Zeichen zum Linksabbiegen zu spät gegeben hat und daher vom überholenden Auto angefahren und verletzt wird? Soll in der Feuerversicherung der Ersatzwert eines verbrannten Bildes auf Fr. 20 000.- oder Fr. 30 000.- geschätzt werden, wenn der eine Experte diese und der andere Experte jene Zahl angibt?

[357] Vgl. dazu vorne vor N 332.

[358] Ein solcher ist regelmässig in der Haftpflichtversicherung gegenüber dem Geschädigten, ferner auch in der Unfallversicherung und allgemein in der Sachversicherung vorhanden, um nur die wichtigsten Versicherungszweige zu nennen. Kein oder nur ein geringer Ermessensspielraum besteht z. B. in der Summenversiche-

kann, indem er eine Sach- oder Rechtsfrage unrichtig beurteilt oder den Fall nicht speditiv erledigt. Er verursacht bereits Spannungen, wenn er den Anspruchsteller nicht oder nur mangelhaft orientiert, sobald begründete Verzögerungen in der Erledigung des Versicherungsfalles eintreten.

3. Der Versicherer pflegt schriftlich zum Anspruch des Anspruchstellers Stellung zu nehmen[359]. Er kann im Gebiete des VVG nicht Verfügungen erlassen, die mangels gerichtlicher Anfechtung formell rechtskräftig werden, da er keine hoheitliche Gewalt, d. h. Amtsgewalt, besitzt[360]. Wenn der Anspruchsteller mit der schriftlichen Stellungnahme nicht einverstanden ist, versucht der Versicherer oft, die Meinungsverschiedenheit durch ein mündliches Gespräch auszuräumen. Es wird verhandelt. Das Ziel ist dabei der Abschluss einer Vereinbarung, eines *aussergerichtlichen Vergleichs*[361]. Der Vergleich, der ohne Einschaltung des Richters, durch Verhandlungen, gesucht wird, ist die normale Form des Versicherers, Differenzen zu bereinigen[362, 362a].

rung, da der Versicherungsanspruch meist im Vertrag zahlenmässig festgesetzt ist. U des Kantonsgerichts von Graubünden vom 21./22. 8. 1978, SVA XIV Nr. 75 S. 343.

[359] Weitaus die meisten Fälle werden auf diese Weise endgültig erledigt.

[360] Wenn private Unfallversicherer die Unfallversicherung nach UVG betreiben, besitzen sie hoheitliche Gewalt. Sie haben Verfügungen im Sinne von UVG 99 zu erlassen. Gegen diese kann die Einsprache nach UVG 105 erhoben werden. Der Unfallversicherer überprüft den Fall nochmals und fällt sodann den Einspracheentscheid, welcher der Beschwerde unterliegt. Mit dem Einspracheverfahren sollen Prozesse vermieden werden; vgl. dazu WILLI MORGER, Das Einspracheverfahren im Leistungsrecht des Unfallversicherungsgesetzes (UVG), SZS 1985 S. 240 ff. und MAURER, Unfallversicherung S. 610 f. Vgl. zur hoheitlichen Gewalt auch vorne bei N 190 und hinten N 866.

[361] Der Vergleich ist ein Vertrag. Dies trifft auch dann zu, wenn der Anspruchsteller eine Saldoquittung unterzeichnet. Näheres zum Vergleich bei MEIER-HAYOZ in SJK, Karte Nr. 463, und OFTINGER, Haftpflichtrecht I S. 469 ff. (betreffend Haftpflichtansprüche); vgl. ferner hinten bei den N 1004 f.

[362] In der Schweiz werden jährlich von der Privatassekuranz schätzungsweise über eine Million Versicherungsfälle erledigt. Die schweizerischen Versicherungsgesellschaften vermeiden nach Möglichkeit Prozesse, da diese einerseits aufwendig sind und andererseits ihrem Ruf abträglich sein können, was naturgemäss schon aus Gründen der Konkurrenz unerwünscht ist; vgl. Hinweise zu den Prozessen hinten N 373.

[362a] Vgl. auch BGE 110 II 46 E. 4: «Ein *gerichtlicher* Vergleich ist nicht nur ein Institut des Prozessrechts, sondern auch ein Vertrag des Privatrechts und als solcher wegen Willensmängeln gemäss OR 23 ff. anfechtbar ...»

Hilfen für die Rechtsanwendung

4. Ist der Anspruchsteller durch die schriftliche Stellungnahme des Versicherers oder durch die Verhandlungen mit dessen Sachbearbeiter nicht zufrieden, so hat er verschiedene Möglichkeiten, seine Rechte wahrzunehmen. Davon wird im folgenden die Rede sein. «Rechtsschutz» soll dabei nicht in einem formell-rechtlichen Sinne verstanden werden, sondern allgemein Möglichkeiten einschliessen, die dem Anspruchsteller zur Verwirklichung seines Rechtes offenstehen.

II. GESELLSCHAFTSINTERNE ÜBERPRÜFUNG

Der Anspruchsteller, der seine Differenz im Gespräch mit dem Sachbearbeiter[363] oder mit dem Schadeninspektor nicht bereinigen kann, wendet sich an eine vorgesetzte Stelle. Dies ist ohne weiteres möglich, da Versicherungsgesellschaften mehrstufige, hierarchisch gegliederte Organisationen[364] sind. Er setzt sich z. B. mit dem Leiter der Geschäftsstelle, die für den Fall zuständig ist, oder, wenn der Fall am Hauptsitz behandelt wird, mit der Direktion selbst in Verbindung. Die Intervention bei der Direktion ist gleichsam der letzte Schritt, bevor er sich an eine Stelle ausserhalb der Versicherungsgesellschaft wendet. In seinen Briefen wird er deutlich – gleichsam als Überschrift – hervorheben, dass es sich um eine Reklamation handelt. Damit erreicht er, dass Persönlichkeiten auf einer oberen hierarchischen Stufe die Eingabe sehen und ihr die nötige Aufmerksamkeit schenken.

III. AUFSICHTSANZEIGE BEIM BPV

1. Das BPV ist als Aufsichtsinstanz nicht befugt, über eine privatrechtliche Streitigkeit zwischen Versicherern oder zwischen solchen und den Versicherten, Geschädigten usw. zu entscheiden; VAG 47[365]. Hingegen muss es darüber wachen, dass die Versicherer ihre Geschäfte korrekt abwickeln. Wenn ein Versicherungsnehmer, Versicherter, Geschädigter usw. annimmt, der Versicherer verhalte sich ihm gegenüber in einem Fall nicht ordnungs-

---

[363] Die Versicherer geben in ihrer Korrespondenz den Namen des zuständigen Sachbearbeiters meistens an, damit der Anspruchsteller sofort weiss, an wen er sich wenden kann und damit er überdies nicht das Gefühl hat, einer anonymen Organisation gegenüberzustehen.
[364] Vgl. vorne bei N 34.
[365] Vgl. vorne bei N 222a.

gemäss, kann er sich an das BPV wenden. Es steht ihm das Mittel der Aufsichtsbeschwerde nach Art. 71 VwVG zur Verfügung. Diese Bestimmung dürfte auch anwendbar sein, obwohl die Versicherer keine Behörden sind, gegen die sich die Beschwerde richtet. Es genügt, dass sie der Aufsicht einer Bundesbehörde nach VAG unterliegen.

2. Die Aufsichtsbeschwerde ist nicht eine Beschwerde im Rechtssinn, da sie dem Anzeiger keine Parteirechte gewährt und ihm auch keinen Anspruch auf einen Sachentscheid gibt. Sie ist eine Anzeige, mit der die Aufsichtsinstanz veranlasst werden soll, einen behaupteten Mangel abzuklären[365a]. Die Aufsichtsinstanz leitet die Anzeige an den betroffenen Versicherer zur Stellungnahme weiter. Der Versicherer untersucht den Fall und korrigiert Fehler, die er dabei feststellt. Das BPV pflegt die schriftliche Stellungnahme dem Anzeiger meistens kommentarlos zuzustellen[365b].

IV. OMBUDSMANN DER PRIVATVERSICHERUNG[366]

1. Der Verband Schweizerischer Versicherungsgesellschaften – er heisst heute Schweiz. Versicherungsverband, SVV – hat als erste Organisation der Privatwirtschaft die Institution des Ombudsmannes eingeführt. Als Träger hat er eine privatrechtliche Stiftung ins Leben gerufen. Dem Stiftungsrat gehören überwiegend Persönlichkeiten der Wirtschaft und des öffentlichen Lebens an, die mit den privaten Versicherungsgesellschaften nicht durch persönliche Interessen verbunden sind[366a]. Die Versicherer können nach den Statuten nur eine Minderheitsvertretung im Stiftungsrat stellen[367]. Der Ombudsmann wird von diesem gewählt und ist ihm und nicht

---

[365a] Vgl. zur Aufsichtsbeschwerde z. B. GYGI, Bundesverwaltungsrechtspflege S. 221 ff., SALADIN, Verwaltungsverfahrensrecht S. 218, MAURER, Unfallversicherung S. 86 f. u. a. m.

[365b] Die Aufsichtsanzeige hat eine Wirkung, die jener der Einsprache nach UVG 105 ähnlich ist: Sie führt dazu, dass der Versicherer den Fall überprüft und seine bisherige Stellungnahme allenfalls ändert.

[366] Vgl. KUHN, Harmonisierungstendenzen der EG Z. 5.3.5.2 mit Literaturhinweisen; MAURER, in Mélanges Henri Deschenaux, Fribourg 1977, S. 511 ff.; derselbe in Versicherungsrundschau 1978 S. 69 ff.

[366a] Präsident des Stiftungsrates ist zur Zeit alt Bundesrat Dr. HANS HÜRLIMANN.

[367] Zur Zeit sitzt im siebenköpfigen Stiftungsrat nur ein Vertreter der Privatassekuranz.

etwa den Versicherungsgesellschaften gegenüber verantwortlich. Diese Organisation wurde getroffen, damit der Ombudsmann seines Amtes in möglichster Unabhängigkeit und Objektivität walten kann[368].

2. Jeder Bürger, der mit einem Versicherer wegen einer Versicherungsangelegenheit eine Meinungsverschiedenheit hat, kann sich in formloser Weise an den Ombudsmann wenden. Er darf dies auch dann tun, wenn er mangels Fachkenntnis nicht zu beurteilen vermag, ob die Stellungnahme des Versicherers in einer Versicherungsfrage richtig und angemessen sei. Der Ombudsmann lädt den Versicherer in der Regel zur Vernehmlassung ein und prüft sodann den Fall. Er kann auch Fachleute beiziehen. Wenn er findet, dass die Stellungnahme des Versicherers im einen oder andern Punkt einer Korrektur bedarf, versucht er, diese im Gespräch mit ihm herbeizuführen. Wohl ist es charakteristisch, dass der Ombudsmann keinerlei Entscheidungsbefugnisse hat; dank seines moralischen Gewichtes gelingt es ihm jedoch beinahe immer, die Versicherungsgesellschaft gegebenenfalls zu einer Änderung der Stellungnahme zu bewegen. Häufig vermag er zumindest Missverständnisse auszuräumen.

Da der Ombudsmann in den mannigfaltigsten Fragen angerufen wird, bildet er gleichsam ein diagnostisches Zentrum[369]: Er kann Unebenheiten der Gesetzgebung, Schwächen bei einzelnen Versicherungsgesellschaften usw. erkennen und Anregungen zu ihrer Behebung geben[370, 371].

3. Der Ombudsmann erhebt vom Gesuchsteller keine Kosten.

---

[368] Der SVV finanziert die Stiftung. Die Zusammensetzung des Stiftungsrates soll dafür bürgen, dass aus dieser Finanzierung keine moralische Abhängigkeit des Ombudsmannes von den Versicherungsgesellschaften entsteht. Der Stiftung sind derzeit 62 Versicherungsgesellschaften angeschlossen.

[369] Als erster Ombudsmann amtete Ständerat Dr. R. BROGER. Im Telefonbuch der Stadt Zürich sind Adresse und Telefonnummer unter dem Stichwort «Ombudsmann der Privatversicherung» zu finden. Aussenstellen bestehen in Lausanne für die Westschweiz und in Massagno für den Tessin. – Vgl. BROGER, Die Schutzfunktion des Ombudsmannes, SVZ 1975 S. 238 ff.; die Jahresberichte des Ombudsmannes enthalten eine lebendige Schilderung seiner Tätigkeit.

[370] Auch der «Beobachter» unterhält einen Beratungsdienst, der sich mit Problemen und Fällen der Sozial- und Privatversicherung befasst. Vgl. RENNHARD, Der «Schweizerische Beobachter» und die Versicherungen, SVZ 1975 S. 249 ff.

[371] Wer seine Interessen gegenüber einem Versicherer wahrt, wird u. U. auch die Richtlinien des SVV ansehen, mit denen die Versicherer eingeladen werden, ver-

V. PROZESSWEG

1. Zivilprozess

a) Wenn zwischen Anspruchsteller und Versicherer ein Vergleich[372] über einen Anspruch nicht zustandekommt, bildet der Zivilprozess die ultima ratio. Er hat vor allem zwei grosse Nachteile: Er kann jahrelang dauern, und überdies ist er für die ganz oder teilweise unterliegende Partei kostspielig, jedenfalls für jene Partei, die nicht im Genusse der unentgeltlichen Rechtspflege und Verbeiständung ist (sog. «Armenrecht»). Aber sogar diese Partei muss, wenn sie unterliegt, nach richterlicher Bestimmung die Parteikosten der obsiegenden Partei tragen. Der Zivilprozess ist also mit einem beträchtlichen Kostenrisiko belastet.

b) Im Gegensatz zu zahlreichen andern westlichen Staaten lassen es die Versicherungsgesellschaften in der Schweiz nur sehr selten zu Zivilprozessen kommen. Es ist bedauerlich, dass die schweizerische Assekuranz keine gemeinschaftliche Prozessstatistik führt und veröffentlicht[373].

c) Für den Zivilprozess im Bereiche der Privatassekuranz gilt grundsätzlich kein Sonderrecht; es muss daher auf die entsprechende Literatur verwiesen werden[374]. Hier ist jedoch eine Eigentümlichkeit zu erwähnen, die leicht übersehen wird. Art. 28 VAG enthält nämlich eine besondere Bestimmung über den Gerichtsstand. Danach kann der Versicherte den Ver-

---

schiedene Bestimmungen des VVG konsumentenfreundlich auszulegen. Vgl. die Wiedergabe dieser Richtlinien bei KUHN, Harmonisierungsbestrebungen der EG, Z. 5.3.5.3. Der Ombudsmann besitzt die Richtlinien.

[372] Zum Vergleich siehe vorne N 361 und N 362a.

[373] Eine genaue Schätzung der Zahl der Prozesse ist kaum möglich. Immerhin dürfte es sich, wenn alle Versicherungszweige der Privatassekuranz einbezogen werden, um etwa 0,25‰ der erledigten Versicherungsfälle handeln; 1975 wurden rund 1,2 Mio Versicherungsfälle angemeldet und total 250 Prozesse gegen Versicherungsgesellschaften eingeleitet [Recherchen der Versicherungs-Information]. Vgl. zur Zahl der in der Motorfahrzeug-Haftpflichtversicherung geführten Prozesse vorne N 80. In diesem Versicherungszweig entstehen, seiner Natur nach, durchschnittlich am meisten, in der Lebensversicherung wahrscheinlich am wenigsten Prozesse. – Die SVA gewährt einen Überblick über die Urteile, die versicherungsrechtliche Fragen betreffen; vgl. hinten vor N 306.

[374] Vgl. z. B. GULDENER, Zivilprozessrecht; KUMMER, Grundriss u. a. m.

sicherer bei Streitigkeiten aus Versicherungsverträgen an seinem schweizerischen Wohnsitz einklagen. Er ist somit nicht gezwungen, ausserhalb seines Wohnsitzkantons zu prozessieren[375].

2. *Schieds- und Vermittlungsverfahren*[376]

a) Nicht selten einigen sich Anspruchsteller und Versicherer darauf, den umstrittenen Anspruch durch einen Schiedsrichter oder – ausnahmsweise – durch ein Schiedsgericht, etwa bestehend aus drei Schiedsrichtern, entscheiden zu lassen. Sie bestimmen dann vorzugsweise einen Berufsrichter als Schiedsrichter (Bezirks-, Ober- oder Bundesrichter). Sie regeln im Schiedsvertrag[377] die Modalitäten. Dazu gehört auch die Einigung über die anzuwendende Zivilprozessordnung[378]. Wesentlich ist ferner, dass sich die Parteien zum voraus darüber verständigen, wer die oft beträchtlichen Kosten des Schiedsverfahrens trägt. Der Entscheid kann dem Schiedsrichter überlassen werden. Gelegentlich kommt es aber vor, dass sich der Versicherer bereit erklärt, die Kosten auch dann zu tragen, wenn er obsiegt. Dies ist freilich ein Entgegenkommen, da der Anspruchsteller dann gleichsam «risikofrei» prozessieren kann.

b) Anspruchsteller und Versicherer unterbreiten ihren Streit öfters einem Vermittler. Oft ist dies ebenfalls ein Berufsrichter. Im Gegensatz zum Schiedsrichter hat der Vermittler nicht die Befugnis, den Streit durch eine Entscheidung, durch ein Urteil aus der Welt zu schaffen. In der Praxis wer-

---

[375] Vgl. zum Gerichtsstand vorne bei N 212a.

[376] Näheres bei KUMMER, Grundriss S. 246 ff.; GULDENER, Zivilprozessrecht S. 572 ff.

[377] Der Schiedsvertrag ist ein prozessrechtlicher Vertrag; KUMMER a.a.O. S. 248.

[378] Dies ist wichtig, da in zahlreichen, aber nicht in allen kantonalen Zivilprozessordnungen ein Rechtsmittel – Nichtigkeitsbeschwerde – gegen Entscheidungen des Schiedsrichters ausdrücklich vorgesehen ist. In der Regel bestimmen der Schiedsvertrag, dass der Schiedsrichter das Verfahren festlegen kann. – Das Konkordat über die Schiedsgerichtsbarkeit vom 27.3.1969, in Kraft getreten am 1.7.1973 (AS 1969 S. 1093, SR 279), regelt zahlreiche Fragen hinsichtlich des schiedsgerichtlichen Verfahrens. Es sind ihm noch nicht alle Kantone beigetreten; vgl. besonders BRATSCHI/BRINER, Anmerkungen zum Konkordat über die Schiedsgerichtsbarkeit, SJZ 1976 S. 101 ff., KUMMER a.a.O. S. 246 sowie WALDER-BOHNER, Die neuen Zürcher Bestimmungen über die Schiedsgerichtsbarkeit im Lichte des Konkordates, SJZ 1976 S. 249 ff.

den die beiden Formen dadurch kombiniert, dass der Schiedsrichter im Schiedsvertrag beauftragt wird, zu versuchen, zuerst eine Vermittlung, also eine Einigung, herbeizuführen; nur wenn ihm dies nicht gelinge, habe er das Schiedsurteil zu fällen.

c) Anspruchsteller und Versicherer einigen sich gelegentlich dahin, über einzelne Sachumstände[379], also über Tatsachen und nicht über Rechte, gemeinsam ein Schiedsgutachten einzuholen. So wird etwa in der Unfallversicherung ein Unfallmediziner beauftragt, die Invalidität nach der Gliederskala zu bestimmen[380]. Der Schiedsgutachter entscheidet im Rahmen des ihm erteilten Auftrages wie der Schiedsrichter grundsätzlich endgültig. Er unterscheidet sich von diesem lediglich dadurch, dass er nicht über den Anspruch als solchen urteilt und überdies kein formelles Verfahren durchführt. Die Parteien stellen ihm die Akten und die Vereinbarung über die Einholung eines Schiedsgutachtens zu, worauf er entscheidet[381].

VI. BEIZUG EINES RECHTSANWALTS

In komplizierten Versicherungsfällen, in welchen es zudem um beträchtliche Ansprüche geht, beauftragt der Anspruchsteller nicht selten einen Rechtsanwalt mit seiner Interessenwahrung. Dadurch wird er Honorarschuldner. Deshalb sollte er sich zum voraus erkundigen, ob und allenfalls in welchem Umfange die Versicherungsgesellschaft verpflichtet oder freiwillig bereit ist, ihm die entstehenden Anwaltskosten zu ersetzen. Zu dieser

---

[379] KUMMER a. a. O. S. 247; GULDENER a. a. O. S. 575.
[380] Genau besehen enthält auch dieser Entscheid nicht nur eine tatbeständliche – Beschreibung des medizinischen Befundes usw. –, sondern auch eine rechtliche Komponente, nämlich die Anwendung einer vertraglichen Bestimmung (Gliederskala) auf den festgestellten Tatbestand. Trotzdem wird dieser Entscheid in der Praxis als Schiedsgutachten und nicht als Schiedsurteil bezeichnet.
[381] Eine Art von Schiedsgutachten ist in den AVB der Hausratversicherung vorgesehen. Die Sachverständigen haben den Ersatzwert der durch das befürchtete Ereignis betroffenen Sachen, den Schaden usw., zu schätzen und für die Parteien verbindlich festzusetzen. Vgl. zu diesem Sachverständigenverfahren SUTER, Diebstahlversicherung S. 162. – In der Versicherungspraxis wird nicht immer zwischen Schiedsgutachter und Schiedsrichter unterschieden. Jenem wird ab und zu auch der Auftrag erteilt, ohne Durchführung eines formellen Verfahrens über den Versicherungsanspruch selbst oder über Rechtsfragen zu entscheiden.

Frage gibt es keine einheitliche Antwort. Im folgenden sollen lediglich einige Hinweise zur Praxis gegeben werden.

a) Wenn der *Anspruchsberechtigte*[382] einen Anwalt beizieht, da er zweifelt, ob die Versicherungsgesellschaft den Versicherungsanspruch vertragskonform ermittelt hat oder auch wenn sie mit der Erfüllung des Vertrages nach seinem Empfinden zu lange zögert, lehnt die Versicherungsgesellschaft die Übernahme der Anwaltskosten grundsätzlich ab. Ausnahmen macht sie gelegentlich, wenn sie durch die Intervention des Anwalts veranlasst worden ist, ihre bisherige Stellungnahme zugunsten des Anspruchsberechtigten wesentlich zu verbessern. Sie übernimmt dann die Anwaltskosten meistens nicht voll, sondern leistet lediglich einen Beitrag an sie. Diese Praxis wird von zahlreichen Versicherungsgesellschaften bei Ansprüchen z. B. aus Unfall-, Kranken-, Feuerversicherung usw. geübt. Sie gründet sich auf die Annahme, dass der Versicherungsvertrag den Ersatz von Anwaltskosten nicht vorsieht[383].

b) Wenn nicht der Anspruchsberechtigte aus dem Versicherungsvertrag, sondern der *Geschädigte* in einem Haftpflichtfall Ansprüche stellt[384] und ausserhalb eines Prozesses einen Rechtsanwalt beizieht, pflegen die meisten Haftpflichtversicherer die angebrachtermassen entstandenen Anwaltskosten ganz oder teilweise zu übernehmen; der Beizug des Anwaltes muss «nützlich und geboten» gewesen sein. Nach einer verbreiteten Auffassung sind die Anwaltskosten als Teil des Schadens im Sinne des Haftpflichtrechtes zu betrachten[385], ähnlich wie etwa die Kosten aus dem Bei-

---

[382] Vgl. zu diesem Begriff vorne bei N 328.

[383] Ist der Versicherungsanspruch gemäss Art. 41 Abs. 1 VVG fällig und wird der Versicherer durch Mahnung nach Art. 102 Abs. 1 OR in Verzug gesetzt, so hat er – ausser Verzugszinsen – Schadenersatz wegen verspäteter Erfüllung zu leisten, sofern er nicht beweist, dass der Verzug ohne jedes Verschulden von seiner Seite eingetreten ist; Art. 103 OR. Man könnte sich fragen, ob die Anwaltskosten, die nach Eintritt des Verzuges entstehen, allenfalls unter diesem Gesichtspunkt vom Versicherer geschuldet seien.

[384] Vgl. zum Begriff des Geschädigten vorne vor N 332 und hinten bei N 1456.

[385] BGE *97* II 267 ff.; die vorprozessualen Anwaltskosten sind jedoch nach diesem Urteil der Prozessentschädigung zuzuschlagen, wenn dies das Prozessrecht vorsieht. Diese dualistische Lösung ist wenig praktikabel, da sie hinsichtlich der vorprozessualen Anwaltskosten Rechtsunsicherheit schafft. Vgl. Näheres bei OFTINGER, Haftpflichtrecht I S. 57.

zug des Arztes. Nach dieser Auffassung hätte der Haftpflichtige bzw. sein Versicherer die Anwaltskosten nur im Ausmasse der Haftungsquote zu übernehmen; wenn der Haftpflichtige sog. Reduktionsgründe z. B. wegen Selbstverschuldens des Geschädigten geltend machen kann und den Schaden nur teilweise – z. B. nur zu 50% – zu ersetzen hat, so hätte er auch die Anwaltskosten nur in diesem Umfange zu übernehmen.

§ 13 JUDIKATUR UND LITERATUR

I. JUDIKATUR

1. Wichtigere Urteile des Bundesgerichts im Bereiche des Privatversicherungsrechts werden publiziert in den «Entscheidungen des Schweizerischen Bundesgerichts; Amtliche Sammlung» (BGE) und in der Sammlung «Die Praxis des Schweizerischen Bundesgerichts» (Praxis), wo meistens französisch oder italienisch redigierte Urteile in deutscher Sprache veröffentlicht werden. Das Journal des Tribunaux, Lausanne, La Semaine judiciaire, Genf, und das Repertorio di giurisprudenza patria, Bellinzona, publizieren sowohl Urteile des Bundesgerichts als auch solche von kantonalen Gerichten.

2. Nach dem «Bundesbeschluss betreffend die Zusammenstellung der in Versicherungsstreitsachen in der Schweiz ergehenden Zivilurteile» vom 20. Dezember 1888 (SR 961.81) haben die schweizerischen Gerichte dem BPV eine Abschrift aller in Rechtskraft erwachsenen Entscheidungen einzusenden. Das BPV veröffentlicht die Urteile in periodischen Sammlungen unter dem Titel «Entscheidungen schweizerischer Gerichte in privaten Versicherungsstreitigkeiten» (SVA). Bisher sind die Bände I–XIV erschienen. Der letzte Band umfasst Entscheidungen der Jahre 1974–1981[386].

II. LITERATUR[387]

Aus der umfangreichen Literatur werden lediglich auswahlweise einige Werke genannt.

---

[386] Wenn und soweit Urteile des BGer sowohl in der SVA als auch in der Amtlichen Sammlung des Bundesgerichts (BGE) oder in der «Praxis» aufgeführt sind, sollte der Autor in der Regel BGE oder «Praxis» zitieren, da sie für die meisten Leser leichter als die SVA greifbar sind.

[387] Vgl. im übrigen das Literaturverzeichnis S. 32.

1. Schweizerische Literatur

a) Der von Prof. H. ROELLI begonnene und nach seinem Tode von Bundesrichter CARL JAEGER abgeschlossene Kommentar zum schweizerischen Bundesgesetz über den Versicherungsvertrag gliedert sich in seiner 1. A. wie folgt:

ROELLI, Band I, umfassend die Art. 1–47, erschienen 1914;
JAEGER, Band II, umfassend die Art. 48–72, erschienen 1932;
JAEGER, Band III, umfassend die Art. 73–103, erschienen 1933;
JAEGER, Band IV, umfassend eine Einleitung sowie die Gesetzes- und Verordnungstexte und das Sachregister, erschienen 1933.

Die Einleitung in Band IV behandelt zahlreiche Gebiete, z. B. Entstehungsgeschichte, Geltungsbereich, Begriff der Versicherung und des Versicherungsvertrages, Aufsichtsrecht usw.

In 2. A. sind bisher von diesem Kommentar erschienen:
KELLER MAX/TÄNNLER KARL, Band I, umfassend Art. 1–47, erschienen 1968;
KELLER MAX, Band IV, erschienen 1962. Im Gegensatz zur 1. A. behandelt Band IV in 2. A. das internationale Versicherungsvertragsrecht der Schweiz.

Wenn ein Problem vertieft geprüft werden muss, ist es ratsam, vorerst die in 2. A. und sodann auch noch die in 1. A. erschienenen Bände zu konsultieren, da die Bearbeiter der 2. A. in zahlreichen Punkten eine von den Verfassern der 1. A. abweichende Auffassung vertreten.

b) Prof. WILLY KOENIG, Schweizerisches Privatversicherungsrecht, 3. A. 1967, behandelt das gesamte schweizerische Privatversicherungsrecht systematisch. Dieses Buch dient als Lehrbuch und als Nachschlagewerk.

Eine weitere, kürzere Gesamtdarstellung des gleichen Autors «Der Versicherungsvertrag» ist in Schweizerisches Privatrecht, Band VII/2, Basel und Stuttgart 1979, erschienen. Sie wurde im September 1977 abgeschlossen.

Als Kurzlehrbuch ist das «Privatversicherungsrecht» von BERNARD VIRET, Prof. Dr. iur. und Bundesrichter in Luzern, zu bezeichnen, das 1985, von Dr. iur. CHRISTOPH STALDER ins Deutsche übersetzt, erschienen ist. Es handelt sich um einen Leitfaden für das Versicherungswesen, das den Kandidaten für die Versicherungsfachprüfungen als Lehrmittel[388] dient.

1983 hat ROLAND BREHM, Dr. iur. und Lehrbeauftragter an der Universität Genf, sein Buch «Le contrat d'assurance de responsabilité civile», Lausanne, veröffentlicht. Es ist dies die umfassendste schweizerische Darstellung des Haftpflichtversicherungsrechts. – Sowohl die rechtliche als auch die versicherungstechnische Seite behandelt OTTO MÜLLER, Dr. iur., in seinem Buch «Haftpflichtversicherung». Es ist 1985 als Leitfaden für das Versicherungswesen erschienen.

OSTERTAG/HIESTAND, Das Bundesgesetz über den Versicherungsvertrag, 2. A. 1928, gibt eine gedrängte systematische Darstellung und enthält überdies einen Kurzkommentar zu den einzelnen Gesetzesbestimmungen.

c) Neben diesen Gesamtwerken sind ungezählte Monographien, namentlich – aber nicht nur – Dissertationen verfasst worden. Ein umfassendes Verzeichnis der Literatur findet sich bei M. KUHN, der Einfluss der Harmonisierungsbestrebungen der EG und des Art. 31[sexies] BV auf eine künftige Gestaltung des schweizerischen VVG, 1986.

Die Schweiz. Versicherungs-Zeitschrift publiziert u. a. Aufsätze und gelegentlich auch Besprechungen von Gerichtsurteilen zum Versicherungsrecht, ebenso der Schweiz. Versicherungs-Kurier.

2. Ausländische Literatur

Übersicht über wichtigere Standardwerke
a) Deutsches Recht:
BRUCK/MÖLLER, Komm. zum Versicherungsvertragsgesetz, 8. A.
Band I §§ 1–48, 1961
Band II §§ 49–80, 1980
Band IV §§ 149–158a, 1970
Band VI/1 §§ 179–185, 1978
EICHLER HERMANN, Versicherungsrecht, 1966
MÖLLER H., Versicherungsvertragsrecht, 1971
PRÖLSS/MARTIN, Kurzkommentar zum Versicherungsvertragsgesetz, 23. A., 1984

---

[388] Auch andere Leitfäden behandeln neben versicherungstechnischen versicherungsrechtliche Fragen; vgl. das Literaturverzeichnis vorne S. 32.

PRÖLSS/SCHMIDT/FREY, Versicherungsaufsichtsgesetz, 9. A., 1983.

Da das deutsche VVG und das Versicherungsaufsichtsgesetz den entsprechenden schweizerischen Gesetzen in zahlreichen Fragen ähnlich sind, kann die deutsche Literatur mit den üblichen Vorbehalten hinsichtlich internationaler Rechtsvergleichung auch für das schweizerische Recht berücksichtigt werden.

b) Österreichisches Recht:

EHRENZWEIG, Deutsches (Österreichisches) Versicherungsvertragsrecht 1952.

c) Französisches Recht:

PICARD et BESSON, Les assurances terrestres en droit français Paris, Band I, 5. A. 1982; Band II, 1977; Band III, 1943, Band IV, 1945.

d) Italienisches Recht:

DONATI A., Trattato del diritto delle assicurazioni private, Band I 1952, II 1954 und III 1956.

Generali, Assicurazioni Generali, Massime di Giurisprudenza, herausgegeben und bearbeitet von Dr. A. BERNARDI und Avv. E. MENNA, 1985.

2. TEIL: VERSICHERUNGSVERTRAG

1. Abschnitt: Entstehung und Beendigung des Versicherungsvertrages

§ 14 VERTRAGSPARTEIEN

I. VERSICHERUNGSNEHMER

1. Versicherungsnehmer ist diejenige Vertragspartei, die durch den Abschluss des Versicherungsvertrages für sich selbst und/oder für andere Personen Versicherungsschutz[389] erhält. Er ist Prämienschuldner.

2. Das VVG regelt nicht selbst, welche Personen einen Versicherungsvertrag abschliessen können. Es gilt somit das gemeine Recht[390]. Dazu gehören z. B. Bestimmungen des ZGB über die Rechtsfähigkeit, Handlungsfähigkeit, über die Stellung der Ehefrau usw.[391]. Versicherungsnehmer kann jede natürliche und juristische Person sein.

3. Den Versicherungsvertrag selbst abschliessen können somit nach Art. 12 f. ZGB nur handlungsfähige, d. h. solche Personen, die mündig und urteilsfähig sind. Beschränkt handlungsfähige, d. h. urteilsfähige unmündige oder entmündigte Personen, benötigen nach Art. 19 ZGB die Zustimmung ihrer gesetzlichen Vertreter, da der Vertrag mit Pflichten verbunden ist. Beschränkt Handlungsfähige schliessen in grosser Zahl z. B. im Zusammenhang mit dem Betrieb von Motorfahrzeugen Verträge, besonders die obligatorische Haftpflicht- und die Kaskoversicherung, ab. Die Versicherer sehen in der Regel davon ab, die ausdrückliche Zustimmung des gesetz-

---

[389] Ähnlich KOENIG S. 45 und VIRET, Privatversicherungsrecht S. 87. Wer durch den Vertrag Versicherungsschutz geniesst, ist versicherte Person; vgl. vorne bei N 319.

[390] Vgl. vorne bei N 276.

[391] Art. 11, 18, 19, 279 f., 407, 410 usw. ZGB. – Einzelheiten bei TUOR P., Das Schweizerische Zivilgesetzbuch, 9. A., § 9; E. BUCHER, Berner Komm. zu den Art. 11–26 ZGB, 3. A., Bern 1976; VIRET a. a. O. S. 87 f. u. a. m.

lichen Vertreters zu verlangen. Sie gehen davon aus, dass diese vorliegt, wenn der beschränkt Handlungsfähige sich als Halter eines Motorfahrzeuges vorstellt, von der zuständigen Behörde den Fahrzeugausweis bekommt und die Prämien bezahlt.

4. Wenn die öffentliche Verwaltung Versicherungsverträge abschliesst, so gelten ebenfalls die für den Vertragsabschluss bestehenden öffentlichrechtlichen und privatrechtlichen Normen. Öffentlich-rechtlich sind in dieser Hinsicht etwa jene Normen, welche die Kompetenzen einer Amtsstelle, einer öffentlichen Körperschaft oder Anstalt, und deren Aufgaben festlegen. Wenn z. B. die Verwaltung eines öffentlichen Krankenhauses Ärzte und Pflegepersonal gegen Unfall und Haftpflicht versichern will, muss sie prüfen, ob sie selbst zum Abschluss von Versicherungsverträgen zuständig ist und ferner, ob das Krankenhaus rechtsfähig ist, also das Recht der Persönlichkeit besitzt. Andernfalls werden die zuständigen vorgesetzten Stellen, z. B. das Finanzdepartement namens des Kantons, den Vertrag abschliessen. Die Versicherer gehen von der Vermutung aus, dass eine Verwaltungseinheit oder eine Behörde – ein Krankenhaus, ein Schulamt usw. – die Kompetenz zum Vertragsabschluss besitzt, wenn sie einen Versicherungsantrag stellt und unterzeichnet.

II. VERSICHERER

1. Versicherer ist jene Vertragspartei, welche sich zu Leistungen im Versicherungsfall verpflichtet. Versicherungsverträge, die unter das VVG fallen, können nur von Versicherern abgeschlossen werden, welche der Aufsicht des Bundes gemäss Versicherungsaufsichtsgesetz unterliegen[392].

2. Der in der Praxis oft verwendete Ausdruck Versicherungsträger ist kein Rechtsbegriff des Privatversicherungsrechts, sondern ein technischer Oberbegriff. Unter ihm wird in der privaten und in der öffentlichen Versicherung jede organisatorische Einheit verstanden, die in bestimmten Bereichen Versicherungsschutz organisiert und gewährt[393].

---

[392] Weiteres vorne bei den N 123 und 251.

[393] Versicherungsträger in diesem Sinne sind also z. B. die privaten Versicherungseinrichtungen nach VAG und – im Gebiete der Sozialversicherung – die SUVA, die anerkannten Kranken- und Arbeitslosenversicherungskassen u. a. m. Vgl. zur Terminologie vorne bei N 175.

Daneben ist auch von Risikoträger die Rede. Dieser ebenfalls versicherungstechnische Begriff bedeutet, dass eine organisatorische Einheit das finanzielle Risiko aus dem Versicherungsverhältnis trägt. Dies trifft regelmässig zu, wenn private Gesellschaften Versicherungsverträge abschliessen. Gelegentlich übernehmen sie jedoch vom Staat oder von andern Versicherungsgesellschaften Aufgaben, die sie nicht zu Risikoträgern machen, ihnen aber nach aussen leicht den Anschein eines solchen geben könnten. Dazu zwei Beispiele: Wenn ein ausländisches Motorfahrzeug, das weder einen Versicherungsausweis noch eine Grenzversicherung besitzt, in der Schweiz einen Schaden verursacht, besteht für die Geschädigten gemäss Art. 46 VVV die sog. subsidiäre Deckung. Eine Versicherungsgesellschaft führt im Auftrag und auf Rechnung des Bundes die Schadenregulierung durch. Sie wird nicht Risikoträgerin, da sie weder Prämien erhebt noch zu ihren Lasten Leistungen erbringt. Vielmehr ersetzt ihr der Bund ihre Auslagen und gewährt ihr für ihre Arbeit eine Entschädigung. In den Augen der meisten Geschädigten ist sie jedoch verantwortlicher Versicherer. – Vor allem Aufgaben im Rahmen der Schadenregulierung übernehmen in der Schweiz domizilierte Versicherungsgesellschaften für nur im Ausland tätige Versicherungsgesellschaften, die in der Schweiz Schäden zu erledigen haben. Dies kommt z. B. öfters vor, wenn eine in der Schweiz wohnhafte Person im Ausland durch ein Motorfahrzeug verletzt wird. Eine in der Schweiz domizilierte Versicherungsgesellschaft übernimmt dann den Auftrag, den Versicherungsfall auf Rechnung der ausländischen Gesellschaft mit dem Geschädigten in der Schweiz zu erledigen. Auch sie wird dadurch nicht zur Risikoträgerin, da sie keine versicherte Gefahr getragen hat, sondern lediglich eine Art Rechtshilfe leistet[394].

3. Am gleichen Versicherungsvertrag können zwei oder mehrere Versicherer als Vertragsparteien beteiligt sein. Dies trifft bei der Mitversicherung zu. Jeder Versicherer wird gegenüber dem Versicherungsnehmer und Anspruchsberechtigten nur für den vertraglich vereinbarten Anteil Schuld-

---

[394] Die Ausgleichskassen der AHV/IV sind ebenfalls nicht Risikoträger. Sie haben nicht die Kompetenz, die Beiträge (Prämien) der Versicherten festzusetzen und sind auch nicht verantwortlich, wenn die von ihnen eingenommenen Beiträge nicht ausreichen, um die Versicherungsleistungen zu bezahlen; vgl. MAURER, SVR I S. 242.

ner der Versicherungsleistungen. Er ist nur «Teilschuldner»[395]. Es gilt somit nicht der Grundsatz der Solidarität. Nach diesem hat jeder Schuldner zwar für die volle Leistung einzustehen, durch seine Leistung werden die andern Schuldner aber von der Leistungspflicht befreit, weshalb der Gläubiger die vereinbarte Leistung insgesamt nur einmal erhält[396]. Die Mitversicherung wird vorzugsweise für die Versicherung von Grossrisiken verwendet, z. B. von Atomkraftwerken, Flugzeugen, Industrierisiken usw. Sie kommt in manchen Versicherungszweigen vor, namentlich aber in der Feuer- und in der Haftpflichtversicherung[397], wo sie von grosser praktischer Bedeutung ist. Indem sich mehrere Mitversicherer am Vertrage beteiligen, können sie entsprechend höhere Versicherungssummen decken[398]. Der einzelne Mitversicherer ist grundsätzlich frei, für seinen Anteil teilweise eine Rückversicherung abzuschliessen[399]. Der Versicherungsvertrag betraut regelmässig einen Versicherer mit der Führung (Führungsklausel). Versicherungsnehmer und Anspruchsberechtigte haben nur mit diesem zu verkehren[400]. Die Mitversicherung ist im VVG nicht geregelt.

4. Wenn der Direktversicherer das im Vertrag mit dem Versicherungsnehmer vereinbarte Risiko ganz oder teilweise rückversichert[401], so wird

---

[395] Es handelt sich um eine Teil- oder Partialobligation (Obligation = Verpflichtung, Schuld); VON TUHR/ESCHER, Obligationenrecht II S. 290 f.

[396] Zum Begriff der Solidarität vgl. VON TUHR/ESCHER, Obligationenrecht II S. 291 und 297 ff., GUHL/MERZ/KUMMER, Obligationenrecht S. 30 ff. sowie hinten bei den N 1090 ff.

[397] Auch Versicherungspools, z. B. der Nuklear- und der Luftpool, sind weitgehend auf dem Gedanken der Mitversicherung aufgebaut; vgl. vorne bei N 47.

[398] Bei der Mitversicherung liegt eine Risikoteilung, bei der Rückversicherung eine Risikoüberwälzung vor.

[399] Dies ist z. B. im Nuklearpool nicht erlaubt, da er die Rückversicherung selbst tätigt. Damit wird die Transparenz der Rückversicherung gewährleistet und die Entstehung verdeckter Rückversicherungskumuls verhindert. – Wenn die Leistung eines Mitversicherers – z. B. wegen Insolvenz – ausfällt, so haften die übrigen Mitversicherer gegenüber dem VN nicht für den ausfallenden Betrag, sofern dies nicht ausdrücklich im Vertrag vereinbart ist.

[400] Weiteres zur Mitversicherung bei GRUSS, Versicherungswirtschaft S. 72, PICARD et BESSON, Le contrat d'assurance I S. 350 ff., und EICHLER, Versicherungsrecht S. 147.

[401] Vgl. zu den Begriffen Erst- oder Direkt- und Rückversicherer vorne bei N 317 und hinten § 53.

der Rückversicherer nicht Vertragspartei jenes Versicherungsvertrages. Ein Vertragsverhältnis besteht lediglich zwischen Rückversicherer und Erstversicherer, nicht aber zwischen Rückversicherer und dem Versicherungsnehmer des Erstversicherers. Der Erstversicherer ist daher gegenüber seinem Versicherungsnehmer auch dann zur vollen Versicherungsleistung verpflichtet, wenn der Rückversicherer aus irgendeinem Grunde seiner Leistungspflicht nicht nachkommt[402].

5. a) Gemäss VAG 11 können ausser Aktiengesellschaften auch Genossenschaften private Versicherungseinrichtungen und damit Versicherer im Sinne des VVG sein[403]. Für die Versicherungsgenossenschaften stellt das Obligationenrecht einige besondere Bestimmungen auf. So können sie, wenn sie mehr als 1000 Mitglieder zählen, durch die Statuten die Befugnisse der Generalversammlung ganz oder teilweise der Verwaltung übertragen. Unübertragbar sind nur wenige, in OR 893 II genannte Befugnisse. Damit kann der Verwaltungsrat äusserst weitgehende Kompetenzen bekommen, z. B. jene, Jahresrechnung und Bilanz abzunehmen, über die Verteilung des Reingewinnes zu entscheiden usw.[404].

b) Wenn die Zugehörigkeit zur Genossenschaft mit einem Versicherungsvertrag bei ihr verknüpft ist, so wird die Mitgliedschaft gemäss OR 841 I mit der Annahme des Versicherungsvertrages durch die Genossenschaft erworben, ohne dass es einer besonderen Beitrittserklärung bedarf. Ebenso zieht nach OR 848 der Hinfall des Versicherungsvertrages den Verlust der Mitgliedschaft bei der Genossenschaft nach sich[405].

c) Die von der Versicherungsgenossenschaft abgeschlossenen Versicherungsverträge unterstehen in gleicher Weise dem VVG wie bei Aktienge-

---

[402] Dies kann z. B. der Fall sein, wenn der Staat, in welchem der Rückversicherer domiziliert ist, eine Devisensperre verhängt, so dass der Rückversicherer dem Erstversicherer die geschuldeten Beträge nicht überweisen darf; ebenfalls wenn der Rückversicherer zahlungsunfähig ist.
[403] Vgl. bereits vorne bei N 33a und N 57.
[404] Kritik dieser Regelung bei GUHL/MERZ/KUMMER, Obligationenrecht S. 761.
[405] Nach BGE 96 V 13 ff. sind die beiden erwähnten Bestimmungen auf die anerkannten Krankenkassen, sofern sie in die Rechtsform der Genossenschaft gekleidet sind, analog anzuwenden. – Die Versicherungsgenossenschaft kann Versicherungsverträge auch mit Nichtmitgliedern abschliessen. Bei grösseren Gesellschaften dürfte dies die Regel sein.

sellschaften[405a]. Das Versicherungsrecht hat vor dem Genossenschaftsrecht oder Aktienrecht grundsätzlich den Vorrang[406].

§ 15 VERSICHERUNGSAGENTEN

I. BEGRIFF UND ARTEN

1. Personen, die vom Versicherer ermächtigt sind, im Hinblick auf Versicherungsverträge den geschäftlichen Verkehr mit Dritten zu vermitteln, bezeichnet man in einem weiten Sinn als Agenten oder Versicherungsagenten[406a]. Der Versicherer kann ihnen die verschiedensten Aufgaben übertragen, z. B. den Abschluss neuer oder die Anpassung bestehender Versicherungsverträge an veränderte Umstände, Erledigung von Versicherungsfällen usw. Sie sind haupt- oder nebenberuflich tätig. In der Hierarchie und Organisation des Unternehmens können sie unterschiedliche Stellungen einnehmen, z. B. als General-, Haupt-, Bezirks-, Lokalagent, als Versicherungs-Inspektor usw. Oft üben Personen für den Versicherer Funktionen eines Agenten aus, ohne einen entsprechenden Titel zu führen.

2. Agenten in diesem Sinne sind mit dem Hauptsitz oder mit Geschäftsstellen durch einen Agentur- oder einen Arbeitsvertrag[407] verbunden (Art.

[405a] Dies gilt sinngemäss auch für die anerkannten Krankenkassen, soweit sie Genossenschaften sind: Das Versicherungsverhältnis beurteilt sich nach KVG; BGE 96 V 13 ff.

[406] Weiteres bei FORSTMOSER PETER, Berner Komm. zu Art. 841 OR N 10, 21 ff. sowie FREIVOGEL ANDREAS, SJZ 1985 S. 284. – Die Frage, welches Recht den Vorrang besitzt, ist bedeutsam, wenn die Folgen eines Versicherungsfalles beim Erlöschen der Mitgliedschaft weiterdauern, z. B. wenn nach einem Unfall immer noch ärztliche Behandlung erforderlich ist. Muss der Versicherer für die Zeit nach dem Erlöschen der Mitgliedschaft Leistungen erbringen? Vgl. dazu hinten bei den N 518a ff.

[406a] Ähnlich KELLER, Komm. I S. 499.

[407] Vgl. vorne bei den N 39 ff. – Das Arbeits- und Agenturvertragsrecht ist hier nicht darzustellen. Hingegen sei die Legaldefinition wiedergegeben, die Art. 418a OR enthält: «Agent ist, wer die Verpflichtung übernimmt, *dauernd* für einen oder mehrere Auftraggeber Geschäfte zu vermitteln oder in ihrem Namen und für ihre Rechnung abzuschliessen, ohne zu den Auftraggebern in einem Arbeitsverhältnis zu stehen». Somit ist zuerst zu prüfen, ob ein Arbeitsvertrag vorliegt; wird diese Frage verneint, kommt ein Agenturvertrag oder allenfalls ein Auftrag in Betracht. Die Prüfung erfolgt per exclusionem.

418a und 319 ff. OR) oder arbeiten gelegentlich im Auftragsverhältnis (Art. 394 ff. OR)[408].

3. Vom Agenten ist der Makler – er wird auch Broker genannt – zu unterscheiden. Der Makler handelt im Auftrag des Kunden (Versicherungsnehmer, -interessent usw.) und nicht des Versicherers. Er prüft und entscheidet in der Regel, mit welchem Versicherer er für seinen Kunden den Versicherungsvertrag abschliesst. Vom Versicherer hat er – im Gegensatz zum Agenten – keine Weisungen für seine Geschäftsführung entgegenzunehmen. Er vertritt die Interessen des Kunden und nicht jene des Versicherers. Rechtlich besteht ein Maklervertrag gemäss Art. 412 OR[408a].

II. VERTRETUNGSBEFUGNIS DES AGENTEN

1. Im Vertrag, den der Agent mit dem Versicherer oder seinen Geschäftsstellen abschliesst, sind seine Aufgaben und Kompetenzen mehr oder weniger einlässlich umschrieben; oft werden sie auch von Fall zu Fall festgelegt. Dies ist das interne Rechtsverhältnis. Von ihm muss die externe Rechtsstellung des Agenten unterschieden werden. Sie lässt sich etwa in folgende Frage kleiden: Welche Handlungen oder Unterlassungen des Agenten gegenüber Dritten – Versicherungsinteressenten, Versicherungsnehmern, Anspruchstellern usw. – muss der Versicherer wie eigenes Verhalten gegen sich gelten lassen? Dies ist m. a. W. die Frage, ob und in welchem Umfange der Agent Vertretungsbefugnisse hat, also mit verbindlicher Wirkung für den Versicherer handeln kann.

2. Das Institut der Stellvertretung und der Vollmacht regeln Art. 32 ff. OR. Besonders zu erwähnen ist Art. 38 OR; er bestimmt, wann der Vertretene gebunden, d. h. verpflichtet wird, falls der Vertreter handelt, ohne dazu ermächtigt zu sein; oder anders gefragt: Wird der Vertretene auch

---

[408] Vgl. zur Organisation des Aussendienstes GRUSS, Versicherungswirtschaft S. 105 ff. und vorne bei N 42.

[408a] Das Brokersystem ist in zahlreichen Ländern, z. B. in Belgien, den Niederlanden, Grossbritannien, Frankreich usw., sehr verbreitet; in der Schweiz spielt es eine eher nebensächliche Rolle, da hier das Agentensystem bei weitem vorherrscht. Vgl. zur rechtlichen Stellung des Courtier (Broker) im französischen Recht PICARD et BESSON, Assurances terrestres, Band II, S. 258 ff. und im deutschen Recht PRÖLSS-MARTIN, deutsches VVG §§ 43 ff.

dann verpflichtet, wenn der Vertreter die ihm erteilte Vollmacht und damit seine Kompetenzen überschreitet?

3. Art. 34 VVG enthält über die Vertretungsbefugnis des Agenten eine Sonderregelung, die teils erheblich von den Art. 32 ff. OR abweicht. Freilich ist sein Randtitel unzutreffend, da er von der «Verantwortlichkeit des Versicherers für seine Agenten» spricht. Es geht aber nicht um die Verantwortlichkeit, d. h. um die Haftpflicht des Versicherers für das Verhalten des Agenten, wenn dieser einem Dritten Schaden zufügt[409]. Vielmehr zielt Art. 34 VVG auf folgende Fragen: Inwieweit darf der Dritte – Versicherungsinteressent usw. – annehmen, der Agent sei vom Versicherer ermächtigt, für diesen verbindlich zu handeln? Welche Ermächtigung kann also der Dritte als gegeben voraussetzen? Sein Abs. 1 regelt diese Fragen wie folgt: «Der Agent gilt dem Versicherungsnehmer gegenüber als ermächtigt, für den Versicherer alle diejenigen Handlungen vorzunehmen, welche die Verrichtungen eines solchen Agenten gewöhnlich mit sich bringen, oder die der Agent mit stillschweigender Genehmigung des Versicherers vorzunehmen pflegt.» Dazu einige Einzelheiten:

a) Der Versicherer wird nur gebunden, wenn er oder eine seiner Geschäftsstellen den Agenten als solchen bestellt, wenn er ihm überhaupt durch Vertrag die Befugnis erteilt hat, mit Dritten für ihn tätig zu werden. Dies trifft nicht zu, wenn er keinerlei entsprechenden Vertrag mit ihm abgeschlossen hat[410]. Erst wenn er die Bestellung nach aussen kundtut, gilt sie als erfolgt. Diese Kundgebung geschieht meistens stillschweigend, indem der Versicherer eine Person extern für sich tatsächlich handeln lässt[411]. Oft kündigt er durch Inserate in der Presse an, wenn er Posten in

---

[409] Beispiel: Der Agent besucht einen Kunden, der einen Versicherungsvertrag abschliessen möchte. Er zerschlägt aus Unaufmerksamkeit eine Vase des Kunden. Die Frage, ob der *Versicherer* für den Schaden des Kunden haftet, beurteilt sich nicht etwa nach Art. 34 VVG, sondern nach gemeinem Recht, z. B. nach Art. 55 oder 97/101 OR. Vgl. Näheres bei KELLER, Komm. I S. 501 f.

[410] Wenn sich X fälschlicherweise als Agent der Gesellschaft Y ausgibt und dabei Prämien bei einem VN der Y einkassiert, dann bezahlt dieser VN seine Prämie nicht mit befreiender Wirkung. Er ist einem Betrug zum Opfer gefallen und muss die Prämie nochmals – der Y – bezahlen.

[411] Vgl. zur Bestellung des Agenten: KOENIG S. 63 und einlässlicher KELLER, Komm. I S. 500 f.

seiner Aussenorganisation neu besetzt, wenn er also z. B. einen Generalagenten oder einen Lokalagenten ernennt.

b) Art. 34 VVG ist unabhängig davon anwendbar, ob der Agent durch Agentur-, durch Arbeitsvertrag oder durch Auftrag mit dem Versicherer oder einer Geschäftsstelle verbunden ist. Er verwendet den Ausdruck des Agenten in einem speziellen versicherungsrechtlichen Sinn[412].

c) Wenn Art. 34 Abs. 1 VVG bestimmt, dass der Agent als ermächtigt gilt, für den Versicherer diejenigen Handlungen vorzunehmen, «welche die Verrichtungen eines solchen Agenten gewöhnlich mit sich bringen», so stellt er über den Umfang der Vertretungsbefugnis eine unwiderlegbare Rechtsvermutung auf; ebenfalls mit der Bestimmung, der Agent gelte für Verrichtungen als ermächtigt, die er «mit stillschweigender Genehmigung des Versicherers vorzunehmen pflegt». Diese Umschreibung setzt einen objektiven Massstab. Es kommt nicht darauf an, welche Befugnis der einzelne Kunde angenommen hat, sondern darauf, welche Befugnis sich bei den gegebenen Umständen nach allgemeiner Verkehrsauffassung ergibt. Man stellt auf den Eindruck ab, den der Versicherer durch seine ausdrückliche und stillschweigende Kundgebung macht, z. B. welchen Titel auf Visitenkarten, Briefköpfen usw. und welches Auftreten des Agenten er toleriert. Der Versicherer soll im allgemeinen das Vertrauen honorieren, das der Agent durch sein Gebaren beim Publikum erweckt. Freilich besteht keine exakte «Verkehrsauffassung» darüber, welche Funktionen ein Agent gewöhnlich ausübt. Doktrin und Praxis unterscheiden daher – in Anlehnung an das deutsche Recht – zwei Haupttypen von Agenten:

aa) *Abschlussagent.* Er ist ermächtigt, Versicherungsverträge in mehr oder weniger weitem Rahmen selbst abzuschliessen oder bestehende Verträge zu ändern, aufzuheben usw. So sind z. B. zahlreiche Generalagenten vertraglich befugt, Motorfahrzeugversicherungen, Privathaftpflicht- und Hausratversicherungen usw., die zum «Massengeschäft» gehören, abzuschliessen, ohne sie zuvor der Direktion vorlegen zu müssen. Sie sind dann häufig gleichzeitig auch ermächtigt, im Hinblick auf die einzelnen Verträ-

---

[412] KELLER, Komm. I S. 499. KOENIG S. 60 f. scheint von der Annahme auszugehen, dass grundsätzlich nur Agentur-, nicht auch Arbeitsverträge unter Art. 34 VVG fallen.

ge die vorläufige Deckungszusage abzugeben[413]. Der Versicherer hat den Vertrag so gegen sich gelten zu lassen, wie der Agent ihn abgeschlossen hat. Er muss sich das Wissen des Agenten z. B. hinsichtlich der Gefahrstatsachen als eigenes anrechnen lassen. Der Abschlussagent ist endlich befugt, Mitteilungen jeder Art entgegenzunehmen, soweit sie den Versicherungsvertrag betreffen, also z. B. Schadenanzeigen. Der Versicherer kann jedoch dem Agenten durch eine ausdrückliche Klausel im Versicherungsvertrag – gemäss der singulären Vorschrift in Art. 44 Abs. 3 Satz 2 VVG – die Befugnis, Mitteilungen entgegenzunehmen, entziehen.

bb) *Vermittlungsagent*. Er kann keine Verträge für den Versicherer abschliessen, sondern nur den Abschluss vermitteln. Somit muss er den Antrag an den Versicherer zur Entscheidung über Annahme oder Ablehnung weiterleiten. Dies ist z. B. in der Lebensversicherung allgemein üblich: Der Lebensversicherer entscheidet in der Regel über die sog. Risikoannahme selbst[414]. Der Vermittlungsagent ist vor allem befugt – und verpflichtet –, dem Interessenten die erforderliche Belehrung und Aufklärung über den Sinngehalt der Versicherungsbedingungen und der im Antrag gestellten Fragen zu erteilen, den Antrag zur Weiterleitung an den Versicherer entgegenzunehmen usw.[415]. Der Kunde darf sich darauf verlassen, dass ihm der Vermittlungsagent unklare oder technisch eher schwierige Fragen richtig erklärt. Unrichtige Aufklärung und Belehrungen des Vermittlungsagenten binden den Versicherer[416]. In einem gewissen Umfange muss sich somit der Versicherer das Wissen und das Verhalten des Vermittlungsagenten als eigenes zurechnen.

[413] Vgl. hinten bei N 475a. – Näheres zum Abschlussagenten bei KELLER, Komm. I S. 506 ff., KOENIG S. 64 f., BREHM, Le contrat d'assurance RC, No. 80 und GRUSS, Versicherungswirtschaft S. 108 f.

[414] Ausser etwa bei der Volksversicherung: Bei dieser Form der Lebensversicherung wird nur eine eher geringe Versicherungssumme zugelassen; sie kann ohne ärztliche Untersuchung des Antragstellers abgeschlossen werden. – Zur Unterscheidung von Abschluss- und Vermittlungsagent nach deutschem Recht vgl. BRUCK-MÖLLER, Komm. I § 43 Anm. I, 1 ff. und § 45 Anm. I, 1 ff.

[415] Weitere Einzelheiten bei KELLER, Komm. I S. 509 ff.

[416] Einlässlich über Befugnisse und Pflichten des Vermittlungsagenten BGE 96 II 214 ff. Im Antragsformular wurde gefragt: Leiden Sie unter Bronchitis? Der Kunde erklärte dem Vermittlungsagenten, er habe jeden Winter Erkältungskrankheiten. Der Agent füllte den Antrag selbst aus, verneinte die Frage der Bronchitis und erwähnte auch nichts von Erkältungskrankheiten. Als der VN später wieder an

d) Der Versicherer kann dem Agenten Vertretungsbefugnisse einräumen, die über den Umfang hinausgehen, der sich aus Art. 34 Abs. 1 VVG ergibt. Dies kommt etwa vor, wenn er ein Mitglied der Direktion zum Abschluss von Verträgen von besonders grosser Tragweite ermächtigt. Hingegen darf der Versicherer die durch Art. 34 Abs. 1 VVG umschriebene Befugnis nicht einengen, da es sich um eine halbzwingende Bestimmung gemäss Art. 98 VVG handelt[417]. Eine solche Einengung wäre selbst dann nicht wirksam, wenn sie gegen aussen, z. B. durch Inserate in der Presse, kundgetan würde.

e) Wohl muss sich der Versicherer das Verhalten des Agenten im Sinne von Art. 34 Abs. 1 VVG auch dann als eigenes zurechnen lassen, wenn der Agent die Befugnis überschreitet, welche ihm der Versicherer vertraglich eingeräumt hat. Der Agent verletzt jedoch durch die Kompetenzüberschreitung seine vertraglichen Pflichten gegenüber dem Versicherer. Dieser kann daher, wenn er durch die Vertragsverletzung geschädigt wird, Schadenersatz verlangen (z. B. nach Art. 97 ff. OR)[418].

Bronchitis erkrankte, trat der Versicherer wegen Anzeigepflichtverletzung vom Vertrage zurück. Das BGer schützte die Klage des VN und erklärte den Vertrag als verbindlich. Der VN durfte sich darauf verlassen, dass der Vermittlungsagent die Erkältungskrankheiten im Antrag erwähne, sofern dies erforderlich sei. Es gehöre zur Belehrungs- und Aufklärungspflicht des Vermittlungsagenten, dem Kunden zu erläutern, ob seine Erkältungskrankheiten unter den Begriff der Bronchitis fallen und im Antrag zu erwähnen seien. – Der Versicherer wird nicht gebunden, wenn der Agent zu einer klaren, einfachen und verständlichen Frage, die der Kunde ohne weiteres verstehen kann, unrichtige Belehrungen erteilt. Im Antrag bei Abschluss einer Feuerversicherung war gefragt worden, ob die Antragstellerin schon Schäden erlitten habe. Sie antwortete gegen besseres Wissen mit Nein. Als der Versicherer nach einem grösseren Schadenfall vom Vertrag zurücktrat, gab sie an, der Agent habe die unrichtige Antwort veranlasst. Das BGer schützte den Rücktritt vom Vertrag. Es habe sich um eine absolut klare Frage gehandelt. Die Klägerin habe sie nicht gutgläubig verneinen dürfen. Das Verhalten des Agenten sei dem Versicherer nicht zuzurechnen. U des BGer vom 26. 1. 1979 (SVA XIV Nr. 65). – Vgl. zur Anzeigepflichtverletzung hinten bei N 552a.

[417] Vgl. vorne bei N 270.
[418] Beispiel: Der Agent hat die Weisung, Anträge für die Haftpflichtversicherung industrieller Unternehmungen der Direktion zur Entscheidung vorzulegen. Er setzt sich darüber hinweg und schliesst einen Vertrag ab, obschon die Direktion den Antrag wegen ungünstiger Risikobeurteilung abgelehnt hätte. Kurze Zeit später meldet der VN einen grossen Haftpflichtfall. Der Versicherer kann den Agenten

4. Nach Art. 34 Abs. 2 VVG ist der Agent – also auch der Abschlussagent – nicht befugt, von den AVB abzuweichen, und zwar weder zugunsten noch zuungunsten des Versicherungsnehmers[419].

§ 16 ABSCHLUSS DES VERSICHERUNGSVERTRAGES

I. RECHTSNATUR DES VERSICHERUNGSVERTRAGES

1. a) Der Versicherungsvertrag ist ein zweiseitiger Vertrag, da sowohl Versicherer als auch Versicherungsnehmer Gläubiger und zugleich Schuldner sein können[420]. Jede Vertragspartei hat Rechte und Pflichten. Dabei werden Haupt- und Nebenverpflichtungen unterschieden. Sie werden auch Haupt- und Nebenleistungen genannt. – Hauptverpflichtungen sind die Prämienzahlungspflicht des Versicherungsnehmers und die Pflicht des Versicherers, im Versicherungsfall die vereinbarten Leistungen zu erbringen[421]. Nebenverpflichtungen sind die übrigen Verpflichtungen der Vertragsparteien, die auf Gesetz oder Vertrag beruhen können[422]. Sie fallen zur Hauptsache unter den vom VVG verwendeten Begriff der Obliegenheiten[423].

b) Die Hauptleistungen stehen in einer gewissen Abhängigkeit zuein-

wegen des ihm entstandenen Schadens – er muss eine hohe Haftpflichtentschädigung bezahlen – auf Schadenersatz belangen (Art. 97 ff. OR). In der Praxis sind solche Fälle jedoch selten.

[419] Der Versicherer kann ihn aber stillschweigend oder ausdrücklich dazu ermächtigen; BGE 83 II 75 ff.

[420] Zur Einteilung der Verträge vgl. VON TUHR/PETER, Obligationenrecht I S. 148 ff. – Der Versicherungsvertrag ist als sog. *wesentlich* zweiseitiger Vertrag zu verstehen, da er den Austausch von Leistungen bezweckt (Prämie–Versicherungsleistungen). Wesentlich zweiseitige Verträge werden synallagmatische Verträge genannt; VON TUHR/PETER a. a. O. S. 149 N 38. Vgl. zum Synallagma des Versicherungsvertrages HUNGERBÜHLER, Äquivalenz S. 21 ff. und zum Begriff des Versicherungsvertrages vorne bei N 350.

[421] KOENIG S. 93 ff. – Der Verpflichtung der einen Partei steht die entsprechende Forderung der andern Partei gegenüber.

[422] GUHL/MERZ/KUMMER, Obligationenrecht S. 13.

[423] Vgl. hinten bei den N 698 ff. – Zum Verhältnis von Haupt- und Nebenpflichten eingehend SCHAER, Obliegenheiten S. 28 ff.

ander. Zwischen ihnen sollte ein angemessenes versicherungstechnisches Gleichgewicht, d. h. eine gewisse Gleichwertigkeit, bestehen. Man nennt es das Äquivalenzprinzip[424]. Allein der Versicherungsnehmer hat nicht etwa generell einen versicherungsrechtlichen Anspruch gegenüber dem Versicherer, dass das Äquivalenzprinzip, also die Gleichwertigkeit zwischen Prämie und Versicherungsleistung, gewahrt sein müsse; ein solcher Anspruch steht ihm nur zu, wenn und soweit ihn das VVG ausdrücklich vorsieht, so z. B. in Art. 50: Hat sich der Versicherungswert in der Sachversicherung wesentlich vermindert, so kann die verhältnismässige Herabsetzung der Summe verlangt werden, und der Versicherungsnehmer hat einen Anspruch auf eine entsprechende Ermässigung der Prämie für die künftigen Perioden. Im übrigen ist das Äquivalenzprinzip im Aufsichtsrecht bedeutsam: Die Aufsichtsbehörde hat darüber zu wachen, dass die Prämientarife sachgerecht sind und nicht eine Übervorteilung des Versicherungsnehmers bewirken[425].

c) Die rechtliche Natur der Leistungspflicht des Versicherers ist umstritten. Nach der *Geldleistungstheorie* verspricht der Versicherer eine durch den Eintritt des Versicherungsfalles bedingte Hauptleistung, die meistens in Geld erfolgt. Danach handelt es sich um ein bedingtes Leistungsversprechen. Nach der *Gefahrtragungstheorie* besteht die Leistung des Versicherers in der «Gefahrtragung» (Organisation der Gefahrengemeinschaft, Bildung von Rückstellungen usw.)[426]. Sie rückt die Überlegung in den Vordergrund, dass zumindest dann keine gegenseitige Abhängigkeit der

---

[424] Das Äquivalenzprinzip wird im Privatversicherungsrecht im allgemeinen stärker als im Sozialversicherungsrecht betont; MAURER SVR I S. 53 ff. und EVGE 1968 S. 164. Vgl. ferner zur Relation der Prämie einerseits und den Versicherungsleistungen sowie dem Risiko andererseits vorne vor N 17 und besonders HUNGERBÜHLER, Äquivalenz S. 98 ff.

[425] Vgl. vorne N 186 und bei N 192. – Das versicherungstechnische Gleichgewicht muss, genau besehen, für die ganze Gefahrengemeinschaft bestehen; in ihm sollen sich namentlich die Prämieneinnahmen einerseits und die Versicherungsleistungen, Verwaltungskosten und der Gewinn des Versicherers andererseits halten. Der Prämientarif ist das Mittel, um es herbeizuführen. Für den einzelnen Versicherungsvertrag kann es nicht isoliert betrachtet werden; bei ihm ist lediglich feststellbar, ob er mit dem Prämientarif übereinstimmt.

[426] PRÖLSS-MARTIN, deutsches VVG § 1 N 2, A, I, a (S. 32 f.) mit zahlreichen Literaturhinweisen.

Hauptleistungen vorhanden wäre, wenn der Versicherer während der Vertragsdauer nie leistungspflichtig wurde, da kein Versicherungsfall eingetreten sei. Seine Leistung müsse deshalb schon in der Tragung der Gefahr erblickt werden. Heute dürfte wohl die Geldleistungstheorie vorherrschen. Die Tragung der Gefahr ist ein versicherungstechnischer, nicht aber ein vertraglicher Tatbestand. Nicht sie kann gerichtlich geltend gemacht werden, sondern nur die Leistung des Versicherers im Versicherungsfall. Vertraglich ist mithin das Leistungsversprechen entscheidend. Selbst wenn dieses bedingt ist, bleibt der Charakter der gegenseitigen Abhängigkeit der Leistungsversprechen, d. h. des Synallagmas, gewahrt[427, 428].

d) Das Vertragsrecht wird zur Hauptsache im OR geregelt. Dieses normiert, wie ein Vertrag entsteht, welche Wirkungen er entfaltet, sein Erlöschen usw. Das VVG enthält hinsichtlich des Versicherungsvertrages zahlreiche Bestimmungen, die von jenen des OR abweichen oder es ergänzen. Wenn es eine Frage nicht regelt, gilt subsidiär das OR (Art. 100 VVG)[429].

2. Vorerst sollen hier einige Hinweise folgen, wie Verträge nach OR entstehen. Nach Art. 1 OR kommt ein Vertrag dadurch zustande, dass zwei oder mehrere Personen übereinstimmende Willensäusserungen austauschen. Eine Partei stellt einen Antrag auf Abschluss eines Vertrages. Wenn die andere Partei den Antrag annimmt, ist der Vertrag zustande gekommen, vorausgesetzt, dass der Antrag alle für den Vertrag wesentlichen Punkte enthält[430]. Antrag und Annahme müssen inhaltlich übereinstimmen. Die Übereinstimmung der Willensäusserungen nennt man Einigung, Konsens[431]. Fehlt die Übereinstimmung der Willensäusserungen, so liegt Dissens vor[432]; bei Dissens ist der Vertrag nicht zustande gekommen. Konsens und Dissens beziehen sich nur auf die Willensäusserungen, nicht auf den inneren wirklichen Willen oder gar auf das Motiv zum Abschluss des Vertrages. Wenn aber die Äusserung nicht dem wirklichen Willen der Partei entspricht, welche sie gemacht hat, ist ein Willensmangel vorhanden.

---

[427] Eingehender KOENIG S. 97 f. und HUNGERBÜHLER a. a. O. S. 12 ff.
[428] Vgl. zur Rechtsnatur der Versicherungsleistung hinten vor N 974a.
[429] Vgl. jedoch vorne bei den N 276 f.
[430] Dies sind die essentialia negotii, vgl. dazu VON TUHR/PETER a. a. O. S. 155.
[431] Daher der Ausdruck Konsensualvertrag; der Versicherungsvertrag wird den Konsensualverträgen zugerechnet; KOENIG S. 67.
[432] VON TUHR/PETER a. a. O. S. 148 und 189.

Die Art. 23 ff. OR regeln die Folgen von Willensmängeln[433]. Die Normen über die Willensmängel gelten auch für Versicherungsverträge, da das VVG keine abweichende Regelung enthält[434].

II. VERSICHERUNGSANTRAG – BINDUNGSFRISTEN

1. Der Versicherungsantrag kann nach VVG formlos gestellt werden; er bedarf nicht der Schriftform. Die Versicherer verlangen jedoch in der Regel einen schriftlichen Antrag[435]. Sie geben dem Kunden ein gedrucktes Antragsformular[436] ab, das die wichtigsten Fragen enthält, z. B. jene, die sich auf die Beurteilung des Risikos[437], den Deckungsumfang[438], die Versicherungsleistungen[439], Beginn und Dauer der Deckung usw. beziehen.
2. Antragsteller ist regelmässig der Versicherungsinteressent, nicht der Versicherer[440]. Dessen Agent lädt jedoch häufig den Kunden ein, einen Antrag zu stellen, er «motiviert» ihn. Oft wird das Antragsformular gemeinsam von Agent und Kunde ausgefüllt. Der Kunde unterzeichnet es dann[441].

---

[433] Einzelheiten bei GUHL/MERZ/KUMMER, Obligationenrecht §§ 15 ff.

[434] BGE 90 II 454, U des BGer vom 22. 11. 1979, SVA XIV Nr. 101 S. 484 ff., VIRET, Privatversicherungsrecht S. 93 f. und hinten N 461.

[435] Eine Ausnahme bilden die «Automatenversicherungen»; so kann z. B. der Fluggast im Flughafen ein Geldstück in einen Automaten werfen und bekommt dafür die Bestätigung für die abgeschlossene, typisierte Reiseunfall- oder Gepäckversicherung usw. Der Antrag geht hier vom Versicherer aus.

[436] BGE 99 II 73: Das Gesetz schreibt nicht vor, dass der Antrag in einer der Landessprachen abgefasst sein müsse. Der Versicherer darf daher dem Antragsteller – mit dessen Einverständnis – ein Antragsformular in einer andern Sprache vorlegen.

[437] Vgl. hinten bei den N 539 ff.; in der Motorfahrzeug-Haftpflichtversicherung wird z. B. gefragt, wie viele Verkehrsunfälle der Antragsteller schon verursacht habe. Die Antwort gibt dem Versicherer einen Anhaltspunkt dafür, ob der Antragsteller ein gutes oder schlechtes Risiko bedeute; vgl. vorne bei den N 100 f.

[438] Beim Antrag über den Abschluss einer Unfallversicherung wird etwa gefragt: Sollen Unfälle beim Lenken eines Motorfahrzeuges versichert sein?

[439] Im Antrag über die Auto-Haftpflichtversicherung wird gefragt: Wünschen Sie die gesetzliche Mindestversicherungssumme oder die betraglich unbegrenzte Deckung (illimitée)? – Vgl. zum Begriff der Deckung vorne bei N 343a und hinten bei N 1486b.

[440] Eine Ausnahme bildet die soeben in N 435 erwähnte «Automatenversicherung». Weitere Ausnahmen erwähnt KELLER, Komm. I S. 29 und 40.

[441] Anschauliches Beispiel in BGE 96 II 214 ff.; vgl. vorne N 416. –

3. Art. 1 VVG regelt – abweichend vom OR – die Frage, wie lange der Antragsteller an seinen Antrag gebunden bleibt. Man spricht von den Bindungsfristen. Dazu folgendes:

a) Der Antragsteller bleibt 14 Tage an seinen Antrag gebunden (Abs. 1). Wenn die Versicherung eine ärztliche Untersuchung erfordert – vor allem in der Lebens-, ausnahmsweise auch in der Krankenversicherung –, so beträgt die Bindungsfrist vier Wochen (Abs. 2). Der Antragsteller kann dem Versicherer eine kürzere Bindungsfrist setzen.

b) Die Frist beginnt mit der Übergabe oder Absendung des Antrages an den Versicherer oder dessen Agenten zu laufen (Abs. 3).

Die Bindungsfrist gibt dem Versicherer Zeit, den Antrag zu prüfen, bevor er sich entscheidet, ob er ihn annimmt oder ablehnt.

4. Nach Art. 3 Abs. 1 VVG sind die AVB entweder in dem vom Versicherer ausgegebenen Antragsformular aufzunehmen oder dem Antragsteller vor Einreichung des Antragsformulars auszuhändigen. «Wird dieser Vorschrift nicht genügt, so ist der Antragsteller an den Antrag nicht gebunden» (Abs. 2). Der Gesetzgeber will damit dem Antragsteller wenigstens die Möglichkeit geben, die AVB zu prüfen oder doch zu lesen[442], bevor er sich bindet[443].

III. ANNAHME ODER ABLEHNUNG DES ANTRAGES DURCH DEN VERSICHERER

1. Nach Art. 1 Abs. 4 VVG wird der Antragsteller frei, wenn die Annahmeerklärung des Versicherers nicht vor Ablauf der Bindungsfrist bei ihm

---

[442] Soweit es sich um das «Massengeschäft» handelt, – Auto-Haftpflicht-, Unfall-, Hausratversicherung usw. –, tut dies der Antragsteller nach allgemeiner Erfahrung höchst selten. Die Materie kommt ihm fremd vor. Erst durch den Versicherungsfall wird sein Interesse geweckt. Er will dann sofort wissen, ob der Versicherer leistungspflichtig ist oder nicht. Er kann sich nicht etwa darauf berufen, er habe die AVB nicht gelesen und nicht gekannt. Vgl. jedoch zur Ungewöhnlichkeitsregel, die eine Bindung der schwächeren Vertragspartei unter bestimmten Voraussetzungen ausschliesst, vorne N 297a.

[443] Eigenartigerweise ist Art. 3 VVG nicht zwingend im Sinne von Art. 97 oder 98 VVG. Das BPV lässt jedoch kaum zu, dass der Versicherer in den AVB oder z. B. schon zum voraus mündlich oder schriftlich eine abweichende Regelung trifft. – U des Kantonsgerichts Wallis vom 2. 10. 1980 in SVA XIV Nr. 3: Der Vertrag kann

eingetroffen ist. Somit kommt der Vertrag nur zustande, wenn überhaupt eine Annahmeerklärung erfolgt und überdies beim Versicherungsnehmer eingetroffen ist. Sie bedarf keiner bestimmten Form. Sie ist daher z. B. auch mündlich – etwa durch das Telefon – oder durch konkludentes Verhalten möglich. Ein solches ist z. B. gegeben, wenn der Versicherer dem Antragsteller die Police überreicht oder zustellt. In der Praxis bildet diese Art der Annahme des Antrages wohl die Regel. Dagegen bedeutet Stillschweigen des Versicherers grundsätzlich Ablehnung des Antrages[444].

2. Art. 2 VVG sieht Ausnahmen vom soeben erwähnten Grundsatz vor. Wenn der Versicherer den Antrag in den zu nennenden Fällen nicht ausdrücklich ablehnt, so gilt der Antrag als angenommen. Stillschweigen bedeutet also Zustimmung:

a) Eine solche Ausnahme besteht nach Abs. 1, wenn der Antrag darauf abzielt, einen bereits bestehenden Vertrag zu verlängern oder abzuändern oder einen suspendierten[445] Vertrag wieder in Kraft zu setzen. Der Antrag

auch bei Verletzung von VVG 3 zustandekommen, indem der Antragsteller die ihm zugestellte Police, die die AVB enthält, vorbehaltlos annimmt und z. B. die Prämie bezahlt. Die Zustellung der Police bedeutet in diesem Fall einen neuen Antrag.

[444] Der Versicherer ist keinem Kontrahierungszwang unterworfen; vgl. vorne bei N 273 und hinten bei N 1227a. – Die Versicherer sind aus administrativen Gründen oft nicht in der Lage, dem Antragsteller vor Ablauf der Bindungsfrist die Police zuzustellen oder die Annahme auf andere Weise zu erklären. Der Antragsteller ist in solchen Fällen frei, den Vertrag als nicht abgeschlossen zu betrachten. Wenn er aber die Prämie bezahlt, bringt er konkludent zum Ausdruck, dass er sich an den Vertrag gebunden fühlt. KELLER, Komm. I S. 29 und 40, nimmt an, die verspätete Annahme sei als neuer Antrag des Versicherers aufzufassen; ebenso für das deutsche Recht PRÖLSS-MARTIN, deutsches VVG § 3 N 4. Wenn vor oder nach Ablauf der Bindungsfrist und vor der Annahmeerklärung des Versicherers – z. B. durch Zustellung der Police – sich ein Versicherungsfall ereignet, darf der Versicherer seine Leistungspflicht grundsätzlich ablehnen. Dies könnte aber – je nach den Umständen – dem Grundsatz von Treu und Glauben im Sinne von Art. 2 ZGB jedenfalls dann widersprechen, wenn der Versicherer den Antrag an sich rechtzeitig annehmen wollte, er die Annahmeerklärung aber wegen administrativer Schwierigkeiten nicht vor Ablauf der Bindungsfrist abgegeben hat; anscheinend a. A. PRÖLSS-MARTIN a. a. O. § 3 N 5.

[445] In der Praxis spricht man meistens von sistierten und nicht von suspendierten Verträgen. Beispiel von Suspension: Der Halter eines Autos deponiert während der Wintermonate seinen Fahrzeugausweis und sistiert für diese Zeit seine Haftpflichtversicherung, um Prämien zu sparen. Der Vertrag ruht. Um einen suspendierten

gilt als angenommen, wenn er «vom Versicherer nicht binnen 14 Tagen, vom Empfang an gerechnet, abgelehnt wird». Nach Abs. 3 fällt der Antrag, die Versicherungssumme zu erhöhen, nicht unter diese Regelung.

b) Eine Ausnahme betreffend die erwähnte Frist sieht Abs. 2 vor. Wenn nach den AVB eine ärztliche Untersuchung erforderlich ist – also z. B. in der Lebensversicherung –, so gilt der Antrag als angenommen, wenn er vom Versicherer nicht binnen vier Wochen, vom Empfang an gerechnet, abgelehnt wird.

IV. SOZIALVERSICHERUNGSRECHT

1. Im Bereiche der Sozialversicherung kommt das Versicherungsverhältnis in der Regel nicht durch Abschluss eines Versicherungsvertrages zustande. Es entsteht entweder von Gesetzes wegen – ex lege – wie z. B. in der AHV/IV und in der obligatorischen Unfallversicherung bei der SUVA oder durch Verwaltungsakt (Verfügung) des Versicherungsträgers[446].

2. Das Versicherungsverhältnis kann aber auch eine Willenserklärung des Interessenten voraussetzen, die darauf gerichtet ist, den Versicherungsschutz zu begründen. Diese Willenserklärung bedeutet rechtlich Verschiedenes. Sie ist z. B. als Antrag an den Versicherer zu verstehen, eine Verfügung zu erlassen und mit dieser das Versicherungsverhältnis zu begründen. Die Verfügung ist dann ein antragsbedürftiger Verwaltungsakt. Der Versicherer kann für diesen Versicherungsantrag Formulare schaffen und darin bestimmte Fragen aufnehmen, die der Antragsteller zu beantworten hat. Krankenkassen beschreiten diesen Weg in der freiwilligen Einzel-Krankenversicherung nach KVG[447]. Der Versicherungsantrag erfüllt hier die gleiche Aufgabe wie jener gemäss VVG; er unterliegt aber eigenen Regeln, die zwar weitgehend durch die Rechtsprechung entwickelt worden sind, sich aber teilweise an das VVG anlehnen.

3. Soweit die Unfallversicherung gemäss UVG durch private Unfallversicherer durchgeführt wird, entsteht das Versicherungsverhältnis aufgrund eines Versicherungsantrages, der zum Abschluss eines Versicherungsver-

---

Vertrag handelt es sich auch nach Art. 20 Abs. 3 VVG, wenn die Mahnung zur Prämienzahlung ohne Erfolg bleibt.

[446] Vgl. Näheres bei MAURER, SVR I S. 258 ff. und zum Versicherungsverhältnis vorne bei den N 346 ff.

[447] MAURER SVR II S. 293.

trages führt. Da dieser Versicherungsvertrag nach Auffassung des Schreibenden nicht dem VVG, sondern dem UVG unterliegt[448], gelten auch die Bestimmungen des VVG über den Versicherungsantrag usw. nicht. Immerhin wird der Richter sie zumindest teilweise analog anwenden, da das UVG keine entsprechenden Regelungen bereithält.

4. Vorsorgeverträge nach BVG beurteilen sich hinsichtlich ihrer Entstehung nur dann nach VVG, wenn sie von privaten Versicherungseinrichtungen abgeschlossen werden, die der ordentlichen Aufsicht gemäss VAG 2 unterstellt sind (private Lebensversicherungsgesellschaften)[449]. Somit sind auf sie die Bestimmungen des VVG über den Versicherungsantrag – die Annahme oder Ablehnung desselben usw. – anwendbar.

§ 17 VERSICHERUNGSPOLICE

I. PFLICHT DES VERSICHERERS ZUR AUSHÄNDIGUNG DER POLICE

1. Gemäss Art. 11 Abs. 1 VVG ist der «Versicherer gehalten, dem Versicherungsnehmer eine Police auszuhändigen, welche die Rechte und Pflichten der Parteien feststellt». Eine sinngemässe Pflicht besteht, wenn nach Abschluss des Vertrages neue Vertragsabreden getroffen werden. Es genügt dann, wenn diese in einem Nachtrag (avenant) festgehalten und dem Versicherungsnehmer übergeben werden[450]. Das VVG setzt für die Aushändigung der Police keine Frist.

2. Der Versicherungsvertrag kommt durch die Annahmeerklärung zustande[451]. Die Ausstellung der Police ist daher nicht Gültigkeitserfordernis für das Zustandekommen oder für den Fortbestand des Vertrages[452]. Sie

---

[448] MAURER, Unfallversicherung S. 105 f. und N 231a sowie vorne N 348.
[449] Vgl. vorne bei N 168, nach N 347, bei N 355 und hinten bei den N 1222a, 1231 und 1508a.
[450] KELLER, Komm. I S. 191. – Hinsichtlich der Nachträge ergibt sich die Pflicht des Versicherers aus Satz 2 von Abs. 1, der von «Abänderungen» der Police spricht.
[451] Vgl. vorne nach N 443.
[452] KOENIG S. 77; KELLER, Komm. I S. 189 zählt die Ausstellung der Police zutreffend nicht zur Vertragsvollendung, sondern bereits zur Vertragserfüllung. – Der Versicherungsvertrag bedarf zu seiner Gültigkeit keiner besonderen Form; U des BGer vom 22. 11. 1968, SVA XIII Nr. 46 S. 207.

hat – juristisch ausgedrückt – keine konstitutive Wirkung[452a], sondern ist eine selbständige gesetzliche Pflicht des Versicherers. Sollte er ihr nicht nachkommen, könnte der Versicherungsnehmer ihn gerichtlich einklagen[453].

3. Art. 11 Abs. 2 VVG verpflichtet den Versicherer überdies, dem Versicherungsnehmer auf dessen Verlangen eine Abschrift des Versicherungsantrags und der «anderweitig abgegebenen Erklärungen des Antragstellers, auf Grund deren die Versicherung abgeschlossen wurde, gegen Ersatz der Auslagen auszuhändigen».

4. Der Versicherer ist nach Art. 11 Abs. 1 VVG berechtigt, «vom Versicherungsnehmer ausser Porto und Stempelkosten eine Gebühr für Ausfertigung der Police sowie für Abänderungen derselben zu erheben». Die Aufsichtsbehörde kann bestimmen, welche Policengebühren erhoben werden dürfen[454].

II. BERICHTIGUNGSRECHT DES VERSICHERUNGSNEHMERS

1. Die Police muss nach Art. 11 Abs. 1 VVG die Rechte und Pflichten der Parteien feststellen. Nun kann sie den getroffenen Vereinbarungen widersprechen, indem sie diese unrichtig oder unvollständig festhält. Art. 12 Abs. 1 VVG setzt dem Versicherungsnehmer eine Frist von vier Wochen «nach Empfang der Urkunde» – d. h. der Police –, um deren Berichtigung zu verlangen, «widrigenfalls ihr Inhalt als von ihm genehmigt gilt». Wenn er also diese Frist zur Berichtigung versäumt, gilt nicht mehr das, was vereinbart worden ist[455], sondern was in der Police steht. Es handelt sich um

---

[452a] U des Kantonsgerichts von Graubünden vom 21./22. 8. 1978 in SVA XIV Nr. 75 S. 342.

[453] Rascher zum Ziel führt freilich eine Aufsichtsanzeige an das BPV, wenn der Versicherer seiner Pflicht trotz Mahnung nicht nachkommt; vgl. vorne bei N 366. Zudem entstehen dem VN dadurch keine Kosten. In der Praxis kommt es nicht selten vor, dass Policen dem VN erst mehrere Monate nach Abschluss des Vertrages zugestellt werden, z. B. wenn bei der Einführung neuer elektronischer Datenverarbeitungsanlagen Schwierigkeiten auftreten. Vgl. vorne bei den N 365 ff.

[454] Nach Abs. 1 Satz 3 dürfte der Bundesrat die Höhe der Gebühren durch VO festlegen. Davon hat er bis heute abgesehen.

[455] Vereinbart worden ist in der Regel, was im Versicherungsantrag festgelegt wurde. Immerhin könnten auch noch mündlich oder auf dem Korrespondenzweg abweichende oder ergänzende Abreden getroffen worden sein.

§ 17 Versicherungspolice

eine unwiderlegbare gesetzliche Vermutung (praesumptio iuris et de iure)[456]. Mit der erwähnten Regelung erhält die Police eine eigentliche materiellrechtliche Wirkung[457]. Art. 12 Abs. 1 VVG ist nach Abs. 2 in seinem Wortlaut in jede Police aufzunehmen. Diese Pflicht unterstreicht die Bedeutung des Berichtigungsrechts für den Versicherungsnehmer. Wird sie vom Versicherer missachtet, so beginnt die gesetzliche Frist von vier Wochen gar nicht zu laufen[458].

2. Art. 12 Abs. 1 VVG setzt voraus, dass der Vertrag bereits zustande gekommen ist, wenn der Versicherer die Police aushändigt. Meistens stellt aber gerade die Aushändigung der Police die Annahme des Antrages durch konkludentes (schlüssiges) Verhalten dar[459]. Weicht in diesem Falle der in der Police beurkundete Vertragsinhalt vom Versicherungsantrag ab, so kommt der Vertrag grundsätzlich nicht zustande. Die Zustellung einer solchen Police bedeutet einen neuen Antrag des Versicherers. Für die Annahme durch den Versicherungsnehmer gelten die Bestimmungen des OR, da das VVG diesen Sachverhalt nicht regelt[460]. Nimmt der Versicherungsnehmer den Antrag ausdrücklich oder durch konkludentes Verhalten, z. B. durch Bezahlung der Prämie, an, ist ihm gleichwohl das Recht auf Berichtigung aufgrund sinngemässer Anwendung von Art. 12 Abs. 1 zuzubilligen. Dies ergibt sich aus dem Zweck der Norm[460a].

3. Wenn der Versicherungsnehmer begründetermassen die Berichtigung verlangt, ist er berechtigt, vom Versicherer die Ausstellung einer vertragskonformen Police zu verlangen.

4. Das Berichtigungsrecht gemäss Art. 12 Abs. 1 VVG schmälert das Recht des Versicherungsnehmers, den Vertrag wegen Willensmängeln wie Irrtum usw. im Sinne von Art. 23 ff. OR anzufechten, in keiner Weise. Dies gilt auch dann, wenn er die Frist zur Berichtigung versäumt hat. Er kann geltend machen, dass eine Diskrepanz zwischen dem nicht berichtigten Inhalt der Police und seinem innern, wirklichen Willen besteht. Die Anfech-

---

[456] U des BGer vom 22. 11. 1968, SVA XIII Nr. 46 S. 207.
[457] KOENIG S. 78.
[458] Im Ergebnis gleich KELLER, Komm. I S. 216.
[459] Vgl. vorne vor N 444.
[460] KELLER, Komm. I S. 29, und PRÖLSS-MARTIN, deutsches VVG § 3 N 4.
[460a] In diesem Sinne auch U des Kantonsgerichts Wallis vom 2. Oktober 1980 in SVA XIV Nr. 3 S. 14 f.

tung wegen eines Willensmangels bewirkt, dass der Vertrag dahinfällt; die Berichtigung dagegen bringt die Police in Übereinstimmung mit den getroffenen Vereinbarungen[461], d. h. in der Regel mit dem Versicherungsantrag.

5. a) Art. 12 VVG ist nicht anwendbar, wenn bei der Ausfertigung der Police Schreibfehler unterlaufen. Sie können jederzeit korrigiert werden[462].

b) Auch im Verwaltungsrecht gilt der Grundsatz, dass sog. Kanzleifehler, die der Verwaltung unterlaufen, auf möglichst einfache Weise zu korrigieren sind. Darunter fallen z. B. Rechnungs- und Schreibfehler, Programmierungsfehler der elektronischen Datenverarbeitung usw.[463] Soweit die privaten Unfallversicherer dem UVG unterstehen, können sie sich auf diesen Grundsatz berufen. Wenn z. B. die Police in der freiwilligen Versicherung versehentlich einen Jahresverdienst angibt, der nicht mit dem Antrag übereinstimmt, die Prämie aber nach dem im Antrag vorgeschlagenen Jahresverdienst berechnet ist, kann die Korrektur durch einfache briefliche Mitteilung erfolgen.

III. RECHTSNATUR DER POLICE

1. Die Police ist grundsätzlich lediglich eine Beweisurkunde. Sie dient den Parteien als Beweis dafür, was vereinbart worden ist. Sie stellt kein Wertpapier im Sinne von Art. 965 OR dar, da der Versicherungsanspruch nicht derart mit ihr verknüpft ist, dass er «ohne die Urkunde weder geltend gemacht, noch auf andere übertragen werden kann». Nicht die Versiche-

---

[461] Näheres bei KELLER, Komm. I S. 211; KOENIG S. 78, sowie BGE 90 II 454: Der Antragsteller hat in seinem Antrag irrtümlicherweise die Daten des alten statt des neuen Lastwagens, den er gegen Kasko versichern wollte, angegeben. Da ein Irrtum vorlag, waren nicht Art. 12 VVG, sondern die Art. 23 ff. OR anwendbar. Vgl. auch vorne bei N 434.

[462] So wurde in einer Unfallversicherungspolice das Taggeld mit Fr. 10 000.– statt mit Fr. 100.– aufgeführt. Da im Antragsformular der Betrag mit Fr. 100.– angegeben worden und die Prämie auch ihm entsprechend berechnet worden war, konnte der Fehler im Schadenfall ohne weiteres korrigiert werden. Ebenso JAEGER, Komm. III S. 494 N 12 und KELLER, Komm. I S. 211. Fehler dieser Art unterlaufen im Zeitalter der elektronischen Dokumentenausfertigung eher häufiger als früher und kommen gelegentlich sogar serienweise vor.

[463] MAURER, Unfallversicherung S. 607 und SVR I S. 480.

§ 17 Versicherungspolice

rungspolice, sondern nur der Versicherungsanspruch ist abtretbar und verpfändbar. Immerhin gibt es bestimmte Formen, die die Police in die Nähe des Wertpapiers bringen. Dies trifft z. B. zu, wenn der Lebensversicherungsvertrag mit einer Inhaberklausel versehen ist, wonach der gutgläubige Versicherer befugt ist, die Zahlung an den die Police präsentierenden Inhaber mit befreiender Wirkung zu leisten (Art. 73 Abs. 2 VVG). Allein auch bei dieser Klausel kann er alle versicherungsrechtlichen Einreden wie Suspendierung des Vertrages wegen Nichtbezahlung der Prämie gemäss Art. 20 Abs. 3 VVG usw. erheben[464]. Inhaberklauseln können für Lebensversicherungsverträge bedeutsam sein, wenn diese bereits einen Rückkaufswert aufweisen, der abtretbar oder verpfändbar ist[465].

2. Nach Art. 13 Abs. 1 VVG kann derjenige, dem die Police abhanden gekommen ist, beim Richter des Erfüllungsortes die Kraftloserklärung der Urkunde verlangen. Für das Verfahren sind die Art. 981 ff. OR sinngemäss anwendbar, welche die Amortisation von Inhaberpapieren regeln, mit der Abweichung, dass die Anmeldungsfrist höchstens ein Jahr beträgt. Hat der Richter die Police kraftlos erklärt, so kann der Versicherungsnehmer verlangen, dass ihm der Versicherer eine Ersatzpolice ausstellt. Von einer gewissen Bedeutung ist die Regelung etwa für Policen in der Lebensversicherung, die einen Rückkaufswert aufweisen. Abtretung und Verpfändung dieses Anspruches bedürfen zu ihrer Gültigkeit nach Art. 73 VVG nicht nur der schriftlichen Form, sondern vor allem der Übergabe der Police[466].

---

[464] Einlässliche Ausführungen zur Präsentations-, Inhaber- und Orderklausel bei KELLER, Komm. I S. 197 ff.; nach ihm erhebt die sog. verstärkte Präsentationsklausel zumindest die Personenversicherungspolice zum vollkommenen Namen- oder Rektapapier. Sie ist dann gegeben, wenn sie bestimmt zum Ausdruck bringt, dass der Versicherer dem Berechtigten nur gegen Rückgabe der Police Zahlung leisten darf (S. 198).

[465] Vgl. zu diesem Begriff hinten bei N 1167a. Der Rückkaufswert setzt voraus, dass mit der Lebensversicherung ein Sparvorgang verbunden ist.

[466] In der Sach- und Vermögensversicherung stellen die Versicherer dem VN auf dessen Ersuchen in der Regel ohne weiteres eine *Kopie* der Police zu, wenn er glaubhaft dartut, er habe die Originalpolice verloren. Die Kopie wird dann deutlich als solche bezeichnet. Damit wird in den meisten Fällen den Bedürfnissen des geschäftlichen Verkehrs genügend Rechnung getragen. – Zur Möglichkeit einer Mortifikationserklärung im Sinne von Art. 90 OR vgl. GUHL/MERZ/KUMMER, Obligationenrecht S. 260 f., KOENIG S. 81 und KELLER, Komm. I S. 219.

3. Die Police kann zusammen mit dem vom Versicherungsnehmer unterzeichneten Versicherungsantrag als schriftliche Schuldanerkennung hinsichtlich der Prämienschuld in Betracht kommen. Dies trifft dann zu, wenn die Prämie in diesen Dokumenten genau bestimmt oder doch bestimmbar ist. Wenn der Versicherungsnehmer in der Betreibung Rechtsvorschlag erhebt, kann der Versicherer unter diesen Voraussetzungen die provisorische Rechtsöffnung gemäss Art. 82 Abs. 1 SchKG erwirken[467].

4. Die Grundsätze, die für die Auslegung der Police gelten, sind bereits in anderem Zusammenhang dargestellt worden[468].

§ 18 BEGINN DER VERTRAGLICHEN WIRKUNGEN

I. ALLGEMEINES

1. Der Versicherungsvertrag ist abgeschlossen, d. h. er kommt in dem Zeitpunkt zustande, in welchem die Annahmeerklärung beim Antragsteller eintrifft; Art. 1 Abs. 4 VVG[469]. Vom Zeitpunkt des Vertragsschlusses muss der Zeitpunkt unterschieden werden, ab welchem vertragliche Wirkungen eintreten: Ab wann besteht Versicherungsschutz und ist die Prämie geschuldet? Über diesen Zeitpunkt schweigt das VVG. Nach Art. 100 VVG wäre somit Art. 10 Abs. 1 OR subsidiär anwendbar. Danach beginnen die Wirkungen eines unter Abwesenden geschlossenen Vertrages schon «mit dem Zeitpunkt, wo die Erklärung der Annahme zur *Absendung* abgegeben wurde». Jedenfalls der Versicherer hätte somit bereits Versicherungsschutz zu gewähren, bevor überhaupt der Vertrag zustande gekommen wäre[470]. Dieses Ergebnis ist nicht haltbar. Es muss daher eine Lücke des

---

[467] Vgl. für Einzelheiten zur provisorischen Rechtsöffnung bei Versicherungsverträgen PANCHAUD/CAPREZ, Die Rechtsöffnung, Polygraphischer Verlag, Zürich 1980 S. 222 ff. – KELLER, Komm. I S. 51, nimmt unter Hinweis auf ein altes Urteil des Bundesgerichtes (SVA III S. 4) an, dass die blosse Bestimmbarkeit der Prämie nicht genüge. In solch allgemeiner Weise kann dies nicht gesagt werden. Es gelten hierzu die Grundsätze, die von der Rechtsprechung zur Frage der Bestimmbarkeit einer Schuld aufgestellt worden sind.

[468] Vgl. vorne bei N 294 und N 297a.

[469] Vgl. vorne vor N 444; KELLER, Komm. I S. 51.

[470] Dieser Ansicht ist KELLER, Komm. I S. 320.

VVG angenommen werden, da dessen Bestimmungen über das Zustandekommen des Vertrages der Regelung von Art. 10 Abs. 1 OR über den Beginn der vertraglichen Wirkungen widersprechen[471]. Die sachgerechte Lösung besteht darin, dass von *Gesetzes wegen* vertragliche Wirkungen nicht eintreten können, bevor der Vertrag zustande gekommen ist[472].

2. Die Versicherungsverträge enthalten jedoch regelmässig Abreden über den Beginn der Wirkungen, insbesondere zur Frage, ab wann Versicherungsschutz bestehen soll. So kann z. B. ein Ferien-Kaskoversicherungsvertrag unter Anwesenden am 1. eines Monats zustandekommen; es wird aber vereinbart, dass Versicherungsschutz erst ab 15. dieses Monats mit Beginn der Ferien zu gewähren sei. Ähnlich verhält es sich mit Reise-Unfall- und -Krankenversicherungen sowie mit zahlreichen andern Verträgen. Der Zeitpunkt des Vertragsschlusses und der Zeitpunkt, ab welchem Versicherungsschutz besteht, klaffen also aufgrund einer besonderen Abrede auseinander[472a].

II. EINLÖSUNGSKLAUSEL

1. Verträge können die Klausel enthalten, dass der Versicherungsschutz frühestens in dem Zeitpunkt beginne, in welchem der Versicherungsnehmer die Police gegen Bezahlung der ersten Prämie, zuzüglich Nebenkosten wie Policengebühr, einlöse. Die Police wird dabei entweder gegen Nachnahme durch die Post zugestellt, durch Boten überbracht oder vom Versicherungsnehmer beim Versicherer abgeholt. Dies ist die Einlösungsklausel[473]. Der Vertrag kann, muss aber nicht schon früher durch Annahmeerklärung zustande gekommen sein. Meistens erfolgt die Annahme konkludent durch die Aushändigung der Police[474], und zwar Zug um Zug gegen Bezahlung der Prämie. Wurde die Annahme schon vorher, z. B. durch

---

[471] Zum Lückenproblem betreffend das VVG vgl. vorne bei N 275.
[472] Unter Anwesenden kommt der Vertrag z. B. zustande, wenn der Abschlussagent oder ein Organ des Versicherers sofort die Annahme erklärt; zum Begriff des Abschlussagenten vgl. vorne vor N 413. – Art. 10 VVG sieht Ausnahmen vor: Versicherungsschutz besteht auch für bestimmte Ereignisse, die schon vor Abschluss des Antrages eingetreten sind; vgl. zu dieser Rückwärtsversicherung hinten bei N 525.
[472a] Vgl. die Besonderheiten bei der Haftpflichtversicherung hinten bei N 809 f.
[473] Mit ihr soll verhindert werden, dass der Versicherer Versicherungsschutz auf Kredit gibt. Vgl. auch hinten bei N 673.
[474] Vgl. vorne vor N 444.

den Abschlussagenten, erklärt, fallen auch hier Zeitpunkt des Vertragsschlusses und Zeitpunkt, ab welchem vertragliche Wirkungen eintreten, auseinander[475].

2. Art. 19 Abs. 2 VVG geht von der Annahme aus, dass die Einlösungsklausel grundsätzlich zulässig ist; er schränkt sie jedoch ein: Der Versicherer kann sich dann nicht auf die Einlösungsklausel berufen, wenn er die Police vor der Bezahlung der ersten Prämie ausgehändigt hat. Die vertraglichen Wirkungen – namentlich der Versicherungsschutz – beginnen dann mit der Aushändigung der Police, sofern im Vertrag nicht etwas anderes vereinbart worden ist.

3. Früher enthielten wohl die meisten Versicherungsverträge Einlösungsklauseln. Mehrere Gesellschaften haben ihre Praxis – namentlich im Bereiche der Schadens- sowie der Kranken- und Unfallversicherung – in den letzten Jahren geändert. Sie stellen die Police dem Versicherungsnehmer unter Beilage der Rechnung und Ansetzung einer Zahlungsfrist zu. Somit gewähren sie für die erste Zeit Versicherungsschutz auf Kredit, wie dies auch für Folgeprämien zutreffen kann.

III. VORLÄUFIGE DECKUNGSZUSAGE[475a]

1. Der Versicherer will in der Regel die Bindungsfristen gemäss Art. 1 und 2 VVG ganz oder teilweise ausschöpfen können, um den Versicherungsantrag zu prüfen und über dessen Annahme oder Ablehnung zu entscheiden. Der Antragsteller seinerseits möchte jedoch bisweilen bereits ab Aushändigung des Antrags Versicherungsschutz geniessen. So wünscht er z. B. bei Antritt der Ferien durch eine Kasko-, Unfall-, Kranken-, Reisegepäckversicherung usw. gedeckt zu sein. Der Versicherer kann ihm zu diesem Zwecke vorläufige Deckung zusagen. Dies bedeutet, dass der Antragsteller ab einem bestimmten Zeitpunkt Versicherungsschutz hat, obwohl der Versicherer die Annahme des gestellten Versicherungsantrages noch nicht erklärt hat. In der Regel wird die vorläufige Deckung im Rahmen des Antrages gewährt. Immerhin kommen auch abweichende Vereinbarungen vor, indem sich der Versicherer z. B. in der Unfallversicherung nur bereit er-

---

[475] Vgl. Näheres bei KELLER, Komm. I S. 321 ff., der in einzelnen Punkten von den hier vertretenen Auffassungen abweicht; KOENIG S. 119.

[475a] Vgl. auch vorne bei N 413.

klärt, für geringere als die beantragten Taggelder, Invaliditäts- und Todesfallentschädigungen vorläufige Deckung zu gewähren. Die Deckungszusage wird regelmässig befristet: Sie fällt normalerweise dahin, wenn der Versicherungsantrag vom Versicherer angenommen oder abgelehnt wird. Im ersteren Falle ist – eine klare anderweitige Regelung vorbehalten – davon auszugehen, dass die Parteien eine nahtlose Deckung vereinbart haben: Zwischen dem Ende der vorläufigen Deckung und dem Beginn der Deckung gemäss definitivem Vertrag soll keine zeitliche Lücke bestehen[476]. Die Ablehnung des Antrages muss ausdrücklich erfolgen. Der Versicherer kann sich – gemäss dem Grundsatz von Treu und Glauben – nicht darauf berufen, dass sein Stillschweigen während der Bindungsfrist[477] Ablehnung des Antrages bedeute.

2. Nach herrschender Meinung[478] bildet die vorläufige Deckungszusage nicht einen Vorvertrag im Sinne von Art. 22 Abs. 1 OR, sondern einen selbständigen Versicherungsvertrag. Sie ist an keine Form gebunden. Freilich sollte der Antragsteller sie sich zur Sicherung des Beweises vom Versicherer schriftlich bestätigen lassen[479].

3. Der Abschlussagent[480] gilt nach Art. 34 VVG als ermächtigt, den Versicherungsantrag sofort anzunehmen und den Beginn der Wirksamkeit des Vertrages zu vereinbaren. Tut er dies, bleibt kein Raum für die vorläufige Deckungszusage. Es ist daher stets zu prüfen, ob er den Antrag durch eine entsprechende Erklärung angenommen hat oder ob es sich lediglich um eine vorläufige Deckungszusage handelt[481].

---

[476] Im Ergebnis gleich KOENIG S. 75. – Über die Höhe der Prämie, die für die Dauer der provisorischen Deckung zu entrichten ist, wird in der Regel eine Vereinbarung getroffen. Andernfalls ist die für den (definitiven) Vertrag errechnete Prämie pro rata temporis auch für die vorläufige Deckung anzunehmen.
[477] Vgl. vorne bei N 444.
[478] KOENIG S. 75 und KELLER, Komm. I S. 178.
[479] Der Agent kann dies auch handschriftlich tun.
[480] Vgl. vorne vor N 413. – Der Vermittlungsagent ist von Gesetzes wegen nicht ermächtigt, Versicherungsverträge – und dazu gehört auch die vorläufige Deckungszusage – abzuschliessen. Der Versicherer kann ihm aber die Befugnis einräumen, z. B. für das Massengeschäft vorläufige Deckung zu gewähren; gl. M. KELLER, Komm. I S. 510 N 5 und S. 506 N 1.
[481] Vgl. zur vorläufigen Deckung auch die deutsche Literatur, z. B. EICHLER, Versicherungsrecht S. 95, und PRÖLSS-MARTIN, deutsches VVG S. 36 ff.

4. Die vorläufige Deckungszusage ist vom Versicherungsnachweis zu unterscheiden, der für die obligatorische Motorfahrzeug-Haftpflichtversicherung vorgeschrieben wird. Er wird in SVG 68 I und in VVV 3 ff. näher geregelt. Mit ihm bescheinigt der Haftpflichtversicherer, dass die in den Art. 63 ff. SVG vorgeschriebene Haftpflichtversicherung abgeschlossen worden ist. Er kann den Versicherungsnachweis auch aufgrund einer vorläufigen Deckungszusage ausstellen. Wenn er jedoch später den Versicherungsantrag ablehnt, die Versicherung also nicht abschliessen will, muss er der Behörde das Aufhören der Versicherung nach SVG 68 II in gleicher Weise melden, wie wenn er den «normalen» Versicherungsvertrag abgeschlossen hätte[482]. Auch hier stellt die vorläufige Deckungszusage einen selbständigen Versicherungsvertrag dar.

§ 19 DAUER UND ENDE SOWIE ÄNDERUNG DES VERSICHERUNGSVERTRAGES

I. DAUER

1. Versicherungsverträge werden regelmässig für eine bestimmte Dauer, z. B. für ein Jahr, für 5 oder 10 Jahre, in der Lebensversicherung nicht selten für 20 und mehr Jahre abgeschlossen. Oft kommen auch unterjährige Verträge vor: z. B. die Ferien- Kaskoversicherung für Motorfahrzeuge, Reisegepäck-, Reiseunfall- und Reisekrankenversicherungen.

2. Wenn die vereinbarte Vertragsdauer abläuft, wird der Vertrag nicht selten «erneuert». Rechtlich kann dies den Abschluss eines neuen Vertrages mit gleichem Vertragsinhalt bedeuten. In der Regel handelt es sich aber nicht um den Abschluss eines neuen, sondern um die Fortsetzung des bisherigen Vertrages. Dies trifft dann zu, wenn der Vertrag eine *Prolongationsklausel* enthält. Sie bestimmt, dass der Vertrag nach Ablauf der vereinbarten Dauer weiterläuft, sofern er nicht vor Ablauf innert einer bestimmten Frist gekündigt wird. Der bisherige Vertrag wird somit gestützt

---

[482] Vgl. Weiteres bei BREHM, Le contrat d'assurance RC No. 103 ff. mit Hinweisen auf Judikatur und Literatur sowie hinten bei N 1470.

auf eine zum voraus getroffene Vereinbarung fortgeführt[483]. Art. 47 VVG schränkt jedoch die Gestaltung solcher Prolongationsklauseln in absolut zwingender Weise im Sinne von Art. 97 VVG ein. Danach dürfen «stillschweigende Vertragserneuerungen» – dies ist der Randtitel zu Art. 47 VVG – höchstens für ein Jahr ausbedungen werden. Wenn also ein Vertrag eine Geltungsdauer von fünf Jahren vorsieht, kann er durch die Prolongationsklausel nur um ein Jahr, nicht um weitere fünf Jahre verlängert werden. Wenn dieses Jahr abgelaufen ist, spielt die Klausel wiederum; der Vertrag wird um ein weiteres Jahr verlängert usw., bis eine Kündigung erfolgt. Art. 47 VVG will den Versicherungsnehmer davor schützen, durch eine Prolongationsklausel zu lange an den Vertrag gebunden zu werden. Er hindert die Vertragsparteien aber nicht daran, einen Vertrag mit gleichem Inhalt für eine beliebige Dauer – z. B. auf fünf Jahre – *neu* abzuschliessen, ihn also nicht mit der Prolongationsklausel zu verlängern. Der Versicherungsnehmer ist genügend geschützt, da es von ihm abhängt, ob er einen neuen Antrag stellen und den neuen Vertrag abschliessen will oder nicht[484].

II. VORZEITIGE VERTRAGSAUFLÖSUNG

Versicherungsverträge können unter bestimmten Voraussetzungen vor Ablauf der vereinbarten Dauer beendet werden. Wie im allgemeinen Vertragsrecht sind zwei Kategorien von Erlöschensgründen des Schuldver-

---

[483] BGE 103 II 207 E. 2 (= SVA XIV Nr. 32). – In den AVB für die Motorfahrzeug-Haftpflichtversicherung findet sich folgende Prolongationsklausel: «Ist der Vertrag auf ein Jahr oder eine längere Dauer abgeschlossen und wird er nicht mindestens drei Monate vor Ablauf gekündigt, so verlängert er sich jeweils stillschweigend um ein Jahr».

[484] U des BGer vom 22. 2. 1978 in SVA XIV Nr. 17: Die stillschweigende Vertragserneuerung ist in der Lebensversicherung praktisch ausgeschlossen. Das Risiko des Versicherers und die Höhe der Prämien sind abhängig vom Alter des Versicherten und von der Vertragsdauer, weshalb die Lebensversicherungsverträge auf einen festen Termin abgeschlossen werden. – Es handelte sich hier um eine befristete Todesfallversicherung. Der Versicherungsnehmer schloss sie mit einem bestimmten zeitlichen Abstand in drei verschiedenen Verträgen ab. Das BGer entschied, dass es sich beim zweiten und dritten Vertrag nicht um eine Verlängerung des ersten Vertrages, sondern um drei verschiedene Verträge gehandelt habe. Die in der Suizidklausel festgelegte Frist begann daher in jedem Vertrag gesondert zu laufen.

hältnisses zu unterscheiden[484a]: einerseits das Erlöschen von Gesetzes wegen und anderseits die Beendigung durch Willenserklärung der Parteien. Letztere kann im Gesetz vorgesehen oder vertraglich vereinbart sein.

1. Erlöschen von Gesetzes wegen

a) Wird über den Versicherer der Konkurs eröffnet, so erlischt der Versicherungsvertrag gemäss Art. 37 Abs. 1 VVG «mit dem Ablauf von vier Wochen, von dem Tage an gerechnet, da die Konkurseröffnung bekanntgemacht worden ist». Eine Willenserklärung ist nicht erforderlich. Für Lebensversicherungsverträge sehen die Art. 22 und 39 des Sicherstellungsgesetzes eine abweichende Regelung vor. Die zum Sicherungsfonds gehörenden Versicherungen werden durch die Konkurseröffnung nicht aufgelöst. Dies gilt auch für die Verträge, die dem schweizerischen Versicherungsbestand der ausländischen Lebensversicherungsgesellschaften zuzuordnen sind. Der Bundesrat beschliesst über die Verwendung des Sicherungsfonds und über das Schicksal der genannten Verträge[485].

b) Gemäss Art. 67 SVG gehen Rechte und Pflichten aus dem Haftpflichtversicherungsvertrag beim Halterwechsel auf den neuen Halter über. «Wird der neue Fahrzeugausweis aufgrund einer andern Haftpflichtversicherung ausgestellt, so erlischt der alte Vertrag.»

c) Der Versicherungsvertrag erlischt nach Art. 21 Abs. 1 VVG, wenn der Versicherer die rückständige Prämie nicht innert zwei Monaten rechtlich einfordert, nachdem der Verzug des Prämienzahlers eingetreten ist[486].

[484a] Überblick über die Erlöschensgründe bei VON TUHR/ESCHER, Obligationenrecht II S. 161 ff.; vgl. ferner KELLER W., Auflösung des Versicherungsvertrages S. 4 ff. mit weitergehender Differenzierung.

[485] Vgl. bereits vorne bei N 209. – Übergangsbestimmungen zu neuen Gesetzen oder zu Gesetzesänderungen können festlegen, dass Versicherungsverträge erlöschen. So bestimmen UVG 119 und UVV 147, dass Unfallversicherungsverträge mit dem Inkrafttreten des UVG unter gewissen Voraussetzungen dahinfallen. Es handelt sich um gesetzliche Erlöschensgründe.

[486] Vgl. hinten bei N 689. Das VVG stellt die unwiderlegbare Vermutung auf, dass der Versicherer vom Vertrage zurücktrete, auch wenn er keine Willenserklärung abgibt. Es handelt sich begrifflich um einen gesetzlichen Erlöschensgrund. – Für die freiwillige Versicherung gemäss UVG regelt UVV 137 das Ende der Versicherung in besonderer Weise. Abs. 1 lit. a umschreibt «gesetzliche» Erlöschensgründe, d. h. Gründe, die keine Willenserklärung einer Vertragspartei erfordern,

§ 19 Dauer und Ende sowie Änderung des Versicherungsvertrages

2. Vertragsauflösung durch Parteivereinbarung

Wie jeder Vertrag, so ist auch der Versicherungsvertrag gemäss Art. 115 OR durch Übereinkunft zwischen den Parteien aufhebbar. Dieser Aufhebungsvetrag[487] kommt in der Praxis häufig vor. Dazu ein Beispiel: Der Versicherungsnehmer verkauft sein Auto, da er nach Übersee verreist. Der Käufer lehnt es ab, die Kaskoversicherung zu übernehmen. Durch Aufhebungsvertrag befreit sich der Versicherungsnehmer vom Vertrag, wobei der Versicherer u. U. einwilligt, einen Teil der nichtverdienten[488] Prämie zu erstatten.

3. Vertragsauflösung durch einseitige Parteierklärung

Unter bestimmten Voraussetzungen kann eine Partei, ohne Zustimmung der andern Partei, die vorzeitige Aufhebung des Vertrages durch Kündigung oder Rücktritt bewirken. Diese sog. Gestaltungsrechte stellen die auf Gesetz oder Vertrag beruhende Befugnis eines Menschen dar, durch seinen alleinigen Willen eine Rechtsänderung herbeizuführen, also z. B. einen Vertrag aufzuheben[489]. Das Versicherungsvertragsrecht enthält zahlreiche Beispiele solcher Gestaltungsrechte. Das VVG ist aber terminologisch ungenau, da es Kündigung und Rücktritt nicht klar auseinanderhält. Dem Sinngehalt einer Norm ist jeweilen zu entnehmen, was diese unter dem verwendeten Ausdruck versteht.

Die Kündigung[490] wirkt nur für die Zukunft (Wirkung ex nunc). Der Rücktritt vom Vertrag[491] hat dagegen rückwirkende Kraft, er wirkt in die Vergangenheit zurück (ex tunc). Wenn der Rücktritt heute erklärt wird, kann dies u. U. zur Folge haben, dass jede Partei die Leistungen, die sie in den letzten Monaten oder Jahren erbracht hat, zurückfordern darf.

z. B. die Aufgabe der selbständigen Erwerbstätigkeit. Die freiwillige Versicherung wird auch von privaten Unfallversicherern im Sinne von UVG 68 betrieben.

[487] Sog. contrarius consensus; VON TUHR/ESCHER, Obligationenrecht II S. 165 ff.

[488] Vgl. vorne vor N 88 und hinten bei N 508.

[489] VON TUHR/PETER, Obligationenrecht I S. 20 f. – Kündigung und Rücktritt sind aufhebende Gestaltungsrechte. – Vgl. auch LINDT, Auflösungstatbestände S. 22 ff.

[490] VON TUHR/ESCHER a. a. O. II S. 167 f.

[491] VON TUHR/ESCHER a. a. O. II S. 168 f.

a) Kündigung

Bei der Kündigung sind stets zwei Fragen auseinanderzuhalten: Kann sie auf jeden beliebigen Zeitpunkt oder nur auf einen bestimmten Termin, z. B. auf Ende eines Monats, ausgesprochen werden? Ist bei der Kündigung eine bestimmte Kündigungsfrist einzuhalten, so dass der Vertrag erst nach Ablauf dieser Frist erlischt? Oft sind sowohl ein Termin als auch eine Frist zu beachten.

Kündigungen sind in ungezählten Versicherungsverträgen geregelt. Man nennt sie vertragliche Kündigungen. Eine solche ist z. B. in einer Prolongations- und in einer Tarifänderungsklausel enthalten[492]. Aus den gesetzlichen Kündigungstatbeständen seien lediglich zwei – wegen ihrer praktischen Bedeutung – herausgegriffen:

aa) Gemäss Art. 89 VVG kann der Versicherungsnehmer den Lebensversicherungsvertrag kündigen[493] und die Bezahlung weiterer Prämien ablehnen, wenn er die Prämie für ein Jahr entrichtet hat. Er braucht keine Kündigungsfrist einzuhalten, hat die Kündigung aber dem Versicherer «vor Beginn einer neuen Versicherungsperiode schriftlich abzugeben» (Abs. 2).

bb) Häufig wird die Kündigung bei Teilschaden gemäss Art. 42 VVG ausgesprochen. Dazu sind sowohl der Versicherungsnehmer als auch der Versicherer berechtigt. Die Kündigung muss spätestens bei der Auszahlung der Entschädigung erfolgen[494]. Eine Kündigungsfrist ist nicht vorgeschrieben.

---

[492] Vgl. vorne N 483 und hinten bei N 669.

[493] Das Gesetz spricht von «zurücktreten», meint aber «kündigen», da der Vertrag nicht rückwirkend, sondern nur für die Zukunft aufgehoben wird. – Da der VN bei dieser Kündigung die bereits einbezahlte Prämie gemäss Art. 25 VVG nicht zurückfordern kann, wird er stets prüfen, ob nicht der Rückkauf der Lebensversicherung oder deren Umwandlung in eine beitragsfreie Versicherung nach Art. 90 VVG möglich und zudem vorteilhafter ist.

[494] Vgl. hinten bei N 823. Auch hier spricht das Gesetz von Rücktritt, meint aber die Kündigung, da der Vertrag nicht rückwirkend aufgehoben wird. – Weitere Fälle von Kündigung: Art. 30 II VVG (Kündigung des Versicherers bei Gefahrserhöhung, wenn der VN diese angezeigt hat); Art. 36 VVG (Kündigung des VN, wenn dem Versicherer die Bewilligung zum Geschäftsbetrieb entzogen wird; vgl. vorne N 207); Art. 54 (Kündigung bei Handänderung) usw.

b) Rücktritt

Das VVG regelt die zahlreichen Tatbestände, in welchen es eine rückwirkende einseitige Auflösung des Vertrages zulässt, nicht einheitlich. Die betreffenden Bestimmungen sind stets unter zwei Gesichtspunkten zu prüfen: Auf welchen Zeitpunkt fällt der Vertrag dahin? Bleiben auch nach diesem Zeitpunkt gewisse Restwirkungen, d. h. vor allem Verpflichtungen der einen oder andern Partei bestehen? Dies ist nun anhand von zwei Beispielen zu verdeutlichen:

aa) Wenn der Antragsteller beim Abschluss der Versicherung seine Anzeigepflicht[495] verletzt, «so ist der Versicherer an den Vertrag nicht gebunden, wenn er binnen vier Wochen, nachdem er von der Anzeigepflichtverletzung Kenntnis erhalten hat, vom Vertrage zurücktritt»; Art. 6 VVG. Der Vertrag fällt auf den Zeitpunkt des Vertragsschlusses dahin. Hat der Versicherer in Versicherungsfällen bereits Leistungen erbracht, kann er sie gemäss Art. 62 OR zurückfordern. Immerhin besteht eine Restwirkung über den Zeitpunkt der Rücktrittserklärung hinaus: Dem Versicherer bleibt der Anspruch auf die Prämie für die zur Zeit der Vertragsauflösung laufende Versicherungsperiode und für die vergangenen Versicherungsperioden gewahrt; Art. 25 Abs. 1 VVG.

bb) «Wenn der Versicherungsnehmer im Laufe der Versicherung eine wesentliche Gefahrserhöhung[496] herbeigeführt hat, so ist der Versicherer für die Folgezeit an den Vertrag nicht gebunden»; Art. 28 Abs. 1 VVG. Falls der Versicherer den Rücktritt erklärt, fällt der Vertrag nicht auf den Zeitpunkt des Vertragsschlusses, sondern auf den Zeitpunkt der Gefahrserhöhung dahin. Wenn er ab diesem Zeitpunkt Leistungen für Versicherungsfälle erbracht hat, kann er sie ebenfalls nach Art. 62 OR zurückfordern[497]. Restwirkungen hinsichtlich der Prämie sind wie in dem soeben

---

[495] Vgl. hinten bei N 552a.
[496] Vgl. hinten bei N 576.
[497] Art. 62 OR lautet wie folgt:
«¹ Wer in ungerechtfertigter Weise aus dem Vermögen eines andern bereichert worden ist, hat die Bereicherung zurückzuerstatten.
² Insbesondere tritt diese Verbindlichkeit dann ein, wenn jemand ohne jeden gültigen Grund oder aus einem nicht verwirklichten oder nachträglich weggefallenen Grund eine Zuwendung erhalten hat».
Die Gründe werden in Abs. 2 nicht abschliessend, sondern nur beispielhaft auf-

unter lit. aa erwähnten Fall vorhanden. Der Versicherer kann daher die Prämie für einen bestimmten Zeitabschnitt behalten, für den er keinen Versicherungsschutz mehr gewährt[498].

In der Regel fällt der Vertrag zufolge der Rücktrittserklärung auf den Zeitpunkt dahin, in welchem der Rücktrittsgrund entstanden ist[499, 499a]. Wenn das VVG einen Tatbestand der rückwirkenden Vertragsauflösung[500]

gezählt. Der Rücktritt knüpft an einen Sachverhalt an, z. B. an die Gefahrserhöhung nach Vertragsabschluss, bei dessen Verwirklichung der Grund für spätere Versicherungsleistungen entfällt. Diese sind daher «ohne jeden gültigen Grund» erbracht worden, weshalb der Versicherer sie wegen ungerechtfertigter Bereicherung des Leistungsempfängers zurückfordern kann. Einige Autoren lehnen diese Konstruktion ab. Sie nehmen an, dass der Vertrag mit verändertem Inhalt auch nach dem Rücktritt weiterbestehe. Der Versicherer könne daher seinen Rückforderungsanspruch aus Versicherungsvertrag und nicht aus ungerechtfertigter Bereicherung des Leistungsempfängers geltend machen. Diese Konstruktion gibt keinen Anhaltspunkt, wie der Rückforderungsanspruch zu bemessen sei. Es besteht auch kein Anlass, die gesetzlichen Bestimmungen über die ungerechtfertigte Bereicherung auszuschalten und damit den festen Boden zu verlassen, um dafür eine gesetzlich nicht geregelte Konstruktion zu übernehmen. – Vgl. KELLER, Ausserordentliche Auflösung des Versicherungsvertrages S. 6 f. mit Literaturhinweisen.

[498] Dies ist eine «nichtverdiente» Prämie; vgl. vorne vor N 88.

[499] KOENIG S. 91; GUHL/MERZ/KUMMER, Obligationenrecht S. 273, nehmen an, dass der Rücktritt das Schuldverhältnis nach OR (stets) auf den Zeitpunkt des Vertragsschlusses aufhebt.

[499a] Ob die Regel oder eine Ausnahme gilt, muss aus Wortlaut und Sinn der betreffenden gesetzlichen Bestimmung durch Auslegung festgestellt werden. So verwenden die Art. 38 III, 40 und 68 II VVG die Formulierung, der Versicherer sei «an den Vertrag nicht gebunden», wenn der Anspruchsberechtigte *nach* Eintritt des befürchteten Ereignisses Obliegenheiten absichtlich oder sogar in betrügerischer Absicht verletzt hat. Es handelt sich um die absichtliche Verletzung der Anzeigepflicht, die betrügerische Begründung des Versicherungsanspruchs und die betrügerische Verletzung des Veränderungsverbots. Nach diesen Bestimmungen fällt der Vertrag nicht erst mit der absichtlichen Verletzung der Obliegenheit dahin, sondern schon früher, nämlich mit dem Eintritt des befürchteten Ereignisses: Für dieses besteht kein Versicherungsschutz. Der Sinn des Gesetzes verlangt, dass der Anspruch aus einem bereits eingetretenen Versicherungsfall versagt wird, wenn eine Person in qualifizierter Weise die genannten Obliegenheiten verletzt. Vgl. zu diesen Bestimmungen hinten bei den N 852, 856 und 998.

[500] BGE 99 II 76 ff.: Es ist unerheblich, ob die Partei im Prozess den zutreffenden rechtlichen Grund für den Rücktritt angegeben hat. Der Richter hat von Amtes

§ 19 Dauer und Ende sowie Änderung des Versicherungsvertrages

regelt, pflegt man von der versicherungsrechtlichen Unverbindlichkeit des Vertrages zu sprechen[501].

c) Vertragsaufhebung wegen veränderter Umstände

Nach Abschluss des Vertrages können sich die Verhältnisse dermassen ändern, dass zwischen Leistungen und Gegenleistungen krasse Missverhältnisse entstehen. Ein Vertrag darf dann aufgehoben werden, wenn seine Aufrechterhaltung mit dem Grundsatze von Treu und Glauben gemäss Art. 2 ZGB unvereinbar wäre. Die sog. clausula rebus sic stantibus, die die Vertragsaufhebung wegen veränderter Umstände erlaubt, ist in Verbindung mit dem erwähnten Grundsatz zu prüfen[502]. Aus Treu und Glauben darf hinsichtlich der Versicherungsverträge folgender Grundsatz abgeleitet werden: Die Vertragsaufhebung ist zuzulassen, wenn der Versicherungsnehmer wegen veränderter Verhältnisse zwar für die Zukunft die Prämien noch über längere Zeit zu bezahlen hätte, jedoch ein Versicherungsfall[503] nach diesem Vertrage künftig unmöglich wäre. Der Veranschaulichung sollen drei Tatbestände dienen:

aa) Der Versicherungsvertrag erlischt an sich nicht mit dem Tode des Versicherungsnehmers. Er geht auf die Rechtsnachfolger (Erben) über[504]. Wenn in der Personenversicherung – Lebens-, Unfall-, Krankenversicherung usw. – gemäss Vereinbarung nur eine einzige Person versichert ist, so

wegen zu prüfen, welcher Rechtsgrund vorliegt (z. B. ob eine Gefahrserhöhung oder eine Verletzung der Anzeigepflicht gegeben ist).
[501] KOENIG S. 90. – Weitere Beispiele des gesetzlichen Rücktrittsrechts: Art. 10 Abs. 3, 29 Abs. 2, 30, 51, 53, 54 Abs. 3 usw. – Rücktrittsgründe können auch vertraglich vereinbart sein.
[502] Einzelheiten bei VON TUHR/ESCHER, Obligationenrecht II S. 171, GUHL/MERZ/KUMMER, Obligationenrecht S. 274, und HUNGERBÜHLER, Äquivalenzprinzip S. 33 ff. und S. 76 ff.
[503] BGE 100 II 349: Der richterliche Eingriff in ein Vertragsverhältnis gestützt auf Art. 2 ZGB ist dann zulässig, «wenn die Verhältnisse von Leistung und Gegenleistung infolge ausserordentlicher Änderung der Umstände so gestört sind, dass die sich aus dem Vertrag ergebende Risikobeurteilung für die eine Partei nicht mehr als tragbar und das Festhalten der Gegenpartei an ihrem Anspruch nach den genannten Umständen missbräuchlich ist»; vgl. auch SVA XIV Nr. 7.
[504] Dieser Grundsatz gilt auch im allgemeinen Vertragsrecht. Das OR sieht aber Ausnahmen vor: so erlischt z. B. der Arbeitsvertrag nach Art. 338 Abs. 1 OR mit dem Tode des Arbeitnehmers.

kann sich *nach* ihrem Tode kein Versicherungsfall mehr ereignen. Der Vertrag wird damit seines Zweckes und Sinnes beraubt[505]; er ist aufzuheben.

bb) Wenn die durch Vertrag versicherten Sachen (Sachversicherung)[506] vollständig zerstört sind, so dass künftig ein Versicherungsfall nicht mehr möglich ist, fehlt es an einem versicherten Gegenstand. Dies trifft z. B. zu, wenn das gegen Kasko versicherte Auto einen Totalschaden erleidet[507].

cc) Bei der Handänderung gehen Rechte und Pflichten aus dem Versicherungsvertrag auf den Erwerber über. Dieser kann jedoch den Übergang durch schriftliche Mitteilung an den Versicherer ablehnen. Art. 54 VVG regelt zwar verschiedene Einzelheiten zu diesem Sachverhalt; er bestimmt aber nichts über das Schicksal des Versicherungsvertrages, der beim bisherigen Versicherungsnehmer verbleibt. Soll dieser weiterhin daran gebunden bleiben und die Prämien bezahlen, auch wenn die versicherten Sachen nicht mehr ihm gehören, so dass ein Versicherungsfall nach diesem Vertrag künftig nicht mehr möglich ist? Dies wäre stossend.

Wollte der Versicherer in den erwähnten und verwandten Tatbeständen am Vertrage festhalten und die Prämien noch während längerer Zeit beanspruchen, obwohl er keinerlei Leistungen mehr zu erbringen haben wird, dann würde er den Grundsatz von Treu und Glauben verletzen. Es muss daher dem Versicherungsnehmer das Recht eingeräumt werden, den Vertrag aufzuheben[508]. Die Frage, wie lange er die Prämie schuldet, dürfte

---

[505] Wenn der Tod selbst das befürchtete Ereignis oder die Folge eines solchen ist, bleibt der Versicherer für dieses Ereignis leistungspflichtig.

[506] Vgl. hinten bei N 819.

[507] Vgl. hinten bei N 1378; auch hier gilt sinngemäss, was vorne bei N 505 gesagt wurde.

[508] Im Ergebnis gleich wie hier ROELLI, Komm. I (1. A.) S. 320; dem VN sei ein Rücktrittsrecht überall da zuzugestehen, «wo die Fortsetzung des Vertragsverhältnisses der veränderten Umstände wegen zwecklos ist oder wo der Sicherungszweck aus irgendeinem Grunde nicht mehr erreicht werden kann». Nicht eindeutig JAEGER, Komm. II S. 165. KELLER, Komm. I S. 371, will demgegenüber dem VN jedenfalls im Hinblick auf Art. 54 VVG wegen der Veräusserung der versicherten Sache kein Rücktrittsrecht gewähren, da die Aufrechterhaltung des Vertrages nicht gegen Treu und Glauben zu verstossen brauche, wenn ein Vertrag für eine Partei zwecklos geworden sei. M. E. wäre es nicht haltbar, wenn der VN noch während längerer Zeit – je nach Vertrag vielleicht noch mehrere Jahre – Prämien zu bezahlen hätte, obwohl der Versicherer nicht mehr leistungspflichtig werden kann.

durch sinngemässe Anwendung von Art. 25 VVG zu entscheiden sein. Der Vertrag fällt aber nicht von Gesetzes wegen (automatisch) dahin. Es bedarf einer Parteierklärung. Ob es sich jeweils um einen Rücktritt oder um eine Kündigung handelt, ist anhand der Gegebenheiten zu beurteilen[509].

III. ÄNDERUNG DES VERSICHERUNGSVERTRAGES

1. Durch Vereinbarung

a) Die Parteien können den Versicherungsvertrag im Rahmen der gesetzlichen Ordnung, insbesondere unter Beachtung der zwingenden und halbzwingenden Vorschriften des VVG[510], jederzeit durch Vereinbarung ändern. Von ihrer Vereinbarung hängt es ab, ob es sich lediglich um eine Änderung handelt, so dass der bisherige Vertrag weiterläuft, oder ob anstelle des bisherigen Vertrages ein neuer Vertrag tritt. Im letzteren Fall kann die Vereinbarung ein Vertragsaufhebungsvertrag sein und zugleich den Inhalt des neuen Vertrages einschliessen[511].

b) Art. 2 I VVG enthält im Hinblick auf Änderungen (und Verlängerung) des Vertrages für den Antrag und die Annahme eine Sonderregelung. Der Antrag des *Versicherungsnehmers* gilt als angenommen, wenn der Versicherer ihn nicht ausdrücklich innert 14 Tagen ablehnt. Sein Stillschweigen bedeutet somit Zustimmung[512].

c) Nicht selten ändern die *Versicherer* die AVB. Sie können die neuen AVB nicht durch einseitige Willenserklärung auf die bereits laufenden, sondern nur auf später abgeschlossene Versicherungsverträge anwendbar erklären. Ohne Zustimmung des Versicherungsnehmers können sie nämlich keine laufenden Verträge ändern. Hingegen dürfen sie die Zustimmung im Sinne von OR 6 annehmen, wenn sie dem Versicherungsnehmer

---

[509] Die Vertragsauflösung im Hinblick auf Art. 2 ZGB zu gewähren, ist rechtlich ein gangbarer Weg. Näher würde es freilich liegen, eine Lücke des VVG anzunehmen. Dadurch lassen sich sachgerechte Lösungen finden (vgl. vorne bei N 275). – In der Praxis werden diese Fälle sehr oft durch einen Aufhebungsvertrag geregelt; vgl. dazu vorne bei N 487.
[510] Vgl. vorne bei den N 268 ff.
[511] Vgl. vorne bei N 487 und hinten N 678.
[512] Vgl. weitere Einzelheiten vorne bei N 445. Art. 2 VVG ist gemäss VVG 98 halbzwingend, darf also nicht zum Nachteil des VN abgeändert werden.

eine ihn *begünstigende* Änderung des Vertrages mitteilen und ihn ausdrücklich darauf aufmerksam machen, dass sein Stillschweigen als Zustimmung betrachtet werde. Ihre Mitteilung ist als Antrag zu verstehen, dem der Versicherungsnehmer durch Stillschweigen zustimmen kann. Anders dagegen bei Änderungen, die den Versicherungsnehmer *belasten*, wie z. B. neue Bestimmungen, mit denen der Deckungsumfang eingeschränkt oder die Leistung herabgesetzt oder die Prämie erhöht wird. Zwar ist die Mitteilung solcher belastender Änderungen in der Regel ebenfalls ein Antrag; dieser Antrag gilt jedoch nur als angenommen, wenn der Versicherungsnehmer ihm ausdrücklich zustimmt. Stillschweigen gilt – nach Treu und Glauben – nicht als Zustimmung[512a].

d) aa) Art. 35 VVG regelt die Revision von AVB zu einzelnen Punkten in besonderer Weise. Der Versicherungsnehmer kann verlangen, dass der Vertrag zu den neuen Bedingungen fortgesetzt werde. Er muss jedoch bereit sein, eine allfällige Mehrprämie zu entrichten. Somit haben die Versicherungsnehmer bei laufenden Verträgen nicht etwa den Anspruch darauf, unentgeltlich in den Genuss neuer Bedingungen zu kommen, für welche Versicherungsnehmer bei Neuabschlüssen eine zusätzliche Prämie zu bezahlen haben.

bb) Art. 35 VVG verpflichtet die Versicherer nicht, die Versicherungsnehmer über Änderungen der AVB zu orientieren. Er scheint vorauszusetzen, dass die Versicherungsnehmer dies ausdrücklich verlangen[513]. Es dürfte jedoch richtig sein, hier den Grundsatz von Treu und Glauben, der sich aus Art. 2 ZGB ableitet, anzuwenden. Danach ist der Versicherer verpflichtet, seine Vertragspartner, die Versicherungsnehmer, über die sie berührenden Änderungen der AVB zu orientieren. Die Versicherungsnehmer sind in der Regel im Versicherungsgeschäft Laien. Bei Vertragsabschluss denken sie nicht daran, sich vom Versicherer die Zusicherung geben zu lassen, dass er sie von späteren Änderungen der AVB in Kenntnis setzt, damit sie prüfen können, ob sie diese für ihren Vertrag wünschen oder nicht. Die Fairness verlangt, dass der Versicherer sie von sich aus orientiert[514].

[512a] Auch dann gilt Stillschweigen nicht als Zustimmung, wenn die Änderung den VN zugleich belastet und begünstigt, da jede neue vertragliche Belastung schon an sich die Zustimmung des VN erfordert.
[513] In diesem Sinn z. B. VIRET, Privatversicherungsrecht S. 102.
[514] Die Versicherer pflegen die VN regelmässig über die ihren Vertrag betreffen-

§ 19 Dauer und Ende sowie Änderung des Versicherungsvertrages

e) Versicherungsverträge enthalten oft Tarifänderungsklauseln[514a], so die AVB der Motorfahrzeug-Haftpflichtversicherung und der Hausrat-Versicherung. Durch solche Klauseln wird der Versicherer ermächtigt, die Prämien an veränderte Verhältnisse, z. B. an die Teuerung oder an eine erweiterte Deckung anzupassen. Der Versicherungsnehmer kann nach der Klausel zwar den Vertrag kündigen, wenn er mit der Prämienänderung nicht einverstanden ist; wenn er aber die Kündigung unterlässt, gilt dies als Zustimmung, und zwar selbst dann, wenn er gegen die Änderung protestiert. Man kann sich fragen, ob es sich bei dieser Konstruktion um eine Vertragsänderung durch Vereinbarung gestützt auf eine besondere Klausel oder durch einseitige Willenserklärung des Versicherers und damit um ein Gestaltungsrecht[515] handelt. Es ist jedenfalls schwerlich mit dem Wesen der Vereinbarung in Einklang zu bringen, wenn der Versicherungsnehmer die Änderung ausdrücklich ablehnt und von einer Kündigung nur deshalb absieht, weil ihm durch den Abschluss eines Vertrages bei einem andern Versicherer Umtriebe und Kosten entstehen.

2. Durch einseitige Parteierklärung

Eine Vertragspartei kann den Versicherungsvertrag einseitig, durch blosse Willenserklärung ändern, sofern der Vertrag selbst oder die Gesetzgebung sie dazu ermächtigt. Mit einer solchen Willenserklärung übt sie ein Gestaltungsrecht aus[516]. Dazu einzelne Beispiele:

a) Gemäss Art. 90 Abs. 1 VVG kann der Versicherungsnehmer jede Lebensversicherung durch einseitige Willenserklärung ganz oder teilweise in eine beitragsfreie Versicherung umwandeln, wenn er die Prämien wenigstens für drei Jahre entrichtet hat[517]. Da der Versicherer verpflichtet ist, einem solchen Begehren stattzugeben, handelt es sich bei diesem um ein Gestaltungsrecht.

---

den Änderungen zu informieren und es ihnen anheimzustellen, ob sie den Vertrag zu den bisherigen Bedingungen oder mit den Änderungen und einer allfälligen Prämienerhöhung weiterführen wollen.
[514a] Die Aufsichtsbehörde lässt sie nur für die von ihr bewilligten Änderungen des Tarifs zu.
[515] Vgl. vorne bei N 489 und hinten bei N 669.
[516] Vgl. vorne bei N 489.
[517] Vgl. hinten bei N 1170.

b) Wenn Versicherer der vereinfachten Aufsicht unterstellt sind, müssen ihre Versicherungsbedingungen und Reglemente eine Anpassungsklausel[518] gemäss VAG 36 enthalten. Sie können durch einseitige Willenserklärung die Prämien erhöhen oder die Versicherungsleistungen herabsetzen, also den Versicherungsvertrag ändern, wenn dies zur Beseitigung eines versicherungstechnischen Fehlbetrages erforderlich ist. Die Änderung tritt unabhängig davon ein, ob die Versicherten ihr zustimmen oder sie ablehnen.

IV. ANSPRUCH AUF VERSICHERUNGSLEISTUNGEN NACH BEENDIGUNG DES VERSICHERUNGSVERTRAGES

1. Der Versicherungsfall muss in der Regel während der Laufzeit des Versicherungsvertrages und während der Dauer des Versicherungsschutzes eintreten, damit der Versicherer leistungspflichtig wird[518a]. Nun stellt sich eine praktisch wichtige Frage: Bleibt der Versicherer leistungspflichtig, wenn die Folgen eines Versicherungsfalles bei Beendigung des Versicherungsvertrages weiterdauern? Der Versicherungsvertrag kann als solcher nach Eintritt des Versicherungsfalles z. B. durch Kündigung aufgehoben werden. Es ist aber auch möglich, dass er nur gerade für den vom Versicherungsfall betroffenen Versicherten endet. Dies kommt etwa vor, wenn der versicherte Arbeitnehmer aus der Kollektivversicherung ausscheidet, weil sein Arbeitsvertrag wegen Kündigung oder Pensionierung dahinfällt. Die erwähnte Frage kann nicht einheitlich beantwortet werden. Es gilt Vertragsfreiheit. Der Versicherungsvertrag kann daher die Leistungspflicht des Versicherers für die Zeit nach seiner Beendigung auf verschiedenste Weise regeln. Wenn keine besondere Vereinbarung getroffen wurde, gilt der Grundsatz, dass der Versicherer über das Ende des Vertrages hinaus lei-

---

[518] Vgl. vorne bei N 173. Es handelt sich um Versicherungsverträge, die in gleicher Weise wie Rückversicherungsverträge nicht dem VVG, sondern dem OR unterstehen; VVG 101 Abs. 1 Z. 2. – Die Anpassungsklausel nach VAG 36 unterscheidet sich von der Tarifänderungsklausel – vgl. vorne bei N 514a – dadurch, dass sie begrifflich nicht eine Änderung des Tarifs voraussetzt.

[518a] Vgl. die Besonderheiten bei der Rückwärtsversicherung hinten bei N 525 und bei der Haftpflichtversicherung bei N 806 ff. Bei jener können ausnahmsweise Versicherungsfälle, die schon vor Vertragsschluss, und bei dieser Versicherungsfälle, die erst nach Auflösung des Versicherungsvertrages eintreten, unter Versicherungsschutz fallen und eine Leistungspflicht des Versicherers begründen.

§ 19 Dauer und Ende sowie Änderung des Versicherungsvertrages

stungspflichtig bleibt, sofern die Ansprüche aus einem vorher eingetretenen, gedeckten Versicherungsfall hergeleitet werden. Dazu ein Beispiel aus der kollektiven Unfallversicherung. Wenn sich der versicherte Unfall am 1. 12. ereignet und der Versicherungsvertrag für den Versicherten – z. B. weil er pensioniert wird – am 31. 12. dahinfällt, kann der Versicherte seine Ansprüche auch für jene Folgen stellen, die erst nach dem 31. 12. auftreten. Es handelt sich z. B. um folgende Sachverhalte: Die ärztliche Behandlung dauert weiter; es bleibt eine Invalidität zurück, für die der Vertrag eine Entschädigung vorsieht; der Versicherte stirbt nach Vertragsauflösung an den Folgen des Unfalls, weshalb die begünstigten Hinterlassenen, die für den Todesfall vereinbarten Leistungen beanspruchen können. Somit bleibt der Versicherer auch für Sachverhalte leistungspflichtig, die erst nach dem Ende des Versicherungsvertrages entstehen, vorausgesetzt, dass sie durch den gedeckten Versicherungsfall in rechtserheblicher Weise, d. h. adäquat, verursacht worden sind. Die Leistungspflicht kann aber, wie erwähnt, durch den Vertrag eingeschränkt sein. Überdies unterliegt der Anspruch der gesetzlichen Verjährung[518b].

2. In der Unfallversicherung gemäss UVG bleibt der Unfallversicherer ebenfalls leistungspflichtig, wenn versicherte Unfälle und Berufskrankheiten nach Beendigung des Versicherungsverhältnisses rechtserhebliche Folgen haben. Dies gilt in gleicher Weise, ob die Leistungen – z. B. eine Invalidenrente – noch vor Beendigung des Versicherungsverhältnisses oder nachher festgesetzt werden. Wenn Rückfälle oder Spätfolgen auch erst nach Jahren auftreten, lösen sie die Leistungspflicht des Versicherers aus. Private Unfallversicherer, welche die Unfallversicherung gemäss UVG 68 betreiben, haben nicht die Befugnis, in den Kollektivverträgen[518c], die sie mit Arbeitgebern abschliessen, ihre Leistungspflicht zu beschränken. Sie dürfen dies nicht einmal in der freiwilligen Versicherung tun, da auf sie nach UVG 5 II die Bestimmungen über die obligatorische Versicherung sinngemäss anwendbar sind[518d].

[518b] Vgl. hinten bei den N 1017 ff.
[518c] Vgl. vorne N 348.
[518d] Hingegen hört in der Krankenversicherung nach KVG jeglicher Leistungsanspruch auf, wenn die Statuten der anerkannten Krankenkasse die Bestimmung enthalten, dass ein ausgeschiedenes Mitglied keine Ansprüche auf das Kassenvermögen habe. Dies entspricht der durch das EVG geschützten Praxis der Kranken-

3. Wenn Versicherungsgesellschaften, die der ordentlichen Aufsicht nach VAG 2 unterstehen, mit Vorsorgeeinrichtungen gemäss BVG 67 f. Versicherungsverträge abschliessen, ist auf diese grundsätzlich das VVG anwendbar. Das BVG regelt die Frage nicht, ob die Versicherungsgesellschaften leistungspflichtig bleiben, wenn Versicherungsfälle auch nach Beendigung des Versicherungsvertrages Folgen bewirken, z. B. zu einer Invalidität oder zum Tode des Versicherten führen. Somit gilt in dieser Hinsicht Vertragsfreiheit. Es wäre jedoch mit dem sozialen Zweck des BVG kaum vereinbar, wenn Versicherungsgesellschaften ihre Leistungspflicht vertraglich beschränken würden. Die Aufsichtsbehörde müsste prüfen, ob eine solche Klausel im Hinblick auf die Art. 1 und 17 II VAG zulässig sei[518e].

kassen. ANDREAS FREIVOGEL kritisiert die Rechtsprechung des EVG in seinem Aufsatz über «Das Ende der Leistungspflicht von Krankenkassen nach Erlöschen der Kassenmitgliedschaft», SJZ 1985 S. 282 ff., mit einleuchtender Begründung.

[518e] Vgl. zum Zweckartikel vorne bei den N 124 ff.; das BVG hat sich mit dem Versicherungsvertrag nach VVG, den es in Art. 67 f. zulässt, nur ungenügend befasst.

2. Abschnitt: Versicherte Gefahr

§ 20 GEFAHR UND GEFAHRSTATSACHEN

I. ZUM BEGRIFF DER VERSICHERTEN GEFAHR[519]

1. Die versicherte Gefahr ist der Tatbestand, für welchen der Versicherungsvertrag Versicherungsschutz gewährt (Unfall, Haftpflicht usw.)[520]. Zur Zeit des Vertragsabschlusses muss *ungewiss* sein, ob sich dieser Tatbestand *überhaupt* je oder doch *wann,* d.h. in welchem Zeitpunkt, er sich verwirklichen wird. Es besteht z. B. Ungewissheit, ob das gegen Feuer versicherte Haus überhaupt je brennen, ob die gegen Haftpflicht versicherte Person je haftpflichtig und ob die gegen Unfall versicherte Person je verunfallen wird. Hingegen ist gewiss, dass sich die versicherte Gefahr verwirklichen wird, wenn diese im Ableben der versicherten Person besteht, also z. B. in der Todesfallversicherung; es ist lediglich ungewiss, in welchem Zeitpunkt die Person sterben wird[521].

2. Die versicherte Gefahr muss kein *zufälliges* Ereignis sein[522]. Als zufällig erscheint ein Ereignis, wenn es vom menschlichen *Verhalten* unabhän-

---

[519] Vgl. dazu bereits vorne N 138 und bei N 305. Wenn sich die versicherte Gefahr verwirklicht hat, ist der Versicherungsfall oder – wie sich das VVG ausdrückt – das befürchtete Ereignis eingetreten; vgl. hinten bei den N 795 ff.

[520] VIRET, Privatversicherungsrecht, S. 108, versteht unter der versicherten Gefahr «die Möglichkeit des Eintrittes eines wirtschaftlich schädigenden Ereignisses». Diese Umschreibung ist zu eng. Man kann sich gemäss VVG für Tatbestände versichern, die keine wirtschaftliche Schädigung, d. h. keinen Schaden, voraussetzen. Dies trifft in der Summenversicherung zu: Die Leistungen erfolgen ohne Rücksicht auf das Bestehen eines Schadens. Dazu ein Beispiel: Wenn die Bezahlung einer bestimmten Summe im Alter 50 vereinbart ist (Erlebensfallversicherung), so stellt das Erreichen dieses Alters kein wirtschaftlich schädigendes Ereignis dar. Die Summe wird auch dann geschuldet, wenn der Versicherte seine bisherige Erwerbstätigkeit fortsetzt.

[521] BGE 99 II 91 (= SVA XIII Nr. 54). BGE 92 I 133: Das Ereignis muss incertus an *oder* incertus quando sein (unsicher ob *oder* unsicher wann).

[522] BGE 99 II 91.

gig ist[523]. Ungezählte versicherte Ereignisse entstehen nicht zufällig, sondern als Folge menschlichen Verhaltens. Dies gilt vor allem in der Haftpflichtversicherung. Eine Person wird oft durch ihr eigenes oder auch durch fremdes Handeln haftbar, so wenn der Halter durch den Betrieb seines Motorfahrzeuges einen Dritten schädigt. Die versicherte Gefahr kann sogar in einem schuldhaften Verhalten bestehen; z. B. in der Unfall- und in der Haftpflichtversicherung, aber auch in der Feuerversicherung soll selbst dann Versicherungsschutz gegeben sein, wenn der Versicherte den Unfall oder die Haftpflicht oder das Schadenfeuer durch unvorsichtiges, also schuldhaftes Verhalten bewirkt. Durch Vertrag darf vereinbart werden, dass Versicherungsschutz sogar dann gewährt wird, wenn der Versicherte die Gefahr absichtlich verwirklicht[524].

3. a) Nach Art. 9 VVG ist der Versicherungsvertrag nichtig, wenn das befürchtete Ereignis im Zeitpunkt des Abschlusses des Versicherungsvertrages bereits eingetreten war. Daraus leitet sich der fundamentale Grundsatz ab, dass es sich bei der versicherten Gefahr um ein *künftiges,* d. h. nach Abschluss des Vertrages eintretendes, Ereignis handeln muss. Man nennt dies den Grundsatz der Vorwärtsversicherung. Allein Art. 10 VVG sieht aus praktischen Gründen ausnahmsweise auch die Rückwärtsversicherung vor, d. h. die Versicherung von Gefahren, die sich zur Zeit des Versicherungsabschlusses bereits verwirklicht haben[525]. Eine Ausnahme gilt einmal in der Feuerversicherung hinsichtlich solcher Gegenstände, die im Ausland[526] gelegen sind, und sodann allgemein in der Transportversiche-

---

[523] OFTINGER, Haftpflichtrecht I S. 83. KOENIG S. 161 ist zu eng, wenn er annimmt, zufällig sei nur das vom VN nicht *verschuldete* Ereignis.

[524] Nach Art. 14 Abs. 1 VVG ist bei absichtlicher Herbeiführung des Versicherungsfalles grundsätzlich kein Versicherungsschutz gegeben. Parteiabreden können von diesem Grundsatz abweichen (Art. 97 und 98 VVG). So bestimmen die Lebensversicherer mit ihrer Selbstmordklausel, dass sie leistungspflichtig werden, wenn der Selbstmord, d. h. die absichtliche Verursachung des eigenen Todes, erst eine bestimmte Zeit – z. B. 3 Jahre – nach Abschluss des Vertrages verübt wird. – KELLER, Komm. I S. 15 N 2.

[525] Bei der Rückwärtsversicherung besteht Versicherungsschutz schon für Ereignisse, die vor Abschluss des Vertrages eingetreten sind; vgl. zum Beginn der vertraglichen Wirkungen vorne nach N 469.

[526] Der in der Schweiz wohnhafte VN versichert in der Schweiz z. B. das Mobiliar, das sich in einem Ferienhaus befindet, welches er im benachbarten Ausland ge-

§ 20 Gefahr und Gefahrstatsachen

rung⁵²⁷. Versicherungsschutz besteht in diesen Fällen, wenn *beiden* Parteien unbekannt war, dass das befürchtete Ereignis bereits eingetreten sei. Art. 10 Abs. 3 VVG ordnet die Folgen, wenn nur der Versicherungsnehmer davon Kenntnis hatte. In diesem Fall besteht kein Versicherungsschutz. Dadurch soll dem Missbrauch der Rückwärtsversicherung vorgebeugt werden⁵²⁸.

b) Art. 9 VVG hat lediglich den Fall im Auge, dass das befürchtete Ereignis nur ein einziges Mal vorkommen kann. Wenn nach Massgabe des Versicherungsvertrages weitere Versicherungsfälle möglich sind, ist in sinngemässer Anwendung von Art. 20 Abs. 2 OR zu entscheiden, ob der Versicherungsvertrag bloss teilweise nichtig sei, nämlich hinsichtlich des bereits eingetretenen Ereignisses, für die künftig möglichen Versicherungsfälle jedoch seine Gültigkeit behalte. Blosse Teilnichtigkeit ist in der Regel anzunehmen, wenn die Parteien den Vertrag auch ohne den nichtigen Teil abgeschlossen hätten. Sie haben dann die auf den nichtigen Teil entfallenden Leistungen – vor allem Prämien und Versicherungsleistungen – nicht zu erbringen. Wenn z. B. ein Arbeitgeber für seine drei namentlich bezeichneten Arbeitnehmer einen Kollektiv-Unfallversicherungsvertrag abschliesst und nicht weiss, dass der eine von ihnen während eines Auslandaufenthaltes bereits den Unfalltod erlitten hat, so wird der Vertrag hinsichtlich der beiden andern Arbeitnehmer weitergeführt: Die Prämien, die auf den bereits Ver-

kauft hat. Er weiss nicht, dass das Haus mit dem Mobiliar in der Nacht vor Vertragsabschluss bereits abgebrannt ist. – Diese Ausnahmebestimmung ist ohne Bedeutung und liesse sich bei einer Revision streichen.

⁵²⁷ Der Importeur versichert Waren, die er auf hoher See wähnt, gegen Diebstahl usw. Es stellt sich heraus, dass sie schon vor dem Verlad auf das Schiff und vor Abschluss des Versicherungsvertrages gestohlen worden waren.

⁵²⁸ Die Art. 9 und 10 VVG regeln auch den Fall, dass die Gefahr im Zeitpunkt des Vertragsschlusses bereits weggefallen war. Der Vertrag ist gemäss VVG 9 grundsätzlich nichtig. Für die Feuer- und die Transportversicherung gelten nach VVG 10 Ausnahmen: Keine Nichtigkeit besteht, wenn beide Parteien zurzeit des Vertragsschlusses nicht wussten, dass die Gefahr bereits weggefallen war. Die Abs. 2 und 3 von Art. 10 enthalten sodann besondere Bestimmungen, wenn nur der Versicherer oder nur der VN allein davon Kenntnis hatte. – Beispiel für eine bereits weggefallene Gefahr und die Nichtigkeit des Vertrages (Art. 9 VVG): Der Vater schliesst für seinen in einer andern Stadt lebenden Sohn für eine Auslandreise eine Reisegepäckversicherung ab und weiss nicht, dass der Sohn die Reise bei Vertragsschluss bereits beendet hat. Die Gefahr war daher zur Zeit des Vertragsschlusses schon weggefallen.

storbenen entfallen, sind nicht geschuldet. Hingegen hat der Versicherer die für den Todesfall vorgesehenen Leistungen nicht zu entrichten, da sich der tödliche Unfall vor Abschluss des Vertrages ereignet hat[529].

c) Sowohl Art. 9, der die Rückwärtsversicherung grundsätzlich ausschliesst, als auch Art. 10 VVG, der Ausnahmen zu diesem Grundsatz vorsieht, sind absolutzwingende Bestimmungen im Sinne von Art. 97 VVG. Von ihnen darf durch Vertragsabrede nicht abgewichen werden.

4. Die versicherte Gefahr muss stets im Zusammenhang mit dem versicherten Gegenstand gesehen werden; dieser ist in der Personenversicherung eine Person, in der Sachversicherung eine Sache und in der Vermögensversicherung das Vermögen einer bestimmten Person als solches. So ist z. B. in der Unfallversicherung ein Unfall nur versichert, wenn er eine bestimmte oder doch bestimmbare versicherte Person betrifft, in der Sachversicherung die Gefahr des Feuers nur, wenn eine versicherte Sache verbrennt usw.

II. GEFAHR ALS VERTRAGSBESTANDTEIL

1. Die versicherte Gefahr ist für den Versicherungsvertrag[530] charakteristisch; sie unterscheidet ihn von andern Verträgen. Zugleich ist sie ein essentiale negotii: Ist sie im Vertrag nicht geregelt, ist ein Versicherungsvertrag nicht zustande gekommen. Hingegen kann dann ein Vertrag anderer Art gegeben sein.

2. Die versicherte Gefahr darf im Versicherungsvertrag frei vereinbart werden; es gilt der Grundsatz der Vertragsfreiheit (Privatautonomie)[531]. Der Versicherer pflegt in seinem Antragsformular die Frage zu stellen, gegen welche Gefahren der Antragsteller Versicherungsschutz wünsche (gegen Feuer, Unfall, Haftpflicht usw.). Er umschreibt die versicherten Gefahren im Antrag und im Vertrag selbst auf vielfache Arten. So kann er ein konkretes Geschehen, z. B. den Tod der zu versichernden Person, oder eine Abstraktion, d. h. eine begriffliche Definition, z. B. den Begriff des Unfalles, als versicherte Gefahr bezeichnen.

3. In den Versicherungsverträgen ist oft folgende Kombination anzutref-

---

[529] Vgl. weitere Einzelheiten zu den Art. 9 und 10 VVG bei KELLER, Komm. I S. 172 ff.
[530] Vgl. vorne bei N 350 und KOENIG S. 163 f.
[531] Vgl. vorne bei N 268.

fen: Die versicherte Gefahr wird abstrakt umschrieben, worauf ein Katalog von *Ausschlüssen*[531a] folgt, d. h. von Sachverhalten, die zwar durch die abstrakte Umschreibung der Gefahr gedeckt sind, indessen nicht versichert werden. So werden in den AVB zur Unfallversicherung regelmässig zuerst die Merkmale des Unfallbegriffs abstrakt umschrieben und hierauf Unfälle, z. B. der Unfall beim Fallschirmabspringen, bei Vergehenshandlungen usw., von der Versicherung ausgeschlossen. Solche Ausschlüsse lassen sich nach unterschiedlichen Gesichtspunkten einteilen. Häufig ist die Unterscheidung zwischen relativen und absoluten Ausschlüssen. Relative Ausschlüsse sind jene, die zwar in den AVB umschrieben werden, welche aber der Versicherer auf Antrag des Versicherungsnehmers gegen eine Zuschlagsprämie wieder einschliesst. So können in der erwähnten Unfallversicherung Unfälle beim Fallschirmabspringen in den AVB ausgeschlossen sein, auf Antrag des Versicherungsnehmers gegen Bezahlung einer Sonderprämie jedoch wieder eingeschlossen werden[532]. Absolut nennt man jene Ausschlüsse, die ein Versicherer nicht einmal gegen eine Zuschlagsprämie wieder einzuschliessen bereit ist[533].

4. a) Art. 33 VVG enthält – im gleichen Satz – zwei Bestimmungen, die für die Auslegung von Versicherungsverträgen hinsichtlich der versicherten Gefahr und der Ausschlüsse bedeutsam sind:

aa) Der erste Teil des Satzes lautet wie folgt: «Der Versicherer haftet für alle Ereignisse, welche die Merkmale der Gefahr, gegen deren Folgen Versicherung genommen wurde, an sich tragen...» Würde z. B. in einem Ver-

---

[531a] Vgl. auch hinten bei den N 1264 und 1479. BÜRGI, AVB S. 96 und 102, nennt dies die primäre Risikobeschreibung und die sekundäre Risikobeschränkung (= Ausschlüsse).

[532] Relative Ausschlüsse – auch zuschlagspflichtige Sondergefahren genannt – werden gelegentlich durch eine Vorsorgeklausel gemildert, die etwa wie folgt formuliert ist: «Ereignet sich ein Unfall bei einer der vorgenannten Betätigungen (sc. bei einer ausgeschlossenen Gefahr), bevor diese in die Versicherung eingeschlossen und die entsprechende Mehrprämie bezahlt worden ist, so zahlt die Gesellschaft dennoch die Hälfte derjenigen Entschädigung, zu der sie bei rechtzeitigem Einschluss verpflichtet gewesen wäre. Diese Bestimmung findet immerhin keine Anwendung, falls der Versicherte die betreffende Betätigung schon zur Zeit der Antragstellung ausgeübt hat.» Diese Vorsorgeklausel findet sich in den AVB einer Einzel-Unfallversicherung. Weiteres zu den Ausschlüssen hinten bei den N 1264 ff.

[533] Z. B. Kriegsrisiken; vgl. BAUMBERGER, Ausschluss S. 97 ff.

sicherungsvertrag lediglich bestimmt, der Versicherte sei gegen Haftpflicht versichert, dann müsste der Versicherer für jede Art von Haftpflicht Versicherungsschutz gewähren, also für die Haftpflicht als Motorfahrzeughalter, aus beruflicher Tätigkeit usw. Im Zweifel ist die Gefahr in umfassender Weise versichert. Deshalb pflegt der Versicherer die Gefahr vertraglich *einzuschränken*. Er bestimmt z. B., versichert sei der Versicherte, wenn er als Halter eines bestimmten Motorfahrzeugs haftbar werde; dann besteht Versicherungsschutz nur für diese Art Haftpflicht und nicht z. B. auch für jene aus der Ausübung eines Berufs, etwa eines Arztes für Kunstfehler[534].

bb) Art. 33 VVG fügt dem erwähnten ersten einen zweiten Satzteil an: «... es sei denn, dass der Vertrag einzelne Ereignisse in bestimmter, unzweideutiger Fassung von der Versicherung ausschliesst.» Danach sind Ausschlüsse, von denen in Z. 3 die Rede war, nur beachtlich, wenn sie in bestimmter, unzweideutiger Formulierung umschrieben werden. Freilich muss dieser Satzteil – entgegen seinem zu engen Wortlaut – nicht nur für die Ausschlüsse, sondern auch dann gelten, wenn die versicherte Gefahr im geschilderten Sinn *einschränkend* umschrieben wird[535]. Dieser zweite Satzteil stellt eine gesetzliche Auslegungsregel dar; er ist nichts anderes als eine ausdrückliche Verankerung der Unklarheitenregel für einen Teilbereich vertraglicher Bestimmungen, nämlich für den Bereich der versicherten Gefahr. Eine Ausschlussklausel ist bestimmt und unzweideutig, sofern an ihrem Sinngehalt keine ernsthaften Zweifel mehr bestehen. «Ob über den Umfang der versicherten Gefahr vernünftigerweise kein Zweifel beste-

---

[534] BGE 100 II 406 ff.: Der Versicherte hatte eine Betriebs-Haftpflichtversicherung für seine Tätigkeit als Schreiner/Zimmermann abgeschlossen, wobei auch die Haftpflicht aus dem Bau von «villas et chalets» versichert war. Er erstellte dann als Generalunternehmer Häuser, führte also nicht nur – wie es für Schreiner und Zimmerleute üblich ist – Holzarbeiten aus. Dabei installierte er einen Gasbadeofen, der zum Tode eines Dritten wegen Gasaustritts führte. Der Versicherer verneinte seine Leistungspflicht, da nur die Haftpflicht aus der Bearbeitung von Holz eingeschlossen sei. Das BGer bejahte jedoch die Deckung gestützt auf Art. 33 VVG, da der Vertrag nicht ausdrücklich bestimmte, dass beim Bau von Häusern nur die mit Holzarbeiten zusammenhängende Haftpflicht versichert sei.

[535] Wenn also z. B. der Vertrag zum vornherein nur die Haftpflicht als Halter eines bestimmten Motorfahrzeuges und nicht jede Art von Haftpflicht, z. B. auch jene aus der Ausübung eines Berufs, als Eigentümer eines Hauses usw., deckt. – BGE 100 II 406.

hen kann, wird sich immer erst bei Würdigung aller Umstände, wie gesamter Vertragsinhalt, Verkehrssitte, wirtschaftlicher Zweck und rechtliche Natur der in Frage stehenden Versicherung, ergeben»[536]. Somit muss auch die Ausschlussklausel zuerst ausgelegt werden, bevor die Unklarheitenregel[537] angewendet werden darf.

b) Art. 33 VVG ist eine Schutzbestimmung zugunsten der Versicherten[538]. Er hat jedoch in der Praxis eine unerfreuliche Nebenwirkung. Um der Unklarheitenregel Rechnung zu tragen, versuchen die Versicherer, die versicherten Gefahren und die Ausschlüsse möglichst präzis zu formulieren; der Wille zur Präzision führt dann aber zu komplizierten Regelungen. Die oft schwerverständliche Sprache in vielen Versicherungsverträgen ist zumindest teilweise mittelbare Folge der Unklarheitenregel.

III. GEFAHRSTATSACHEN

1. Der Versicherer umschreibt die versicherten Gefahren, wie bereits erwähnt[539], im Vertrag auf die verschiedensten Arten. Von dieser Umschrei-

---

[536] U des BGer vom 8. 5. 1970 in SVA XIII Nr. 113 S. 575: Von der Abonnentenversicherung ausgeschlossen waren «teilweise Gelähmte». Dies ist ein relativer Begriff, der näherer Bestimmung bedarf. «Die Klausel erscheint aber nicht als derart unklar oder zweideutig, dass nach VVG 33 ein Haftungsausschluss in dieser Hinsicht von vornherein zu verneinen wäre». Eine Peronaeuslähmung, welche sogar die Hilfe eines Gehapparates erfordert, «muss dem Laien derart in die Augen fallen, dass er ohne Zögern den Betroffenen als teilweise gelähmt bezeichnen wird». Vgl. auch BGE 104 II 281 (= SVA XIV Nr. 48 S. 216 ff.): Es ging um den Ausschluss von Unfällen bei «Schlägereien und Raufhändeln». Darunter ist eine «tätliche Auseinandersetzung von einer gewissen Geschlossenheit zu verstehen, die sich in einem zeitlich und örtlich begrenzten Rahmen abspielt». Nach einer tätlichen Auseinandersetzung zogen sich die Streitparteien in verschiedene Räume zurück. S. drang hierauf in die unverschlossene Küche ein und erstach M. Das BGer entschied, dass die Ausschlussklausel anwendbar sei.

[537] Vgl. vorne bei N 295 f., BGE 99 II 90 E. 3 und hinten bei N 969 (Auslegung von Subsidiärklauseln).

[538] Eigenartigerweise ist Art. 33 VVG in den Art. 97 und 98 VVG nicht aufgeführt und somit weder relativ noch absolut zwingender Natur; vgl. zu diesen Begriffen vorne bei den N 270 ff. Trotzdem ist die Bestimmung nach JAEGER, Komm. III N 4 zu Art. 97, und KUNZ, Das zwingende Recht S. 182 ff., absolutzwingend und nach KELLER, Komm. I S. 465, relativzwingend.

[539] Vgl. vorne Z. II, 2 und 3.

bung der Gefahr – Unfall, Haftpflicht usw. – sind die Tatsachen oder Umstände zu unterscheiden, welche es ihm erlauben, für den einzelnen Versicherten konkret abzuschätzen, ob die Wahrscheinlichkeit gross oder klein sei, dass sich Versicherungsfälle ereignen werden und ob er mit einem hohen oder tiefen Schadendurchschnitt rechnen müsse[540]. Diese Tatsachen oder Umstände nennt man rechtlich Gefahrstatsachen[541]. Der Versicherer überlegt sich, nach welchen Gefahrstatsachen er im Antragsformular fragen soll, damit er die Grösse des Risikos[542] technisch einigermassen zuverlässig abschätzen kann.

2. Von den möglichen Einteilungen[543] der Gefahrstatsachen seien hier lediglich folgende erwähnt:

a) *Objektive Gefahrstatsachen* sind jene, welche den versicherten Gegenstand betreffen[544]. Dies ist in der Sachversicherung bedeutsam: z. B. Bauart des zu versichernden Hauses – Holz oder Stein usw. – in der Feuerversicherung.

b) Die *subjektiven Gefahrstatsachen* hängen mit der Person des Versi-

---

[540] Näheres zur technischen Beurteilung des Risikos, der Risikoselektion usw. vorne bei den N 100 ff.

[541] So z. B. in Art. 5 und 6 VVG. – In der Feuerversicherung ist eine solche Gefahrstatsache etwa die Bauart des zu versichernden Gebäudes (Holz, Stein usw.). – Einlässlich zum Begriff der Gefahrstatsachen BGE 99 II 77 ff. (= SVA XIII Nr. 10 S. 36).

[542] Der Versicherungstechniker bildet für die Beurteilung des Risikos Risikomerkmale; GUERTLER, Betriebswirtschaftslehre S. 47. Risikomerkmale werden für die Gliederung der Prämientarife verwendet. Der Versicherer berücksichtigt aber nicht nur diese Risikomerkmale, wenn er im Antragsformular die Fragen nach den konkreten Gefahrstatsachen stellt, sondern zahlreiche weitere Gesichtspunkte, die ihm für die Beurteilung des Risikos bedeutsam erscheinen. Die Terminologie ist nicht einheitlich. Bald werden die Ausdrücke Gefahrsmerkmale und Gefahrstatsachen als gleichbedeutend gebraucht, bald werden sie im soeben erklärten Sinn unterschieden. Vgl. zur Tarifstruktur in der Motorfahrzeug-Haftpflichtversicherung STEINER, SVZ 1975 S. 275 sowie hinten bei den N 1483 ff.

[543] SCHNEIDER, Gefahrstatsachen S. 9 ff. führt 11 Gegensatzgruppen auf.

[544] GRUSS, Allgemeine Versicherungslehre S. 65, spricht von objektivem Risiko und versteht darunter Gefahren, die von den Beteiligten nicht beeinflusst werden können. Wie hier KOENIG S. 170 f. – Knüpft die Haftpflichtversicherung an einen bestimmten Gegenstand an – Motorfahrzeug-, Haushaftpflichtversicherung usw. –, so sind die ihn betreffenden die objektiven Gefahrstatsachen, z. B. die Kategorie des Autos (Lastwagen, Motorrad u. a. m.); vgl. hinten bei N 1486a.

cherten zusammen. Der Epileptiker stellt, wenn er Halter und Führer eines Motorfahrzeuges ist, öfters ein erhöhtes Risiko dar, und zwar für die Haftpflicht-, die Kasko- und die Unfallversicherung usw.; während des Lenkens des Motorfahrzeuges kann er einen Anfall erleiden und dadurch einen Unfall verursachen.

c) *Wandelbar* sind jene Gefahrstatsachen, die sich ändern können, z. B. die Gesundheit des Versicherten.

d) *Unwandelbar* sind jene Gefahrstatsachen, die ein für allemal feststehen: z. B. das Geburtsjahr einer Person, das in der Lebensversicherung, aber auch in der Motorfahrzeugversicherung eine wesentliche Rolle spielen kann, ferner früher durchgemachte Krankheiten, Hubraum eines bestimmten Motorfahrzeuges, Anzahl der von einer Person beim Lenken eines Motorfahrzeuges bisher verursachte Verkehrsunfälle usw.

§ 21 ANZEIGEPFLICHT ODER PFLICHT ZUR GEFAHRSDEKLARATION BEI VERTRAGSABSCHLUSS

Die Art. 4–8 VVG regeln die Pflichten des Antragstellers, dem Versicherer vor Abschluss des Vertrages Gefahrstatsachen mitzuteilen. Man spricht von der Anzeigepflicht oder – gleichbedeutend – von der Pflicht zur Gefahrsdeklaration. Das Gesetz regelt auch die Folgen der Verletzung der Anzeigepflicht.

I. ANZEIGEPFLICHT[544a]

1. Träger der Anzeigepflicht ist der Antragsteller; Art. 4 Abs. 1 VVG. Er wird zum Versicherungsnehmer, sobald der Vertrag abgeschlossen ist.

2. Der Versicherer muss die Fragen nach den Gefahrstatsachen schriftlich formulieren; Art. 4 Abs. 1 VVG. Dies geschieht im Antragsformular selbst oder auf einem Beiblatt[545]. Nach schweizerischem Recht gilt ein

---

[544a] Vgl. die rechtsvergleichende Darstellung der vorvertraglichen Anzeigepflicht bei KUHN, Harmonisierungsbestrebungen der EG, Z. 4.3.4.

[545] BGE 96 II 208: auch wenn der Agent die Antworten im Antragsformular einträgt, übernimmt der Antragsteller mit seiner Unterschrift die Verantwortung für diese Antworten. Wenn er sie nicht auf ihre Richtigkeit prüft, handelt er auf eigene Gefahr. Vgl. weiteres vorne N 416.

wichtiger Grundsatz: Der Antragsteller muss nur auf Fragen antworten, die der Versicherer ihm stellt. Er ist also nicht verpflichtet, von sich aus auf Gefahrstatsachen hinzuweisen[546].

3. Der Antragsteller hat gemäss Art. 4 Abs. 1 nur auf Tatsachen hinzuweisen, die für die Beurteilung der Gefahr *erheblich* sind. Abs. 2 enthält eine Legaldefinition der erheblichen Gefahrstatsachen: «Erheblich sind diejenigen Gefahrstatsachen, die geeignet sind, auf den Entschluss des Versicherers, den Vertrag überhaupt oder zu den vereinbarten Bedingungen abzuschliessen, einen Einfluss auszuüben.» In Abs. 3 wird sodann bestimmt: «Die Gefahrstatsachen, auf welche die schriftlichen Fragen des Versicherers in bestimmter, unzweideutiger Fassung gerichtet sind, werden als erheblich vermutet[547].» Es handelt sich um eine gesetzliche, widerlegbare Vermutung (praesumptio iuris). Wenn sich der Versicherer auf diese Vermutung stützt, z. B. um seine Leistungspflicht in einem Versicherungsfall zu verneinen, steht dem Versicherungsnehmer der Beweis offen, «dass seine Angabe über diese Tatsache den Willensentschluss des Versicherers im konkreten Fall in Wirklichkeit nicht beeinflusst hat, m. a. W., dass der Versicherer den Vertrag so, wie er zustande kam, auch dann abgeschlossen hätte, wenn die Angabe über die betreffende Tatsache gefehlt oder anders

---

[546] Wenn im Antrag für die Motorfahrzeug-Haftpflichtversicherung nicht ausdrücklich gefragt wird, ob und allenfalls zu welchen Verkehrsstrafen der Antragsteller bereits verurteilt worden sei, muss der Antragsteller solche Strafen nicht von sich aus mitteilen. – Die Anzeigepflicht umfasst auch den Zeitraum ab Antragstellung bis Abschluss des Vertrages. Sie erstreckt sich somit auf Gefahrstatsachen, die nach Einreichung des Antrages, aber vor Abschluss des Vertrages entstehen; KOENIG S. 174.

[547] Die Frage, ob der Antragsteller schon an Bronchitis gelitten habe, betrifft in der Lebensversicherung eine erhebliche Gefahrstatsache: BGE 96 II 208 (= SVA XIII Nr. 19 S. 96 f.). Erheblich ist in der Krankenversicherung die Frage nach einer allfälligen Erkrankung an Lumbago: BGE 101 II 339 ff. (= SVA XIV Nr. 9 S. 41); ebenso die Frage, ob beim Antragsteller im Verlaufe der letzten fünf Jahre Röntgenaufnahmen gemacht worden seien: U des BGer vom 23. 3. 1981 in SVA XIV Nr. 15 S. 75 f. Vgl. ferner BGE 108 II 143 ff.: Wenn der Antragsteller eine Lebensversicherung abschliessen will, sind das Bestehen anderer Lebens- oder Invaliditätsversicherungen oder die Stellung eines Versicherungsantrages bei einer andern Gesellschaft grundsätzlich erhebliche Gefahrstatsachen. Das Verschweigen solcher Versicherungen oder Anträge berechtigt daher den Versicherer in der Regel, vom Versicherungsvertrag zurückzutreten.

§ 21 Anzeigepflicht oder Pflicht zur Gefahrsdeklaration

gelautet hätte»[548]. Obwohl der Vertrag noch nicht abgeschlossen ist, wenn der Antragsteller die vom Versicherer formulierten Fragen beantwortet, müssen diese nach den gleichen Grundsätzen wie der Vertrag selbst ausgelegt werden, namentlich wenn zu entscheiden ist, ob sie bestimmt und unzweideutig gefasst seien[549]. Der Vertrauensgrundsatz verlangt, dass der Antragsteller den in den Fragen verwendeten Fachausdrücken, wenn er ihren technischen Sinn nicht kennt, die Bedeutung beilegen darf, «die ihnen nach den in seinem Lebenskreis herrschenden Anschauungen, insbesondere nach dem dort herrschenden Sprachgebrauch, zukommt»[550].

4. Wenn der Antrag durch einen Stellvertreter eingereicht wird, sind gemäss Art. 5 Abs. 1 VVG die erheblichen Tatsachen anzuzeigen, die dem Vertretenen und ebenso jene, die dem Vertreter bekannt sind oder «bekannt sein müssen»[551]. Der Antragsteller, der sich z. B. gegen Krankheit versichern will, kann also nicht einen Stellvertreter mit der Einreichung des Antrags beauftragen, wenn er eine ihm peinliche Erkrankung – z. B. eine früher durchgemachte Lues – nicht anzeigen möchte. Er ist zur Mitteilung auch dann verpflichtet, wenn der Stellvertreter den Antrag einreicht[552].

[548] BGE 99 II 82 mit Erwägungen, wie dieser Beweis des VN überhaupt geführt werden kann; ferner BGE 92 II 352 E. 5.
[549] Vgl. dazu vorne bei N 536 f.; ferner Praxis 1976 S. 198 f.
[550] BGE 96 II 211 ff. Den Antragsteller trifft eine begrenzte Frage- oder Erkundigungspflicht, wenn in der Frage Ausdrücke verwendet werden, die er nicht kennt. Diese Pflicht wird in BGE 101 II 343 f. (= SVA XIV Nr. 9 S. 42) stark eingeschränkt. Hier wird auch darauf hingewiesen, dass die Fragen im Versicherungsantrag allgemeinverständlich formuliert sein müssen. Dies treffe für den Ausdruck Lumbago nicht zu, da dessen Bedeutung jedenfalls in der deutschen Schweiz den meisten Leuten unbekannt sei.
[551] Bei der Anwendung dieses an sich objektiven Kriteriums ... «bekannt sein müssen» ... sind immerhin die Umstände des einzelnen Falles, insbesondere die persönlichen Eigenschaften und Verhältnisse des Antragstellers zu berücksichtigen. Dieser ist aber nicht verpflichtet, Erkundigungen über bestehende *Tatsachen* einzuholen. Es genügt, wenn er ernstlich darüber nachdenkt, ob eine solche Tatsache vorliegt. BGE 96 II 211 und Praxis 1976 S. 199 f. Vgl. zur Frage des Verschuldens hinten bei N 563. – Bei der Versicherung für fremde Rechnung ist auch der Dritte nach Art. 5 Abs. 2 VVG auskunftspflichtig; vgl. hinten bei N 790 und zur Versicherung auf fremdes Leben bei N 779.
[552] Zur Frage, inwieweit sich der Versicherer das Wissen des *Vermittlungsagenten* anrechnen lassen muss, vgl. einlässlich BGE 96 II 214 ff., Praxis 1976 S. 198 ff. und vorne bei N 416. – Wenn der Versicherer einen Arzt beauftragt, den Fragebogen aus-

II. FOLGEN DER ANZEIGEPFLICHTVERLETZUNG[552a]

1. Die Art. 6–8 VVG regeln die Folgen der Anzeigepflichtverletzung oder – was als gleichbedeutender Ausdruck verwendet wird – der unrichtigen Gefahrsdeklaration. Eine Verletzung ist nach Art. 6 VVG gegeben, «wenn der Anzeigepflichtige beim Abschluss der Versicherung eine erhebliche Gefahrstatsache, die er kannte oder kennen musste, unrichtig mitgeteilt oder verschwiegen hat». Der Versicherer ist an den Vertrag nicht gebunden, wenn er binnen vier Wochen vom Vertrage zurücktritt[553]. Die Frist beginnt, sobald er von der Verletzung Kenntnis erhalten hat, gleichgültig wann dies zutrifft. Oft stösst er erst nach langer Zeit, mehrere Jahre nach Abschluss des Vertrages, darauf, in der Regel wenn er einen Versicherungsfall näher überprüft. Der Vertrag ist ab Beginn nichtig, wenn der Versicherer sein Rücktrittsrecht ausübt. Er könnte daher sämtliche Versicherungsleistungen zurückfordern, die er aufgrund des nichtigen Vertrages in früheren Versicherungsfällen erbracht hat[554].

zufüllen, so kommt ihm die gleiche Stellung zu wie einem Vermittlungsagenten. Der Versicherer muss sich allfällige Fehler des Arztes anrechnen lassen: BGE 108 II 550 ff.

[552a] Vgl. zur Anzeigepflichtverletzung B. VIRET, La réticence dans l'assurance-maladie privée et sociale, SVZ 1975/76 (43) S. 33 ff.

[553] Vgl. zur versicherungsrechtlichen Unverbindlichkeit des Vertrages vorne bei N 501. Es handelt sich um eine Verwirkungsfrist, so dass sie – im Gegensatz zur Verjährungsfrist – nicht unterbrochen werden kann. Wenn der Versicherte mehrere Anzeigepflichtverletzungen begangen hat, so beginnt für den Versicherer mit jeder Kenntnisnahme einer solchen Verletzung eine selbständige Frist zu laufen, um vom Vertrag zurückzutreten: BGE 109 II 159 ff.

[554] Diese harte gesetzliche Folge wird durch die Verjährung gemäss Art. 67 OR etwas gemildert. Die Versicherer machen von ihrem Rücktrittsrecht aus Gründen der Konkurrenz im allgemeinen bewusst keinen rigorosen Gebrauch. Freilich kommt es nicht selten vor, dass die Sachbearbeiter versehentlich erst nach Ablauf der Rücktrittsfrist realisieren, dass Unterlagen vorliegen, die einen Rücktritt zu begründen vermocht hätten. – Gelegentlich erklären die Versicherer zwar den Rücktritt, treffen dann aber mit dem VN eine Vereinbarung über die Leistungen im eingetretenen Versicherungsfall und über die Ausgestaltung des Vertrages für die Zukunft. Bei einer Revision des Gesetzes sollte Art. 6 VVG geändert werden; das starre «Alles oder nichts»-Prinzip wird den Verhältnissen des einzelnen Falles oft nicht gerecht. Es sollte dem Gedanken der Verhältnismässigkeit Rechnung getragen werden; vgl. zu diesem Grundsatz MAURER, SVR I bei N 352.

§ 21 Anzeigepflicht oder Pflicht zur Gefahrsdeklaration

2. Zwischen der Verletzung der Anzeigepflicht und einem später gemeldeten Versicherungsfall muss kein Kausalzusammenhang[555] bestehen. Mit der Anzeigepflicht wird lediglich bezweckt, dem Versicherer den Entscheid zu erleichtern, ob und allenfalls zu welchen Bedingungen er den Vertrag abschliessen will. Wenn z. B. der Antragsteller bei Abschluss eines Krankenversicherungsvertrages verheimlicht, dass er eine Lungentuberkulose gehabt hat und wenn er später an einem mit dieser in keiner Weise zusammenhängenden Magengeschwür erkrankt, so kann der Versicherer gleichwohl vom Vertrage zurücktreten.

III. NICHTEINTRITT DER FOLGEN DER VERLETZTEN ANZEIGEPFLICHT

Unter bestimmten Voraussetzungen bleibt der Versicherer auch dann an den Vertrag gebunden, wenn der Versicherungsnehmer seine Anzeigepflicht bei Vertragsabschluss verletzt hat. Dazu folgendes:

1. Der Versicherungsnehmer kann sich darauf berufen, dass die Frage nach Gefahrstatsachen im Antrag unklar, also mehrdeutig, formuliert gewesen sei[556]. Er muss sie immerhin in dem Sinne gelten lassen, wie sie eine Person in seinen Verhältnissen nach Treu und Glauben verstehen konnte.

2. Art. 8 VVG regelt in den Z. 1–6 mehrere Tatbestände, bei deren Vorliegen die Folgen der Anzeigepflichtverletzung nicht eintreten. Einige seien hier erwähnt:

a) Der Versicherer kann nach Z. 1 nicht zurücktreten, wenn die verschwiegene oder unrichtig angezeigte Tatsache vor Eintritt des befürchteten Ereignisses weggefallen ist. Dazu ein Beispiel: Bei Abschluss einer Feuerversicherung erklärt der Antragsteller fälschlicherweise, das Dach

---

[555] BGE 92 II 352 E. 4, bestätigt durch U des BGer vom 23. 3. 1981 in SVA XIV Nr. 15 S. 79. Bei einer Revision des VVG sollte diese harte Regelung gemildert werden. – Der SVV empfiehlt seinen Mitgliedern in den Richtlinien vom Juli 1980, die Anzeigepflichtverletzung nur mit Zurückhaltung geltend zu machen; vgl. KUHN, Harmonisierungsbestrebungen der EG Z. 4.3.4.4.2.

[556] Vgl. vorne bei N 549. – Wenn Fragen nicht allgemein verständlich formuliert sind, soll eine Verletzung der Anzeigepflicht nur mit grosser Zurückhaltung angenommen werden: BGE 101 II 344 (= SVA XIV Nr. 9 S. 42). Der Versicherer darf nicht davon ausgehen, dass der Fremdsprachige die vom Arzt eingesetzten Antworten richtig verstanden hat: BGE 108 II 550 ff.

seiner Alphütte bestehe aus Blech, obwohl es aus Stroh bestand. Noch vor dem Brandfall hat er wirklich ein Blechdach errichten lassen. Wegfallen können nur wandelbare Gefahrstatsachen[557].

b) Nach Z. 3 ist der Rücktritt ausgeschlossen, wenn der Versicherer die *verschwiegene* Tatsache gekannt hat oder gekannt haben muss. Letzteres trifft etwa zu, wenn der Versicherer mit dem gleichen Versicherungsnehmer schon früher Verträge abgeschlossen und im Zusammenhang mit diesen die jetzt verschwiegene Tatsache erfahren hat. Er muss zudem auch Dossiers über Versicherungsfälle konsultieren, die ihm aufgrund dieser Verträge gemeldet worden sind[558]. Freilich sollte vom Versicherer nicht ein übermässiger Aufwand in der Prüfung von Unterlagen verlangt werden, die er früher bekommen hat. Es kann ihm lediglich die im Verkehr übliche Aufmerksamkeit zugemutet werden[559].

c) Der Versicherer kann im Vertrag zum vornherein[560], oder z. B. nach Eintritt eines Versicherungsfalles, auf den Rücktritt verzichten. Auf einen erklärten Verzicht kann er nicht mehr zurückkommen, selbst wenn die Rücktrittsfrist von vier Wochen noch nicht abgelaufen ist. Dies ergibt sich aus VVG 8 Z. 5[561].

d) Häufig kommt es vor, dass der Antragsteller eine ihm schriftlich gestellte Frage gar nicht beantwortet, indem er entweder einen Strich anbringt oder den für die Antwort vorgesehenen Raum leer lässt. Wenn der Versicherer sich damit abfindet, also nicht rückfragt, darf er nicht nachträglich zurücktreten. Freilich schränkt Z. 6 diesen Grundsatz wiederum ein. Der Versicherer hat das Rücktrittsrecht dann, wenn die nichterteilte Antwort nach dem ganzen Zusammenhang eine Irreführung des Versicherers bewirkt, indem sie, nach Treu und Glauben beurteilt, als Verschweigung oder unrichtige Mitteilung aufzufassen ist.

---

[557] Vgl. vorne nach N 543.
[558] BGE 90 II 456 und besonders 111 II 388.
[559] KELLER, Komm. I S. 161. – Art. 8 Z. 4 enthält sinngemäss die gleiche Regelung, wenn der Versicherer die *unrichtig* mitgeteilte Tatsache richtig gekannt hat oder gekannt haben muss. Z. 4 ist jedoch nicht anwendbar, wenn der Antragsteller wegen eines Willensmangels – Irrtum usw. – unrichtige Angaben gemacht hat. Vielmehr gelten dann die Art. 18 und 23 ff. OR: BGE 90 II 453 ff. Vgl. ferner hinten Z. IV.
[560] Solche Verzichtsklauseln finden sich häufig in Lebensversicherungsverträgen.
[561] Gl. M. KELLER, Komm. I S. 164 ff.

3. Eine Sonderregelung enthält Art. 7 VVG für die Kollektivversicherungsverträge[562]. Ist die Anzeigepflicht nur bezüglich eines Teiles «der Gegenstände oder Personen verletzt, so bleibt die Versicherung für den übrigen Teil wirksam, wenn sich aus den Umständen ergibt, dass der Versicherer diesen Teil allein zu den nämlichen Bedingungen versichert hätte». Diese Regelung ist vor allem bedeutsam, wenn der Arbeitgeber sein Personal und auch sich selbst gegen bestimmte Gefahren – Unfall, Krankheit usw. – versichert. Wenn er z. B. unrichtige Angaben zu seinen eigenen Verhältnissen gemacht hat, bleibt der Vertrag für sein Personal wirksam.

4. Der Versicherungsnehmer kann sich nicht darauf berufen, dass er die Anzeigepflicht unverschuldet verletzt hat. Art. 45 Abs. 1 VVG, der vertraglich vereinbarte Rechtsnachteile nur bei Verschulden eintreten lässt, ist hier nicht anwendbar: Die Anzeigepflicht ist keine vertragliche, sondern eine gesetzliche Pflicht, und die Rechtsnachteile sind gesetzlich geregelt. Die unverschuldete zieht die gleichen Rechtsfolgen wie die verschuldete Verletzung nach sich[563].

IV. RECHTSNATUR DER ANZEIGEPFLICHT

1. Wenn sich eine Person auf Vertragsverhandlungen mit einer andern Person einlässt, entstehen für sie nach allgemeinem Vertragsrecht während der Verhandlungsphase Pflichten; so ist sie verpflichtet, die Gegenpartei in gewissem Mass über Tatsachen aufzuklären, welche für deren Entschluss wesentlich sind, den Vertrag abzuschliessen und zu gestalten. Die Verletzung solcher vorvertraglicher Pflichten wird culpa in contrahendo genannt. Sie kann einen Anspruch der Gegenpartei auf Schadenersatz begründen[564].

2. Die Anzeigepflicht ist ebenfalls eine vorvertragliche Pflicht. Sie ist spezialrechtlich, durch das VVG, geregelt und wird als besonderes versicherungsrechtliches Institut ausgestaltet. Somit handelt es sich um eine gesetzliche Verbindlichkeit, d. h. um eine vorvertragliche, gesetzliche Oblie-

---

[562] Vgl. zu diesem Begriff vorne vor N 335.
[563] BGE 109 II 60 ff.; vgl. auch vorne N 551.
[564] Näheres zur Rechtsnatur bei VON TUHR/PETER, Obligationenrecht I S. 192, BGE 101 II 268 ff. und 90 II 455 ff. mit Literaturhinweisen besonders im zuerst genannten Urteil.

genheit[565]. Nicht nur die Pflichten, sondern auch die Folgen ihrer Verletzung werden spezialrechtlich festgelegt.

3. Nun können die Parteien während der Verhandlungen über den Abschluss eines Versicherungsvertrages auch Pflichten verletzen, die nicht unter das Institut der Anzeigepflicht fallen. Es sind dann die Regeln anzuwenden, die für die Rechtsfigur der culpa in contrahendo gelten. Nach ihnen werden Antragsteller oder Versicherer unter bestimmten Voraussetzungen schadenersatzpflichtig. Zur Verdeutlichung diene der in BGE 90 II 449 ff. publizierte Fall: Der Halter wollte für seinen neuen Lastwagen eine Kaskoversicherung abschliessen. Im Antrag gab er versehentlich jedoch die Daten seines früheren, bereits aus dem Betrieb genommenen Lastwagens an. Somit kam die Kaskoversicherung für den neuen Lastwagen gar nicht zustande. Der Versicherer lehnte es ab, Leistungen zu erbringen, als dieser beschädigt wurde. Das Bundesgericht ging zutreffend davon aus, dass es sich nicht um eine Verletzung der Anzeigepflicht gehandelt habe, da der Antrag aus Irrtum unrichtig ausgefüllt worden war. Der Versicherer hätte jedoch aufgrund der früheren, mit dem gleichen Versicherungsnehmer abgeschlossenen Verträge den Irrtum erkennen und beheben sollen, so dass der neue Lastwagen versichert worden wäre. Es müsse ihm daher eine culpa in contrahendo, d. h. die schuldhafte Verletzung einer vorvertraglichen Aufklärungspflicht, vorgeworfen werden, die seine Schadenersatzpflicht begründe. Da den Antragsteller ein Mitverschulden treffe, müsse er einen Teil des erlittenen Schadens selbst tragen. – Auch der Antragsteller kann grundsätzlich wegen culpa in contrahendo ersatzpflichtig werden[566].

4. Der Versicherer stellt im Antragsformular Fragen nach erheblichen

---

[565] KELLER, Komm. I S. 90 f.; KOENIG S. 182 ff. – Vgl. zum Begriff Obliegenheit hinten vor N 700.

[566] Die Versicherer machen kaum je einen Schadenersatzanspruch dieser Art geltend. – Art. 25 VVG regelt die Folgen einseitiger Vertragsauflösung. Er gilt auch, wenn der Versicherer gemäss Art. 6 VVG wegen Verletzung der Anzeigepflicht durch den Antragsteller vom Vertrage zurücktritt. Art. 27 VVG statuiert folgendes: «Durch die Bestimmungen des Art. 25 dieses Gesetzes wird die Schadenersatzpflicht derjenigen Partei, welche die einseitige Auflösung des Vertrags verschuldet hat, nicht berührt.» Die Schadenersatzpflicht kann auch entstehen, wenn der Versicherungsvertrag – wie im geschilderten Fall – nicht zustandekommt, weshalb seine einseitige Auflösung durch den Versicherer gemäss Art. 6 VVG zum vornherein ausser Betracht fällt.

Gefahrstatsachen, um aufgrund der Antworten des Antragstellers das Risiko beurteilen zu können. Diesem Zwecke dient die gesetzliche Regelung der Anzeigepflicht. Von der Frage nach Gefahrstatsachen ist die Frage nach dem gewünschten Versicherungsschutz, d. h. nach der gewünschten Deckung, deutlich zu unterscheiden. Dazu ein Beispiel: Wenn der Unfallversicherer im Antragsformular fragt: Fahren Sie Ski?, so ist dies die Frage nach einer Gefahrstatsache. Wenn aber der Versicherer im Antragsformular fragt: Wollen Sie für Unfälle beim Skifahren versichert sein?[567], dann muss sich der Antragsteller entscheiden, ob er diesen Versicherungsschutz will oder nicht[568]. Es ist dann eine Frage nach der gewünschten Deckung.

§ 22 GEFAHRSERHÖHUNG

I. BEGRIFF DER ERHEBLICHEN GEFAHRSERHÖHUNG[569]

1. Der Antragsteller muss bei Abschluss des Versicherungsvertrages lediglich jene erheblichen Gefahrstatsachen anzeigen, nach welchen der Versicherer ihn schriftlich und ausdrücklich fragt[570]. Wandelbare Gefahrstatsachen können sich nach Abschluss des Vertrages ändern. Bewirkt die Änderung für den Versicherer eine ins Gewicht fallende Verschlechterung seines Risikos[571], so liegt eine wesentliche Gefahrserhöhung vor, die in den Art. 28, 30–32 VVG geregelt wird. Nach diesen Bestimmungen ist eine Gefahrerhöhung rechtlich nur beachtlich, wenn sie zwei Voraussetzungen erfüllt: Einmal muss die Gefahrstatsache schon zur Zeit des Vertragsabschlusses wesentlich gewesen sein; sodann muss auch ihre Erhöhung, ihre Erschwerung für den Versicherer, wesentlich sein. Sie ist es nach Art. 4 Abs. 2 VVG dann, wenn die Gefahrstatsachen «geeignet sind, auf den Ent-

---

[567] Diese Frage stellt der Versicherer, wenn er das betreffende Risiko in seinen AVB zwar ausgeschlossen hat, aber bereit ist, es auf besondern Antrag gegen eine Zuschlagsprämie wieder einzuschliessen (relativer Ausschluss; vgl. vorne N 532).
[568] Weiteres bei KOENIG S. 184.
[569] Rechtsvergleichende Darstellung von KUHN, Harmonisierungstendenzen der EG, Z. 4.3.5.
[570] Vgl. vorne bei N 546.
[571] Vgl. vorne bei den N 100 ff., 543 f. und 547.

schluss des Versicherers, den Vertrag überhaupt oder zu den vereinbarten Bedingungen abzuschliessen, einen Einfluss auszuüben».

2. Für die Erhöhung der Gefahr sind grundsätzlich nur erhebliche Gefahrstatsachen zu beachten, nach denen der Versicherer bei Abschluss des Vertrages gefragt hat[572]. Dies gilt jedoch nicht nur für Tatsachen, die damals schon bestanden und sich seither zuungunsten des Versicherers geändert haben, sondern ebenso für Tatsachen, die nach Abschluss des Vertrages überhaupt erst eingetreten sind[573]. Dazu ein Beispiel: Der industrielle Unternehmer wird bei Abschluss einer Betriebs-Haftpflichtversicherung gefragt, ob er Öltanks herstelle, da dieser Umstand für die Beurteilung des Haftpflichtrisikos wichtig ist. Er verneint zu Recht. Einige Jahre später nimmt er die Fabrikation von Öltanks auf. Dies ist eine Gefahrserhöhung im Sinne von Art. 28 ff., obwohl die Tatsache der Fabrikation erst nach Abschluss des Vertrages entstanden ist. Neu auftretende Tatsachen sind für die Beurteilung des Risikos nicht weniger bedeutsam als die Veränderung alter Tatsachen. Hingegen sind Gefahrserhöhungen nur innerhalb der versicherten Gefahr beachtlich. Soweit sie sich im Rahmen eines von der Versicherung ausgeschlossenen Risikos einstellen, erzeugen sie keine versicherungsrechtlichen Wirkungen[574].

3. Art. 28 ff. VVG fasst nur Gefahrserhöhungen ins Auge, die eine gewisse Zeit dauern oder mehr oder weniger häufig wiederkehren[575]. Würde der soeben erwähnte Unternehmer sich zum vornherein entschliessen, nur einen einzigen Öltank, z. B. zum Zwecke industrieller Forschung, herzustel-

---

[572] BGE 99 II 77. – Dies folgt aus Art. 28 Abs. 2 VVG, der ausdrücklich auf Art. 4 VVG verweist. Daran ändert die etwas missverständliche Formulierung im letzten Satzteil nichts: «(Tatsachen) ..., deren Umfang die Parteien beim Vertragsabschluss festgestellt haben». Damit ist – entgegen der Annahme von KELLER, Komm. I S. 401 f. – keine Vereinbarung über «gefahrserhöhende Tatbestände» zu verstehen, sondern lediglich die Inventarisation der Gefahrstatsachen durch Fragen und Antworten; m. E. zutreffend KOENIG S. 189. Eine solche «Vereinbarung» oder «Zusicherung» über den künftigen Gefahrenzustand kommt in der Praxis höchst selten vor. Sie würde die Versicherungsverträge unnötigerweise stark komplizieren. BGE 99 II 84 streift die Frage, lässt sie aber offen.

[573] M. E. unzutreffend KELLER, Komm. I S. 400 oben; er nimmt an, dass Gefahrstatsachen, die erst nach Vertragsabschluss auftreten, für die Gefahrserhöhung nicht in Betracht fallen. Wie hier KOENIG I S. 187.

[574] Vgl. dazu vorne bei N 532 ff.

[575] BGE 55 II 145; KELLER, Komm. I S. 391 f.

len, so wäre dies noch keine Gefahrserhöhung im Sinne des Gesetzes; anders dagegen, wenn er die Herstellung von Tanks in sein Fabrikationsprogramm aufnimmt und dadurch die Risikolage für den Versicherer dauernd oder doch für längere Zeit verschlechtert.

II. RECHTLICHE FOLGEN DER GEFAHRSERHÖHUNG

Die Art. 28 und 30 VVG unterscheiden zwei Tatbestände: Gefahrserhöhung *mit* und *ohne* Zutun des Versicherungsnehmers.

1. Gefahrserhöhung mit Zutun des Versicherungsnehmers

a) Wenn der Unternehmer in dem unter Z. I, 2 erwähnten Beispiel die Produktion von Öltanks aufnimmt, um diese zu verkaufen, so erhöht er die Gefahr durch sein eigenes Verhalten, d. h. «mit Zutun des Versicherungsnehmers». Nach Art. 28 Abs. 1 VVG ist der Versicherer in diesem Falle «für die Folgezeit an den Vertrag nicht gebunden». Die schwerwiegende Folge, deren sich der Versicherungsnehmer meistens gar nicht bewusst ist, lautet: Er geniesst keinen Versicherungsschutz mehr. Das Gesetz verlangt nicht einmal ausdrücklich, dass der Versicherer seinen Rücktritt vom Vertrag erkläre, und es setzt ihm daher auch keine Frist[576]. Nach dem Grundsatz von Treu und Glauben im Sinne von Art. 2 ZGB ist jedoch eine ausdrückliche Rücktrittserklärung zu fordern; dabei soll diese in analoger Anwendung von Art. 6 VVG innert vier Wochen erfolgen, nachdem der Versicherer von der Gefahrserhöhung Kenntnis erhalten hat. Eine besondere Regelung sieht freilich Art. 32 Z. 4 VVG vor: Wenn der Versicherungsnehmer die Gefahrserhöhung schriftlich anzeigt, kann der Versicherer nur innert 14 Tagen ab Eingang der Anzeige vom Vertrag zurücktreten. Die Rücktritterklärung bringt dem Versicherungsnehmer zum Bewusstsein, dass er keinen Versicherungsschutz mehr geniesst; er kann sich dann entscheiden, ob er mit dem gleichen oder mit einem andern Versicherer allenfalls einen neuen Vertrag abschliessen will.

b) Der Versicherungsnehmer ist nach Gesetz grundsätzlich nicht ver-

---

[576] Vgl. zum Rücktritt vom Vertrag vorne bei N 496. – BGE 99 II 77 nimmt an, dass die Rechtsfolge der Unverbindlichkeit nicht davon abhänge, «dass sich der Versicherer innert einer bestimmten Frist vom Vertrag lossagt». Das BGer begründet diese Auffassung aber nicht.

pflichtet, eine Gefahrserhöhung zu vermeiden; eine solche Pflicht würde seine Handlungsfreiheit in unzumutbarer Weise einschränken. Nur wenn er selbst handelt und die Gefahrserhöhung dadurch herbeiführt, ist Art. 28 VVG, der den Ausdruck «mit Zutun des Versicherungsnehmers» schon im Randtitel enthält, anwendbar; bei juristischen Personen muss ein Organ gehandelt haben. Es genügt nicht, dass Hilfspersonen[577] die Gefahrserhöhung bewirken, ausser wenn sie auf Anordnung des Versicherungsnehmers handeln; in diesem Falle stellt die Anordnung eine Handlung des Versicherungsnehmers selbst dar. Handeln dagegen die Hilfspersonen von sich aus, so ist der Tatbestand der Gefahrserhöhung «ohne Zutun des Versicherungsnehmers» nach Art. 30 VVG gegeben.

c) Der Versicherungsnehmer ist von Gesetzes wegen nicht verpflichtet, Gefahrserhöhungen, die er durch sein Verhalten herbeiführt, dem Versicherer anzuzeigen. Nach Art. 28 Abs. 3 VVG kann aber der *Vertrag* bestimmen, «ob, in welchem Umfange und in welchen Fristen der Versicherungsnehmer dem Versicherer von solchen Gefahrserhöhungen Mitteilung zu machen hat». Diese Abrede ist eine vertragliche Obliegenheit[578]. Werden mit ihrer Verletzung Rechtsnachteile verbunden, so fallen diese unter Art. 45 Abs. 1 VVG, wonach bei unverschuldeter Verletzung einer Obliegenheit kein Rechtsnachteil eintritt[579].

2. *Gefahrserhöhung ohne Zutun des Versicherungsnehmers*

a) Wenn eine wesentliche Gefahrserhöhung eintritt, ohne dass der Versicherungsnehmer selbst gehandelt oder einen Dritten zum Handeln veranlasst hat, treten die in Art. 28 VVG festgestellten Folgen, d. h. die Unverbindlichkeit des Vertrages für die Folgezeit, nur ein, «wenn der Versicherungsnehmer es unterlassen hat, die ihm bekanntgewordene Gefahrserhöhung ohne Verzug dem Versicherer schriftlich mitzuteilen»; Art. 30 Abs. 1 VVG. Wenn aber der Versicherer die Mitteilung bekommt, kann

---

[577] Vgl. zur Unterscheidung von Organ und Hilfsperson OFTINGER, Haftpflichtrecht II/I S. 103 ff.; PORTMANN, Organ und Hilfsperson im Haftpflichtrecht, Bern 1958. – Eine analoge Anwendung von Art. 101 OR entfällt, da der VN nicht verpflichtet ist, gefahrserhöhende Handlungen zu unterlassen. KELLER, Komm. I S. 404.

[578] Vgl. hinten nach N 706.

[579] Näheres über die Zulässigkeit, Rechtsnachteile zu vereinbaren, bei KELLER, Komm. I S. 410 ff.

er den Vertrag nur aufheben, d. h. kündigen[580], sofern er sich dieses Recht *im Vertrag ausdrücklich vorbehalten* hat. Seine Deckung erlischt dann mit «Ablauf von 14 Tagen, nachdem er dem Versicherungsnehmer den Rücktritt vom Vertrage mitgeteilt hat»; Art. 30 Abs. 2 VVG. Der Versicherungsnehmer erhält damit etwas Zeit, sich neuen Versicherungsschutz zu beschaffen. Nach Art. 32 Z. 4 VVG ist das Rücktrittsrecht des Versicherers auf 14 Tage ab Eingang der Anzeige des Versicherungsnehmers befristet.

b) Eine Anzeigepflicht – diesen Ausdruck verwendet Art. 30 Abs. 2 VVG – besteht für den Versicherungsnehmer naturgemäss nur dann, wenn ihm die gefahrserhöhende *Tatsache* wirklich bekannt ist. Hingegen hängt sie nicht davon ab, dass er sich des *gefahrserhöhenden* Charakters bewusst sein muss, da Versicherungstechnik ein ihm fremdes Gebiet ist. Wenn also z. B. im Antrag auf Abschluss einer Unfallversicherung gefragt wurde: Sind Sie zuckerkrank?, so muss der Versicherungsnehmer später, wenn er zuckerkrank wird, dies dem Versicherer auch dann mitteilen, wenn er nicht weiss, dass die Zuckerkrankheit bei verschiedenen Unfallverletzungen die Heilung verzögern und auch Invaliditäten bewirken kann, m. a. W., dass sie das Risiko des Versicherers verschlechtert.

c) Wenn der Versicherungsnehmer seine Anzeigepflicht verletzt, d. h. die ihm bekannte, gefahrserhöhende Tatsache nicht «ohne Verzug» mitteilt, kann der Versicherer gemäss Art. 30 Abs. 1 in Verbindung mit Art. 28 Abs. 1 VVG vom Vertrage zurücktreten[581]. Diese Folge tritt nach Art. 45 Abs. 3 VVG nicht ein, wenn er die Anzeige ohne sein Verschulden versäumt und sie «sofort nach Beseitigung des Hindernisses» nachgeholt hat.

III. NICHTEINTRITT DER FOLGEN DER GEFAHRSERHÖHUNG

Die bisher beschriebene Ordnung ist für den Versicherungsnehmer teilweise hart, da sie ihn des Versicherungsschutzes beraubt. Art. 32 VVG mildert sie jedoch für bestimmte Tatbestände, die er in vier Ziffern umschreibt. Sind diese Tatbestände gegeben, treten die erwähnten Rechtsfol-

---

[580] Vgl. zum Begriff der Kündigung vorne bei N 492.
[581] Vgl. vorne bei N 576. Die Verletzung der Anzeigepflicht bewirkt also, dass die gleichen Folgen wie bei der «Gefahrserhöhung *mit* Zutun des Versicherungsnehmers» eintreten.

gen – vor allem die Unverbindlichkeit des Vertrages für den Versicherer – nicht oder nur in gemilderter Form ein. Dazu einige Hinweise:

1. Wenn die Gefahrserhöhung auf den Eintritt des befürchteten Ereignisses und auf den Umfang der Versicherungsleistungen keinen Einfluss ausgeübt hat, treten gemäss Z. 1 die Rechtsfolgen nicht ein. Es muss zwischen Gefahrserhöhung und Versicherungsfall ein adäquater Kausalzusammenhang bestehen. Diese Regelung gilt freilich dann nicht, wenn der Versicherer sein Rücktrittsrecht wegen Gefahrserhöhung bereits ausgeübt hat[582], mit der Wirkung, dass der Versicherungsvertrag zur Zeit des Versicherungsfalles gar nicht mehr bestand[583]. In der Regel erhält der Versicherer jedoch erst im Zusammenhang mit einem Versicherungsfall Kenntnis von der Gefahrserhöhung.

2. Die Rechtsfolgen treten nach den Z. 2 und 3 ferner dann nicht ein, wenn die Gefahrserhöhung in der Absicht, das Interesse des Versicherers zu wahren, vorgenommen oder durch ein Gebot der Menschlichkeit veranlasst worden ist. Gefahrserhöhungen dieser Art spielen in der Praxis nur eine bescheidene Rolle.

3. Von grosser Bedeutung ist Z. 4. Sie regelt den Verzicht des Versicherers auf sein Rücktrittsrecht.

a) Der Verzicht kann ausdrücklich[584] oder stillschweigend, d. h. durch konkludentes Verhalten, erfolgen. Der stillschweigende Verzicht ist besonders häufig, wenn der Versicherer aufgrund von Erhebungen, die er in einem Versicherungsfall anstellt, Kenntnis von der eingetretenen Gefahrserhöhung erhält. Er pflegt dann mit dem Versicherungsnehmer über die Abänderung des bestehenden Vertrages zu verhandeln. Wenn dies nicht zum gewünschten Ergebnis führt und er die Frist zur Erklärung des Rück-

---

[582] Vgl. vorne bei N 576.

[583] Ähnlich KELLER, Komm. I S. 422.

[584] In den Lebensversicherungsverträgen wird oft durch eine besondere Klausel zum vornherein auf das Rücktrittsrecht verzichtet. Es wäre höchst unbillig, wenn der Lebensversicherer vom Vertrage zurückträte, weil beim Versicherten, vielleicht lange Zeit nach Abschluss des Vertrages, eine die Lebenserwartung stark herabsetzende Krankheit, nach der seinerzeit im Antrag gefragt wurde, ausbrechen würde. Ein ähnliches Problem stellt sich in der Krankenversicherung. Würde der Krankenversicherer z. B. bei chronischen Krankheiten, die nach Abschluss des Vertrages ausbrechen, vom Vertrage zurücktreten, so würde der Krankenversicherungsvertrag seinen Zweck verfehlen.

trittes versäumt hat, steht ihm die Kündigung bei Teilschaden gemäss Art. 42 Abs. 1 VVG immer noch offen[585].

b) Der Versicherungsnehmer kann nach Z. 4 die Gefahrserhöhung in jedem Fall, sei sie mit oder ohne sein Zutun eingetreten, dem Versicherer schriftlich mitteilen, d. h. also auch dann, wenn er zur Mitteilung nicht verpflichtet ist[586]. Wenn der Versicherer nach Eingang der Mitteilung nicht binnen 14 Tagen den Rücktritt erklärt, verwirkt er das Rücktrittsrecht[587]. Da der Versicherungsnehmer diese Regelung nur ausnahmsweise kennt, macht er von der Möglichkeit der schriftlichen Mitteilung selten Gebrauch.

4. In besonderer Weise regelt Art. 31 VVG die Folgen der Gefahrserhöhung beim Kollektivversicherungsvertrag[588]. Für die durch die Gefahrserhöhung nicht betroffenen Personen oder Gegenstände bleibt der Vertrag wirksam, «sofern der Versicherungsnehmer die auf diesen Teil etwa entfallende höhere Prämie auf erstes Begehren des Versicherers bezahlt»[589].

§ 23 GEFAHRSVERMINDERUNG UND PRÄVENTION

I. GESETZLICHE FOLGEN DER GEFAHRSVERMINDERUNG

1. Wenn wandelbare[590] Gefahrstatsachen nach Abschluss des Vertrages sich zugunsten des Versicherers verändern, d. h. seine Risikolage verbessern, spricht man von Gefahrsverminderung. Auch hier ist die Veränderung im Hinblick auf die Gefahrstatsachen zu messen, die bei Vertragsab-

---

[585] Nach der vorne bei N 576 vertretenen Auffassung verwirkt der Versicherer das Rücktrittsrecht nach Art. 28 Abs. 1 VVG, wenn er es nicht innert vier Wochen ab Kenntnis des Rücktrittsgrundes ausübt. Diese Kenntnis ist zu bejahen, sobald sich der Rücktrittsgrund aus seinen Akten ergibt. Oft übersieht ihn der Sachbearbeiter, da sein Blick auf die Schadenregulierung gerichtet ist.
[586] Vgl. vorne bei N 578.
[587] KELLER, Komm. I S. 424.
[588] Vgl. zu diesem Begriff vorne vor N 335.
[589] Art. 31 VVG ist hinsichtlich der Gefahrserhöhung somit ähnlich wie Art. 7 VVG betreffend die Anzeigepflichtverletzung konzipiert: Es tritt in der Regel nur Teilnichtigkeit des Vertrages ein; vgl. dazu vorne nach N 336.
[590] Vgl. vorne nach N 543.

schluss durch Fragen des Versicherers und durch Antworten des Versicherungsnehmers festgestellt wurden[591].

2. Art. 23 VVG bestimmt, ob und in welcher Weise eine Gefahrsminderung rechtliche Folgen zeitigen kann. Er gibt dem Versicherungsnehmer unter bestimmten Voraussetzungen einen Anspruch auf die Reduktion der vertraglich vereinbarten Prämie. Einmal muss die Gefahrstatsache bei Vertragsabschluss prämienmässig überhaupt berücksichtigt worden sein. Dies lässt sich dann leicht feststellen, wenn für die betreffende Gefahr ein besonderer Prämienanteil ausgeschieden worden ist[592]. Wurde dies jedoch nicht gemacht, dann ist zu prüfen, ob der Versicherer nach damaliger Praxis wegen der fraglichen Gefahrstatsache die Prämie erhöht hat oder nicht. Anhand interner Notizen oder im Vergleich mit ähnlichen Fällen kann sich solches ergeben. Eine Prämienreduktion ist nur begründet, wenn der Versicherer die nun verbesserte oder gar weggefallene Gefahrstatsache auch im Prämientarif berücksichtigt, der im Zeitpunkt gilt, in welchem der Versicherungsnehmer die Reduktion beansprucht[593]. Vorausgesetzt ist ein Begehren des Versicherungsnehmers. Ist es begründet, so muss nach ausdrücklicher Bestimmung in Art. 23 VVG die Prämienreduktion nur für die künftigen Versicherungsperioden[594] gewährt werden.

3. Gesetzlich ist der Versicherungsnehmer nicht zur Gefahrsminderung verpflichtet. Diese und sein Begehren sind lediglich Voraussetzungen für den Anspruch auf Prämienreduktion[595].

II. PRÄVENTION ODER PROPHYLAXE

1. Die Worte Prävention, Gefahrsprävention, Prophylaxe, Vorbeugung usw. enthalten einen gemeinsamen Kern: Die Ausschaltung oder Herabset-

---

[591] Vgl. vorne bei N 572.

[592] Beispiel: Ein Bijoutier hat bei Abschluss der Diebstahlversicherung die Frage, ob er eine bestimmte Alarmanlage im Geschäft eingebaut habe, verneint. Deshalb musste er einen Prämienzuschlag bezahlen. Später hat er eine solche eingebaut und dadurch die Gefahr eines Einbruchdiebstahls vermindert.

[593] Hätten in diesem Zeitpunkt die Bijouteriegeschäfte mit und ohne Alarmanlage (vgl. die vorhergehende N) die gleiche Prämie zu bezahlen, so könnte die Aufhebung des Prämienzuschlages nicht verlangt werden.

[594] Zu diesem Begriff hinten bei N 671.

[595] KOENIG S. 196 f.

§ 23 Gefahrsverminderung und Prävention

zung von Gefahren oder Ursachen, aus denen Schäden entstehen. Der Gesetzgeber fördert die Prävention in zahlreichen Gesetzen: So widmet er im UVG den sechsten Titel, nämlich die Art. 81–88, der Unfallverhütung[596]. Diese Ordnung gilt ebenfalls für die privaten Unfallversicherer, wenn sie die Unfallversicherung nach UVG 68 betreiben[597]. Auch zahlreiche weitere gesetzliche Erlasse polizeilicher Natur wie jene betreffend Strassenverkehr, Atomanlagen, Feuersgefahr usw. dienen der Verhütung von Personen- und überdies von Sachschäden[598].

2. Der Gesetzgeber hat die Prävention in mehreren Bereichen eng mit Institutionen der Versicherung verbunden; es werden z. B. der SUVA mit Art. 85 UVG wichtige Aufgaben hinsichtlich der Verhütung von Unfällen und Berufskrankheiten im Gebiete der Arbeitnehmerversicherung übertragen. Der Zusammenhang zwischen Prävention und Versicherung liegt nahe[599]. Der Versicherer erhält durch die ihm gemeldeten Versicherungsfälle tiefen Einblick in die Ursachen und Gefahren, die zu Schäden geführt haben. Fachkundige Analysen führen zu wertvollen Erkenntnissen, wie solche Ursachen und Gefahren ausgeschaltet werden könnten, damit künftig weniger oder doch weniger schwere Schäden eintreten. Der Weg, der von solchen Erkenntnissen zu konkreten, vorbeugenden Massnahmen führt, ist freilich oft lang und beschwerlich.

3. Die Privatassekuranz hat keine gesetzliche Verpflichtung zur Prävention. Gleichwohl schöpft sie – im eigenen Interesse und im Interesse ihrer Versicherten – zahlreiche Möglichkeiten aus, um die Prävention zu fördern[600]. Dies kann sie mit dem Versicherungsvertrag anstreben, indem sie

---

[596] Vgl. dazu HANS PETER TSCHUDI, Schweizerisches Arbeitsschutzrecht, Bern 1985; MAURER, Unfallversicherung S. 581 ff. u. a. m.

[597] Vgl. zur Schweiz. Beratungsstelle für Unfallverhütung (bfu) vorne N 7.

[598] Vgl. OFTINGER, Haftpflichtrecht I S. 44 f. und zum Polizeibegriff vorne bei N 119.

[599] Den Zusammenhängen zwischen Prävention und Versicherung geht HARALD BOGS in seinem Aufsatz nach: Chancen und Grenzen produktiver, staatsentlastender Schadenverhütung bei Privat- und Sozialversicherung, publiziert in der Festgabe für HANS MÖLLER, Grundproblem des Versicherungsrechts, Karlsruhe 1972, S. 57 ff.

[600] Durch finanzielle Beiträge an Institutionen, die sich mit der Prävention befassen – vgl. z. B. vorne N 7 –, durch den Gesundheitsdienst in der Lebensversicherung, durch Mitwirkung am Brandverhütungsdienst usw.

dem Versicherungsnehmer Pflichten zur Prophylaxe überbindet oder ihm prämienmässige Vorteile einräumt, wenn er bestimmte Massnahmen zur Prävention ergreift[601].

4. Der Versicherungsnehmer wird durch das VVG selbst nicht zur Prävention verpflichtet[602]. Nach Art. 29 Abs. 1 VVG sind aber Vertragsabreden zulässig, wonach er «bestimmte Obliegenheiten[603] übernimmt, um die Gefahr zu vermindern oder eine Gefahrserhöhung zu verhüten». Es darf sogar vereinbart werden, dass der Vertrag für den Versicherer unverbindlich ist, wenn der Versicherungsnehmer solche Obliegenheiten verletzt. Freilich wird diese schwerwiegende Folge durch Abs. 2 beträchtlich eingeschränkt: Der Versicherer kann die Unverbindlichkeit des Vertrages nicht einwenden, wenn «die Verletzung keinen Einfluss auf den Eintritt des befürchteten Ereignisses und auf den Umfang der dem Versicherer obliegenden Leistung hat». Somit muss ein rechtserheblicher Kausalzusammenhang zwischen der Verletzung der Obliegenheit und dem Eintritt des Versicherungsfalles gegeben sein[604]. Wenn z. B. in einem Feuerversicherungsvertrag vereinbart ist, dass in einem Magazin, in welchem Sprengstoff gelagert wird, nicht geraucht werden darf, ansonst der Vertrag für den Versicherer unverbindlich sei, so kann sich der Versicherer auf die Unverbindlichkeit nicht berufen, wenn zwar ein Arbeiter geraucht, der Sprengstoff aber durch Blitzschlag zur Explosion gebracht worden ist[605]. Die Verlet-

---

[601] Z. B. in der Feuerversicherung, wenn er die Gefahr der Entstehung oder Ausbreitung von Bränden durch bauliche Massnahmen – man denke etwa an Sprinkleranlagen – eindämmt; in der Beraubungs- und Einbruchdiebstahlversicherung, wenn er Alarmanlagen errichtet (Bijoutier, Banken) usw. – Von der Prävention, d. h. von der Ausschaltung oder Minderung von Gefahren und Ursachen, die zu Schadenfällen führen, ist die Schadenminderungspflicht zu unterscheiden: Diese verlangt, dass die Folgen *nach* Eintritt des Schadenfalles möglichst gemildert werden; vgl. hinten bei den N 858 ff.

[602] Vgl. vorne vor N 577.

[603] Vgl. zum Begriff der Obliegenheiten hinten bei N 700.

[604] Es gilt die gleiche Regelung, die in Art. 32 Z. 1 VVG für die wesentliche Gefahrserhöhung getroffen worden ist. Vgl. vorne vor N 582.

[605] Die Pflicht zu einer Präventivmassnahme muss im Vertrag deutlich umschrieben sein. Vgl. BGE 99 II 74 ff.: Die Vereinbarung ist zulässig, dass der Versicherer nicht leistungspflichtig sei, wenn die im Fragebogen beschriebenen Sicherheitsmassnahmen und -einrichtungen ohne seine Zustimmung aufgehoben oder eingeschränkt werden. Hier handelte es sich aber nicht um eine solche Massnahme,

§ 23 Gefahrsverminderung und Prävention

zung der Obliegenheit hat den Schaden nicht verursacht. Anstelle oder neben der Unverbindlichkeit des Vertrages können auch andere Rechtsnachteile für den Fall der Verletzung der Obliegenheit vereinbart werden: Kürzung der Versicherungsleistungen, Konventionalstrafen usw.[606].

sondern lediglich um die Frage nach einer Gefahrstatsache. Der VN musste die betreffende Bestimmung im Vertrag nach Treu und Glauben nicht als Obliegenheit zu einer Präventivmassnahme verstehen.

[606] Da es sich um vertraglich vereinbarte Nachteile wegen Verletzung einer Obliegenheit handelt, steht dem VN der Beweis der Schuldlosigkeit gemäss Art. 45 Abs. 1 VVG offen; KELLER, Komm. I S. 432, und KOENIG S. 199. Vgl. zur Abgrenzung von VVG 29 gegen VVG 14 hinten bei N 903.

3. Abschnitt: *Versicherter Gegenstand*

§ 24 VERSICHERTER GEGENSTAND UND INTERESSENLEHRE

I. ABGRENZUNGSFRAGEN ZUM BEGRIFF DES VERSICHERTEN GEGENSTANDES

In § 10 Z. III wurde bereits erklärt, was unter dem versicherten Gegenstand und den Versicherungsarten zu verstehen ist. Die Frage nach dem versicherten Gegenstand lautet: Wer oder was ist der versicherten Gefahr ausgesetzt? Ist es ein Mensch, eine Person mit Leben und Gesundheit, so handelt es sich um die Personenversicherung (z. B. Versicherung gegen Unfall, Krankheit, Invalidität; Lebensversicherung); ist es eine bestimmte oder bestimmbare Sache, spricht man von Sachversicherung (z. B. Versicherung beweglicher und unbeweglicher Sachen gegen Feuer, Wasserschaden oder beweglicher Sachen gegen Diebstahl usw.); wenn weder ein Mensch noch eine Sache, sondern das Vermögen einer Person als solches der versicherten Gefahr ausgesetzt ist, liegt eine Vermögensversicherung vor (Belastung durch Forderungen Dritter, also Mehrauslagen sowie Mindereinnahmen: z. B. Haftpflicht- und Betriebsausfall-Versicherung). Somit lassen sich im Versicherungsvertrag drei Kategorien von Gegenständen unterscheiden: Personen, Sachen und das Vermögen an sich. Nach diesen Gegenständen ergeben sich die Versicherungsarten: Personen-, Sach- und Vermögensversicherung[607]. Die früheren Ausführungen sind nun noch durch verschiedene Hinweise zu ergänzen.

1. Schwierigkeiten bietet die Unterscheidung zwischen Personen- und Schadensversicherung[608]. Die herrschende Lehre nahm bis anhin an, Personenversicherung sei nur gegeben, wenn die Leistungen für Beeinträchti-

---

[607] KARSTEN, Rechtsbegriff der Versicherung S. 60 und 112.

[608] Sie liegt dem VVG zugrunde, das die Vermögensversicherung begrifflich nicht ausscheidet, sondern nur ihre wichtigste Unterart, die Haftpflichtversicherung, ausdrücklich erfasst. Diese wird im VVG zusammen mit der Sachversicherung als Schadensversicherung bezeichnet. Vgl. vorne bei N 312 und N 342 sowie hinten N 620 und bei N 1407 f.

gungen der Gesundheit oder für den Tod des Versicherten als Summenversicherung vereinbart seien. Wenn die Leistungen von einem Schaden abhingen – z. B. Ersatz der Heilungskosten oder des Lohnausfalls – handle es sich nicht mehr um eine Personenversicherung, sondern um eine Schadensversicherung[609]. Im letzteren Fall wären nach dieser Betrachtungsweise ausschliesslich die gesetzlichen Bestimmungen zur Schadensversicherung, d. h. die Art. 48–72 VVG anwendbar. Diese Auffassung ist abzulehnen. Das VVG regelt die Summenversicherung nicht. Der historische Gesetzgeber hatte zwar die Praxis der Personenversicherer vor Augen, die regelmässig feste Summen bei Tod, Erreichen eines bestimmten Alters, Arbeitsunfähigkeit usw. vorsah, wobei die Bezeichnung Summenversicherung nicht geläufig war; es war ihm aber nicht oder doch nicht genügend bewusst, dass Personenversicherer mit ihren Leistungen auch einen Schaden ausgleichen können[609a]. Deshalb ordnete der Gesetzgeber diesen Fall nicht. Vielmehr stellte er die Personen- und die Schadensversicherung einander gegenüber, ohne zu bedenken, dass auch die Personenversicherung Leistungen für den Ausgleich eines Schadens gewähren kann. Es entspricht daher sachgerechter Auslegung des Gesetzes, wenn die folgende rechtliche Konstruktion gewählt wird:

Die Versicherung, die Leistungen für Beeinträchtigungen der Gesundheit und den Tod gewährt, bleibt auch dann Personenversicherung, wenn die Leistungen als Schadensversicherung ausgestaltet werden[610]. Grundsätzlich sind daher die Bestimmungen des VVG über die Personenversicherung, nämlich die Art. 73 ff., auch auf diese Personenversicherung anwendbar[611]. Es besteht kein Grund, z. B. die Art. 76–85 über die Begünsti-

---

[609] KOENIG S. 214 f.; OSWALD, SVZ 1973 S. 130 und 1976 S. 6, 23; MAURER, Kumulation S. 98 ff.; VIRET, Privatversicherungsrecht S. 179 und 204 f. u. a. m. – Vgl. zur Summen- und Schadensversicherung bereits vorne bei den N 311 f. und 342 f.

[609a] BGE 104 II 51 weist zutreffend darauf hin, dass sich die Verhältnisse im Versicherungswesen seit Erlass des VVG grundlegend geändert haben. Anders als damals verpflichteten sich heute Personenversicherer oft auch zur Übernahme der effektiven Kosten.

[610] In diesem Sinn für das deutsche Recht: BRUCK/MÖLLER, Komm. II N (3), 2 vor §§ 49–80: Bei der Personenversicherung ist es möglich, sie wahlweise als Summen- oder als Schadensversicherung zu betreiben; weitere Zitate in BGE 104 II 50.

[611] BGE 104 II 44 ff. hat die Frage nicht aufgeworfen, ob und wieweit diese Bestimmungen oder jene über die Schadensversicherung anwendbar sind, da das

gung, Art. 87, der in der kollektiven Unfall- oder Krankenversicherung das direkte Forderungsrecht des Anspruchsberechtigten vorschreibt[611a], usw., nicht anzuwenden. Anderseits gelten nur die wenigen Bestimmungen über die Schadensversicherung, die mit dem Wesen der Personenversicherung nicht in Widerspruch stehen. Dies trifft vor allem auf Art. 72 VVG zu: Er will verhindern, dass Leistungen, die einen Schaden ausgleichen sollen, zu einer Überentschädigung[612] führen, wenn sie mit Haftpflichtansprüchen zusammenfallen; deshalb lässt er diese ganz oder teilweise auf den leistenden Versicherer übergehen. Anwendbar sind aber auch z. B. die Art. 53 und 71 VVG, mit der die Doppelversicherung[613] geregelt wird. Sie dienen dem gleichen Zweck wie Art. 72 VVG, indem sie eine Überentschädigung vermeiden oder in engen Grenzen halten wollen, um den Missbrauch zu verhindern. Somit kann sich ein Versicherter die Heilungskosten in der Unfall- und Krankenversicherung nicht doppelt ersetzen lassen, wenn er bei zwei verschiedenen Versicherern eine entsprechende Versicherung abschliesst.

2. In der Sachversicherung ist grundsätzlich der Wert der versicherten[614] Sache für die Bemessung der Versicherungsleistung massgebend, wenn die Sache beschädigt, zerstört, entwendet wird usw. Die Vermögensversicherung (Haftpflicht- und Betriebsausfall-Versicherung usw.) dagegen kennt keine versicherten Sachen, da sie das Vermögen als solches gegen Mehrauslagen und Mindereinnahmen schützt. Allein auch sie knüpft in bestimmten Fällen an Sachen an. So deckt die Motorfahrzeug-Haftpflichtversicherung die Haftpflicht des Halters aus dem Betrieb eines bestimmten Motorfahrzeuges, die Haus-Haftpflichtversicherung versichert den Eigentümer gegen die Haftpflicht als Eigentümer eines bestimmten Hauses, und die Epidemienversicherung deckt den Eigentümer oder Pächter eines bestimmten Hotels für den Betriebsausfall, wenn das Hotel wegen einer Epidemie geschlossen wird. Somit kann zwar in der Vermögensversicherung BGer nur zu entscheiden hatte, ob die als Schadensversicherung vereinbarten Personenversicherungen unter Art. 96 oder Art. 72 VVG fallen.

[611a] Vgl. hinten bei N 1289.
[612] Vgl. hinten bei N 960.
[613] Vgl. hinten bei den N 1051 ff.
[614] Das VVG bestimmt den Wert von Sachen teilweise abweichend von den Grundsätzen, nach denen dies im Haftpflichtrecht geschieht; vgl. hinten bei N 1414 und OSWALD, SVZ 1976 S. 7.

eine Sache als Anknüpfung für die Versicherung dienen; diese Sache ist aber nicht selbst versichert. Ihr Wert beeinflusst daher im Schadenfall die Höhe der Versicherungsleistung nicht[615].

3. a) Der versicherte Gegenstand – Personen, Sachen, Vermögen – muss durch den Vertrag bestimmt oder doch bestimmbar sein[616]. Es handelt sich um einen unerlässlichen Vertragsbestandteil, um ein essentiale negotii. Fehlt es an dieser Voraussetzung, so liegt kein Versicherungsvertrag vor. Wenn der versicherte Gegenstand nachträglich wegfällt, so verliert der Vertrag seinen Inhalt, er wird «gegenstandslos»[617].

b) In den AVB ist die Terminologie zum versicherten Gegenstand oft verwirrlich. So werden nicht selten versicherter Gegenstand und versicherte Gefahr verwechselt. Es wird z. B. die Haftpflicht als Motorfahrzeughalter als Gegenstand bezeichnet, obwohl die Haftpflicht die Gefahr ist, gegen die sich der Halter versichert[618]. Kaum je wird das Vermögen als versicherter Gegenstand genannt, da dies eine zu komplizierte Formulierung erfordern würde. Jeder Vertrag ist daher juristisch zu analysieren, wenn sich im Zusammenhang mit dem versicherten Gegenstand Probleme stellen.

4. Im gleichen Vertrag werden oft zwei oder drei Kategorien von versicherten Gegenständen geregelt, so dass zwei oder drei Versicherungsarten nebeneinanderstehen oder sogar miteinander verquickt sind. Die Praxis formuliert ihre Bedingungen nicht nach wissenschaftlichen, sondern nach praktischen Überlegungen. In der kombinierten Autoversicherung werden z. B. durch den gleichen Vertrag die Haftpflicht-, Kasko- und Insassenversicherung (= Unfallversicherung) vereinbart, d. h. eine Vermögens-, eine Sach- und eine Personenversicherung miteinander verbunden. Die Verträge sind daher auf ihren versicherten Gegenstand bzw. auf die Versiche-

---

[615] Hingegen ist diese Anknüpfung bei der Handänderung von Bedeutung; vgl. hinten bei N 646; auch wenn die Zerstörung oder Beschädigung der versicherten Sache zu einem Ertragsausfall führt (z. B. wenn das gegen Feuer versicherte Hotel niederbrennt), wird dieser der Vermögensversicherung zugerechnet; vgl. hinten bei den N 1413 ff.

[616] KOENIG S. 200; KELLER, Komm. I S. 12.

[617] Wenn z. B. das kaskoversicherte Flugzeug völlig zerstört wird, fehlt es künftig dem Kasko-Versicherungsvertrag am Gegenstand, da nur ein einziger Gegenstand versichert war. Vgl. zum Schicksal des Vertrages bei Wegfall des versicherten Gegenstandes vorne bei N 507.

[618] MÜLLER, Haftpflichtversicherung Z. 113.

rungsart hin zu untersuchen, damit die anzuwendenden gesetzlichen Bestimmungen ermittelt werden können.

5. a) Versicherungsverträge werden, wie erwähnt, nach ihrem Gegenstand in Personen-, Sach- und Vermögensversicherung gegliedert. Es gibt auch zahlreiche andere Merkmale für die Einteilung. So werden sie z. B. nach der versicherten Gefahr eingeteilt[619]: Feuer-, Haftpflicht-, Unfallversicherung usw. Ferner unterscheidet man nach den Leistungen die Summen- und die Schadensversicherung[620]. Daneben gliedert z. B. das BPV die Versicherungen in seinen Jahresberichten wiederum nach andern Gesichtspunkten, indem es als Hauptgruppen die Lebensversicherung, die Unfall- und Schadensversicherung und die Rückversicherung aufführt[621].

b) Rechtlich ist der versicherte Gegenstand Ausgangspunkt für weitere Regelungen: z. B. für die Handänderung, die beschränkten dinglichen Rechte und für die Fremdversicherung. Die mit den zwei ersten Gebieten verbundenen Fragen werden in diesem, die Fremdversicherung dagegen in einem besonderen Abschnitt behandelt.

II. INTERESSENLEHRE

1. Die Interessenlehre spielt in der deutschsprachigen Literatur zum Versicherungsrecht eine beträchtliche Rolle. Nach ihr ist Gegenstand des Versicherungsvertrages ein wirtschaftliches Interesse, das durch ein versichertes Ereignis beeinträchtigt wird. Sie will – vereinfacht ausgedrückt – dem Interessenten Versicherungsschutz für Ereignisse gewähren, die seine Interessen, d. h. sein *Vermögen,* in der einen oder andern Art schädigen. Aufgrund dieser scheinbar einfachen Überlegungen sind komplizierte Theorien[622] entwickelt worden, mit denen man zahlreiche rechtliche Tatbestän-

---

[619] Vgl. auch vorne bei N 44.

[620] Das VVG unterscheidet die Schadens- und die Personenversicherung, wobei für jene die Versicherungsleistung und für diese der versicherte Gegenstand Merkmale sind; vgl. vorne N 608.

[621] Vgl. zahlreiche weitere Einteilungen bei BRUCK, Privatversicherungsrecht S. 63 ff.

[622] Vgl. die Literaturangaben bei KOENIG S. 202 N 1 ff. KOENIG setzt sich auf S. 202–212 mit der Interessenlehre auseinander. In der Schweiz hält namentlich JAEGER, Komm. II S. 30 ff., an der Interessenlehre fest und räumt ihr in seinen Ausführungen breiten Raum ein; vgl. auch Sachregister in Band IV (1. A.) unter den Stichworten Interesse und Interessent.

de wie Versicherbarkeit, Fremdversicherung, Handänderung usw. zu erklären versucht.

2. KOENIG hat in seiner Habilitationsschrift[623] dargetan, dass die Lehre vom Versicherungsinteresse als Gegenstand jeder Versicherung unhaltbar, überflüssig und zudem verwirrlich sei[624]. Gegenstand des Versicherungsvertrages sei eine Person, eine Sache oder das Vermögen als solches. Immerhin habe die Interessenlehre dazu geführt, dass das Vermögen als selbständiger Gegenstand erkannt und damit der Vermögensversicherung Eingang verschafft worden sei. Seither hat namentlich auch KELLER[625] die Interessenlehre abgelehnt.

3. Das Versicherungsvertragsgesetz spricht in mehreren Bestimmungen vom Interesse. So in Art. 48: «Gegenstand der Schadensversicherung kann jedes wirtschaftliche Interesse sein, das jemand am Ausbleiben eines befürchteten Ereignisses hat»[626]. In anderen Bestimmungen ist nicht vom «wirtschaftlichen», sondern vom «versicherten» Interesse die Rede, z. B. in Art. 49, 53 und 62.

4. Bei der Auslegung des Gesetzes sind die üblichen Auslegungsmethoden[627] anzuwenden. Entscheidungen gegen den ausdrücklichen Wortlaut des Gesetzes – contra legem – sind nur in bestimmten Ausnahmefällen zu-

---

[623] Gegenstand der Versicherung – eine systematische Begründung des Versicherungsrechts ohne den Interessenbegriff, Bern 1931.
[624] KOENIG, Gegenstand S. 100 ff.
[625] Komm. I S. 11 f. und S. 282. Er bezeichnet sie als unhaltbare und unnötige Konstruktion. In der neueren deutschen Literatur befassen sich mit dem Begriff des Interesses, der im deutschen VVG in verschiedenen Zusammenhängen gebraucht wird, z. B. EICHLER, Versicherungsrecht S. 150 ff., und PRÖLSS-MARTIN, deutsches VVG, Vorbem. vor § 51. PRÖLSS-MARTIN (N 1) verstehen unter Interesse rechtliche Beziehungen, «kraft deren der Versicherungsnehmer oder ein Versicherter durch den Versicherungsfall einen Nachteil erleiden kann. Der Nachteil kann in ungeplanten Ausgaben oder im Ausfall geplanter Einnahmen bestehen». Einlässlich behandeln den Begriff des Interesses u. a. BRUCK/MÖLLER, Komm. II, in den N 28–126 zu § 49 (mehr als 80 Seiten). Sie weisen bei N 46 darauf hin, dass die Interessenlehre in der deutschen Rechtsprechung eine geringe Rolle spielt. Dies trifft auch für die schweizerische Rechtsprechung zu.
[626] Das wirtschaftliche Interesse ist der in Geld ausdrückbare Wert, den ein Rechtsgut für den Berechtigten hat. Die Beeinträchtigung dieses Wertes ist eine Vermögenseinbusse, d. h. ein Schaden.
[627] Vgl. vorne bei N 275.

lässig⁶²⁸. Deshalb kann der Ausdruck «Interesse», wenn er im Gesetz verwendet wird, nicht einfach ignoriert und an seiner Stelle der entsprechende Gegenstand im Sinne der heute herrschenden Doktrin – Sache oder Vermögen – analog eingesetzt werden⁶²⁸ᵃ. Vielmehr ist für jede Bestimmung jeweilen zu prüfen, ob das Auslegungsergebnis übereinstimmt⁶²⁹. Stimmt es nicht überein, ist nach den üblichen Auslegungsmethoden zu klären, ob vom Wortlaut des Gesetzes und vom historischen Sinngehalt abgewichen werden darf. Freilich ist ein Punkt zu beachten: Der Begriff des Interesses kann zum vornherein nur in der Schadensversicherung, nicht aber in der Summenversicherung verwendet werden. In der Summenversicherung kann von einem wirtschaftlichen Interesse nicht die Rede sein, da sie nicht an den Nachweis des Schadens gebunden ist⁶³⁰.

§ 25 HANDÄNDERUNG

I. SACHVERSICHERUNG

Versicherte Sachen können während der Dauer der Versicherung den Eigentümer wechseln: Der Versicherungsnehmer verkauft das Haus, das gegen Feuer versichert ist, oder das Motorfahrzeug, für welches er eine Kaskoversicherung besitzt usw. Es fragt sich, was mit dem Versicherungsvertrag geschieht: Bleibt der bisherige Versicherungsnehmer Vertragspartei oder soll der neue Eigentümer Vertragspartei werden?

Art. 54 VVG regelt diesen Sachverhalt mit dem Randtitel «Handänderung» spezialrechtlich. Abs. 1 stellt den Grundsatz auf und lautet wie folgt:

---

⁶²⁸ Vgl. dazu auch WANNAGAT, SZS 1972 S. 156 und 168 ff.

⁶²⁸ᵃ BGE 104 II 53, Mitte, spricht zutreffend vom «wirtschaftlichen Interesse», wenn der Versicherte einen bestimmten Schaden versichert. Das BGer lässt sich jedoch nicht auf die Frage ein, ob man für das schweizerische Recht auf die Interessenlehre oder auf die in der Doktrin herrschende Lehre vom versicherten Gegenstand abzustellen habe.

⁶²⁹ KOENIG S. 202 ff. bejaht das übereinstimmende Auslegungsergebnis. Es fehlt hier der Raum, diese Frage zu erörtern. Das BGer scheint sich nicht einlässlich mit ihr befasst und zu ihr Stellung genommen zu haben.

⁶³⁰ So schon JAEGER, Komm. II S. 34 N 5 und BRUCK/MÖLLER, Komm. II N 42 zu § 49; vgl. auch vorne bei N 341.

«Wechselt der Gegenstand des Versicherungsvertrages den Eigentümer, so gehen die Rechte und Pflichten aus dem Versicherungsvertrage auf den Erwerber über.» Abs. 4 umschreibt Ausnahmen zu diesem Grundsatz, also Tatbestände, bei deren Vorliegen der Vertrag nicht auf den Erwerber übergeht. Abs. 3 sieht für bestimmte Fälle ein Rücktrittsrecht vor, wenn der Vertrag auf den Erwerber übergegangen ist. Abs. 2 regelt eine Prämienfrage.

Der gesetzlichen Regelung liegt folgende Überlegung zugrunde: Einerseits soll der Versicherungsnehmer nicht mehr an den Vertrag gebunden bleiben, wenn dieser für ihn mangels eines versicherten Gegenstandes zwecklos geworden ist; andererseits ist dem neuen Eigentümer der versicherten Sache ohne weitere Vorkehrungen durch diesen Vertrag Versicherungsschutz zu gewähren, er soll aber auch die Möglichkeit haben, sich vom Vertrage zu lösen.

Die gesetzliche Ordnung ist kurz darzustellen[631].

1. a) Voraussetzung für den Übergang des Versicherungsvertrages ist, dass die versicherte Sache den Eigentümer wechselt. Ob dies zutrifft, beurteilt sich nach den Bestimmungen des ZGB. So wird z. B. das Eigentum an einem Grundstück gemäss Art. 656 ZGB erst durch die Eintragung im Grundbuch erworben. Unerheblich ist, aus welchem Rechtsgrund das Eigentum wechselt, ob z. B. gestützt auf einen Kaufvertrag oder aus Erbschaft. Wenn die Sache lediglich vermietet oder verpachtet wird, wechselt sie den Eigentümer nicht. Der Versicherungsvertrag geht folglich nicht auf Mieter oder Pächter der versicherten Sache über[632].

b) Art. 55 Abs. 1 VVG bestimmt, dass die Konkursmasse in den Versicherungsvertrag eintritt, wenn der Versicherungsnehmer in Konkurs fällt; Art. 54 VVG ist anwendbar. Mit der Konkurseröffnung verliert der Versicherungsnehmer das Eigentum an seinen Sachen an sich noch nicht. Deshalb war eine besondere Regelung erforderlich. Nach Abs. 2 verbleibt jedoch der Versicherungsanspruch hinsichtlich der unpfändbaren Vermögensstücke (Kompetenzstücke gemäss Art. 92 SchKG) dem Gemeinschuldner und seiner Familie.

2. Nur wenn das Eigentum an allen versicherten Sachen wechselt, geht

---

[631] Weiteres bei VIRET, Privatversicherungsrecht S. 197 ff.

[632] JAEGER, Komm. II S. 141 N 23 ff., prüft einlässlich die Frage, was unter dem Übergang des Eigentums nach Art. 54 Abs. 1 VVG zu verstehen sei.

der Versicherungsvertrag auf den Erwerber über[633]. Nach Art. 54 Abs. 1 VVG lässt sich der Sachversicherungsvertrag nicht in dem Sinne spalten, dass er teils auf den Erwerber übergeht und teils beim bisherigen Versicherungsnehmer bleibt, nämlich soweit dieser noch versicherte Sachen als Eigentümer behält. Der bisherige Versicherungsnehmer soll nicht des Versicherungsschutzes beraubt werden, wenn er noch Eigentümer versicherter Sachen ist[634], da in der Regel er den Versicherungsvertrag abgeschlossen hat.

3. Der Erwerber der versicherten Sachen wird Vertragspartei, d. h. Rechtsnachfolger des bisherigen Versicherungsnehmers. Der Versicherungsvertrag geht automatisch, von Gesetzes wegen auf ihn über, so dass es keiner Willensäusserung oder einer Orientierung des Versicherers bedarf[635]. Massgebend für die Rechte und Pflichten aus dem Versicherungsvertrag ist der Zeitpunkt des Eigentumserwerbs. Wenn z.B. der Vertrag in diesem Zeitpunkt wegen Prämienverzugs[636] gemäss Art. 20 VVG ruhte, so geht er in diesem Zustand auf den Erwerber über[637]: Der Erwerber geniesst sowenig wie der bisherige Versicherungsnehmer Versicherungsschutz.

4. Nach Art. 54 Abs. 2 VVG haftet dem Versicherer neben dem Erwerber auch der bisherige Eigentümer für die zur Zeit der Handänderung fällige Prämie[637a]. Es besteht Solidarität im Sinne von Art. 143 Abs. 2 OR. Ist in diesem Zeitpunkt keine Prämie fällig, so haftet nur der Erwerber, d. h. der neue Versicherungsnehmer, allein.

5. a) Der Versicherungsvertrag geht nach Abs. 4 Z. 2 nicht auf den Erwerber über, wenn dieser dem Versicherer binnen vierzehn Tagen nach erfolgter Handänderung schriftlich mitteilt, dass er den Übergang ablehne.

---

[633] Wenn z. B. der VN nur einen Teil seines Mobiliars verkauft, geht die Hausratversicherung nicht auf den Erwerber über. Sie geht aber auch nicht über, wenn nicht eine einzige, sondern verschiedene Personen versicherte Sachen zu Alleineigentum erwerben, da eine Spaltung des Versicherungsvertrages ausgeschlossen ist. – Vgl. auch hinten bei N 657.

[634] Im Ergebnis gleich JAEGER, Komm. II S. 137 N 16 ff.; vgl. aber zur Frage kombinierter Verträge hinten N 653. – Der VN kann gegebenenfalls nach VVG 50 II eine Herabsetzung der Prämie verlangen. Näher liegt freilich, dass er den Vertrag durch Übereinkunft mit dem Versicherer der neuen Lage anpasst.

[635] JAEGER, Komm. II S. 152 N 46 ff., und KOENIG S. 242.

[636] Vgl. hinten bei N 683 ff.

[637] Vgl. JAEGER, Komm. II S. 154 N 51.

[637a] Vgl. auch hinten bei N 665.

§ 25 Handänderung

Es handelt sich nicht um einen Rücktritt vom Vertrag, der diesen rückwirkend auf den Zeitpunkt des Eigentumsübergangs auflöst[638]; vielmehr verhindert die Mitteilung, dass der Vertrag auf den Erwerber übergeht[639]. Die Frist beginnt im Zeitpunkt der Handänderung, und zwar auch dann, wenn der Erwerber keine Kenntnis vom Vertrag hat; das Gesetz mutet ihm zu, sich nach bestehenden Verträgen zu erkundigen[640]. Diese Regelung wirkt sich in der Praxis oft unerfreulich aus. Wenn der Erwerber eine neue Versicherung abschliesst, so ist er Versicherungsnehmer bei zwei Verträgen über die gleichen Gegenstände, und damit schuldet er zwei Prämien, obwohl er sich im Versicherungsfall den Schaden nur einmal ersetzen lassen kann[641]. Wenn er zwar keine neue Versicherung abschliesst, aber nicht weiss, dass ein Vertrag auf ihn übergegangen ist, unterlässt er es im Versicherungsfall, Ansprüche zu stellen. Solche Fälle kommen vor allem vor, wenn jemand auf dem Occasionsmarkt ein Auto kauft, für welches eine Kaskoversicherung fortbesteht. – Da die erwähnte Frist eine Verwirkungsfrist ist, kann sie nicht unterbrochen werden.

b) Abs. 4 Z. 1 lässt den Vertrag ebenfalls nicht auf den Erwerber übergehen, «wenn durch seinen Eintritt eine wesentliche Gefahrserhöhung herbeigeführt wird (Art. 28 ff.) und der Versicherer binnen vierzehn Tagen, nachdem er von der Handänderung Kenntnis erhalten hat, schriftlich den Rücktritt vom Vertrage erklärt». So könnte z. B. der Kaskoversicherer geltend machen, der Erwerber eines Autos stelle – subjektiv – wegen hohen Alters eine Gefahrserhöhung dar, da der bisherige Versicherungsnehmer

---

[638] KOENIG S. 245 f. nimmt einen Rücktritt an. – Zum Rücktritt vgl. vorne bei N 491. Auch die Erben des VN können die erwähnte Mitteilung machen.

[639] Der Versicherungsvertrag geht somit nach VVG 54 I nur unter der *Bedingung* auf den Erwerber über, dass dieser nicht gemäss Abs. 4 Z. 2 den Übergang der Versicherung ablehnt.

[640] JAEGER, Komm. II S. 163 N 76 f. Der Erwerber kann also nicht einwenden, er habe sich gehörig erkundigt, sei aber fälschlicherweise dahin orientiert worden, es bestehe kein Vertrag. Freilich könnte man bei unverschuldeter Unkenntnis eine unechte Gesetzeslücke in Art. 45 Abs. 3 VVG annehmen und die Exkulpation auch für die *Vertragsauflösung* gemäss Art. 54 Abs. 3 Z. 2 VVG zulassen. Nach der Praxis der untern Gerichte wird aber die Exkulpation ausgeschlossen; das BGer scheint sich zu dieser Frage noch nicht geäussert zu haben.

[641] Zur Frage der Doppelversicherung hinten bei den N 1051 ff. Der neue VN soll versuchen, den Vertrag durch Übereinkunft mit dem Versicherer aufzuheben; vgl. vorne bei N 487.

Versicherter Gegenstand

viel jünger und deshalb ein «besseres Risiko» gewesen sei. Die Frist beginnt nicht mit dem Eigentumswechsel, von dem ja der Versicherer meistens erst mit Verzögerung erfährt, sondern mit der Kenntnis der Handänderung. Da der Vertrag rückwirkend auf den Zeitpunkt des Eigentumswechsels aufgelöst wird – rechtlich handelt es sich um einen Rücktritt[642] –, ist der Versicherer für Versicherungsfälle, die seither eingetreten sind, nicht leistungspflichtig.

c) Wenn der Vertrag nicht auf den Erwerber übergeht (vorne lit. a), stellt sich die Frage, ob der bisherige Versicherungsnehmer an ihn gebunden bleibt. Sie wird im Gesetz nicht geregelt und muss nach jenen Grundsätzen beantwortet werden, die für die Auflösung des Versicherungsvertrags wegen veränderter Verhältnisse gelten[643].

6. Nach Abs. 3 ist der Versicherer berechtigt, «binnen vierzehn Tagen, nachdem er von der Handänderung Kenntnis erhalten hat, vom Vertrage zurückzutreten. Seine Haftung erlischt mit dem Ablaufe von vier Wochen, nachdem er dem Erwerber den Rücktritt schriftlich angezeigt hat. Der Versicherer muss dem Erwerber die auf die nicht abgelaufene Versicherungszeit entfallende Prämie zurückerstatten.» Es handelt sich nicht um Rücktritt, sondern um Kündigung; der Vertrag wird – anders als nach Abs. 4 – nicht rückwirkend aufgelöst, sondern bietet dem neuen Eigentümer der versicherten Sachen noch eine gewisse Zeit Versicherungsschutz. Das Gesetz geht davon aus, dass es ihm während der Kündigungsfrist von vier Wochen möglich sei, eine neue Versicherung abzuschliessen.

7. Würde die Sonderregelung in Art. 54 VVG fehlen, so wäre das Schicksal des Versicherungsvertrages bei Handänderung nach gemeinem Recht zu beurteilen, das keine einheitliche Lösung für den Wechsel einer Vertragspartei vorsieht. So würde der Vertrag beim Tode des Versicherungsnehmers nach Erbrecht auf die Erben übergehen. Bei andern Tatbeständen wäre der Übergang nur durch Vertrag möglich[644].

---

[642] Vgl. vorne bei N 491.
[643] Vgl. vorne bei N 502.
[644] Z. B. durch Schuldübernahme gemäss Art. 175 OR – der VN ist Prämienschuldner – verbunden mit Forderungsabtretung nach Art. 164 ff. OR. Eine vergleichbare Regelung trifft Art. 259 Abs. 2 OR, wonach der Erwerber einer unbeweglichen Sache von Gesetzes wegen in einen bestehenden Mietvertrag eintritt, wenn er die Kündigung unterlässt.

§ 25 Handänderung

II. VERMÖGENS- UND PERSONENVERSICHERUNG

1. Art. 54 VVG ist nach seinem Wortlaut auf die Sachversicherung zugeschnitten, da er vom Wechsel des Eigentums an einem Gegenstand spricht. Die Vermögensversicherung fällt nicht darunter, da sie das Vermögen als solches, d. h. bei Belastungen durch Forderungen Dritter und bei Wegfall von Einnahmen schützt[645]. Allein die Praxis wendet ihn unter bestimmten Voraussetzungen auch auf die Vermögensversicherung an: Wenn diese so eng mit einer Sache verknüpft ist, dass sie für den Versicherungsnehmer zwecklos wird, sobald ein Dritter das Eigentum an der Sache erwirbt[646]. So etwa, wenn die Haftpflicht als Hauseigentümer versichert ist und das Haus den Eigentümer wechselt. Auch die Ertragsausfall-Versicherung muss nach diesen Gesichtspunkten beurteilt werden, wenn sie z. B. an das Eigentum an einem Haus anknüpft[647].

2. a) Eine Sonderregelung findet sich in Art. 67 SVG für die Motorfahrzeug-Haftpflichtversicherung. Beim Halterwechsel gehen die Rechte und Pflichten aus dem Versicherungsvertrag gemäss Abs. 1 auf den neuen Halter über. Wird der neue Fahrzeugausweis aufgrund einer andern Haftpflichtversicherung ausgestellt, so erlischt der alte Vertrag. Nach Abs. 2 ist der bisherige Versicherer berechtigt, innert 14 Tagen, seitdem er vom Halterwechsel Kenntnis erhalten hat, vom Vertrag zurückzutreten. Damit bekommt er die Möglichkeit, sich von einem Risiko zu lösen, das ihm ungünstig erscheint[648]. Verwendet der Halter anstelle des versicherten Fahrzeuges und mit dessen Kontrollschildern ein Ersatzfahrzeug der gleichen Kategorie, so gilt die Versicherung gemäss Abs. 3 ausschliesslich für dieses. Nach Abs. 4 darf ein Ersatzfahrzeug nur mit Bewilligung der zuständigen Behörde verwendet werden. Die Bewilligung wird gemäss VVV 9 II erteilt,

---

[645] Vgl. vorne bei N 309a.

[646] Vgl. vorne nach N 614. JAEGER, Komm. II S. 135 N 12, unter Hinweis auf die Gesetzesmaterialien; ebenso KOENIG S. 503 f. – Das Gesetz versteht unter Gegenstand – entsprechend der Interessenlehre – eben das Interesse; dieses geht auf den Erwerber des Hauses über.

[647] Z. B. die mit dem Eigentum an einem Hotel verbundene Epidemienversicherung. Lautet sie aber auf den Pächter des Hotels, so ist Art. 54 VVG bei Wechsel des Pächters nicht anwendbar.

[648] Vgl. zur Risikoselektion vorne bei N 100a.

wenn das «bisherige» Fahrzeug «wegen Beschädigung, Reparatur, Revision, Umbau und dergleichen nicht gebrauchsfähig und das Ersatzfahrzeug betriebssicher ist». Wird das Ersatzfahrzeug während mehr als 30 Tagen gebraucht, so hat der Halter den Versicherer zu benachrichtigen. Unterlässt er dies oder wurde die behördliche Bewilligung für die Verwendung des Ersatzfahrzeuges nicht eingeholt, so besteht für die fragliche Zeit keine Deckung. Der Versicherer besitzt nach SVG 65 III den Rückgriff, wenn er Haftpflichtansprüche Dritter zu befriedigen hat, die aus Unfällen der fraglichen Zeit abgeleitet werden.

Diese Regelung weicht in mehrfacher Hinsicht von Art. 54 VVG ab. Insbesondere knüpft sie nicht an das Eigentum am Motorfahrzeug, sondern an die Haltereigenschaft an. Diese kann auch gegeben sein, wenn ein Dritter Eigentümer des Fahrzeuges ist[649].

Soweit Art. 67 SVG eine Frage nicht regelt, ist sie unter Heranziehung von Art. 54 VVG zu entscheiden[650]. Dies gilt z. B. hinsichtlich der Haftung für die Prämie (Art. 54 Abs. 2).

b) Wenn der gleiche Vertrag neben der Haftpflichtversicherung eine Kaskoversicherung einschliesst (kombinierte Police), gilt für letztere Art. 54 VVG[651]. Es liegen im gleichen Vertragsdokument zwei Versicherungsverträge[652] vor, die an sich auch durch verschiedene Dokumente geregelt werden, ja sogar bei verschiedenen Versicherern laufen könnten. Art. 54 VVG setzt den Wechsel am Eigentum voraus; die Kaskoversicherung geht also nicht auf den neuen Halter über, wenn kein Eigentumswechsel erfolgt. Oft kommt es vor, dass zwar die Haftpflichtversicherung gemäss Art. 67 SVG erlischt, jedoch der Kaskoversicherungsvertrag auf den Erwerber des Fahrzeuges übergeht, gleichviel, ob er in der gleichen oder in einer andern Police geregelt ist oder gar bei einem andern Versicherer abgeschlossen wurde. Unerwünschte Auswirkungen lassen sich nur durch Vereinbarungen zwischen den Beteiligten beseitigen[653].

---

[649] Für Einzelheiten sei auf BREHM, Le contrat d'assurance RC No. 119 ff., 210 sowie OFTINGER, Haftpflichtrecht II/2, insbesondere S. 725 ff. verwiesen.

[650] OFTINGER a. a. O. S. 727.

[651] OFTINGER a. a. O. S. 728.

[652] Es wird also der Kaskoversicherungsvertrag vom Haftpflichtversicherungsvertrag losgelöst.

[653] In kombinierten Policen finden sich Bestimmungen über das Schicksal des Kaskovertrages bei Halterwechsel. Wenn der neue Halter für Haftpflicht und Kas-

c) Mit der Haftpflichtversicherung wird häufig eine Insassenversicherung, d. h. eine Kollektiv-Unfallversicherung, verbunden. Bei ihr handelt es sich um eine Personenversicherung. Art. 54 VVG ist jedoch – schon nach seiner Stellung im Gesetz – nur auf die Sach- und – unter bestimmten Voraussetzungen – auf die Vermögensversicherung anwendbar. Somit geht die Insassenversicherung nicht auf den Erwerber des Motorfahrzeuges über. Die Frage, ob sie erlischt, ist nach den Grundsätzen zu beurteilen, die für die Vertragsauflösung wegen veränderter Verhältnisse gelten[654, 655].

d) Eine weitere Besonderheit galt für die Unfallversicherung der Motorradfahrer. Sie wurde in Art. 78 SVG vorgeschrieben und in den Art. 55–59 VO über Haftpflicht und Versicherung im Strassenverkehr vom 20. 11. 1959, in der Fassung vom 15. 10. 1975 (VVV), näher geregelt. In Abweichung von VVG 54 stellte VVV 59 III die Unfallversicherung der Haftpflichtversicherung bei Fahrzeugwechsel gleich. Mit dem Inkrafttreten des UVG sind SVG 78 und damit auch die ihm folgenden Bestimmungen der VVV durch Z. 7 des Anhangs zum UVG aufgehoben worden. Für diese besondere Regelung besteht kein Bedürfnis mehr.

§ 26 RECHTE DRITTER AN VERSICHERTEN SACHEN

I. PFÄNDUNG UND ARREST

1. Ist eine versicherte Sache auf dem Wege der Schuldbetreibung gepfändet oder mit Arrest belegt, so kann der Versicherer nach Art. 56 VVG im Versicherungsfall die Ersatzleistung gültig, d. h. mit befreiender Wirkung,

ko einen neuen Vertrag abschliesst, weil er nicht weiss, dass der alte Kaskoversicherungsvertrag auf ihn übergegangen ist, muss er für den gleichen Gegenstand die Prämie zweimal bezahlen. Er wird daher versuchen, den einen der beiden Verträge durch Übereinkunft aufzulösen. Vgl. weitere Einzelheiten zum kombinierten Versicherungsvertrag hinten N 1306.

[654] Vgl. vorne bei N 502. – Die kombinierten Motorfahrzeugpolicen enthalten oft folgende Bestimmung: «Die Unfallversicherung erlischt unter entsprechender Anpassung der Prämie – sc. für die Haftpflicht- und Kaskoversicherung –, sofern nicht der neue Halter ihre Weiterführung beantragt.»

[655] Die kombinierten Motorfahrzeugpolicen sollten bei Halterwechsel dem gleichen rechtlichen Schicksal unterworfen werden. Um dies zu erreichen, könnte man

nur an das Betreibungsamt erbringen. Dies setzt jedoch voraus, dass er rechtzeitig benachrichtigt worden ist. Die Verordnung des Bundesgerichts[656] betreffend die Pfändung, Arrestierung und Verwertung von Versicherungsansprüchen nach dem VVG vom 10. Mai 1910 verpflichtet daher den Betreibungsbeamten bei der Pfändung und Arrestierung einer körperlichen Sache, vom Schuldner Auskunft über bestehende Sachversicherungen zu verlangen. Der Betreibungsbeamte hat sodann den Versicherer über die Pfändung oder Arrestnahme zu orientieren und ihn ausdrücklich darauf aufmerksam zu machen, dass die Versicherungsleistung bis auf weitere Anzeige gültig nur an das Betreibungsamt entrichtet werden könne. Der Versicherer setzt sich der Gefahr der Doppelzahlung aus, wenn er, nachdem er benachrichtigt worden ist, an den Versicherungsnehmer oder einen sonstigen Anspruchsberechtigten leisten würde. Der Betreibungsbeamte hat nach Art. 2 den Versicherer vom Hinfall der Pfändung oder des Arrestes sofort in Kenntnis zu setzen.

2. Wird die Gesamtheit der versicherten Gegenstände von ein und derselben Person im Wege der Verwertung erworben, dann ist der Versicherer vom Übergang des Eigentums auf dieselbe sofort zu benachrichtigen; Art. 3. Somit geht das Bundesgericht in seiner Verordnung davon aus, dass der Versicherungsvertrag gemäss Art. 54 VVG nur dann auf den Erwerber übergeht, wenn dieser das Eigentum an sämtlichen durch den gleichen Versicherungsvertrag versicherten Sachen erworben hat[657].

II. PFANDRECHT

1. An der versicherten Sache kann ein Pfandrecht bestehen. Wird sie durch ein befürchtetes Ereignis betroffen – z. B. Zerstörung, Beschädigung, Entwendung –, so erstreckt sich das Pfandrecht gemäss Art. 57 Abs. 1 VVG sowohl auf den Versicherungsanspruch des Verpfänders als auch

eine Gesetzeslücke annehmen und SVG 67 sinngemäss auf die Kasko- und Insassenversicherung anwenden, sofern der betreffende Vertrag keine abweichende Regelung trifft. Damit würde dem Umstand Rechnung getragen, dass die in der Police versicherten Risiken eng mit einem bestimmten, und zwar mit dem gleichen Motorfahrzeug, verbunden sind.

[656] Abgedruckt in der Sammlung der Bundeskanzlei «Privates Versicherungswesen»; SR 281.51.
[657] Vgl. dazu vorne bei N 633.

auf die aus der Entschädigung angeschafften Ersatzstücke (sog. Surrogation).

2. Nach Abs. 2 darf der Versicherer die Entschädigung nur mit Zustimmung des Pfandgläubigers oder gegen dessen Sicherstellung an den Versicherten ausrichten, sofern ihm das Pfandrecht gemeldet worden ist.

3. Art. 57 VVG gilt für bewegliche Sachen und für Grundstücke. Für letztere enthält Art. 822 ZGB zusätzliche Bestimmungen. So darf – nach Eintritt des Versicherungsfalles – eine fällig gewordene Versicherungssumme nur mit Zustimmung aller Grundpfandgläubiger an die Eigentümer des versicherten Grundstückes ausbezahlt werden (Abs. 1). Gegen angemessene Sicherstellung ist sie jedoch dem Eigentümer zum Zwecke der Wiederherstellung des Unterpfandes herauszugeben (Abs. 2). Der Versicherer ist verpflichtet, sich beim Grundbuchamt nach eingetragenen Grundpfandrechten zu erkundigen, bevor er die Versicherungssumme auszahlt[658].

4. Die geschilderte Ordnung dient dem Schutz des Realkredites, indem die Sicherheit des Pfandgläubigers unter den erwähnten Voraussetzungen auch dann bestehenbleibt, wenn die versicherte Pfandsache untergeht. Die in der Schweiz vereinheitlichten Allgemeinen Feuerversicherungs-Bedingungen enthalten mit dem Randtitel «Sicherung des Realkredites» eine Bestimmung, wonach dem Pfandgläubiger Einreden nicht entgegengehalten werden, die den Versicherungsanspruch schmälern oder gar ausschliessen würden und die dem Anspruchsberechtigten gegenüber erhoben werden könnten. Diese Klausel dürfte z. B. Art. 14 VVG im Auge haben; danach kann der Versicherer seine Leistungen kürzen oder verweigern, wenn der Versicherungsnehmer oder Anspruchsberechtigte den Versicherungsfall grobfahrlässig bzw. absichtlich herbeigeführt hat[659]. Dem Pfandgläubiger gegenüber würde die Versicherungsleistung nicht gekürzt oder verweigert[660].

---

[658] KOENIG S. 253.

[659] Vgl. hinten bei den N 871 ff.

[660] Die Klausel enthält Einschränkungen gesetzlicher Einreden, die hier nicht weiter dargestellt werden können. Ihr Geltungsbereich wird m. E. nicht ganz klar umschrieben. Rechtlich dürfte sie als Vertrag zugunsten Dritter gemäss Art. 112 OR zu verstehen sein; so KOENIG S. 258. Weiteres zur Klausel betreffend die Sicherung des Realkredites bei SUTER; Sachversicherung Z. 30.66.

4. Abschnitt: Prämie

§ 27 PRÄMIENZAHLUNGSPFLICHT

I. ALLGEMEINES

1. Die Prämie ist der Preis, den der Versicherungsnehmer dem Versicherer als Gegenleistung für die Gewährung des Versicherungsschutzes schuldet. Die Berechnung dieses Preises ist ein versicherungstechnisches, kommerzielles und aufsichtsrechtliches Problem[661]. Die Art. 18-25 VVG regeln die Prämienzahlungspflicht; sie weichen teilweise erheblich ab von der Ordnung, die das OR für die Erfüllung und die Nichterfüllung der Schuldpflicht (Obligation) im zweiten Titel festlegt.

2. Die Prämie muss im Versicherungsvertrag bestimmt oder doch bestimmbar sein. Ihre Regelung ist ein wesentlicher Vertragsbestandteil, ein essentiale negotii. Fehlt sie, so ist ein Versicherungsvertrag grundsätzlich nicht zustandegekommen. Die Prämienzahlungspflicht ist die Hauptverpflichtung des Versicherungsnehmers[662].

3. Prämienschuldner ist gemäss Art. 18 Abs. 1 VVG in der Regel der Versicherungsnehmer als Vertragspartei. Somit schulden Anspruchsberechtigte, Begünstigte und Versicherte[663], die nicht Vertragspartei sind, grundsätzlich keine Prämie. Immerhin sieht das VVG Ausnahmen von dieser Regelung vor: So lässt Art. 18 Abs. 2 VVG den Versicherten bei der Versicherung für fremde Rechnung[664] für die Prämie haften, wenn der Versicherungsnehmer zahlungsunfähig geworden ist und die Prämie vom Versicherten noch nicht erhalten hat[665].

4. Obschon im allgemeinen der Versicherungsnehmer die Prämie dem Versicherer schuldet, kann er durch Vereinbarung Dritte verpflichten, sich

---

[661] Vgl. Näheres vorne § 4 V und bei N 192.

[662] Vgl. vorne bei N 421 und zum Problem der Entgeltlichkeit des Versicherungsvertrages vorne N 354.

[663] Vgl. zu diesen Begriffen vorne § 10 V.

[664] Vgl. hinten vor N 792.

[665] Bei Handänderung haften sowohl der bisherige wie der neue VN für die *fällige* Prämie; vgl. vorne bei N 637a.

an der Prämientragung zu beteiligen. Wenn z. B. der Arbeitgeber für seine Arbeitnehmer kollektiv eine Zusatzversicherung zur obligatorischen Unfallversicherung abschliesst[666], so ist zwar er Versicherungsnehmer und Prämienschuldner; sofern der Arbeitsvertrag eine entsprechende Bestimmung enthält, darf er die Prämie ganz oder teilweise auf die Arbeitnehmer überwälzen, z. B. durch entsprechenden Abzug am Lohn.

5. Bei der Versicherung zugunsten Dritter steht dem Versicherer nach Art. 18 Abs. 3 VVG das Recht zu, die Prämienforderung mit der dem Begünstigten geschuldeten Leistung zu verrechnen. Eine Versicherung zugunsten Dritter ist gegeben, wenn ein Dritter – also nicht der Versicherungsnehmer selbst – Versicherter oder Begünstigter ist. Versicherter ist ein Dritter z. B. bei der Kollektiv-Unfall-, -Kranken- und -Lebensversicherung[667]. Der Dritte wird nicht etwa Prämienschuldner. Wenn er einen Versicherungsanspruch hat, muss er sich aber die Einrede des Versicherers, er verrechne mit einer Prämienforderung, gefallen lassen.

6. Der Versicherer kann die vertraglich vereinbarte Prämie grundsätzlich nicht einseitig ändern, wenn er seine Tarife revidiert. Will er die Prämie erhöhen[668], so muss er den Vertrag z. B. bei Teilschaden gemäss Art. 42 Abs. 1 VVG oder aufgrund einer vertraglichen Bestimmung[668a] kündigen, um dann allenfalls einen neuen Vertrag mit der erhöhten Prämie abzuschliessen. Bei Tarifen, die z. B. während einer Teuerungsperiode öfters ändern, wäre diese Lösung mit hohen Verwaltungskosten verbunden, die letztlich die Versicherungsnehmer zu tragen hätten. Deshalb haben die Motorfahrzeugversicherer in den AVB eine Tarifänderungsklausel[669] aufgenommen. Danach können sie, ohne den Vertrag zu kündigen, mit Wirkung ab folgendem Versicherungsjahr, den Vertrag an den geänderten Tarif anpassen. Dem Versicherungsnehmer wird dafür ein Kündigungsrecht eingeräumt.

[666] Vgl. dazu MAURER, Unfallversicherung bei N 1409 und hinten bei N 1265a.
[667] Vgl. zur Kollektivversicherung und Begünstigung vorne bei den N 333 und 335.
[668] Das Gesetz gibt dem VN Anspruch auf eine Reduktion der Prämie, wenn bestimmte Tatbestände vorliegen, so z. B. gemäss Art. 23 VVG (Gefahrsverminderung, vgl. vorne bei N 592) und nach Art. 50 Abs. 2 VVG (Verminderung des Versicherungswertes, vgl. vorne vor N 425).
[668a] Vgl. zur Prolongationsklausel vorne bei N 483.
[669] Vgl. zu den Anpassungsklauseln vorne bei N 514a, 518. Tarifänderungsklauseln kommen auch in den AVB anderer Branchen vor.

Dieses nützt ihm hinsichtlich des Tarifes für die Motorfahrzeug-Haftpflichtversicherung wenig, da letzterer in der Schweiz für alle Gesellschaften einheitlich ist[670]. Immerhin kann er die besondere Kündigungsmöglichkeit ausschöpfen, wenn er sich von seinem Versicherer lösen will.

II. FÄLLIGKEIT DER PRÄMIENSCHULD

Der Vertrag kann die Fälligkeit der Prämie regeln. Sieht er davon ab, gilt die in Art. 19 Abs. 1 und 3 VVG getroffene Ordnung, die auf der Versicherungsperiode aufbaut. Abs. 2 regelt halbzwingend die sog. Einlösungsklausel.

1. Art. 19 Abs. 1 VVG gibt für den Begriff der Versicherungsperiode eine Legaldefinition: «Unter Versicherungsperiode wird der Zeitabschnitt, nach dem die Prämieneinheit berechnet wird, verstanden. Die Versicherungsperiode umfasst im Zweifel den Zeitraum eines Jahres.» Die Versicherungsperiode ist danach der Zeitabschnitt, für welchen die Prämientarife[671] die Prämien angeben. Sie hat nichts mit dem Beginn der Wirkungen und mit der Dauer des Vertrages[672] zu tun. Dieser kann z. B. auf fünf Jahre abgeschlossen sein; indessen gibt der Prämientarif – in der Regel – die Jahresprämie an. Die Tarife können auch Versicherungsperioden von weniger als einem Jahr festlegen, z. B. für die Ferienkaskoversicherung usw. In jedem Vertrag wird bestimmt, für welche Dauer die Prämie bemessen ist, ob z. B. für ein Jahr.

2. Wenn nicht anders vereinbart, ist die Prämie gemäss Art. 19 Abs. 1 VVG für die erste Versicherungsperiode mit dem Abschluss der Versicherung fällig[673]. Man nennt dies die erste Prämie. Die Folgeprämien sind –

---

[670] Vgl. vorne vor N 193 und hinten bei N 1483.
[671] Vgl. dazu vorne § 4 V.
[672] Darüber vorne § 18f. – Die AVB für die Motorfahrzeug-Haftpflichtversicherung verwenden den weiteren Begriff des Versicherungsjahres; das erste Versicherungsjahr beginnt mit Abschluss des einzelnen Vertrages, das zweite beginnt 12 Monate später usw. Versicherungsverträge werden nicht etwa nur bei Beginn eines Kalenderjahres, sondern irgendwann abgeschlossen, weshalb das Versicherungsjahr oder die Versicherungsperiode nicht mit dem Kalenderjahr übereinzustimmen brauchen.
[673] Dies entspricht dem Grundsatz von Art. 75 OR: Die Erfüllung einer Verpflichtung kann mangels anderer Vereinbarung sofort gefordert werden. – Vgl. die Sonderregelung zur Einlösungsklausel gemäss Art. 19 Abs. 2 vorne bei N 473.

abweichende Vereinbarungen vorbehalten – gemäss Abs. 3 mit Beginn der neuen Versicherungsperiode fällig. Oft räumen die Verträge – z. B. in der Lebensversicherung – eine Nachfrist ab Fälligkeit, z. B. einen Monat, zur Bezahlung der Prämie ein[674].

III. GRUNDSATZ DER UNTEILBARKEIT DER PRÄMIE

1. Der Versicherungsvertrag kann, wenn bestimmte Tatbestände gegeben sind, vorzeitig, d. h. vor seinem Ablauf enden: durch Kündigung (ex nunc), durch Rücktritt (ex tunc) oder von Gesetzes wegen[675]. Der Grundsatz der Unteilbarkeit der Prämie bedeutet, dass der Versicherer die Prämie für die ganze laufende Versicherungsperiode[676] beanspruchen kann, selbst wenn er nur für einen Teil dieser Zeit Versicherungsschutz gewährt hat. Die Prämie wird m. a. W. nicht nur für jenen Zeitabschnitt geschuldet, für den der Versicherer das Risiko getragen hat, d. h. nicht pro rata temporis aufgeteilt, sondern bis zum Ablauf der Versicherungsperiode geschuldet. Diese Regelung ist sachlich nicht überzeugend erklärbar[676a].

2. Art. 24 VVG hält den Grundsatz ausdrücklich fest, und zwar mit dem Randtitel Unteilbarkeit. Art. 25 Abs. 1 VVG normiert die Fälle einseitiger Vertragsauflösung eingehend und erklärt den erwähnten Grundsatz als anwendbar. Dazu ein Beispiel: Der Versicherungsnehmer zündet sein kaskoversichertes Auto an und stellt den Brandfall in der Schadenanzeige als zufälliges Geschehnis dar. Der Versicherer deckt den Schwindel auf und tritt vom Vertrage gemäss Art. 40 VVG wegen betrügerischer Begründung des Versicherungsanspruches zurück. Er kann die bezogene Jahresprämie ganz behalten, obwohl der Vertrag vielleicht erst 2 Monate, d. h. noch keine ganze Versicherungsperiode, in Kraft war; denn nach Art. 25 Abs. 1 VVG gilt der Grundsatz der Unteilbarkeit der Prämie.

---

[674] Art. 22 VVG regelt den Zahlungsort und die Frage, ob es sich bei der Prämienschuld um eine Bring- oder Holschuld handle. Abweichend davon umschreibt Art. 27 VAG den Erfüllungsort für die Verbindlichkeiten des *Versicherers;* vgl. vorne bei N 212.

[675] Vgl. vorne § 19 II.

[676] Vgl. zu diesem Begriff vorne bei N 671.

[676a] Da die gesetzliche Regelung unbefriedigend ist, empfiehlt der SVV den Branchenverbänden, in den AVB die *Teilbarkeit* der Prämie zu verankern; vgl. KUHN, Harmonisierungsbestrebungen der EG Z. 5.3.5.3. bei Z. 4.

3. Art. 25 statuiert in den Abs. 2–4 VVG mehrere Ausnahmen vom Grundsatz der Unteilbarkeit der Prämie. Wird der Vertrag zu einer Zeit aufgelöst, in der die Gefahr für den Versicherer noch nicht zu laufen begonnen hat, kann der Versicherer nur die Vergütung der Geschäftsunkosten, nicht aber die vereinbarte Prämie fordern; Abs. 2. Ist die Prämie für mehrere Versicherungsperioden zum voraus bezahlt worden, so bestimmt Abs. 3: Der Versicherer hat «mindestens drei Viertel der auf die künftigen Versicherungsperioden entfallenden Prämienbeträge zurückzuerstatten.» In Abs. 4 wird eine besondere Lösung für die Lebensversicherung getroffen[677], und Abs. 5 behält um der Klarheit willen Bestimmungen vor, in denen das Gesetz den Grundsatz der Unteilbarkeit der Prämie selbst durchbricht.

4. Der Grundsatz der Unteilbarkeit wirkt sich naturgemäss auch dann stark aus, wenn Versicherer und Versicherungsnehmer über die Aufhebung der Versicherung verhandeln[678]. Der Versicherer pflegt die Umstände, die zur Vertragsaufhebung führen, zu würdigen und oft einen Teil der Prämie zu erstatten, obschon er diese für die ganze Versicherungsperiode behalten dürfte. Wenn z. B. der Versicherungsnehmer sein Auto verkauft, da er emigriert, und wenn der Käufer die Haftpflicht- und Kaskoversicherung nicht übernehmen[679] will, wird der Versicherer mit der Aufhebung des Vertrages einverstanden sein und wenigstens einen Teil der für die laufende Versicherungsperiode bezogenen Prämie[680] zurückgeben. Davon dürfte er aber wahrscheinlich absehen, wenn er aus diesem Vertrag bereits Versicherungsleistungen zu erbringen hatte.

§ 28 VERZUG IN DER PRÄMIENZAHLUNG

I. ALLGEMEINES

1. Wenn der Schuldner eine Verbindlichkeit bei Fälligkeit nicht erfüllt, kann der Gläubiger ihn gemäss Art. 102 OR durch Mahnung in Verzug set-

---

[677] Art. 25 VVG ist halbzwingend im Sinne von Art. 98 VVG. Nach Art. 26 VVG kann jedoch durch Parteiabrede für den Fall betrügerischer Anzeigepflichtverletzung in engen Grenzen von Art. 25 Abs. 3 und 4 VVG abgewichen werden.

[678] Vertragsauflösung durch Parteivereinbarung, sog. Vertragsaufhebungsvertrag; vgl. vorne bei N 487.

[679] Zur Handänderung vgl. vorne § 25.

[680] Zum Begriff der nichtverdienten Prämie vorne vor N 88.

§ 28 Verzug in der Prämienzahlung

zen. Der Verzug bewirkt nach Art. 104 OR bei Geldschulden, dass der Schuldner Verzugszinsen von 5% zu entrichten hat. Bei Verschulden wird er zudem gemäss Art. 103 und 106 OR ersatzpflichtig, wenn dem Gläubiger wegen verspäteter Erfüllung ein Schaden entsteht. Der Gläubiger darf zudem die Erfüllung des Vertrages verlangen. Unter bestimmten Voraussetzungen kann er bei zweiseitigen Verträgen gemäss Art. 107 OR vom Vertrag zurücktreten[681].

2. Art. 20 und 21 VVG regeln den Verzug in der Prämienzahlung und vor allem dessen Folgen teilweise abweichend vom gemeinen Recht. Sie berücksichtigen dabei die Besonderheiten der Versicherung. So wollen sie vor allem verhindern, dass der Versicherungsnehmer längere Zeit die Prämie schuldig bleiben und trotzdem den Versicherungsschutz aufrechterhalten kann; denn der Versicherer würde entsprechende Verluste bei der Gestaltung des Prämientarifs auf die übrigen Prämienzahler überwälzen. Die Prämienzahler, die ihre Prämienpflicht korrekt erfüllen, sollen nicht dadurch bestraft werden, dass sie gleichsam noch die Prämien der säumigen Prämienschuldner tragen müssen. – Die Ordnung nach VVG ist im folgenden darzustellen.

II. MAHNVERFAHREN

1. Wird die Prämie zur Verfallzeit oder während der vertraglich eingeräumten Nachfrist nicht entrichtet, «so ist der Schuldner unter Androhung der Säumnisfolgen auf seine Kosten schriftlich aufzufordern, binnen vierzehn Tagen, von der Absendung der Mahnung an gerechnet, Zahlung zu leisten»; Art. 20 Abs. 1 VVG[682]. Die Mahnung hat also schriftlich zu erfolgen. Sie muss die Beträge angeben, für welche Zahlung verlangt wird[683]. Der Versicherer hat in seinem Mahnschreiben zudem die Zahlungsfrist von 14 Tagen zu nennen und vor allem: Er hat ausdrücklich auf die Säumnisfolgen hinzuweisen, um diese dem Schuldner ins Bewusstsein zu rücken.

---

[681] Weitere Einzelheiten bei GUHL/MERZ/KUMMER, Obligationenrecht S. 220 ff., und VON TUHR/ESCHER, Obligationenrecht II S. 135 ff.

[682] Abs. 2 lässt – im Sinne einer Ausnahme – die mündliche Mahnung zu, wenn die Prämie beim Schuldner abgeholt wird. Abs. 4 behält Art. 93 VVG vor, der die Unverfallbarkeit der Lebensversicherungsverträge vorsieht; vgl. dazu hinten bei N 1173.

[683] Ebenso KELLER, Komm. I S. 343.

Prämie

Die Säumnisfolgen sind von grosser Tragweite; Abs. 3 legt sie wie folgt fest: «Bleibt die Mahnung ohne Erfolg, so ruht die Leistungspflicht des Versicherers vom Ablauf der Mahnfrist an.» Wenn die Prämie innert der Zahlungsfrist nicht bezahlt wird, tritt die spezialrechtlich geregelte, besondere Verzugsfolge, nämlich die Suspension des Vertrages, ein: Es besteht kein Versicherungsschutz für die Versicherten mehr. Wegen dieser einschneidenden Folge ist Art. 20 VVG gemäss Art. 98 VVG als halbzwingende Bestimmung ausgestaltet, d. h. sie ist nicht zuungunsten des Versicherungsnehmers und der Anspruchsberechtigten abänderbar. Deshalb ist ein ausdrücklicher oder stillschweigender Verzicht des Versicherungsnehmers auf das formelle Mahnverfahren unwirksam[684]. Ein solcher Verzicht würde nicht nur ihn selbst, sondern auch Dritte, die versichert sind, berühren. Somit ist auch Art. 108 Z. 1 OR nicht anwendbar, wonach die Ansetzung der Frist nicht erforderlich ist, «wenn aus dem Verhalten des Schuldners hervorgeht, dass sie sich als unnütz erweisen würde».

2. Der Versicherer kann den Verzug nicht durch einfache Mahnung gemäss Art. 102 Abs. 1 OR, sondern nur durch das besondere Mahnverfahren nach Art. 20 VVG herbeiführen. Das VVG regelt die Wirkungen des Verzugs mit einer Ausnahme abschliessend. Diese Ausnahme enthält Art. 104 OR: Ist der Verzug eingetreten, so hat der Prämienschuldner Verzugszinsen zu bezahlen. Hingegen steht es dem Versicherer frei, den Verzug nicht herbeizuführen und die fällige Prämienforderung auf dem Rechtswege, z. B. durch Betreibung, einzufordern[685]. Tut er dies, so wird der Vertrag nicht suspendiert, und Verzugszinsen sind nicht geschuldet.

3. Die spezialrechtlich geregelte Folge des Verzugs, d. h. vor allem die Suspension des Vertrages, tritt nach Art. 45 Abs. 3 VVG nicht ein, wenn der Prämienschuldner die Prämienzahlung ohne Verschulden versäumt hat und sofort nach Beseitigung des Hindernisses nachholt. Krankheit und Abwesenheit vom Wohnort können beispielsweise ein Verschulden ausschliessen; nicht dagegen Geldmangel, da nach Abs. 2 die wegen Zah-

---

[684] A. A. KELLER, Komm. I S. 345; gl. M. KOENIG S. 122; nach KUHN, Harmonisierungsbestrebungen der EG, Z. 4.3.7.3.1 kann vom formellen Mahnverfahren abgesehen werden, wenn der VN ausdrücklich auf dieses verzichtet.

[685] SJZ 1971 S. 313 und KOENIG S. 125. – Der Vorbehalt von Art. 104 OR lässt sich aus Art. 21 Abs. 2 VVG herauslesen: Er spricht von Zinsen und meint damit Verzugszinsen; KELLER, Komm. I S. 363.

lungsunfähigkeit versäumte Prämienzahlung nicht als unverschuldet gilt[686].

III. VERTRAGSSCHICKSAL NACH EINTRITT DES VERZUGES

Art. 21 VVG räumt dem Versicherer ein Wahlrecht ein: Er kann am Vertrag festhalten, indem er die Prämie rechtlich einfordert; oder er kann auf die rechtliche Einforderung verzichten, so dass der Vertrag erlischt.

1. a) Wenn der Versicherer die Prämie innert zwei Monaten seit Eintritt des Verzuges rechtlich, d. h. z. B. durch Betreibung[687] oder durch Klage, einfordert, bleibt zwar der Versicherungsschutz suspendiert, der Vertrag aber formell bestehen. Wenn die Prämie bei ihm eintrifft, lebt seine Haftung wieder auf, d. h. es wird die Suspension beseitigt und damit der Versicherungsschutz wieder hergestellt; Abs. 2. Diese Wirkung tritt nur für die Zukunft, ex nunc, ein. Der Versicherer wird für Versicherungsfälle, die sich während der Verzugsdauer ereignen, nicht leistungspflichtig. Die gleiche rechtliche Wirkung tritt ein, wenn der Versicherer die Zahlung der Prämie innert zwei Monaten seit Eintritt des Verzuges entgegennimmt, auch wenn er sie rechtlich nicht eingefordert, also z. B. keine Betreibung eingeleitet hat. Der Vertrag lebt aber nur auf, wenn der Schuldner die ganze fällige Prämie und zudem die Verzugszinsen und die Kosten (z. B. die Mahn- und Betreibungskosten) entrichtet hat[688].

b) Da der Vertrag trotz der Suspension des Versicherungsschutzes bestehenbleibt, kann der Versicherer – bei Fälligkeit – auch die Folgeprämien bis zum Ablauf des Vertrages fordern; dies obwohl er selbst das Risiko für die folgende Zeit nicht mehr trägt, bis der Prämienschuldner die Suspension durch Bezahlung der Prämie beseitigt hat. Der Versicherer muss die Rechtsvorkehr zur Eintreibung der Forderung zwar einleiten, das Gesetz schreibt jedoch nicht vor, dass er sie auch zu Ende führe. Allein der Vertrag, der z. B. wegen der Prolongationsklausel mangels Kündigung stets weiterläuft, muss irgendwann auch dann enden, falls der Versicherer die Rechtsvorkehr nicht weitertreibt, also z. B. das Verfahren gleichsam «ein-

---

[686] KELLER, Komm. I S. 352. Vgl. ferner hinten vor N 736.
[687] Einzelheiten zur Betreibung bei VIRET, Privatversicherungsrecht, S. 132 f.
[688] KOENIG S. 124 und KELLER, Komm. I S. 362 ff. – Im Mahnschreiben müssen die Beträge angegeben werden, für welche die Zahlungsfrist angesetzt wird.

schlafen» lässt. Ob das passive Verhalten des Versicherers dahin zu deuten sei, er verzichte darauf, den Vertrag fortzusetzen, beurteilt sich nach dem Grundsatz von Treu und Glauben.

2. a) Wenn der Versicherer die Prämie nicht binnen zwei Monaten nach Eintritt des Verzuges rechtlich einfordert und auch nicht entgegennimmt, spielt die in Art. 21 Abs. 1 VVG aufgestellte unwiderlegbare Rechtsvermutung (Praesumptio iuris et de iure)[689]: Es wird «angenommen, dass der Versicherer, unter Verzicht auf die Bezahlung der rückständigen Prämien, vom Vertrage zurücktritt». Der Vertrag, der nach erfolgloser Mahnung bereits suspendiert war, fällt nun ganz dahin[690]. Er kann auch nicht aufleben, wenn der Prämienschuldner die Prämie später noch bezahlt. Hingegen ist aufgrund aller Umstände zu prüfen, ob ein neuer Vertrag mit dem gleichen Inhalt wie der erloschene abgeschlossen wird, wenn der Prämienschuldner die verfallenen Prämien später bezahlt und der Versicherer die Zahlung annimmt[691].

b) Der Versicherer kann auch ausdrücklich vom Vertrage zurücktreten, statt während zweier Monate von der rechtlichen Einforderung der Prämie abzusehen und dadurch die gesetzliche Vermutung zu begründen. Den Rücktritt darf er z. B. bereits in seinem Mahnbrief zum voraus erklären für den Fall[692], dass die Prämie nicht während der Zahlungsfrist bezahlt werde; er kann die Rücktrittserklärung auch erst nach Beginn des Verzuges abgeben.

3. Nach Art. 68 Abs. 2 SVG hat der Motorfahrzeug-Haftpflichtversicherer Aussetzen (= Suspension) und Aufhören (= Erlöschen) der Versicherung der zuständigen Behörde zu melden. Wird die suspendierte oder erloschene Versicherung nicht vorher durch eine neue Versicherung ersetzt, so werden Suspension oder Erlöschen der Versicherung gegenüber Geschädigten erst wirksam, «wenn der Fahrzeugausweis und die Kontrollschilder abgegeben sind, spätestens jedoch 60 Tage nach Eingang der Meldung des Versicherers. Die Behörde hat Fahrzeugausweis und Kontroll-

---

[689] KELLER, Komm. I S. 358 f.

[690] Wenn das Gesetz verbindlich bestimmt, dass der Versicherer auf die Bezahlung der rückständigen Prämie verzichte (unwiderlegbare Rechtsvermutung), so weicht es vom Grundsatz der Unteilbarkeit der Prämie ab; vgl. vorne bei N 676.

[691] Gl. M. KELLER, Komm. I S. 364.

[692] KELLER, Komm. I S. 357.

§ 28 Verzug in der Prämienzahlung

schilder einzuziehen, sobald die Meldung eintrifft[693]». Wenn der Versicherer gestützt auf diese Regelung Haftpflichtansprüche eines Geschädigten zu befriedigen hat, obwohl der Vertrag gemäss Art. 20 Abs. 3 VVG suspendiert oder nach Art. 21 Abs. 1 VVG erloschen ist, kann er seine Leistungen vom Versicherungsnehmer oder Versicherten gemäss Art. 65 Abs. 3 SVG zurückfordern. Dieses Rückgriffsrecht bewirkt also, dass Versicherungsnehmer oder Versicherte im Ergebnis die Haftpflichtansprüche Dritter aus eigener Tasche zu bezahlen haben, wenn sie während der Suspension der Haftpflichtversicherung mit ihrem Motorfahrzeug einen Verkehrsunfall verursachen. Werden die Kontrollschilder bei der zuständigen Behörde hinterlegt, so ruht die Versicherung gemäss Art. 68 Abs. 3 SVG auch gegenüber dem Geschädigten. Die Behörde gibt dem Versicherer davon Kenntnis[694].

Diese Sonderregelung gilt nur für die obligatorische Haftpflichtversicherung, nicht dagegen für eine Kasko- oder Insassenversicherung, die allenfalls in der gleichen Police wie jene vereinbart sind. Für sie bleibt es bei der Ordnung gemäss Art. 20/21 VVG.

IV. PRIVATVERSICHERER ALS UNFALLVERSICHERER GEMÄSS UVG

1. Obligatorische Unfallversicherung

a) Die Zahlungsfrist für Prämien beträgt einen Monat nach Fälligkeit. Nach Ablauf der Frist ist pro Monat 1 Prozent Verzugszins zu erheben, pro Jahr sind dies 12 Prozent; UVV 117 II. Mit dieser ziemlich harten Regelung soll die Zahlungsmoral der Prämienschuldner gefestigt werden.

b) Falls der Versicherer für Prämien die Schuldbetreibung durchführt, kann er, wenn Rechtsvorschlag erhoben wird, unter bestimmten Voraussetzungen die definitive Rechtsöffnung erlangen[695].

c) Der Versicherungsschutz für die Versicherten wird – im Gegensatz zu VVG 20 III – auch dann nicht suspendiert, wenn der Prämienschuldner fruchtlos gemahnt wird.

---

[693] Weitere Einzelheiten über «Aussetzen und Aufhören der Versicherung» regeln die Art. 7 und 8 VVV.
[694] Näheres bei OFTINGER, Haftpflichtrecht II/2 S. 734 ff. und BREHM, Le contrat d'assurance RC, No 430 sowie hinten bei den N 1469 f.
[695] Weiteres bei MAURER, Unfallversicherung bei N 1487a und S. 579.

Prämie

d) Da Zusatzversicherungen[696] der Privatversicherer zur obligatorischen Unfallversicherung nicht dem UVG, sondern dem VVG unterliegen, kann der Versicherer das Mahnverfahren nach Art. 20 VVG durchführen und allenfalls den Versicherungsschutz suspendieren. Somit ist es möglich, dass zwar die freiwillige Zusatzversicherung, nicht aber die obligatorische Versicherung suspendiert ist, auch wenn beide Versicherungen im gleichen Vertrag geordnet sind.

2. Freiwillige Versicherung[696a]

Der Versicherer kann den Versicherten von der Versicherung ausschliessen, der trotz schriftlicher Mahnung seine Prämie nicht bezahlt. Obwohl UVV 137 IV dies nicht verlangt, darf der Ausschluss nur erfolgen, wenn der Versicherer ihn ausdrücklich angedroht und überdies eine Nachfrist für die Zahlung der rückständigen Prämie angesetzt hat[697]. Es fällt auf, dass UVV 137 IV, wenigstens nach seinem Wortlaut, die säumigen Versicherten weniger gut schützt als VVG 20 f.

V. KRITIK

Die Regelung in Art. 20 Abs. 3 VVG, wonach der Versicherungsvertrag vom Ablauf der Mahnfrist an suspendiert ist, wenn die Prämie während der Zahlungsfrist nicht bezahlt wird, ist – jedenfalls in der Personenversicherung, soweit Drittpersonen versichert sind – fragwürdig. Dies gilt namentlich für die Kollektiv-Unfall-, -Kranken-, -Lebens-[697a] und -Invaliditätsversicherung. Dazu ein Beispiel: Der Arbeitgeber hat für sein Personal gemäss einer vertraglichen Verpflichtung (z. B. nach Gesamtarbeitsvertrag) eine Zusatzversicherung zur Unfallversicherung gemäss UVG abgeschlossen. Wenn er durch den Versicherer in Verzug gesetzt wird, so besteht

---

[696] Vgl. hinten bei N 1265a.

[696a] Vgl. zum Begriff, MAURER, Unfallversicherung, bei den N 274 ff.

[697] MAURER, Unfallversicherung, bei N 276.

[697a] Das BVG regelt den Prämienverzug und dessen Folgen nicht in besonderer Weise. Deshalb gelten die Art. 20 ff. VVG auch für Versicherungsverträge, die von Privatversicherern mit Vorsorgeeinrichtungen gemäss BVG 67 f. abgeschlossen werden. Dies kann unerfreuliche Folgen haben. Die Privatversicherer sollten daher ihre Möglichkeit zur Suspendierung nur mit grosser Zurückhaltung ausschöpfen.

für die Versicherten kein Versicherungsschutz mehr. Verunfallt ein Arbeitnehmer, so besitzen er selbst oder – im Todesfall – seine Hinterbliebenen keine Ansprüche aus dieser Zusatzversicherung. Dabei ist es den Versicherten vielleicht gar nicht bekannt, dass der Versicherungsnehmer die Prämie nicht bezahlt hat. Ihr allfälliger Anspruch gegen den Versicherungsnehmer auf Schadenersatz, den sie z. B. damit begründen können, der Arbeitgeber habe durch die Nichtbezahlung der Versicherungsprämie den Arbeitsvertrag verletzt, hilft ihnen wenig, wenn er nicht zahlungsfähig ist. Die unglückliche gesetzliche Regelung ist wohl nur deshalb nicht krass in Erscheinung getreten, weil die Versicherer bei Kollektivversicherungsverträgen oft das gesetzliche Mahnverfahren gemäss Art. 20 Abs. 1 VVG nicht durchführen, sondern die Prämie auf dem Betreibungsweg einfordern oder weil sie, nach eingetretenem Versicherungsfall, die Einrede der Suspension nicht erheben oder zumindest über diesen einen Vergleich abschliessen. Die Mangelhaftigkeit der Regelung ist dadurch verdeckt worden. Sie wird durch eine Revision des Gesetzes gemildert werden müssen.

5. Abschnitt: Obliegenheiten

§ 29 INHALT UND RECHTSNATUR DER OBLIEGENHEITEN

I. ALLGEMEINES

1. a) Mit dem Abschluss des Versicherungsvertrages entsteht einmal die Pflicht zur Erbringung von Hauptleistungen[697b], nämlich die Pflicht, die Prämien zu bezahlen, auf der einen und die Pflicht, im Versicherungsfall Versicherungsleistungen zu entrichten, auf der andern Seite. Von den Hauptpflichten unterscheiden sich die Nebenverpflichtungen. Das VVG spricht mehrmals von Obliegenheiten, so z. B. in den Art. 29 und 45. Darunter versteht es wohl diese Nebenverpflichtungen. Freilich geht es nicht durchwegs von scharfen begrifflichen Vorstellungen aus und ist deshalb terminologisch, in seiner Formulierung, nicht straff und konsequent. Oft vermeidet es den Ausdruck Obliegenheit und spricht von Pflichten[698], z. B. in den Art. 30 und 38 von der Anzeigepflicht des Versicherungsnehmers. Aber auch das Wort Pflicht verwendet es nicht einheitlich. Gelegentlich versteht es darunter die Hauptverpflichtung aus dem Vertrag, z. B. in Art. 18 die Pflicht zur Bezahlung der Prämie. Meistens fasst es jedoch mit dem Wort Pflicht Obliegenheiten im Sinne von Nebenverpflichtungen ins Auge. Anderseits spricht es z. B. in Art. 20 von einer Mahnpflicht, obwohl es den Versicherer gar nicht verpflichten will, den säumigen Prämienschuldner zu mahnen; vielmehr ist hier die Mahnung nur eine Voraussetzung für die Herbeiführung des Verzuges[699]. Der Versicherer ist indessen nicht verpflichtet, den Schuldner in Verzug zu setzen.

b) Angesichts der etwas verwirrlichen Sprache des Gesetzgebers ist es angezeigt, den Begriff der Obliegenheiten versicherungsrechtlich zu umschreiben. Unter Obliegenheiten sind sämtliche Pflichten zu verstehen, die nicht die erwähnten Hauptverpflichtungen – Prämien und Versicherungs-

---

[697b] Vgl. vorne bei N 421.

[698] Pflichten drückt es auch mit andern Umschreibungen aus: Nach Art. 38 Abs. 1 *muss* der Anspruchsberechtigte den Versicherer benachrichtigen; nach Art. 26 *obliegen* dem Versicherer Leistungen usw.

[699] Vgl. vorne bei N 685.

leistungen – betreffen, also Nebenpflichten. Damit ist freilich noch nicht festgelegt, was mit dem Ausdruck «Pflicht» gemeint ist[700].

2. Obliegenheit ist die Pflicht einer Person, sich im Zusammenhang mit einem Versicherungsvertrag in einem bestimmten Sinn zu verhalten[701]. Dieses Verhalten kann in einem Tun oder einer Unterlassung und auch in einem Dulden bestehen. So ist die Anzeigepflicht – z. B. die Pflicht, dem Versicherer den eingetretenen Versicherungsfall unverzüglich zu melden – eine Pflicht zu einem Tun; die vertraglich vereinbarte Pflicht, sich einer zumutbaren Operation zu unterziehen, ist eine Pflicht zu einem Dulden; das in den AVB der Haftpflichtversicherung enthaltene Verbot, Haftpflichtansprüche des Dritten anzuerkennen und Zahlungen an den Geschädigten zu leisten, ist eine Pflicht zu einer Unterlassung.

3. Obliegenheiten werden vor allem dem Versicherungsnehmer überbunden, denn er ist Vertragspartei. Daneben kann auch jener Anspruchsberechtigte[702], der nicht Vertragspartei ist, Träger von Obliegenheiten sein. Endlich treffen den Versicherer bestimmte Nebenpflichten[703].

4. Obliegenheiten – namentlich jene des Versicherungsnehmers – sind im Versicherungsrecht bedeutungsvoll. Dies hängt mit der Natur der Versicherung zusammen. Versicherungsnehmer und Anspruchsberechtigte müssen in mannigfaltiger Weise mitwirken[704], damit die Versicherung überhaupt sachgerecht durchgeführt werden kann. Deshalb werden ihnen durch Gesetz und Vertrag Nebenverpflichtungen diverser Art überbunden.

II. ARTEN VON OBLIEGENHEITEN

Die Obliegenheiten lassen sich nach unterschiedlichen Gesichtspunkten einteilen[705]. Dazu lediglich folgendes:

---

[700] Davon wird in Z. III die Rede sein.
[701] KELLER, Komm. I S. 640 ff.
[702] Zu diesem Begriff vorne bei N 328.
[703] Z. B. die Pflicht gemäss Art. 11, dem VN eine Police auszuhändigen; die Pflicht nach Art. 93, dem Anspruchsberechtigten unter bestimmten Voraussetzungen den Rückkaufswert der Lebensversicherung auszurechnen und mitzuteilen.
[704] Im Sozialversicherungsrecht spricht man von Mitwirkungspflichten; vgl. MAURER, Unfallversicherung S. 252; derselbe SVR I S. 301. – U der Cour de justice civile du Canton de Genève vom 21. 12. 1979, SVA XIV No 67 S. 301.
[705] Zusammenstellung der verschiedenen Gruppen bei SCHAER, Obliegenheiten S. 39.

Obliegenheiten

1. a) Es werden gesetzliche und vertragliche Obliegenheiten unterschieden. Gesetzliche Obliegenheiten sind jene, die im VVG selbst umschrieben werden, z. B. Anzeigepflichten[706]. Freilich ist zu wiederholen, dass das Gesetz oft einfach von Pflichten usw. spricht. Vertragliche Obliegenheiten sind jene, die im Versicherungsvertrag umschrieben werden, z. B. in der Feuerversicherung die Obliegenheit, im versicherten Gebäude eine bestimmte Alarmanlage zu unterhalten und in der Unfallversicherung jene, sich nach einem Unfall durch einen diplomierten Arzt behandeln zu lassen.

b) Häufig bestehen Mischformen: Das Gesetz umschreibt eine bestimmte Obliegenheit, und der Vertrag dehnt sie aus oder engt sie ein oder präzisiert sie. So bestimmt Art. 38, dass der Eintritt des befürchteten Ereignisses dem Versicherer unverzüglich anzuzeigen sei, wobei er keine Form festlegt. In den AVB der Unfallversicherung wird oft vorgeschrieben, dass dem Versicherer Todesfälle telegrafisch oder telefonisch so zeitig mitzuteilen seien, dass gegebenenfalls noch vor der Bestattung eine Sektion (Leichenöffnung) durchgeführt werden könne.

2. Unterschieden werden vorvertragliche Obliegenheiten, vor allem im Zusammenhang mit der Gefahrsdeklaration[707], und solche, die erst nach Vertragsabschluss zu erfüllen sind, z. B. die Mitteilung des Versicherungsnehmers, dass eine Doppelversicherung nach Art. 53 entstanden ist, oder die Anzeige vom Eintritt des befürchteten Ereignisses gemäss Art. 38 VVG.

3. Obliegenheiten lassen sich auch nach den Rechtsfolgen unterscheiden, welche eintreten, wenn sie verletzt werden: Ziehen sie z. B. eine Schadenersatzpflicht oder den ganzen oder teilweisen Hinfall der Versicherungsleistungen nach sich? Davon wird in Z. III und in § 30 die Rede sein.

III. RECHTSNATUR DER OBLIEGENHEITEN

Die Rechtsnatur der Obliegenheiten ist umstritten. Es handelt sich vor allem um die Frage, ob sie als Rechtspflichten oder – was dasselbe bedeutet – als Verbindlichkeiten zu verstehen sind oder nicht.

1. Rechtspflichten im Sinne des Vertragsrechtes werden dann angenom-

---

[706] Z. B. die Anzeigepflicht im Zusammenhang mit Gefahrserhöhungen nach Art. 30, nach eingetretenem Versicherungsfall gemäss Art. 38.

[707] Vgl. vorne bei N 544a. Die Anzeigepflicht bei Vertragsabschluss nach VVG 4 ist eine vorvertragliche gesetzliche Obliegenheit; vgl. vorne bei N 565.

men, wenn ihre Verletzung durch die eine Partei wenigstens grundsätzlich bestimmte Wirkungen erzeugt: Die Gegenpartei hat, wenn sie einen Schaden erleidet, einen klagbaren Ersatzanspruch (Art. 97 OR); sie kann allenfalls auch auf Vornahme der geschuldeten Handlungen klagen usw.[708]. Dies ist die eine Rechtsfigur. Die zweite Rechtsfigur ist folgendermassen zu umschreiben: Oft spricht man auch von Pflichten, wenn ihre Verletzung keine der soeben erwähnten Folgen, sondern bloss den Verlust eines Rechts oder Anspruchs der Person, welche das vorgeschriebene Verhalten missachtet, nach sich zieht[709]. Wenn die Person, der ein bestimmtes Verhalten vorgeschrieben ist, wegen der Widerhandlung nur einen eigenen Anspruch ganz oder teilweise verliert, die andere Partei aber weder auf Erfüllung noch auf Schadenersatz klagen kann, so wird im allgemeinen eine Rechtspflicht verneint. Das vorgeschriebene Verhalten bildet nur die Voraussetzung für die Erhaltung des eigenen Anspruches.

2. a) Nach der *Voraussetzungstheorie* ist die Obliegenheit keine Rechtspflicht, sondern lediglich Voraussetzung für die Erhaltung des Anspruches aus dem Versicherungsvertrag[710]. Danach würde eine Obliegenheit ausschliesslich der zweiten, soeben beschriebenen Rechtsfigur entsprechen.

b) Demgegenüber nimmt die *Verbindlichkeitstheorie* an, dass Obliegenheiten echte Rechtspflichten seien, da ihre Verletzung wenigstens grundsätzlich eine Schadenersatzpflicht zu begründen vermöchte und auf Erfüllung geklagt werden könne. Dass es Ausnahmen von diesem Grundsatz gebe, ändere ihren Charakter als Verbindlichkeiten nicht[711]. Obliegen-

---

[708] VON TUHR/PETER, Obligationenrecht I S. 12, und KELLER, Komm. I S. 639; einlässlich JAEGER, Komm. IV (1. A.) S. 126 ff.

[709] Z. B. die Rügepflicht des Käufers nach Art. 201 OR: Unterlässt der Käufer die vorgeschriebene Mängelrüge, so kann er seinen Anspruch auf Schadenersatz usw. verlieren. – VON TUHR/PETER a. a. O. S. 12.

[710] Hauptvertreter dieser Theorie ist z. B. BRUCK, Privatversicherungsrecht S. 279 ff., mit einlässlicher Begründung.

[711] Vertreter dieser Theorie sind z. B. PRÖLSS-MARTIN, deutsches VVG N 4 zu § 6, mit weiteren Hinweisen zu Literatur und Judikatur; KOENIG S. 136 ff.; EHRENZWEIG, Versicherungsvertragsrecht S. 147 ff. u. a. m. Neuerdings hat R. SCHMIDT (zit. bei PRÖLSS-MARTIN, a. a. O.) die Obliegenheiten als allgemein zivilrechtlichen, nicht speziell versicherungsrechtlichen Begriff bezeichnet, der eine «Rechtspflicht minderer Zwangsintensität, ohne Anspruch auf Erfüllung und gegebenenfalls Schadenersatz» beinhalte. Vgl. auch SCHAER, Obliegenheiten S. 44 ff.

heiten seien keine besonderen versicherungsrechtlichen Begriffe. Somit würden die Obliegenheiten die erste, vorne unter Z. 1 gezeichnete Rechtsfigur darstellen.

3. Das schweizerische VVG verwendet nicht einen einheitlichen, festumrissenen, sondern einen mehrdeutigen Begriff der Obliegenheit[712]. Es knüpft daher an die Verletzung von Obliegenheiten auch nicht für alle Tatbestände die gleichen Folgen.

a) aa) Die Folgen können z. B. im Sinne der Voraussetzungstheorie ausschliesslich im ganzen oder teilweisen Verlust des Versicherungsanspruchs bestehen. Dies gilt durchwegs, wenn der Anspruchsberechtigte, der nicht zugleich Vertragspartei ist, eine Obliegenheit zu erfüllen hat[713] und sie verletzt. Da er nicht Vertragspartei, also Versicherungsnehmer ist, hat er gegenüber dem Versicherer keinerlei rechtliche Verpflichtungen aus dem Vertrage; denn die Vertragsparteien haben nicht die Befugnis, Dritten, die nicht Vertragspartei sind, Pflichten zu überbinden[714]. Wenn ein solcher Anspruchsberechtigter die in Gesetz oder Vertrag umschriebenen Obliegenheiten missachtet, verliert er daher höchstens seinen Versicherungsanspruch, er wird aber nicht schadenersatzpflichtig wegen Vertragsverletzung[715]. Der Versicherer kann auch nicht auf Erfüllung der Obliegenheit klagen[716].

---

[712] M. E. zutreffend ROELLI, Komm. I (1. A.) S. 530, und JAEGER, Komm. IV (1. A.) S. 126 N 105 ff.

[713] Vgl. zu diesem Begriff vorne bei N 328. – Dem Anspruchsberechtigten – nicht dem VN – werden z. B. Pflichten, d. h. Obliegenheiten, überbunden in Art. 38, 39, 61 usw.; VN und Anspruchsberechtigte nebeneinander erwähnt z. B. Art. 45.

[714] Einen Vertrag *zu Lasten* Dritter kennt unsere Privatrechtsordnung nicht.

[715] Ein solcher Anspruchsberechtiger könnte nur ausservertraglich schadenersatzpflichtig werden, und zwar nach Haftungsnormen des gemeinen Rechts (Art. 41, 55 usw. OR), da das VVG für ihn keine besondere ausservertragliche Haftungsnorm aufstellt. Nach Art. 46 III UVG kann hingegen der Arbeitgeber haftbar werden, wenn er in unentschuldbarer Weise die Unfallmeldung unterlässt. Es handelt sich um eine Haftungsnorm des öffentlichen Rechts. Indessen werden die Anspruchsberechtigten, wenn sie die Unfallmeldung versäumen, gemäss UVG 46 I und II nicht haftbar, sondern können nur ihren Anspruch auf Geldleistungen ganz oder teilweise verlieren. Entsprechend den genannten Rechtsfiguren fällt der Arbeitgeber unter die Verbindlichkeitstheorie und die Anspruchsberechtigten unter die Voraussetzungstheorie. Vgl. MAURER, Unfallversicherung S. 241 f.

[716] Dazu ein Beispiel: In der Kollektiv-Krankenversicherung ist vereinbart, dass

§ 29 Inhalt und Rechtsnatur der Obliegenheiten

bb) Mehrere Bestimmungen ermächtigen den Versicherer, die Entschädigung nach Eintritt des Versicherungsfalles um den Betrag zu kürzen, um den sie sich bei richtiger Erfüllung der Obliegenheit verringert hätte (z. B. Art. 38 Abs. 2 hinsichtlich der Anzeigepflicht nach Eintritt des befürchteten Ereignisses und Art. 61 Abs. 2 betreffend die Schadenminderungspflicht). In der «Kürzung der Entschädigung» wird ein Schadenersatzanspruch gesehen, der nur durch Verrechnung, also nicht selbständig durch Klage, geltend gemacht werden könne. Daraus wird gefolgert, dass die erwähnten Obliegenheiten Rechtspflichten, Verbindlichkeiten seien, weshalb dem Versicherer grundsätzlich die Klage auf Erfüllung zukomme[717]. Diese Konstruktion dürfte eher fragwürdig sein. Wohl entgegen der historischen Deutung ist hier nicht ein verrechenbarer Schadenersatzanspruch[718], sondern lediglich eine Kürzung der Leistungen im Sinne der Voraussetzungstheorie anzunehmen. Wenn Obliegenheiten nach den genannten Bestimmungen verletzt werden, ist das Verschulden eine Voraussetzung für die Kürzung. Die Leistung darf nur um den Betrag gekürzt werden, um den sie sich bei richtiger Erfüllung der Obliegenheit gemindert haben würde. Zwar wird dem äussern Anschein nach der Schaden des Versicherers als Kriterium für die Begrenzung der Kürzung verwendet; der Gesetzgeber trägt aber bei der ganzen Konstruktion – sinngemäss – dem Grundsatz der

---

der Versicherte – also auch jener, der nicht VN ist – im Krankheitsfall die Ärzte, die ihn behandelt haben, von der Schweigepflicht gegenüber der Gesellschaft entbinden muss. Wenn er sich weigert, kann der Versicherer ihn nicht auf Erfüllung einklagen, denn er hat keinen Vertrag mit dem Versicherer abgeschlossen und diesem gegenüber keine vertraglichen Pflichten zu erfüllen. Hingegen kann er, wenn er die Obliegenheit nicht erfüllt, seinen Versicherungsanspruch ganz oder teilweise verlieren, sofern dies im Vertrag vorgesehen ist.

[717] KELLER, Komm. I S. 548 und 569; KOENIG S. 139; JAEGER, Komm. IV (1. A.) S. 129 N 111. – ROELLI, Komm. I (1. A.) S. 460 N 3, spricht der Anzeigepflicht nach Art. 38 Abs. 2 VVG den Charakter der Verbindlichkeit ab und erachtet sie als «Verpflichtung eigener Art», die in sich Elemente der Verbindlichkeit und der Leistungsvoraussetzung vereinigt.

[718] Der Anspruchsberechtigte, der nicht VN ist, wird bei Verletzung einer Obliegenheit in der Regel nach keiner Haftungsnorm schadenersatzpflichtig (als Haftungsnormen kämen z. B. Art. 41 und 55 OR in Frage). Wollte man annehmen, die Kürzung sei ein verrechenbarer Schadenersatzanspruch, so könnte dem Anspruchsberechtigten gegenüber nicht gekürzt werden, wenn er nicht schadenersatzpflichtig ist.

Verhältnismässigkeit Rechnung[719]. Dieser Grundsatz ist freilich nur im öffentlichen Recht verankert. Dem Gesetzgeber steht es jedoch frei, ihn auch im Privatversicherungsrecht zu nutzen, soweit sich hier ähnliche Fragen wie im öffentlichen Recht, besonders im Sozialversicherungsrecht, stellen.

cc) Den Vertragsparteien steht es frei, den ganzen oder teilweisen Verlust des Versicherungsanspruchs als einzige und ausschliessliche Folge der Obliegenheitsverletzung auch für den Fall zu vereinbaren, dass der Versicherungsnehmer selbst eine Obliegenheit verletzt[720].

b) Bei bestimmten Tatbeständen bewirkt die Verletzung der Obliegenheit die Schadenersatzpflicht des Versicherungsnehmers. So ist der Versicherer an den Vertrag gemäss VVG 68 II nicht gebunden, wenn der Versicherungsnehmer das Veränderungsverbot[721] in betrügerischer Weise verletzt. VVG 27 in Verbindung mit VVG 25 I bestimmt, dass die Schadenersatzpflicht des Versicherungsnehmers dadurch nicht berührt, d.h. nicht ausgeschlossen wird. Die Rechtsnachteile bestehen hier in einer Kombination von Rücktrittsrecht des Versicherers und Schadenersatzpflicht des Versicherungsnehmers.

4. Somit dürfte die Auffassung richtig sein, dass die Obliegenheiten nach schweizerischem Recht bei den einen Tatbeständen eigentliche Rechtspflichten, d. h. Verbindlichkeiten gegenüber dem Vertragspartner, und bei andern Tatbeständen lediglich Voraussetzungen für die Erhaltung der Ansprüche darstellen[722]. Anhand der betreffenden gesetzlichen oder vertraglichen Bestimmung ist jeweilen zu ermitteln, was zutrifft.

---

[719] Vgl. zum Grundsatz der Verhältnismässigkeit MAURER, SVR I S. 167 ff. und SCHAER, Obliegenheiten S. 144 ff. Wenn der VN seine Anzeigepflicht gemäss VVG 6 verletzt hat – es handelt sich bei ihr um eine vorvertragliche, gesetzliche Obliegenheit –, tritt eine scharfe Rechtsfolge ein, die diesem Grundsatz widerspricht: Der Versicherer kann vom Vertrag zurücktreten und damit sämtliche Leistungen im bereits eingetretenen Versicherungsfall verweigern, und zwar selbst dann, wenn den VN an der Verletzung der Anzeigepflicht kein Verschulden trifft; vgl. vorne N 563.

[720] Andere Rechtsfolgen könnten z. B. sein: Vereinbarung einer Vertragsstrafe oder ein besonderes Kündigungsrecht des Versicherers; vgl. zu den vereinbarten Rechtsfolgen hinten bei den N 731 ff.

[721] Vgl. hinten bei N 856.

[722] Ähnlich KELLER, Komm. I S. 639, und JAEGER, Komm. IV (1. A.) S. 126 ff.

§ 30 FOLGEN DER VERLETZUNG VON OBLIEGENHEITEN

I. GESETZLICHE FOLGEN

Das VVG umschreibt zahlreiche Obliegenheiten des Versicherungsnehmers und des Anspruchsberechtigten und die Folgen ihrer Verletzung selbst, sei es durch zwingende, sei es durch nichtzwingende Bestimmungen[723]. Wie bereits dargetan[724], sind die Folgen nicht für alle Tatbestände einheitlich geregelt. Sie können vor allem im ganzen oder teilweisen Verlust des Versicherungsanspruches, dann auch im Recht des Versicherers, den Vertrag aufzulösen, und endlich in der Begründung einer Schadenersatzforderung des Versicherers[725] bestehen. Es sind hier die gesetzlich geregelten Tatbestände nicht einzeln darzustellen[726]. Hingegen sind zwei Punkte herauszugreifen: Verschulden und Kausalität.

1. Das Gesetz regelt die Frage, ob nur die verschuldete oder auch die unverschuldete Verletzung einer Obliegenheit Folgen hat, nicht einheitlich. So kann auch die unverschuldete Verletzung der Anzeigepflicht[727] bei Vertragsabschluss gemäss Art. 4 und 6 VVG dem Versicherer das Recht geben, vom Vertrage zurückzutreten. Demgegenüber hat nur die schuldhafte Verletzung der Anzeigepflicht nach Eintritt des befürchteten Ereignisses gemäss VVG 38 II Folgen: Der Versicherer kann seine Leistungen kürzen. Somit ist für jede gesetzlich umschriebene Obliegenheit separat zu prüfen, ob Rechtsnachteile ein Verschulden voraussetzen oder nicht.

2. Weiter fragt sich, ob nur jene Verletzung von Obliegenheiten Nachteile bewirken kann, die für den Eintritt des Versicherungsfalles oder für den Umfang der Versicherungsleistungen kausal ist[728]. Diese Frage regelt das Gesetz ebenfalls nicht einheitlich. So kann der Versicherer seine Leistungspflicht auch dann ablehnen, wenn die Verletzung der Anzeigepflicht

---

[723] Vgl. zu diesem Begriff vorne bei N 270. – Einlässliche Darstellung der Rechtsfolgen bei SCHAER, Obliegenheiten S. 91 ff.
[724] Vgl. vorne bei N 712.
[725] Von ihr ist in der Literatur häufig die Rede, in der Praxis spielt sie keine nennenswerte Rolle.
[726] Dies tut JAEGER, Komm. IV (1. A.) S. 128 ff.
[727] Vgl. vorne bei N 563.
[728] Vgl. zum Begriff der Kausalität hinten bei den N 892 ff.

bei Vertragsabschluss gemäss den Art. 4 und 6 VVG ohne Einfluss auf den Eintritt des Versicherungsfalles geblieben ist[729]. Im Gegensatz dazu verlangt Art. 61 VVG, dass die Verletzung der Schadenminderungspflicht sich auf den Umfang der Leistungspflicht des Versicherers auswirkt; denn der Versicherer kann seine Leistung nur soweit kürzen, als sie bei pflichtgemässer Schadenminderung reduziert gewesen wäre[730]. Somit ist die Frage der Kausalität für jede Obliegenheit gesondert zu untersuchen.

II. VEREINBARTE FOLGEN

1. a) Soweit keine zwingende gesetzliche Bestimmung dies ausschliesst, können die Rechtsnachteile, d. h. die Folgen, welche die Verletzung einer Obliegenheit nach sich zieht, frei vereinbart[731] werden. Art. 45 Abs. 1 VVG beschränkt diese Freiheit jedoch entscheidend: Der *vereinbarte* Rechtsnachteil tritt nicht ein, «wenn die Verletzung den Umständen nach als eine unverschuldete anzusehen ist». Freilich genügt bereits ein leichtes Verschulden. Demnach gilt die für die Praxis wichtige Regel: Kein vereinbarter Rechtsnachteil ohne Verschulden. Unerheblich ist, ob dieser Rechtsnachteil an eine gesetzliche oder eine vertragliche Obliegenheit gebunden ist. – Es handelt sich um eine zwingende gesetzliche Bestimmung, die den Schutz des Versicherungsnehmers und Anspruchsberechtigten bezweckt. Sie wird für den Versicherer dadurch etwas gemildert, dass der Anspruchsberechtigte sein Nichtverschulden beweisen muss[732]. Dabei ist das Verschulden im Hinblick auf die konkreten Umstände zu würdigen[733].

---

[729] Vgl. vorne bei N 555. Hingegen ist Kausalität insofern gefordert, als die verschwiegene oder unrichtig mitgeteilte Gefahrstatsache den Entschluss des Versicherers, den Vertrag überhaupt oder zu den vereinbarten Bedingungen abzuschliessen, beeinflusst haben muss; Art. 4 Abs. 2 in Verbindung mit Art. 6 VVG.

[730] Vgl. zur Schadenminderungspflicht hinten bei den N 858 ff. – Im gleichen Sinn muss sich auch die Verletzung der Anzeigepflicht nach Eintritt des Versicherungsfalles gemäss Art. 38 Abs. 2 VVG auf die Leistungspflicht des Versicherers ausgewirkt haben.

[731] Einlässlich SCHAER, Obliegenheiten S. 119 ff.

[732] Dies ergibt sich nicht aus dem Wortlaut von Art. 45 Abs. 1 VVG, sondern durch Analogieschluss aus Art. 97 OR; im Ergebnis gleich KOENIG S. 134 und KELLER, Komm. I S. 647.

[733] Dazu ein Beispiel: Die AVB einer Unfallversicherung auferlegen dem Anspruchsberechtigten die Obliegenheit, sofort nach einem Unfall einen eidg. diplo-

§ 30 Folgen der Verletzung von Obliegenheiten

b) Art. 45 Abs. 1 VVG schreibt nicht vor, dass Rechtsnachteile nur dann eintreten, wenn die Verletzung der Obliegenheit für den Eintritt des befürchteten Ereignisses oder für den Umfang der Leistungspflicht des Versicherers kausal sei. Somit kann in den Versicherungsverträgen vereinbart werden, dass die Nachteile auch dann eintreten, wenn die Verletzung der Obliegenheit sich in keiner Weise ausgewirkt hat[734]. Diese Regelung ist oft hart und sachlich kaum begründbar.

2. Gesetz oder Vertrag können den Bestand eines Rechts aus der Versicherung, insbesondere den Versicherungsanspruch, an die Beobachtung einer Frist knüpfen[734a]. Dazu ein Beispiel: Nach Art. 38 VVG hat der Anspruchsberechtigte den Versicherer unverzüglich zu benachrichtigen, wenn er Kenntnis vom Eintritt des befürchteten Ereignisses erlangt. Durch Vertrag kann eine Frist, z. B. von 5 Tagen, gesetzt und zudem vereinbart sein, dass der Versicherungsanspruch dahinfällt, wenn die Frist nicht eingehalten wird. Es handelt sich um eine Verwirkungsfrist, da ihre Missachtung den Verlust eines Anspruches bewirkt. Art. 45 Abs. 3 VVG lässt solche Verwirkungsfristen grundsätzlich zu. Er bestimmt jedoch, dass der Versicherungsnehmer oder Anspruchsberechtigte befugt ist, die «*ohne sein Verschulden* versäumte Handlung sofort nach Beseitigung des Hindernisses nachzuholen». Die erwähnte Bestimmung gilt gleichermassen für gesetzliche oder vertraglich vereinbarte Verwirkungsfristen und die mit der Missachtung verknüpften Folgen. Somit geht sie über Abs. 1 hinaus, der nur vertraglich vereinbarte Rechtsnachteile erfasst.

---

mierten Arzt beizuziehen. Der versicherte Metzgerbursche stach sich schwer in den Oberschenkel. Da er einer religiösen Gemeinschaft von Gesundbetern angehörte, verbat er sich den Beizug eines Arztes und liess Gesundbeter kommen. Er verblutete, wäre aber durch den sofortigen Beizug des Arztes wahrscheinlich zu retten gewesen. War die Verletzung dieser Obliegenheit «den Umständen nach als eine unverschuldete anzusehen», wie sich Art. 45 Abs. 1 VVG ausdrückt? M. E. ist das Verschulden zu bejahen (vgl. hinten bei den N 880 ff.). Davon hing der Entscheid ab, ob die Todesfallsumme an die Hinterlassenen auszuzahlen war oder nicht.

[734] In dem in der vorhergehenden N erwähnten Beispiel könnte daher der Versicherer – eine entsprechende vertragliche Vereinbarung vorausgesetzt – die Auszahlung der Todesfallsumme auch dann verweigern, wenn der Beizug eines Arztes nutzlos gewesen wäre, der Arzt den Eintritt des Todes also nicht mehr hätte verhindern können. Dies ist unbefriedigend.

[734a] Vgl. auch hinten bei N 851.

3. Eine Fristversäumnis liegt auch dann vor, wenn der Prämienschuldner durch den Versicherer gemäss Art. 20 VVG gemahnt wird und die Prämie nicht innerhalb der Zahlungsfrist von 14 Tagen entrichtet[735]. Art. 45 Abs. 2 VVG legt fest, dass die wegen Zahlungsunfähigkeit des Prämienschuldners versäumte Zahlung nicht als unverschuldet gelte. Wenn aber die Säumnis auf andere, nicht verschuldete Gründe zurückgeht, z. B. auf schwere Erkrankung, kann der Schuldner sich auf Abs. 3 berufen und die Zahlung nach Wegfall des Hindernisses nachholen[736].

III. EINSTEHEN FÜR HILFSPERSONEN

Der Versicherungsnehmer oder der Anspruchsberechtigte lässt Obliegenheiten oft durch Hilfspersonen erfüllen. Dies trifft z. B. zu, wenn er die Anzeige vom Eintritt des Versicherungsfalles (Schadenanzeige) gemäss VVG 38 durch seine Sekretärin erstatten lässt. Es fragt sich, ob ihn ein Rechtsnachteil trifft, wenn nicht er, sondern die Hilfsperson die Obliegenheit gar nicht oder fehlerhaft erfüllt, z. B. wenn die Sekretärin das Formular zur Schadenanzeige dem Versicherer versehentlich nicht zustellt oder es unrichtig ausfüllt. Das VVG regelt die Haftung für Hilfspersonen nur für wenige Sachverhalte[737]. Für die übrigen Fälle ist gemäss VVG 100 das OR subsidiär und sinngemäss anwendbar. Daraus ergeben sich folgende Lösungen:

1. Wenn der Versicherungsnehmer eine Hilfsperson einsetzt, ist OR 101 sinngemäss anzuwenden. Nach dieser Bestimmung muss er, da er Vertragspartei ist, sich das Verhalten der Hilfsperson als eigenes zurechnen lassen[738]. Die rechtlichen Folgen sind so zu beurteilen, wie wenn der Versicherungsnehmer anstelle der Hilfsperson die Obliegenheit fehlerhaft oder gar nicht erfüllt hätte. Unbeachtlich ist, ob man der Hilfsperson selbst ein Verschulden vorwerfen kann. Vielmehr ist nur zu fragen, ob der Versiche-

---

[735] Vgl. vorne bei N 682.
[736] KELLER, Komm. I S. 659, und KOENIG S. 135.
[737] VVG 40 lässt die Verwirkung des Anspruches auch dann eintreten, wenn dieser durch einen Vertreter in betrügerischer Absicht unrichtig begründet wird; vgl. hinten nach N 996. Nach VVG 5 I muss sich der Antragsteller hinsichtlich der Gefahrstatsachen auch das Wissen und die Kenntnis des Vertreters entgegenhalten lassen.
[738] GUHL/MERZ/KUMMER, Obligationenrecht S. 219.

rungsnehmer schuldhaft gehandelt hätte, wenn er selbst die Handlung begangen hätte, die in Wirklichkeit die Hilfsperson begangen hat[739].

2. Wenn ein Anspruchsberechtigter, der nicht Versicherungsnehmer und deshalb auch nicht Vertragspartei ist, seine Obliegenheit durch eine Hilfsperson erfüllen lässt, soll nicht Art. 101 OR angewendet werden, da dieser die Haftung der Vertragspartei selbst im Auge hat. Solche Anspruchsberechtigte sind z. B. die Versicherten in der Kollektivversicherung und im Todesfall die Begünstigten oder die Hinterlassenen dieser Versicherten. Entsprechend dem System des OR ist Art. 55 sinngemäss heranzuziehen. Er ordnet die Haftung des Geschäftsherrn für Hilfspersonen, wenn diese einen Dritten ausserhalb eines Vertrages schädigen. Der Geschäftsherr kann sich von der Haftung befreien, wenn er nachweist, «dass er alle nach den Umständen gebotene Sorgfalt angewendet hat, um einen Schaden dieser Art zu verhüten». Er genügt diesem Nachweis, wenn er darzutun vermag, dass er die erforderliche Sorgfalt in der Auswahl, in der Unterweisung (Instruktion) und in der Überwachung aufgewendet hat[740]. Die Haftung des Geschäftsherrn ist weniger scharf als jene der Vertragspartei, da er sich nicht das Verhalten der Hilfsperson als eigenes Verhalten zurechnen muss, sondern sich durch den Sorgfaltsbeweis von der Haftung befreien kann. Diese Unterscheidung ist auch im Hinblick auf das VVG gerechtfertigt. Der Versicherungsnehmer soll einer schärferen Haftung unterliegen, wenn er die Obliegenheiten durch Hilfspersonen erfüllen lässt, da er als Vertragspartei bei der Ausgestaltung des Vertrages mitwirken kann, während dies beim Anspruchsberechtigten, der keine Vertragspartei ist, in der Regel nicht zutrifft[741].

---

[739] Der VN könnte sich z. B. nicht darauf berufen, die Hilfsperson habe den Fehler im Zustande unverschuldeter Urteilsunfähigkeit begangen. – Ungenau KELLER, Komm. I S. 645, und KOENIG S. 143, die annehmen, die Verschuldensfrage sei auch im Hinblick auf die Hilfsperson zu beurteilen.

[740] Cura in eligendo, instruendo vel custodiendo. Vgl. Näheres zum Sorgfaltsbeweis nach OR 55 KELLER, Haftpflicht S. 123 sowie die übrige Literatur zum Haftpflichtrecht und zum OR.

[741] KELLER, Komm. I S. 645 und KOENIG S. 142 wenden OR 101 sowohl auf den VN als auch auf den Anspruchsberechtigten an, ohne zu unterscheiden, ob der Anspruchsberechtigte Vertragspartei ist oder nicht. Sie begründen diese Gleichbehandlung nicht. Wiederum eine andere Auffassung vertritt ROELLI, Komm. I (1. A.) S. 202 und 536: VN und Anspruchsberechtigte haben bei der Verletzung von

Obliegenheiten

3. Die geschilderte Ordnung ist, soweit das VVG selbst keine abweichende Bestimmung enthält, im Interesse einer einheitlichen Betrachtungsweise auf alle Arten von Obliegenheiten anzuwenden, d. h. auf gesetzliche und vertragliche, auf solche im Sinne sowohl der Verbindlichkeits- als auch der Voraussetzungstheorie usw.[742].

Obliegenheiten ganz allgemein nur für ein Verschulden einzustehen, das ihnen selbst vorgeworfen werden kann (Selbstverschuldensprinzip); das Verhalten von Hilfspersonen bei der Verletzung von Obliegenheiten kann für den VN und den Anspruchsberechtigten keine Rechtsnachteile bewirken. – Eine andere Frage ist es jedoch, ob die Kürzung der Leistungen wegen groben Verschuldens gemäss VVG 14 nur jenen Anspruchsberechtigten treffen soll, dem es selbst vorgeworfen werden kann. Die Kürzungsbestimmung von VVG 14 beruht jedoch nicht auf der Verletzung einer Obliegenheit, da das VVG dem Versicherten nicht verbietet, den Versicherungsfall durch grobes Verschulden herbeizuführen. Wenn er dies tut, muss er sich eine Kürzung aufgrund einer besonderen gesetzlichen oder vertraglichen Regelung gefallen lassen. Vgl. zu VVG 14 hinten § 36.

[742] Vgl. vorne bei den N 705 ff. und N 710 ff.

6. Abschnitt: Fremdversicherung

§ 31 ALLGEMEINES

1. In der Fremdversicherung[743] versichert der Versicherungsnehmer – im Gegensatz zur Eigenversicherung – fremde Personen, fremde Vermögen (z. B. die Haftpflicht einer Drittperson) und fremde Sachen. Das VVG verwendet die Ausdrücke der Fremd- und der Eigenversicherung nicht ausdrücklich; der Sache nach unterscheidet es jedoch die beiden Begriffe. Es regelt einzelne Fragen gemeinsam[744] für alle Versicherungsarten, andere dagegen gesondert für die Bereiche der Personen- und der Schadensversicherung. Die Fremdversicherung in der Schadensversicherung bezeichnet es als Versicherung für fremde Rechnung, mit der es sich in den Art. 16 und 17 befasst. Obwohl diese im Abschnitt «Allgemeine Bestimmungen» figurieren, beziehen sie sich nur auf die Schadens-, nicht aber auf die Personenversicherung[745]. In der Personenversicherung ordnet das Gesetz die Fremdversicherung nicht unter einem gemeinsamen Namen[746] und nicht nach gleichen Gesichtspunkten.

2. In der Fremdversicherung sind drei Rechtsverhältnisse zu unterscheiden: Je eines zwischen dem Versicherungsnehmer und dem Versicherer, zwischen dem Versicherungsnehmer und dem Versicherten – es wird etwa als internes Rechtsverhältnis bezeichnet – und zwischen dem Versicherten und dem Versicherer.

3. Die Fremdversicherung ist in der Regel eine Kollektivversicherung[747];

---

[743] Vgl. den Überblick vorne bei N 337.
[744] Vgl. Z. 3.
[745] Ebenso KOENIG S. 473 f. (freilich mit einer nicht überzeugenden Ausnahme auf S. 475, wonach Art. 16 VVG analog in der Einzel-Unfallversicherung, die auf eine Drittperson abgeschlossen wird, anzuwenden sei; vgl. hinten bei N 759 und den N 609a ff.); JAEGER, Komm. III S. 305 f. N 26; KELLER, Komm. I S. 285 f., mit Hinweisen auf die abweichende Judikatur.
[746] So könnte sie z. B. Personen-Fremdversicherung genannt werden; in diesem Sinne auch EHRENZWEIG, Versicherungsvertragsrecht S. 33.
[747] Zu diesem Begriff vorne vor N 325. Deshalb werden die wenigen Bestimmungen über die Kollektivversicherung hier behandelt, da sie in ihrem Kernbereich Fremdversicherung sind.

Versichert sind mehrere Personen, Vermögen oder Sachen[748]. Für die Kollektivversicherung enthält das Gesetz einige gemeinsame, alle Versicherungsarten einschliessende Bestimmungen. Es geht davon aus, dass der Kollektivversicherungsvertrag für alle versicherten Gegenstände eine einheitliche Grundlage darstelle; deshalb gilt der Grundsatz der Unteilbarkeit, d. h. der Vertrag kann nur als Ganzes abgeschlossen und aufgehoben werden. Von diesem Grundsatz macht das Gesetz mehrere Ausnahmen: Wenn die Anzeigepflicht[749] nur bezüglich eines Teiles der Gegenstände oder Personen verletzt ist, so bleibt der Vertrag nach Art. 7 VVG für den übrigen Teil des Vertrages wirksam, sofern sich aus den Umständen ergibt, dass der Versicherer diesen Teil allein zu den nämlichen Bedingungen versichert hätte. Somit ist der Vertrag nicht ganz, sondern nur teilweise unverbindlich. Der Grundsatz der Unteilbarkeit würde demgegenüber verlangen, dass der Vertrag entweder ganz gilt oder ganz dahinfällt. Eine ähnliche Regelung trifft Art. 31 VVG hinsichtlich der Gefahrserhöhung[750], die nach Abschluss des Vertrages eintritt. Endlich ist der Vertrag gemäss Art. 40 VVG nur gegenüber jenem Anspruchsberechtigten unverbindlich, dem die betrügerische Anspruchsbegründung vorgeworfen werden kann, für die übrigen Anspruchsberechtigten bleibt er aber wirksam[751].

4. Der Versicherungsnehmer ist auch in der Fremdversicherung allein Vertragspartei. *Er* entscheidet gegenüber dem Versicherer, ob er den Vertrag abschliessen, ob er ein allfälliges gesetzliches Rücktrittsrecht ausüben will usw. *Er* ist gegenüber dem Versicherer grundsätzlich Prämienschuldner und nicht die versicherte Drittperson. Zwischen ihm und den Versi-

---

[748] Keine Kollektivversicherung ist die Fremdversicherung, wenn z. B. der VN nur eine einzige Drittperson gegen Unfall oder Krankheit oder nur eine einzige fremde Sache – z. B. ein teures Bild, das ihm als Leihgabe anvertraut ist – gegen Diebstahl, Feuer usw. versichert.

[749] Vgl. vorne bei N 562. Hat z. B. in der Kollektiv-Krankenversicherung nur *ein* Versicherter unrichtige Angaben über seinen Gesundheitszustand gemacht, ist der Vertrag nur ihm, nicht aber den andern Versicherten gegenüber unverbindlich.

[750] Vgl. vorne bei N 588.

[751] KELLER, Komm. I S. 587. – Wenn ein Versicherter in der Kollektiv-Unfallversicherung sich absichtlich verletzt [Artefakt], das Geschehnis dem Versicherer gegenüber jedoch als Unfall schildert, kann der Versicherer nur ihm gegenüber vom Vertrag zurücktreten, für die übrigen Versicherten bleibt der Vertrag aber in Kraft. Vgl. ferner hinten vor N 910.

cherten wird vertraglich – also im internen Verhältnis – oft vereinbart, ob diese wenigstens einen Teil der Prämie zu tragen haben. Je nach der Art des Vertrages kann seine Befugnis, allein über das Schicksal des Vertrages zu befinden, für die versicherten Drittpersonen höchst unerfreulich sein. Diese haben möglicherweise nicht einmal erfahren, dass sie keinen Versicherungsschutz mehr geniessen, wenn der Versicherungsnehmer z. B. die Prämie nicht bezahlt und deshalb in Verzug gesetzt worden ist[752]. Die gesetzliche Regelung in der Fremdversicherung ist daher gelegentlich neu zu überdenken.

5. Der Vertrag über die Fremdversicherung beruht auf ähnlichen Gedanken wie der Vertrag zugunsten Dritter, der in Art. 112 OR als zulässig erklärt und in einzelnen Punkten geregelt wird. Allein die Fremdversicherung hat, ihrer besonderen Natur wegen, in mehreren Bestimmungen eine spezialgesetzliche Ausprägung gefunden[753]. Wird im VVG eine Frage nicht beantwortet, so ist es nicht angezeigt, die Lösung in Art. 112 OR zu suchen; vielmehr sind Lücken in der gesetzlichen Regelung der Fremdversicherung grundsätzlich aus dem VVG heraus zu schliessen[754, 755].

§ 32 PERSONENVERSICHERUNG ALS FREMDVERSICHERUNG

I. UNFALL- UND KRANKENVERSICHERUNG FREMDER PERSONEN

1. Die Unfall- oder Krankenversicherung fremder Personen wird regelmässig als Kollektiv-Unfall- oder -Krankenversicherung abgeschlossen. So

---

[752] Vgl. vorne bei N 695.

[753] Die Frage der Rechtsnatur ist teilweise umstritten; KOENIG S. 233 f. sieht in der Fremdversicherung einen Vertrag zugunsten Dritter; ebenso JAEGER, Komm. III S. 309 N 27; KELLER, Komm. I S. 292 f., nimmt an, es handle sich um ein «eigenartiges Rechtsgebilde», dessen Natur anhand der vom VVG selbst bezeichneten Merkmale festzustellen sei.

[754] Diese Frage ist wichtiger als die Frage der theoretischen Rechtsnatur; vgl. im übrigen zum Lückenproblem vorne bei N 276 f.

[755] Zur Abgrenzung der Fremdversicherung von der Stellvertretung, der Begünstigung usw. vgl. KOENIG S. 233 f.; KELLER, Komm. I S. 292, unterscheidet etwas verwirrlich die Versicherung für fremde Rechnung nach Art. 16/17 und die Versi-

Fremdversicherung

versichert der Arbeitgeber sein Personal oft kollektiv gegen Unfall zusätzlich zu den UVG-Leistungen[756] oder gegen Krankheiten. Er tut dies freiwillig oder gestützt auf einen Arbeitsvertrag – z. B. gemäss einem Gesamtarbeitsvertrag – oder aufgrund einer gesetzlichen Vorschrift[757]. Versicherungsnehmer und damit Vertragspartei ist der Arbeitgeber. Er kann mit den Arbeitnehmern im Rahmen der gesetzlichen Bestimmungen vereinbaren, ob sie die Prämien ganz, teilweise oder gar nicht zu tragen haben; dem Versicherer gegenüber ist er jedoch allein Prämienschuldner. Kollektiv-Unfallversicherungen sind ferner die Auto-Insassenversicherung, die Abonnentenversicherung, die Käufer- und Kundenversicherung usw.[758].

2. Eher selten kommt eine Fremdversicherung durch einen Einzelversicherungsvertrag[759] zustande: Der Vater als Versicherungsnehmer versichert z. B. sein Kind gegen Unfall oder Krankheit.

3. a) Art. 87 VVG[760] räumt in der Kollektiv-Unfall- und -Krankenversicherung «zugunsten Dritter» nach Art. 87 VVG usw. Letztere hat mit Begünstigung nichts zu tun; BGE *87* II 384 und hinten bei N 1176 ff. – VN und Versicherte sind bei der Kollektivversicherung im Regelfall und bei der Fremdversicherung begrifflich nicht identisch; vgl. vorne bei N 336 ff. und nach N 751.

[756] Vgl. zu dieser Zusatzversicherung hinten bei N 1265a.

[757] Die Kollektiv-Unfallversicherung, die der Arbeitgeber gemäss UVG 59 II für seine Arbeitnehmer abschliesst, fällt jedoch nach Meinung des Schreibenden nicht unter das VVG, sondern ist ein öffentlich-rechtlicher Vertrag nach UVG. Dies lässt sich schon daraus ableiten, dass der Privatversicherer aufgrund dieses Vertrages nach UVG 99 in Verbindung mit UVG 105 I Verfügungen über Prämien erlassen und somit hoheitlich handeln kann; vgl. bereits vorne N 348.

[758] In der Abonnentenversicherung besteht der Kollektivversicherungsvertrag zwischen Versicherer und Verlag. Die Abonnenten der Zeitschrift oder Zeitung werden mit der Abonnierung versichert. In der Käuferversicherung sind die Käufer z. B. von Skis aufgrund eines Versicherungsvertrages, den der Verkäufer mit einem Versicherer abgeschlossen hat, für Skibruch und -diebstahl versichert. In der Kundenversicherung können z. B. die Kunden eines Warenhauses gegen Unfälle versichert sein, die sie im Warenhaus erleiden. Diese Versicherungsverträge werden durch BRB über die Abonnenten – und die Käufer – und Kundenversicherung vom 22. 11. 1955 geregelt. Vgl. Näheres zur Abonnentenversicherung hinten bei den N 1286 f.

[759] In der Einzelversicherung wird nur eine einzige Person versichert; vgl. vorne nach N 334a.

[760] Fassung gemäss Z. II Art. 3 des BG vom 25. 6. 1971 über die Revision des OR (Arbeitsvertrag).

§ 32 Personenversicherung als Fremdversicherung

sicherung dem Versicherten bei Unfall oder Krankheit ein eigenes Forderungsrecht gegenüber dem Versicherer[761] ein. Ohne diese Norm könnte von Gesetzes wegen nur der Versicherungsnehmer als Vertragspartei, nicht aber der versicherte Dritte, z. B. der Arbeitnehmer, den Versicherer auf Entrichtung der Versicherungsleistung einklagen. Freilich liesse sich das selbständige Forderungsrecht auch vertraglich vereinbaren[762]; das gleiche Ziel könnte durch eine Begünstigung der Versicherten erreicht werden[763].

b) Es fragt sich, ob das selbständige Forderungsrecht dem Versicherten in der Einzel-Unfall- und -Krankenversicherung[764], mit welcher eine einzige Drittperson versichert ist, zustehe. Könnte also die Ehefrau den Unfall- oder Krankenversicherer einklagen, wenn ihr Ehemann als Versicherungsnehmer sie durch eine Einzelversicherung gegen Unfall oder Krankheit versichert hat? M. E. weist Art. 87 VVG in diesem Punkt eine Lücke auf, da er nur von der Kollektivversicherung spricht. Es liegt nahe, ihn analog anzuwenden, wenn nur eine einzige Drittperson gegen Unfall oder Krankheit versichert ist, so dass keine Kollektiv-, sondern eine Einzelversicherung vorliegt. Sachlich lässt es sich nicht rechtfertigen, das selbständige Forderungsrecht gegen den Versicherer zu gewähren, wenn durch einen Vertrag zwei Drittpersonen gegen Unfall oder Krankheit versichert sind, es aber zu verweigern, wenn nur *eine* Drittperson versichert ist[765].

[761] Vgl. hinten bei den N 774 f.
[762] Vgl. hinsichtlich der Gruppenversicherung hinten bei N 1212.
[763] Vgl. zur Begünstigung hinten bei den N 1176 ff.
[764] Vgl. vorne Z. 2.
[765] Dazu ein Beispiel: Ein Anwalt versichert durch Kollektivvertrag zwei namentlich aufgeführte Sekretärinnen zusätzlich zum UVG gegen Unfall. Er kündigt der einen, ohne sie durch eine neue zu ersetzen. Da jetzt nur noch eine Sekretärin durch diesen Vertrag versichert ist, liegt begrifflich keine Kollektiv-, sondern eine Einzelversicherung vor, auch wenn die Bezeichnung in der Police noch anders lautet. Es wäre abwegig, dieser einen Sekretärin das direkte Forderungsrecht zu verweigern, obschon es ihr vor dem Ausscheiden der andern Sekretärin noch zugestanden hat. – Im Ergebnis wie hier JAEGER, Komm. III S. 307 ff. – KOENIG S. 474 f. will nicht Art. 87, sondern Art. 17 VVG analog anwenden (in den beiden ersten Auflagen vertrit er noch die gegenteilige Auffassung). Allein diese Konstruktion ist nicht einleuchtend: Weshalb soll die Ehefrau gemäss der von ihrem Ehemann abgeschlossenen Unfallversicherung ein selbständiges Klagerecht nach Art. 87 besitzen, wenn neben ihr noch ein Kind versichert ist, wogegen nicht Art. 87, sondern Art. 17 VVG analog anzuwenden wäre, wenn sie nur allein versichert ist?

Fremdversicherung

4. In der Fremd-Unfallversicherung wird in der Regel auch eine Leistung vereinbart, wenn der versicherte Dritte zufolge eines Unfalles stirbt (Todesfallrisiko). Dem Wortlaut nach wäre daher Art. 74 Abs. 1 VVG anwendbar. Er bestimmt, dass die Versicherung auf fremdes Leben (= Todesfallrisiko) ungültig sei, wenn nicht der versicherte Dritte vor Abschluss des Vertrages schriftlich seine Zustimmung erteilt habe[766]. Die Praxis wendet diese Bestimmung nicht an, da sie nach ihrem Zweck für die Lebensversicherung, nicht aber für die Unfallversicherung gelte; hier sei sie – jedenfalls in der Kollektiv-Unfallversicherung – auch kaum durchführbar; vor Abschluss des Vertrages sei im Grunde gar nicht voraussehbar, welche Personen während der Dauer des Vertrages versichert sein würden[767]. Es ist nicht haltbar, wenn der Unfallversicherer die Todesfallsumme oder andere Leistungen nicht auszahlen müsste, weil er die schriftliche Zustimmung des Versicherten nicht eingeholt hat[768].

II. FREMDVERSICHERUNG IN DEN ÜBRIGEN ZWEIGEN DER PERSONENVERSICHERUNG

1. Den wichtigsten Bereich ausserhalb der Kollektiv-Unfall- und -Krankenversicherung bildet heute die Gruppenversicherung[769]. Sie spielt ihre besondere Rolle, wenn Vorsorgeeinrichtungen nach Art. 67 I BVG die Risiken Alter, Invalidität und Tod nicht selbst decken, sondern gestützt auf einen Versicherungsvertrag gemäss VVG durch eine Versicherungseinrichtung im Sinne des Versicherungsaufsichtsgesetzes, nämlich durch eine Lebensversicherungsgesellschaft, decken lassen. Versichert sind die der Vorsorgeeinrichtung angeschlossenen Arbeitnehmer. Da der Versicherungsnehmer, d.h. die Vorsorgeeinrichtung, mit den Versicherten nicht identisch ist, handelt es sich durchwegs um Fremdversicherung[770].

---

[766] Sog. Zustimmungsprinzip; vgl. hinten bei N 777.
[767] Im Ergebnis gleich KOENIG S. 474; JAEGER, Komm. III S. 71 f. und S. 309 oben, hält am Erfordernis der schriftlichen Zustimmung des versicherten Dritten fest.
[768] Vgl. hinten bei N 778.
[769] Sie wird auch als Kollektiv-Lebensversicherung bezeichnet; vgl. hinten bei den N 1197 ff.
[770] Vgl. Weiteres hinten bei den N 1217 ff.

Fremdversicherung kommt nicht selten auch als Einzelversicherung vor: So wenn der Ehemann als Versicherungsnehmer seine Ehefrau z. B. für die Risiken Invalidität und Tod oder ein Kind für die gleichen Risiken versichert; dabei kann entweder eine blosse Risikoversicherung oder eine Versicherung mit Sparvorgang[771] gegeben sein. Wenn die Risiken Tod oder Invalidität versichert sind, ist stets zu prüfen, ob rechtlich nicht etwa eine Unfall- oder Krankenversicherung[772] vorliegt. Dies trifft dann zu, wenn Tod und Invalidität nur entweder als Folge eines Unfalles oder aber als Folge einer Krankheit gedeckt werden. Wenn diese Risiken unabhängig von der Ursache, also Tod oder Invalidität an sich, versichert sind, spricht man von der *finalen,* im andern Fall von einer *kausalen* Versicherung[773].

2. Der versicherte Dritte und – im Todesfall – seine Hinterlassenen haben in der Kollektiv- und Einzel-Lebensversicherung nach Eintritt des Versicherungsfalles von Gesetzes wegen kein selbständiges Forderungsrecht gegenüber dem Versicherer. Dieses wird in Art. 87 VVG ausschliesslich für die Unfall- und die Krankenversicherung, also nicht für die übrigen Zweige der Personenversicherung, vorgesehen. Somit gilt es eigenartigerweise auch nicht für die erwähnte Gruppenversicherung[774]. Es liegt in dieser Hinsicht keine Gesetzeslücke, sondern eine negative Entscheidung des

---

[771] Vgl. vorne bei N 67 und hinten bei N 1161. BGE *92* II 343: auf das Leben eines Dritten wurde zur Sicherung eines Darlehens eine Risikoversicherung abgeschlossen.

[772] Davon hängt es ab, ob ein selbständiges Forderungsrecht gegen den Versicherer gegeben ist; vgl. Z. 2.

[773] Vgl. zu diesen Begriffen MAURER, Kumulation S. 59 und Unfallversicherung N 314 sowie hinten N 1130. – Kausal ist die Todesfall- oder Invaliditätsversicherung, weil Tod oder Invalidität nur aus einer bestimmten Ursache (causa), eben entweder aus Unfall oder aber aus Krankheit versicherte Gefahren darstellen. – Nach Art. 74 Abs. 3 VVG kann der Vertrag bestimmen, dass Art. 6 und 28 VVG (Anzeigepflichtverletzung und Gefahrserhöhung) auch dann anwendbar sind, wenn derjenige, auf dessen Tod die Versicherung gestellt ist, die Anzeigepflicht verletzt oder die Gefahrserhöhung herbeigeführt hat. Vgl. dazu BGE *92* II 342 ff.

[774] Auch das BVG sieht kein direktes Forderungsrecht vor. Die Anspruchsberechtigten können ihre Ansprüche nur gegen die Vorsorgeeinrichtung geltend machen. Diese ist als Versicherungsnehmerin allein gegen den Privatversicherer anspruchsberechtigt.

Gesetzgebers[775] vor. Deshalb ist weder Art. 87 VVG noch Art. 112 OR analog anwendbar, damit den Versicherten das direkte Forderungsrecht eingeräumt werden kann. Durch Versicherungsvertrag lässt sich dieses freilich vereinbaren. Das gleiche Ziel erreicht eine entsprechende Begünstigung[776]. Dies ändert jedoch nichts daran, dass die heutige gesetzliche Regelung der Überprüfung bedarf.

3. a) Nach Art. 74 Abs. 1 VVG ist die Versicherung auf fremdes Leben ungültig, «wenn nicht derjenige, auf dessen Tod die Versicherung gestellt ist, vor Abschluss des Vertrages schriftlich seine Zustimmung erteilt hat. Ist die Versicherung auf den Tod einer handlungsunfähigen Person gestellt, so ist die schriftliche Zustimmung des gesetzlichen Vertreters erforderlich.» Hier handelt es sich deutlich um eine Fremdversicherung. Der Versicherungsnehmer versichert sich nicht für den Fall seines eigenen Ablebens, sondern die Versicherungsleistung ist zu entrichten, wenn ein Dritter stirbt. Mit der Einführung des sog. Zustimmungsprinzips will der Gesetzgeber der Gefahr krimineller Einwirkung, also namentlich der Tötung des Versicherten durch den Versicherungsnehmer, etwas vorbeugen. So soll der Ehemann seine Frau für den Fall ihres Todes nur versichern können, wenn sie zum voraus schriftlich zustimmt; oder wenn der Vater minderjährige Kinder versichert, soll – wegen Interessenkollision – gemäss Art. 392 Z. 2 ZGB ein Beistand ernannt und dessen schriftliche Zustimmung eingeholt werden[777] usw.; oder wenn der Onkel seinem mittellosen Neffen ein Darlehen für das Studium gewährt und für dessen Tod eine Risikolebensversicherung abschliesst, hat er ebenfalls die schriftliche Zustimmung einzuholen.

b) Die erwähnte gesetzliche Regelung ist problematisch. Die schriftliche Zustimmung des versicherten Dritten ist normalerweise ohne weiteres erhältlich. Sie kann jedoch Verbrechen nicht verhindern. Zudem hat es der

---

[775] Vgl. dazu MAURER, SZS 1972 S. 187, und die kritische Bemerkung vorne N 330.

[776] Vgl. vorne bei N 761. Im Ergebnis gleich KOENIG S. 406 und JAEGER, Komm. III S. 75 N 19. Wenn mit der Begünstigungsklausel nur die Hinterlassenen als begünstigte Personen bezeichnet werden, haben zwar sie im Todesfall ein eigenes Klagerecht gegen den Versicherer; der Versicherte selbst aber könnte den Versicherer nicht einklagen, wenn er z. B. invalid würde; dies zeigt, wie problematisch die heutige Regelung ist.

[777] KOENIG S. 403.

Versicherer in der Hand, ob er den Versicherungsantrag in ungewöhnlichen Fällen annehmen will oder nicht und ob er überhaupt die schriftliche Zustimmung verlangt. Wenn er die Versicherung aber ohne Einholung der schriftlichen Zustimmung abschliesst, dann soll er sich im Versicherungsfall auch nicht auf die Ungültigkeit des Vertrages berufen dürfen; seine Einrede wäre in den meisten Fällen – trotz des eindeutigen Wortlautes von Art. 74 Abs. 1 VVG – als Verstoss gegen Treu und Glauben nach Art. 2 ZGB zu betrachten und zurückzuweisen[778]. Ein solcher Verstoss wäre jedenfalls dann zu bejahen, wenn im Versicherungsfall keine ernstzunehmenden Umstände auf ein Verbrechen des Versicherungsnehmers gegen den Versicherten schliessen lassen. Im übrigen verzichten die Lebensversicherer z. B. in der erwähnten Gruppenversicherung oft auf die schriftliche Zustimmung, zumal ja der Kreis der versicherten Personen nach Abschluss des Vertrages stets ändern kann[779].

§ 33 VERSICHERUNG FÜR FREMDE RECHNUNG

I. ALLGEMEINES

1. Art. 16 und 17 VVG regeln die Versicherung für fremde Rechnung. Sie beziehen sich nur auf die Schadens-, nicht aber auf die Personenversicherung[779a]. Der Ausdruck «Versicherung für fremde Rechnung» ist ungenau[780]. Er löst die unrichtige Vorstellung aus, nicht der Versicherungsnehmer, sondern der versicherte Dritte sei Prämienschuldner, indem der VN die Versicherung auf dessen Kosten abgeschlossen habe. Merkmal ist jedoch einzig, dass Sachen oder das Vermögen – z. B. in der Haftpflichtver-

---

[778] Wenn der Anspruchsberechtigte den versicherten Dritten absichtlich tötet, hat er schon nach Art. 14 Abs. 1 VVG keinen Anspruch auf Versicherungsleistungen aus dem Todesfall.

[779] Die Meinungen, ob Art. 74 Abs. 1 VVG in der Gruppenversicherung anzuwenden sei, gehen auseinander. Vgl. Einzelheiten bei ZULAUF, Personal-Gruppenversicherung S. 73 ff., mit Hinweisen auf die Literatur; er hält an der Anwendung der erwähnten Bestimmung fest, S. 74.

[779a] Vgl. jedoch vorne bei den N 609 ff.

[780] KELLER, Komm. I S. 283; KOENIG S. 230.

sicherung – des Dritten der versicherten Gefahr ausgesetzt und versichert sind[781].

2. Die Versicherung für fremde Rechnung kommt in mehreren Bereichen vor. Dazu einige Beispiele: Der Hotelier versichert Sachen, die von seinen Gästen ins Hotel eingebracht werden, gegen Feuer, Diebstahl[782] usw. In der Hausratversicherung werden neben den Sachen des Versicherungsnehmers auch jene gegen Feuer usw. versichert, die den in Hausgemeinschaft lebenden Familienangehörigen und Arbeitnehmern gehören. Der Inhaber eines gewerblichen oder industriellen Betriebes versichert nicht nur seine eigene Haftpflicht, sondern auch jene seiner Arbeitnehmer[783], falls diese bei ihrer dienstlichen Tätigkeit Dritte schädigen und dafür haftbar werden.

3. Art. 16 und 17 VVG gehen stillschweigend davon aus, dass die Versicherung für fremde Rechnung zulässig ist.

4. Nach Art. 16 Abs. 2 VVG wird im Zweifel angenommen, dass der Versicherungsnehmer den Vertrag «für eigene Rechnung» abgeschlossen hat. Wenn also die Auslegung des Vertrages nicht mit genügender Deutlichkeit ergibt, dass auch Sachen oder das Vermögen (z. B. die Haftpflicht) eines Dritten versichert werden sollten, so besteht die unwiderlegbare Vermutung[784], dass nur Sachen oder das Vermögen des Versicherungsnehmers selbst unter den Versicherungsschutz fallen.

5. Die Versicherung kann nach Art. 16 Abs. 1 VVG «mit oder ohne Bezeichnung der Person des versicherten Dritten» abgeschlossen werden. Somit ist die «Versicherung für wen es angeht» – «pour compte de qui il appartiendra» – zulässig. Es genügt, wenn sich erst im Versiche-

---

[781] Ähnlich KOENIG S. 222.

[782] Die Gast- und Stallwirte können nach Art. 487/488 OR unter bestimmten Voraussetzungen haftpflichtig werden, wenn die von den Gästen eingebrachten Sachen beschädigt, vernichtet oder entwendet werden. Diese Haftpflicht pflegen sie durch eine entsprechende Haftpflichtversicherung abzudecken. Wenn sie darüber hinaus eine Sachversicherung hinsichtlich der von den Gästen eingebrachten Sachen abschliessen, schützen sie nicht mehr das eigene Vermögen – gegen Haftpflichtansprüche –, sondern bereits jenes der Gäste: Man kann dies als Dienst am Kunden bezeichnen.

[783] Nach Art. 59 VVG müsste er nur die Haftpflicht seines Stellvertreters usw. versichern (Repräsentantenhaftpflicht).

[784] KELLER, Komm. I S. 284 f.; ähnlich KOENIG S. 225.

rungsfall feststellen lässt, ob z. B. die versicherten Sachen dem Versicherungsnehmer oder einem Dritten gehören[785]. Bei Waren, die rasch die Hand wechseln, besteht gelegentlich ein Bedürfnis nach einem solchen Schutz.

II. RECHTSVERHÄLTNIS ZWISCHEN DEM VERSICHERUNGSNEHMER UND DEM VERSICHERTEN DRITTEN

1. Der Versicherungsnehmer versichert eine fremde Sache oder ein fremdes Vermögen (z. B. die Haftpflicht eines Dritten) oft, weil er dazu vertraglich verpflichtet ist. So kann der Mieter einer möblierten Wohnung durch den Mietvertrag verpflichtet sein, das Mobiliar, das dem Vermieter gehört, gegen Feuer, Diebstahl usw. zu versichern. Nicht selten besteht eine gesetzliche Pflicht, dass jemand Sachen oder das Vermögen einer andern Person versichert. Der Halter eines Motorfahrzeuges muss gemäss Art. 63 Abs. 2 SVG seine eigene Haftpflicht, aber auch die Haftpflicht «der Personen, für die er nach diesem Gesetz – sc. SVG – verantwortlich ist» versichern. Dazu gehört z. B. jeder Dritte, dem das Motorfahrzeug zum Gebrauch überlassen wird. Häufig versichert jemand fremde Sachen oder das Vermögen eines Dritten, ohne gesetzlich oder vertraglich verpflichtet zu sein, z. B. als Dienst am Kunden; so wenn der Hotelier die von seinen Gästen eingebrachten oder der Gewerbetreibende die zur Reparatur übernommenen Sachen gegen Feuer und Diebstahl versichert. Es kann sich z. B. um Geschäftsführung ohne Auftrag nach Art. 419 ff. OR handeln[786].

2. Vom internen Rechtsverhältnis hängt es ab, ob der Versicherungsnehmer vom versicherten Dritten die Bezahlung der Prämie fordern kann oder nicht. Nach dem internen Rechtsverhältnis ist auch die Frage zu entscheiden, ob der Versicherungsnehmer dem versicherten Dritten die Versicherungsleistung herausgeben muss, wenn der Versicherer sie ihm, dem Versicherungsnehmer, bereits entrichtet hat.

---

[785] Vgl. U des Kantonsgerichts Zug vom 15. 3. 1978 (= SVA XIV Nr. 27 S. 122) mit instruktivem Sachverhalt und bemerkenswerten Erwägungen.

[786] Einlässlich das in N 785 zit. U. – Oft schliessen Gewerbetreibende solche Sachversicherungen lediglich ab, um ihr Verhältnis zu Kunden nicht zu belasten, wenn deren Sachen gestohlen, beschädigt oder zerstört werden.

III. RECHTSVERHÄLTNIS ZWISCHEN DEM VERSICHERUNGSNEHMER
UND DEM VERSICHERER

1. Der Versicherungsnehmer hat als Vertragspartei an sich die gleichen Rechte und Pflichten gegenüber dem Versicherer wie bei andern Versicherungsverträgen: Er allein ist Prämienschuldner, und nur er vermag über das Vertragsschicksal durch Kündigung usw. zu verfügen.

2. Grundsätzlich ist aber nicht der Versicherungsnehmer, sondern der versicherte Dritte im Versicherungsfall anspruchsberechtigt. Nach Art. 17 Abs. 2 VVG kann er jedoch – im Sinne von Ausnahmen – ohne Zustimmung des versicherten Dritten den Versicherungsanspruch[787] gegen den Versicherer geltend machen:

a) «Wenn der Versicherte den Versicherungsnehmer vorbehaltlos zum Abschluss des Vertrages beauftragt hat»; «vorbehaltlos» ist die Beauftragung, wenn der Auftraggeber nicht vereinbart, dass er selbst anspruchsberechtigt sein soll. Die Frage, wer Anspruchsberechtigter sei, kann nicht nur durch Auftrag, sondern in jedem Vertrag geregelt werden, mit welchem eine Versicherungspflicht stipuliert wird.

b) «Wenn dem Versicherungsnehmer eine gesetzliche Versicherungspflicht obgelegen hat». Dies trifft z. B. für die Motorfahrzeug-Haftpflichtversicherung nach Art. 63 Abs. 2 SVG zu: Der Halter hat nicht nur die eigene Haftpflicht zu versichern, sondern auch die Haftpflicht jener «Personen, für die er nach diesem Gesetz verantwortlich ist». Ausserhalb von Versicherungen, die der Staat durch öffentlich-rechtliche Bestimmung obligatorisch erklärt, kann eine Pflicht zum Abschluss einer Versicherung auch in einer gesetzlich umschriebenen Sorgfaltspflicht bestehen. So hat das Familienhaupt nach Art. 332 Abs. 2 ZGB die von den Hausgenossen eingebrachten Sachen «mit der gleichen Sorgfalt zu verwahren und gegen Schaden sicherzustellen wie die eigenen». Wenn es die eigenen Sachen z. B.

---

[787] Weiteres zur Anspruchsberechtigung in dem in N 785 zit. U. – Das VVG spricht ungenau vom Ersatzanspruch, da es davon ausgeht, dass in der Regel fremde Sachen versichert seien; z. B. in der Haftpflichtversicherung sind nicht Sachen, sondern die Haftpflicht einer Drittperson gedeckt, weshalb der Versicherungsanspruch in einem Befreiungs- oder Zahlungsanspruch und nicht in einem Ersatzanspruch besteht; vgl. hinten bei N 1449.

gegen Feuer und Diebstahl versichert, soll es die Versicherung auf die von den Hausgenossen eingebrachten Sachen ausdehnen[788].

c) Wenn eine ausdrückliche Zustimmung des versicherten Dritten vorliegt – sie kann vor oder nach Eintritt des Versicherungsfalles erteilt werden –, so darf der Versicherungsnehmer den Versicherungsanspruch ebenfalls in eigenem Namen gegen den Versicherer geltend machen.

3. Der Versicherungsnehmer muss seine Anspruchsberechtigung gegenüber dem Versicherer nachweisen. Erbringt er den Nachweis, so kann der Versicherer nicht mehr mit befreiender Wirkung an den Dritten leisten[789].

IV. RECHTSVERHÄLTNIS ZWISCHEN DEM VERSICHERTEN DRITTEN UND DEM VERSICHERER

1. Der versicherte Dritte ist nicht Vertragspartei. Trotzdem auferlegt ihm das Gesetz bestimmte Pflichten. Zu erwähnen ist Art. 5 Abs. 2 VVG, der wie folgt lautet: «Bei der Versicherung für fremde Rechnung (Art. 16) sind auch diejenigen erheblichen Gefahrstatsachen anzuzeigen, die dem versicherten Dritten selbst oder seinem Zwischenbeauftragten bekannt sind oder bekannt sein müssen, es sei denn, dass der Vertrag ohne Wissen dieser Personen abgeschlossen wird, oder dass die rechtzeitige Benachrichtigung des Antragstellers nicht möglich ist». An sich dürfte der Antragsteller – er ist nach Abschluss des Vertrages Versicherungsnehmer – gegenüber dem Versicherer allein anzeigepflichtig sein. Wenn er aber die ihm gestellten Fragen nicht selbst beantworten kann, muss er den Dritten um entsprechende Auskunft ersuchen. Somit besteht für den Antragsteller eine gesetzliche Erkundigungspflicht und für den Dritten, der dem Vertrag zustimmt, eine Auskunftspflicht[790].

2. Nach Art. 17 Abs. 1 VVG ist die Versicherung für fremde Rechnung auch dann verbindlich, wenn der versicherte Dritte den Vertrag erst nach

---

[788] Vgl. auch die Beispiele bei VIRET, Privatversicherungsrecht S. 187.

[789] KELLER, Komm. I S. 289.

[790] Vgl. zur Anzeigepflicht bei Vertragsabschluss vorne § 21. Wenn der Dritte die Auskunft verweigert, ist anzunehmen, dass er dem Abschluss des Vertrages nicht zustimmt. – Umstritten ist die Frage, ob der Dritte auch selbst gegenüber dem Versicherer anzeigepflichtig sei; sie wird bejaht von KELLER, Komm. I S. 118 f., und verneint von OSTERTAG, Versicherungsvertrag S. 89 N 3.

Eintritt des befürchteten Ereignisses genehmigt. Mit dieser missverständlichen Formulierung soll nicht etwa gesagt werden, dass die Existenz des Vertrages an sich von der Zustimmung des Dritten abhänge; vielmehr kann mit ihr lediglich gemeint sein, dass der Dritte nur Rechte und Pflichten aus dem Vertrag erwirbt, wenn er – vor oder nach Eintritt des Versicherungsfalles – seine Zustimmung gibt. Erst mit der Zustimmung wird der Dritte im Versicherungsfall Anspruchsberechtigter[791]. Er kann auch stillschweigend zustimmen, indem er den Versicherungsanspruch gegenüber dem Versicherer geltend macht. Weiter setzt Art. 18 Abs. 2 VVG die Zustimmung voraus: Danach darf der Versicherer die Bezahlung der Prämie auch vom versicherten Dritten fordern, wenn der Versicherungsnehmer zahlungsunfähig geworden ist und die Prämie vom Dritten noch nicht erhalten hat. Wenn der Dritte seine Zustimmung verweigert, erwächst ihm aus dem Versicherungsvertrag keinerlei Pflicht, auch nicht jene zur soeben erwähnten Prämienzahlung[792].

3. Dass der versicherte Dritte im Versicherungsfall grundsätzlich Anspruchsberechtigter ist, ergibt sich nicht ausdrücklich, sondern nur durch Umkehrschluss aus Art. 17 Abs. 2 VVG. Mit dieser Bestimmung werden nämlich – im Sinne von Ausnahmen – jene Fälle geregelt, in welchen der Versicherungsnehmer selbst anspruchsberechtigt ist[793].

4. Nach Art. 17 Abs. 3 VVG kann der Versicherer Forderungen, die ihm gegen den Versicherungsnehmer zustehen, nicht mit der Entschädigung verrechnen, die er dem versicherten Dritten schuldet[794].

---

[791] Vgl. zu diesem Begriff vorne bei N 328. – Ebenso KELLER, Komm. I S. 285 und 291.

[792] Wird der VN erst nach Eintritt des Versicherungsfalles zahlungsunfähig, so dürfte der Dritte in der Regel zustimmen, sofern er dadurch Anspruchsberechtigter wird und der Versicherungsanspruch grösser als die Prämienschuld ist.

[793] Vgl. vorne Z. III, 2; KOENIG S. 228 f.

[794] Soweit der Dritte Anspruchsberechtigter ist, hat er auch die Obliegenheiten (Pflichten) zu erfüllen, die Gesetz und Versicherungsvertrag dem Anspruchsberechtigten überbinden, z. B. die mit dem Versicherungsfall verbundenen Pflichten (Art. 38, 61 und 68) usw. Vgl. zu den Obliegenheiten vorne die §§ 29 und 30.

7. Abschnitt: Versicherungsfall

§ 34 VERSICHERUNGSFALL UND VERTRAGSSCHICKSAL

I. BEGRIFF UND FUNKTION DES VERSICHERUNGSFALLES

1. Wenn sich der Tatbestand erfüllt, der grundsätzlich eine Leistungspflicht des Versicherers oder – vom Anspruchsberechtigten her gesehen – einen Leistungsanspruch entstehen lässt, spricht man vom Versicherungsfall[795]. Der Tatbestand ist erfüllt, wenn sich die versicherte Gefahr am versicherten Gegenstand verwirklicht, wenn also die versicherte Person einen gedeckten Unfall erleidet, wenn der gegen Haftpflicht Versicherte aus einem Ereignis für den Schaden eines Dritten haftbar wird usw.[796]. Da es sich um eine *versicherte* Gefahr und einen *versicherten* Gegenstand handeln muss, liegt kein Versicherungsfall vor, wenn sich eine nichtversicherte, also z. B. eine von der Versicherung ausgeschlossene Gefahr[797], verwirklicht oder wenn eine Person oder Sache betroffen wird, die nicht versichert ist.

2. Das VVG verwendet den Begriff des befürchteten Ereignisses mehrfach – z. B. in Art. 9, 14, 38, 61, 96 usw. –; es umschreibt ihn aber nicht. Es legt somit die Merkmale nicht fest, die gegeben sein müssen, damit ein befürchtetes Ereignis vorliegt. Vielmehr überlässt es die Aufgabe der definitorischen Erfassung den Vertragsparteien, der Wissenschaft und der

---

[795] Das VVG nennt ihn das befürchtete Ereignis. Die beiden Ausdrücke haben die gleiche Bedeutung; vgl. vorne bei N 307. Ähnliche Umschreibung des Versicherungsfalles bei PRÖLSS-MARTIN, deutsches VVG N 3 zu § 1, KELLER, Komm. I S. 233, KOENIG S. 261.

[796] Die Leistungspflicht des Versicherers ist erst gegeben, wenn weitere Voraussetzungen erfüllt sind: So muss der Anspruchsberechtigte seine Anzeigepflicht gemäss VVG 38 erfüllt und den Anspruch begründet haben. Man nennt sie die sekundären Leistungsvoraussetzungen; vgl. MAURER, SVR I bei N 608 und derselbe, Unfallversicherung S. 223 ff. Es besteht daher eine Leistungspflicht des Versicherers nach Eintritt des Versicherungsfalles erst grundsätzlich oder bedingt in dem Sinn, dass weitere Voraussetzungen gegeben sein müssen.

[797] Vgl. zu den Ausschlüssen vorne bei N 532.

Rechtsprechung[798]. Mangels eines festumrissenen Begriffs ist bei jeder gesetzlichen Bestimmung zu prüfen, was sie unter dem befürchteten Ereignis versteht. Es ist m. a. W. auf die Funktion abzustellen, die eine Norm mit dem Ausdruck verbindet. Deshalb muss das befürchtete Ereignis z. B. für die Anzeigepflicht nach Art. 38 u. U. nicht genau dasselbe bedeuten wie in Art. 61 für die Rettungs- oder Schadenminderungspflicht[799]. Dies erklärt wenigstens teilweise, weshalb der Begriff des befürchteten Ereignisses in Doktrin und Rechtsprechung in mancherlei Hinsicht umstritten ist.

3. Das Gesetz knüpft in mehreren Bestimmungen an den Eintritt des befürchteten Ereignisses rechtliche Folgen, z. B. die Anzeigepflicht in Art. 38. In andern Normen vermeidet es den Ausdruck des befürchteten Ereignisses, verbindet aber Rechtsfolgen mit Merkmalen, die an den Begriff des befürchteten Ereignisses denken lassen. So beginnt z. B. die versicherungsrechtliche Verjährung in Art. 46 Abs. 1 Satz 1 nicht mit dem Eintritt des befürchteten Ereignisses, sondern mit dem «Eintritt der Tatsache, welche die Leistungspflicht begründet». Der Sinn der Bestimmung ist dann aus dem Zusammenhang zu ermitteln[800].

4. Der Versicherungsfall, also der Tatbestand, der grundsätzlich die Leistungspflicht des Versicherers entstehen lässt, muss sich verwirklichen[801], während der Vertrag wirksam ist, d. h. während der Dauer des Versicherungsschutzes[802]. Hier zeigt sich deutlich die Problematik, die mit dem Begriff des Versicherungsfalles verbunden ist. Da weder das Gesetz noch die Versicherungsverträge von einem einheitlichen Begriff, von den gleichen Merkmalen ausgehen, ist für jeden Versicherungszweig, ja für jeden

---

[798] Man kann von einem ausfüllungsbedürftigen Rechtsbegriff sprechen, wie dies in ähnlicher Weise z. B. auch für den Begriff des Unfalles zutrifft; vgl. MAURER, SZS 1972 S. 196 ff.

[799] Man könnte an den «funktionsbestimmten Rechtsbegriff» denken, wie LARENZ, Methodenlehre S. 466 ff., ihn versteht.

[800] In BGE *61* II 197 ff. wird bei der Auslegung von Art. 46 VVG für den Beginn der Verjährungsfrist zu Recht nicht auf den Begriff des befürchteten Ereignisses, sondern auf die anderslautende gesetzliche Formulierung abgestellt. Dies wird in der Literatur gelegentlich übersehen, z. B. von KOENIG S. 508 f. und KELLER, Komm. I S. 668.

[801] BGE *100* II 407 E. 2 und KOENIG S. 508.

[802] Vgl. vorne nach N 469. In der Praxis spricht man von der Deckung; vgl. vorne bei N 344.

Versicherungsvertrag zu untersuchen, welche Tatbestandselemente sich während der Dauer der vertraglichen Deckung verwirklichen müssen und welche nicht. Der wissenschaftliche Begriff des Versicherungsfalles ist daher insoweit nur von beschränktem Nutzen. Es dürfte zutreffender sein, allgemein von Leistungsvoraussetzungen zu sprechen, die anhand des Vertrages und allenfalls des Gesetzes zu ermitteln sind. Für die grosse Masse der dem Versicherer gemeldeten Fälle ergeben sich dabei kaum Schwierigkeiten. Solche treten jedoch auf, wenn die Versicherungsverträge einzelne Punkte ungenau regeln. Am Beispiel der Haftpflichtversicherung sind nun diese allgemeinen Ausführungen zu veranschaulichen.

5. a) Es ist umstritten, was in der Haftpflichtversicherung unter dem befürchteten Ereignis zu verstehen sei. Nach der einen Auffassung besteht es im schädigenden Ereignis, also z. B. in der Körperverletzung, Sachbeschädigung usw., für deren Folgen der gegen Haftpflicht Versicherte haftbar ist[803]; denn mit dem schädigenden Ereignis entsteht die Haftpflichtverbindlichkeit und mit ihr wird das Vermögen des Versicherten belastet. Die andere Auffassung will nicht auf das schädigende Ereignis, sondern auf den Zeitpunkt abstellen, in welchem der Geschädigte an den haftpflichtigen Versicherten Haftpflichtansprüche stellt; entscheidend ist danach nicht, wann die Haftpflichtverbindlichkeit entstanden ist, sondern wann sie geltend gemacht wird[804, 805].

b) aa) Oft führt eine Ursache nicht sofort, sondern erst nach einer mehr oder weniger langen Zeitspanne zum schädigenden Ereignis. Wenn z. B. der Fabrikant einen Öltank fehlerhaft herstellt, wird dieser vielleicht erst

---

[803] BGE *100* II 408 schildert zwei verschiedene Auffassungen, nimmt aber selbst nicht Stellung zu ihnen; vgl. z. B. KOENIG S. 506 f. und KELLER, Komm. I S. 235 N 2 und S. 546. In BGE *91* II 232 wird – ungenau – ausgeführt, dass nicht der Vorfall (der tatsächliche Vorgang), sondern nur die daraus entstehende Haftpflicht das befürchtete Ereignis in der Haftpflichtversicherung darstelle. Zu einem befürchteten Ereignis gehört jedoch begriffsnotwendig ein Ereignis; aber für die Haftpflichtversicherung kann ein solcher tatsächlicher Vorgang nur befürchtetes Ereignis sein, wenn er die Haftpflicht des Versicherten entstehen lässt und dadurch dessen Vermögen mit einer Verbindlichkeit belastet (Vermögensversicherung).

[804] ROELLI, Komm. I (1. A.) S. 463 f. N 5, JAEGER, Komm. II S. 269 ff. und BREHM, Le contrat d'assurance RC No. 30.

[805] Darstellung der verschiedenen Lösungsmöglichkeiten und deren Bedeutung für die Praxis bei MÜLLER, Haftpflichtversicherung Z. 28.

nach einigen Jahren wegen des Mangels leck, so dass das Öl ausfliesst und durch die Beschmutzung des Grundwassers einen Schaden wegen Fischsterbens bewirkt[805a]; oder wenn der Ingenieur für den Bau einer Brücke unrichtige statische oder andere Berechnungen anstellt, so wird die Brücke möglicherwiese nicht sofort nach ihrer Erstellung, sondern erst nach einigen Jahren einstürzen und dabei Menschen verletzen. Schädigende Ereignisse sind hier das Auslaufen des Öls und die Verschmutzung des Grundwassers sowie der Einsturz der Brücke und die damit verbundenen Körperverletzungen. Wesentliche, vielleicht weit zurückliegende Ursachen der schädigenden Ereignisse sind das Fehlverhalten des Fabrikanten und des Ingenieurs.

bb) Vor allem in der Berufs- und in der Betriebs-Haftpflichtversicherung hat sich längst die Frage gestellt, ob Ereignisse auch dann durch die Haftpflichtversicherung gedeckt sind, wenn die fehlerhaften Handlungen der versicherten Haftpflichtigen, welche eine natürliche und adäquate Ursache bilden, bereits vor Vertragsabschluss erfolgt sind, das schädigende Ereignis selbst aber erst während der Vertragsdauer eintritt. In der deutschen Doktrin stehen sich vor allem zwei Auffassungen gegenüber. Nach der *Verstosstheorie*[806] muss das fehlerhafte Verhalten in die Zeit der vertraglichen Deckung, somit in die Zeit nach Vertragsabschluss, fallen; sonst besteht für das schädigende Ereignis kein Versicherungsschutz. Die *Schadenereignistheorie* dagegen will das erwähnte fehlerhafte Verhalten, die primäre Ursache, unbeachtet lassen und auf das schädigende Ereignis selbst abstellen: fällt dieses in die Zeit der vertraglichen Deckung, so geniesst der Haftpflichtige Versicherungsschutz, selbst wenn die fehlerhafte Handlung bereits vor Abschluss des Vertrages begangen worden ist[807].

[805a] Vgl. auch hinten bei N 847.

[806] Der Name deutet darauf hin, dass an den Verstoss des Haftpflichtigen gegen Sorgfaltspflichten gedacht ist (Regelverstoss). Vgl. Näheres zu den hier erwähnten Theorien bei PRÖLSS-MARTIN, deutsches VVG N 2 zu § 149, mit weiteren Hinweisen zu Literatur und Judikatur. Die Verstosstheorie wird auch Kausalereignistheorie genannt, da auf die primäre Ursache abgestellt wird.

[807] Die Schadenereignistheorie wird auch Folgeereignistheorie genannt. – Es gibt noch weitere Theorien, so z. B. jene vom gedehnten Versicherungsfall. Sie können hier nicht dargestellt werden; vgl. PRÖLSS-MARTIN a. a. O. N 2 zu § 149 und BRUCK/MÖLLER, Komm. IV, Anm. B 18 ff.

c) Das Bundesgericht[808] hat sich in dieser für die Praxis wichtigen Frage für die Verstosstheorie entschieden und dafür einleuchtende Gründe angeführt. Es gewährt dem Versicherten nur für Ursachen Versicherungsschutz, die er nach Abschluss der Haftpflichtversicherung und während der vertraglichen Deckung setzt. Es hat dabei nicht gefragt, ob das fehlerhafte Verhalten ein Merkmal des Begriffs des befürchteten Ereignisses sei, sondern das Fehlverhalten, losgelöst von diesem Begriff, als Voraussetzung für die Leistungspflicht des Versicherers geprüft. Dieser Betrachtungsweise ist zuzustimmen.

Das Bundesgericht hat freilich Schlüsse gezogen, die Bedenken rufen. So erklärte es, dass das schädigende Ereignis auch dann noch durch den Vertrag gedeckt sei, wenn es – vielleicht jahrelang – nach dessen Aufhebung eintrete, vorausgesetzt, dass der Versicherte noch während der Vertragsdauer die haftungsbegründete Ursache gesetzt habe. Allein der Versicherungsvertrag kann die Frage, unter welchen Voraussetzungen der Versicherer leistungspflichtig sei, regeln, da der Grundsatz der Vertragsfreiheit gilt. Somit ist auch die Bestimmung zulässig, dass das schädigende Ereignis nur versichert sei, wenn es während der Dauer der vertraglichen Deckung eintrete[809]. Umgekehrt erlaubt die Vertragsfreiheit den Parteien eine ausdrückliche Vereinbarung, dass Versicherungsschutz auch für fehlerhafte Handlungen bestehe, die vor Abschluss des Versicherungsvertrages begangen werden, sofern das schädigende Ereignis während der Dauer der vertraglichen Deckung eintrete. Somit kann die vom Bundesgericht anerkannte Verstosstheorie nur gelten, wenn nicht durch

---

[808] BGE *100* II 408 ff. (= SVA XIV No. 35 S. 159 ff.) E. 4; vgl. auch die Besprechung dieses Urteils von MERZ, ZBJV 1976 S. 114 f. Zum beurteilten Tatbestand folgendes: J. hatte 1963 als Generalunternehmer für D. ein Chalet erstellt und einen fehlerhaften Butangasbadeofen installieren lassen. 1966 schloss er eine Haftpflichtversicherung ab. 1968 starb der Sohn von D. an einer Kohlenmonoxydvergiftung, die durch die Fehlerhaftigkeit des Badeofens verursacht worden war. Das BGer entschied, dass J. für seine Haftpflicht aus diesem Todesfall nicht versichert sei, da er die Ursache des Schadenereignisses vor Abschluss des Versicherungsvertrages gesetzt habe. – Einlässlichere Prüfung der verschiedenen Theorien bei BREHM a. a. O. No. 323 ff.

[809] Solche Bestimmungen finden sich häufig in Berufs- und Betriebs-Haftpflichtversicherungsverträgen.

klare vertragliche Bestimmungen eine abweichende Regelung getroffen wird[810, 811].

6. In der Schadens- und teilweise auch in der Personenversicherung wird der Versicherungsfall meistens Schadenfall oder Schadenereignis genannt. Abweichend von der Definition in Z. 1 vorne versteht die Versicherungspraxis darunter nicht nur Fälle, die einen Versicherungsanspruch entstehen lassen. Aus administrativen und statistischen Gründen registriert der Versicherer grundsätzlich jeden vom Versicherungsnehmer oder Anspruchsberechtigten angemeldeten Fall als Schadenfall, auch wenn er nach durchgeführter Prüfung seine Leistungspflicht verneint oder wenn er aus andern Gründen keine Leistung zu erbringen hat. Dies sind in seiner Fachsprache die «Fälle ohne Folge»[812]. Sobald ein Fall angemeldet und registriert ist, prüft der Versicherer die Deckungsfrage, d. h. die Frage, ob der angezeigte Sachverhalt nach dem betreffenden Vertrag unter den Versicherungsschutz[813] fällt. Dies ist der erste Schritt in der Schadenregulierung[814]. Unter ihr werden alle jene Vorkehrungen verstanden, die der

---

[810] In BGE *100* II 408 wird angenommen, dass die massgebende vertragliche Klausel nicht eindeutig gewesen sei, und auf S. 410 wird weiter ausgeführt, der Versicherte habe – selbst unabhängig von der erwähnten vertraglichen Bestimmung – annehmen müssen, er sei nur für die haftpflichtrechtlichen Folgen von Fehlern versichert, die er nach Vertragsabschluss begangen habe. Es ergebe sich gleichsam aus der Natur der Haftpflichtversicherung, dass die Dauer des Vertrages und die Dauer der vertraglichen Deckung – also des Versicherungsschutzes – nicht übereinstimmten, da auch Schadenereignisse gedeckt seien, die nach Aufhebung des Vertrages eintreten, sofern das Fehlverhalten in die Dauer der vertraglichen Deckung falle. Wie erwähnt, können die Parteien durch *klare* vertragliche Vereinbarungen von dieser Lösung abweichen. Zustimmend U des Kantonsgerichts von Graubünden vom 21./22. 8. 1978, in SVA XIV No. 75 S. 342. Es ging hier um die Haftpflicht eines Arztes. – Art. 9 und 33 VVG stehen einer abweichenden Vereinbarung nicht entgegen.

[811] Beispiele aus der Praxis für abweichende Vereinbarungen bei MÜLLER a. a. O. Z. 283 ff.

[812] Z. B. in der Motorfahrzeug-Haftpflichtversicherung bleiben zur Zeit gegen 20% aller gemeldeten Schadenfälle «ohne Folge», vor allem weil der VN die – nur geringe – Haftpflichtforderung des Geschädigten selbst begleicht, um einer Erhöhung seiner Prämie aufgrund des Prämienstufensystems auszuweichen oder weil der Geschädigte keine Haftpflichtansprüche stellt.

[813] Vgl. vorne bei den N 343a f.

[814] Sie wird im französischen Sprachgebiet als «Règlement de sinistre» bezeichnet.

Versicherer trifft, um den Versicherungsanspruch zu ermitteln und zu befriedigen.

II. KAUSALITÄT UND BEWEIS

1. Bei der Beurteilung von Versicherungsfällen spielt der Kausalzusammenhang, die Kausalität, eine bedeutende Rolle. Dabei gilt – wie allgemein im Privatrecht – die Lehre von der adäquaten Kausalität[815]. Es lässt sich aber nicht generell sagen, zwischen welchen Fakten der Kausalzusammenhang gegeben sein muss, damit eine Leistungspflicht des Versicherers entsteht oder ausgeschlossen wird. Diese Frage ist im Hinblick auf jeden einzelnen Vertrag und für jeden Versicherungsfall zu untersuchen. Dazu lediglich einige Hinweise: In der Kaskoversicherung wird u. a. der durch Unfall – durch ein gewaltsames, äusseres Ereignis – entstandene Schaden am Fahrzeug versichert. Deshalb ist nur für jene Beschädigung eine Leistung versprochen, die durch den Unfall verursacht worden ist, nicht aber z. B. für Korrosionsschäden, die zwar bei der Reparatur der unfallbedingten Schäden entdeckt werden, aber unabhängig vom Unfall entstanden sind. Somit muss die Kausalität zwischen Unfall und Beschädigung gegeben sein. Wenn in der Unfallversicherung die Kosten der ärztlichen Behandlung versichert sind, die sich aus der Behandlung der unfallbedingten Körperverletzung ergeben, dann muss der Versicherer grundsätzlich keine Leistungen entrichten für die Folgen einer Krankheit, die nach einem Unfall zwar festgestellt wird, durch ihn aber nicht in rechtserheblicher Weise verursacht worden ist. Es muss m. a. W. die Kausalität zwischen dem Unfallereignis und der gesundheitlichen Schädigung gegeben sein. Der Vertrag darf aber z. B. bestimmen, in welchem Umfang der Versicherer auch die Kosten einer Krankheit zu übernehmen habe, die zwar nicht durch den Unfall verursacht, aber doch durch ihn verschlimmert worden ist[816]. In Unfallversicherungsverträgen findet sich gelegentlich die Klausel, dass Unfälle von der Versicherung ausgeschlossen sind, wenn der Versicherte sie im Zustande der Betrunkenheit bei einem bestimmten Alkoholgehalt im Blute

---

[815] Vgl. hinten bei den N 894 ff.
[816] Vgl. dazu auch Art. 36 I UVG: Der Unfallversicherer hat die Heilbehandlung für die Krankheit voll zu gewähren, wenn diese auch nur teilweise die Folge eines versicherten Unfalles ist. Ähnliche Regelungen finden sich in den AVB privater Unfallversicherer.

erleidet. Aufgrund der vertraglichen Regelung ist dann zu prüfen, ob der Ausschluss auch dann gilt, wenn die Trunkenheit für den Unfall in keiner Weise kausal ist[817], wenn also der Betrunkene z. B. ohne jegliches Verschulden auf einem Trottoir von einem Auto angefahren und verletzt wird.

2. Bezüglich der wichtigen Beweispflicht gilt grundsätzlich die Regelung von Art. 8 ZGB: «Wo das Gesetz es nicht anders bestimmt, hat derjenige das Vorhandensein einer behaupteten Tatsache zu beweisen, der aus ihr Rechte ableitet». In Versicherungsfällen wird – ausser etwa bei fragwürdigen Umständen – nur ein abgeschwächter Beweis verlangt. So ist Sicherheit nicht erforderlich; es genügt vielmehr der Nachweis der hohen Wahrscheinlichkeit. Durch die Rechtsprechung wurde die Beweisanforderung für bestimmte Sachverhalte noch mehr gemildert: So muss der Anspruchsberechtigte in der Unfallversicherung lediglich glaubhaft machen, dass er einen Unfall erlitten hat, die hohe Wahrscheinlichkeit wird nicht gefordert[818].

III. VERTRAGSSCHICKSAL NACH DEM VERSICHERUNGSFALL

1. Der Vertrag kann nach einem befürchteten Ereignis für den Versicherungsnehmer sinnlos werden, so in der Sachversicherung, wenn sämtliche erfassten Sachen vollständig zerstört sind[819], oder in der Personenversicherung, wenn die einzige versicherte Person[820] durch ein gedecktes Ereignis

---

[817] Im Hinblick auf Art. 14 VVG ist zweifelhaft, ob ein solcher vertraglicher Ausschluss überhaupt zulässig sei.

[818] Für das Beweisrecht und insbesondere für die Tragung der Beweislast sei im übrigen verwiesen auf KUMMER, Komm. zu Art. 8 ZGB (Bern 1962) und Grundriss §§ 25–29, GULDENER, Zivilprozessrecht I S. 337 ff. und S. 344 ff. sowie für die Unfallversicherung gemäss UVG MAURER, Unfallversicherung S. 260 ff.

[819] Man spricht dann von Voll- oder Totalschaden. Dies trifft z. B. in der Kaskoversicherung zu, wenn das betreffende Motorfahrzeug vollständig zerstört ist.

[820] Im Gegensatz zur herrschenden Lehrmeinung (KELLER, Komm. I S. 609, und KOENIG S. 264 u. a. m.) sollte der Ausdruck Voll- oder Totalschaden in der Personenversicherung vermieden werden; einerseits aus ethisch/ästhetischen Gründen und andererseits wegen seiner Ungenauigkeit: In der Summenversicherung wird gar kein Schaden vorausgesetzt, wenn der Versicherte zufolge des Versicherungsfalles stirbt. Das VVG verwendet diesen Ausdruck nicht, sondern nur jenen des Teilschadens. Er ist, wenn auch weniger ausgeprägt, ebenfalls mit den erwähnten Mängeln behaftet.

stirbt. Wenn künftig neue Versicherungsfälle gar nicht mehr möglich sind, soll der Vertrag wegen veränderter Umstände aufgehoben werden können[821]. Es fehlt ihm am versicherten Gegenstand, weshalb sich die versicherte Gefahr auch nicht mehr verwirklichen kann[822].

2. Art. 42 VVG räumt den Vertragsparteien bei Teilschaden die Befugnis ein, vom Vertrag zurückzutreten, d. h. ihn durch Kündigung[823] aufzuheben. Ein Teilschaden im Sinne dieser Bestimmung ist dann gegeben, wenn sich nach einem Versicherungsfall aufgrund des betreffenden Vertrages noch weitere Versicherungsfälle ereignen können, m. a. W. wenn nicht die unter Z. 1 erwähnten Voraussetzungen vorliegen. Die Möglichkeit der Kündigung bei Teilschaden entspricht einem praktischen Bedürfnis. So kann der Versicherungsnehmer z. B. über die Art der Schadenregulierung verärgert sein und deshalb den Wunsch haben, sich vom bisherigen Versicherer zu trennen. Der Versicherer seinerseits ist vielleicht der Auffassung, dass es sich – technisch gesprochen – um ein schlechtes Risiko handle, das er nicht mehr versichern möchte[824].

3. Aus Art. 42 VVG ergibt sich folgendes:

a) Das Recht auf Kündigung besteht für alle Versicherungsarten. Deshalb wurde die Regelung im Abschnitt «Allgemeine Bestimmungen» untergebracht. Bei kombinierten Verträgen[825] hebt die Kündigung den gan-

---

[821] Vgl. vorne bei N 502.

[822] Dies trifft in der Unfallversicherung nicht zu, wenn der Versicherte vollinvalid wird, da er auch in diesem Zustand weitere Unfälle erleiden kann. – Vgl. zum versicherten Gegenstand § 24.

[823] Vgl. zu den Begriffen Kündigung und Rücktritt vorne bei den N 490 f.

[824] Vgl. zur Frage der Risikoselektion vorne bei N 100a.

[825] Ein kombinierter Vertrag umfasst z. B. die Motorfahrzeug-Haftpflicht-, Kasko- und die Insassenversicherung oder die Privathaftpflicht- und die Hausratversicherung. Wird z. B. nur eine Leistung aus der Kaskoversicherung beansprucht, so kann doch jede Partei nur den ganzen kombinierten Vertrag kündigen; Gl. M. SUTER, Sachversicherung S. 102. BGE 104 II 48 erklärt zwar, dass «bei zusammengesetzten und gemischten Verträgen jeder Teil des Ganzen nach seiner Eigengesetzlichkeit zu beurteilen ist». Er hatte jedoch nicht die Kündigung nach VVG 42, sondern die Frage zu prüfen, ob eine Personenversicherung, die zugleich als Schadens- und als Summenversicherung ausgestaltet ist, einheitlich, nach ihrem Hauptgegenstand oder ob jeder Teil für sich zu beurteilen sei; vgl. dazu vorne N 611. Vgl. zur Unterscheidung zwischen einfacher und kombinierter Versicherung hinten bei N 1305 f.

zen Vertrag auf, selbst wenn der Versicherungsfall nur ein einziges Risiko und nur eine Vertragsart betroffen hat. Eine «Teilkündigung» kann zwar vertraglich vereinbart werden; da es sich bei der Kündigung um ein Gestaltungsrecht[826] handelt, wäre sie aber dann kaum zulässig, wenn sie eine Vereinbarung z. B. über die Prämie für den noch geltenden Teil des Vertrages erforderlich machen würde.

b) Die Kündigung setzt voraus, dass der Versicherer leistungspflichtig ist, m. a. W. dass ein Versicherungsanspruch besteht. Entgegen dem Wortlaut in Abs. 1 muss es sich nicht um eine Geldschuld handeln, sondern es genügt auch eine Pflicht zur Erbringung einer Dienst- oder Sachleistung[827]. Eine Dienstleistung ist etwa gegeben, wenn der Versicherer in der Haftpflichtversicherung mit dem Geschädigten verhandelt, um unbegründete Haftpflichtansprüche abzuwehren, ohne dass es zu einer Zahlung kommt (Rechtsschutzfunktion: Abwehr unbegründeter Ansprüche); eine Sachleistung erbringt z. B. der Glasversicherer, wenn er für zerbrochenes Glas Naturalersatz beschaffen muss. Hingegen ist die Kündigung nicht zulässig, wenn der Versicherer zu keiner Leistung verpflichtet ist, z. B. weil der gemeldete Fall nicht unter den Versicherungsschutz fällt[828] oder wenn er eine freiwillige, also nicht geschuldete Zahlung macht (Kulanzzahlung)[829].

c) Die Kündigung hat «spätestens bei der Auszahlung der Entschädigung» zu erfolgen. Wenn der Versicherer mehrere Zahlungen zu leisten hat, ist darunter die letzte geschuldete Zahlung zu verstehen[830]. Die Kündigung

---

[826] Vgl. vorne bei N 489.

[827] Vgl. zu den Naturalleistungen hinten bei den N 938 ff. – Der zu enge Ausdruck Entschädigung, den VVG 42 I verwendet, schliesst nicht nur Leistungen aus einer Schadensversicherung, sondern auch jene aus einer Summenversicherung ein; vgl. zu dieser Unterscheidung vorne bei N 341.

[828] Wenn z. B. eine nichtversicherte Gefahr oder ein nichtversicherter Gegenstand vorliegen; oder wenn es sich um einen «Fall ohne Folge» handelt (vgl. vorne bei N 812).

[829] Vgl. den Unterschied zwischen Kulanzzahlung und Vergleich hinten bei N 1007. Wenn der Versicherer einen Vergleich abschliesst, gibt er zu, dass seine Leistungspflicht jedenfalls nicht eindeutig verneint werden könne. Es ist daher angezeigt, die Kündigung gemäss VVG 42 zuzulassen.

[830] Dies kommt besonders in der Unfall- und in der Haftpflichtversicherung vor, z. B. wenn mehrere Arzt- oder Apothekerrechnungen zu bezahlen sind oder wenn aus dem gleichen Versicherungsfall mehrere Geschädigte Haftpflichtansprüche stellen.

kann also bis zur vollständigen Befriedigung aller aus dem gleichen Fall entstandenen Versicherungsansprüche ausgesprochen werden[831]. Wenn der Versicherer die Leistung nicht an den Versicherungsnehmer selbst, sondern an einen Dritten erbringt[832], so hat der Versicherungsnehmer zu kündigen, sobald er von der Leistung Kenntnis erhält[833], andernfalls ist die Kündigung ungültig.

d) Kündigt der *Versicherer*, so fällt der Vertrag mit dem Ablaufe von vierzehn Tagen dahin, nachdem er dem Versicherungsnehmer die Kündigung mitgeteilt hat[834]. Art. 42 Abs. 2 will mit dieser Regelung dem Versicherungsnehmer Zeit verschaffen, eine neue Versicherung abzuschliessen. Er bestimmt sodann, dass der Versicherer diejenige Prämie zurückzuerstatten habe, «die auf die nicht abgelaufene Zeit der laufenden Versicherungsperiode und auf den Restbetrag der Versicherungssumme entfällt»[835].

e) Wenn der *Versicherungsnehmer* kündigt, so fällt der Vertrag dahin, sobald die Kündigung beim Versicherer eingetroffen ist. Der Vertrag läuft also nicht noch 14 Tage weiter. Abs. 3 bestimmt dies zwar nicht ausdrücklich, lässt aber keinen andern Schluss zu[836]. Dem Versicherer bleibt die

---

[831] Ähnlich KELLER; Komm. I S. 614.

[832] Beispiele: Der Haftpflichtversicherer befriedigt den Haftpflichtanspruch des Geschädigten durch Zahlung an diesen selbst; in der Kollektiv-Kranken- und -Unfallversicherung überweist der Versicherer den geschuldeten Betrag an den Versicherten oder er bezahlt Arzt- und Spitalrechnungen direkt.

[833] KELLER, Komm. I S. 614 N 10, und KOENIG; S. 266. – M. E. muss dem VN nach Treu und Glauben eine gewisse Deliberationsfrist eingeräumt werden. Die Kündigung dürfte in der Regel rechtzeitig erfolgt und damit gültig sein, wenn der VN sie dem Versicherer innerhalb von 24 Stunden ab Kenntnisnahme zugehen lässt. In den AVB der Haftpflichtversicherung findet sich oft die Bestimmung, dass der VN binnen 14 Tagen kündigen kann, nachdem er von der Auszahlung (meistens an den Geschädigten) Kenntnis erhalten hat; MÜLLER, Haftpflichtversicherung S. 93 Z. 362.

[834] Das Gesetz formuliert etwas ungenau: «So erlischt seine Haftung» und «Rücktritt vom Vertrage». – Die Kranken- und die Motorfahrzeug-Haftpflicht-Versicherer pflegen von diesem Kündigungsrecht grundsätzlich keinen Gebrauch zu machen (vgl. auch vorne N 584).

[835] Damit weicht das Gesetz von dem in Art. 24 und Art. 25 Abs. 1 umschriebenen Grundsatz der Unteilbarkeit der Prämie ab; vgl. dazu vorne bei N 676.

[836] Ebenso KELLER, Komm. I S. 616.

Prämie für die laufende Versicherungsperiode gewahrt[837]. Ist die Prämie für mehrere Versicherungsperioden vorausbezahlt, so hat der Versicherer die auf die künftigen Versicherungsperioden entfallenden Prämienbeträge zurückzuerstatten.

f) Wenn keine Partei vom Vertrag zurücktritt, «so haftet der Versicherer für die Folgezeit, wenn nichts anderes vereinbart ist, mit dem Restbetrage der Versicherungssumme». Mit dieser Bestimmung visiert Abs. 4 – ohne es freilich ausdrücklich zu sagen – zur Hauptsache die Sachversicherung[838] an: Wenn ein Teil der Versicherungssumme ausbezahlt ist, da die versicherten Sachen teilweise z. B. zerstört oder entwendet worden sind, so steht für weitere Versicherungsfälle nur noch der Restbetrag der Versicherungssumme zur Verfügung, sofern diese nicht durch Vereinbarung erhöht wird. Eine solche Vereinbarung wird immer dann zweckmässig sein, wenn der Versicherungsnehmer die zerstörten oder gestohlenen Sachen durch neue ersetzt.

g) Art. 42 Abs. 1–3 VVG sind halbzwingend im Sinne von Art. 98 VVG: Sie dürfen durch Parteivereinbarung nicht zum Nachteil des Versicherungsnehmers abgeändert werden. Abs. 4 ist dagegen dispositives Recht[839].

§ 35 OBLIEGENHEITEN AUS DEM VERSICHERUNGSFALL

Mit dem Eintritt des Versicherungsfalles entstehen neue Pflichten. Die Hauptverpflichtung[840] erwächst dem Versicherer: Er wird die Versicherungsleistungen zu erbringen haben. Die Anspruchsberechtigten haben ihrerseits mehrere Obliegenheiten[841], also Nebenverpflichtungen, zu erfül-

---

[837] Es gilt also der Grundsatz der Unteilbarkeit der Prämie; vgl. vorne N 671 und N 835.

[838] Immerhin dürfte die Bestimmung auch für die Personenversicherung gelten, wenn für den Fall der Invalidität, sei es aus Unfall, sei es aus Krankheit, eine Invaliditätssumme vereinbart ist und ein Teil davon für Teilinvalidität ausbezahlt wird. Dies scheint KOENIG S. 267 zu übersehen.

[839] Vgl. zu diesen Begriffen vorne bei N 270 f.

[840] Vgl. zu diesem Begriff vorne bei N 421.

[841] Vgl. zu den Begriffen des Anspruchsberechtigten und der Obliegenheiten vorne bei N 328 und vor N 700.

len. Die Versicherungsleistungen und – vom Standpunkt des Anspruchsberechtigten aus gesehen – der Versicherungsanspruch werden wegen ihrer besonderen Bedeutung in einem eigenen Abschnitt dargestellt (8. Abschnitt). Jene Obliegenheiten, die eng mit dem Versicherungsanspruch verknüpft sind, also z.B. die Auskunfts- und die Mitwirkungspflicht sowie die Pflicht zur Anspruchsbegründung, sind zusammen mit dem Versicherungsanspruch zu behandeln. Hier sind die Anzeigepflicht, das Veränderungsverbot und die Rettungspflicht zu skizzieren.

I. ANZEIGEPFLICHT

1. Sobald der Anspruchsberechtigte Kenntnis vom Eintritt des Versicherungsfalles und von seinen Ansprüchen hat, muss er den Versicherer unverzüglich benachrichtigen. Dies ergibt sich aus Art. 38 Abs. 1 und 3 VVG[841a]. Der Versicherer ist an der unverzüglichen Meldung interessiert: Einerseits möchte er, sofern ihm dies notwendig erscheint, die Umstände des Falles und dessen Folgen abklären, um sich vor ungerechtfertigten Ansprüchen zu schützen, und andererseits will er die Möglichkeiten der Schadenminderung voll ausschöpfen können.

2. Träger der Anzeigepflicht ist nach Gesetz der Anspruchsberechtigte. Allein in der Kollektivversicherung wird die Anzeigepflicht regelmässig vom Versicherungsnehmer erfüllt, auch wenn er selbst nicht anspruchsberechtigt ist. Dies gilt z.B. in der Kollektiv-Unfall- und -Krankenversicherung[842] und in der Gruppenversicherung, und zwar namentlich dann, wenn Versicherungsnehmer der Arbeitgeber oder eine von ihm errichtete Vorsorgeeinrichtung nach BVG und versicherte Personen die Arbeitnehmer sind. Dieser Umstand kann bedeutsam sein, wenn fraglich ist, ob der Anspruchsberechtigte seine Anzeigepflicht schuldhaft verletzt habe[843].

3. Erst wenn der Anspruchsberechtigte Kenntnis vom Versicherungsfall hat, ist er zur Anzeige verpflichtet. Blosses «Kennenmüssen» genügt nicht.

[841a] Vgl. zur Regelung gemäss UVG 45 f. MAURER, Unfallversicherung S. 224 ff.
[842] Nach Art. 87 VVG sind in diesen Zweigen die Versicherten anspruchsberechtigt, da ihnen ein selbständiges Forderungsrecht gegen den Versicherer eingeräumt wird. Sie sind in der Regel mit dem VN nicht identisch; vgl. bei N 760 und 774.
[843] Vgl. hinten bei den N 856 f.

Es trifft ihn somit in der Regel keine Erkundigungspflicht. Diese kann sich jedoch aus dem Grundsatz von Treu und Glauben gemäss Art. 2 ZGB ergeben[844].

4. Art. 38 enthält keine zwingenden Bestimmungen im Sinne von Art. 97 und 98 VVG. Die AVB regeln deshalb verschiedene Modalitäten der Anzeigepflicht, wobei sie vom Gesetz abweichen oder es ergänzen. So wird oft die schriftliche oder bei Todesfällen die telegrafische oder telefonische Anzeige vereinbart[845]. Da das Gesetz selbst nicht von einem bestimmten Begriff des Versicherungsfalles[846] ausgeht, bestimmen die AVB häufig, unter welchen Voraussetzungen die Anzeige zu erstatten sei. Es wird z. B. in der Haftpflichtversicherung festgelegt, dass ein Ereignis mitzuteilen sei, auch wenn es bloss möglicherweise die Versicherung betreffe. Dies kann ein Vorgang oder ein menschliches Verhalten sein, das sich abspielt, bevor überhaupt das schädigende Ereignis eingetreten ist: Z. B. das Auslaufen von Öl aus einem Tank, obwohl noch nicht sicher ist, dass daraus ein Schaden – z. B. Fischsterben wegen Verschmutzung des Grundwassers – und Haftpflichtansprüche Dritter entstehen[847].

5. Wenn der Anspruchsberechtigte seine Anzeigepflicht schuldhafterweise verletzt, so ist der Versicherer gemäss Art. 38 Abs. 2 VVG befugt, «die Entschädigung um den Betrag zu kürzen, um den sie sich bei rechtzeitiger Anzeige gemindert haben würde»[848]. Unverschuldete Verletzung ist gegeben, wenn diese nach den Umständen entschuldbar erscheint[849]. Letz-

---

[844] Wenn z. B. die Anspruchsberechtigten aus einer Unfallversicherung – etwa die Familienangehörigen – erfahren, dass der Versicherte während einer Reise im Ausland verstorben sei, sollen sie sich im Rahmen des Zumutbaren erkundigen, ob ein Unfall als Todesursache in Betracht kommt.

[845] Der Versicherer will sich die Möglichkeit offenhalten, eine Autopsie der Leiche zu erwirken. – Meistens schreiben die AVB die Ausfüllung eines bestimmten Formulares vor (Unfall-, Schadenanzeige usw.). Dies dient der administrativen Vereinfachung und damit der Ersparnis von Verwaltungskosten.

[846] Vgl. vorne bei N 798.

[847] Vgl. dazu vorne bei N 805a. – Wenn der Versicherer Kosten deckt, z. B. Kosten aus Massnahmen, die eine Verschmutzung des Grundwassers verhindern sollen, die dem Versicherten entstehen, so ist dies bereits ein Versicherungsfall.

[848] Zur Rechtsnatur dieser Kürzung vgl. vorne bei N 709 ff.

[849] KELLER, Komm. I S. 568. – Entschuldbarkeit ist z. B. anzunehmen, solange der Anspruchsberechtigte aus einer Unfallversicherung mit schweren Verletzungen im Krankenhaus liegt.

teres dürfte in der Kollektivversicherung regelmässig zutreffen, wenn der Arbeitnehmer als Anspruchsberechtigter den Arbeitgeber als Versicherungsnehmer über den Versicherungsfall orientiert und dieser es unterlässt, den Versicherer zu benachrichtigen. Der Versicherer darf seine Leistungen nur kürzen, wenn und soweit ihm aus der Anzeigepflichtverletzung ein Schaden entstanden ist. Für den Schaden trifft ihn die Beweispflicht. Da sich ein Schaden naturgemäss nur selten konkret bemessen lässt, wird in zahlreichen AVB eine Verwirkungsfrist für die Anzeige festgesetzt: Wird sie nicht eingehalten, so erlischt der Versicherungsanspruch des Anzeigepflichtigen[850]. Solche Verwirkungsfristen fallen in den Anwendungsbereich von Art. 45 Abs. 3 VVG[851].

6. «Wenn der Anspruchsberechtigte die unverzügliche Anzeige in der Absicht unterlassen hat, den Versicherer an der rechtzeitigen Feststellung der Umstände, unter denen das befürchtete Ereignis eingetreten ist, zu hindern», so ist der Versicherer gemäss Art. 38 Abs. 3 VVG an den Vertrag nicht gebunden[852]. Der Versicherer hat dem fehlbaren Anspruchsberechtigten für den betreffenden Versicherungsfall und auch für künftige Versicherungsfälle keine Leistungen zu erbringen. Für die andern Anspruchsberechtigten – zu denken ist vor allem an die Kollektivversicherung – bleibt der Vertrag wirksam und ebenfalls für den Versicherungsnehmer, wenn ihm selbst keine absichtliche Verzögerung vorgeworfen werden kann; dies obwohl Abs. 3 nicht ausdrücklich erwähnt, der Versicherer sei nur gegen-

---

[850] Eine solche Bestimmung findet sich oft z. B. in den AVB für die Motorfahrzeug-Kaskoversicherung: Die Anzeige ist sofort zu erstatten. Erfolgt sie erst nach dem 15. Tag vom Schadenfall an gerechnet oder erst nach der Reparatur des beschädigten Fahrzeuges, so fällt die Leistungspflicht des Versicherers dahin. Damit will sich der Versicherer die Möglichkeit offenhalten, einerseits abzuklären, welche Beschädigungen durch den Versicherungsfall verursacht worden sind, und andererseits auf eine rationelle Reparatur (Schadenminderung) hinzuwirken.
[851] Vgl. dazu vorne bei N 734a.
[852] Er kann also vom Vertrage zurücktreten; vgl. zum Rücktritt vorne bei N 498 und N 499a. – Beispiele: In der Unfallversicherung zeigen die hinterlassenen Begünstigten den Tod des Verunfallten absichtlich erst nach der Kremation an, damit der Versicherer nicht durch Autopsie abklären lassen kann, ob neben dem Unfall eine Krankheit für den Tod ursächlich ist; der Kaskoversicherte lässt sein beschädigtes Auto noch vor Einreichung der Schadenanzeige bei einem unzuverlässigen Reparateur reparieren, um zu verschleiern, dass einzelne Schäden nicht durch das versicherte Ereignis verursacht worden sind.

über dem fehlbaren Anspruchsberechtigten nicht an den Vertrag gebunden[853].

II. VERÄNDERUNGSVERBOT

1. Art. 68 Abs. 1 VVG regelt das Veränderungsverbot wie folgt: «Bevor der Schaden ermittelt ist, darf der Anspruchsberechtigte ohne Zustimmung des Versicherers an den beschädigten Gegenständen keine Veränderung vornehmen, welche die Feststellung der Schadenursache oder des Schadens erschweren oder vereiteln könnten, es sei denn, dass die Veränderung zum Zwecke der Schadensminderung oder im öffentlichen Interesse als geboten erscheint.»

2. Das Veränderungsverbot gibt dem Versicherer die Möglichkeit, den Versicherungsfall und dessen Folgen abzuklären, bevor Beweise oder Spuren verwischt oder verschwunden sind. Er soll sich damit vor ungerechtfertigten Ansprüchen schützen können. Dazu zwei Beispiele: Der Versicherungsnehmer, der eine Hausratversicherung hat, darf nach einem Zimmerbrand die leicht angebrannten Teppiche und Möbel nicht beseitigen, bevor der Versicherer Gelegenheit gehabt hat, sie zu besichtigen. Der gegen Kasko Versicherte darf das beschädigte Auto nicht reparieren lassen, bevor der Versicherte es besichtigt oder zur Reparatur freigegeben hat.

3. Art. 68 VVG gilt nach seiner Stellung im Gesetz nur in der Schadensversicherung[854]. Neben der Sachversicherung spielt das Verbot eine nicht

---

[853] Art. 40 VVG muss hier analog angewendet werden. Es wäre sachlich nicht zu begründen, die schuldlosen Anspruchsberechtigen und VN bei der absichtlichen Verzögerung der Anzeige anders, und zwar schlechter als bei der betrügerischen Anspruchsbegründung zu behandeln, wo der Vertrag schon nach dem Wortlaut des Gesetzes nur gegenüber dem fehlbaren Anspruchsberechtigten unverbindlich ist. Bei Art. 38 Abs. 3 VVG dürfte ein redaktionelles Versehen vorliegen; a. A. anscheinend KELLER, Komm. I S. 585, in Verbindung mit S. 569, 570 und 578, sowie KOENIG S. 269 Z. 2; sie nehmen an, dass der Versicherer auch gegenüber den schuldlosen Anspruchsberechtigten vom Vertrag zurücktreten könne, wenn ein einziger Anspruchsberechtigter die Anzeige absichtlich verzögert habe. – Während Art. 38 Abs. 3 lediglich die absichtliche Verzögerung der Anzeige regelt, befasst sich Art. 40 VVG mit jeder Art betrügerischer Anspruchsbegründung, also mit der Verschweigung und Behauptung von falschen Tatsachen usw.; vgl. hinten nach N 996.

[854] KOENIG S. 275 N 1 möchte ihn per analogiam auch in der Personenversicherung anwenden. Hier würde er naturgemäss von geringer Bedeutung sein.

§ 35 Obliegenheiten aus dem Versicherungsfall

unbedeutende Rolle in der Haftpflichtversicherung[855]. Hier ist jedoch zu beachten, dass dieses Verbot nicht etwa den Geschädigten, sondern nur den Haftpflichtversicherten erfasst.

4. Die Veränderung ist zulässig, wenn sie zur Schadenminderung erfolgt – Mobiliar wird aus dem brennenden Haus entfernt und an einen sicheren Ort gebracht – oder im öffentlichen Interesse liegt – das beschädigte Motorfahrzeug wird von der Strasse entfernt, damit der Verkehr wieder aufgenommen werden kann. Die Zustimmung des Versicherers zur Veränderung hebt das Verbot, z. B. zur Reparatur des Motorfahrzeuges, auf.

5. Handelt der Anspruchsberechtigte dem Veränderungsverbot in betrügerischer Absicht zuwider, so ist der Versicherer gemäss Abs. 2 «an den Vertrag nicht gebunden», d. h. er kann vom Vertrage zurücktreten und hat dann für den betreffenden und für spätere Versicherungsfälle nicht zu leisten[856]. Für die nicht betrügerische, bloss fahrlässige Verletzung des Verbotes setzt Art. 68 keine Folgen fest. Es dürfte eine Lücke des Gesetzes vorliegen. Sie ist analog Art. 38 Abs. 2 (Verletzung der Anzeigepflicht nach Eintritt des Versicherungsfalles) und 61 Abs. 2 VVG (Verletzung der Schadenminderungspflicht) wie folgt auszufüllen: Der Versicherer ist berechtigt, die Entschädigung um den Betrag zu kürzen, um den sie sich bei Beachtung des Veränderungsverbotes vermindert hätte[857]. Da Art. 68 VVG

---

[855] Beispiel: In einem Spital war eine Sterilisierungsanlage defekt, so dass sich bei Patienten schwerwiegende Infektionen einstellten. Das Spital als Haftpflichtversicherter durfte die Anlage nicht ohne Zustimmung des Versicherers verändern.

[856] Auch hier soll das Rücktrittsrecht nur gegenüber den fehlbaren Anspruchsberechtigten gegeben sein; es gilt sinngemäss, was zu Art. 38 Abs. 3 gesagt wurde; vgl. vorne bei N 852. – A. A. JAEGER; Komm. II S. 500 N 15. – Wenn z. B. der Kaskoversicherte sein beschädigtes Fahrzeug vor Benachrichtigung des Versicherers reparieren lässt, um diesem zu verheimlichen, dass zu dessen Lasten auch «unfallfremde» Schäden repariert werden, so kann der Versicherer seine Leistungspflicht für den Versicherungsfall ganz ablehnen. Meistens liegt freilich auch betrügerische Anspruchsbegründung gemäss Art. 40 VVG vor, welche zum gleichen Ergebnis führt.

[857] Vgl. zum Problem der Gesetzeslücke vorne bei N 275. KOENIG S. 276 und JAEGER, Komm. II S. 499 N 14, nehmen eine gemeinrechtliche Schadenersatzpflicht (aus Vertragsverletzung, OR 97 ff.) an. Diese Lösung dürfte nicht zutreffend sein, insbesondere dann nicht, wenn der Anspruchsberechtigte, der nicht VN ist, das Verbot verletzt; er steht ja in keinem Vertragsverhältnis zum Versicherer. Vgl. vorne bei N 713 f.

keine zwingende Vorschrift ist, kann die Parteivereinbarung eine weniger weit- oder auch weitergehende Folge vorsehen.

III. RETTUNGS- ODER SCHADENMINDERUNGSPFLICHT[858]

1. Wenn jemand einen Schaden, den er erlitten hat, nach Gesetz oder Vertrag auf andere Personen oder auf eine Versichertengemeinschaft abwälzen, d. h. ganz oder teilweise durch sie tragen lassen kann, soll er sich grundsätzlich so verhalten, dass der Schaden nicht unnötig vergrössert, sondern gegenteils verkleinert wird. Dieser Gedanke[859] kann mit dem Begriff der Schadenminderungspflicht ausgedrückt werden. Er hat seine schönste Ausprägung im Bundesgesetz über die Invalidenversicherung gefunden: Der Invalide darf nicht einfach eine Rente beanspruchen; er muss sich vielmehr vorerst zumutbaren Massnahmen unterziehen, die geeignet sind, ihn wieder ins Erwerbsleben einzugliedern und seine Erwerbsfähigkeit zu verbessern[860]. Zahlreiche andere Gesetze enthalten Bestimmungen, die ebenfalls auf diesem Gedanken aufbauen: Z. B. kann der Richter die Ersatzpflicht nach Art. 44 Abs. 1 OR ermässigen oder gänzlich von ihr entbinden, wenn der Geschädigte für Umstände einstehen muss, die auf die Verschlimmerung des Schadens eingewirkt haben. Die Regelung setzt eine Schadenminderungspflicht voraus[861]: Dem Geschädigten sind jene Massnahmen zur Schadenminderung zuzumuten, «die ein vernünftiger Mensch in der gleichen Lage ergreifen würde, wenn er keinerlei Schadenersatz zu erwarten hätte»[862].

[858] DIENER PETER, Verminderung von Gefahr und Schaden im Versicherungsvertragsverhältnis, Diss., Bern 1970, und Besprechung dieser Diss. von MAURER, SZS 1973 S. 239 f.

[859] Man könnte wohl von einem allgemeinen Rechtsgrundsatz sprechen; ähnlich KOENIG S. 277; er denkt offenbar lediglich an das Privatversicherungsrecht und nicht allgemein an die Rechtsordnung. – Der Grundsatz ist im Sozialversicherungsrecht und im Haftpflichtrecht von grosser Bedeutung; vgl. MAURER, SVR I bei N 730.

[860] MAURER SVR II bei N 403.

[861] Näheres bei VON TUHR/PETER, Obligationenrecht I S. 112 ff., und OFTINGER, Haftpflichtrecht I S. 266 ff.

[862] OFTINGER a. a. O. I S. 267. Ähnlich EICHLER, Versicherungsrecht S. 166: «Der Inhalt der Schadenminderungspflicht bestimmt sich vor allem danach, was der Versicherungsnehmer getan hätte, wenn er nicht versichert gewesen wäre.»

2. Nach Art. 61 Abs. 1 VVG ist der Anspruchsberechtigte «verpflichtet, nach Eintritt des befürchteten Ereignisses tunlichst für Minderung des Schadens zu sorgen». Diese Schadenminderungspflicht wird im Randtitel als Rettungspflicht bezeichnet[863]. Die Pflicht obliegt dem Anspruchsberechtigten[864], nicht aber dem Versicherungsnehmer, sofern er im betreffenden Versicherungsfall nicht ebenfalls anspruchsberechtigt ist. Der Anspruchsberechtigte hat nur zumutbare Massnahmen zu ergreifen. So soll er, falls er gegen Feuer versichert ist, sofort die Feuerwehr rufen, wenn seine Wohnung brennt. Er ist aber z. B. nicht verpflichtet, beim Brand Leib und Leben aufs Spiel zu setzen, um den versicherten Hausrat zu retten[865]. «Wenn nicht Gefahr im Verzuge liegt», muss der Anspruchsberechtigte «über die zu ergreifenden Massregeln die Weisung des Versicherers einholen und befolgen» (Art. 61 Abs. 1 Satz 2). Somit räumt das Gesetz dem Versicherer ein privatrechtlich verstandenes Weisungsrecht ein[866]. Er darf jedoch nur zumutbare Massnahmen anordnen. Da Art. 61 nicht eine zwingende Bestimmung im Sinne der Art. 97 und 98 VVG ist, kann durch Parteiabrede von ihr abgewichen werden. Es sind auch Vereinbarungen zulässig, wonach der Versicherungsnehmer – als Vertragspartei – Massnahmen zu ergreifen hat, wenn der Versicherungsfall noch nicht eingetreten ist, aber aufgrund besonderer Umstände sich zu verwirklichen droht. So kann in der Haftpflichtversicherung ein Heilmittelfabrikant als Versicherungsnehmer verpflichtet werden, ein Heilmittel zurückzuziehen, wenn sich

---

[863] Die Schadenminderungspflicht entsteht grundsätzlich erst mit dem Eintritt des Versicherungsfalles (vgl. aber hinten bei N 867); damit unterscheidet sie sich von der Prophylaxe (Gefahrsverminderung), die darauf abzielt, den Eintritt des Versicherungsfalles selbst zu verhüten (vgl. vorne bei N 6 und bei N 596 f.). Auch Art. 14 VVG befasst sich mit dem Verhalten *vor* Eintritt des Versicherungsfalles (Kürzung wegen grobfahrlässiger Herbeiführung des Versicherungsfalles; vgl. hinten § 36).
[864] Zu diesem Begriff vorne bei N 328.
[865] OFTINGER, a. a. O. I S. 267, schreibt zutreffend: «Das Prinzip von Treu und Glauben setzt Massstäbe und Grenzen (ZGB 2)». – Es sind somit die Interessen des Anspruchsberechtigten und des Versicherers gegeneinander abzuwägen (Gesichtspunkt der Interessenabwägung).
[866] Damit wird der Versicherer nicht etwa zum Träger von Amtsgewalt (= hoheitliche Gewalt). Er kann also keine Verfügungen erlassen, die der formellen Rechtskraft fähig wären; vgl. vorne bei den N 190 und 360.

Versicherungsfall

konkrete Anhaltspunkte ergeben haben, dass es gesundheitliche Schädigungen bewirkt, z. B. Krebs erzeugen kann usw.[867].

3. Art. 61 Abs. 2 VVG ermächtigt den Versicherer, die Entschädigung zu kürzen, wenn der Anspruchsberechtigte die Schadenminderungspflicht «in nicht zu entschuldigender Weise» verletzt. Dabei ist aber die Entschädigung nur um den Betrag zu kürzen, «um den sie sich bei Erfüllung jener Obliegenheiten vermindert hätte»[868]. Der Versicherer soll im Ergebnis nur jene Leistungen erbringen müssen, die er zu entrichten gehabt hätte, wenn die zumutbaren Massregeln zur Schadenminderung getroffen worden wären.

4. Art. 61 VVG gilt nach seiner Stellung im Gesetz nur für die Schadensversicherung. Seine analoge Anwendung in der Personenversicherung ist jedoch angezeigt. Die Pflicht leitet sich letztlich aus dem Grundsatz von Treu und Glauben ab. Daher ist der Versicherte in der Unfall- und Krankenversicherung z. B. verpflichtet, bei Unfall oder Krankheit den Arzt aufzusuchen, sich einer zumutbaren Behandlung oder gar Operation zu unterziehen usw.[869]. Dies gilt ebenfalls, wenn Leistungen für den Invaliditätsfall vorgesehen sind: die Invalidität ist durch geeignete zumutbare ärztliche und andere Massnahmen zu mindern.

5. Art. 70 VVG regelt die Kostenfrage. Der Versicherer ist gehalten, dem Anspruchsberechtigten die zum Zwecke der Schadenminderung «nicht offenbar unzweckmässig aufgewendeten Kosten auch dann zu vergüten, wenn die getroffenen Massnahmen ohne Erfolg geblieben sind». Hat der Versicherer jedoch Weisungen erteilt, so soll er die Kosten auch übernehmen, wenn seine Anordnung unzweckmässig war. Dies entspricht einem Gebot der Billigkeit. Der Versicherer muss im übrigen selbst jene Kosten tragen, die zusammen mit der Entschädigung die vereinbarte Versicherungssumme übersteigen. Da Art. 70 VVG dispositives Recht ist, kann im Vertrag vereinbart werden, dass Rettungskosten und Entschädigung zusammen nur im Rahmen der Versicherungssumme vom Versicherer übernommen werden müssen[870].

---

[867] Vgl. zum Begriff des Versicherungsfalles im Haftpflichtrecht vorne bei N 803 ff.

[868] Zur Rechtsnatur dieser Kürzung vgl. vorne bei N 717 f.

[869] Oft enthalten die AVB ausdrücklich entsprechende Klauseln. Eine Pflicht besteht auch dann, wenn solche fehlen.

[870] Eine solche Beschränkung findet sich etwa in Verträgen zur Versicherung

§ 36 SCHULDHAFTE HERBEIFÜHRUNG DES VERSICHERUNGSFALLES

I. ALLGEMEINES

1. Art. 14 VVG regelt die Folgen schuldhafter Herbeiführung des Versicherungsfalles[871] wie folgt: Führt der Versicherungsnehmer oder Anspruchsberechtigte das versicherte Ereignis absichtlich herbei, so ist der Versicherer nicht leistungspflichtig. Besteht zwar keine Absicht aber doch grobe Fahrlässigkeit, so muss der Versicherer grundsätzlich leisten; er kann jedoch seine Leistungen kürzen. Bei bloss leichtfahrlässiger Herbeiführung des Versicherungsfalles durch den Versicherungsnehmer oder Anspruchsberechtigten hat der Versicherer seine Leistungen voll, also ungekürzt, zu erbringen. Eine spezielle Regelung gilt, wenn Personen, die zum Versicherungsnehmer oder Anspruchsberechtigten in einem bestimmten Verhältnis stehen, das Ereignis absichtlich oder grobfahrlässig verursacht haben.

2. Mit dieser Ordnung greift das Gesetz in den Bereich der versicherten Gefahren ein: Es schliesst die Gefahr, die der Versicherer an sich zu tragen hat, ganz aus, wenn sie absichtlich verwirklicht wird, und es schränkt sie ein, wenn grobe Fahrlässigkeit vorliegt. Das Verschulden kann somit den Ausschluss oder eine Beschränkung des Risikos des Versicherers bewirken[872]; es wird von Gesetzes wegen als Gefahrsmoment im Sinne von Art. 33 VVG berücksichtigt[873].

3. Das Fehlen von Absicht und grober Fahrlässigkeit ist eine Voraussetzung für die ungeschmälerte Leistungspflicht des Versicherers. Man spricht daher von einer negativen gesetzlichen Voraussetzung oder Bedin-

von Atomanlagen. Die Kosten der radioaktiven Verseuchung könnten ungewöhnlich hoch sein, weshalb die Versicherer, die ja nur über begrenzte Mittel verfügen, ihr Risiko in der Sachversicherung – und auch in der Haftpflichtversicherung – durch Festlegung einer absoluten Versicherungssumme einschränken.

[871] Vgl. zum Begriff des Versicherungsfalles vorne bei N 795. – Vgl. auch die differenzierte Regelung in Art. 37 f. UVG und dazu MAURER, Unfallversicherung § 26.
[872] Ähnlich KELLER, Komm. I S. 247; KOENIG S. 303.
[873] Vgl. dazu vorne bei N 530 ff.

gung für die Leistungspflicht[874]. Versicherungsnehmer, Anspruchsberechtigte und Versicherte sind von Gesetzes wegen grundsätzlich nicht verpflichtet, Versicherungsfälle nicht herbeizuführen[875], sie also zu verhüten.

4. Die Rechtfertigung der gesetzlichen Regelung ist mehrfacher Art. Einmal soll der Versicherer, d.h. im Ergebnis die Versichertengemeinschaft[876], finanziell nicht übermässig belastet werden, wenn versicherte Ereignisse absichtlich oder grobfahrlässig herbeigeführt werden. Die Interessen der Versichertengemeinschaft und jene der einzelnen Anspruchsberechtigten werden gegeneinander abgewogen. Sodann scheint es aus dem Gesichtspunkt der Gerechtigkeit begründet, dass Leistungsfreiheit oder doch eine Kürzung der Leistungen eintritt, wenn die Versicherungsnehmer oder Anspruchsberechtigten den Versicherungsfall absichtlich oder grobfahrlässig herbeiführen: Sie sollen die Folgen ihres Verhaltens ganz oder doch teilweise selbst tragen. Endlich strebt die Regelung eine gewisse Stärkung des Verantwortungsbewusstsein an: Allzu grobe Verstösse gegen die Gebote der Vorsicht und der Vernunft sollen sich für die Betreffenden finanziell ungünstig auswirken[877]. Damit kann eine gewisse prophylaktische Wirkung verbunden sein. Man denke an den modernen Strassenverkehr[878]. Es wäre unangemessen, wenn die gesetzliche Regelung aus-

---

[874] KELLER, Komm. I S. 247, und KOENIG S. 302.

[875] Somit besteht jedenfalls keine entsprechende gesetzliche Obliegenheit; vgl. vorne bei N 706. Hingegen können Pflichten zur Prävention vertraglich begründet werden; vgl. hinten bei N 904a.

[876] Würden Absicht und grobe Fahrlässigkeit die Leistungspflicht des Versicherers nicht berühren, so müsste die Versichertengemeinschaft den Mehraufwand tragen; denn der Versicherer, der den Mehraufwand erbringt, überwälzt ihn naturgemäss auf die Prämienzahler.

[877] Sozialversicherungsgesetze enthalten vergleichbare Regelungen; vgl. z.B. Art. 37 f. UVG, Art. 18 Abs. 1 AHVG, Art. 7 IVG, Art. 7 MVG und dazu MAURER; SVR I S. 324 ff.

[878] BGE *92* II 254. Die prophylaktische Wirkung von Leistungskürzungen ist freilich umstritten, da sie nicht direkt beweisbar ist. Immerhin dürfte z.B. der Halter, der mit seinem Motorfahrzeug durch grobes Verschulden einen Dritten geschädigt hat und dann einen Teil des Schadens aus eigener Tasche begleichen musste (Rückgriff des Haftpflichtversicherers), nachher etwas vorsichtiger fahren. Generell könnte sich die prophylaktische Wirkung freilich nur dann verstärken, wenn die Motorfahrzeugfahrer vermehrt über Regresse der Versicherer orientiert würden.

schliesslich unter dem Gesichtswinkel der Risikobeschränkung des Versicherers betrachtet würde. Vielmehr will sie als eine Ordnung verstanden sein, die in mehrfacher Hinsicht, als Ganzes, eine gewisse Ausgewogenheit und Billigkeit anstrebt[879].

II. VERSCHULDEN

1. Die in Art. 14 VVG verwendeten Begriffe der Absicht und der Fahrlässigkeit haben keinen speziellen versicherungsrechtlichen Inhalt. Ihre Merkmale stimmen mit jenen des übrigen Zivilrechtes überein. Deshalb kann es hier mit einigen Hinweisen sein Bewenden haben; für das übrige wird auf die Literatur zu den Begriffen Verschulden und Selbstverschulden verwiesen[880].

2. Absichtliche Herbeiführung des Versicherungsfalles ist gegeben, wenn der *Erfolg* gewollt ist: Der gegen Unfall Versicherte *will* sich eine Körperverletzung beibringen[881]; der gegen Haftpflicht Versicherte will den Dritten schädigen usw. Nicht erforderlich ist, dass die Absicht darauf gerichtet ist, Versicherungsleistungen zu erlangen: Wenn sich ein gegen Unfall versicherter Wehrmann absichtlich verletzt, um nicht in den Militärdienst einrücken zu müssen, so ist der Unfallversicherer nach VVG 14 I nicht leistungspflichtig[882], obschon der Versicherte nicht handelt, um z. B. eine Invaliditätsentschädigung zu bekommen. Da der Erfolg gewollt sein muss, reicht dolus eventualis nicht aus, denn bei dieser Schuldform wird

---

[879] Dies ist bei der Auslegung von VVG 14 zu beachten.

[880] Vor allem OFTINGER, Haftpflichtrecht I S. 138 ff.; KELLER, Haftpflicht im Privatrecht S. 74 ff. und 99; DESCHENAUX/TERCIER, La responsabilité civile, § 7; STARK, Haftpflichtrecht, RZ 314 ff. und 441 ff. Im Sozialversicherungsrecht werden diese Begriffe in gleicher Weise verwendet; vgl. MAURER SVR I S. 325 ff.

[881] Instruktiver Fall in BGE *87* II 380: Der Versicherte legte sich Kompressen um den Hals, um sich autoerotisch zu betätigen; da er die Dosierung nicht beherrschte, erdrosselte er sich. Er wollte also weder den Tod noch überhaupt eine Körperverletzung, weshalb es sich um einen versicherten Unfall handelte. Nach UVV 50 kann der Unfallversicherer in solchen Fällen Wagnis geltend machen und seine Leistungen kürzen oder sogar verweigern; vgl. MAURER, Unfallversicherung S. 507 ff.; OSWALD, SZS 1958 S. 225 f.

[882] Bei absichtlicher Selbstschädigung ist der Unfallbegriff ohnehin nicht erfüllt; vgl. hinten bei N 1251.

der Erfolg zwar in Kauf genommen, aber er ist nicht eigentlich gewollt[883]. Wenn der Versicherungsnehmer das Ergebnis unter Zwang herbeiführt, liegt keine Absicht vor[884].

3. Grobfahrlässig handelt, «wer eine elementare Vorsichtspflicht verletzt, deren Beachtung sich jedem verständigen Menschen in der gleichen Lage aufdrängt»[885]. Die mangelnde Sorgfalt wird also gemessen am Durchschnittsverhalten, das von vernünftigen Menschen unter den gleichen Umständen zu erwarten wäre[886]. Im Gegensatz zur Absicht ist bei grober Fahrlässigkeit die Verursachung des versicherten Ereignisses nicht gewollt[887]. Grobe Fahrlässigkeit kann auch in einer bloss momentanen und unbewussten Unaufmerksamkeit bestehen[888]: Wer mit seinem Auto in einer Kurve

---

[883] Im Ergebnis gleich KELLER, Komm. I S. 250.

[884] BGE *99* II 91. Vgl. N 890.

[885] Vgl. z. B. BGE *92* II 253 E. 2, *95* II 340, *93* II 352 u. a. m. Der Begriff der groben Fahrlässigkeit ist im Privatversicherungsrecht nicht enger zu fassen als im übrigen Zivilrecht; BGE *92* II 253 f., bestätigt durch U des BGer vom 9. 2. 1978, SVA XIV No. 20 S. 99; a. m. VIRET, Privatversicherungsrecht S. 158, der annimmt, der Verschuldensbegriff sei im Versicherungsrecht einschränkender auszulegen als im gemeinen Zivilrecht. – BREHM, Le contrat d'assurance RC No. 520 ff. prüft den Begriff der groben Fahrlässigkeit in verschiedenen Rechtsgebieten. – Der Begriff wird auch für alle Zweige der Sozialversicherung gleich wie im Zivilrecht definiert. Vgl. Näheres bei BÜHLER, SZS 1985 S. 169 ff. und bei MAURER, SZS 1984 S. 84 ff. KELLER, Haftpflicht im Privatrecht S. 86: «Grobe Fahrlässigkeit: Das darf nicht passieren; einfache Fahrlässigkeit: Das kann passieren.» OSWALD, Unterschiede, SZS 1965 S. 1 N 1: Nach einer Äusserung im Zürcher Obergericht fragt man – volkstümlich – bei grober Fahrlässigkeit: «Wie hät er nu chönne?», bei leichter Fahrlässigkeit dagegen sagt man: «Er hät scho sölle».

[886] Zur Objektivierung des Fahrlässigkeitsbegriffes vgl. OFTINGER, Haftpflichtrecht I S. 143 ff.; KELLER, Komm. I S. 255 ff., mit zahlreichen Zitaten.

[887] Grobe Fahrlässigkeit streift also nicht an dolus; sie ist qualitativ und nicht nur quantitativ etwas anderes als Absicht; m. E. unzutreffend KOENIG S. 296; zutreffend BGE *92* II 253.

[888] BGE *92* II 253 ff. KELLER, Komm. I S. 256; a. M. KOENIG S. 296. – M. E. ist auch dann keine grobe Fahrlässigkeit gegeben, wenn eine Person durch mehrere Fehler den Versicherungsfall herbeiführt, wobei aber keiner von ihnen für sich allein als grobfahrlässig erscheint. Es findet m. a. W. keine «Addition» leichtfahrlässig begangener Fehler statt. Mindestens ein Fehler muss grobfahrlässig sein. In BGE 102 V 25 nimmt das EVG im Hinblick auf KUVG 98 III freilich an, dass bei Verletzung von Verkehrsregeln nicht nur la «violation d'une règle *élémentaire*» sondern auch schon la «violation de plusieurs règles *importantes* de circulation» grobfahrlässig sei.

§ 36 Schuldhafte Herbeiführung des Versicherungsfalles

die Sicherheitslinie überfährt und eine Kollision verursacht, handelt grobfahrlässig, auch wenn er nur wenige Sekunden unaufmerksam ist.

4. Leichte Fahrlässigkeit im Sinne von VVG 14 IV ist jede nicht grobe[889]. Es ist jeweilen anhand der erwähnten Definition zuerst zu prüfen, ob die Fahrlässigkeit grob ist. Immer aber bedeutet Fahrlässigkeit einen Mangel an Sorgfalt und Vorsicht, ein tadelnswertes Verhalten.

5. Absicht und Fahrlässigkeit setzen Urteilsfähigkeit[890] voraus. Wenn z. B. der geisteskranke Versicherte den versicherten Hausrat anzündet, handelt er nicht absichtlich im Sinne von Art. 14 VVG, da ihm die Urteilsfähigkeit gemäss Art. 16 ZGB fehlt. Selbst wenn er sich tötet, ist ein Unfall zu bejahen, da bei Urteilsunfähigkeit die Absicht zu verneinen ist. Hingegen kann grobe Fahrlässigkeit gegeben sein, wenn der Versicherte die Urteilsunfähigkeit durch grobes Verschulden herbeiführt[891]: wenn er sich z. B. betrinkt, obwohl er damit rechnen muss, dass er nachher ein Motorfahrzeug lenken wird. Dies gilt entsprechend für die Absicht: Wer sich z. B. Mut antrinkt, mit dem Willen, Selbstmord zu begehen, tötet sich dann eben doch absichtlich. Der Versicherer wird deshalb z. B. in der Unfallversicherung von Gesetzes wegen leistungsfrei, da die Absicht nach Art. 14 Abs. 1 VVG zu bejahen ist.

III. KAUSALZUSAMMENHANG

1. Das absichtliche oder grobfahrlässige Verhalten des Versicherungsnehmers oder Anspruchsberechtigten muss das befürchtete Ereignis «herbeigeführt» haben. Auch der Randtitel zu Art. 14 VVG spricht von Herbei-

---

[889] OFTINGER, Haftpflichtrecht I S. 153. BGE 100 II 338 nennt im Hinblick auf das Haftpflichtrecht als Zwischengrad das mittlere Verschulden (faute moyenne). Dieses ist bei VVG 14 nicht massgebend, da eine Kürzung ein *grobes* Verschulden voraussetzt.

[890] KELLER, Komm. I S. 251; Absicht und Fahrlässigkeit sind in der Regel auch dann nicht gegeben, wenn eine Person unter äusserem Zwang handelt: BGE *99* II 91. – Zwischen voller Urteilsfähigkeit und voller Urteilsunfähigkeit befindet sich nach einer nicht unbestrittenen Auffassung eine Zone der *reduzierten* Urteilsfähigkeit. Diese kann sowohl in einer herabgesetzten Einsicht als auch in einer geschwächten Willenskraft bestehen. Statt grober Fahrlässigkeit ist dann unter Umständen nur eine leichte Fahrlässigkeit anzunehmen; vgl. BGE 102 II 367 und MAURER, SZS 1984, S. 85 mit Hinweisen in N 14.

[891] KELLER, Komm. I S. 256 N 3.

führung. Daraus wurde geschlossen, dass nur ein Handeln, nicht aber eine Unterlassung zum Ausschluss oder zur Kürzung der Leistungen führen könne[892]. Allein es geht hier um die grundsätzliche Frage, ob die im übrigen Zivilrecht verwendete Lehre von der adäquaten Kausalität auch im Hinblick auf Art. 14 VVG ganz oder modifiziert gelte. Ihre grundsätzliche Anwendung im Gebiete des Privatversicherungsrechts ist heute kaum mehr umstritten. Es besteht aber auch kein Grund, sie für Art. 14 VVG zu modifizieren und damit eine vom gemeinen Recht abweichende Variante zu schaffen. Dies wäre eine unnötige Komplizierung innerhalb des Privatrechts. Wenn das Gesetz von «Herbeiführung» des Versicherungsfalles spricht, meint es damit ganz einfach «Verursachung»[893]. Somit ist auf die Lehre über die adäquate Kausalität abzustellen, wie sie vor allem im verwandten Bereich des Haftpflichtrechts[894] ihre Ausformung erfahren hat. Es kann sich nicht darum handeln, hier diese Lehre näher zu schildern; vielmehr sollen lediglich einige Hinweise folgen.

2. a) Ausgangspunkt ist der natürliche, d. h. naturgesetzliche, Kausalzusammenhang: Ein Vorgang ist dann Ursache, wenn ohne ihn der eingetretene Erfolg nicht oder doch nicht in dieser Weise denkbar wäre[895]. Nach der in der Schweiz herrschenden Lehre von der adäquaten Verursachung werden rechtlich aber nur jene natürlichen Ursachen berücksichtigt, «die nach dem gewöhnlichen Lauf der Dinge und der allgemeinen Erfahrung geeignet sind, den eingetretenen Erfolg zu bewirken, so dass der Eintritt dieses Erfolges als durch die fragliche Ursache wesentlich begünstigt erscheint»[896]. Eine natürliche Ursache wird demnach einer Person nur zuge-

---

[892] KOENIG S. 294.

[893] Auch Art. 41 Abs. 1 OR verwendet nicht den Ausdruck «Verursachung», meint aber ihn, wenn er das Wort «... Schaden zufügt ...» braucht.

[894] OFTINGER, Haftpflichtrecht I § 3 S. 70 ff.; GUHL/MERZ/KUMMER, Obligationenrecht S. 60 f.; KELLER, Haftpflicht im Privatrecht S. 47 ff.; VON TUHR/PETER, Obligationenrecht I S. 87 ff.; LAURI, Kausalzusammenhang, besonders § 7, §§ 10–14 u. a. m. – Erst in jüngerer Zeit hat das EVG die Adäquanztheorie auch im Sozialversicherungsrecht ausdrücklich als anwendbar erklärt und sie an gewisse Gegebenheiten adaptiert. Vgl. weitere Einzelheiten bei MAURER, Unfallversicherung, 24. Kapitel; derselbe in SZS 1984 S. 91 ff.

[895] Der Vorgang muss die conditio sine qua non für den Erfolg, für die Wirkung sein; OFTINGER; Haftpflichtrecht I S. 71 f.

[896] BGE *89* II 250 u. a. m.

§ 36 Schuldhafte Herbeiführung des Versicherungsfalles

rechnet, wenn sie nach allgemeiner Erfahrung generell geeignet ist, den eingetretenen Erfolg wesentlich zu begünstigen[897].

b) Ein Versicherungsfall geht oft auf mehrere Ursachen zurück; der Versicherte muss nur *eine* adäquate, d. h. wesentliche Ursache gesetzt haben. Wenn z. B. der Skifahrer A unverantwortlich schnell fährt und verunfallt, hat er eine adäquate Ursache gesetzt, obwohl auch der Skifahrer B, mit dem er kollidiert, unverantwortlich schnell gefahren ist; sowohl A als auch B haben also den Unfall des A adäquat verursacht.

c) Eine Unterlassung kann im physikalischen Sinn nie Ursache eines Erfolges sein[898]. Juristisch, d. h. nach der Lehre der Adäquanz, stellt man sie dem positiven Handeln dann gleich, wenn eine rechtliche Pflicht zum Handeln bestand, und wenn durch entsprechendes Handeln der Eintritt des Erfolges wahrscheinlich hätte verhindert werden können[899]. Bei der Herbeiführung von Versicherungsfällen sind Unterlassungen bedeutungsvoll, wobei sie aber oft in Verbindung mit einem Tun in Erscheinung treten: Der Halter unterlässt es, die defekten Bremsen seines Autos zu reparieren und kollidiert deshalb beim Abwärtsfahren mit einer Mauer, wodurch sein kaskoversichertes Auto beschädigt wird. Das Fahren ist das Tun. Das Nichtreparieren ist die Unterlassung: Eine gesetzliche Pflicht zur Reparatur besteht insoweit, als man nur mit betriebssicheren Motorfahrzeugen herumfahren darf; mit der Behebung des Defektes wäre wahrscheinlich die Kollision verhütet worden. Infolgedessen hat dieser Halter den Versicherungsfall – Beschädigung des eigenen Fahrzeuges in der Kaskoversicherung – durch eine Unterlassung adäquat verursacht. Da sein Verhalten grobfahrlässig erscheint, wird der Versicherer die Leistungen kürzen[900].

---

[897] Eine Ursache ist adäquat, wenn sie die Wahrscheinlichkeit des Schadenseintritts nach allgemeiner – z. B. auch statistischer – Erfahrung signifikant vergrössert hat; vgl. zu diesem Problem GLAUSER, Rechtslehre S. 52 f.

[898] OFTINGER, Haftpflichtrecht I S. 88; MAURER, Unfallversicherung S. 459.

[899] Im Haftpflichtrecht spielt hier der Gefahrensatz eine grosse Rolle: Wer einen gefährlichen Zustand schafft oder unterhält, ist verpflichtet, zumutbare und geeignete Schutzmassnahmen zu ergreifen, um Schädigungen Dritter zu verhindern. OFTINGER, Haftpflichtrecht I S. 88.

[900] Gl. M. KELLER, Komm. I S. 236; JAEGER, Komm. II S. 320 f. N 4, leitet die Pflicht zum Handeln rechtlich aus Art. 2 ZGB ab: Der VN darf nicht mit verschränkten Armen zusehen, wie der Versicherungsfall eintritt, während er durch sein Eingreifen ohne eigene Gefahr ihn hätte verhindern können. Nach ROELLI,

Häufig wird aber der Versicherungsnehmer nicht durch ein Gebot der Rechtsordnung, sondern nur durch den Versicherungsvertrag selbst verpflichtet, bestimmte Handlungen vorzunehmen, um den Eintritt des Versicherungsfalles zu verhindern. Auf die Wirkung solcher Vereinbarungen im Hinblick auf Art. 14 VVG ist in anderem Zusammenhang noch zurückzukommen[901].

IV. ABGRENZUNGEN

1. Art. 14 VVG befasst sich mit der Verursachung des Versicherungsfalles. Anders dagegen Art. 61 VVG: Die Rettungs- oder Schadenminderungspflicht[902] setzt erst ein, wenn der Versicherungsfall bereits eingetreten ist.

2. Eine Kollision kann zwischen Art. 29 Abs. 2 und Art. 14 VVG entstehen. Vertraglich darf vereinbart werden, dass der Versicherungsnehmer eine Massnahme zur Gefahrsminderung zu treffen habe, wobei der Versicherer bei Verletzung dieser Obliegenheit an den Vertrag nicht gebunden sei[903]. Trifft der Versicherungsnehmer diese Massnahme nicht und ereignet sich deshalb ein Versicherungsfall, dann fragt sich, ob der Vertrag unverbindlich, der Versicherer also überhaupt nicht leistungspflichtig sei, oder ob er lediglich gemäss Art. 14 VVG kürzen könne, sofern überhaupt grobe Fahrlässigkeit vorliegt. Allein Art. 29 Abs. 2 VVG lässt die vereinbarte Unverbindlichkeit zu, sofern die Verletzung der Obliegenheit kausal für den Eintritt des befürchteten Ereignisses und für den Umfang der Versicherungsleistungen ist. Der Versicherer ist folglich nicht leistungspflichtig: Nicht Art. 14, sondern Art. 29 Abs. 2 VVG ist anwendbar. Letztere Bestimmung ist gegenüber der ersteren eine Spezialvorschrift[904]. Da Art. 45 Abs.

Komm. I (1. A.) S. 219, und KOENIG S. 294 kann der Versicherungsfall im Sinne von Art. 14 VVG nur durch aktives Handeln, nicht durch eine Unterlassung «herbeigeführt» werden. Es besteht jedoch, wie erwähnt, kein Grund, in diesem Punkt von der Lehre der adäquaten Verursachung abzuweichen.

[901] Vgl. hinten bei N 904a. Für die Fragen der Unterbrechung des Kausalzusammenhangs, der mittelbaren Verursachung usw. ist auf die in N 894 erwähnte Literatur sowie auf KELLER; Komm. I S. 236 ff., zu verweisen.
[902] Vgl. vorne bei N 858.
[903] Vgl. vorne bei N 603.
[904] Ebenso KELLER; Komm. I S. 249; a. A. noch ROELLI, Komm. I (1. A.) S. 196;

§ 36 Schuldhafte Herbeiführung des Versicherungsfalles

1 VVG den vereinbarten Rechtsnachteil nur bei Verschulden Platz greifen lässt, muss die Verletzung der Obliegenheit zur Gefahrsprävention zumindest auf einem leichten Verschulden beruhen.

3. Oft verpflichtet sich der Versicherungsnehmer vertraglich zu einer Präventivmassnahme[904a], ohne dass die Folgen der Vertragsverletzung vereinbart werden. Er ist dann zu einem Tun verpflichtet. Handelt er nicht, so dass der Versicherungsfall wegen seiner Unterlassung eintritt, ist Art. 14 VVG anwendbar: Bei grobfahrlässiger Unterlassung tritt eine Kürzung ein. Das VVG sieht für den Fall von bloss leichter Fahrlässigkeit keine Rechtsnachteile vor.

V. BEWEIS

Will der Versicherer seine Leistungen kürzen oder gar verweigern, so hat er zu beweisen, dass grobe Fahrlässigkeit oder Absicht gegeben sind und eines von beiden eine adäquate Ursache des Versicherungsfalles ist. Dies ergibt sich aus Art. 8 ZGB: Da der Versicherer eine die Leistungspflicht ausschliessende oder herabsetzende Tatsache behauptet, muss er sie beweisen[905]. Wenn aber der Anspruchsberechtigte behauptet, er habe den Versicherungsfall im Zustand einer – nicht grobfahrlässig herbeigeführten – Urteilsunfähigkeit verursacht, muss er nach der gleichen Bestimmung für diese Behauptung den Beweis erbringen[906].

---

nicht eindeutig KOENIG S. 303. – Dazu ein Beispiel: Ein Bijoutier hat sich durch Versicherungsvertrag verpflichtet, für das Schaufenster Alarmeinrichtungen betriebsbereit zu halten, mit denen bei Einbruch automatisch die Polizei benachrichtigt wird. Der Versicherer ist nach der Vereinbarung leistungsfrei, wenn diese Obliegenheit verletzt wird. Der VN schaltet die Einrichtung eines Abends aus, um das Schaufenster zu reinigen, und vergisst, sie nachher wieder einzuschalten. In der Nacht wird das Schaufenster ausgeraubt. Dies wäre wahrscheinlich nicht möglich gewesen, wenn die Alarmanlage funktioniert hätte. Der Versicherer ist nach Art. 29 Abs. 2 VVG nicht leistungspflichtig, auch wenn angenommen wird, den Bijoutier treffe nur ein leichtes Verschulden. Wäre dieser aber schuldlos, dann müsste der Versicherer gemäss Art. 45 Abs. 1 VVG die Leistungen voll entrichten.

[904a] Vgl. vorne bei N 875.
[905] Vgl. auch vorne vor N 818.
[906] Vgl. vorne bei N 890.

VI. WIRKUNGEN SCHULDHAFTER HERBEIFÜHRUNG DES VERSICHERUNGSFALLES

1. a) Wenn der Versicherungsnehmer den Versicherungsfall absichtlich oder grobfahrlässig verursacht, kann der Versicherer einmal dessen Anspruch ablehnen bzw. kürzen, ferner aber auch die Ansprüche anderer Personen. Wenn also z. B. der Versicherungsnehmer den Hausrat grobfahrlässig in Brand steckt, darf der Feuerversicherer die Entschädigung sowohl für seine Sachen als auch für jene dritter Personen – z. B. der Hausgenossen – kürzen, soweit sie überhaupt gegen Feuer versichert sind. Diese Auffassung wird beinahe einhellig vertreten[907]. Sie lässt sich damit begründen, dass sich das grobe Verschulden der Vertragspartei eben auf den ganzen Vertrag, d. h. auf alle Anspruchsberechtigten, auswirkt. In dieser Richtung weist wohl auch der Wortlaut in Art. 14 Abs. 1–3 VVG, da der Versicherungsnehmer neben dem Anspruchsberechtigten ausdrücklich genannt ist. Diese Auffassung ist jedenfalls dann unbefriedigend, wenn der Arbeitgeber als Versicherungsnehmer für seine Arbeitnehmer durch Versicherung Vorsorge getroffen, z. B. eine Kollektiv-Unfall- oder eine Gruppenversicherung (mit den Risiken Alter, Tod, Invalidität) abgeschlossen hat. Es ist stossend, dass die Ansprüche der Arbeitnehmer gekürzt werden dürfen, wenn nicht sie, sondern der Arbeitgeber den Versicherungsfall durch grobes Verschulden verursacht hat[908]. Zumindest für diesen Tatbestand

---

[907] KELLER, Komm. I S. 252, KOENIG S. 296 u. a. m.; BGE *91* II 236 E. 2, e.

[908] Der Arbeitgeber, ein Gastwirt, hantiert mit der offenen Benzinflasche am Feuer und verursacht eine Explosion; die Angestellte, die sich gerade in der Küche befindet, wird invalid. Soll ihr Versicherungsanspruch gekürzt werden dürfen, obwohl sie schuldlos ist und ihr Arbeitgeber die Invalidität grobfahrlässig verursacht hat? Soweit es sich um die Kollektivunfallversicherung handelt, die der Arbeitgeber gemäss UVG 59 II mit dem privaten Unfallversicherer abgeschlossen hat, sind für die Kürzung oder Verweigerung der Leistungen die Art. 37 und 38 UVG anwendbar, da sie im Verhältnis zu VVG 14 die spezielleren Normen darstellen (lex specialis derogat legi generali). Sie schliessen für diesen Fall eine Kürzung aus. Nach der im Kontext vertretenen Auffassung sollen aber auch bei einer allfälligen Zusatzversicherung die Leistungen der versicherten Arbeitnehmer oder ihrer Hinterlassenen nicht gekürzt werden, wenn der Arbeitgeber, d. h. der VN, den Unfall durch grobes Verschulden verursacht hat. Vgl. zu den Zusatzversicherungen hinten bei N 1265a.

weist das Gesetz eine unechte Lücke auf[909]. Sie ist dahin auszufüllen, dass die Ansprüche der Arbeitnehmer, die nicht selbst ein grobes Verschulden trifft, nicht gekürzt oder gar verweigert werden dürfen, wenn der Arbeitgeber als Versicherungsnehmer die Ursache des Versicherungsfalles durch grobes Verschulden gesetzt hat.

b) Wenn ein Anspruchsberechtigter, der nicht Versicherungsnehmer ist, den Versicherungsfall durch grobes Verschulden verursacht, soll nur sein Anspruch, nicht aber jener der übrigen Anspruchsberechtigten gekürzt oder abgelehnt werden dürfen. Wenn also z. B. die begünstigte Ehefrau ihren Mann absichtlich tötet, soll nur ihr eigener Anspruch aus der Lebensversicherung des Mannes, nicht aber der Anspruch ihrer Kinder, die ebenfalls begünstigt sind, verweigert werden können. Dieses Ergebnis wird durch den Wortlaut von Art. 14 VVG nicht ausgeschlossen. Es entspricht der Billigkeit, welche der Gesetzgeber mit der Regelung in Art. 14 VVG berücksichtigt wissen will[910].

c) Der Versicherte ist nicht immer selbst anspruchsberechtigt. Wenn er den Versicherungsfall durch grobes Verschulden verursacht, fragt sich, ob der Versicherungsanspruch des Dritten gekürzt oder – bei Absicht – abgelehnt werden darf. Dazu ein Beispiel. In der Kollektiv-Unfallversicherung wird der Versicherungsanspruch für den Todesfall meistens durch Begünstigung auf Dritte, z. B. auf die Ehefrau, Kinder, Eltern usw., übertragen. Verunfallt der Versicherte tödlich, so ist nicht er selbst anspruchsberechtigt, sondern der begünstigte Dritte. Da Art. 14 VVG diesen Sachverhalt nicht regelt, liegt eine Lücke des Gesetzes vor. Sie ist dahin auszufüllen, dass die Ansprüche zu kürzen oder, bei absichtlicher Herbeiführung des Versicherungsfalles, abzulehnen sind, wenn der Versicherte selbst, der

---

[909] Vgl. dazu MAURER, SZS 1972 S. 184 ff., mit Literaturhinweisen; derselbe SVR I S. 230.

[910] Vgl. vorne bei N 879; im Ergebnis gleich KOENIG S. 297; ROELLI, Komm. I (1. A.) S. 222, erwähnt m. E. zu Recht, dass der (Dritte) Anspruchsberechtigte, der ja nicht Vertragspartei ist, durch Absicht nur seinen eigenen Anspruch verwirken kann, nicht aber jenen anderer Anspruchsberechtigter; ähnlich BGE *91* II 234 f. für die Motorfahrzeug-Haftpflichtversicherung; a. A. KELLER, Komm. I S. 253: Das grobe Verschulden eines einzigen Anspruchsberechtigten wirkt sich, auch wenn er nicht VN ist, auf die Ansprüche der übrigen Anspruchsberechtigten ebenfalls aus. Vgl. hinsichtlich der Motorfahrzeug-Haftpflichtversicherung hinten bei N 929.

weder Versicherungsnehmer noch Anspruchsberechtigter ist, den Versicherungsfall durch grobes Verschulden verursacht hat[911, 912].

2. a) Nach Art. 14 Abs. 1 VVG entfällt die Leistungspflicht des Versicherers ganz, wenn der Versicherungsnehmer oder Anspruchsberechtigte das befürchtete Ereignis absichtlich herbeigeführt hat.

b) Ist nicht Absicht, sondern grobe Fahrlässigkeit gegeben, «so ist der Versicherer berechtigt, seine Leistungen in einem dem Grade des Verschuldens entsprechenden Verhältnis zu kürzen». Somit ist innerhalb der groben Fahrlässigkeit nach der Schwere des groben Verschuldens abzustufen. Es sollen z. B. *besonders* schwere Fälle von Mutwilligkeit, Verantwortungs-

---

[911] Im Ergebnis gleich BGE *87* II 382 ff. Es wird die nicht befriedigende Konstruktion verwendet, dass primär der Versicherte anspruchsberechtigt sei, auch wenn er durch den Unfall sterbe; seine Witwe habe ein abgeleitetes Recht. (Nach dieser Konstruktion würde der Anspruch in den Nachlass fallen.) Durch die Begünstigung überträgt der VN den Anspruch aus dem Tode des Versicherten auf einen Dritten, z. B. auf die Ehefrau oder die Kinder. Der Versicherte und seine Erben sind deshalb im Todesfall nicht mehr anspruchsberechtigt. Die Begünstigten müssen sich jedoch das grobe Verschulden des Versicherten an seinem Tod entgegenhalten lassen, da dies dem Sinn der gesetzlichen Regelung entspricht. Einlässlich zu diesem Problem GIRSBERGER, SJZ 1962 S. 19 ff. Er zeigt anhand der Gesetzesmaterialien auf, dass an diesen Sachverhalt nicht gedacht worden ist; a. A. - jedoch ohne Begründung - JAEGER, Komm. III S. 83 N 37: Wenn der Versicherte (sc. in der Lebens-Fremdversicherung) Selbstmord begeht, das versicherte Ereignis also absichtlich herbeiführt, bleibt der Versicherer leistungspflichtig, da der Versicherte selbst nicht Anspruchsberechtigter ist. Wie JAEGER anscheinend KELLER, Komm. I S. 239 i. f. - Das Problem ist in der Gruppenlebensversicherung bedeutsam, da der Versicherte von Gesetzes wegen gegenüber dem Versicherer nicht anspruchsberechtigt ist: Der Versicherungsanspruch über Tod, Invalidität und Alter steht - wenn vertraglich nichts anderes vereinbart worden ist - dem VN zu. Wenn der Versicherte das versicherte Ereignis durch grobes Verschulden verursacht, sind Art. 14 Abs. 1 und 2 VVG *analog* anwendbar: Sein grobes Verschulden wirkt sich auf die aus dem Versicherungsfall entstandenen Ansprüche aus.

[912] Art. 37 II und 38 II UVG regeln die Kürzungen, wenn der Unfall durch grobe Fahrlässigkeit verursacht wird, folgendermassen: Wenn der Versicherte selbst grobfahrlässig gehandelt hat, werden die Geldleistungen gekürzt, die ihm zukommen und ebenso jene, die den Hinterlassenen zu entrichten sind, wenn er an den Unfallfolgen stirbt. Seine grobe Fahrlässigkeit wirkt sich somit auch auf die Hinterlassenenrente aus. Wenn die Hinterlassenen seinen Unfall grobfahrlässig verursachen, so werden ihre Renten ebenfalls gekürzt und in besonders schweren Fällen sogar verweigert. Vgl. weitere Einzelheiten bei MAURER, Unfallversicherung S. 479 ff.

§ 36 Schuldhafte Herbeiführung des Versicherungsfalles

losigkeit und leichtfertiger Provokation gegenüber drohenden Gefahren zu einer höheren Kürzung führen als die eher noch verzeihlichen Verstösse gegen Sorgfaltspflichten. Das Verschulden dessen, der sich betrinkt, obwohl er weiss, dass er kurze Zeit später ein Motorfahrzeug auf belebter Strasse zu lenken hat, gehört z. B. zur ersteren Kategorie, da er besonders unverantwortlich handelt; eine hohe Kürzung ist am Platze, wenn er einen Versicherungsfall durch ein Fehlverhalten herbeiführt, das – würde ein nüchterner Lenker so handeln – eben als krass bezeichnet werden müsste. Richter und Versicherer haben also die Aufgabe, die Schwere der groben Fahrlässigkeit als Faktor für die Bemessung der Kürzung zu würdigen[913].

c) Es fragt sich, ob der Richter neben der Schwere der groben Fahrlässigkeit noch andere Faktoren berücksichtigen darf und soll, wenn er das Mass der Kürzung bestimmt. Das Gesetz schweigt sich darüber aus. M. E. ist die Frage zu bejahen. Art. 14 VVG strebt, wie bereits erwähnt, eine ausgewogene, die Billigkeit berücksichtigende Lösung an[914]. Die Kürzung soll z. B. nicht so hoch angesetzt werden, dass der Betroffene dadurch in eine finanzielle Notlage gerät[915]. Die Versicherer pflegen diesen Gesichtspunkt in ih-

---

[913] Ähnlich BGE *92* II 254. ROELLI, Komm. I (1. A.) S. 225, und ihm folgend KELLER; Komm. I S. 257, bezeichnen diese Regelung als «wohl die bedenklichste Satzung des ganzen VVG ... weil die Höhe des Versicherungsanspruchs im Rahmen eines und desselben Verschuldensbegriffes (grobe Fahrlässigkeit) nach dem Grade des Verschuldens abgestuft wird. Damit ist von Gesetzes wegen eine unversiegbare Prozessquelle eröffnet». Dieser Auffassung kann kaum zugestimmt werden. Der Richter dürfte die Schwere der groben Fahrlässigkeit bei der Festsetzung der Kürzung auch dann berücksichtigen, wenn das Gesetz ihm dies nicht vorschreiben würde; denn dadurch lassen sich die den Umständen des einzelnen Falles angemessenen Lösungen finden. OSWALD, SVZ 1976 S. 15 N 47. – BGE *87* II 386 lit. c: «Grobes Verschulden rechtfertigt auf jeden Fall zum vornherein einen kräftigen Abzug (vgl. z. B. BGE *85* II 248, 255 E. 4)».
[914] Vgl. vorne bei N 879.
[915] Nach KELLER, Komm. I S. 257 N 4, sind Umstände, die mit dem konkreten Eintritt des befürchteten Ereignisses nicht im Zusammenhang stehen, wie z. B. die finanzielle Lage des durch die Kürzung Betroffenen, unbeachtet zu lassen. – Z. B. in der Motorfahrzeug-Haftpflichtversicherung kann der Schaden einige Hunderttausend Franken erreichen. Das Ausmass des Schadens selbst ist oft zufallsbedingt. Wenn der Versicherer ausschliesslich die Schwere des Verschuldens berücksichtigt und z. B. einen Kürzungssatz von 25% anwendet, kann sein Regress ohne weiteres einen Betrag von Fr. 100 000.– erreichen und dadurch den Halter – und seine Familie – u. U. für sein ganzes Leben finanziell ruinieren. Es fragt sich, ob dieses Ergeb-

rer Praxis zu berücksichtigen. Im übrigen bewegen sich die Kürzungssätze zur Hauptsache etwa zwischen 10 und 70% der Versicherungsleistungen[916].

3. Art. 14 Abs. 1 und 2 VVG ist dispositives Recht. Es kann also z. B. vereinbart werden, dass der Versicherer bei Absicht und grober Fahrlässigkeit voll leistungspflichtig bleibt[917]. Umgekehrt kann grobe Fahrlässigkeit nach Vertragsabrede zum Verlust des Versicherungsanspruches führen. – Vereinbarungen sind nur im Rahmen der gesetzlichen Ordnung zulässig. Ihre Schranken finden sie in Art. 19 Abs. 2 und Art. 20 Abs. 1 OR: Vereinbarungen sind z. B. nichtig, wenn sie gegen die öffentliche Ordnung oder die guten Sitten verstossen. Dies würde etwa zutreffen bei einer Klausel, wonach der Lebensversicherer die Leistungen auch dann voll erbringt, wenn der Begünstigte den Versicherten absichtlich getötet hat; sein Anspruch wäre trotz dieser Klausel nach Art. 19 Abs. 2 OR ausgeschlossen, da

nis den Intentionen des Gesetzgebers wirklich entspricht, auch wenn Kürzungen und Regresse des Versicherers wegen groben Verschuldens grundsätzlich als gerechtfertigt anzuerkennen sind.

[916] BREHM, Le contrat d'assurance RC, No. 535 ff. und KELLER, Komm. I S. 259 ff., stellen gerichtlich beurteilte Kürzungsfälle für die verschiedenen Zweige der Versicherung tabellarisch zusammen. MAURER; Unfallversicherung S. 489 ff., skizziert zahlreiche Kürzungsurteile zur sozialen Unfallversicherung. Sie können auch in der Praxis zum Privatversicherungsrecht als Anschauungsmaterial verwendet werden. In BGE *91* II 228 wird eine Kürzung von 70% gegenüber dem betrunkenen Lenker eines Motorfahrzeuges als nicht übersetzt bezeichnet. BGE *92* II 256: Der Lenker eines Mietwagens fährt mit übersetzter Geschwindigkeit (75 km/Std.) in eine Kurve, wird nach links abgetrieben und kollidiert mit einem anderen Auto. Eine Kürzung von 30% wird geschützt.

[917] Solche Bestimmungen finden sich meistens in der Lebensversicherung: Bei Suizid, der erst eine bestimmte Anzahl Jahre nach Abschluss des Vertrages verübt wird, und ebenso bei grobem Verschulden leistet der Lebensversicherer voll. Soweit Gruppenversicherungsverträge mit Vorsorgeeinrichtungen nach BVG für die berufliche Vorsorge abgeschlossen werden, sollten sie bestimmen, dass die Kürzung und Entziehung von Leistungen nur im Rahmen von BVG 35 erfolgen. Wenn die Reglemente der Vorsorgeeinrichtung gegenüber deren Versicherten ganz oder teilweise auf solche Einschränkungen der Leistungen verzichten, sollte dies auch in den Gruppenversicherungsverträgen geschehen, damit die Deckung zur Übereinstimmung gebracht wird. – Gelegentlich wird durch eine entsprechende Klausel auch in der Kollektiv-Unfallversicherung auf eine Kürzung bei grober Fahrlässigkeit verzichtet.

er mit den guten Sitten[918] und überdies mit Treu und Glauben gemäss Art. 2 ZGB unvereinbar wäre.

4. Art. 14 Abs. 4 VVG schliesst die Kürzung der Versicherungsleistungen bei leichter Fahrlässigkeit aus. Gemäss Art. 98 Abs. 1 VVG ist er durch Parteivereinbarung nicht zuungunsten des Versicherungsnehmers oder Anspruchsberechtigten abänderbar. Deshalb lässt sich die leichtfahrlässige Herbeiführung des Versicherungsfalles nicht etwa unter Berufung auf Art. 33 VVG als Ausschlusstatbestand umschreiben; denn Abs. 4 geht dieser Bestimmung als Spezialvorschrift vor[919].

VII. HERBEIFÜHRUNG DES VERSICHERTEN EREIGNISSES DURCH DRITTPERSONEN

1. Art. 14 Abs. 3 VVG regelt – in recht komplizierter Weise – den Fall, dass nicht der Versicherungsnehmer oder Anspruchsberechtigte[920] selbst, sondern eine Drittperson das befürchtete Ereignis schuldhaft herbeiführt. Er bildet zwei Personenkreise. Einmal visiert er die Hausgenossen an, die mit dem Versicherungsnehmer oder Anspruchsberechtigten in häuslicher Gemeinschaft leben. Dies sind vor allem Personen, die mit ihm im gemeinsamen Haushalt leben und im Sinne von Art. 331 Abs. 2 ZGB unter seiner Hausgewalt stehen, in der Regel Familienangehörige, gelegentlich auch Arbeitnehmer[921]. Sodann erwähnt Abs. 3 Personen, «für deren Handlungen der Versicherungsnehmer oder der Anspruchsberechtigte einstehen muss». Diese umstrittene Bestimmung will besagen, dass Versicherungsnehmer oder Anspruchsberechtigte für sie haftbar wären, wenn sie einem Dritten Schaden zufügen würden. Der Kreis dieser Personen wird z. B. durch Art. 55 OR (Arbeitnehmer oder andere Hilfspersonen), dann aber

---

[918] Ebenso KELLER, Komm. I S. 272 ff.

[919] Vgl. Näheres hierüber bei KELLER, Komm. I S. 235 f. und 275, ferner bei KOENIG S. 303 ff. Vgl. jedoch die Abgrenzung von VVG 14 gegen VVG 29 vorne bei N 904.

[920] Juristische Personen handeln selbst, wenn ihre Organe handeln; vgl. zur Abgrenzung von Organ und Hilfsperson OFTINGER; Haftpflichtrecht II/1 S. 104 f. und I S. 19.

[921] Näheres bei KELLER, Komm. I S. 243 f., und KOENIG S. 297 f. Da VVG 14 III nicht die Hausgewalt sondern nur die häusliche Gemeinschaft voraussetzt, kann dieser auch die Konkubine zugerechnet werden.

auch durch Art. 58 Abs. 2 SVG usw. gezogen; sie regeln die Haftung für Drittpersonen im ausservertraglichen Verhältnis[922].

2. Der Versicherer kann seine Leistungen kürzen, wenn zwei Voraussetzungen – kumulativ – gegeben sind: Einmal müssen die erwähnten Drittpersonen das versicherte Ereignis grobfahrlässig herbeigeführt haben; sodann muss sich der Versicherungsnehmer oder der Anspruchsberechtigte «in der Beaufsichtigung, durch die Anstellung oder durch die Aufnahme jener Person einer groben Fahrlässigkeit schuldig gemacht» haben[923]. Nach Abs. 3 muss das Mass der Kürzung «dem Grade des Verschuldens des Versicherungsnehmers oder des Anspruchsberechtigten» entsprechen. Die Schwere des groben Verschuldens der Drittperson ist also nicht beachtlich[924].

VIII. ABLEHNUNG UND KÜRZUNG DER LEISTUNGEN IN DER HAFTPFLICHTVERSICHERUNG

1. Ist der Versicherte gegenüber einem Dritten, dem Geschädigten, schadenersatzpflichtig, so ist sein Haftpflichtversicherer nach Art. 60 Abs. 1 VVG berechtigt, die Ersatzleistung an den Dritten direkt auszurichten. Der Versicherungsanspruch in dieser Sparte ist in der Regel ein Befreiungsanspruch: Der versicherte Haftpflichtige kann verlangen, dass sein Versicherer ihn durch Zahlung des geschuldeten Schadenersatzes an den Dritten von seiner Haftpflichtschuld befreit[925]. Hat der Versicherungsnehmer oder der Anspruchsberechtigte den Haftpflichtfall absichtlich herbeigeführt, so ist der Haftpflichtversicherer gemäss VVG 14 I nicht leistungspflichtig. Dieser kann den Befreiungsanspruch – d. h. seine Ersatzleistung

---

[922] Einlässlich dazu Keller, SJZ 1974 S. 3 ff., besonders S. 5.

[923] Dazu ein Beispiel: Das betrunkene Dienstmädchen stellt am Abend das Kochgas nicht ab, so dass der gegen Unfall versicherte Arbeitgeber (VN) an einer Gasvergiftung stirbt. Er hat das Dienstmädchen nicht genügend überwacht, obwohl es wegen Trunkenheit das Gas schon mehrmals nicht abgestellt und dadurch die Hausbewohner gefährdet hatte. Der Unfallversicherer kann seine Todesfallsumme kürzen, da das mit dem VN (Arbeitgeber) im gemeinsamen Haushalt lebende Dienstmädchen grobfahrlässig gehandelt und der VN es grobfahrlässig an der genügenden Beaufsichtigung hat fehlen lassen. Für den Grad der Kürzung ist nur das grobe Verschulden des VN massgebend.

[924] KELLER; Komm. I S. 266 N 1.

[925] Vgl. hinten bei den N 1449 f. Der Versicherungsanspruch steht nicht etwa dem Geschädigten, sondern dem versicherten Haftpflichtigen zu.

§ 36 Schuldhafte Herbeiführung des Versicherungsfalles

an den Geschädigten – kürzen, wenn der Versicherungsnehmer oder der Anspruchsberechtigte den Haftpflichtfall durch grobe Fahrlässigkeit verursacht hat. Da der Haftpflichtversicherer somit nicht die ganze Schadenersatzforderung des Geschädigten befriedigt, wird dieser den nicht beglichenen Teil der Schadenersatzforderung beim Haftpflichtigen selbst geltend machen. Der Haftpflichtversicherer entrichtet zum vornherein nur die gemäss Art. 14 Abs. 1 und 2 VVG gekürzte Versicherungsleistung.

2. a) Nach Art. 65 Abs. 1 SVG hat der Geschädigte in der obligatorischen Motorfahrzeug-Haftpflichtversicherung ein direktes Forderungsrecht gegen den Haftpflichtversicherer. Dieser darf ihm gemäss Abs. 2 Einreden aus dem Versicherungsvertrag oder aus dem VVG nicht entgegenhalten[926]. Um Einreden dieser Art handelt es sich, wenn der Haftpflichtversicherer seine Leistungen wegen absichtlicher oder grobfahrlässiger Herbeiführung des Versicherungsfalles nach Art. 14 VVG ablehnen oder kürzen kann. Er muss die Schadenersatzforderung des Geschädigten daher begleichen, wie wenn Art. 14 VVG nicht vorhanden wäre. Hat er jedoch an den Geschädigten geleistet, so räumt ihm Art. 65 Abs. 3 SVG ein Rückgriffsrecht gegen den Versicherungsnehmer oder den Versicherten ein: Wenn und soweit er nach Art. 14 VVG seine Leistungen wegen Absicht oder grober Fahrlässigkeit seines Versicherten (Haftpflichtigen) ablehnen oder kürzen kann, muss der Versicherte ihm die Leistungen erstatten, die er, der Versicherer, dem Geschädigten entrichtet hat. Der Versicherte hat also für die in Art. 14 VVG geregelten Tatbestände keinen oder nur einen teilweisen Versicherungsschutz[927]. Der Haftpflichtversicherer muss zwar wegen des erwähnten Einredeverbots an den Geschädigten vorleisten; er kann aber seine Leistungen vom versicherten Haftpflichtigen im Rahmen von Art. 14 VVG zurückverlangen[928].

---

[926] Ähnliche Regelungen finden sich im Kernenergiehaftpflicht- und im Rohrleitungsgesetz. Vgl. die einlässlichen Darstellungen z. B. bei BREHM, Le contrat d'assurance RC, No. 639 ff. und OFTINGER, Haftpflichtrecht II/2 S. 771 ff.

[927] Dies übersieht KOENIG S. 299, wenn er ausführt, dass die Auto-Haftpflichtversicherung absichtlich herbeigeführte Schadenfälle mitdecke; es besteht keine Deckung, sondern wegen des gesetzlichen Einredeverbotes lediglich eine «Vorleistungspflicht» des Haftpflichtversicherers gegenüber dem Geschädigten. – BGE *91* II 230.

[928] BGE *92* II 253.

b) Nach Art. 63 Abs. 2 SVG deckt die Versicherung «die Haftpflicht des Halters und der Personen, für die er nach diesem Gesetz verantwortlich ist». Wenn der Halter sein Fahrzeug z. B. einem Freund überlässt und dieser verursacht damit schuldhaft einen Schaden, dann wird einmal der Halter nach Art. 58 SVG und sodann der Freund aus Art. 41 OR haftbar. Die Haftpflicht des Halters und des Lenkers ist durch den gleichen Versicherungsvertrag gedeckt. Wenn nun der Lenker durch grobes Verschulden einen Dritten schädigt, fragt sich, ob der Versicherer den Rückgriff gemäss Art. 65 Abs. 3 SVG nur auf ihn oder auch auf den schuldlosen Halter ausüben darf. Der Gesetzgeber konnte diese Frage in Art. 14 VVG nicht regeln, da bei Erlass des VVG das SVG noch gar nicht erlassen war. Das Bundesgericht[929] hat sie – durch richterliche Rechtsfortbildung – dahin entschieden, dass der Versicherer nur gegen jenen versicherten Haftpflichtigen Rückgriff nehmen kann, der den Verkehrsunfall durch grobes Verschulden verursacht hat (Selbstverschuldungsprinzip); im erwähnten Beispiel hat er daher nur den Rückgriff gegen den Lenker, sofern dieser grobfahrlässig gehandelt hat, nicht aber gegen den schuldlosen Halter. Das Urteil gliedert den Haftpflichtversicherungsvertrag in die einzelnen Haftpflichtversicherungsverhältnisse auf: Ein solches besteht einmal für den Halter und sodann eines für den Lenker, der nicht Halter ist usw. Es ist zu überlegen, wie wenn die Halter- und die Lenkerversicherung in verschiedenen Verträgen geregelt wären. Der Versicherer darf nur innerhalb des Versicherungsverhältnisses, in welchem das grobe Verschulden vorliegt, Rückgriff nehmen. Falls daher der Halter sein Fahrzeug einem Dritten überlässt, ohne dass ihm selbst daraus ein grober Vorwurf gemacht werden kann[930], muss er keinen Regress des Haftpflichtversicherers befürchten, sofern der Dritte grobfahrlässig oder gar absichtlich einen Verkehrsunfall verursacht. Diese Lösung dürfte den Bedürfnissen der Motorfahrzeughalter und überdies der Billigkeit in hohem Masse Rechnung tragen[931].

---

[929] BGE *91* II 231 ff.

[930] Der Halter handelt z. B. grobfahrlässig, wenn er das Fahrzeug einem sichtbar betrunkenen Dritten überlässt.

[931] KELLER hat diese Auffassung des BGer mit einlässlicher Begründung kritisiert; GIRSBERGER schliesst sich der Auffassung des BGer an; vgl. ihre interessante Kontroverse in SJZ 1974 S. 1, 17, 84 und 105.

IX. GEBOTE DER MENSCHLICHKEIT

Art. 15 VVG bestimmt, dass der Versicherer in vollem Umfange haftet, wenn «eine der in Art. 14 VVG genannten Personen gemäss einem Gebot der Menschlichkeit handelt und dadurch das befürchtete Ereignis herbeigeführt» hat. Dazu ein Beispiel: Wenn ein Automobilist einen Schwerverletzten, der am Verbluten ist, ins Krankenhaus bringt, bei Rotlicht mit grosser Geschwindigkeit über eine Kreuzung fährt und dabei eine Kollisison mit einem andern Fahrzeug verursacht, handelt er – wahrscheinlich – grobfahrlässig. Sein Haftpflichtversicherer soll jedoch keinen Rückgriff auf ihn ausüben dürfen, da er nach einem Gebot der Menschlichkeit[932] gehandelt hat.

---

[932] Eine verwandte Regelung enthält UVV 50 II Satz 2: Bei Nichtberufsunfällen, die auf ein Wagnis zurückgehen, können die Geldleistungen um die Hälfte gekürzt und in schweren Fällen verweigert werden. «Rettungshandlungen zugunsten von Personen sind indessen auch dann versichert, wenn sie an sich als Wagnisse zu betrachten sind». Der Ausdruck «Gebote der Menschlichkeit» nach VVG 15 ist umfassender als diese Umschreibung; er kann z. B. auch Rettungshandlungen zugunsten von Tieren einschliessen.

8. Abschnitt: Versicherungsleistungen – Versicherungsansprüche

§ 37 VERSICHERUNGSLEISTUNGEN

I. ARTEN VON VERSICHERUNGSLEISTUNGEN

1. Für die Festsetzung der Versicherungsleistungen besteht grundsätzlich Vertragsfreiheit. Dies erklärt die grosse Vielfalt der Leistungen, die von den Versicherungsgesellschaften angeboten werden. Indem diese leisten, erfüllt die Versicherung ihre eigentliche Aufgabe, nämlich Vorsorgebedürfnisse[933] zu befriedigen. Die Versicherer müssen genügend beweglich sein, um die Leistungen an neue Verhältnisse anzupassen[934]. Leistungen dürfen freilich nicht isoliert, sondern stets nur im Zusammenhang mit den versicherten Risiken gewürdigt werden.

2. Die Vielfalt der Leistungen macht es schwierig, rechtliche Kriterien für deren Einteilung zu finden, die sowohl dogmatisch als auch praktisch sinnvoll sind[935]. Dazu lediglich folgendes:

a) Die Versicherungsleistung kann an einen Schaden gebunden oder von ihm losgelöst sein. Das Begriffspaar lässt sich als Schadens- und Summenversicherung bezeichnen[936].

b) aa) Unterschieden werden Geldleistungen einerseits und Naturalleistungen[937], denen Sach- und Dienstleistungen zuzurechnen sind, andererseits. Geldleistungen bestehen in einer Geldschuld gegenüber dem An-

---

[933] Vgl. vorne bei N 8a.

[934] Durch BG vom 20. 3. 1975 wurde die obligatorische Haftpflichtversicherung des Motorfahrzeughalters für Personenschäden auf die Ehegattin des Halters, seine Verwandten in auf- und absteigender Linie sowie seine mit ihm im gemeinsamen Haushalt lebenden Geschwister ausgedehnt. Damit wurde die Auto-Insassenversicherung ihrer wichtigsten Substanz beraubt. Einige Versicherer haben sie jedoch innert kürzester Zeit hinsichtlich der versicherten Risiken und der Versicherungsleistungen neu konzipiert, um diesem Versicherungszweig einen andern Inhalt und damit einen neuen Sinn zu geben.

[935] Vgl. zur Einteilung der Leistungen in der Sozialversicherung MAURER, SVR I S. 295.

[936] Eingehender dazu vorne bei N 341.

[937] Es wird – offenbar synonym – auch der Ausdruck Realleistung verwendet; so

spruchsberechtigten; Naturalleistungen sind gegeben, wenn der Versicherer die Leistungen in natura erbringt.

bb) Der Versicherer kann Naturalleistungen entweder durch eigenes Personal oder so durch Dritte erbringen lassen, dass er diesen Dritten, d. h. den Leistungserbringern gegenüber, Schuldner ist. Der Leistungsempfänger wird zum vorneherein nicht Schuldner[938]. Naturalleistungen sind in der Privatversicherung eher von geringer Bedeutung. Meistens enthält die Rechtsschutzversicherung Elemente der Naturalleistung, z. B. wenn der Versicherer nach Vertrag berechtigt und verpflichtet ist, den Versicherten im Versicherungsfall vor Gerichten und Behörden durch eigenes Personal zu vertreten oder zu verbeiständen oder wenn er entsprechende Aufträge an Anwälte erteilt und damit Honorarschuldner wird. Dies ist die Untergruppe der Dienstleistungen[939]. Die Untergruppe der Sachleistungen ist selten. In der Glasversicherung ist etwa die Klausel anzutreffen, dass der Versicherer zerbrochenes Glas selbst ersetzt oder durch Dritte auf seine Kosten ersetzen lässt. Der Versicherte kann es somit nicht auf eigene Kosten beschaffen und dann vom Versicherer Ersatz seiner Auslagen verlangen. In verschiedenen Zweigen der Sozialversicherung sind dagegen Naturalleistungen von grosser Bedeutung. So haben z. B. die Unfallversicherer gemäss UVG die Heilbehandlung grundsätzlich in natura, d. h. in der Regel auf eigene Kosten durch Dritte erbringen zu lassen[940].

cc) Die Frage ist umstritten, ob Dienstleistungen als Hauptverpflichtung durch Versicherungsvertrag vereinbart werden, d. h. ob sie überhaupt

---

JAEGER, Komm. IV (1. A.) S. 107 N 64; vgl. jedoch zu dem umstrittenen Begriff der Realobligation, die nichts mit der Realleistung des Versicherers zu tun hat, VON TUHR/PETER, Obligationenrecht I S. 21 f.

[938] Vgl. bereits vorne N 139.

[939] Art. 1 des Bundesratsbeschlusses über die Rechtsschutzversicherung vom 1.6.1945 lässt die Rechtsschutzversicherung als Dienstleistungs- und ebenso als Kostenvergütungsversicherung zu: «Unternehmungen, die gegen Entgelt die Gefahr übernehmen, durch rechtliche Angelegenheiten verursachte Kosten zu decken oder in solchen Angelegenheiten Dienste zu gewähren, bedürfen einer Bewilligung ...». Dieser Beschluss gilt auch nach Inkrafttreten des VAG von 1978; vgl. vorne bei N 109.

[940] MAURER, Unfallversicherung S. 274. – In der Krankenversicherung gemäss KVG sind hinsichtlich der Medizinalpersonen sowohl das Naturalleistungs- als auch das Kostenvergütungsprinzip zulässig. Vgl. MAURER, SVR II S. 354.

Versicherungsleistungen sein können[941]. Weder das VAG noch das VVG schreiben vor, dass Versicherungsleistungen Geldleistungen sein müssen und nicht Dienstleistungen sein können oder dürfen. Dienstleistungen sind jedoch nur dann als Versicherungsleistungen anzuerkennen, wenn sie bestimmte Voraussetzungen erfüllen. Sie müssen als Folge eines Versicherungsfalles geschuldet sein, wobei sie von der versicherten Gefahr genügend deutlich auseinanderzuhalten sind[942]. Somit sind z. B. Gutscheine, welche Lebensversicherer zur Durchführung periodischer ärztlicher Untersuchungen abgeben, keine Versicherungsleistungen, da sie nicht den Eintritt des Versicherungsfalles voraussetzen. Dies gilt in gleicher Weise, wenn ein Rechtsschutzversicherer sich verpflichtet, das Versicherungsportefeuille des Versicherten periodisch durchzusehen, um unerwünschte Deckungslücken oder Doppelversicherungen zu erkennen. Auch hier wird kein Versicherungsfall vorausgesetzt[943]. Dienstleistungen sind schliesslich nur dann Versicherungsleistungen, wenn sie bestimmt oder im Versicherungsfall bestimmbar sind, ferner wenn auf sie ein Rechtsanspruch besteht und endlich wenn sie «geld-wert», d. h. in Geld abschätzbar sind, damit für sie überhaupt eine Prämie berechnet werden kann[944]. Diese Voraussetzun-

---

[941] KELLER, Komm. I S. 16: «Keine Versicherungsleistung stellen blosse Dienstleistungen (Beratung, Auskünfte, anwaltliche Vertretung, Inkasso usw.) dar.» Er begründet seine Auffassung nicht. KOENIG S. 33 und 280 verneint die Frage ebenfalls. JAEGER, Komm. IV (l. A.) S. 107) N a meint, dass eine Versicherung auch bloss in der Gewährung von Rat und Beistand bestehen könne, also nicht eine Geldleistung sein müsse.

[942] Damit unterscheiden sich Versicherungsverträge von den auf eine Dienstleistung gehenden Verträge wie Auftrag, Arbeits- und Werkvertrag usw. Dies übersieht KOENIG S. 33, wenn er annimmt, der Versicherungsvertrag unterscheide sich von solchen Verträgen, indem er auf Vermögensleistung und nicht auf Dienstleistung gerichtet sei. Das Kriterium besteht vielmehr darin, dass der Versicherungsvertrag seine Leistungspflicht vom Eintritt des Versicherungsfalls abhängig macht. Es ist dann unerheblich, ob es sich um Geld- oder um Dienstleistungen handelt.

[943] Die geschilderten Leistungen können in einem Versicherungsvertrag als Nebenpflichten vereinbart sein, ohne deswegen Versicherungsleistungen zu sein; vgl. zur Unterscheidung von Haupt- und Nebenpflichten vorne bei N 697a.

[944] Vgl. vorne bei N 136 ff. – Es entspricht längst herrschender Meinung, dass Dienstleistungen in der Sozialversicherung Versicherungsleistungen sein könnten, gleichgültig, ob der Versicherer sie durch eigenes Personal erbringt oder auf seine Kosten durch Dritte erbringen lässt. So handelt es sich um Versicherungsleistun-

gen lassen sich aus dem Wesen der Versicherung und des Versicherungsvertrages herleiten[945].

II. VERSICHERUNGS- UND DECKUNGSSUMME

1. Der Versicherer will und soll seine Leistungspflicht grundsätzlich vertraglich begrenzen, da er nur über beschränkte finanzielle Mittel verfügt. Wie und wo er die Grenze zieht, hängt wesentlich von der verfügbaren Rückversicherung ab. Der Direktversicherer[946] muss sich jedoch stets vor Augen halten, dass er gegenüber dem Anspruchsberechtigten auch dann voll leistungspflichtig bleibt, wenn der Rückversicherer seinerseits ausfällt[947].

2. a) Der Versicherer begrenzt seine Leistungspflicht in der Regel, indem er im Vertrag *Versicherungssummen*[948] festsetzt. Es stehen ihm ungezählte Varianten zur Verfügung. So kann er seine Leistungspflicht für den Vertrag schlechthin, d. h. für sämtliche Versicherungsfälle zusammen, auf einen bestimmten Betrag begrenzen. Er bestimmt die obere Grenze oft auch nur für den einzelnen Versicherungsfall. Dies kommt z. B. in der Haftpflichtversicherung vor[949]; dabei beschränkt der Haftpflichtversicherer seine Lei-

gen, wenn die SUVA die Verunfallten im Nachbehandlungszentrum in Bellikon durch eigenes Personal behandeln lässt und ebenso, wenn freipraktizierende Ärzte auf ihre Kosten die Behandlung durchführen; MAURER, Unfallversicherung, bei N 667. – Nach deutschem Privatversicherungsrecht werden Naturalleistungen ebenfalls als Versicherungsleistungen zugelassen; BRUCK/MÖLLER, Komm., N 12–18 zu § 49.

[945] Das BGer hat im Hinblick auf das frühere VAG angenommen, dass Dienstleistungen Nebenleistungen zu Versicherungsleistungen sein können, auch wenn sie selbst keine Versicherungsleistungen sind, so schon in BGE 74 I 180 ff. Es liess bis heute die Frage offen, ob Dienstleistungen als Versicherungsleistungen und als Hauptverpflichtung im Versicherungsvertrag möglich und zulässig sind; vgl. z. B. BGE 94 I 134.

[946] Vgl. zu dieser Unterscheidung vorne bei N 317.

[947] Nicht zu übersehen ist das politische Risiko, das sich z. B. in einer Devisensperre auswirkt: Der Rückversicherer kann dann, auch wenn er wollte, seine vertraglichen Pflichten u. U. nicht erfüllen. Auch die Möglichkeit, dass er zahlungsunfähig werden könnte, ist zu bedenken. Es handelt sich um ein wichtiges aufsichtsrechtliches Problem. Vgl. BAUMBERGER; Ausschluss S. 34 ff.

[948] In den AVB wird sie auch Höchstversicherungssumme genannt.

[949] Es wird auch etwa eine Begrenzung für sämtliche Haftpflichtversicherungs-

stungen etwa noch weiter, indem er seine Deckung pro verunfallte Person und ebenso für Sachschaden im gleichen Versicherungsfall auf einen bestimmten Betrag limitiert. Der Unfallversicherer setzt häufig für jede Leistungsart eine obere Grenze, z. B. für die Entschädigung bei voller Invalidität auf Fr. 200000.-, bei Tod auf Fr. 100000.- und für Heilungskosten auf Fr. 10000.-. Für die letztere Kategorie wird auch eine betraglich unbeschränkte Deckung gewährt, aber die Leistungspflicht für den gleichen Unfall zeitlich begrenzt, z. B. auf 2 oder 5 Jahre ab Unfalltag[950].

b) Ausnahmsweise gewährt der Versicherer eine unbegrenzte Deckung. Diese Illimité-Deckung hat sich in der Motorfahrzeug-Haftpflichtversicherung eingebürgert. Sie beruhigt den Halter, da er ja grundsätzlich unbeschränkt haftbar werden kann. Die Motorfahrzeug-Haftpflichtversicherer ihrerseits sind bisher nicht vor unlösbare Rückversicherungsprobleme gestellt worden, da begründete Haftpflichtansprüche wenigstens nach bisheriger Erfahrung eher selten z. B. den Betrag von 1 Mio. Fr. übersteigen[951].

3. Art. 69 Abs. 1 VVG enthält folgende Regelung: «Soweit der Vertrag oder dieses Gesetz (Art. 70) nicht anders bestimmt, haftet der Versicherer für den Schaden nur bis auf die Höhe der Versicherungssumme[952]». Obwohl diese Bestimmung im Abschnitt über die Schadensversicherung steht, gilt sie analog auch in der Personenversicherung.

4. In der Haftpflichtversicherung wird neben dem Ausdruck der Versicherungssumme auch jener der Deckungssumme[953] verwendet. Er ist an-

---

fälle, die während einer bestimmten Zeitspanne - z. B. während 5 Jahren - verursacht werden, vorgenommen. Vgl. Weiteres bei MÜLLER, Haftpflichtversicherung S. 75 Z. 25.

[950] Die Unfallversicherung nach UVG kennt keine Versicherungssummen. Hingegen sehen UVG 15 II und UVV 22 I einen Höchstbetrag des versicherten Verdienstes vor, der für die Berechnung der Geldleistungen massgebend ist. Die Heilbehandlung wird ohne betragliche oder zeitliche Begrenzung gewährt. Eine Ausnahme macht UVV 17 für die Heilbehandlung im Ausland: Dem Versicherten wird höchstens der doppelte Betrag der Kosten vergütet, die bei der Behandlung in der Schweiz entstanden wären.

[951] OSWALD, ZBJV 1975 S. 223 und hinten bei N 1486b.

[952] Nach Art. 70 VVG können Schadenersatz und Rettungskosten zusammen den Betrag der Versicherungssumme übersteigen; vgl. vorne bei N 870.

[953] Die Art. 63 ff. SVG sprechen von der Versicherungsdeckung und von «decken».

§ 37 Versicherungsleistungen

schaulich: Der Haftpflichtversicherer deckt die Haftpflicht seines Versicherten ab. Die Deckungssumme gibt immer das Maximalengagement des Haftpflichtversicherers an. Wenn der Halter eines Motorfahrzeuges eine leichte Kollision mit einem andern Fahrzeug verursacht und für einen «Blechschaden» vielleicht Fr. 500.– schuldet, so muss sein Haftpflichtversicherer ihn nur von dieser Schuld befreien und nicht die vereinbarte Deckungssumme von 1 Mio. Fr. bezahlen.

5. Auch in der Sachversicherung wird die Versicherungsleistung durch die Versicherungssumme begrenzt. Die Entschädigung für zerstörte, gestohlene und beschädigte Sachen wird nach Kriterien und Grundsätzen festgesetzt, die später zu erklären sind[954]. Für verschiedene versicherte Gefahren und Leistungskategorien werden oft im gleichen Vertrag unterschiedliche Versicherungssummen vereinbart.

III. SELBSTBEHALT UND FRANCHISE

1. In verschiedenen Versicherungszweigen sind Selbstbehalte und Franchisen üblich. Sie bestehen darin, dass der Anspruchsberechtigte einen Teil des im Versicherungsfall erlittenen Schadens selbst trägt. Da sie an einen Schaden anknüpfen, sind sie begrifflich nur in der Schadensversicherung, nicht aber in der Summenversicherung[955] denkbar. Mit ihnen lassen sich mehrfache Zwecke verfolgen. So will der Versicherer z. B. Verwaltungskosten sparen, indem er den Versicherten Bagatellfälle selbst tragen lässt[956]; oder der Versicherte soll durch die Selbstbeteiligung am Schaden an der Vermeidung von Schadenfällen interessiert werden usw. Durch die Einführung von Selbstbehalt und Franchise lassen sich Prämien senken.

2. Nach verbreiteter Meinung besteht der *Selbstbehalt* darin, dass der Versicherte einen bestimmten Prozentsatz des an sich versicherten Schadens selbst trägt. So kann z. B. der Selbstbehalt in der Krankenversiche-

---

[954] Vgl. hinten § 45 III. Es werden z. B. die Begriffe Versicherungs-, Ersatz-, Zeit-, Neuwert usw. verwendet.

[955] Vgl. Näheres vorne bei N 341.

[956] Dies kann zu einer Prämienreduktion und dadurch zu einer finanziellen Entlastung des VN führen. Dasselbe Ergebnis lässt sich auch auf anderem Wege erreichen; z. B. überlegt sich der Halter eines Motorfahrzeuges, ob er einen kleinen Haftpflichtschaden aus eigener Tasche begleichen will, um der Erhöhung der Prämie nach dem Prämienstufensystem auszuweichen.

rung auf 10% der Heilungskosten angesetzt sein. Die *Franchise* bedeutet, dass der Versicherte im Maximum einen bestimmten (runden) Betrag des Schadens zu seinen Lasten übernimmt. Es kann vereinbart sein, dass die Franchise entfällt, wenn der Schaden den vereinbarten Betrag übersteigt (Integralfranchise), oder dass sie auf jeden Fall, also auch bei einem grösseren Schaden, vom Versicherten zu tragen sei (Abzugsfranchise). Die Terminologie ist nicht einheitlich. Oft werden die Ausdrücke Selbstbehalt und Franchise mit vertauschtem Inhalt gebraucht[957].

3. Der Versicherer darf in der obligatorischen Motorfahrzeug-Haftpflichtversicherung Selbstbehalt und Franchise dem Geschädigten gegenüber nicht einwenden, da es sich um «Einreden aus dem Versicherungsvertrag» gemäss Art. 65 Abs. 2 SVG handelt. Wenn er den Ersatzanspruch des Geschädigten befriedigt, hat er ein entsprechendes Rückgriffsrecht gegen den Versicherungsnehmer oder Versicherten; Art. 65 Abs. 3. Das Obligatorium der Haftpflichtversicherung, das mit dem direkten Forderungsrecht und dem Einredeverbot verbunden ist, will in erster Linie den Geschädigten schützen; er soll sich an einen solventen Schuldner halten können. Dies ist das Hauptziel des Obligatoriums. Doch ist das in der Haftpflichtversicherung selbst verankerte Ziel nicht zu übersehen: Schutz des Versicherten vor Belastung seines Vermögens durch Haftpflichtansprüche Dritter. Es fragt sich, ob der Haftpflichtversicherer überhaupt befugt sei, Selbstbehalte und Franchisen im Rahmen der obligatorischen Haftpflichtversicherung vertraglich zu vereinbaren, obwohl sie im Gesetz nicht vorgesehen sind. Grundsätzlich ist die Frage zu bejahen, da jedenfalls der Hauptzweck des Obligatoriums nicht vereitelt wird. Hingegen sollen sich Risikoausschlüsse, Selbstbehalte, Franchisen usw. in massvollem Rahmen halten. Sie dürfen sich für den Halter nicht prohibitiv auswirken[958]. Diese Wirkung

---

[957] Eingehend zu den Begriffen von Selbstbehalt und Franchise sowie zum Durcheinander in der Nomenklatur GROB, Selbstbeteiligung S. 106 ff., 115 ff. und 134 ff. Er behandelt auch weitere Formen der Selbstbeteiligung. Weiteres bei BREHM, Le contrat d'assurance RC No. 468 ff. und No 291 und MÜLLER, Haftpflichtversicherung S. 77 Z. 26; für die Sozialversicherung MAURER, SVR I S. 302 f. und Unfallversicherung S. 286. – Art. 4 VMHV erwähnt den Selbstbehalt, meint aber die Franchise, wie sie in diesem Buch verstanden wird.

[958] Nach OFTINGER, Haftpflichtrecht II/2 S. 712, dürfen Ausschlussklauseln nicht so weit gehen, dass sie das Obligatorium illusorisch machen. Dies tun sie an sich nicht, da sie dem Geschädigten nicht entgegengehalten werden dürfen. Hin-

aber hätten sie im allgemeinen, wenn der Halter grössere Schadenfälle im Ergebnis – weil der Versicherer gegen ihn den Rückgriff ausüben könnte – selbst tragen müsste.

IV. SUBSIDIÄRKLAUSELN, KOMPLEMENTÄRE LEISTUNGEN UND KÜRZUNGEN

1. a) In zahlreichen Versicherungsverträgen finden sich mit unterschiedlichen Formulierungen Subsidiärklauseln. Sie lauten etwa dahin, dass der Versicherer bestimmte Leistungen nicht zu erbringen habe, wenn ein Dritter – dies kann z. B. ein anderer Versicherer oder ein Haftpflichtiger sein – im gleichen Versicherungsfall leiste. So wird in der Unfallversicherung vereinbart, dass der Versicherer die Heilungskosten nicht ersetze, wenn diese zulasten der SUVA, der MV oder einer anerkannten Krankenkasse usw. gehen. Ähnliche Klauseln sind in Krankenversicherungsverträgen anzutreffen[959].

b) Subsidiärklauseln sollen verhindern, dass der Versicherte aus einem Versicherungsfall überentschädigt wird[960], d. h. mehr als die volle Schadensdeckung erhält. Es ist daher richtig, sie nur zu gebrauchen, wenn die Versicherungsleistung einen Schaden, also z. B. Kosten oder Mindereinnahmen, decken soll. Sie führen jedoch zu unerfreulichen Situationen, wenn auch der andere Versicherer eine Subsidiärklausel geltend machen kann[961]. Obwohl der Versicherte glaubt, er sei sogar bei zwei Versicherern

gegen können sie die Haftpflichtversicherung für den versicherten Halter, Lenker usw. aushöhlen und damit entwerten, wenn sie deren Vermögen gegen die Haftpflichtansprüche ungenügend schützt. BREHM a. a. O. No. 476 will anscheinend Franchisen in beliebiger Höhe zulassen.
[959] Über Subsidiärklauseln, die in Krankenkassen- und Pensionskassenstatuten das Verhältnis zum haftpflichtigen Dritten regeln, vgl. OFTINGER, Haftpflichtrecht I S. 371 N 173, 403 und 446, OSWALD, SZS 1972 S. 9 ff. sowie SCHAER, Schadenausgleichsysteme RZ 1054.
[960] Vgl. zu diesem Begriff MAURER, Kumulation S. 24 N 36 und SVR I bei N 862 und bei N 866a sowie besonders eingehend SCHAER, a. a. O. RZ 464 ff., der im Überentschädigungsverbot einen allgemeinen Rechtsgrundsatz sieht.
[961] Dies kommt nicht selten vor, wenn im gleichen Versicherungsfall eine anerkannte Krankenkasse und ein privater Unfall- oder Krankenversicherer beteiligt sind; das EVG entschied in einem solchen Fall, dass die Krankenkasse die Subsidiärklausel nicht einwenden dürfe; RSKV 1972 S. 70 ff. Vgl. ferner BGE 107 V 225 und 109 V 145 zur Auslegung von Subsidiärklauseln von Krankenkassen.

versichert, stellt er nun fest, dass beide Versicherer wegen Subsidiärklauseln ihre Leistungspflicht verneinen[962]. Die Frage, wie in einem solchen Fall rechtlich zu entscheiden ist, lässt sich nicht einheitlich beantworten. Dies gilt besonders, wenn nicht alle beteiligten Versicherungsverhältnisse nach VVG sondern einzelne nach dem KVG und andere nach dem VVG zu beurteilen sind. Die häufig vertretene Auffassung, dass sich zwei oder mehr Subsidiärklauseln einfach aufheben, löst das Problem nicht; damit wird nicht entschieden, ob der Versicherte überentschädigt werden darf und welcher Versicherer allenfalls im Endergebnis zu belasten sei, wenn der Versicherte nur gegen einen von ihnen Ansprüche stellt[963]. Es muss eine Gesetzeslücke angenommen werden[964], die der Richter gemäss Art. 1 Abs. 2 und 3 ZGB auszufüllen hat.

c) Über die Merkmale, die den Begriff der Subsidiarität bestimmen sol-

---

[962] Das BPV bewilligt deshalb Subsidiärklauseln in den AVB nur mit grösster Zurückhaltung. Das Bundesamt für Sozialversicherung scheint als Aufsichtsinstanz gegenüber den anerkannten Krankenkassen in diesem Punkt eine eher largere Haltung einzunehmen. In BGE *81* II 166 ff. wird bezweifelt, ob Subsidiärklauseln einer Krankenkasse uneingeschränkt gültig seien; die Frage wird aber offengelassen. Nach BGE *100* II 461 E. 6 darf der Personenversicherer seine Leistungspflicht – z.B. betreffend Heilungskosten – nicht durch Subsidiärklauseln einschränken für den Fall, dass ein Dritter ersatzpflichtig ist; dies wäre eine Umgehung von Art. 96 VVG. Diese Auffassung dürfte seit BGE 104 II 44 weitgehend überholt sein, da hier das BGer die Deckung für Heilungskosten nunmehr bei Personenversicherungen als Schadensversicherung anerkennt; vgl. vorne bei N 311 und N 342 f. sowie § 24 I, 1. Subsidiär- und Komplementärklauseln sind daher zulässig, wenn und soweit die Personenversicherung als Schadensversicherung vereinbart ist, vor allem wenn sie Heilungskosten und Verdienstausfall deckt. Hingegen sind Subsidiärklauseln weiterhin ungültig, wenn sie sich auf eine Summenversicherung beziehen, da diese ihrem Wesen nach nicht einen Schaden ausgleicht.

[963] Das Problem des Rückgriffs des leistenden Versicherers gegen die andern Versicherer ist nur dann gelöst, wenn Doppelversicherung gemäss VVG 53 und 71 vorliegt; dies trifft gerade bei den durch Subsidiärklauseln geregelten Sachverhalten oft nicht zu, z.B. wenn eine Krankenkasse auf der einen und eine Versicherungsgesellschaft auf der andern Seite beteiligt sind, da die Krankenkasse nicht dem VVG untersteht; vgl. zur Doppelversicherung hinten bei den N 1051 ff.

[964] PRÖLSS-MARTIN, deutsches VVG N 6 B zu § 59: Zwei Subsidiärklauseln heben sich nur dann gegenseitig auf, wenn nicht eine von beiden den Vorrang hat. Der Vorrang kommt in der Regel der zeitlich später vereinbarten Klausel zu. Es ist jedoch eine Frage der Auslegung, ob diese Regel im Einzelfall gilt oder nicht.

§ 37 Versicherungsleistungen

len, gehen in der Literatur die Meinungen weit auseinander[964a]. Dies gilt auch für die Fragen, welche Klauseln dem Begriff zuzuordnen sind und wie dieser gegen den Begriff der Komplementarität abzugrenzen ist. Es kann sich hier nicht darum handeln, zu den verschiedenen Meinungen und Theorien Stellung zu nehmen. Vielmehr ist darzulegen, was der Schreibende unter dem Begriff versteht.

aa) Subsidiarität heisst, dass der Versicherer, dessen Vertrag eine entsprechende Klausel enthält, von einer Leistungspflicht im Versicherungsfall *vollständig befreit* ist, weil ein Dritter für den gleichen Schaden grundsätzlich leistungspflichtig ist. Der Versicherer müsste somit leisten, wenn der Dritte nicht vorhanden wäre. Die Befreiung kann sich auf eine einzige Leistungskategorie, z. B. auf die Heilungskosten, beschränken oder auch mehrere Leistungskategorien umfassen. Subsidiarität erschöpft sich in der vollständigen Befreiung von der Leistungspflicht für einzelne oder mehrere Leistungskategorien[964b]. Wenn der Versicherer nach einer Klausel seines Vertrages trotz der grundsätzlichen Leistungspflicht des Dritten reduzierte Leistungen schuldet, ist nicht mehr Subsidiarität, sondern bereits Komplementarität gegeben; in diesem Fall ergänzt nämlich der Versicherer die Leistung eines Dritten[965].

bb) Die Subsidiärklausel muss bestimmen, welche Leistungen der Versicherer nicht zu erbringen hat, wenn ein Dritter leistungspflichtig ist, z. B. den Ersatz der Heilungskosten.

cc) Überdies muss die Subsidiärklausel den Befreiungsgrund umschreiben. Sie kann dies auf verschiedenste Art tun, indem sie z. B. als Befreiungsgründe die Haftpflicht des Dritten für den Schaden nennt, den der Versicherer an sich durch seinen Vertrag ganz oder teilweise auszugleichen hat, oder die Pflicht eines Dritten, die Heilungskosten und den Verdienstausfall zu tragen oder die Pflicht, für Verlust und Beschädigung von bestimmten Sachen aufzukommen usw.

[964a] Vgl. die mehr oder weniger ausführlichen Umschreibungen und Erklärungen bei KOENIG S. 328, SCHAER a. a. O. RZ 1049, BRUCK/MÖLLER, Komm. II N 48 ff. zu § 59, PRÖLSS-MARTIN, deutsches VVG N 6 A und B zu § 59 u. a. m.
[964b] Wenn die Leistungspflicht des Dritten jene des Versicherers, zu dessen Gunsten die Subsidiärklausel lautet, ausschliesst, gilt das Prinzip des Exklusivität; MAURER, Unfallversicherung N 1381.
[965] Vgl. hinten unter Z. 3.

dd) Der Befreiungsgrund muss nicht in einem Versicherungsvertrag oder in einem öffentlich-rechtlich geregelten Versicherungsverhältnis[966] liegen. Wesentlich ist, dass ein Dritter grundsätzlich verpflichtet ist, den Schaden zu decken, den auch der Versicherer decken müsste, wenn er sich nicht auf die Subsidiärklausel stützen könnte. Der Dritte kann z. B. auch ein Haftpflichtiger sein, der keine Haftpflichtversicherung besitzt[967].

ee) Subsidiarität setzt bei Versicherungsverhältnissen nicht voraus, dass der Dritte für das gleiche Risiko versichert ist, das auch der Versicherer mit der Subsidiärklausel deckt[968]. Wenn der Versicherer im Vertrag mit Subsidiärklausel das Unfallrisiko deckt, kann der Dritte als Haftpflichtversicherer das Haftpflichtrisiko decken. Es kann also im Vertrag festgelegt sein, dass der Unfallversicherer von seiner Leistungspflicht befreit sei, wenn ein Dritter, z. B. aus Verkehrsunfall, für den Unfall haftbar und dafür auch versichert sei.Erforderlich ist lediglich, dass der Dritte und der Versicherer mit der Subsidiärklausel für den gleichen Schaden einstehen müssen. Die Subsidiärklausel soll vor allem verhindern, dass der Geschädigte mehr als die volle Schadensdeckung erhält, wenn mehrere Leistungspflichtige vorhanden sind.

ff) Mit der Subsidiärklausel wird die Leistungspflicht des Versicherers mindestens an zwei Bedingungen geknüpft[968a]: Es muss ein Versicherungsfall eingetreten sein; der Versicherer hat ferner nur zu leisten, wenn kein Befreiungsgrund vorliegt, der in der Klausel umschrieben wird. Es hängt dabei von der Formulierung der Klausel ab, ob die Leistungsbefreiung nur

---

[966] In der privaten Unfallversicherung findet sich z. B. die Klausel, dass der Unfallversicherer die Heilungskosten nicht übernehme, wenn die Militärversicherung oder die SUVA leistungspflichtig seien. Die Leistungspflicht des Dritten – SUVA und MV – beruht auf öffentlichem Recht.

[967] Die Krankenkassen verwenden oft die Klausel, dass sie für den Unfall oder die Krankheit keine Leistungen betreffend Krankenpflege und auch kein Taggeld erbringen, wenn ein Dritter im gleichen Fall haftbar ist. Sie verbinden diese Leistungsbefreiung gelegentlich auch mit einer Vorleistungspflicht, die mit der Pflicht des Versicherten verbunden wird, seine Ansprüche gegen den Haftpflichtigen abzutreten.

[968] SCHAER a. a. O. RZ 1049 beschränkt die Subsidiarität auf Versicherungsverträge, welche die gleiche Gefahr betreffen. Diese Beschränkung lässt sich nicht aus Wesen und Zweck der Subsidiarität ableiten.

[968a] Vgl. auch hinten bei N 975.

eintritt, sofern der Dritte zur Leistung, d. h. zur Deckung des Schadens verpflichtet ist oder auch dann, wenn aus besonderen Gründen keine Pflicht dazu besteht. Wenn z. B. der Dritte die SUVA ist, so hat sie nur dann zu leisten, wenn bei ihr der Unfall angemeldet ist, nicht aber wenn der Versicherte und sein Arbeitgeber die Unfallmeldung unterlassen. Die Subsidiärklausel kann z. B. so umschrieben sein, dass der Versicherer von der Leistung befreit ist, wenn die SUVA lediglich dem Grundsatze nach für den Unfall zu leisten hat, gleichgültig, ob sie dann wirklich leisten muss oder z. B. mangels einer Unfallmeldung nicht zu leisten braucht.

gg) Die Subsidiärklausel befreit den Versicherer von seiner Leistungspflicht, da ein Dritter grundsätzlich für den gleichen Schaden leistungspflichtig ist. Sie schränkt somit die versicherte Gefahr ein und ist daher eine Ausschlussklausel. Deshalb muss ihre Formulierung den strengen Anforderungen von VVG 33 genügen, d. h. der Ausschluss muss «in bestimmter, unzweideutiger Fassung» erfolgen[969]. An sich können Subsidiärklauseln im Rahmen des Gesetzes frei vereinbart werden, da Vertragsfreiheit gilt. Hingegen schränkt die Aufsichtsbehörde diese Freiheit im Interesse der Versicherten stark ein[969a].

2. a) Zahlreiche Verträge sehen Leistungen vor, die Leistungen aus einem andern Versicherungsverhältnis ergänzen sollen. So schliessen Arbeitgeber Versicherungsverträge für ihr Personal ab, um z. B. den in der obligatorischen Unfallversicherung nach UVG nicht versicherten Teil des Verdienstes zu decken. Die Leistungen des Privatversicherers werden hier gleichsam auf jene des Sozialversicherers aufgestockt. Man spricht von Zusatz- oder Komplementärversicherungen oder -leistungen[970]. Zusatzversicherungen können aber auch die Leistungspflicht eines Dritten ergänzen, die nicht im Versicherungsvertrag wurzelt, sondern auf einer andern Rechtsgrundlage beruht. Wenn z. B. der Krankenversicherungsvertrag vor-

[969] Vgl. bereits vorne bei N 536 f.
[969a] Zu absolut nimmt BÜRGI, AVB S. 140, an, dass das BPV in keinem Versicherungszweig mit Ausnahme der Transportversicherung Subsidiärklauseln dulde.
[970] Vgl. zu den Begriffen der Komplementarität und der Zusatzversicherungen SCHAER a. a. O. RZ 1068 ff. sowie MAURER, Kumulation S. 68 ff. und SVR I S. 387 f. Vgl. zur UVG-Zusatzversicherung hinten bei N 1265a. Die Terminologie ist nicht einheitlich. Auch die Begriffsinhalte schwanken von Autor zu Autor. Bemerkenswert zur Unterscheidung von Subsidiär- und Komplementärklauseln BGE 105 V 145 ff.

sieht, dass der Versicherer das Krankengeld für eine bestimmte Zeit zu entrichten habe, für welche der Arbeitgeber nach Gesetz oder Vertrag keiner Lohnzahlungspflicht mehr unterliegt, handelt es sich ebenfalls um Zusatzleistungen. Der Zusatzversicherer kann aber auch Leistungen für Sachverhalte vereinbaren, die im andern Versicherungsverhältnis von der Versicherung ausgeschlossen sind[971, 972].

b) Solche Zusatzversicherungen enthalten ein bedingtes Leistungsversprechen[973]: Der Versicherer wird in der Regel nur unter der Bedingung leistungspflichtig, dass ein anderer Versicherer oder eine sonstige Drittperson dem Grundsatze nach zu leisten hat. Da Vertragsfreiheit gilt, kann die Leistungspflicht im Rahmen des Gesetzes und unter Vorbehalt aufsichtsrechtlicher Einschränkungen frei vereinbart werden.

c) Bei solchen Zusatzversicherungen ist eine Frage von grosser praktischer Tragweite: Hat der Versicherer seine Zusatzleistungen immer zu erbringen, wenn der andere Versicherer leistungspflichtig ist (absolute Folgepflicht), oder schliesst er bestimmte Gefahren von der Versicherung aus, die der andere Versicherer deckt (relative Folgepflicht)? So ist z. B. in der obligatorischen Unfallversicherung gemäss UVG das Kriegsrisiko – durch kriegerische Ereignisse verursachte Unfälle – gesetzlich nicht ausgeschlossen; die privaten Unfallversicherer schliessen es aber regelmässig aus, da sie keine genügende Rückversicherung finden. Auch hier gilt Art. 33 VVG: Wenn der private Versicherer einzelne Ereignisse nicht in bestimmter, unzweideutiger Fassung von der Versicherung ausschliesst, sind sie gedeckt.

3. In Versicherungsverträgen werden oft sog. kombinierte Subsidiär- und Komplementärklauseln verwendet (Mischformen). Es wird etwa be-

---

[971] Zusatzversicherungen können z. B. für einzelne aussergewöhnliche Gefahren und Wagnisse Leistungen gewähren, bei denen nach UVV 49 und 50 keine oder nur gekürzte Leistungen entrichtet werden; vgl. MAURER, Unfallversicherung, bei den N 1288 und 1291.

[972] Der Gesetzgeber verwendet ebenfalls das Mittel der komplementären Leistung. So sind in UVG 20 II und 31 IV Renten des Unfallversicherers als Komplementärrenten ausgestaltet, d. h. als Renten, welche jene der IV und der AHV ergänzen. Eine eingehende Regelung von Komplementärleistungen sieht Art. 76 IV SVG für Schäden vor, die von unbekannten Motorfahrzeugen und Radfahrern verursacht werden. Vgl. zum Zusammentreffen der Subsidiärklausel einer Krankenkasse mit SVG 76 IV (alte Fassung) BGE 106 V 107 ff.

[973] Vgl. auch hinten bei N 975.

stimmt, dass der Unfallversicherer die Heilungskosten nur versichert, *sofern* und *soweit* diese nicht von einem Dritten, z. B. von einer anerkannten Krankenkasse, bezahlt werden. Bei dieser Formulierung bedeutet das Wort «sofern» eine Subsidiärklausel: Der Unfallversicherer wird von der Leistungspflicht befreit, wenn der Dritte die Heilungskosten zu seinen Lasten nimmt. Das Wort «soweit» weist auf eine komplementäre Verpflichtung hin: Der Unfallversicherer muss jene Heilungskosten bezahlen, welche vom Dritten nicht übernommen werden, er muss sie somit auf jene des Dritten aufstocken. Wenn jedoch die Subsidiarität in dem vorne erwähnten Sinne umschrieben wird[973a], handelt es sich bei der Formulierung «sofern und soweit» nicht um eine Kombination der beiden Klauseln. Vielmehr ist nur Komplementarität gegeben, da Leistungen zusätzlich zu jenen des Dritten entrichtet werden. Subsidiarität setzt aber voraus, dass der Dritte überhaupt nicht leistungspflichtig ist.

4. Subsidiär- und Komplementärklauseln sollten zwei unerwünschte Folgen ausschalten: Jene die Überentschädigung und diese ungenügende Leistungen oder sogar Deckungslücken. Die Praxis lässt aber nicht selten erkennen, dass dieses Ziel im Einzelfall nicht oder nur in unbefriedigender Weise erreicht wird. Unbefriedigend ist es vor allem, wenn Subsidiärklauseln Deckungslücken entstehen lassen, indem sie z. B. die Leistungsbefreiung des Versicherers auch dann zulassen, wenn der Dritte tatsächlich nicht leisten kann oder muss[974], ohne dass dabei den Versicherten ein Verschulden trifft.

V. RECHTSNATUR DER VERSICHERUNGSLEISTUNGEN

1. Die vertraglich vereinbarte Versicherungsleistung ist als bedingtes Leistungsversprechen zu charakterisieren: Der Versicherer hat nur unter der Bedingung zu leisten, dass der Versicherungsfall eintritt, dass sich z. B. ein versicherter Unfall ereignet, dass der Versicherte – in der Erlebens-

---

[973a] Vgl. vorne vor N 964 b.

[974] Wenn z. B. die Subsidiärklausel dahin lautet, der Unfallversicherer sei nicht leistungspflichtig, wenn ein Dritter für den Unfall haftbar sei, so wird der Verunfallte keine Entschädigung bekommen, falls der Dritte nicht gegen Haftpflicht versichert und selbst mittellos ist. Deswegen sollte mit der Klausel festgelegt sein, dass die Leistungspflicht des Unfallversicherers nur entfällt, wenn und soweit die Entschädigung vom Dritten auch erhältlich ist.

fallversicherung – ein bestimmtes Alter erreicht oder – in der Todesfallversicherung –, dass er während der Dauer des Vertrages stirbt usw. Der Versicherungsvertrag selbst ist kein bedingter, sondern ein unbedingter Vertrag. Nur die Leistung des Versicherers wird mit einer Bedingung verknüpft[974a], nicht aber z. B. die Prämienzahlungspflicht des Versicherungsnehmers. Die Leistung des Versicherers wird gelegentlich an mehrere Bedingungen gebunden, z. B. bei der Subsidiärklausel an zwei Bedingungen: Einmal muss ein Versicherungsfall eingetreten sein und sodann darf kein Dritter verpflichtet sein, Leistungen der betreffenden Kategorie zu erbringen[975].

2. Der Versicherer erfüllt eine vertragliche Pflicht, wenn er leistet. Das VVG und zahlreiche Versicherungsverträge (AVB) verwenden oft folgende Formulierung: «Der Versicherer haftet ...[976]». Diese Ausdrucksweise ist irreführend. Die Leistungspflicht des Versicherers hat mit Haften und Haftpflicht im Sinne des Haftpflichtrechts nichts zu tun. Von vertraglicher Haftung spricht man, wenn eine Vertragspartei den Vertrag verletzt, die andere Partei dadurch schädigt und deshalb – z. B. gemäss Art. 97 ff. OR – schadenersatzpflichtig wird. Es besteht also eine Ersatzpflicht wegen schlechter Erfüllung oder Nichterfüllung des Vertrages. Der Versicherer aber wird nicht leistungspflichtig, weil er den Versicherungsvertrag schlecht erfüllt, d. h. verletzt hat[977]; seine Leistung ist vielmehr Vertragsinhalt oder Erfüllung des Vertrages an sich.

3. Es gibt unterschiedliche Auffassungen zur Rechtsnatur der Versicherungsleistung. Die unter Z. 1 dargelegte Auffassung dürfte in der Schweiz vorherrschen[977a]. Zur Gefahrtragungstheorie wurde bereits vorne Stellung genommen[978].

[974a] Ebenso VON TUHR/ESCHER, Obligationenrecht II S. 255 und 264. Dies ist die sog. Geldleistungstheorie; vgl. vorne vor N 426.

[975] Vgl. vorne bei N 968a. Ferner besteht z. B. die Bedingung, dass der Versicherungsfall dem Versicherer angemeldet wird.

[976] Art. 14, 15 usw. VVG.

[977] GLAUSER, Rechtslehre S. 59 f. – Ein Vertrag kann nicht nur schlecht, d. h. mangelhaft, sondern auch gar nicht erfüllt werden; vgl. NEUENSCHWANDER, Schlechterfüllung S. 1 und 33 ff.

[977a] JAEGER, Komm. IV (1. A.) S. 107 N 64; KELLER, Komm. I S. 16.

[978] Vgl. vorne bei N 426 und zu der sog. Indemnitätstheorie KOENIG S. 284.

§ 38 VERSICHERUNGSANSPRUCH

I. ANSPRUCH UND ANSPRUCHSBERECHTIGTER[979]

1. Der Pflicht des Versicherers, im Versicherungsfall die vertraglich geschuldete Leistung zu erbringen, steht, gleichsam als Gegenstück, der Anspruch des Berechtigten gegenüber. Der Anspruchsberechtigte hat im Versicherungsfall verschiedene Obliegenheiten zu erfüllen, um die Fälligkeit des Anspruchs herbeizuführen. So muss er den Versicherungsfall dem Versicherer anzeigen[980], er muss ferner den Anspruch begründen und bei dessen Ermittlung in mehrfacher Hinsicht mitwirken, namentlich Auskünfte erteilen usw. Der Versicherungsanspruch unterliegt in dieser Hinsicht einigen Sonderbestimmungen, z. B. den Art. 39–41 VVG; im übrigen gilt das gemeine Recht, vor allem die Art. 68 ff. OR.

2. Anspruchsberechtigt können vor allem sein: Entweder der Versicherungsnehmer als Vertragspartei oder – in der Fremdversicherung[981] – der versicherte Dritte oder – in der Personenversicherung[982] – der Begünstigte und ferner diejenige Person, die den Versicherungsanspruch aufgrund einer Abtretung (Zession) oder durch Zwangsvollstreckung, also im Wege der Schuldbetreibung, erworben hat. Anspruchsberechtigt ist, wer den Versicherungsanspruch gegen den Versicherer, allenfalls auch gerichtlich, geltend machen kann. Dies ist in jedem Versicherungsfall abzuklären. Leistet der Versicherer an eine Person, die nicht anspruchsberechtigt ist, so läuft er Gefahr, die gleiche Leistung auch noch dem Anspruchsberechtigten gegenüber erbringen, d. h. zweimal leisten zu müssen.

---

[979] Vgl. bereits vorne bei N 328. – Das Gesetz verwendet die Ausdrücke «Forderung aus dem Versicherungsvertrag» und «Versicherungsanspruch» mit gleicher Bedeutung; vgl. z. B. Art. 41 Abs. 1 und 2 VVG. Zum begrifflichen Unterschied von Forderung und Anspruch vgl. VON TUHR/PETER, Obligationenrecht I S. 15. Der Anspruch ist das Recht, die Leistung zu verlangen.
[980] Vgl. vorne bei N 841a.
[981] Vgl. vorne bei N 743.
[982] Vgl. hinten bei den N 1176 ff.

II. ANSPRUCHSBEGRÜNDUNG

1. a) Die Person, die gegenüber einem Versicherer einen Versicherungsanspruch erhebt, ist grundsätzlich im Sinne von Art. 8 ZGB behauptungs- und beweispflichtig[983]. Sie hat in *tatbeständlicher* Hinsicht zu beweisen, dass ein Versicherungsvertrag besteht und ein Versicherungsfall eingetreten ist, ferner hat sie den Umfang des Anspruches darzutun usw. Zudem muss sie ihre *subjektive* Anspruchsberechtigung beweisen: Sie hat zu beweisen, dass der Versicherungsanspruch gerade ihr zusteht[984]. In dieser Hinsicht ergeben sich in der Praxis häufig Schwierigkeiten, besonders in der Frage, wer begünstigte Person ist. Oft entsteht nämlich ein Prätendentenstreit: Zwei oder gar mehrere Personen behaupten, anspruchsberechtigt zu sein, z.B. in der Lebens- oder Unfallversicherung als Begünstigte den Anspruch auf die Todesfallsumme zu haben[985]. Der Versicherer pflegt die verschiedenen Ansprecher einzuladen, sich dahin zu einigen, an wen er mit befreiender Wirkung bezahlen kann. Andernfalls wird er – wenn Zweifel bestehen – die Leistung gemäss Art. 96 OR gerichtlich hinterlegen[986], um sich dadurch gegen die Gefahr der Doppelzahlung zu schützen.

[983] Vgl. dazu vorne vor N 818.

[984] Dies ist die Legitimation des Anspruchsberechtigten, die auch als Aktivlegitimation bezeichnet wird; vgl. KELLER, Komm. I S. 564, und KOENIG S. 100.

[985] Vgl. den anschaulichen Fall in SJZ 1971 S. 310: Aufgrund eines Lebensversicherungsvertrages waren die «Eltern» als Begünstigte bezeichnet worden. Beim Tode der VN waren die leibliche Mutter und daneben der Adoptivvater noch am Leben. Der Versicherer bezahlte die Todesfallsumme dem Adoptivvater aus. Das Gericht sprach der Mutter auf ihre Klage hin die Hälfte der Summe zu. Der Versicherer musste daher die Hälfte zweimal bezahlen und lief Gefahr, dass er diese vom Adoptivvater nicht mehr zurückerhielt. – Ein Kaskoversicherter hatte in einem Schadenfall seinen Versicherungsanspruch an die Reparaturwerkstätte abgetreten und den Versicherer davon benachrichtigt, dann aber von diesem trotzdem Zahlung verlangt. Der Sachbearbeiter übersah die Abtretung und bezahlte dem Versicherten die Kosten der Reparatur in bar aus. Der Versicherte fiel wenige Tage später in Konkurs. Die Reparaturwerkstätte konnte gestützt auf die Abtretung die Zahlung verlangen. Der Versicherer bezahlte also die Rechnung zweimal. Will er solche Doppelzahlungen vermeiden, so muss er die Anspruchsberechtigung sorgfältig prüfen.

[986] Zur gerichtlichen Hinterlegung vgl. GUHL/MERZ/KUMMER, Obligationenrecht S. 229 f. und zum Prätendentenstreit bei Zession S. 233 und 239; VON BÜREN, Obligationenrecht S. 332 u. a. m.

b) Der Versicherer verfügt in der Regel über einen eingespielten Apparat, um abzuklären, ob die erhobenen Versicherungsansprüche dem Grundsatz und dem Masse nach begründet sind oder nicht. Diesem Umstand trägt das Gesetz Rechnung, indem es den Anspruchsberechtigten[987] nicht einfach der Regelung von Art. 8 ZGB über die Behauptungs- und Beweislast[988] unterwirft. Vielmehr überbindet es ihm in Art. 38 und 39 VVG bestimmte Pflichten, die dem Versicherer die Aufgabe der Abklärung ermöglichen und erleichtern sollen. Man kann allgemein von einer *Mitwirkungspflicht*[989] sprechen. Das Gesetz selbst umschreibt sie als Auskunftspflicht, und es ermächtigt den Versicherer, dem Anspruchsteller durch Vertrag zudem die Pflicht zur Beibringung bestimmter Belege zu überbinden. Der Versicherer kann jedoch darüber hinaus den Anspruchsberechtigten zu einem bestimmten Verhalten, sowohl zu einem Handeln als auch zur Duldung von Eingriffen, verpflichten. Für die Verletzung dieser Obliegenheiten[990] dürfen Folgen vereinbart werden. Das Gesetz geht zudem davon aus, dass der Anspruchsberechtigte bei der Begründung seiner Ansprüche den Grundsatz von Treu und Glauben im Sinne von Art. 2 ZGB zu beachten, m. a. W. sich korrekt zu verhalten habe. Für die betrügerische Begründung des Versicherungsanspruchs sieht deshalb Art. 40 VVG eine harte Sanktion vor. Nach dem Gesetz soll zwischen Versicherer und Anspruchsberechtigten eine gewisse Rollenverteilung bestehen, wenn Versicherungsansprüche abzuklären sind, wobei jede Seite ihre Rolle korrekt zu spielen hat.

Die Regelung ist im folgenden kurz darzustellen.

2. a) Wenn der Versicherer es ausdrücklich verlangt, muss der Anspruchsberechtigte ihm zur Begründung des Versicherungsanspruches gemäss Art. 39 Abs. 1 VVG «jede Auskunft über solche ihm bekannte Tatsachen erteilen, die zur Ermittlung der Umstände, unter denen das be-

---

[987] Vgl. zu diesem Begriff vorne bei N 328.

[988] Vgl. zu den Begriffen Beweisführung, Beweisführungslast, Beweislast und über die Folgen der Beweislosigkeit MAURER SVR I S. 438 f. und Weiteres zum Beweis derselbe, Unfallversicherung S. 260 ff. sowie vorne vor N 818.

[989] In Art. 67 VVG ist ausdrücklich die Rede davon, dass eine Partei bei der Feststellung des Schadens mitwirkt. Vgl. zu den Mitwirkungspflichten in der Sozialversicherung MAURER, SVR I S. 301 und besonders in der Unfallversicherung nach UVG MAURER, Unfallversicherung, bei N 607 ff.

[990] Vgl. vorne bei N 731.

fürchtete Ereignis eingetreten ist, oder zur Feststellung der Folgen des Ereignisses dienlich sind». Der Anspruchsberechtigte hat nach dieser *Auskunftspflicht* nur Tatsachen mitzuteilen, die er kennt. Eine Erkundungspflicht trifft ihn nicht. Der Versicherer stellt die ihn interessierenden Fragen meistens im Formular «Schadenanzeige». Wenn der Anspruchsberechtigte den Versicherungsfall gemäss Art. 38 VVG anzeigt und dabei das erwähnte Formular korrekt ausfüllt, genügt er normalerweise seiner Auskunftspflicht. Freilich ist der Versicherer nach Art. 39 Abs. 1 VVG ermächtigt, dem Anspruchsberechtigten mündlich oder schriftlich zusätzliche Fragen zu stellen.

b) Nach Art. 39 Abs. 2 VVG kann der Vertrag verfügen, dass der Anspruchsberechtigte bestimmte *Belege,* deren Beschaffung ihm ohne erhebliche Kosten möglich ist, insbesondere auch ärztliche Bescheinigungen, beizubringen hat; dies sind in der Unfall- und Krankenversicherung z. B. ärztliche Zeugnisse über Befund, Diagnose, Arbeitsunfähigkeit, Invalidität, durchgeführte Therapie usw. Erhebliche Kosten dürfen jedoch dem Anspruchsberechtigten nicht zugemutet werden: Er muss z. B. nicht eigentliche medizinische oder technische Gutachten einholen, da diese mit hohen Kosten verbunden zu sein pflegen. Es entspricht weitverbreiteter Übung, dass der Lebens-, Unfall- und Krankenversicherer die ihm notwendig scheinenden Zeugnisse selbst vom Arzt, Spital usw. einfordert und bezahlt, ebenso die Fachgutachten. Freilich holt der Anspruchsberechtigte oft ein Gegengutachten ein, wenn ihn das vom Versicherer beschaffte Gutachten nicht befriedigt; dieses hat er grundsätzlich selbst zu bezahlen. Die Versicherer kommen ihm oft entgegen, indem sie diese Kosten ebenfalls übernehmen, sofern sie ganz oder doch in erheblichem Ausmasse auf die Schlüsse des Gegengutachtens abstellen[991].

c) Versicherungsverträge enthalten, mit unterschiedlichen Formulierungen, zahlreiche Bestimmungen, die den Anspruchsberechtigten oder Versicherten zu einer weitgehenden *Mitwirkung* bei der *Abklärung* des Versicherungsanspruches verpflichten. Dazu einige Hinweise: In der Unfall-, Kranken- und Invaliditätsversicherung wird vereinbart, dass der Versicherte sich einer Untersuchung durch die vom Versicherer beauftragten Ärzte unterziehe; er muss sich dabei nur zumutbare, d. h. vor allem ungefährliche

---

[991] Vgl. auch vorne N 383.

und nicht schmerzhafte diagnostische und andere ärztliche Anordnungen gefallen lassen; in Todesfällen haben die anspruchsberechtigten Hinterlassenen die Einwilligung zur Vornahme einer Sektion[992] zu erteilen, sofern diese der Abklärung des Anspruchs dient[993]; in der Haftpflichtversicherung wird der Versicherte verpflichtet, den Versicherer bei der Ermittlung des Sachverhaltes zu unterstützen; in der Kaskoversicherung findet sich die Klausel, dass der Versicherte bei Diebstahl seines Fahrzeuges die Polizei unverzüglich zu benachrichtigen und auf Verlangen gegen den Dieb Strafanzeige zu erstatten hat usw.

Es handelt sich durchwegs um Obliegenheiten[994]. Diese selbst und die Folgen ihrer Verletzung sind im Rahmen von VVG 45 grundsätzlich frei vereinbar; denn Art. 39 VVG regelt die Pflichten des Anspruchsberechtigten zur «Begründung des Versicherungsanspruchs» – so lautet der Randtitel – und zur Mitwirkung bei der Abklärung des Versicherungsfalles nicht abschliessend.

d) Nach Art. 39 Abs. 2 Z. 2 VVG kann der Versicherungsvertrag Sanktionen vorsehen, falls der Anspruchsberechtigte die verlangte *Auskunft* nicht erteilt oder die gewünschten *Belege* nicht beibringt. Die Sanktion kann bis zum Verlust des Versicherungsanspruches gehen. Diese Folge tritt aber nur ein, wenn der Versicherer schriftlich eine angemessene Frist angesetzt und ausdrücklich die Säumnisfolgen angedroht hat. Zusätzlich zu dieser speziellen ist die allgemeine Schutznorm von Art. 45 Abs. 3 VVG anwendbar: Wenn die Beobachtung einer Frist mit der Sanktion der Anspruchsverwirkung gekoppelt ist, dann darf der Anspruchsberechtigte die versäumte Handlung sofort nachholen, wenn das Hindernis beseitigt ist; dieser nicht immer wirksame Rettungsanker steht ihm nur dann zur Verfügung, wenn er die Frist ohne sein Verschulden verpasst hat.

Der Vertrag kann die Folge der Verwirkung auch für den Fall vorsehen, dass die vorne unter lit. c dargelegten Obliegenheiten verletzt sind; denn in-

---

[992] Gleichbedeutende Ausdrücke: Autopsie, Obduktion und Leichenöffnung; vgl. zur Frage, unter welchen Voraussetzungen der Unfallversicherer gemäss UVG befugt ist, die Autopsie anzuordnen, MAURER, Unfallversicherung S. 256 f.

[993] Z. B. in der Unfallversicherung, wenn Zweifel bestehen, ob der Tod ausschliesslich die Folge des Unfalles ist oder ob er andere Ursachen (Krankheit, Suizid usw.) haben kann.

[994] Vgl. vorne §§ 29 und 30.

soweit gilt grundsätzlich Vertragsfreiheit. Allein die soeben erwähnte Schutznorm ist dann analog anzuwenden, wenn eine Verwirkungsfrist vereinbart ist: Der Versicherer hat die Frist schriftlich anzusetzen und auf die Folgen der Verwirkung hinzuweisen.

e) Art. 67 VVG enthält für die Schadensversicherung besondere Bestimmungen zur «Schadensermittlung». Er geht von der Annahme aus, dass Versicherer und Anspruchsberechtigter den Schaden in der Regel durch gemeinsames Handeln feststellen und abschätzen. Wenn sich aber eine Partei weigert, «bei der Feststellung des Schadens mitzuwirken», dann wird der Schaden gemäss VVG 67 II durch gerichtlich bestellte Sachverständige ermittelt[995].

f) Solange der Anspruchsberechtigte den Anspruch nicht genügend begründet, wird dieser nach Art. 41 Abs. 1 VVG nicht fällig[996].

3. a) Art. 40 VVG trägt einen einprägsamen Randtitel: «Betrügerische Begründung des Versicherungsanspruchs». Anvisiert ist zur Hauptsache der Versicherungsbetrug im straf- und zivilrechtlichen Sinn: Der Anspruchsteller versucht den Versicherer in die Irre zu führen, um ihn zu einer Leistung zu bewegen, die nicht geschuldet ist. Entweder macht er einen Anspruch geltend, der überhaupt nicht besteht, oder er weitet einen an sich begründeten Anspruch betrügerisch aus. Die Täuschung des Versicherers kann durch tatsachenwidrige Behauptungen oder auch durch Verschweigung erfolgen. Dies trifft etwa zu, wenn der Versicherte angibt, er habe den Arm bei einem Sturz auf der Treppe gebrochen, dabei aber verschweigt, dass er bei einer Schlägerei, d. h. anlässlich eines nichtversicherten Unfalles, gestürzt ist. In der Sachversicherung behauptet der Anspruchsteller z. B. nach einem Brandfall, Sachen seien verbrannt oder gestohlen worden, obwohl er weiss, dass er solche Sachen gar nicht oder doch nicht in der angegebenen Zahl gehabt hat; in der Unfall- oder Krankenversicherung versucht der Versicherte, Krankheiten oder doch Symptome vorzutäuschen, die nicht existieren. Diese sog. Simulation stellt eine betrügerische Anspruchsbegründung dar. Sie unterscheidet sich von der Aggravation[997] dadurch, dass hier der Patient be-

---

[995] Vgl. vorne N 989. Einlässlich zu dieser Mitwirkungspflicht U der Cour de justice civile du Canton de Genève vom 21. 12. 1979, SVA XIV No. 67 S. 301 ff.

[996] Vgl. hinten bei N 1001.

[997] Über Simulation und Aggravation in der Unfallversicherung vgl. MAURER, Unfallversicherung, bei N 1005 f. Von ihnen sind wiederum die Neurosen zu unter-

stehende Beschwerden übertreibt. Das muss nicht immer in betrügerischer Absicht geschehen; vielleicht will er bestehende Beschwerden u. U. bloss verdeutlichen, da er glaubt, der Arzt schenke ihnen nicht genügend Beachtung (Verdeutlichungstendenzen). Art. 40 VVG umschreibt verschiedene Tatbestände. Sie sollen hier nicht einzeln behandelt werden.

b) Wenn der Anspruchsteller den Anspruch betrügerisch begründet, ist der Versicherer nach Art. 40 VVG «an den Vertrag nicht gebunden»[998], d. h. er kann vom Vertrag zurücktreten. Die Unverbindlichkeit erstreckt sich auf den ganzen geltend gemachten Anspruch, selbst wenn sich die Täuschung nur auf einen Teil desselben bezogen hat. Wenn z. B. der Anspruchsteller in der Sachversicherung gegenüber dem Versicherer behauptet, durch den Brandfall seien ihm 10 Stühle verbrannt, obwohl er weiss, dass er nur 8 besessen hat, dann verliert er seinen ganzen Versicherungsanspruch aus diesem Brandfall; dies auch dann, wenn sich die betrügerische Begründung nur auf einen geringen Prozentsatz des ganzen Anspruchs erstreckt[999]. Wenn von mehreren Anspruchsberechtigten nur einer den Anspruch betrügerisch begründet, so ist der Versicherer lediglich ihm gegenüber nicht gebunden, gegenüber den übrigen Anspruchsberechtigten bleibt der Vertrag dagegen bestehen. Dies ist vor allem in der Kollektiv-Personenversicherung bedeutsam[1000].

---

scheiden; vgl. dazu hinten bei den N 1261a ff. sowie MAURER, Unfallversicherung S. 395 ff., OFTINGER; Haftpflichtrecht I S. 187 ff. u. a. m.

[998] Vgl. zur Unverbindlichkeit des Vertrages vorne N 499a. – Der Versicherer muss die betrügerische Absicht beweisen; vgl. vorne bei N 818 und U des BGer vom 23. 10. 1952 (SVA X No. 45): Der Wille zur Täuschung genügt. Diese muss nicht ein zu hohes Angebot des Versicherers bewirkt haben.

[999] BGE 78 II 278 ff. und SVA 11 No. 42 S. 232. – Diese Regelung kann im Einzelfall hart sein, da sie dem Gedanken der Verhältnismässigkeit nicht Rechnung trägt. Sie beruht auf dem «alles oder nichts»-Prinzip; vgl. dazu auch vorne N 554. Trotzdem ist sie an sich nur eine recht stumpfe Waffe gegen den Versicherungsbetrug. Die Versicherungsgesellschaften reichen eher selten Stafanzeige ein. Auch weisen sie meistens nicht den ganzen Anspruch ab, wenn sich der Betrug lediglich auf einen geringen Prozentsatz bezieht. Häufig sind die Fälle, in denen der Versicherer starke Verdachtsmomente, aber doch keinen genügenden Beweis für das Vorliegen einer betrügerischen Anspruchsbegründung hat; man spricht etwa von der breiten «grauen Zone».

[1000] Z. B. in der Kollektiv-Unfall-, -Kranken- und -Lebensversicherung. Es gilt sinngemäss, was vorne zur schuldhaften *Herbeiführung* des Versicherungsfalles ausgeführt wurde; vgl. bei N 907 ff.

III. FÄLLIGKEIT, VERZUG UND ERFÜLLUNG

1. a) Die Fälligkeit ist der Zeitpunkt, in welchem der Gläubiger die Leistung verlangen und gerichtlich einklagen kann[1001]. Die Art. 75 ff. OR regeln sie für das gemeine Recht. Art. 41 VVG trifft für den Versicherungsanspruch eine von diesen Bestimmungen abweichende Sonderregelung. Danach wird der Versicherungsanspruch erst fällig, wenn «der Versicherer Angaben erhalten hat, aus denen er sich von der Richtigkeit des Anspruchs überzeugen kann»; dies bedeutet – etwas vereinfacht ausgedrückt –, dass der Anspruchsberechtigte den Anspruch nach Gesetz und Vertrag genügend begründet habe. Er muss der Anzeigepflicht nach Art. 38, der Pflicht zur Erteilung von Auskunft und zur Vorlage von Belegen nach Art. 39 sowie den gesetzlich und allenfalls vertraglich festgesetzten weiteren Pflichten zur Mitwirkung entsprochen haben. Aber die Fälligkeit tritt nicht sofort, nachdem der Versicherer die erforderlichen Angaben erhalten hat, ein. Art. 41 Abs. 1 VVG gewährt ihm eine Deliberationsfrist von vier Wochen: Er soll, wenn er die erforderlichen Angaben erhalten hat, noch vier Wochen Zeit haben, die Angaben zu prüfen. Erst mit Ablauf dieser vier Wochen wird der Versicherungsanspruch fällig[1002]. Eine Ausnahme sieht Art. 88 Abs. 1 Satz 1 VVG vor: Der Anspruch auf die Kapitalabfindung aus Invalidität wird sofort fällig, wenn die voraussichtlich dauernden Unfallfolgen feststehen.

b) Art. 41 Abs. 2 VVG enthält eine absolutzwingende Bestimmung zugunsten des Anspruchsberechtigten: «Die Vertragsabrede, dass der Versicherungsanspruch erst nach der Anerkennung durch den Versicherer oder nach rechtskräftiger Verurteilung des Versicherers fällig werde, ist ungültig». Ohne diese Norm hätte es der Versicherer in der Hand, durch eine entsprechende Klausel die Fälligkeit weitgehend von seinem Willen abhängig zu machen; er könnte damit die Erledigung von Versicherungsfällen ungebührlich verzögern.

[1001] Die Fälligkeit ist bedeutsam z. B. für den Verzug, vgl. VON TUHR/ESCHER, Obligationenrecht II S. 45 ff.; VON BÜREN, Obligationenrecht S. 366 u. a. m.

[1002] In der Haftpflichtversicherung hat nicht der Geschädigte, sondern der Haftpflichtige den Versicherungsanspruch (Befreiungs- oder Zahlungsanspruch); der Haftpflichtanspruch des Geschädigten wird nicht nach Art. 41 VVG, sondern nach Art. 75 OR fällig.

2. Wenn der Versicherungsanspruch fällig ist, kann der Anspruchsberechtigte die Erfüllung verlangen. Dazu lediglich folgende Hinweise:
a) Hinsichtlich des Erfüllungsortes enthält Art. 27 des Aufsichtsgesetzes eine zwingende Bestimmung, die von Art. 74 Abs. 1 OR abweicht. Danach hat der Versicherer seine Verbindlichkeiten aus dem Versicherungsvertrag grundsätzlich am schweizerischen Wohnsitz des Versicherten zu erfüllen[1003], und zwar selbst dann, wenn der Wohnsitz seit Abschluss des Vertrages geändert worden ist.

b) Wenn der Versicherer die geschuldete Leistung erbringt, d. h. in der Regel wenn er bezahlt, kann er gemäss Art. 88 und 90 OR eine Quittung verlangen. In der Praxis ist die *Saldoquittung* verbreitet. Sie bestimmt z. B., dass mit der erfolgten Zahlung sämtliche Ansprüche aus dem betreffenden Versicherungsfall endgültig getilgt seien oder – anders ausgedrückt – dass der Anspruchsberechtigte auf jeden weiteren Anspruch verzichte. Dies ist der Sache nach ein Vergleich, der einen teilweisen Verzicht einschliesst. Das Bundesgericht[1004] hat jedoch in konstanter Rechtsprechung entschieden, der Versicherte könne mit der Saldoquittung nur auf Rechte verzichten, die er kannte oder deren Erwerb er wenigstens als eine Möglichkeit in Betracht zog. Somit verzichte er damit nicht auf Ansprüche, die erst später entstehen, ausser wenn er sich ihrer mit genügender Deutlichkeit bewusst sei. Dazu ein Beispiel aus der Unfallversicherung. Der Versicherte unterzeichnet im Zusammenhang mit der letzten Taggeldabrechnung eine Saldoquittung, da er annimmt, der Unfall werde keine Invalidität zur Folge haben. Erst ein Jahr später treten Spätfolgen – z. B. eine posttraumatische Arthrose nach einem Knöchelbruch – auf und bewirken eine Invalidität. Der Versicherer darf die Saldoquittung nicht anrufen, da die Spätfolgen erst nach

---

[1003] Vgl. vorne bei N 212. – Art. 46a VVG der durch Z. 3 des Anhanges zum VAG eingefügt worden ist, verweist auf die Art. 26 ff. VAG.
[1004] Vgl. z. B. BGE *100* II 45 (= Praxis 1974 S. 572 = SVA XIV No. 63 S. 280): Der Versicherte zog bei der Unterzeichnung der Saldoquittung zwar eine Erhöhung des Invaliditätsgrades, aber nicht den Tod als Unfallfolge in Betracht; vgl. ferner BGE *68* II 189/190. Die Erwägungen des BGer gelten in gleicher Weise für den Anspruch aus einem Versicherungsvertrag und für den Anspruch des Geschädigten nach Haftpflichtrecht. – Nach Art. 88 OR kann der Versicherer, wenn er bezahlt, nur eine einfache Quittung verlangen. Hingegen ist es zulässig und üblich, dass streitige Punkte durch Vergleich erledigt werden.

ihrer Unterzeichnung entstanden sind und bei der Festsetzung der Entschädigung nicht berücksichtigt wurden[1005].

Nun werden in jüngerer Zeit anstelle der Saldoquittungen immer häufiger sog. Entschädigungsvereinbarungen unterzeichnet. Rechtlich sind sie als Vergleich zu bewerten. Für sie gelten die gleichen Überlegungen wie für die Saldoquittungen. Freilich ist ein Vergleich – erfolge er durch Saldoquittung oder durch Entschädigungsvereinbarung – für mögliche künftige Folgen aus dem Versicherungsfall, wie bereits erwähnt wurde, zulässig, wenn der Anspruchsberechtigte sie eben als möglich erkennt und durch eine Leistung des Versicherers abgelten lassen will. Wenn also der Versicherte im erwähnten Beispiel die Möglichkeit der Spätfolgen aufgrund eines medizinischen Gutachtens kennt und sie durch eine angemessene Leistung des Versicherers abgelten lässt, ist dies grundsätzlich zulässig. Solche Vergleiche sind nach Treu und Glauben auszulegen[1006].

Private Versicherungsgesellschaften entrichten im Zusammenhang mit Versicherungsfällen gelegentlich Kulanzzahlungen[1007], d.h. nichtgeschuldete Leistungen. Sie tun dies aus verschiedenen Motiven: zur Milderung eines Härte- oder Notfalles (man spricht von Kommiseration); zum Zwecke der Werbung (Verbesserung des Image, indem sie z.B. auf die Anwendung einer unpopulären Ausschluss- oder Kürzungsklausel verzichten); bisweilen auch auf Druck eines Kunden, der mit der Kündigung zahlreicher Policen droht, wenn keine Kulanzzahlung erfolge usw. Wenn ernsthafte Gründe zur Annahme berechtigen, dass der Versicherer aber doch leistungspflichtig sein könnte, handelt es sich nicht mehr um eine Kulanzzahlung, sondern um einen Vergleich, d.h. um eine Vereinbarung.

[1005] Hingegen ist bei Spätfolgen zu prüfen, ob die Verjährung eingetreten ist; vgl. hinten bei den N 1017 ff.

[1006] BGE 105 II 277 E. 2a: «Der Vergleich, auch der gerichtliche, ist ein Vertrag, mit dem ein Streit oder eine Ungewissheit über ein Rechtsverhältnis mit gegenseitigen Zugeständnissen beigelegt wird ...». Vgl. insbesondere PETER GAUCH, Der aussergerichtliche Vergleich zwischen der Haftpflichtversicherung des Motorfahrzeughalters und dem Geschädigten, *(Referat)* in der Mappe «Strassenverkehrsrechts-Tagung 1984», Freiburg; OFTINGER, Haftpflichtrecht I S. 474 ff. und S. 469 u.a.m. – In der Sozialversicherung ist der Vergleich nur in engen Grenzen zulässig; vgl. MAURER, SVR I S. 468.

[1007] Vgl. MAURER SVR I S. 158 und bereits vorne bei N 829.

3. Wenn der Versicherer bei Fälligkeit des Versicherungsanspruches nicht leistet, liegt Nichterfüllung des Vertrages vor. Sie beurteilt sich nach gemeinem Recht. Dies gilt namentlich auch für den Verzug und die Folgen des Verzuges. Der Versicherer gerät nach Art. 102 OR erst mit der *Mahnung* in Verzug. Sobald er im Verzug ist – und nicht vorher – schuldet er gemäss Art. 104 Abs. 1 OR Verzugszinsen zu 5% für das Jahr[1008]. Er ist überdies zu Schadenersatz im Sinne von Art. 106 OR verpflichtet. Vorausgesetzt wird, dass der Anspruchsberechtigte einen grösseren Schaden erlitten hat, als er ihm durch die Verzugszinsen vergütet wird. Der Versicherer als Schuldner kann sich von seiner Ersatzpflicht befreien, wenn er beweist, dass ihm keinerlei Verschulden am Verzuge zur Last fällt.

IV. ÜBERTRAGUNG DES VERSICHERUNGSANSPRUCHES

1. Der Anspruchsberechtigte kann den Anspruch aus dem Versicherungsvertrag in verschiedener Weise auf eine andere Person, auf einen Dritten, übertragen, so u. U. durch Begünstigung in der Personenversicherung und durch Abtretung[1009]. Bei Übertragung wird der Dritte Anspruchsberechtigter, nicht aber Vertragspartei, also nicht Versicherungsnehmer. Er hat jene Obliegenheiten zu erfüllen, die Gesetz oder Vertrag dem Anspruchsberechtigten überbinden. Verletzt er sie, so kann er höchstens seinen Anspruch verlieren, nicht aber schadenersatzpflichtig oder gar auf Erfüllung eingeklagt werden, da er nicht Vertragspartei ist[1010].

2. a) Hier sollen lediglich einige Hinweise zur *Abtretung* und *Verpfändung* folgen[1011]. Mit ihnen wird durch Rechtsgeschäft, durch Vertrag, über den Versicherungsanspruch verfügt. In der Schadens- und in der Unfallversicherung wird der Anspruch in der Regel erst abgetreten oder verpfändet, wenn er entstanden ist, d. h. nach Eintritt des Versicherungsfalles. In

---

[1008] Der Verzugszins ist nicht zu verwechseln mit dem Schadenszins im Sinne des Haftpflichtrechtes; vgl. dazu OFTINGER, Haftpflichtrecht I S. 174 f.
[1009] Der Versicherungsanspruch kann auch durch Zwangsvollstreckung vom bisherigen auf einen neuen Anspruchsberechtigten übergehen. Vgl. dazu die VO des BGer betreffend Pfändung, Arrestierung und Verwertung von Versicherungsansprüchen vom 10. 5. 1910 (SR 281.51); das BGer hat diese VO als Oberaufsichtsbehörde gemäss Art. 15 Abs. 2 SchKG erlassen.
[1010] Vgl. vorne bei N 718 f.
[1011] Die Begünstigung wird hinten bei den N 1176 ff. behandelt.

der Lebensversicherung weist er oft bereits vorher einen wirtschaftlichen Wert auf, nämlich wenn er einen Rückkaufswert[1012] hat, weshalb Abtretung und Verpfändung häufig auch vor Eintritt des Versicherungsfalles vorkommen.

b) Bei der Abtretung wird der Zessionar (= Erwerber) Anspruchsberechtigter. Wenn er z. B. aufgrund einer Unfallversicherung einen bereits bestehenden, aber noch nicht fälligen Invaliditätsanspruch durch Zession erworben hat, so kann nur er und nicht mehr der bisherige Anspruchsberechtigte den Versicherer einklagen. Wenn hingegen der bisherige Anspruchsberechtigte einen solchen Anspruch lediglich verpfändet, so wird der Pfandgläubiger nach verbreiteter Meinung nicht Anspruchsberechtigter: Er erwirbt lediglich ein beschränktes dingliches Recht am Versicherungsanspruch[1013]. Der Anspruchsberechtigte verpfändet z. B. in der Lebensversicherung seinen Anspruch, wenn dieser einen Rückkaufswert aufweist, um ein Darlehen zu bekommen. Dieses wird durch den verpfändeten Anspruch sichergestellt. Der Anspruchsberechtigte kann sich solcherart mit einem noch gar nicht fälligen Versicherungsanspruch Kredit verschaffen.

c) Abtretung und Verpfändung von Versicherungsansprüchen sind nach VVG grundsätzlich zulässig[1014]. Für die Form gelten in der Schadensversicherung die gemeinrechtlichen Bestimmungen, also Art. 165 OR für die Abtretung und Art. 900 ZGB für die Verpfändung. Für die Personenversicherung enthält Art. 73 Abs. 1 Satz 2 VVG eine Sondervorschrift: «Abtretung und Verpfändung bedürfen zu ihrer Gültigkeit der schriftlichen Form und der Übergabe der Police, sowie der schriftlichen Anzeige an den Versicherer[1015]».

[1012] Vgl. dazu hinten bei den N 1167a ff.

[1013] KOENIG S. 155. – Vgl. einlässlicher zu Abtretung und Verpfändung VIRET, Privatversicherungsrecht S. 166 ff. sowie VON TUHR/ESCHER; Obligationenrecht II S. 329 ff. und S. 376 f.; zur Abtretung VON BÜREN, Obligationenrecht S. 316 ff. u. a. m.

[1014] Unzulässig sind dagegen nach den meisten Gesetzen Abtretung und Verpfändung von Sozialversicherungsansprüchen; vgl. z. B. Art. 20 Abs. 1 AHVG: «Jeder Rentenanspruch ist unabtretbar, unverpfändbar und der Zwangsvollstreckung entzogen. Jede Abtretung oder Verpfändung ist nichtig ...»; BVG 39; UVG 50 I usw.

[1015] Wendet der Versicherte ein, die Abtretung sei nicht rechtsgültig erfolgt, da er

V. ERLÖSCHEN DES VERSICHERUNGSANSPRUCHES

Forderungen – und somit auch der Versicherungsanspruch – können auf mehrere Arten erlöschen[1016]: Durch Erfüllung als den normalen Erlöschungsgrund (Art. 68 ff. OR), ferner durch Verrechnung (Art. 120 ff. OR) z. B. mit einer Prämienforderung usw. Den Erlöschungsgründen werden auch die Verjährung und Befristung zugezählt. Sie sind im VVG teilweise abweichend vom gemeinen Recht geregelt. Dazu folgendes:

1. Versicherungsrechtliche Verjährung

a) Nach Art. 127 OR verjähren Forderungen, wenn das Gesetz nicht etwas anderes[1017] bestimmt, nach zehn Jahren. Demgegenüber verjähren nach Art. 46 Abs. 1 Satz 1 VVG die Forderungen aus dem Versicherungsvertrage «in zwei Jahren nach Eintritt der Tatsache, welche die Leistungspflicht begründet»[1017a]. Dies ist eine sehr kurze Frist. Mit ihr wollte der Gesetzgeber den technischen Bedürfnissen des Versicherers Rechnung tragen. Lange Ver-

---

die Police dem Zessionar nicht übergeben habe, so kann dieser Einwand rechtsmissbräuchlich im Sinne von Art. 2 ZGB sein; BGE *77* II 167 ff. Für weitere Einzelheiten sei auf KOENIG S. 152 ff. und auf die ausführliche Darstellung bei JAEGER, Komm. III N 41 ff. und N 79 ff., verwiesen.

[1016] Allgemein zu den Erlöschensgründen VON TUHR/ESCHER, Obligationenrecht II S. 161 ff., GUHL/MERZ/KUMMER, Obligationenrecht §§ 36–39 S. 258 ff., und VON BÜREN, Obligationenrecht S. 442 ff. u. a. m.

[1017] Vgl. zur Verjährung insbesondere SPIRO, Verjährung I; SCHWANDER, Verjährung; derselbe, «Über die Verjährung von Schadenersatzforderungen», *(Referat)* in der Mappe «Strassenverkehrsrechts-Tagung 1984», Freiburg, mit zahlreichen Hinweisen auf Rechtsprechung und Literatur. – Eine fünfjährige Verjährung sieht Art. 128 OR z. B. für Honorarforderungen der Ärzte, Anwälte und Notare vor, ferner für Forderungen der Arbeitnehmer aus dem Arbeitsverhältnis usw.

[1017a] Durch Z. 3 des Anhanges zum BVG wurde Abs. 1 Satz 1 folgender Satz angefügt: «Art. 41 BVG bleibt vorbehalten». Art. 41 BVG mit dem Randtitel «Verjährung» lautet wie folgt:

«[1] Forderungen auf periodische Beiträge und Leistungen verjähren nach fünf, andere nach zehn Jahren. Die Artikel 129–142 des Obligationenrechts sind anwendbar.

[2] Absatz 1 gilt auch für Forderungen aus Verträgen zwischen Vorsorgeeinrichtungen und der Versicherungsaufsicht unterstellten Versicherungseinrichtungen.»

Vgl. zu den in Abs. 2 erwähnten Verträgen hinten bei den N 1222a ff.

jährungsfristen können dem Versicherer den Überblick über den Stand seiner Verpflichtungen erschweren. Sie bereiten ihm Schwierigkeiten bei der Bemessung der Rückstellungen, die nach dem Kapitaldeckungsverfahren für schwebende Ansprüche aus Versicherungsfällen unerlässlich sind[1018]. Zudem wächst die Gefahr, dass der Tatbestand nicht mehr genügend abgeklärt werden kann, wenn Ansprüche erst nach langer Zeit gestellt werden[1019].

b) Die Verjährungsfrist beginnt nach Art. 130 Abs. 1 OR mit der Fälligkeit der Forderung. Für Forderungen aus dem Versicherungsvertrag beginnt sie dagegen gemäss Art. 46 Abs. 1 Satz 1 VVG «mit dem Eintritt der Tatsache, welche die Leistungspflicht begründet». Diese Tatsache ist nach einer weitverbreiteten Auffassung der Versicherungsfall[1020] selbst. Umstritten ist die Frage für die Unfall- und die Haftpflichtversicherung:

aa) In der Unfallversicherung gilt als «Tatsache» nach den meisten Autoren der Tag, an welchem sich der Unfall ereignet. Allein wenn der Unfall nicht sofort, sondern erst später den Tod bewirkt, so ist die Tatsache, welche die Leistungspflicht des Unfallversicherers für den Todesfall begründet, gemäss jüngster Rechtsprechung der Todestag[1021]. Die Frage, welcher Zeitpunkt für den Invaliditätsfall massgebend sei, ist nach der Rechtsprechung des Bundesgerichts noch offen[1022]. Häufig lässt sich während langer Zeit nicht bestimmt feststellen, ob der Unfall überhaupt eine Invalidität gemäss Versicherungsvertrag verursacht hat; zudem kann sich die Invalidität im Verlaufe der Jahre ändern, d. h. grösser oder kleiner werden. Sofern nicht – wie dies nach bisheriger Praxis üblich war – der Unfalltag als «Tatsache, welche die Leistungspflicht begründet», betrachtet wird, könnte dies wohl nur jener Zeitpunkt sein, in welchem sich mit Bestimmtheit fest-

---

[1018] Vgl. vorne bei N 85 und KELLER, Komm. I S. 663 ff. – In BGE *100* II 48 wird angenommen, heute sei der Gesetzgeber der Meinung, die Versicherungstechnik verbiete längere Verjährungsfristen nicht mehr. Eine solche sehe nämlich Art. 83 Abs. 1 SVG für die Ansprüche des Geschädigten gegen den Haftpflichtversicherer vor.

[1019] Allgemein über Sinn und Zweck der Verjährung VON TUHR/ESCHER, Obligationenrecht II S. 211 ff., VON BÜREN, Obligationenrecht S. 421 ff.

[1020] KELLER, Komm. I S. 668 f.; KOENIG S. 109.

[1021] BGE *100* II 47 ff. (= SVA XIV No. 63 S. 280); mit diesem Entscheid hat das BGer seine frühere Praxis geändert, nach welcher die Verjährungsfrist generell mit dem Unfalltag zu laufen begann.

[1022] BGE *100* II 49. Vgl. zur Invalidität auch U des Tribunal du district du Val-de-Travers vom 9. 5. 1980, in SVA XIV No. 64 S. 285.

stellen lässt, dass eine Invalidität besteht. Sie muss dem Grundsatz nach die Leistungspflicht des Versicherers begründen[1023] und wenigstens grob schätzbar sein. Würde die Verjährung für die Invaliditätsentschädigung erst zu laufen beginnen, wenn der Grad der Invalidität feststeht, dann wäre dies mit der Rechtssicherheit kaum vereinbar. Gerade ihr soll aber die Institution der Verjährung dienen[1024]. Nun ist der Unfalltag als Beginn der Verjährungsfrist auch dann problematisch, wenn die *Heilungsphase* länger als zwei Jahre dauert, was bei schweren Verletzungen oft vorkommt. Wenn der Versicherte die Verjährung nicht unterbrechen würde, könnte der Versicherer für die nach Ablauf von zwei Jahren entstehenden Heilungskosten, Taggelder usw. die Verjährungseinrede erheben. Gerade in schweren Fällen wäre dies unbefriedigend. Deshalb scheint es angemessen, als «Eintritt der Tatsache» den Zeitpunkt zu wählen, in dem die Ansprüche auf diese Leistungen entstehen. Dies bedeutet, dass im Ergebnis nicht mehr der Unfalltag für den Beginn der Verjährung massgebend ist, sondern der Zeitpunkt, in welchem die Ansprüche der einzelnen Leistungskategorien (Heilungskosten, Taggelder usw.) entstehen[1025]. Nach dieser Regel sind auch Rückfälle und Spätfolgen zu beurteilen[1026].

[1023] Nach BGE *100* II 47 müssen nicht alle finanziellen Folgen des Unfalles schon einzeln bekannt sein. Die Frage, ab wann die Verjährung bei Invalidität zu laufen beginnt, wird aber offengelassen. – Ähnlich SPIRO, Verjährung I §§ 38 und 68; er geht – auch für die Unfallversicherung – davon aus, dass stets ein Schaden versichert sei; dies trifft per definitionem in der Summenversicherung nicht zu; vgl. vorne vor N 341.

[1024] VON TUHR/ESCHER, Obligationenrecht II S. 211. – Dass sich der Grad der Invalidität im Verlaufe des Lebens eines Invaliden wesentlich ändern kann, ist aus der Rentenpraxis der SUVA, der IV und der MV wohl bekannt.

[1025] Ähnlich SPIRO, Verjährung §§ 38 und 68. – Die in BGE *100* II 45 ff. eingeleitete Änderung der Rechtsprechung dürfte früher oder später auch die Ansprüche aus Invalidität und jene, welche im Zusammenhang mit der Heilung entstehen, erfassen. Damit wird eine gewisse Annäherung an die gemeinrechtliche Regelung der Verjährung erreicht. – Vgl. zur Möglichkeit des Versicherers, seine Leistungspflicht zeitlich zu begrenzen, hinten bei N 1045.

[1026] Vgl. zu diesen Begriffen MAURER, Unfallversicherung S. 276 f. und hinsichtlich der Verwirkung von Ansprüchen in der Unfallversicherung nach UVG S. 442. UVG 51 legt die Verwirkung wie folgt fest: «Der Anspruch auf Nachzahlung von Leistungen erlischt fünf Jahre nach Ende des Monats, für den sie geschuldet waren.» Die Verwirkungsfrist läuft somit nicht ab Unfalltag.

bb) Die Haftpflichtgesetzgebung regelt die Verjährung für Haftpflichtansprüche nicht einheitlich, sondern in zahlreichen gesetzlichen Bestimmungen mehr oder weniger unterschiedlich[1027]. Art. 46 Abs. 1 Satz 1 VVG bringt generell für Ansprüche aus Versicherungsverträgen wiederum eine Sonderregelung. Er hat für die Haftpflichtversicherung zu Auffassungen geführt, die weit auseinanderliegen, und zwar namentlich in der Frage, ab wann die versicherungsrechtliche Verjährung laufe. Eine Auffassung nimmt als Ausgangspunkt den Versicherungsfall, den sie im schädigenden Ereignis erblickt, weil damit auch das Vermögen des versicherten Haftpflichtigen mit der Haftpflichtverbindlichkeit belastet werde[1028]. Eine andere Auffassung knüpft ebenfalls an das befürchtete Ereignis (= Versicherungsfall) an, betrachtet dieses jedoch erst als eingetreten, wenn der Geschädigte vom Versicherungsnehmer gerichtlich oder aussergerichtlich Schadenersatz fordert[1029]; massgebend ist danach nicht das schädigende Ereignis, sondern die Geltendmachung von Haftpflichtansprüchen durch den Geschädigten. Das Bundesgericht geht davon aus, dass der Haftpflichtversicherer in der Regel verschiedene Arten von Leistungen vertraglich vereinbare, also z. B. die Rechtsschutzgewährung, ferner den Befreiungsanspruch, und endlich u. U. den Zahlungsanspruch[1030]. Die Tatsache, welche die Leistungspflicht des Haftpflichtversicherers begründe, müsse daher keine einheitliche sein. Jedenfalls für den Befreiungsanspruch sei diese Tatsache die Verurteilung des haftpflichtigen Versicherten zu Schadenersatz[1031]. Damit wird der Beginn der Verjährung weit aufgeschoben.

[1027] So z. B. Art. 60 OR, Art. 83 SVG, Art. 14 EHG. Vgl. die einleuchtende Kritik bei OFTINGER; Haftpflichtrecht I S. 7, bei STARK, Probleme der Vereinheitlichung des Haftpflichtrechts, Referate des Schweizerischen Juristenvereins 1967, S. 93 ff. u. a. m. – Gründliche Prüfung zahlreicher Einzelfragen im Referat von SCHWANDER (zit. vorne in N 1017).

[1028] KOENIG S. 506 ff., KELLER, Komm. I S. 668, besonders N 7, und S. 235 N 2; vgl. zum umstrittenen Begriff des Versicherungsfalles im Haftpflichtrecht vorne bei N 803.

[1029] So ROELLI, Komm. I (1. A.) S. 464 und 559.

[1030] BGE *61* II 197 ff.; vgl. zu den verschiedenen Ansprüchen aus der Haftpflichtversicherung hinten bei den N 1449 f.

[1031] Mit dieser Lösung schliesst sich BGE *61* II 198 ff. zur Hauptsache der Auffassung von JAEGER, Komm. II S. 272 ff., an; er will freilich nicht nur das rechtskräftige Endurteil, sondern auch das «Anerkenntnis» der Haftpflichtschuld, soweit es für den Versicherer bindend sei, als «Tatsache» zulassen.

Die dargestellten Auffassungen zeigen, dass die Umschreibung in Art. 46 Abs. 1 Satz 1 VVG – «Eintritt der Tatsache, welche die Leistungspflicht begründet» – mehrfacher Deutung fähig ist[1031a]. Sie könnten noch vermehrt werden: Als «Tatsache» käme z. B. auch die Schadenanzeige im Sinne von Art. 38 VVG in Frage; denn solange der Versicherungsfall dem Haftpflichtversicherer nicht angezeigt wird, entsteht dessen Leistungspflicht nicht.

Bei der Auslegung von Art. 46 Abs. 1 Satz 1 VVG ist dem Schutzgedanken des Gesetzes[1032] und zugleich der Funktion der Haftpflichtversicherung Rechnung zu tragen. Der Versicherte sucht Schutz für den Fall, dass gegen ihn Haftpflichtansprüche gestellt werden. Er will seine Haftpflicht gedeckt sehen, gleichgültig ob die Ansprüche des Geschädigten sofort oder erst Jahre nach dem schädigenden Ereignis entstehen und gestellt werden. In dieser Erwartung sähe er sich jedenfalls dann getäuscht, wenn die versicherungsrechtliche Verjährung bereits zwei Jahre nach dem schädigenden Ereignis – Unfall usw. – eintreten und vom Haftpflichtversicherer auch angerufen würde. Denn es wäre ihm nicht zuzumuten, nach Einreichung der Schadenanzeige die Verjährung gegen den Versicherer, der ja in der Regel mit dem Geschädigten verhandelt, zu unterbrechen. Die Erfahrung lehrt nämlich, dass eine beträchtliche Zahl der dem Haftpflichtversicherer gemeldeten Haftpflichtfälle nach zwei Jahren noch nicht erledigt ist, da immer neue Ansprüche entstehen können oder ältere Ansprüche nicht liquid sind. Es würde dem Schutzgedanken des Gesetzes und der Aufgabe der Haftpflichtversicherung widersprechen, wenn der Haftpflichtversicherer alle Fälle als verjährt erklären[1033] und damit den Versicherten des Versicherungsschutzes berauben könnte. Deshalb darf die versicherungsrechtliche Verjährung nicht mit Eintritt des schädigenden Ereignisses zu laufen beginnen. Wenn z. B. der Geschädigte sieben Jahre nach dem Unfall Spätfolgen – etwa eine posttraumatische Epilepsie nach einer Kollision mit dem versicherten und haftpflichtigen Skifahrer – erleidet und dafür noch Haftpflichtansprüche geltend machen kann, dann soll auch die

---

[1031a] BREHM, Le contrat d'assurance RC, behandelt die Verjährung hinsichtlich der Haftpflichtversicherung eingehend in No. 763 ff.
[1032] Vgl. vorne bei N 278 f.
[1033] Es würde damit wohl in den meisten Fällen auch gegen den Grundsatz von Treu und Glauben nach Art. 2 ZGB verstossen.

versicherungsrechtliche Verjährung noch nicht zu laufen begonnen haben; denn die Haftpflichtversicherung hat den Haftpflichtigen auch für Haftpflichtansprüche zu schützen, die erst nach Jahren entstehen und gestellt werden. Dies erfordert, dass man den Beginn der Verjährung nach Art. 46 Abs. 1 Satz 1 VVG hinsichtlich der Haftpflichtversicherung weit hinausschiebt. Als Tatsache im Sinne dieser Bestimmung ist daher die rechtskräftige Verurteilung des versicherten Haftpflichtigen zu Schadenersatz oder die gerichtliche oder aussergerichtliche Vereinbarung über die Haftpflichtansprüche oder deren Anerkennung zu bezeichnen[1034], soweit diese Erledigungen den Versicherer binden. Würde man als Tatsache das schädigende Ereignis oder die Geltendmachung der Haftpflichtansprüche durch den Geschädigten anerkennen, dann wäre die versicherungsrechtliche Verjährung in ungezählten Fällen bereits eingetreten, bevor der Haftpflichtanspruch überhaupt entstanden ist, ein Ergebnis, das mit dem Zweck der Haftpflichtversicherung nicht vereinbar sein dürfte[1035, 1036].

[1034] Die von JAEGER, Komm. II S. 272 ff., und in BGE *61* II 198 ff. vertretene Auffassung erscheint daher sachgerecht, freilich mit der Erweiterung, dass nicht nur die gerichtliche Verurteilung des Versicherten zu Schadenersatz, sondern auch gerichtliche und *aussergerichtliche* Vergleiche usw. die versicherungsrechtliche Verjährung in Gang setzen können. Ähnlich SPIRO a. a. O. § 68 S. 145. BREHM a. a. O. No. 790 f. lässt die Verjährung noch später beginnen, nämlich mit dem Tag, an welchem der Versicherte aufgrund des rechtskräftigen Urteils oder eines Vergleiches seine Haftpflichtschuld wirklich bezahlt. Der Rechtssicherheit und ebenso der Billigkeit dürfte genügend gedient sein, wenn der Eintritt der Rechtskraft des Urteils oder der Abschluss des Vergleichs die Verjährungsfrist in Gang setzen.

[1035] Gemäss Art. 63 in Verbindung mit Art. 83 SVG hat die Versicherung die Haftpflicht des Halters und der Personen, für die er nach SVG verantwortlich ist, zu decken. Somit besteht Versicherungsschutz auch für Haftpflichtansprüche, die erst Jahre nach dem Unfall entstehen oder geltend gemacht werden. – In der Praxis der Haftpflichtversicherer wird die Einrede der versicherungsrechtlichen Verjährung nur selten erhoben, weshalb Prozesse dieser Art kaum je vorkommen. MÜLLER, Haftpflichtversicherung, S. 91 Z. 35 weist darauf hin, dass das Verjährungsproblem von geringer praktischer Bedeutung sei.

[1036] Selbstverständlich muss der Sachverhalt, aus dem der Geschädigte einen Haftpflichtanspruch gegen den Versicherten geltend macht, durch den Haftpflichtversicherungsvertrag gedeckt sein, also unter Versicherungsschutz fallen, sonst stellt sich die Frage der Verjährung gar nicht; vgl. vorne bei N 344. Wird der Versicherungsfall dem Haftpflichtversicherer nicht rechtzeitig angezeigt, kann Anzeigepflichtverletzung vorliegen, mit den dafür vorgesehenen Folgen; vgl. vorne bei N 848.

Mit der Haftpflichtversicherung ist meistens eine Rechtsschutzpflicht verbunden. Soweit der Versicherer diese als Naturalleistung zu erfüllen hat, stellt sich die Frage der Verjährung kaum. Sie kann sich aber stellen, wenn er nach dem Kostenvergütungsprinzip zu leisten[1037], dem Versicherten z. B. die Prozesskosten zu ersetzen hat. Auch hier soll der Beginn der Verjährung weit hinausgeschoben werden. Die Frist beginnt erst zu laufen, wenn der Haftpflichtversicherer seine Rechtsschutzaufgabe erledigt hat, z. B. durch Abschluss eines gerichtlichen oder aussergerichtlichen Vergleichs mit dem Geschädigten im Haftpflichtfall. Die Frist beginnt jedoch frühestens dann zu laufen, wenn die Forderung des Versicherten aus Rechtsschutz gegen den Versicherer entstanden ist[1038].

c) Art. 46 Abs. 1 Satz 1 VVG ist nicht auf den Versicherungsanspruch beschränkt; er gilt generell für Forderungen aus dem Versicherungsvertrag, also auch für Prämienforderungen usw.[1039].

d) Für die Unterbrechung und den Stillstand der Verjährung sind gemäss VVG 100 die Bestimmungen des OR anwendbar. Danach kann der Anspruchsberechtigte die versicherungsrechtliche Verjährung gemäss Art. 135 OR z. B. durch Einleitung der Betreibung unterbrechen. Eine Unterbrechung ist, wie soeben ausgeführt wurde, für den Anspruch aus dem Haftpflichtversicherungsvertrag (Befreiungsanspruch usw.) nicht erforderlich, da er nicht verjährt, solange der Haftpflichtanspruch selbst in der Schwebe ist[1040].

[1037] Vgl. zu dieser Unterscheidung vorne N 940.

[1038] Eingehend zu diesem Problem BREHM a. a. O. No. 785 ff. – Beispiel: Der Haftpflichtversicherer beendet den Haftpflichtprozess durch Abschluss eines gerichtlichen Vergleichs. Der Versicherte bezahlt die Gerichtskosten selbst, da das Gericht ihm Rechnung stellt. Er vergisst es, diese Kosten vom Haftpflichtversicherer zurückzufordern. Die Verjährung beginnt zu laufen, wenn er die Rechnung bezahlt, da sein Anspruch gegen den Versicherer in diesem Zeitpunkt entsteht.

[1039] KELLER, Komm. I. S. 664 f.

[1040] In der Versicherungspraxis sind befristete Verjährungsverzichtserklärungen üblich: Der Schuldner erklärt, dass er für eine bestimmte Zeitspanne die Verjährungseinrede nicht erheben wird. Damit kann er vermeiden, dass er zur Unterbrechung der Verjährung betrieben oder eingeklagt wird. Solche Verzichtserklärungen sind zulässig. OR 129 erklärt zwar «die in diesem Titel aufgestellten Verjährungsfristen» als unabänderlich, und OR 141 I bestimmt, dass auf die Verjährung nicht zum voraus, d. h. bevor sie eingetreten sei, verzichtet werden könne. BGE 99 II 185 ff. wendet OR 141 I sinngemäss ebenfalls nur auf die «in diesem Titel», d. h. in

e) Art. 46 Abs. 1 VVG ist eine halbzwingende Vorschrift im Sinne von Art. 98 VVG, darf also nicht zum Nachteil des Versicherungsnehmers oder Anspruchsberechtigten abgeändert werden.

2. Verjährung, Befristung sowie zeitliche Risiko- und Leistungsbegrenzung

a) Versicherungsverträge enthalten gelegentlich die Klausel, dass der Versicherungsanspruch innert einer bestimmten Frist, z. B. durch gerichtliche Klage geltend zu machen sei, ansonst er verwirke, d. h. erlösche. Solche Fristen nennt man Verwirkungs-, Ausschluss- oder Präklusivfristen[1041]. Im Gegensatz zur Verjährung können sie nicht unterbrochen werden. Die Handlung, also vor allem die Klage, die zur Erhaltung des Anspruchs innert Frist verlangt wird, unterscheidet sich von den zahlreichen vertraglichen und gesetzlichen Obliegenheiten[1042], die ebenfalls mit der Verwirkung des Versicherungsanspruches verbunden sein können. Man denke an die Obliegenheiten, den Versicherungsfall anzuzeigen, zur Mitwirkung bei der Abklärung des Versicherungsfalles, zur Vorlage von Belegen usw.

b) Das VVG lässt an sich die erwähnten Präklusivfristen zu[1043]. Es bestimmt jedoch in Art. 46 Abs. 2, dass Vertragsabreden, die den Anspruch gegen den Versicherer einer kürzeren Verjährung – als Abs. 1 sie festsetzt – «oder einer zeitlich kürzeren Beschränkung unterwerfen», ungültig sind. Mit dieser zeitlichen Beschränkung oder – wie der Randtitel sagt – Befriden Art. 114–142 OR, aufgestellten Verjährungsfristen an. Somit gelten OR 129 und 141 I im Hinblick auf VVG 46 I Satz 1 zum vornherein nicht. – Wenn der Versicherer die Verjährungseinrede trotz seiner Verzichtserklärung erheben würde, wäre dies rechtsmissbräuchlich nach ZGB 2; ebenso VON TUHR/ESCHER, Obligationenrecht II S. 232. Vgl. eingehender SCHWANDER in seinem in N 1017 erwähnten Referat S. 24 f.

[1041] Näheres bei VON TUHR/ESCHER, Obligationenrecht II S. 161 f. und 217, GUHL/MERZ/KUMMER; Obligationenrecht S. 276 f., KELLER, Komm. I S. 650, SPIRO, Verjährung II §§ 366 ff., SUTER, Sachversicherung S. 104 Z. 27.3 u. a. m. – In der Hausratversicherung findet sich folgende Verwirkungsklausel: «Abgelehnte Entschädigungsforderungen, die nicht binnen zwei Jahren nach Eintritt des Schadenereignisses gerichtlich geltend gemacht werden, erlöschen.»

[1042] Vgl. vorne §§ 29 und 30.

[1043] Die Unterscheidung zwischen Verjährung und Präklusivfrist ist sowohl theoretisch als auch in der Praxis oft schwierig; vgl. SPIRO, Verjährung II §§ 371 ff.

stung sind gerade die erwähnten Präklusivfristen gemeint. Die Regelung will vermeiden, dass durch Vereinbarungen auf dem Umwege über die Präklusivfrist die Verjährung im Ergebnis verkürzt werde[1044]. Die unter lit. a erwähnten Obliegenheiten und die mit ihnen verbundenen Verwirkungsfolgen fallen nicht unter Art. 46 Abs. 2 VVG.

c) Von den Verjährungs- und den Verwirkungsfristen ist die zeitliche Begrenzung des Risikos und der Leistungen zu unterscheiden. So finden sich in der Unfallversicherung Bestimmungen, dass eine Invalidität nur dann die vereinbarte Leistung begründet, wenn sie z. B. innert zwei Jahren nach dem Unfallereignis feststellbar ist; dass Heilungskosten nur insoweit versichert sind, als sie z. B. innerhalb von fünf Jahren seit dem Unfalltag entstehen[1045]; dass das Spitalgeld höchstens während 730 Tagen innert 5 Jahren seit dem Unfalltag entrichtet werde usw. In der Haftpflichtversicherung wird – im Hinblick auf Serienschäden in der Produktehaftpflicht – etwa bestimmt: Für sämtliche während einer Zeitspanne von fünf Jahren verursachten Schäden zusammen wird im Maximum das Dreifache der pro Ereignis vereinbarten Versicherungssumme entschädigt.

Solche zeitliche Begrenzungen des Risikos und der Leistungen können – obwohl sie an sich oft kaum wünschbar sind – nicht als Umgehung von Art. 46 Abs. 2 VVG verstanden werden: Sie sind keine Vertragsabreden über die Verkürzung der gesetzlichen Verjährung, obwohl sie im Ergebnis die gleiche Wirkung haben können. Vor allem für kleinere Versicherungsunternehmungen sind zeitliche Begrenzungen u. U. von existentieller Bedeutung; ebenso auch für grössere Gesellschaften bei «schweren» Risiken, wenn keine genügende Rückversicherung erhältlich ist. Es dürfte z. B. zulässig sein, eine Vereinbarung zu treffen, dass Haftpflichtansprüche nicht versichert sind, wenn sie aus einer Tatsache abgeleitet werden, die erst z. B. 10 Jahre nach der fehlerhaften Handlung oder dem schädigenden Ereignis in Erscheinung tritt[1046]. Angesichts des späten Beginnes der versicherungsrechtlichen Verjährung in der Haftpflichtversicherung sind gewisse Haft-

---

[1044] VON TUHR/ESCHER, Obligationenrecht II S. 217. – Auf vertraglich vereinbarte Präklusivfristen ist Art. 45 Abs. 3 VVG anwendbar; vgl. vorne bei N 736. – Die Fristen lassen sich im einzelnen Fall durch eine neue Vereinbarung verlängern.
[1045] Vgl. für Rückfälle und Spätfolgen vorne bei N 1026.
[1046] Vgl. vorne bei N 810 f.

pflichtrisiken kaum mehr versicherbar, wenn solche zeitliche Risikobeschränkungen[1047] nicht zulässig sein sollten.

§ 39 MEHRFACHE ANSPRÜCHE

I. ÜBERBLICK

1. a) Einer *Person* können in einem Versicherungsfall aus mehreren Versicherungsverhältnissen Ansprüche erwachsen. Dazu ein Beispiel: X wird durch Unfall voll invalid. Aus seiner Invalidität entstehen ihm, je nachdem wie und wo er versichert war, mehrere Ansprüche: zunächst auf eine Invalidenrente des Unfallversicherers nach UVG und der IV; daneben hat er möglicherweise Anspruch auf eine Invaliditätsentschädigung aus einer privaten Unfallversicherung und ferner aus einer gemischten Lebensversicherung usw. Seine Ansprüche gegenüber Unfallversicherung und IV sind öffentlich-rechtlicher Natur und wurzeln im Sozialversicherungsrecht. Die übrigen erwähnten Ansprüche beruhen auf einem privatrechtlichen Versicherungsvertrag, der unter das VVG fällt. Hätte X noch Ansprüche gegen eine Vorsorgeeinrichtung gemäss BVG, dann würden sie dem BVG oder einem Vorsorgevertrag entspringen[1048].

b) Wenn eine *Sache* beschädigt, zerstört oder gestohlen wird usw., können Ansprüche aus mehreren Versicherungsverträgen entstehen. Wird einem Gast im Hotel z. B. eine Kamera entwendet, so besitzt er u. U. Ansprüche aus seiner eigenen Hausratversicherung und vielleicht auch Ansprüche aus einer Sachversicherung, die der Hotelier für seine Gäste gegen Diebstahl von eingebrachten Sachen abgeschlossen hat.

[1047] Zu denken ist etwa an die Exportindustrie. Die Haftpflichtversicherung kann die Haftpflicht aus Exportgütern decken, die im Ausland Schäden verursachen; wenn das ausländische Recht Verjährungsfristen von 20–30 Jahren vorsieht, ist es für den Versicherer wegen des späten Beginns der versicherungsrechtlichen Verjährung in der Schweiz oft schwierig oder unmöglich, Rückversicherung zu finden, sofern keine zeitliche Risikobegrenzung vorgenommen wird. Der Industrie usw. ist aber besser damit gedient, wenn sie einen zeitlich beschränkten als gar keinen Versicherungsschutz bekommt.

[1048] Vgl. vorne N 774 und hinten N 1210.

c) Ansprüche können einer weiteren Quelle entspringen. Wenn X in dem unter lit. a geschilderten Beispiel als schuldloser Fussgänger einen Verkehrsunfall erlitten hat, kann er nicht nur Ansprüche aufgrund der erwähnten Versicherungsverhältnisse, sondern auch noch Ansprüche aus Haftpflichtrecht stellen, also Haftpflichtansprüche gegen den für den Unfall verantwortlichen Halter oder dessen Haftpflichtversicherer nach SVG. Es bestehen dann Haftpflicht- und Versicherungsansprüche nebeneinander.

2. Unsere Rechtsordnung hat für diese Mehrheit von Ansprüchen aus dem gleichen Sachverhalt keine einheitliche Regelung getroffen. Für bestimmte Konstellationen duldet sie, dass der Anspruchsberechtigte aus einem Versicherungsfall Gewinn schlagen kann, d. h. dass er sich finanziell besser stellt, als wenn der Versicherungsfall nicht eingetreten wäre: Er wird überentschädigt[1049]. Daneben enthält sie für bestimmte Arten von Ansprüchen Normen, die eine Überentschädigung vermeiden sollen.

3. Das Privatversicherungsrecht enthält gesetzliche Bestimmungen, die eine Mehrheit von Ansprüchen voraussetzen und regeln. Dabei stehen drei sich teilweise überschneidende Rechtsinstitute oder Prinzipien im Vordergrund: Leistungskürzung bei Doppelversicherung; Kumulation; Subrogation. Sie sollen im folgenden kurz dargestellt werden. Neben ihnen gelten freilich noch andere Prinzipien, die nur am Rande erwähnt werden; für weitere Ausführungen wird auf die Literatur verwiesen[1050].

II. DOPPELVERSICHERUNG

1. Begriff

a) Unter Doppelversicherung versteht Art. 53 Abs. 1 VVG die Versicherung des gleichen Gegenstandes gegen die gleiche Gefahr für die gleiche Zeit bei zwei oder mehr Versicherern, wobei das Total der Versicherungssummen höher als der Versicherungswert ist[1051]. Es müssen also zwei oder

---

[1049] Vgl. zu diesem Begriff bereits vorne bei N 960.
[1050] Besonders eingehend SCHAER, Schadenausgleichssysteme. Vgl. ferner MAURER, SVR I § 19 sowie Kumulation, 1. Teil Z. II; OFTINGER, Haftpflichtrecht I § 11 und passim; OSWALD, Landesbericht und Einführungsreferat u. a. m.
[1051] Das Gesetz spricht vom Interesse, meint aber den Gegenstand; vgl. dazu vorne bei N 623 ff.

mehrere Versicherungsverträge bestehen, und zwar bei verschiedenen Versicherern. Sind sie beim gleichen Versicherer abgeschlossen, gelten keine besondern Regeln; das Gesetz geht davon aus, dass der Versicherer dann den Überblick hat und Missbräuche verhindern kann. Nicht erforderlich ist, dass bei den verschiedenen Verträgen der Versicherungsnehmer identisch ist. Wahrscheinlich sind Fälle, für welche eine Doppelversicherung besteht, viel häufiger mit verschiedenen als mit identischen Versicherungsnehmern.

b) Die Regelung über die Doppelversicherung findet sich im Abschnitt über die Schadensversicherung; sie gilt also nur für diese und nicht für die Personenversicherung[1052], soweit diese als Summenversicherung vereinbart ist. Innerhalb der Schadensversicherung dürfte sie ziemlich häufig in der Sachversicherung, eher selten dagegen in der Vermögensversicherung – am ehesten in der Haftpflichtversicherung[1053] – vorkommen[1054].

c) Es muss der gleiche Gegenstand gegen die gleiche Gefahr versichert sein. Somit ist keine Doppelversicherung vorhanden, wenn der Geschädigte den gleichen Schaden aus einer Haftpflicht- und daneben aus einer Sachversicherung geltend machen kann. Wenn also z. B. der Hotelier im einen Vertrag seine Haftpflicht z. B. nach Art. 487 OR aus der Beschädigung von Sachen deckt, die von den Gästen eingebracht worden sind, und in einem anderen Vertrag, bei einem andern Versicherer, die gleichen Sachen gegen Feuer, Diebstahl usw. versichert, dann sind Gegenstand des ersten Vertrages die Haftpflicht(= Vermögensversicherung) und des zweiten Vertrages Sachen (= Sachversicherung). Obwohl im Ergebnis beide Versicherer für die Beschädigung der von den Gästen eingebrachten Sachen leisten müssen, tun sie es aus unterschiedlichen Gründen, weshalb keine Doppelversicherung vorliegt[1055]. Anders ist es dagegen, wenn der Gast für seine Sachen selbst eine Sachversicherung gegen Diebstahl hat,

---

[1052] Vgl. vorne bei den N 311 und 613.

[1053] Vgl. hinten bei N 1063.

[1054] Ziemlich oft ist eine Person bei zwei oder mehr Versicherern für die Heilungskosten bei Unfall versichert. Es liegt grundsätzlich Doppelversicherung vor, da mit BGE 104 II 44 ff. die Heilungskostenversicherung als Schadensversicherung anerkannt worden ist; vgl. die Hinweise in N 1052. Die AVB regeln diesen Fall meistens in besonderer Weise, z. B. durch Subsidiär- oder Komplementärklauseln; vgl. vorne bei den N 960 ff. und 970 ff.

[1055] Diesen Sachverhalt regelt Art. 72 VVG; vgl. zur Subrogation hinten Z. IV.

z. B. eine Hausratversicherung, und der Hotelier die Sachen der Gäste ebenfalls durch eine Sachversicherung gegen Diebstahl versichert. Wird nun eine vom Gast eingebrachte Sache gestohlen, so kann Doppelversicherung vorliegen: Beide Verträge versichern den gleichen Gegenstand (Sachen) gegen die gleiche Gefahr (Diebstahl).

2. Rechtsfolgen

a) Vertragsabschluss

Der Versicherungsnehmer ist nach Art. 53 Abs. 1 VVG verpflichtet, allen Versicherern ohne Verzug schriftlich Kenntnis zu geben, wenn er durch den Abschluss eines (zweiten) Versicherungsvertrages die Doppelversicherung herbeiführt. Sofern er seiner Mitteilungspflicht genügt, bleiben die abgeschlossenen Verträge in Kraft; ebenfalls wenn er sich gar nicht bewusst wird, dass er eine Doppelversicherung besitzt, m. a. W. wenn er gutgläubig ist[1056]. Die Mitteilungspflicht ist als gesetzliche Obliegenheit zu verstehen[1057].

Hat der Versicherungsnehmer die Anzeige an den Versicherer – beim Abschluss der zweiten oder gar dritten Versicherung – absichtlich unterlassen oder die Versicherung in der Absicht abgeschlossen, sich daraus einen rechtswidrigen Vorteil zu verschaffen, so sind alle beteiligten Versicherer gegenüber diesem Versicherungsnehmer an den Vertrag nicht gebunden[1058]; sie können m. a. W. vom Vertrag zurücktreten. Keiner der Versicherer hat im Versicherungsfall zu leisten. Wenn also der Automobilist sein Auto bei zwei verschiedenen Versicherern gegen Kasko versichert[1059], ohne

---

[1056] Dies trifft wohl in der Regel zu. So kann Doppelversicherung gegeben sein, wenn der gleiche VN für sein Auto eine Vollkaskoversicherung und für sein Mobiliar eine Hausratversicherung abgeschlossen hat. Wenn Gegenstände, die durch die letztere gedeckt sind, im Auto mitgeführt werden und dann verbrennen, kann Deckung nach beiden Verträgen bestehen, nämlich wenn die Kaskoversicherung auch die mitgeführten Sachen (Reiseeffekten) und die Hausratversicherung Sachen, die sich vorübergehend ausserhalb der Wohnung befinden (sog. Aussenversicherung), deckt.
[1057] Vgl. vorne bei N 706.
[1058] Vgl. vorne bei N 499 f.
[1059] Um dadurch im Versicherungsfall einen Gewinn zu erzielen. – Meistens liegt auch Anzeigepflichtverletzung vor, da der Versicherer im Antragsformular nach dem Bestehen anderer Versicherungen in der Regel fragt; vgl. vorne bei N 547.

sie darüber zu orientieren, dann müssen diese nichts bezahlen, wenn das Auto z. B. wegen einer Kollision mit einer Mauer einen Totalschaden erleidet. Trotzdem hat jeder Versicherer Anspruch auf die vereinbarte Prämie (Abs. 2 und 3).

b) Versicherungsfall

aa) Der Versicherte soll den Ersatzwert der Sache von allen Versicherern zusammen nur einmal ersetzt erhalten, m. a. W. er soll nicht überentschädigt werden. Art. 71 Abs. 1 VVG drückt dies wie folgt aus: Jeder Versicherer haftet «für den Schaden in dem Verhältnisse, in dem seine Versicherungssumme zum Gesamtbetrage der Versicherungssummen steht». Dies heisst, dass der Versicherer zum vornherein nur einen Teil des Ersatzwertes zu ersetzen hat[1060]. Dazu ein Beispiel: X hat eine teure Vase gegen Diebstahl, Bruch usw. mit einer Versicherungssumme von Fr. 20 000.– bei Versicherer A versichert. Er übernachtet in einem Hotel. Die Vase, die er bei sich hat, wird im Hotel gestohlen. Der Hotelier hat für die gleichen Risiken bei Versicherer B eine Sachversicherung für die von den Gästen eingebrachten Sachen abgeschlossen, mit einer Versicherungssumme von Fr. 30 000.–. Der Ersatzwert der Vase wird auf Fr. 10 000.– geschätzt. Die Voraussetzungen der Doppelversicherung sind erfüllt. Für A und B ergeben sich folgende Anteile: Das Total der Versicherungssummen beträgt Fr. 50 000.–. Das Verhältnis der Versicherungssumme des A zu diesem Total ergibt $\frac{20\,000}{50\,000}$ = $^2/_5$; jenes des B $\frac{30\,000}{50\,000}$ = $^3/_5$. Somit hat A $^2/_5$ des Ersatzwertes von Fr. 10 000.–, also Fr. 4 000.–, und B $^3/_5$, also Fr. 6 000.–, zu bezahlen. X erhält insgesamt nicht mehr als den Ersatzwert, er wird also nicht überentschädigt[1061].

bb) Bei Zahlungsunfähigkeit eines Versicherers tragen die übrigen Versicherer bis zur Höhe der Versicherungssumme den Ausfall, und zwar «in dem Verhältnis, in dem die von ihnen versicherten Summen zueinander stehen». Man kann dies die Ausfall- oder Delcrederehaftung nennen. Für die dadurch bedingte Mehrleistung haben sie ein Regressrecht auf den zahlungsunfähigen Versicherer; Art. 71 Abs. 2 VVG.

[1060] Sog. Leistungspflicht pro parte. Die mehreren Versicherer haften demnach nicht nach dem Grundsatz der Solidarität; vgl. dazu hinten bei N 1090.

[1061] Keine Doppelversicherung ist gegeben, wenn die beiden Versicherungssummen zusammen den Ersatzwert nicht übersteigen; der Anspruchsberechtigte kann sie grundsätzlich voll ausschöpfen, um seinen Schaden auszugleichen.

cc) Ist der Versicherungsfall eingetreten, so darf der Anspruchsberechtigte keine Versicherung zuungunsten der übrigen Versicherer aufheben oder abändern; Art. 71 Abs. 3 VVG. Er soll also nicht durch Manipulation die beschriebene Ordnung verändern und dadurch den einen oder andern Versicherer benachteiligen können.

c) Vereinbarungen

Doppelversicherungen können leicht betrügerische Absichten wecken. Die Versicherer suchen dieser Gefahr auf verschiedene Arten vorzubeugen. So wird meistens in den Antragsformularen, dann auch im Formular, das im Versicherungsfall auszufüllen ist, und schliesslich im Formular «Entschädigungsvereinbarung» usw. nach dem Bestehen anderer Versicherungen gefragt. Durch falsche Auskunft kann der Anspruchsteller den Tatbestand des Betruges erfüllen. Ein anderer Weg zur Vorbeugung besteht darin, dass in den Vertrag eine Subsidiärklausel aufgenommen wird. Danach entfällt die Leistungspflicht des Versicherers, sofern ein anderer Versicherer leistungspflichtig ist[1062]. Solche Vereinbarungen sind zulässig, obwohl die Art. 53 und 71 VVG zu den absolutzwingenden Vorschriften im Sinne von Art. 97 VVG zählen. Sie beschränken die versicherten Leistungen.

3. Haftpflichtversicherung

1. Art. 53 und 71 VVG regeln die Doppelversicherung mit Blick auf die Sachversicherung[1063]. Deshalb verwenden sie den Versicherungswert als Merkmal. Sie lassen sich für die Haftpflichtversicherung lediglich sinngemäss[1064] heranziehen, da ihr die Begriffe des Versicherungswertes und der versicherten Sachen fremd sind. Dem Wesen der Haftpflichtversicherung ist dabei Rechnung zu tragen.

2. a) In der Haftpflichtversicherung ist Doppelversicherung nur anzunehmen, wenn die *gleiche* Person durch zwei oder mehrere Versicherungsverträge für den gleichen Haftpflichtfall gedeckt ist[1065]. Haften mehrere

---

[1062] Vgl. vorne bei N 960.
[1063] Vgl. hinten bei den N 1299 ff.
[1064] JAEGER, Komm. II S. 115 N 4 c und S. 486. – Was hier zur Haftpflichtversicherung ausgeführt wird, gilt entsprechend auch für die anderen Vermögensversicherungen.
[1065] GAROBBIO, SVZ 14 S. 290. In der Sachversicherung muss die gleiche Sache gegen die gleiche Gefahr versichert sein.

Personen für den gleichen Schaden, so kann jede von ihnen den Befreiungsanspruch gegenüber ihrem Haftpflichtversicherer geltend machen, wie wenn neben ihrer eigenen keine andere Haftpflichtversicherung vorhanden wäre; die Art. 53 und 71 VVG sind nicht zu beachten. Dazu ein Beispiel: Zwei Radfahrer kollidieren und verletzen dabei einen Fussgänger. Sie haften für den Schaden solidarisch. Jeder von ihnen wird den Schadenfall seinem eigenen Haftpflichtversicherer melden; den Befreiungsanspruch[1066] besitzt er unabhängig davon, dass neben ihm ein anderer Haftpflichtversicherter für den gleichen Schaden haftet.

b) Doppelversicherung und sogar mehrfache Versicherung kommen in der Praxis z. B. für folgende Haftpflichtrisiken[1067] vor:

Der Erwerber eines Hauses schliesst eine Haus-Haftpflichtversicherung ab, da er nicht weiss, dass jene des bisherigen Eigentümers gemäss Art. 54 VVG auf ihn übergegangen ist[1068]. Ein Jäger ist für die Haftpflicht aus Jagdunfällen durch eine Kollekiv-Haftpflichtversicherung gedeckt, die der Jagdverein für seine Mitglieder abgeschlossen hat; er hat zudem eine Privat-Haftpflichtversicherung, die dieses Risiko ebenfalls deckt. Eine Doppelversicherung kann ferner bestehen, wenn und soweit jemand für den gleichen Haftpflichtfall Anspruch auf Rechtsschutz – z. B. Übernahme der Anwalts- und Prozesskosten – sowohl durch eine Haftpflichtversicherung als auch durch eine separate Rechtsschutzversicherung[1069] besitzt.

3. Art. 53 VVG setzt die Versicherungssumme in Beziehung zum Versicherungswert. Dies ist für die Sachversicherung sinnvoll, da jene bei Abschluss des Vertrages normalerweise – in der Vollwertversicherung – auf diesen abgestimmt werden soll[1070]. Eine solche Relation fehlt in der Haftpflichtversicherung; mit ihr werden keine Sachen versichert, weshalb auch kein Versicherungswert gegeben ist. Die Haftpflichtversicherer bieten für ihre Verträge bestimmte Versicherungssummen oder Kombinationen von solchen an, und der Antragsteller lässt sich bei der Wahl oft von Zufälligkeiten beeinflussen. Es scheint daher geboten, vom Wortlaut des Art. 71

[1066] Vgl. zum Befreiungsanspruch hinten bei N 1450.
[1067] Weitere Fälle bei GAROBBIO a. a. O. S. 289 ff.
[1068] Vgl. vorne bei N 646.
[1069] Die (passive) Rechtsschutzdeckung wird hier erwähnt, da sie üblicherweise mit der Haftpflichtversicherung verbunden wird.
[1070] Vgl. hinten bei N 1330.

Abs. 1 VVG abzuweichen[1071] und nicht die Versicherungssumme als Merkmal zu verwenden, sondern auf die *Leistung* abzustellen, die der Haftpflichtversicherer nach seinem Vertrag im Versicherungsfall zu erbringen hätte, wenn keine andere Haftpflichtversicherung daneben bestünde[1072]. Der Haftpflichtanspruch des Geschädigten oder – vom Haftpflichtigen aus betrachtet – die Haftpflichtschuld wird weder grundsätzlich noch dem Umfang nach durch das Vorhandensein von Haftpflichtversicherungen beeinflusst[1073]. Diese können aber die Deckung der Haftpflicht enger oder weiter ziehen, indem sie z. B. pro Versicherungsfall oder pro verunfallte Person nur eine reduzierte Versicherungssumme vorsehen[1074]. In Analogie zu Art. 71 Abs. 1 VVG hat nun jeder Haftpflichtversicherer den Haftpflichtanspruch in dem Verhältnisse zu befriedigen, in dem seine vertragliche Leistung zum Gesamtbetrage der vertraglichen Leistungen aller beteiligten Haftpflichtversicherer steht. Diese Lösung ist nun anhand eines Beispiels zu verdeutlichen. Ein Jäger erschiesst auf der Jagd einen Spaziergänger und ist für den Schaden haftbar. Dieser beläuft sich insgesamt auf Fr. 300 000.– (Versorgerschaden der Witwe und mehrerer Kinder usw.). Der Jäger ist durch seine Privat-Haftpflicht zwar pro Haftpflichtfall für 1 Million Franken gedeckt, die Leistungspflicht wird aber pro getötete oder verletzte Person auf Fr. 100 000.– begrenzt. Die Kollektiv-Haftpflichtversicherung des Jagdvereins, durch welche er für diesen Fall – bei einer anderen Gesellschaft – ebenfalls versichert ist, kennt keine Einschränkung der Deckung pro getötete Person, sondern sieht pro Haftpflichtfall eine Deckungssumme von einer Million Franken vor. Somit hätte die Privat-Haftpflichtversicherung Fr. 100 000.– und die Kollektiv-Haftpflichtversicherung Fr. 300 000.– zu leisten, wenn jede von ihnen allein bestünde. Die Addition der Leistungen ergibt Fr. 400 000.–. Der Anteil des Privat-Haftpflichtversicherers beträgt ¼ – $\frac{100\,000}{400\,000}$ – und jener des Kollektiv-Haftpflicht-

---

[1071] Um den Besonderheiten der Haftpflichtversicherung Rechnung zu tragen, ist die Rechtsprechung auch vom Wortlaut des Art. 72 VVG hinsichtlich des Regressrechtes abgewichen; vgl. hinten vor N 1105.

[1072] GAROBBIO hat die Lösung in SVZ 14 S. 293 mit überzeugender Begründung vorgeschlagen; vgl. ferner OSWALD, Landesbericht 09–22; KOENIG S. 486 will die Anteile der Haftpflichtversicherer im Verhältnis der Versicherungssummen bemessen, ohne dies freilich zu begründen.

[1073] OSWALD, SVZ 1976 S. 19.

[1074] Vgl. vorne bei N 949.

versicherers ¾ − $\frac{300\,000}{400\,000}$. Somit hat jener ¼ des Schadenersatzes von Fr. 300 000.−, d. h. Fr. 75 000.−, und dieser ¾, d. h. Fr. 225 000.−, zu leisten[1075].

III. KUMULATION

1. In der Personenversicherung gilt, soweit sie als *Summenversicherung* vereinbart ist[1076], das Prinzip der unbegrenzten Kumulation. Es bedeutet folgendes: Wenn der Anspruchsberechtigte im gleichen Versicherungsfall für die gleichen Folgen einen Anspruch aus der Personenversicherung und daneben Ansprüche aus andern Versicherungs- oder sonstigen Rechtsverhältnissen hat, so kann er den Anspruch aus der Personenversicherung uneingeschränkt geltend machen, wie wenn keine Ansprüche aus andern Versicherungs- oder sonstigen Rechtsverhältnissen bestünden. Er darf den Anspruch aus der Personenversicherung mit andern Ansprüchen addieren oder kumulieren. Somit kann er mehr als die volle Schadensdeckung bekommen: Die Überentschädigung ist zulässig[1077].

[1075] Hätte der Privat-Haftpflichtversicherer seine Deckung nicht auf Fr. 100 000.− pro getötete oder verletzte Person beschränkt, so müsste er Fr. 300 000.− bezahlen, wenn keine andere Haftpflichtversicherung bestünde. Jeder der beiden Haftpflichtversicherer hätte dann nach der erwähnten Lösung die Hälfte des Haftpflichtanspruches zu begleichen. Wenn dagegen der Kollektiv-Haftpflichtversicherer nach seinem Vertrag ebenfalls nur Fr. 100 000.− pro getötete oder verletzte Person zu leisten hätte, so bestünde keine Doppelversicherung; denn die Leistungen der beiden Haftpflichtversicherer zusammen ergäben erst Fr. 200 000.−, erreichten somit den insgesamt geschuldeten Schadenersatz von Fr. 300 000.− noch nicht. Der Jäger könnte deshalb von seinen Haftpflichtversicherern nur Fr. 200 000.− beanspruchen und hätte für den Rest von Fr. 100 000.− keine Versicherungsdeckung.

[1076] Vgl. vorne bei den N 311 und 609 ff.

[1077] Vgl. vorne bei N 960 und zum Prinzip der Kumulation MAURER, SVR I S. 388; derselbe Unfallversicherung S. 532 f. u. a. m. − Die Leistung des Personenversicherers wird also nicht gekürzt, wenn sie zusammen mit Leistungen aus andern Rechtsverhältnissen zu einer Überentschädigung führt. Hingegen gibt es gesetzliche Bestimmungen ausserhalb des Privatversicherungsrechts, die eine Überentschädigung auch dann verhindern sollen, wenn die Leistungen eines Personenversicherers mit Leistungen aus andern Rechtsverhältnissen zusammentreffen. Dies geschieht z. B. dadurch, dass die letzteren Leistungen gekürzt werden. Eine solche Kürzungsbestimmung enthält Art. 26 KVG; vgl. dazu Näheres bei SCHAER, Schadenausgleichssysteme RZ 1014 ff. und MAURER SVR II bei N 898. Hingegen wird das Taggeld aus der Unfallversicherung nach UVG nicht gekürzt, wenn der Versi-

2. a) Die gleiche Person darf deshalb z. B. beliebig viele gemischte Lebensversicherungen abschliessen und sich damit mehrfach für den Todes- und den Erlebensfall, ferner für Invalidität usw. versichern. Dies trifft gleichfalls für die Unfall- und die Krankenversicherung zu, immer vorausgesetzt, dass sie als Summenversicherung ausgestaltet ist[1078].

b) Das VVG verbietet für die Personenversicherung in der Form der Summenversicherung auch die unbegrenzte Kumulation mit Ansprüchen aus der Sozialversicherung nicht. Die Kumulation ist z. B. in beliebiger Höhe mit Invaliden- und Hinterlassenenrenten der AHV/IV, der Unfallversicherung gemäss UVG und der MV zulässig, gleichgültig, ob aus der Personenversicherung für Invalidität oder Tod Renten- oder Kapitalzahlung vereinbart ist.

3. a) Das Kumulationsprinzip ist ebenfalls anwendbar, wenn für den gleichen Tatbestand Ansprüche aus einer Personenversicherung (als Summenversicherung) und gegen einen Dritten entstehen, der für den Schaden haftet. Wenn X als schuldloser Fussgänger von einem Auto des Halters A angefahren und verletzt wird, kann er seinen Schaden – z. B. den Verdienst-

cherte daneben Ansprüche aus einer Personenversicherung besitzt; vgl. MAURER Unfallversicherung N 1393. Private Unfallversicherer, die die Unfallversicherung nach UVG betreiben, unterstehen für diese nicht dem VVG und damit auch nicht VVG 96. Ihre Zusatzversicherungen (vgl. vorne bei N 970 und hinten bei N 1265a) fallen jedoch unter das VVG, und es gilt für diese – soweit sie Summenversicherungen sind – das Prinzip der unbeschränkten Kumulation. – BVG 34 II in Verbindung mit BVV 2, Art. 24 und 25, lassen keine Kürzung der Hinterlassenen- und Invalidenleistungen zu, wenn private Versicherungsgesellschaften für den gleichen Fall zu leisten haben; MAURER, Unfallversicherung S. 380. – Gesetzliche Bestimmungen, welche die Leistungen verschiedener Leistungssysteme, oder innerhalb eines Systems, aufeinander abstimmen sollen, nennt man Koordinationsnormen. Die rechtstechnischen Mittel, mit denen die Leistungen koordiniert werden, nennt man Koordinationsprinzipien oder Koordinationsregeln. Dies sind die Prinzipien der Kumulation, der Leistungskürzung, der Subsidiarität und Komplementarität, des Regresses usw. Vgl. dazu MAURER, Unfallversicherung S. 532.

[1078] Wenn der Versicherte mehrere Unfallversicherungen hat und für die Dauer der ganzen oder teilweisen Arbeitsunfähigkeit hohe Taggelder bezieht, die unabhängig vom Verdienstausfall entrichtet werden (als Summenversicherung), können diese Taggelder seinen wirklichen Verdienstausfall bei weitem übersteigen, so dass er überentschädigt wird. Ein solcher Versicherungsgewinn ist nicht unbedenklich, da er den Heilungswillen des Versicherten schwächen und die Heilungsphase verlängern kann.

ausfall – nach SVG gegen A und dessen Haftpflichtversicherer geltend machen. Wenn er daneben eine private Unfallversicherung besitzt, kann er, soweit sie Summenversicherung ist, gegen diese Ansprüche erheben, wie wenn der Haftpflichtanspruch gar nicht bestünde. Dies trifft z. B. zu für ein vom Verdienstausfall unabhängiges Taggeld[1079], für Invaliditätsentschädigungen nach der Gliedertaxe usw. Diese Ansprüche gegen die Unfallversicherung verbleiben dem Verunfallten ungekürzt, auch wenn sein Schaden bereits durch den Haftpflichtigen voll gedeckt wird.

b) Art. 96 VVG trägt den Randtitel «Ausschluss des Regressrechtes des Versicherers» und lautet wie folgt: «In der Personenversicherung gehen die Ansprüche, die dem Anspruchsberechtigten infolge Eintritts des befürchteten Ereignisses gegenüber Dritten zustehen, nicht auf den Versicherer über». Wenn sich X aus dem Unfallversicherungsvertrag das erwähnte Taggeld ausbezahlen lässt, tritt deshalb nicht etwa der Unfallversicherer in seine Haftpflichtansprüche ein, die er gegen A besitzt. Vielmehr behält X seine Haftpflichtansprüche – z. B. Anspruch auf Ersatz des Verdienstausfalles – ungeschmälert. Aus der Bestimmung, wonach der zahlende Personenversicherer nicht in die Haftpflichtansprüche seines Versicherten gegen den Dritten eintrete, wurde abgeleitet, dass der Versicherte seine Ansprüche aus der Personenversicherung und aus Haftpflicht kumulieren dürfe.

c) Art. 96 VVG ist gemäss Art. 98 VVG eine relativzwingende Bestimmung[1080]. Er darf somit nicht durch Parteivereinbarung zuungunsten des Anspruchsberechtigten abgeändert werden. Deshalb sind auch Klauseln, die auf eine Umgehung von VVG 96 hinauslaufen, nicht zulässig. Dies trifft z. B. für Klauseln zu, die im Rahmen der Summenversicherung den Anspruchsberechtigten verpflichten, seine Ansprüche gegen den Haftpflichtigen abzutreten. Dadurch würde auf Umwegen ein Regressrecht des Summenversicherers ermöglicht[1081].

d) Art. 96 VVG hat nur Haftpflichtansprüche im Auge. Er ist in Verbin-

---

[1079] Nach SCHAER, Schadenausgleichssysteme RZ 18, sind Versicherungsleistungen des Personenversicherers selbst dann der Schadensversicherung und nicht der Summenversicherung zuzuordnen, wenn sie «pauschaliert, standardisiert oder typisiert sind», sofern die Vermögenseinbusse als Folge einer Körperverletzung Leistungsvoraussetzung ist; deshalb entfällt die Kumulationsmöglichkeit gemäss VVG 96. Dieser Auffassung kann zugestimmt werden.

[1080] Vgl. vorne bei N 270.

[1081] Vgl. betreffend Subsidiärklauseln vorne N 962. – Wenn der Unfallversiche-

dung mit Art. 72 Abs. 1 VVG auszulegen, wo dies deutlich zum Ausdruck kommt. Somit regelt Art. 96 VVG z. B. die Frage nicht, welches Prinzip gilt, wenn Ansprüche aus einer Personenversicherung mit solchen aus einer andern Personenversicherung und ferner mit Sozialversicherungsansprüchen zusammenfallen. Wie unter Z. 2 erwähnt wurde, ist ebenfalls das Kumulationsprinzip anzuwenden; denn das VVG kennt für Ansprüche aus Personenversicherung keine Norm über Doppelversicherung, wie sie die Art. 53 und 71 VVG für die Schadensversicherung enthalten. Es bestimmt auch nicht, dass solche Ansprüche z. B. zu kürzen seien, wenn sie mit Ansprüchen aus der Sozialversicherung oder aus andern Rechtsverhältnissen zusammenfallen. Somit sind sie so zu entrichten, wie wenn der Anspruchsberechtigte für den gleichen Versicherungsfall keine weiteren Ansprüche hätte[1082].

4. Soweit die Personenversicherung als *Schadensversicherung*[1083] vereinbart ist, gibt es keine einheitliche Lösung, wenn ihre Leistungen im gleichen Versicherungsfall mit Leistungen aus andern Versicherungsverträgen nach dem VVG oder aus Rechtsverhältnissen nach andern Gesetzen zusammenfallen. Die massgebende Koordinationsregel muss für jeden Sachverhalt besonders ermittelt werden. Dazu nur wenige Hinweise.

a) Wenn ein Dritter für den gleichen Schaden haftpflichtig ist, gelangt Art. 72 VVG zur Anwendung, der das Regressrecht des Schadensversicherers umschreibt (vgl. hinten Z. IV). Fallen Leistungen aus mehreren Schadensversicherungen, die in Personenversicherungsverträgen vereinbart sind, zusammen, besteht Doppelversicherung[1084]: Z. B. wenn zwei ver-

rungsvertrag ein festes Spitaltaggeld vorsieht und die Klausel enthält, der Verunfallte habe seine Ansprüche gegen den Haftpflichtigen für Spitalbehandlung an den Unfallversicherer abzutreten, so ist diese Klausel ungültig. Das Spitaltaggeld gehört zur Summenversicherung. Hingegen ist es zulässig, dass der Anspruchsberechtigte seine Haftpflichtansprüche *nach* Eintritt des Versicherungsfalles an den Personenversicherer abtritt, sofern dies nicht nach einer zum voraus getroffenen Vereinbarung geschieht; OFTINGER, Haftpflichtrecht I S. 397; OSWALD, Landesbericht S. 09–21, SZS 1972 S. 13.

[1082] Vgl. schon N 1077.
[1083] Vgl. vorne bei den N 311 und 609 ff.
[1084] Vgl. vorne bei N 1051 ff. Hingegen gehen abweichende vertragliche Bestimmungen, z. B. Subsidiär- oder Komplementärklauseln, vor, soweit sie rechtlich zulässig sind; vgl. vorne bei N 960 ff., 970 ff. und bei N 1062.

schiedene Personenversicherer die Heilungskosten oder den Verdienstausfall decken.

b) Wenn die Leistungen des Personenversicherers aus der Schadensversicherung mit Leistungen eines Sozialversicherers zusammentreffen, ist zunächst zu prüfen, ob der Versicherungsvertrag eine Koordinationsklausel enthält, z. B. eine Subsidiär- oder Komplementärklausel; soweit sie überhaupt zulässig ist, geht sie vor. Besteht keine solche Klausel, so ist festzustellen, ob das betreffende Sozialversicherungsgesetz eine besondere Koordinationsnorm aufweist, die angewendet werden muss und das Problem löst[1085]. Zu berücksichtigen ist aber stets auch die Rechtsnatur der vom Sozialversicherer geschuldeten Leistung. Dazu ein Beispiel. Wenn der Sozialversicherer die Heilbehandlung als Naturalleistung[1086] zu gewähren hat, wird der Versicherte nicht Schuldner des Leistungserbringers, z. B. des Arztes. Der Versicherte erleidet somit keinen Schaden, weshalb der private Personenversicherer aus seiner Schadensversicherung auch nicht leistungspflichtig wird. Wenn aber der Sozialversicherer die Heilbehandlung nach dem Kostenvergütungsprinzip[1087] schuldet, wird der Versicherte Schuldner des Leistungserbringers. Soweit entsteht ihm ein Schaden. Deshalb wird neben dem Sozialversicherer auch der Personenversicherer aus seiner Schadensversicherung leistungspflichtig, sofern sein Vertrag keine andere Lösung – z. B. das Subsidiaritätsprinzip – festlegt. Der Versicherte besitzt dann ein Wahlrecht, ob er den Ersatz seiner Kosten vom Personenversicherer oder vom Sozialversicherer verlangen will[1088]. Wenn der eine Versicherer bezahlt hat, fragt sich, ob er gegenüber dem andern Versicherer einen Ausgleichsanspruch besitzt. Im Streitfall wendet der Richter

---

[1085] Vgl. vorne N 1077.

[1086] Vgl. dazu vorne bei N 937 f. Der Unfallversicherer gemäss UVG gewährt die Pflichtleistungen nach diesem Prinzip; MAURER, Unfallversicherung bei N 665.

[1087] Es gilt in der Krankenversicherung, sofern die Verträge mit den Ärzten, Heilanstalten usw. keine abweichende Regelung treffen; vgl. KVG 22bis VII sowie bereits vorne N 940.

[1088] Vgl. dazu MAURER, SVR I S. 382. – Das Wahlrecht führt leicht dazu, dass ein Versicherer versucht, den Versicherten an den andern beteiligten Versicherer zu verweisen, d. h. ihn – wie man in der Praxis sagt – abzuschieben. Diese unerfreuliche Manipulation sollten die beteiligten Versicherer unterlassen und sich zu diesem Zweck über die Aufteilung der Leistungen zum voraus einigen, was erfahrungsgemäss viel Mühe verursacht.

OR 51 II sinngemäss an. Er wird dabei beachten, dass die aufgestellte Rangordnung lediglich eine Regel ist, von der er abweichen kann, wenn sie nicht zu einer befriedigenden Lösung führt. Er hat dann in Analogie zu ZGB 1 II seinerseits nach jener Regel zu entscheiden, die er als Gesetzgeber aufstellen würde[1089].

IV. SUBROGATION ODER REGRESS

Art. 72 VVG regelt das Regressrecht des Schadensversicherers gegen haftpflichtige Dritte. Angesichts seiner praktischen Bedeutung ist es etwas einlässlicher darzustellen. Zuvor ist die Regressordnung nach gemeinem Recht zu erklären.

1. Anspruchskonkurrenz gemäss Art. 51 OR[1090]

Wenn mehrere Personen aus verschiedenen Rechtsgründen für denselben Schaden ersatzpflichtig werden, haften sie gemäss Art. 51 Abs. 1 in Verbindung mit Art. 50 OR solidarisch. Anknüpfungspunkt ist ein Schaden im Sinne des Haftpflichtrechts. Bei der Solidarität unterscheidet man das Aussen- und das Innenverhältnis. Jenes ist das Verhältnis zwischen dem Geschädigten einerseits und den Ersatzpflichtigen andererseits; das Innenverhältnis regelt die Frage, wer von den Ersatzpflichtigen im Endergebnis den Schaden zu tragen hat, wenn einer von ihnen den Geschädigten befriedigt.

a) Aussenverhältnis

Die solidarische Haftung bedeutet, dass jeder Ersatzpflichtige *grundsätzlich* für den ganzen Schaden haftet[1091] und der Geschädigte wählen kann, welchen Ersatzpflichtigen er belangen, ob er alle oder nur einzelne einklagen will. Freilich kann jeder Ersatzpflichtige die aus seinem Rechtsverhältnis zum Geschädigten resultierenden Reduktionsgründe, z. B. die Herabsetzung wegen Selbstverschuldens des Geschädigten, geltend ma-

---

[1089] Vgl. hinten N 1094 sowie eingehend und kritisch zu OR 50/51 SCHAER, Schadenausgleichssysteme RZ 506 ff. und 837 ff.

[1090] Weiteres bei SCHAER, Schadenausgleichssysteme § 4, OFTINGER, Haftpflichtrecht I § 10 S. 334 ff., OSWALD, SZS 1972 S. 1 ff., MAURER, Kumulation S. 28 ff. u. a. m.

[1091] Er kann sich also nicht darauf berufen, dass er nur eine Teilursache gesetzt habe und daher nur für den daraus entstandenen Schaden hafte (Haftung pro parte); vgl. OFTINGER a. a. O. S. 337.

chen. «Man darf aus der Solidarität nicht schliessen, dass jemand allein deswegen, weil neben ihm ein anderer haftet, mehr an Schadenersatz schulde, als er zu leisten hätte, wenn er allein haftete[1092]». Leistet ein Ersatzpflichtiger, so werden die übrigen Ersatzpflichtigen im Rahmen seiner Zahlung gegenüber dem Geschädigten von ihrer Schuldpflicht befreit. Der Geschädigte kann sich im Maximum den Schaden voll ersetzen lassen. Solidarität umschreibt die Stellung der Schuldner; die Stellung des Gläubigers, also des Geschädigten im Haftpflichtfall, wird als Anspruchskonkurrenz bezeichnet. Sie stellt das Gegenstück zur unbegrenzten Kumulation – auch Anspruchskumulation – dar; hier kann der Gläubiger seine Ansprüche aus jedem Rechtsverhältnis voll durchsetzen[1093], also u. U. mehr als die volle Schadensdeckung verlangen.

b) Innenverhältnis

Wenn ein Ersatzpflichtiger den Anspruch des Geschädigten befriedigt hat, fragt sich, ob er die geleistete Zahlung von den andern Ersatzpflichtigen ganz oder doch teilweise zurückfordern kann. Man pflegt vom Rückgriffs- oder Regressrecht zu sprechen. Mit der Regressfrage wird also entschieden, welcher Ersatzpflichtige den Schaden im Endergebnis zu tragen hat. Art. 51 Abs. 2 OR stellt zu diesem Zweck eine Rangordnung auf: *In der Regel*[1094] hat in erster Linie derjenige den Schaden zu tragen, der ihn durch unerlaubte Handlung (Art. 41 OR) verschuldet hat, und in letzter Linie derjenige, der ohne eigene Schuld oder ohne vertragliche Verpflichtung nach Gesetzesvorschrift, also kausal, haftet. Zwischen diesen beiden Extremen steht derjenige, der aus einem Vertrag, z. B. aus der Verletzung eines Werkvertrages, für den Schaden einstehen muss. Auf diese Stufe gehört nach herrschender Meinung auch die Leistung aus einem Schadensversicherungsvertrag[1095]. Sie wird aber teilweise einer Sonderregelung,

---

[1092] OFTINGER, Haftpflichtrecht I S. 345, mit Hinweisen in N 61 auf abweichende Meinungen. Zur Haftung des Verwaltungsrates der Aktiengesellschaft BÄR in ZBJV 1970 S. 467 ff. – Etwas unklar zu dieser Frage BGE *97* II 415; zutreffend BGE *95* II 337 ff.

[1093] Vgl. vorne vor N 1077.

[1094] Der Richter kann also von dieser Regel abweichen; vgl. vorne bei N 1089.

[1095] Die Schadensversicherung besteht aus der Sach- und aus der Vermögensversicherung, zu welcher vor allem die Haftpflichtversicherung gehört; vgl. vorne bei N 312. An sich «haftet» der Schadensversicherer nicht, da seine Leistung die Erfül-

nämlich Art. 72 VVG, unterworfen. – Zur Rangordnung von Art. 51 Abs. 2 OR ein Beispiel. Wenn X mutwillig einen fremden Hund, der auf einer Strasse umherstreicht, reizt, so dass dieser den Sturz und die Verletzung eines Velofahrers verursacht, werden der Hundehalter kausal, aus Art. 56 OR, und X aus Verschulden gemäss Art. 41 OR für den Schaden des Velofahrers solidarisch haftbar. Wird der Hundehalter belangt, so wird er, wenn er bezahlt, gegen X regressieren können.

2. Regressrecht des Schadensversicherers gemäss Art. 72 VVG

Art. 72 Abs. 1 VVG lautet wie folgt: «Auf den Versicherer geht insoweit, als er Entschädigung geleistet hat, der Ersatzanspruch über, der dem Anspruchsberechtigten gegenüber Dritten aus unerlaubter Handlung zusteht». Diese Bestimmung steht im Abschnitt über die Schadensversicherung[1096], gilt also nur für sie. Sie ist aber auf die Sachversicherung zugeschnitten; für die Haftpflichtversicherung haben deshalb Doktrin und Rechtsprechung besondere Regeln entwickelt.

a) Sachversicherung

Das Regressrecht nach Art. 72 VVG lässt sich am leichtesten aufgrund eines Beispieles verstehen. Der Halter H beschädigt mit seinem Auto schuldhaft ein parkiertes Auto des G. Dieser hat Reparaturkosten im Betrage von Fr. 5000.– zu bezahlen. Er muss aus beruflichen Gründen einen Ersatzwagen mieten, wofür er Fr. 1500.– entrichtet. G besitzt eine Kaskoversicherung bei der Versicherungsgesellschaft K mit einem Selbstbehalt[1097] von Fr. 1000.–. K leistet an die Reparaturrechnung Fr. 4000.– (Fr. 5000.– abzüglich des Selbstbehaltes von Fr. 1000.–); die Kosten der Wagenmiete hat er nicht zu ersetzen. Welchen Betrag können nun G und K vom Halter H fordern? Der von K nicht ersetzte Schaden (Fr. 1000.–

---

lung des Vertrages darstellt (vgl. vorne bei N 977). Trotzdem wird er einer Person gleichgestellt, die einen Vertrag verletzt hat und deshalb schadenersatzpflichtig wird.

[1096] Die Personenversicherung fällt, soweit sie Summenversicherung ist, unter Art. 96 VVG und, wenn sie als Schadensversicherung ausgestaltet ist, unter Art. 72 VVG; vgl. vorne bei den N 311, 609 ff. und 1076 ff. – Vgl. zum Regress nach VVG 72 auch SCHAER, Schadenausgleichsysteme RZ 913 ff.

[1097] Vgl. vorne bei N 957.

Selbstbehalt und Fr. 1500.– Wagenmiete) und die daraus entstehende Ersatzforderung wird als Rest- oder Direktanspruch bezeichnet. Der auf den zahlenden K übergehende Teil des Haftpflichtanspruchs ist der Regressanspruch. Dazu folgendes:

aa) Auf den zahlenden Sachversicherer K geht der Haftpflichtanspruch nur über, wenn dieser auf einer unerlaubten Handlung beruht, nicht dagegen, wenn der Dritte nur kausal, ohne eigenes Verschulden, haftet[1098]. H trifft im erwähnten Beispiel ein Verschulden. Somit geht der Haftpflichtanspruch des G auf den Kaskoversicherer K über, sobald und höchstens soweit K aus dem Versicherungsvertrag leistet. Er kann also im Maximum für Fr. 4000.– regressieren, da er nicht mehr bezahlt.

bb) Der Restanspruch des G gegen H beläuft sich einmal auf den Selbstbehalt von Fr. 1000.– und sodann auf den Betrag von Fr. 1500.–, da K ihm diese Beträge nicht ersetzt. Im Ergebnis regressiert hier also K für seine vollen Leistungen von Fr. 4000.–, und G kann sich für die durch K nicht gedeckten Kosten von Fr. 2500.– ebenfalls voll beim Haftpflichtigen erholen. Dieser trägt den ganzen Schaden.

cc) Oft muss der Haftpflichtige nicht den ganzen Schaden ersetzen, nämlich wenn sog. Reduktionsgründe wie Selbstverschulden des Geschädigten usw. vorliegen. Würde G also ein Selbstverschulden treffen, so müsste H nur einen Teil des Schadens ersetzen, z. B. 50%. Dieser Teil wird in der Versicherungspraxis Haftungs- oder Ersatzquote genannt. Beträgt sie nicht 100% – dies wäre der Anspruch auf Ersatz des ganzen Schadens –, sondern wie hier nur 50%, so gilt ein wichtiger Grundsatz: Der Versicherer soll nicht zum Nachteil des versicherten Geschädigten regressieren dürfen; der Geschädigte darf den Haftpflichtanspruch so weit selbst geltend machen, bis er zusammen mit den Versicherungsleistungen seinen ganzen Schaden gedeckt hat. Man spricht vom Quotenvorrecht des Geschädigten auf den Haftpflichtanspruch[1099]. H hat somit nur die Hälfte der Repara-

---

[1098] Trifft den Kausalhaftpflichtigen ein zusätzliches Verschulden, so kann der Versicherer ebenfalls regressieren; OSWALD, Landesbericht S. 09–19, und SZS 1972 S. 29.

[1099] OFTINGER, Haftpflichtrecht I S. 415, besonders auch N 179 und 180, möchte die Ausdrücke Haftungsquote und Quotenvorrecht vermeiden; es sei besser, von der Schadenersatzforderung zu sprechen und sie nicht in Prozenten, sondern in Bruchteilen auszudrücken. Quotenvorrecht ersetzt er durch Grundsatz der Priori-

turkosten, also Fr. 2500.–, und die Hälfte der Kosten für Wagenmiete (sog. Chômage), d. h. Fr. 750.– zu ersetzen. Deshalb kann G von H vorab seinen Selbstbehalt von Fr. 1000.– und die Hälfte der Chômage, also die Fr. 750.– beanspruchen. Auf den Kaskoversicherer geht nur ein Anspruch von Fr. 1500.– über, obwohl er Fr. 4000.– an die Reparaturkosten bezahlt hat. Dieses Quotenvorrecht des Geschädigten ist heute nicht nur beim Regress des Privatversicherers, sondern auch beim Regress des Sozialversicherers anerkannt[1100].

dd) Kaskoversicherer K könnte sich sagen, es sei auch der Haftpflichtanspruch über Chômage von Fr. 750.– auf ihn übergegangen, da er hinsichtlich der bezahlten Reparaturkosten nur Fr. 1500.– statt die von ihm geleisteten Fr. 4000.– zurückfordern dürfe. Hier gilt nun ein weiterer wichtiger Grundsatz: Der Versicherer kann nur in jene Kategorie von Haftpflichtansprüchen subrogieren, für welche er selbst geleistet hat. Dies sind die identischen Schadensposten[1101]. K hat jedoch nur die Reparaturkosten, nicht aber die Kosten der Wagenmiete bezahlt. Der Haftpflichtanspruch aus Wagenmiete verbleibt daher zum vornherein dem versicherten Geschädigten G.

ee) Die bisher geschilderte Regressordnung von Art. 72 VVG entspricht zur Hauptsache der Rangordnung von Art. 51 Abs. 2 OR[1102]. Der Sachversicherer – im erwähnten Beispiel der Kaskoversicherer – leistet aus Versicherungsvertrag. Wer aus Vertrag leistet, steht auf der zweiten, mittleren Stufe der Rangordnung. Er kann nur gegen den wegen Verschuldens aus unerlaubter Handlung Haftpflichtigen regressieren. Nun haftet vielleicht auch ein Dritter für den gleichen Schaden aus Vertrag. Wenn z. B. ein Handwerker schuldhaft eine Wasserleitung in einer Wohnung beschädigt und dadurch am Mobiliar einen Wasserschaden verursacht, kann er für

tät. In der französischen Schweiz wird das Quotenvorrecht des Geschädigten als droit préférenciel du lésé bezeichnet; vgl. MAURER, Cumul S. 15 ff. Das Quotenvorrecht des Geschädigten leitet sich aus dem römisch-rechtlichen Grundsatz «nemo subrogat contra se» ab, d. h. der Regress dürfe nicht zum Nachteil des Geschädigten ausgeübt werden.

[1100] Näheres bei OFTINGER, Haftpflichtrecht I S. 413 ff.; OSWALD, SZS 1972 S. 51 ff.; MAURER, SVR I S. 404; derselbe, Unfallversicherung N 1420 und 1442 ff.; SCHAER, Schadenausgleichsysteme RZ 934 ff. u. a. m.

[1101] Sie werden auch gleichartige Leistungskategorien genannt.

[1102] Vgl. vorne bei N 1094.

diesen Schaden von seinem Vertragspartner – hier wahrscheinlich dem Wohnungsmieter – aus Werkvertrag haftbar gemacht werden. Besitzt der Mieter auch noch eine Wasserschadenversicherung, wird der Versicherer aus dieser den Schaden ersetzen. Kann der Versicherer nun in den Haftpflichtanspruch des Mieters gegenüber dem Handwerker eintreten und regressieren? Nach der nicht unbestrittenen Praxis des Bundesgerichts[1103] hat der Sachversicherer dann, aber nur dann, einen Regress, wenn der Dritte seine vertraglichen Pflichten durch grobes Verschulden verletzt und dadurch einen Schaden verursacht hat, für den er ersatzpflichtig ist. Ein Verschulden seiner Hilfsperson ist ihm als eigenes zuzurechnen (Art. 101 OR). Diese Lösung ergibt sich nicht aus Art. 72 VVG, sondern in Anlehnung an Art. 51 I und 50 II OR[1104], wonach der Richter nach seinem Ermessen entscheiden kann.

ff) Vom Standort des geschädigten Versicherten aus besteht Anspruchskonkurrenz: Er kann wählen, ob er sich seinen Schaden vom Versicherer oder vom Haftpflichtigen bzw. dessen Haftpflichtversicherer oder von beiden zusammen ersetzen lassen will. *Jede Zahlung des einen reduziert seinen Ersatzanspruch gegenüber dem andern.* Dadurch wird eine Überentschädigung ausgeschlossen.

gg) Die geschilderte Ordnung gilt für die Sachversicherung, d. h. für die Versicherung, die Sachen zum Gegenstand hat. Sie muss aber auf die Personenversicherung ebenfalls anwendbar sein, soweit diese als Schadensversicherung ausgestaltet ist, indem sie Heilungskosten, Verdienstausfall usw. deckt[1104a]. Auch hier ist, wie in der Sachversicherung, der Versicherte selbst der Geschädigte, z. B. der Verunfallte, während dies in der sogleich zu besprechenden Haftpflichtversicherung nicht zutrifft.

hh) Da der Versicherer, wie dargelegt, gegen den schuldlosen Kausalhaftpflichtigen und gegen den aus Vertrag Haftenden, dem kein grobes Verschulden zur Last fällt, nicht regressieren kann[1104b] werden diese Haft-

---

[1103] BGE *80* II 254 ff.; OFTINGER, Haftpflichtrecht I S. 368 und 383, und OSWALD, SZS 1972 S. 31, MAURER, Kumulation S. 21, SUTER; Sachversicherung S. 106 Z. 28.

[1104] Art. 51 Abs. 2 OR regelt den Regress des aus Vertrag Haftenden gegenüber einem andern ebenfalls aus Vertrag Haftenden nicht, da beide auf der gleichen Stufe der Rangordnung stehen. Der Richter kann diese Lücke ausfüllen.

[1104a] Vgl. vorne bei den N 311 und 609 ff.

[1104b] Vgl. vorne bei den N 1098 und 1103.

pflichtigen durch die Leistungen des Versicherers entlastet. Ihre Haftpflichtschuld wird um die Leistungen des Versicherers reduziert oder, anders ausgedrückt: Die Leistungen werden auf die Haftpflichtschuld so angerechnet, wie wenn der Haftpflichtige sie selbst erbracht hätte[1104c]. Es tritt nicht etwa eine Kumulation ein, indem der Versicherte analog VVG 96 seine Ansprüche sowohl gegen den Versicherer als auch gegen den Haftpflichtigen voll durchsetzen kann, da er sonst überentschädigt würde. Die Schadensversicherung will jedoch eine Überentschädigung ausschliessen. Hingegen muss der Versicherte auch hier die Möglichkeit haben, vom Haftpflichtanspruch so viel geltend zu machen, dass sein Schaden zusammen mit den Leistungen des Versicherers voll gedeckt wird. Es wird m. a. W. die Überlegung, die dem Quotenvorrecht[1104d] zugrunde liegt, auch bei diesem Sachverhalt berücksichtigt. Dazu ein Beispiel. Der Unfallversicherer deckt die Heilungskosten nur bis zum Betrage von Fr. 5000.– pro Unfall. Der Versicherte muss jedoch für seinen Unfall Heilungskosten von Fr. 9000.– bezahlen. Der Kausalhaftpflichtige haftet für diese. Der Versicherte kann vom Unfallversicherer Fr. 5000.– und vom Kausalhaftpflichtigen Fr. 4000.– fordern. Da der Unfallversicherer nicht regressieren darf, reduziert sich die Haftpflichtschuld des Kausalhaftpflichtigen um die vom Versicherer bezahlten Fr. 5000.– von Fr. 9000.– auf Fr. 4000.–[1104e]

b) Haftpflichtversicherung

In der Sachversicherung ist der Versicherte der primär Geschädigte: Seine Sachen, die versichert sind, werden zerstört, gestohlen usw.; Schädiger und Haftpflichtiger ist ein Dritter. Anders dagegen in der Haftpflichtversicherung. Hier ist versichert der Haftpflichtige, d. h. der Schädiger, denn sein Vermögen wird gegen Haftpflichtansprüche Dritter geschützt. Geschädigter ist ein Dritter. Die Rechtsprechung hat deshalb regressmässig

---

[1104c] Vgl. zum Prinzip der Anrechnung OFTINGER, Haftpflichtrecht I S. 376 Z. 3 und MAURER, Kumulation S. 22 f. SCHAER, Schadenausgleichsysteme RZ 893 spricht im Hinblick auf OR 51 zutreffend von einer Privilegierung des Kausalhaftpflichtigen.

[1104d] Vgl. vorne bei N 1099.

[1104e] Der Versicherte kann, wenn er dies vorzieht, auch den Kausalhaftpflichtigen für den ganzen Betrag von Fr. 9000.– belangen. Der Kausalhaftpflichtige hat dann nach der Rangordnung von OR 51 II den Regress gegen den Unfallversicherer für Fr. 5000.–, da dieser aus Vertrag haftet; vgl. vorne bei N 1095.

den Haftpflichtversicherer gleichsam mit dem versicherten Haftpflichtigen auf eine Linie gesetzt, ihn mit diesem identifiziert: Soweit der Haftpflichtversicherer den Schaden des Geschädigten ersetzt, tritt er voll in die Rechtsstellung des versicherten Haftpflichtigen ein. Wenn dieser nach der Rangordnung von Art. 51 Abs. 2 OR regressieren kann, falls er selbst den Ersatzanspruch des Geschädigten befriedigt, so darf jetzt der zahlende Haftpflichtversicherer in diese Haftpflichtansprüche eintreten. Haftet z. B. der versicherte Haftpflichtige nur kausal, ohne eigenes Verschulden – z. B. als Tierhalter oder Werkeigentümer –, dann kann er und somit auch der zahlende Haftpflichtversicherer sogar gegen einen andern bloss aus Vertrag Haftenden regressieren[1105]. Dürfte der Geschädigte seinen Anspruch aus einem Versicherungsvertrag und darüber hinaus seinen Haftpflichtanspruch kumulativ geltend machen, dann wäre er in vielen Fällen überentschädigt. Dies zu verhindern ist der Zweck der erwähnten Ordnung.

c) Vereitelung des Regresses durch den Anspruchsberechtigten

Nach Art. 72 Abs. 2 VVG ist der Anspruchsberechtigte für jede Handlung, durch die er das Regressrecht seines Versicherers verkürzt, verantwortlich, d. h. er wird schadenersatzpflichtig. Eine solche Verkürzung oder Vereitelung des Regresses besteht z. B. darin, dass der gegen Kasko versicherte Halter auf Haftpflichtansprüche sofort verzichtet, die ihm gegenüber einem andern Halter zustehen, der sein Auto beschädigt hat. Vielleicht verzichtet er, weil der andere Halter sein Freund ist. Wegen des Verzichts schuldet der andere Halter also keinen Schadenersatz mehr. Der Kaskoversicherer, der die Reparaturkosten des versicherten Halters bezahlt, verliert deshalb seinen Regress gegen den andern Halter. Er kann dafür seinen eigenen Versicherten belangen, der durch den Verzicht auf den Haftpflichtanspruch den Regress vereitelt hat[1106].

d) Beschränkung des Regresses gemäss Art. 72 Abs. 3 VVG

Wird der Schaden durch eine Person bloss leichtfahrlässig verursacht, die mit dem Anspruchsberechtigten in häuslicher Gemeinschaft lebt oder für deren Handlungen der Anspruchsberechtigte einstehen muss, dann

---

[1105] BGE *95* II 338; OFTINGER, Haftpflichtrecht I S. 459 ff.; OSWALD, SZS 1972 S. 34 ff., MAURER, Kumulation S. 22 lit. bb.

[1106] Näheres bei OFTINGER, Haftpflichtrecht I S. 385 ff.

kann der Versicherer nicht gegen diese Person regressieren, auch wenn sie aus unerlaubter Handlung haftet[1107]. Dürfte der Versicherer schon bei leichtem Verschulden regressieren, so würde dies das Verhältnis des Anspruchsberechtigten zu dieser Person u. U. belasten. Soweit der Versicherer leistet, erlischt der Haftpflichtanspruch, der Haftpflichtige wird entlastet; der Anspruchsberechtigte kann sich nicht bereichern. Dazu noch ein Beispiel: X hat eine Wasserschadenversicherung für seine Wohnung abgeschlossen. Sein Dienstmädchen Y lässt das Wasser ins Bad einlaufen und begibt sich während dieser Zeit auf die Strasse, um zu schwatzen. Wegen eines Defektes am Ablauf der Badewanne läuft das Wasser über und verursacht in der Wohnung grossen Schaden. Der Wasserschadenversicherer ersetzt den ganzen Schaden. Er darf nicht gegen die an sich haftpflichtige Y regressieren, wenn angenommen wird, sie habe bloss leichtfahrlässig gehandelt. Denn Y lebt in häuslicher Gemeinschaft mit X; zudem ist sie eine Person, für die X z. B. nach Art. 55 OR verantwortlich wäre, wenn sie Dritte in Ausübung dienstlicher Verrichtungen schädigen würde. Soweit der Versicherer leistet, erlischt die Schadenersatzforderung des X gegen Y[1108].

3. Regress- oder Subrogationsrecht in der Sozialversicherung

a) Mehrere Sozialversicherungsgesetze räumen dem Sozialversicherer gegen haftpflichtige Dritte durch besondere Bestimmungen ein Regressrecht[1109] ein. Erwähnt seien UVG 41 ff., AHVG 48ter ff. und IVG 52. Diese Regressnormen weichen von VVG 72 zumindest in einem wichtigen Punkt ab: Sie räumen dem Sozialversicherer den integralen Regress ein, so dass er auch gegen Kausalhaftpflichtige, die kein Verschulden an der Schadensverursachung trifft, und ebenfalls gegen die aus Vertragsverletzung haftenden Personen, regressieren kann. Sie unterstehen m. a. W. der Rangordnung von OR 51 nicht. Der Schadensversicherer hat demgegenüber keinen

---

[1107] Der Personenkreis wird in Art. 14 Abs. 3 und 4 VVG gleich wie in Art. 72 Abs. 3 VVG umschrieben. Es handelt sich um die Kürzung des Versicherungsanspruches wegen groben Verschuldens; vgl. vorne bei N 920 ff.

[1108] Vgl. für weitere Einzelheiten OFTINGER, Haftpflichtrecht I S. 387 ff. – Die Regelung gemäss Art. 72 Abs. 3 VVG beruht auf ähnlichen Überlegungen wie jene in Art. 44 I UVG; vgl. MAURER, Unfallversicherung bei N 1467 ff.

[1109] Eine Auswahl der beinahe unübersehbaren Literatur zum Sozialversicherungsregress findet sich bei MAURER, Unfallversicherung N 1411, auf die hier verwiesen sei.

Regress gegen den Kausalhaftpflichtigen und nur einen stark eingeschränkten Regress gegen den aus Vertragsverletzung Haftenden[1110]. Er besitzt, verglichen mit dem Sozialversicherer, nur ein beschränktes und kein integrales Regressrecht[1111]. Der Sozialversicherungsregress ist hier nicht darzustellen[1112]. Es sollen nur wenige Hinweise gegeben werden, die den Privatversicherer berühren.

b) aa) Soweit der Unfallversicherer die Unfallversicherung nach UVG betreibt, untersteht er der Regressordnung von UVG 41 ff., und zwar sowohl für die obligatorische als auch für die freiwillige Versicherung. Hingegen ist er für Zusatzversicherungen VVG 72 unterworfen, sofern sie Schadensversicherung sind, und VVG 96, falls es sich um eine Summenversicherung handelt[1113]. Wenn der Versicherungsvertrag die Versicherung nach UVG und ebenso eine Zusatzversicherung regelt, können im gleichen Versicherungsfall die Regressnormen des UVG, ferner Art. 72 und Art 96 VVG anwendbar sein, je nachdem, welche Leistungen erbracht werden.

bb) Gelegentlich ist der Privatversicherer, der die Unfallversicherung nach UVG betreibt, auch Haftpflichtversicherer des Haftpflichtigen, z.B. des Motorfahrzeughalters. Wenn er im gleichen Versicherungsfall als Unfallversicherer und ebenso als Haftpflichtversicherer beteiligt ist, kann sich für ihn eine Interessenkollision ergeben. Der Unfallversicherer, der die Unfallversicherung nach UVG betreibt, muss die Grundsätze der Gesetzmässigkeit und der rechtsgleichen Behandlung beachten[1114]. Er hat den Regress aus der Unfallversicherung so durchzuführen, wie wenn der im gleichen Fall Haftpflichtige nicht bei ihm, sondern bei einem andern Versicherer gegen Haftpflicht versichert wäre.

[1110] Vgl. vorne bei N 1102 f.
[1111] MAURER, Unfallversicherung S. 560.
[1112] Verwiesen sei z. B. auf MAURER, Unfallversicherung, 31. Kapitel, wo auch bereits die Stellung der Privatversicherer als Sozialversicherer beleuchtet wird, und ferner auf SCHAER, Schadenausgleichsysteme §§ 6 ff., jeweils mit Literaturhinweisen.
[1113] Vgl. vorne bei den N 311 ff. und 609 ff. – Der Zusatzversicherer darf nur für jenen Teil des Schadens regressieren, der nicht durch die gesetzlich vorgeschriebenen Leistungen nach UVG abgedeckt ist; MAURER, Unfallversicherung N 1449.
[1114] Vgl. zu diesen Grundsätzen MAURER, SVR I S. 150 und 153.

3. TEIL: VERSICHERUNGSBRANCHEN ODER VERSICHERUNGSZWEIGE

§ 40 ZUR DARSTELLUNG

I. VERSICHERUNGSBRANCHEN UND VERSICHERUNGSARTEN

1. Die Versicherungsgesellschaften pflegen ihre Verträge vor allem nach Versicherungsbranchen oder – gleichbedeutend – nach Versicherungszweigen einzuteilen[1115]. Diese Gliederung der Verträge ist zwar stark durch die Tradition geprägt, sie unterliegt aber entsprechend der technischen Entwicklung der Versicherungswirtschaft dauernd Veränderungen, indem neue Formen entstehen und alte verschwinden oder doch modifiziert werden.

2. Die Branchen werden im Rahmen der Versicherungsarten dargestellt. Diese sind nach einem einheitlichen, von der Wissenschaft entwickelten Kriterium, nämlich nach dem versicherten Gegenstand gegliedert, und zwar in die Personen-, Sach- und Vermögensversicherung[1116]. Dabei ist zu beachten, dass das VVG nicht auf dieser Einteilung beruht; vielmehr unterscheidet es lediglich die Personen- und die Schadensversicherung[1117]. Zur letzteren werden entsprechend der heute in der Schweiz herrschenden Auffassung sowohl die Sach- als auch die Vermögensversicherung gezählt[1118]. Nach dem VVG ist also z.B. die Haftpflichtversicherung eine Schadensversicherung; wird sie jedoch gemäss neuerer wissenschaftlicher Meinung nach dem Gegenstand erfasst, so gehört sie zur Vermögensversicherung. Wohl vermittelt diese wissenschaftliche Einteilung nach dem Gegenstand wertvolle Erkenntnisse zur Struktur des Vertrages; sie darf aber nicht dar-

---

[1115] Vgl. vorne bei N 44. – Das VAG spricht sowohl von Versicherungszweigen, z. B. in Art. 7, als auch von Sparten, z. B. im Marginale zu Art. 13.
[1116] Vgl. vorne bei N 607.
[1117] Vgl. vorne bei N 274.
[1118] Überdies gehört zur Schadensversicherung die Personenversicherung, soweit sie nicht als Summen-, sondern als Schadensversicherung vereinbart ist; auf sie sind Bestimmungen des VVG sowohl zur Schadens- als auch zur Personenversicherung anwendbar; vgl. vorne bei den N 311 ff. und 609 ff.

über hinwegtäuschen, dass stets geprüft werden muss, ob auf die einzelnen Klauseln des Vertrages die Bestimmungen des VVG über die Schadens- oder aber jene über die Personenversicherung anzuwenden sind. Diese unterschiedlichen Einteilungen in Versicherungsarten sowie in Branchen und schliesslich noch in Personen- und Schadensversicherung nach VVG erleichtern das Verständnis für das Privatversicherungsrecht gewiss nicht. Nur eine Gesamtrevision des VVG kann die wünschbare Vereinfachung der Begriffe bringen.

3. Die Praxis lässt einen deutlichen Trend zur kombinierten Versicherung[1119] erkennen: Der gleiche Vertrag deckt Risiken verschiedener Zweige; z. B. schliesst die kombinierte Motorfahrzeugversicherung die Haftpflicht-, Kasko- und Insassenversicherung oder auch nur zwei dieser drei Zweige ein. Da die folgende Darstellung von den einzelnen Versicherungsarten und den Branchen ausgeht, wird sie diese kombinierten Verträge an sich nicht als abgerundetes Ganzes erfassen. Immerhin ist auf einzelne von ihnen zur Veranschaulichung wenigstens am Rande hinzuweisen.

II. BRANCHEN UND AVB

1. Die Branchen finden ihre Ausprägung weitgehend durch die AVB[1120]. Diese geben ihnen Form und Inhalt. Sie sind nur für wenige Branchen, so z. B. für die Motorfahrzeug-Haftpflicht- und für die Feuerversicherung, mehr oder weniger einheitlich formuliert. Zur Hauptsache weisen sie von Gesellschaft zu Gesellschaft grössere oder kleinere Unterschiede auf. Es wäre ausserordentlich aufwendig, Gemeinsamkeiten und Abweichungen herauszuarbeiten. Deshalb kann im folgenden nur eher selten auf die AVB Bezug genommen werden. Immerhin hat die Literatur zahlreiche charakteristische, gemeinsame Züge aus den AVB herausgeschält. Zu erinnern ist

---

[1119] Vgl. hinten N 1306.

[1120] In der Schweiz gibt es keine der Öffentlichkeit zugängliche Sammlung der AVB aller Versicherungsgesellschaften. Eine solche könnte wohl nur als Loseblatt-Sammlung herausgegeben werden; dadurch liessen sich Änderungen laufend verarbeiten. – Das in N 1136 erwähnte Büchlein von GRIESHABER/BAUMGARTNER enthält Auszüge aus den AVB der einzelnen Lebensversicherer und die wichtigsten Prämiensätze. – Vgl. zu den AVB und den besonderen Versicherungsbedingungen vorne § 9.

etwa an die Bildung von Typen in der Versicherung[1121], an Begriffe wie z. B. den Unfallbegriff usw. Diese Arbeiten werden hier teilweise ihren Niederschlag finden. Vor allem soll aber auf branchenspezifische gesetzliche Bestimmungen hingewiesen werden.

2. Die Praxis hat zahlreiche Branchen geschaffen. Werden die Varianten mitberücksichtigt, die sich innerhalb der einzelnen Branchen entwickelt haben, so ergibt sich eine geradezu verwirrliche Vielfalt. Deshalb trifft die folgende Darstellung eine Auswahl: Es sollen nur verhältnismässig wenige, in der Praxis jedoch bedeutsame Branchen und Varianten – Vertragstypen oder kurz Typen genannt – gezeichnet werden; dabei kann es sich nicht mehr als um grobe Skizzen handeln.

[1121] So weist die allgemeine Haftpflichtversicherung mehrere Typen oder Unterformen auf wie etwa die Privat-, Berufs- und Betriebs-Haftpflichtversicherung.

1. Abschnitt: Personenversicherung

§ 41 ÜBERBLICK

1. Versicherte Tatbestände oder Gefahren

Die Personenversicherung deckt Gefahren oder Tatbestände[1122], die mit Leben und Gesundheit eng zusammenhängen: Krankheit, der die Mutterschaft gleichgestellt wird, und Unfall, mit ihren Folgen wie vorübergehende Arbeitsunfähigkeit, Erfordernis der Heilbehandlung, Invalidität (Erwerbsunfähigkeit) und Tod. Die Personenversicherung umfasst auch die Vorsorge für das Alter. Es werden etwa folgende Branchen betrieben: Lebensversicherung, die Versicherungsleistungen für den Todes- oder Erlebensfall, ferner auch für den Invaliditätsfall gewährt; die Unfallversicherung, die bei Unfällen, je nach Vertragsabreden auch für Berufskrankheiten, leistungspflichtig wird; Krankenversicherung, die nicht unfallbedingte gesundheitliche Störungen versichert; Invaliditätsversicherung, die entweder als selbständiger Zweig oder in Verbindung mit einer Lebens-, Unfall- oder Krankenversicherung Leistungen für den Invaliditätsfall vorsieht.

2. Aufsichtsrechtliche Sonderstellung der Lebensversicherer

Die der ordentlichen Aufsicht unterstellten Versicherer, welche die direkte Lebensversicherung betreiben, dürfen nach VAG 13 nicht auch die Schadens- und die Unfallversicherung betreiben (sog. Spartentrennung)[1123]. Dadurch soll verhindert werden, dass sie die von ihnen verwalteten Deckungskapitalien, d. h. Spargelder ihrer Versicherten, in einer der erwähnten andern Sparten, also zweckwidrig, verwenden[1124]. Hingegen können sie bestimmte Zusatzversicherungen abschliessen, die eng mit der Lebensversicherung verbunden sind, nämlich die Invaliditäts-, die Unfall-

---
[1122] Vgl. vorne bei N 303 f. und § 20.
[1123] Vgl. bereits vorne bei N 182.
[1124] Aus diesem Grunde ist es den Lebensversicherern aufsichtsrechtlich auch nicht erlaubt, Mitglied des Schweizer Pools für die Versicherung von Nuklearrisiken und des Schweizer Pools für Luftfahrtversicherungen zu werden; vgl. vorne bei N 47.

tod- und die Krankenzusatzversicherungen. Nur die Versicherer selbst fallen unter VAG 13. Hingegen ist es den Vermittlungs- und Abschlussagenten aufsichtsrechtlich nicht verboten, Geschäfte sowohl der Lebensversicherung als auch der übrigen Versicherungszweige zu tätigen, sofern die Versicherer die erforderlichen Bewilligungen besitzen (VAG 16). Da die Agenten nicht über die Deckungskapitalien verfügen können, besteht die Gefahr, dass diese zweckwidrig verwendet werden, nicht.

3. Private Personenversicherung und Sozialversicherung

a) Es wurde schon in verschiedenen Zusammenhängen darauf hingewiesen[1125], dass private Personenversicherer in der Sozialversicherung tätig sind: Unfallversicherer betreiben die Unfallversicherung nach UVG und Lebensversicherer erfüllen Aufgaben im Rahmen der beruflichen Vorsorge.

b) Nicht weniger wichtig ist, dass private Personenversicherer Leistungen zur Ergänzung der Sozialversicherung anbieten, besonders wenn diese Leistungen bei Alter, Tod, Invalidität und Unfall gewährt werden. Der Bürger ist im allgemeinen nur schwach über die Leistungen orientiert, die ihm oder seinen Familienangehörigen zukommen, wenn sich die erwähnten Tatbestände verwirklichen. Die privaten Personenversicherer haben ihn daher – dies gehört zu ihren wichtigsten Funktionen – zu beraten, den vorhandenen Versicherungsschutz zu analysieren, den Versicherungsbedarf zu ermitteln und geeignete Lösungen zu dessen Deckung vorzuschlagen. Ihr Personal muss daher über die Leistungssysteme der Sozialversicherung eingehend instruiert sein, um dem Kunden den ergänzenden Versicherungsschutz gleichsam nach Mass anbieten zu können. Die privaten Personenversicherer haben entsprechende Vertragstypen entwickelt, mit denen der konkrete Bedarf sachgerecht gedeckt werden kann. Ihre Leistungen ergänzen daher in weitem Bereiche jene der Sozialversicherung[1126].

[1125] Vgl. das Sachregister.
[1126] Wenn man vom Drei-Säulen-Prinzip ausgeht – vgl. hinten bei N 1200 – so erfüllen die Personenversicherer Aufgaben sowohl in der zweiten Säule, d. h. in der beruflichen Vorsorge, als auch in der dritten Säule, nämlich bei der individuellen Vorsorge für die Risiken Alter, Invalidität und Tod.

4. «*Privilegierung*» *der Unfälle*

a) In der Sozial- und in der Privatversicherung werden die Unfallversicherung und die Krankenversicherung als getrennte Versicherungszweige betrieben. Wenn gesundheitliche Störungen auf einen Unfall zurückgehen, sind im allgemeinen die Leistungen wesentlich anders ausgestaltet, als wenn sie ohne Unfall, als «gewöhnliche» Krankheit, entstehen. Dies gilt namentlich für Invalidität und Tod. So entrichten die Unfallversicherer in diesen Fällen meistens beträchtliche Leistungen, sei es in Form von Kapital, sei es als Renten. Demgegenüber erbringen die Krankenkassen und die privaten Krankenversicherer bei Tod oder Invalidität in der Regel nur unbedeutende oder gar keine Leistungen[1127]. Man spricht von der «Privilegierung» der unfallbedingten Dauerfolgen. Sie ist historisch begründet[1128]. Freilich ist nicht zu übersehen, dass die Kosten ausserordentlich hoch wären, wenn die Leistungen der AHV und der IV für Tod und Invalidität allgemein etwa auf die Höhe der Leistungen der Unfallversicherung nach UVG angehoben würden; «gewöhnliche» Krankheiten bilden viel häufiger als Unfälle die Ursache von Tod und Invalidität[1129].

b) Wenn die Krankenversicherer lediglich bei Krankheiten, die Unfallversicherer lediglich bei Unfällen leisten, ist ihre Versicherung nach dem Prinzip der Kausalität aufgebaut, d.h. dass sie nur gesundheitliche Störungen aus bestimmten Ursachen versichern. Demgegenüber haben die AHV und die IV unabhängig davon zu leisten, aus welcher Ursache der Tod oder die Invalidität entstanden ist, weshalb man von der finalen Versicherung spricht[1130]. Die AHV und die IV sind in erster Linie auf die Deckung des Bedarfs der Betagten, Invaliden und Hinterbliebenen ausge-

---

[1127] Dies gilt auch, wenn Krankenkassen das Unfallrisiko versichern. Dazu sind sie gesetzlich nicht verpflichtet; gemäss Art. 14 Abs. 2 VO III über die Krankenversicherung vom 15.1.1965 haben sie jedoch in ihren Statuten ausdrücklich zu bestimmen, ob und in welchem Umfang sie Leistungen bei Unfällen übernehmen; vgl. MAURER, SVR II bei N 701.

[1128] Näheres bei NAEF, Krankheit und Unfall in der schweizerischen Sozialversicherung, SZS 1973 S. 256 ff., und MAURER, SVR II bei N 1094.

[1129] Nach dem Statistischen Jahrbuch der Schweiz 1985 starben 1984 insgesamt 58 602 Personen in der Schweiz; davon entfallen 4 971 auf Unfälle – und davon 1 209 auf Verkehrsunfälle –, die übrigen auf Krankheiten.

[1130] Vgl. vorne bei N 773.

richtet. Die von den Lebensversicherern betriebenen Sparten sind zur Hauptsache der finalen Versicherung zuzurechnen; denn sie leisten in der Regel unabhängig davon, ob Tod oder Invalidität durch Krankheit oder durch Unfall verursacht werde[1131].

c) In der privaten Personenversicherung hat sich die Entwicklung angebahnt, dass durch den *gleichen* Versicherungsvertrag für Unfall *und* Krankheit ärztliche Behandlung, Taggeld, Invalidität und Tod versichert werden können. Grundsätzlich sind dabei die Leistungen von Krankheit und Unfall identisch, womit die «Privilegierung» der Unfälle ausgeschaltet oder doch verringert wird. Somit wird das Prinzip der Kausalität langsam durch jenes der Finalität verdrängt. Da jedoch der Bedarf individuell verschieden sein kann – dies hängt weitgehend von der bereits vorhandenen Deckung durch Sozialversicherung und Privatversicherungsverträge ab –, wird dem Versicherungsnehmer die Möglichkeit geboten, die Leistungen gleichsam nach dem «Baukastensystem» zusammenzustellen[1132]. Es bleibt abzuwarten, ob diese Neuerung in der privaten Personenversicherung eine Zäsur darstellt und auch in Sozialversicherungsgesetzen früher oder später ihren Niederschlag finden wird[1133].

[1131] Freilich pflegen sie für den Tod durch Unfall Zusatzleistungen zu entrichten, womit sie den Unfall ebenfalls «privilegieren»; vgl. vorne nach N 1124.

[1132] Die «Zürich» Versicherungs-Gesellschaft hat diese Neuerung unter dem Namen «Zürich LUK» auf den Markt gebracht (LUK = Leben, Unfall, Krankheit). Andere Gesellschaften haben ähnliche Lösungen ausgearbeitet.

[1133] Seit einigen Jahren arbeiten Krankenkassen auf technischem Gebiet eng mit privaten Versicherungsgesellschaften zusammen, um ihren Mitgliedern ein gemeinsames Programm zu umfassender Vorsorge unterbreiten zu können. Sie bieten ihren Mitgliedern nicht nur Krankenpflege- und Krankengeldleistungen, sondern darüber hinaus auch beträchtliche Leistungen bei Tod und Invalidität. Für den Versicherten bestehen jedoch zwei verschiedene Versicherungsverhältnisse: Mit dem privaten Versicherer verbindet ihn ein Versicherungsvertrag gemäss VVG; sein Verhältnis zur Krankenkasse gründet sich auf das KVG und die darauf gestützten Erlasse, Statuten usw. (Vgl. MAURER, SVR II bei N 617a). Auch in der Privatassekuranz gab es schon bisher Abweichungen von den im Text geschilderten Regeln. So haben einzelne private Krankenversicherer Unfälle in die Krankenversicherung eingeschlossen oder auch Leistungen im Invaliditätsfall entrichtet. – Vgl. zur Frage, ob die Krankenkassen auch die Unfälle zu versichern haben, BGE 111 V 138 ff.

5. Versicherungsvertragsgesetz und Personenversicherung

Das VVG enthält einen besonderen Abschnitt über die Personenversicherung (Art. 73–96). Es befasst sich in verschiedenen Bestimmungen mit der Lebens- und mit der Unfallversicherung, nicht aber mit der Invaliditäts- und mit der Krankenversicherung[1134]. Da jeder dieser Zweige Leistungen als Summen- und ebenso als Schadensversicherung gewähren kann, muss stets geprüft werden, ob für die einzelne Leistungskategorie die Bestimmungen des VVG zur Personenversicherung oder jene zur Schadensversicherung anwendbar sind[1135].

§ 42 LEBENSVERSICHERUNG[1136]

I. FORMEN ODER TYPEN UND RECHTLICHE BESONDERHEITEN DER LEBENSVERSICHERUNG

1. Allgemeines

a) In der Lebensversicherung ist der Versicherungsfall in der Regel mit der Dauer des menschlichen Lebens verknüpft: Er verwirklicht sich entweder bei Eintritt des Todes (= Todesfallversicherung) oder bei Erreichen eines bestimmten Alters (= Erlebensfallversicherung). Der Versicherer verpflichtet sich also, entweder im Todesfall oder im Erlebensfall eine bestimmte Summe oder eine Rente zu bezahlen. Oft deckt er auch das Invaliditätsrisiko.

b) Die Lebensversicherung ist für die Risiken Tod und Invalidität meistens als Risikoversicherung ausgestaltet: Der Versicherer wird überhaupt

---

[1134] Die Krankenversicherung erwähnt das VVG immerhin in Art. 87 (in der neuen Fassung vom 25. 6. 1971).

[1135] Vgl. vorne bei N 610 ff. – Einige Bestimmungen gelten nur für bestimmte Zweige, z. B. Art. 90 ff. VVG betreffend Umwandlung und Rückkauf nur für die Lebensversicherung.

[1136] Vgl. etwa BAUMANN, Lebensversicherung, SJK, Ersatzkarte 111, VON WARTBURG, Lebensversicherung, KOENIG §§ 39–43, VIRET, Privatversicherungsrecht S. 204 ff. und GRIESHABER/BAUMGARTNER: Lebensversicherung. Bedingungen und Prämien in der Schweiz. Ausgabe 1984.

§ 42 Lebensversicherung

nicht leistungspflichtig, wenn sich das versicherte Risiko während der Vertragsdauer nicht verwirklicht[1137]. Dies gilt auch z. B. für die Kranken- und die Unfallversicherung. Wie bei jeder Risikoversicherung muss der Versicherer auch hier nur leisten, wenn der Versicherte während der Vertragsdauer krank wird oder verunfallt. Risikoversicherungen sind nicht mit einem Sparvorgang, dem sog. Versicherungssparen, verbunden. Anders dagegen die Lebensversicherung, die Leistungen für das Alter, d. h. bei Erreichen eines bestimmten Alters verspricht: Bei ihr dient ein Teil der gesamten Prämie als Sparprämie. Diese ist so festgesetzt, dass ihr Total zusammen mit Zins und Zinseszins bei Ablauf des Vertrages die vereinbarte Versicherungssumme ausmacht. Ist die Versicherung mit einem Sparvorgang verbunden, so hat der Versicherer grundsätzlich selbst dann eine Leistung zu erbringen, wenn der Versicherungsvertrag vorzeitig aufgelöst[1138] wird, d. h. bevor ein Versicherungsfall eingetreten ist. Im gleichen Vertrag sind oft Risikoversicherung und Versicherung mit Sparvorgang kombiniert, jene für die Risiken Tod und Invalidität und diese für das Alter.

2. *Einteilungen*

Die Lebensversicherung wird nach verschiedenen Merkmalen eingeteilt.

a) Einteilung nach Art des Versicherungsfalles

aa) Todesfallversicherung

In der Todesfallversicherung mit *lebenslänglicher Vertragsdauer* muss der Versicherer die Leistung auf jeden Fall erbringen, da jeder Mensch einmal stirbt; ungewiss ist jedoch, wann er sterben wird. Dieser Vertragstypus soll vor allem der Familienfürsorge dienen. Er war früher auch in der Schweiz sehr verbreitet und ist dann durch die gemischte Lebensversicherung weitgehend verdrängt worden.

In der *temporären Todesfallversicherung* ist die Versicherungsleistung nur geschuldet, wenn der Versicherte innerhalb der vereinbarten Frist stirbt, sonst nicht. Es handelt sich um eine Risikoversicherung[1139].

[1137] Vgl. als Beispiel die temporäre Todesfallversicherung bei N 1139.
[1138] Vgl. vorne bei N 484a f. und hinten bei den N 1167a ff.
[1139] Beispiel: Ein Familienvater, der keiner Pensionskasse angehört, schliesst im Alter von 55 Jahren für die Dauer von 10 Jahren eine Todesfallversicherung ab, da er für seine Frau schon vor Erreichen des AHV-Alters einen angemessenen Versi-

Personenversicherung

bb) Erlebensfallversicherung

Der Versicherer hat nur zu leisten, wenn der Versicherte ein bestimmtes Alter erreicht, z. B. das Alter 65. Der Vertrag kann als reine Risikoversicherung ausgestaltet sein: Der Versicherer hat nichts zu leisten, wenn der Versicherte vorher stirbt. Die Versicherung wird jedoch oft mit einem Sparvorgang verbunden: Stirbt der Versicherte vor dem vereinbarten Zeitpunkt, so werden die Prämien, die er bis dahin bezahlt hat, ohne Zins erstattet. Diese Form wird als Erlebensfallversicherung *mit Prämienrückgewähr* bezeichnet. Der zuerst genannte Typus, d. h. die reine Risikoversicherung, ist eine Versicherung ohne Prämienrückgewähr. Die Prämie ist bei ihr grundsätzlich geringer als bei der Versicherung mit Rückgewähr.

cc) Gemischte Versicherung

Wenn die Erlebens- und die Todesfallversicherung verbunden – «gemischt» – werden, entsteht die gemischte Lebensversicherung[1139a]. Der Versicherer hat die Versicherungsleistung auf jeden Fall, mit Sicherheit, einmal zu erbringen, nämlich wenn der Versicherte ein bestimmtes Alter erreicht oder wenn er bereits vorher stirbt. Die gemischte Versicherung ist regelmässig mit einem Sparvorgang verbunden. Sie ist heute weit verbreitet und dient vornehmlich der Familienvorsorge.

dd) Terme-fixe-Versicherungen

Sie werden auch Versicherungen auf einen festen Termin genannt. Die Versicherungssumme muss in einem zum voraus vereinbarten Zeitpunkt – daher der Ausdruck Terme fixe – geleistet werden, und zwar unabhängig davon, ob der Versicherte diesen Zeitpunkt erlebt oder nicht. Bei vorzeitigem Tod sind keine weiteren Prämien mehr zu bezahlen. Diese Versicherung wird etwa als Aussteuer-, Ausbildungs- und Studiengeldversicherung abgeschlossen, da in einem bestimmten Zeitpunkt ein gewisses Kapital benötigt wird.

cherungsschutz schaffen will. Nur wenn er vor Ablauf von 10 Jahren stirbt, ist die Todesfallsumme zu entrichten. – Temporäre Risikoversicherungen dieser Art sind sehr verbreitet. Die Prämien sind relativ gering, da ja der Versicherer nicht leistungspflichtig wird, wenn der Versicherte bis zu einem bestimmten Datum nicht stirbt.

[1139a] Vgl. auch hinten bei N 1236a.

§ 42 Lebensversicherung

ee) Weitere Kombinationen

Es gibt ungezählte Varianten und Kombinationen der erwähnten Vertragstypen. Besonders häufig werden *Zusatzversicherungen* vereinbart, z. B.: Bezahlung der doppelten Summe beim Tod durch Unfall[1140] oder auch nach langer Krankheit. Oft wird zusätzlich zu Tod und Alter auch das Invaliditätsrisiko versichert: Bezahlung einer Invalidenrente bei Eintritt der Invalidität während der Vertragsdauer[1141], meistens verbunden mit Befreiung von der Prämienzahlungspflicht (sog. Prämienbefreiung).

b) Unterscheidung nach Versicherungsleistungen

aa) Kapital- oder Rentenversicherung

Die Versicherungsleistungen können als Kapital-[1142] oder als Rentenzahlung vereinbart werden. Technisch lässt sich jedes Kapital in eine Rente und jede Rente in ein Kapital umrechnen. Dafür gibt es verschiedene Tabellenwerke. Rentenversicherungen kommen in verschiedenen Formen vor. Häufig ist die sofort beginnende lebenslängliche Rente, die gegen die einmalige Einlage eines Kapitals entrichtet wird. Ist sie «mit Rückgewähr» vereinbart, so fällt das einbezahlte Kapital ohne Zinsen unter Abzug der bereits bezahlten Renten im Todesfall an die Begünstigten zurück; bei Leibrenten ohne Rückgewähr verfällt das Kapital dem Versicherer, und zwar selbst dann, wenn der Rentner bald nach Abschluss des Vertrages stirbt. Es können auch aufgeschobene Leibrenten mit Einmaleinlage oder mit periodischer Prämienzahlung versichert werden.

bb) Gewinnbeteiligung

Versicherungen lassen sich mit oder ohne Gewinnbeteiligung – diese wird in der Praxis zunehmend Überschussbeteiligung[1142a] genannt – abschliessen. Wenn die Lebensversicherer ihre Prämientarife aufstellen, müssen sie Annahmen über den künftigen Verlauf der Sterblichkeit, den Ertrag aus den

---

[1140] Dies ist die Kombination einer Lebens- mit einer Unfallversicherung.
[1141] Damit wird eine Lebens- mit einer Invalidenversicherung kombiniert.
[1142] Die Frage, ob eine Rente oder aber ein Kapital zu entrichten sei, ist auch im Haftpflichtrecht von grosser Bedeutung. Die Geschädigten ziehen regelmässig die Kapitalzahlung vor.
[1142a] Diesen Ausdruck verwenden seit 1979 auch die Jahresberichte des BPV; vgl. z. B. den Bericht 1984 Z. 2.13.

Kapitalanlagen und die Verwaltungskosten treffen[1143]. Geht dann z. B. die Sterblichkeit in den folgenden Jahren oder Jahrzehnten zurück, so hat der Lebensversicherer ebenfalls weniger Todesfälle zu verzeichnen, als er bei der Aufstellung der Prämientarife annahm. Er hat daher auch weniger Todesfallleistungen zu entrichten. Dies wird sich in der Todesfall-Risikoversicherung als Gewinn oder Überschuss auswirken. Man spricht etwa von einem Mortalitätsgewinn. Ebenso resultiert ein Gewinn, wenn die Kapitalerträgnisse höher als angenommen ausfallen, z. B. weil der Kapitalmarkt während langer Zeit ein hohes Zinsniveau aufweist. Nun pflegen die Lebensversicherer weit über 90% ihres jährlichen Gewinnes in einen *Gewinnfonds*[1143a] zu legen. Mit dem Gewinnfonds werden jene Leistungen finanziert, die auf Verträge «mit Gewinnbeteiligung» entfallen. Sie bestehen in der Regel darin, dass die vereinbarte Versicherungssumme oder Rente anwächst – dieser Vorgang wird oft als Bonus bezeichnet – oder dass die künftigen Prämien gesenkt werden[1144].

cc) Summen- und Schadensversicherung

In der Lebensversicherung herrscht die Summenversicherung vor. Allein das Leistungsmodell der Schadensversicherung[1145] ist ihr nicht fremd. So kann z. B. eine Zusatzleistung bei Eintritt der Invalidität ohne weiteres an die Voraussetzung eines Schadens, d. h. vor allem einer Erwerbseinbusse, geknüpft sein. Oft ist freilich die Invalidität im medizinisch-theoretischen Sinn Kriterium. Es handelt sich dann um Summenversicherung, da die Summe oder Rente ohne Rücksicht auf die effektive Erwerbseinbusse bestimmt wird[1146].

c) Lebensversicherung mit und ohne ärztliche Untersuchung

Volks- oder «Kleinlebensversicherungen» werden in der Regel ohne

---

[1143] Vgl. vorne bei den N 56 und 58.

[1143a] Seit 1979 wird er in den Jahresberichten des BPV Überschussfonds genannt.

[1144] Die Gewinnbeteiligung kann einen Teil der Teuerung ausgleichen. Lebensversicherungen sind ähnlich wie etwa Bankobligationen voll der Teuerung ausgesetzt, da sie – wenigstens in der Regel – Nominalwerte darstellen, also auf bestimmte Summen lauten.

[1145] Vgl. zur Unterscheidung von Summen- und Schadensversicherung vorne bei den N 311 ff.

[1146] Der Grad der Invalidität oder Erwerbsunfähigkeit ist bestimmend dafür, ob die vereinbarte Summe ganz oder nur teilweise zu entrichten ist.

ärztliche Untersuchung des Versicherten abgeschlossen. Da die Versicherungssummen bescheiden sind, lässt es sich verantworten, auch Personen ohne Prämienzuschlag zu versichern, die mit einem erhöhten Sterblichkeitsrisiko belastet sind. Handelt es sich dagegen um beträchtliche Versicherungsleistungen, pflegt der Versicherer den Antragsteller ärztlich untersuchen zu lassen. Wird dabei ein Krankheitspotential festgestellt, das nach statistischer Erfahrung die Lebenserwartung als verkürzt erscheinen lässt, muss sich der Versicherer entscheiden, ob er die Versicherung überhaupt nicht oder nur gegen Prämienzuschlag oder vielleicht auch mit geringeren als mit den beantragten Versicherungssummen oder mit einem Ausschluss für bestimmte Krankheiten oder Unfallfolgen usw. abschliessen will. Würde keine Risikoprüfung vorgenommen und damit keine Risikoselektion betrieben[1147], so müssten die Prämien in der Lebensversicherung – wahrscheinlich bedeutend – erhöht werden. Statt zum vornherein eine ärztliche Untersuchung anzuordnen, können die Lebensversicherer dem Antragsteller mit einem Fragebogen geeignete Fragen über seinen Gesundheitszustand stellen. Je nach den Antworten entscheiden sie sich, ob sie eine ärztliche Untersuchung wünschen oder nicht.

d) Einzel- und Kollektiv-Lebensversicherung

Wie in den übrigen Zweigen der Personenversicherung wird auch in der Lebensversicherung zwischen Einzel- und Kollektivversicherung unterschieden[1148]. Während bei der Einzel–Lebensversicherung nur eine einzige Person versichert wird, sind bei der Kollektiv-Lebensversicherung mehrere Personen versichert. Man nennt die letztere auch Gruppenversicherung. Sie hat heute ihre grösste Bedeutung in der beruflichen Vorsorge[1149].

3. Einige rechtliche Besonderheiten der Lebensversicherung

a) Unrichtige Altersdeklaration bei Vertragsabschluss

aa) Die Art. 4 ff. VVG betreffend die Anzeigepflicht (Gefahrsdeklaration) und deren Verletzung[1150] sind auch in der Lebensversicherung an-

---

[1147] Vgl. zur Risikoselektion vorne bei N 100a.
[1148] Vgl. vorne bei N 335.
[1149] Vgl. Weiteres hinten ab N 1197.
[1150] Vgl. vorne § 21.

wendbar. Art. 74 Abs. 3 VVG gibt dem Versicherer die Befugnis, die Folgen der Verletzung in der Fremdversicherung auf den Dritten auszudehnen[1151], auf dessen Tod die Versicherung gestellt wird. Erforderlich ist eine entsprechende Bestimmung im Vertrag.

bb) Anstelle von Art. 6 VVG betreffend die Folgen bei Verletzung der Anzeigepflicht gilt Art. 75 VVG, sofern es sich um die unrichtige Angabe des Alters des Versicherten handelt. Das Alter vermag die Prämienhöhe stark zu beeinflussen. Der Versicherer kann nach Abs. 1 nur dann vom Vertrage zurücktreten, wenn das wirkliche Alter «ausserhalb der von ihm gesetzten Aufnahmegrenzen liegt». Für die andern Fälle sieht Art. 75 eine sehr differenzierte Regelung vor, die hier nicht dargestellt wird.

b) Wesentliche Gefahrserhöhung[1152]

Wesentliche Gefahrserhöhungen während der Vertragsdauer sind dem Versicherer im allgemeinen gemäss Art. 30 VVG zu melden. Die Lebensversicherer verzichten heute generell auf diese Anzeige[1153].

c) Absichtliche oder grobfahrlässige Herbeiführung des Versicherungsfalles

Nach Art. 14 Abs. 1 VVG entfällt die Leistungspflicht des Versicherers, wenn der Versicherungsnehmer oder Anspruchsberechtigte den Versiche-

---

[1151] Vgl. zur Fremdversicherung vorne bei N 769 und N 777. Der Antragsteller muss von Gesetzes wegen die Gefahrstatsachen nicht anzeigen, die sich auf die zu versichernde Drittperson beziehen.

[1152] Vgl. vorne § 22.

[1153] Im Versicherungsantrag oder in einem besonderen Frageboden wird oft nach durchgemachten Krankheiten gefragt (vgl. vorne N 547). Der VN müsste dem Versicherer später jede neuausbrechende Krankheit, nach der gefragt wurde, mitteilen. Der Versicherer könnte – von Gesetzes wegen – vom Vertrage zurücktreten, wenn z. B. eine die Lebenserwartung verkürzende Krankheit auftritt. Dadurch würde er den Zweck der Lebensversicherung weitgehend vereiteln. Deshalb verzichten die Gesellschaften darauf, dass der Versicherte Krankheiten nach Vertragsabschluss als Gefahrserhöhung meldet, und ebenfalls verzichten sie auf ihr Rücktrittsrecht wegen einer solchen. Hingegen stellen sie im Antrag z. B. die Frage, ob der Antragsteller beabsichtige, in den nächsten Monaten in die Tropen zu gehen oder bestimmte Sportarten auszuüben. Er muss also die bei Vertragsabschluss bestehende Absicht mitteilen.

rungsfall absichtlich herbeiführt[1154]. Der Lebensversicherer verzichtet regelmässig in den AVB auf die Anrufung dieser Bestimmung bei Suizid, sofern er nach Ablauf einer bestimmten Zeit nach Vertragsabschluss, in der Regel nach drei Jahren[1154a], verübt wird (Selbstmordklausel). In der Kollektiv-Lebensversicherung ist Suizid von Anfang an gedeckt. Darüber hinaus verzichtet der Lebensversicherer meistens auch auf das Recht der Kürzung bei grober Fahrlässigkeit gemäss Art. 14 Abs. 2 VVG[1155]. Dieser Verzicht ist vor allem wichtig im Hinblick auf Verkehrsunfälle, wenn der Versicherte seinen Tod oder seine Invalidität – sofern für sie Leistungen vereinbart sind – durch grobe Fahrlässigkeit verursacht hat.

d) Besonderes Kündigungsrecht

Da die Lebensversicherungsverträge oft – namentlich wenn sie mit einem Sparvorgang verbunden sind – für eine lange Dauer, gelegentlich für mehrere Jahrzehnte, abgeschlossen werden, gewährt Art. 89 VVG dem Versicherungsnehmer ein besonderes Kündigungsrecht: Er kann kündigen, wenn er die Prämie für ein Jahr entrichtet hat[1156]. In der Regel wird es für ihn vorteilhafter sein, die Versicherung erst zu kündigen, wenn sie einen Rückkaufswert hat, da er sonst die einbezahlten Prämien vollständig dem Versicherer belassen muss, der sie zur Deckung der durch den stornierten Vertrag aufgelaufenen Kosten benötigt. – Da Art. 89 VVG dispositives Recht ist[1157], kann der Versicherungsvertrag von ihm abweichen, indem er das Kündigungsrecht erschwert oder erleichtert. So darf er z. B. vorsehen, dass die Kündigung erst nach Ablauf von zwei Jahren zulässig sei oder umgekehrt, dass der Versicherungsnehmer den Vertrag schon vor Ablauf eines Jahres kündigen könne.

[1154] Vgl. vorne § 36.
[1154a] Vgl. SVZ 1955/56 (XXIII) S. 39 und B. VIRET, Le suicide de l'assuré dans l'assurance sur la vie et dans l'assurance privée contre les accidents, Diss. Lausanne 1960 S. 83 und 92.
[1155] Vgl. vorne bei N 885.
[1156] Vgl. bereits vorne bei den N 490 f. und 493. – Dieses besondere Kündigungsrecht gilt auch für die Risiko-Lebensversicherungen. Je nach Vertragsart und Vertragsdauer hat der VN bei Kündigung keinerlei Anspruch auf Rückerstattung der bereits bezahlten Prämie. Vgl. zum Rückkauf und zur Umwandlung in eine prämienfreie Versicherung hinten bei den N 1168 und 1170.
[1157] Vgl. vorne nach N 271a.

4. *Rechtsnatur der Lebensversicherung*

Die herrschende Meinung betrachtet heute den Lebensversicherungsvertrag als gewöhnlichen Versicherungsvertrag[1158], für den immerhin mehrere Sonderbestimmungen des VVG gelten. Die zahlreichen andern Theorien über seine Rechtsnatur dürften überholt sein[1159].

II. PRÄMIE UND DECKUNGSKAPITAL

1. Die private Lebensversicherung wird nach dem Kapitaldeckungsverfahren[1160] finanziert. Es müssen so grosse Fonds angesammelt sein, dass sämtliche vertragliche Verpflichtungen auch dann erfüllt werden könnten, wenn die Gesellschaft aus irgendeinem Grunde aufgelöst würde.

2. Wenn die Versicherung mit einem Sparvorgang verbunden ist, wie dies in der gemischten Lebensversicherung zutrifft[1161], muss die Prämie entsprechend ausgestaltet sein. Sie weist dann *mindestens* folgende Bestandteile auf: Ein Anteil entfällt auf die Verwaltungskosten (= Kosten des Versicherungsbetriebes)[1162]. Ein weiterer Anteil ist als Sparprämie bestimmt. Das Total der Sparprämien zusätzlich Zins und Zinseszins muss bei Ablauf der Vertragsdauer die vereinbarte Versicherungssumme ergeben. Die Sparprämie bildet, jedenfalls in der gemischten Lebensversicherung, den weitaus grössten Bestandteil der Prämie. Wesentlich ist dabei die Wahl des Zinsfusses. Einen weiteren Anteil stellt die Risikoprämie dar. Von ihr handelt die folgende Ziffer. Die Prämie enthält oft noch weitere Komponenten, die hier nicht erwähnt seien[1163].

3. Einzelne Versicherte sterben bereits vor Ablauf ihres Vertrages. Das Total der von ihnen einbezahlten Sparprämie hat deshalb noch nicht die Höhe der Versicherungssumme erreicht. Die Finanzierung der Differenz

---

[1158] Vgl. vorne bei den N 350 und 427 f.

[1159] Vgl. KOENIG S. 399.

[1160] Es gilt eine Variante, nämlich das Anwartschafts-Deckungsverfahren; vgl. vorne bei den N 67 f.

[1161] Hingegen trifft dies nicht zu bei der reinen Risikoversicherung; vgl. vorne bei N 1137 f.

[1162] Vgl. vorne bei N 56.

[1163] Vgl. zur Zusammensetzung der Prämie nach UVG MAURER, Unfallversicherung bei N 1484.

§ 42 Lebensversicherung

zwischen der einbezahlten Sparprämie und der Versicherungssumme muss durch die Versichertengemeinschaft erfolgen. Dies geschieht dadurch, dass von jedem Prämienzahler eine Risikoprämie, d.h. ein Zuschlag zu seiner normalen Sparprämie, erhoben wird[1164].

4. a) Die Summe, welche die Sparprämie mit Zins und Zinseszins in irgendeinem Zeitpunkt erreicht hat, nennt man *Deckungskapital*. Dieses wächst also einmal dadurch an, dass periodisch, z. B. jährlich, die Prämien einbezahlt werden, und sodann durch den Zins; denn es wird zinstragend angelegt. Dies soll nun an einem schematischen, stark vereinfachten Beispiel erläutert werden. A schliesst im Jahre X eine gemischte Lebensversicherung für die Dauer von 40 Jahren ab. Er bezahlt eine jährliche Prämie von Fr. 500.–. Dafür wird der Versicherer ihm bei Verfall im Jahre X + 40 die Versicherungssumme, z. B. Fr. 25 000.–, ausrichten. Wenn nun A nach Bezahlung der 3. Jahresprämie stirbt, beträgt das Deckungskapital etwa Fr. 1000.–[1165] (inkl. Zins und Zinseszins). Der Versicherer muss die Versicherungssumme von z. B. Fr. 25 000.– bereits jetzt bezahlen, obwohl er von A erst Fr. 1500.– an Prämien erhalten hat. Die Differenz zwischen dem Deckungskapital von Fr. 1000.– und der Versicherungssumme von Fr. 25 000.–, also der Betrag von Fr. 24 000.–, ist von der Versichertengemeinschaft durch die Risikoprämie aufzubringen.

b) Das auf den einzelnen Vertrag entfallende Deckungskapital nennt man *Einzeldeckungskapital*[1166]. Die Summe aller Deckungskapitalien für den ganzen Bestand der Versicherungsgesellschaft ist das *Gesamtdeckungskapital*. Es hat vor allem aufsichtsrechtliche Bedeutung: Jede Gesellschaft hat das Gesamtdeckungskapital durch entsprechende Aktiven sicherzustellen[1167]. Das Einzeldeckungskapital ist in der Lebensversicherung von grosser Bedeutung. Es bildet insbesondere auch die Berech-

---

[1164] VON WARTBURG, Lebensversicherung, schildert dies anhand konkreter Beispiele auf S. 146 ff. anschaulich.

[1165] Da von der gesamten Prämie von Fr. 500.– der Anteil für Verwaltungskosten und die Risikoprämie abzuziehen sind, verbleiben für die Sparprämie vielleicht noch Fr. 300.–.

[1166] Dieses liegt z. B. den Art. 36 und 37 VVG zugrunde (Anspruch des VN bei Entzug der Bewilligung und Konkurs des Versicherers); vgl. vorne vor N 207 und bei N 209.

[1167] Dies ist ein Ausfluss des Kapitaldeckungsverfahrens; vgl. vorne bei N 68 f.

nungsgrundlage für die sog. Rückkaufs- und die Umwandlungswerte, die nachfolgend zu erörtern sind.

III. RÜCKKAUF, UMWANDLUNG UND BELEIHUNG DES LEBENSVERSICHERUNGSVERTRAGES

1. Rückkauf[1167a]

a) Allgemeines

Nach Art. 90 Abs. 2 VVG kann eine Lebensversicherung unter bestimmten Voraussetzungen «zurückgekauft» werden. Der Ausdruck Rückkauf ist technischer Natur; das VVG hat ihn von der Praxis übernommen. Mit dem Kaufsrecht hat er nichts zu tun; vielmehr ist er eine besondere Art, den Versicherungsvertrag vor Ablauf der Vertragsdauer, also vorzeitig, aufzulösen.

b) Voraussetzungen

Der Rückkauf setzt ein Begehren des Anspruchsberechtigten voraus. Die Prämien müssen nach Art. 90 II VVG für mindestens drei Jahre entrichtet worden sein. Die meisten Gesellschaften gewähren einen Rückkauf schon früher, nämlich sobald $^1/_{10}$ der vereinbarten Prämien bezahlt ist[1168]. Der Rückkauf ist nur für bestimmte Formen der Lebensversicherung möglich: Der Eintritt des versicherten Ereignisses muss nach Art. 90 II VVG gewiss sein, wie dies z. B. bei der gemischten Lebensversicherung und bei der Todesfallversicherung mit lebenslänglicher Vertragsdauer zutrifft. Dies heisst mit andern Worten: Es gibt in der Regel keinen Rückkauf bei Risikoversicherungen, sondern nur bei Versicherungen, die mit einem Sparvorgang[1169] verbunden sind und daher ein Deckungskapital ansammeln.

[1167a] Vgl. bereits vorne bei N 465.

[1168] VVG 90 II ist eine halbzwingende Vorschrift im Sinne von VVG 98 I und darf nur zugunsten des VN oder Anspruchsberechtigten abgeändert werden. Deshalb kann der Vertrag bestimmen, dass der Rückkauf schon vor Ablauf von drei Jahren zulässig ist. Bei Freizügigkeitspolicen darf von VVG 90 II in einzelnen Punkten zuungunsten des Anspruchsberechtigten abgewichen werden; vgl. hinten bei N 1239.

[1169] Vgl. vorne bei den N 1161 und 1165.

c) Wirkungen

Das Rückkaufsbegehren bewirkt die sofortige Auflösung des Vertrages[1169a]. Der Versicherer hat den Rückkaufswert zu ermitteln und zu entrichten. Die Grundsätze für dessen Festsetzung müssen in den AVB aufgenommen sein; Art. 91 II VVG. Der Rückkaufswert ist in der Regel etwas geringer als das Deckungskapital.

2. Umwandlung

a) Allgemeines

Wenn der Versicherungsnehmer künftig keine Prämien mehr bezahlen möchte, z. B. weil sein Einkommen zurückgegangen oder seine Ausgaben angestiegen sind, kann er seinen Lebensversicherungsvertrag gemäss Art. 90 Abs. 1 VVG unter bestimmten Voraussetzungen in eine prämienfreie Versicherung[1170] umwandeln. Der Vertrag bleibt bestehen. Da künftig keine Prämien mehr bezahlt werden, erfährt naturgemäss die Versicherungssumme eine entsprechende Reduktion.

b) Voraussetzungen

Erforderlich ist ein Begehren[1171] des Anspruchsberechtigten. Die Prämien müssen bereits für drei Jahre oder – nach der Praxis – weniger lang, aber mindestens für $1/10$ der vereinbarten Prämienzahlungsdauer entrichtet worden sein. In den AVB sind nach Art. 91 II VVG Bestimmungen über die Ermittlung des Umwandlungswertes aufzunehmen. In der Regel ist der Umwandlungswert etwas höher als das Deckungskapital. Meistens wird der Rückkaufswert als Einmalprämie für die Bestimmung der prämienfreien Versicherungssumme verwendet.

[1169a] KOENIG S. 415 und zu VVG 91 II SVZ 1954/5 S. 312 f. mit U des BGer.

[1170] Das VVG nennt sie «beitragsfreie» Versicherung. Dieser Ausdruck entspricht nicht seiner Terminologie, da es sonst überall von Prämien und nicht von Beiträgen spricht. Im Gegensatz dazu wird in der AHV/IV und im KVG der Ausdruck Beitrag statt jener der Prämie verwendet.

[1171] Es handelt sich um ein sog. Gestaltungsrecht; vgl. vorne bei N 517.

c) Automatische Umwandlung bei Prämienverzug

Wenn die Prämienzahlung unterbleibt, gilt für die Lebensversicherungsverträge nicht die Regelung des Verzuges nach Art. 20 VVG[1172], sondern die spezielle Regelung gemäss Art. 93 VVG. Folge des Verzuges ist nicht die Suspension des Vertrages und damit des Versicherungsschutzes überhaupt, sondern eine blosse Änderung des Lebensversicherungsvertrages: Er wird zwar in eine prämienfreie Versicherung umgewandelt, bleibt aber grundsätzlich bestehen. Vorausgesetzt wird, dass er bereits drei Jahre in Kraft war. Art. 93 VVG spricht im Randtitel von der «Unverfallbarkeit»; damit will er ausdrücken, dass der Lebensversicherungsvertrag unter bestimmten Voraussetzungen wegen Verzuges des Prämienschuldners nicht einfach verfallen oder dahinfallen kann, sondern eben mit anderem Vertragsinhalt bestehen bleibt[1173].

Der Anspruchsberechtigte darf verlangen, dass ihm der Umwandlungs- und der Rückkaufswert – sofern bereits ein solcher vorhanden ist – mitgeteilt werde. Er kann sich dann entscheiden, ob er die Umwandlung in eine prämienfreie Versicherung oder den Rückkauf vorzieht. Wenn er den Rückkauf will, muss er ihn vom Versicherer innert sechs Wochen vom Empfang der Mitteilung an verlangen. Die Umwandlung setzt wie der Rückkauf voraus, dass es sich um eine Versicherung mit Sparvorgang handelt, so dass ein Deckungskapital angesammelt wird. Eine Umwandlung bei der nicht mit einem Sparvorgang verbundenen Risikoversicherung ist ausgeschlossen[1173a].

3. Nachlese zu Rückkauf und Umwandlung

a) Der Gesetzgeber hat den Rückkauf und die Umwandlung als besondere Institute geregelt, da die Lebensversicherungsverträge oft auf lange Zeit, vielfach für mehrere Jahrzehnte, abgeschlossen werden. Es ist für den Anspruchsberechtigten wichtig, dass die Rückkaufs- und die Umwandlungswerte vom Versicherer nicht willkürlich, sondern nach strengen Regeln festgesetzt werden. Art. 91 VVG nennt sie in seinem Randtitel Abfin-

---

[1172] Vgl. vorne § 28, besonders bei den N 682 f.
[1173] VVG 20 IV behält VVG 93 ausdrücklich vor.
[1173a] Vgl. bereits vorne bei N 1169.

dungswerte. Der Versicherer muss die Angaben über sie in seinen Geschäftsplan gemäss VAG 8 I lit. g aufnehmen. Die Aufsichtsbehörde hat sie nach VVG 91 III auf ihre Angemessenheit hin zu prüfen[1174].

b) Art. 92 VVG stellt noch weitere Bestimmungen zum Schutze des Anspruchsberechtigten auf. Dieser kann nach Abs. 2 verlangen, dass der Versicherer innert vier Wochen ab Anfrage den Umwandlungs- oder den Rückkaufswert berechnet und ihm mitteilt. Überdies muss der Versicherer auf sein Verlangen diejenigen Angaben machen, die zur Ermittlung der Abfindungswerte für Sachverständige erforderlich sind. Das BPV ist auf Ersuchen des Anspruchsberechtigten verpflichtet, die vom Versicherer festgestellten Werte unentgeltlich auf ihre Richtigkeit hin zu überprüfen.

c) Wenn der Anspruchsberechtigte das Rückkaufsbegehren stellt, so wird die Rückkaufsforderung nach drei Monaten, vom Eintreffen des Gesuches beim Versicherer, fällig; Art. 92 Abs. 3 VVG.

d) Die Vorschriften über die Umwandlung und den Rückkauf der Lebensversicherung gelten nach Art. 94 VVG auch «für solche Leistungen, die der Versicherer aus angefallenen Anteilen am Geschäftsergebnis dem Anspruchsberechtigten in Form der Erhöhung von Versicherungsleistungen gewährt». Es handelt sich um die Gewinn- oder Überschussbeteiligung[1175]. Art. 94 VVG ist analog anzuwenden, wenn nicht die Leistungen erhöht (Bonus), sondern die Prämien herabgesetzt werden.

4. Policenbeleihung

Die Lebensversicherer pflegen dem Versicherungsnehmer auf sein Begehren Darlehen zu gewähren. Sie gehen dabei höchstens bis auf den Rückkaufswert. Der Versicherungsnehmer hat keinen gesetzlichen, sondern allenfalls einen vertraglichen Anspruch auf ein Darlehen. Für dieses besteht grundsätzlich eine Rückzahlungspflicht. In der Regel wird ein Pfandrecht am Versicherungsanspruch gemäss Art. 73 VVG bestellt. Dafür ist die schriftliche Form vorgeschrieben, und zudem ist die Police dem Versicherer zu übergeben. Der Vertrag bleibt jedoch bestehen. Die Beleihung ist ein Dienst, den die Versicherer ihren Kunden erweisen, der namentlich

---

[1174] Zuständig ist seit dem Inkrafttreten des neuen VAG am 1.1.1979 das BPV. Dies ergibt sich aus den Art. 8, 9, 19 und 43 VAG. Vgl. vorne bei den N 115 und 180 f.
[1175] Vgl. vorne bei N 1143.

dann geschätzt wird, wenn Banken dem betreffenden Versicherungsnehmer kein Darlehen gewähren.

5. Vorauszahlung

Der Versicherer bezahlt dem Versicherungsnehmer auf dessen Begehren einen Teil der Versicherungssumme vorzeitig aus. Dies wird Vorauszahlung genannt. Als oberste Grenze wird der Rückkaufswert festgesetzt. Da keine Rückzahlungspflicht besteht, handelt es sich nicht um ein Darlehen. In der Praxis kommt es öfters vor, dass der Versicherungsnehmer gegen Ende der Vertragsdauer, z. B. im letzten Jahr, die Vorauszahlung der ganzen Versicherungssumme oder doch eines Teils derselben wünscht. Der Versicherer pflegt dann lediglich eine Diskontierung der Versicherungssumme[1175a] vorzunehmen, wenn er diese im Laufe des letzten Jahres bezahlt.

IV. BEGÜNSTIGUNG

1. Rechtsnatur der Begünstigung

a) Mit der Begünstigung[1176] verfügt der Versicherungsnehmer über den Versicherungsanspruch; er überträgt diesen auf einen Dritten. Somit hat der Dritte ein eigenes Recht auf den ihm zugewiesenen Versicherungsanspruch. Er kann ihn gegenüber dem Versicherer in eigenem Namen gerichtlich geltend machen. Den Anspruch erwirbt er erst, wenn der Versicherungsfall eintritt. Vorher hat er nur eine sog. Anwartschaft.

b) Die Begünstigung ist dem Vertrag zugunsten Dritter gemäss Art. 112 OR nachgebildet. Sie beruht auf ähnlichen Überlegungen wie dieser, ist jedoch in den Art. 76 ff. VVG besonders, also abweichend vom OR, geregelt.

c) Die Begünstigung ist in erster Linie im Hinblick auf den Todesfall des Versicherten bedeutsam. Sie kann aber auch z. B. für den Erlebensfall und ferner für den Fall der Invalidität ausgesprochen werden. Sie ist in gleicher Weise zulässig, ob die Lebensversicherung als Summen- oder als Schadens-

---

[1175a] Es wird z. B. ein Zins von 5% von der Versicherungssumme pro rata temporis, also für die restliche Laufzeit des Vertrages, abgezogen, da der VN über das Kapital verfügen und es zinstragend anlegen kann.

[1176] Vgl. bereits vorne bei N 333.

versicherung[1177] vereinbart ist und ob sie – z. B. für Tod oder Invalidität – ein Kapital oder eine Rente vorsieht[1178].

d) Wenn der Versicherungsnehmer für den Todesfall keine Begünstigung vornehmen würde, so müsste der Versicherungsanspruch aus seinem Todesfall in seinen Nachlass, d. h. in die Erbmasse fallen und deren rechtliches Schicksal teilen. Spricht er jedoch eine Begünstigung aus, so fällt der Versicherungsanspruch nicht in die Erbmasse. Vielmehr hat der Begünstigte gemäss Art. 78 VVG ein direktes Forderungsrecht gegenüber dem Versicherer. Er erwirbt den Versicherungsanspruch iure proprio und nicht iure hereditorum, d. h. aus eigenem Recht, und zwar auch dann nicht aus Erbrecht, wenn er gegenüber dem Versicherungsnehmer selber Erbe ist[1179].

Art. 85 VVG enthält nun freilich eine etwas verwirrliche Bestimmung mit dem Randtitel «Ausschlagung der Erbschaft»: «Sind erbberechtigte Nachkommen, ein Ehegatte, Eltern, Grosseltern oder Geschwister die Begünstigten, so fällt ihnen der Versicherungsanspruch zu, auch wenn sie die Erbschaft nicht antreten». Daraus wurde geschlossen, dass die Begünstigung entfällt, wenn entferntere verwandte Erben, die zugleich Begünstigte sind, die Erbschaft ausschlagen, sie also nicht antreten[1180].

e) Auch wenn der Versicherungsnehmer die Begünstigung für den Versicherungsanspruch ausspricht, der aus seinem Tode entsteht, ist dies eine versicherungsrechtliche Verfügung und nicht eine Verfügung von Todes wegen (Testament oder Vermächtnis). Allein der Versicherungsnehmer verfügt dadurch eben doch über einen Teil seines Vermögens. Deshalb

---

[1177] Vgl. vorne bei den N 341a und 611 ff.

[1178] Vgl. vorne bei N 1142. – Soweit die Unfallversicherung Leistungen bei Tod und Invalidität gewährt, sind die Vorschriften über die Begünstigung auch auf sie anwendbar; vgl. hinten bei N 1269.

[1179] BGE 82 II 98; KOENIG, SJK, Ersatzkarte Nr. 110 S. 7. – Die Erben haben auch dann einen Anspruch aus Versicherungs- und nicht aus Erbrecht, wenn sie selbst als Begünstigte bezeichnet sind. Ihr Anspruch richtet sich gegen den Versicherer und nicht gegen die Erbmasse.

[1180] Art. 85 ist in Verbindung mit Art. 83 Abs. 3 VVG auszulegen. JAEGER, Komm. III zu Art. 85 VVG, schildert eingehend die Entstehungsgeschichte und kommt zum Ergebnis, dass entferntere Erben, die in Art. 85 VVG nicht aufgezählt werden, ihren Anspruch aus Begünstigung auch bei Ausschlagung der Erbschaft behalten, sofern sie ausdrücklich, mit Namen, und nicht nur mit dem allgemeinen Hinweis auf ihre Erbberechtigung, also generell, als Begünstigte bezeichnet werden. Diese komplizierte Lösung ist hier nicht näher zu erklären.

muss der Versicherungsanspruch gemäss Art. 476 ZGB mit dem Rückkaufswert zum Vermögen des Erblassers – also des Versicherungsnehmers – geschlagen werden, wenn der Pflichtteil der Erben errechnet wird[1181]. Ebenfalls mit dem Rückkaufswert unterliegt der Versicherungsanspruch der Herabsetzungsklage gemäss Art. 529 ZGB[1182].

2. Bezeichnung des Begünstigten

a) Nach Art. 76 Abs. 1 VVG ist der Versicherungsnehmer befugt, «ohne Zustimmung des Versicherers einen Dritten als Begünstigten zu bezeichnen». Die Begünstigung ist eine selbständige Willenserklärung. Sie stellt ein Gestaltungsrecht dar[1183], das im Hinblick auf den Versicherungsfall, also auf ein künftiges Ereignis, ausgeübt wird. Da die Zustimmung des Begünstigten oder des Versicherers nicht erforderlich ist, versteht man sie als einseitige Willenserklärung[1184]. Sie ist zudem formlos[1185] gültig, und zwar selbst dann, wenn sie für den Todesfall ausgesprochen wird. Die Begünstigung kann sich auf den ganzen Versicherungsanspruch oder nur auf einen Teil desselben beziehen (Art. 76 Abs. 2 VVG).

b) Art. 83 und 84 VVG enthalten sog. *gesetzliche Auslegungsregeln*. Sie greifen dann Platz, wenn der Versicherungsnehmer die Begünstigung nur

---

[1181] Andernfalls könnte der VN pflichtteilsgeschützte Erben fast vollständig enterben; er könnte z. B. durch eine Einmaleinlage in vorgerücktem Alter mit dem grössten Teil seines Vermögens eine Lebensversicherung abschliessen, und seine zweite Frau als Begünstigte bezeichnen und dadurch die Kinder aus erster Ehe faktisch weitgehend enterben. Dies würde dem Sinn des Pflichtteils widersprechen.

[1182] Näheres bei JAEGER, Komm. III zu Art. 76 VVG, und KOENIG S. 433 und 437. Die erbrechtliche Bedeutung der Begünstigung ist teilweise umstritten.

[1183] Vgl. dazu vorne bei N 489.

[1184] BGE 110 II 206.

[1185] Der Begünstigte hat zu beweisen, dass a) eine Begünstigung vorliegt und b) gerade er begünstigt ist. Erfolgte die Begünstigung formlos und wurde sie dem Versicherer vor Eintritt des Versicherungsfalles nicht mitgeteilt, so kann der Versicherer mit befreiender Wirkung an den nach Vertrag Anspruchsberechtigten leisten: BGE 110 II 206 ff. Damit wird die durch BGE 62 II 174 begründete Praxis geändert, wonach eine Begünstigung nur rechtsgültig ist, wenn sie dem Versicherer mitgeteilt wird. – Die Begünstigung kann z. B. bereits im Versicherungsantrag oder in einem Brief an den Begünstigten oder auch in einer Aktennotiz erklärt sein, die der VN bei seinen Akten aufbewahrt. Das Gesetz will es dem VN stark erleichtern, einen Dritten zu begünstigen.

mit allgemeinen Wendungen, *also nicht eindeutig* formuliert hat[1186]. Dies trifft z. B. zu, wenn der Versicherungsnehmer als Begünstigte die «Kinder» seines einzigen Bruders bezeichnet, ohne zu erwähnen, ob er darunter nur die ehelichen Kinder oder auch den unehelichen Sohn versteht, für den sein Bruder Alimente bezahlt. Die gesetzlichen Auslegungsregeln wollen für die häufig vorkommenden Fälle Klarheit schaffen.

aa) Sind als Begünstigte die *Kinder* einer bestimmten Person bezeichnet, «so werden darunter die erbberechtigten Nachkommen derselben verstanden»; Art. 83 Abs. 1 VVG. Damit sind z. B. Pflegekinder von Gesetzes wegen nicht begünstigt.

bb) Unter Ehegatte ist nach Art. 83 Abs. 2 VVG der überlebende Ehegatte zu verstehen; der bereits geschiedene Ehegatte ist also nicht begünstigt.

cc) «Unter den Hinterlassenen, Erben oder Rechtsnachfolgern sind die erbberechtigten Nachkommen und der überlebende Ehegatte zu verstehen, und, wenn weder erbberechtigte Nachkommen noch ein Ehegatte vorhanden sind, die andern Personen, denen ein Erbrecht am Nachlasse zusteht»; Art. 83 Abs. 3 VVG.

dd) Massgeblich sind die Verhältnisse zur Zeit des Versicherungsfalles[1187]. Entscheidend ist somit z. B., ob der Vater das Kind im Zeitpunkt seines Todes bereits im Sinne von Art. 260 ZGB anerkannt hat, sofern das Kindesverhältnis nur zur Mutter besteht. Nicht erforderlich ist hingegen, dass die Zustimmung seiner Eltern oder seines Vormundes nach Abs. 2 in diesem Zeitpunkt bereits vorliegt, wenn er unmündig oder entmündigt war. Diese Zustimmung kann auch nach seinem Tod erfolgen und damit die Begünstigung wirksam werden lassen. Fehlt es an einer Anerkennung, dann ist das Kind von Gesetzes wegen nicht begünstigt, so dass an seiner

---

[1186] Vgl. zur Auslegung einer Begünstigungsklausel BGE 77 II 172 ff.: Der Versicherer habe die Erklärung so zu beachten, «wie sie nach seiner Kenntnis der Verhältnisse auszulegen sei. Nicht darauf kommt es an, was sich der VN unter dem gewählten Ausdrucke vorgestellt hat, sondern darauf, was der Versicherer darunter verstehen durfte und musste» (E. 4). – Vgl. zur Auslegung von Verträgen vorne bei N 292.

[1187] JAEGER, Komm. III S. 249 N 7, hält dies für die Kinder fest, die als Begünstigte bezeichnet werden: Sie müssen im Zeitpunkt des Versicherungsfalles erbberechtigt sein. Der erwähnte Grundsatz dürfte jedoch allgemein gültig sein, ausser wenn die Begünstigungserklärung davon abweicht.

Stelle z. B. die Eltern begünstigt sind, wenn weder andere Kinder noch ein Ehegatte vorhanden sind und der Versicherungsnehmer allgemein die Hinterlassenen als Begünstigte bezeichnet hat.

Die Praxis zeigt, dass die dargelegte Regelung oft zu Lösungen führt, die unbefriedigend sind. Die meisten Versicherungsgesellschaften ordnen daher die Begünstigung bereits durch eine besondere Klausel in der Police oder in den AVB (Begünstigungsklausel)[1188]. Sofern der Versicherungsnehmer nicht eine davon abweichende Begünstigung ausspricht, gilt dann diese Klausel.

ee) Art. 84 VVG enthält Auslegungsbestimmungen für den Fall, dass die Begünstigungserklärung die *Anteile* nicht klar regelt. Sind erbberechtigte Nachkommen und der Ehegatte begünstigt, so bekommen jene gesamthaft, nach Massgabe ihrer Erbberechtigung, und dieser den Versicherungsanspruch je zur Hälfte (Abs. 1). Sind andere Erben begünstigt, so fällt ihnen der Versicherungsanspruch entsprechend ihrer Erbberechtigung zu (Abs. 2). Sind dagegen mehrere nicht erbberechtigte Personen ohne nähere Bestimmung ihrer Teile als Begünstigte bezeichnet, so fällt ihnen der Versicherungsanspruch zu gleichen Teilen zu (Abs. 3). «Fällt ein Begünstigter weg, so wächst sein Anteil den übrigen Begünstigten zu gleichen Teilen an». Diese wichtige Regel findet sich in Abs. 4.

3. Widerrufliche und unwiderrufliche Begünstigung

a) Der Versicherungsnehmer kann die einmal ausgesprochene Begünstigung jederzeit widerrufen. Dies ergibt sich aus Art. 77 Abs. 1 VVG. Der Widerruf ist formfrei, kann also z. B. auch telefonisch gegenüber dem Versicherer erfolgen[1189]. Wenn der Versicherungsnehmer den Versicherungsanspruch zediert (Abtretung) oder verpfändet, so erlischt die bisherige Begünstigung automatisch; ebenso mit der Konkurseröffnung über den Versicherungsnehmer. Sie lebt wieder auf, wenn die Pfändung dahinfällt oder der Konkurs widerrufen wird (Art. 79 Abs. 1 VVG). Diese Regeln gelten

---

[1188] Nach der üblichen Klausel sind begünstigt: «Der Ehegatte, bei dessen Fehlen die Kinder, bei deren Fehlen die Eltern, bei deren Fehlen die Erben des Versicherten».

[1189] Wegen der Beweisbarkeit sollte jedoch der Widerruf stets schriftlich erklärt werden.

nur, solange der Versicherungsfall noch nicht eingetreten ist. Ist nämlich der Versicherungsfall eingetreten, so haben die Begünstigten ihre Ansprüche bereits erworben, so dass diese z. B. von den Gläubigern des Versicherungsnehmers nicht mehr gepfändet und auch nicht zur Konkursmasse geschlagen werden können.

b) Der Versicherungsnehmer darf die frühere Begünstigung durch eine neue Begünstigung ändern oder aufheben. Der Versicherer kann im Versicherungsfall mit befreiender Wirkung nur an den neuen Begünstigten leisten, sofern er von der neuen Begünstigung Kenntnis erlangt hat. Wenn er jedoch keine Kenntnis besitzt, kann er entsprechend der früheren Begünstigung leisten. Die neuen Begünstigten haben die Möglichkeit, die Leistungen von den früheren Begünstigten herauszuverlangen, da diese unrechtmässig bereichert sind. Die Begünstigung ist im Verhältnis des Versicherungsnehmers zum neuen Begünstigten auch dann wirksam und rechtsgültig, wenn weder der Versicherer noch der bisherige Begünstigte davon Kenntnis hatten[1190].

c) Nach Art. 77 Abs. 2 VVG kann der Versicherungsnehmer auf den Widerruf einer Begünstigung verzichten. Für diese *unwiderrufliche Begünstigung* gelten strenge Formvorschriften. Einmal muss der Versicherungsnehmer auf den Widerruf in der Police selbst unterschriftlich verzichten. Zudem muss er die Police dem Begünstigten übergeben. Er kann später keine neue Begünstigung mehr vornehmen. Der Versicherungsanspruch unterliegt auch nicht mehr der Zwangsvollstreckung, welche die Gläubiger gegenüber dem Versicherungsnehmer erwirken (Art. 79 Abs. 2 VVG). Die unwiderrufliche Begünstigung dürfte in der Praxis nicht allzu häufig anzutreffen sein. Das mit ihr verfolgte Ziel kann auch durch Abtretung[1191] des Anspruchs erreicht werden.

[1190] BGE 110 II 206 ff. Gleichgültig ist, auf welchem Wege der Versicherer von der neuen Begünstigung Kenntnis erhält. Sobald er Anhaltspunkte für eine solche besitzt, muss er, soweit ihm dies nach den Umständen zumutbar ist, deren Existenz abklären. Die Frage, ob er noch an den früheren Begünstigten mit befreiender Wirkung leisten kann, beurteilt sich nach dem Grundsatz von Treu und Glauben.

[1191] Vgl. vorne bei den N 1009 ff. Abtretung und Verpfändung von Ansprüchen aus einer Personenversicherung bedürfen nach Art. 73 Abs. 1 VVG zu ihrer Gültigkeit der schriftlichen Form und der Übergabe der Police sowie der schriftlichen Anzeige an den Versicherer.

V. LEBENSVERSICHERUNG UND FAMILIENVORSORGE

Das VVG fördert die Vorsorge für die Familie mit verschiedenen Bestimmungen. Dazu folgendes:

1. Für die widerrufliche Begünstigung gilt gemäss Art. 79 Abs. 1 VVG an sich der Grundsatz, dass die Rechte der Gläubiger vorgehen: Die Begünstigung erlischt, wenn der Versicherungsanspruch gepfändet oder der Konkurs über den Versicherungsnehmer eröffnet wird, vorausgesetzt, dass der Versicherungsfall noch nicht eingetreten ist. Eine wichtige Ausnahme zu diesem Grundsatz regelt Art. 80 VVG: «Sind der Ehegatte oder die Nachkommen des Versicherungsnehmers Begünstigte, so unterliegt, vorbehältlich allfälliger Pfandrechte, weder der Versicherungsanspruch des Begünstigten noch derjenige des Versicherungsnehmers der Zwangsvollstreckung zugunsten der Gläubiger des Versicherungsnehmers[1192].» Der Versicherungsanspruch wird, wenn die erwähnten Voraussetzungen gegeben sind, wie ein Kompetenzstück nach Art. 92 SchKG behandelt; er ist unpfändbar und damit dem Zugriff der Gläubiger entzogen[1193].

2. Sobald gegen den Versicherungsnehmer ein Verlustschein vorliegt oder über ihn der Konkurs eröffnet wird, treten Ehegatte und Nachkommen, sofern sie begünstigt sind, gemäss Art. 81 VVG anstelle des Versicherungsnehmers in den Lebensversicherungsvertrag ein. Damit werden sie Versicherungsnehmer. Sie können dies jedoch durch eine ausdrückliche Erklärung ablehnen.

3. Wenn nicht Ehegatte oder Kinder, sondern andere Personen als Begünstigte bezeichnet sind, können die Gläubiger des Versicherungsnehmers den Versicherungsanspruch pfänden, oder er fällt bei der Konkurseröffnung in die Konkursmasse. Damit erlischt die Begünstigung[1194]. Auch in diesen Fällen dürfen Ehegatte und Kinder nach Art. 86 Abs. 1

[1192] Der Gesetzgeber hatte die gemischte Lebensversicherung vor Augen; deshalb spricht Art. 80 sowohl vom Versicherungsanspruch der Begünstigten – dies wäre der Versicherungsanspruch aus dem Tode des VN – als auch vom Versicherungsanspruch des VN selbst – dies wäre etwa der Anspruch im Erlebensfall oder auch aus Invalidität.

[1193] Immerhin behält Art. 82 VVG die Anfechtungsklage gemäss Art. 285 ff. SchKG vor.

[1194] Vgl. vorne nach N 1189.

VVG verlangen, dass der Versicherungsanspruch, sofern er auf das Leben des Versicherungsnehmers gestellt ist, auf sie übertragen werde[1195]. Sie benötigen jedoch die Zustimmung des Versicherungsnehmers. Zudem müssen sie den Rückkaufswert bezahlen[1196].

VI. KOLLEKTIV-LEBENSVERSICHERUNG IN DER BERUFLICHEN VORSORGE[1197]

1. Zur Entwicklung der beruflichen Vorsorge

a) Die Arbeitgeber bauten in den letzten Jahrzehnten die Vorsorge für ihr Personal ohne gesetzlichen Zwang stark aus, indem sie entweder eigene autonome Vorsorgeeinrichtungen schufen oder über eigens hiezu geschaffene Stiftungen mit Lebensversicherungsgesellschaften Gruppenversicherungsverträge abschlossen[1198]. Der Bund hielt sich als Gesetzgeber lange

---

[1195] Sind sie als Begünstigte bezeichnet, so ist die Zwangsvollstreckung gemäss Art. 80 VVG ausgeschlossen; vgl. vorne bei N 1192 und zur Zwangsvollstreckung auch vorne N 1009.

[1196] Z.B. wenn der VN eine gemischte Versicherung abgeschlossen hat, kann Art. 86 VVG bedeutsam werden; die Regelung gilt auch, wenn *keine* Begünstigung vorliegt; vgl. zur gemischten Lebensversicherung vorne bei N 1139a.

[1197] *Literatur* zur beruflichen Vorsorge (in Auswahl): HELBLING CARL, Personalvorsorge und BVG, Bern 1984 (Schriftenreihe der schweizerischen Treuhand- und Revisionskammer, Bd. 63). Mit Beiträgen von B. LANG, O. LEUTWILER, H. J. PFITZMANN und H. WALSER. LANG BRUNO, Prüfung der Reglemente der Personalvorsorgestiftungen durch die Aufsichtsbehörden, SZS 1982 S. 57 ff.; PFITZMANN HANS J., Le futur régime obligatoire de la prévoyance professionnelle, SZS 1981 S. 81 ff.; derselbe, Die öffentlich-rechtlichen Pensionskassen im BVG-Obligatorium, SZS 1985 S. 233 ff.; RIEMER, Berner Komm. zu Art. 89bis ZGB; derselbe, Berufliche Vorsorge; SCHWARZENBACH-HANHART HANS RUDOLF, Die Rechtspflege nach dem BVG, SZS 1983 S. 169 ff.; derselbe, Rechtliche Grundfragen des BVG, SZS 1985 S. 65 ff.; SCHWARZENBACH/WIRZ, BVG/BVV. Textausgabe mit einleitenden Bemerkungen, Zürich, 1984; SCHWEIZER K./MANHART TH., Die berufliche Vorsorge nach BVG und Ausführungsbestimmungen, SZS 1984 S. 177 ff.; WALSER, Personalvorsorgestiftung; WIRTH P./SAAGER H., Die zweite Säule, Zürich 1984; Zeitschrift für die gesamte Versicherungswissenschaft, Karlsruhe/Berlin, 1985 S. 267 ff. mit *Referaten* zur schweizerischen beruflichen Vorsorge von H. WALSER, B. VON MAYDELL, R. BAUMANN und H.M. RIEMER; ZULAUF, Personal-Gruppenversicherung.

[1198] Die Pensionskassenstatistik gibt erst für die jüngste Zeit brauchbare Daten

Zeit zurück. Er gestaltete 1958 mit einem neuen Art. 89bis ZGB die Personalvorsorgestiftung als besonderen Stiftungstypus aus. Einige Bestimmungen fanden auch Aufnahme im neuen Arbeitsvertragsrecht vom 25. Juni 1971, so die Art. 331–331c und Art. 339d OR. Besonders bedeutsam wurde Art. 331 Abs. 1 OR: «Macht der Arbeitgeber Zuwendungen für die Personalfürsorge oder leisten die Arbeitnehmer Beiträge daran, so hat der Arbeitgeber diese Zuwendungen und Beiträge auf eine Stiftung, eine Genossenschaft oder eine Einrichtung des öffentlichen Rechts zu übertragen.» Die Zuwendungen und Beiträge mussten somit vom Vermögen des privaten Arbeitgebers ausgeschieden und einer Einrichtung mit eigener Rechtspersönlichkeit zugeführt werden[1199]. Mit dieser Vorschrift wurden die Weichen für die spätere Gesetzgebung über die berufliche Vorsorge gestellt[1199a].

b) In der Volksabstimmung vom 3. Dezember 1972 wurde Art. 34[quater] BV in seiner heutigen Fassung angenommen. Er verankert für die Vorsorge bei Tod, Invalidität und Alter faktisch das Drei-Säulen-Prinzip[1200]: Die erste Säule, nämlich die staatliche Versicherung – AHV und IV, zu der auch die Ordnung der Ergänzungsleistungen zu rechnen ist – soll für die *ganze Bevölkerung* den Existenzbedarf angemessen decken (Abs. 1 und 2); die zweite Säule, d. h. die berufliche Vorsorge – Vorsorgeeinrichtungen, in der Umgangssprache Pensionskassen genannt – hat zusammen mit der ersten

an. Immerhin sind folgende Zahlen verfügbar, die Anhaltspunkte für die Entwicklung geben. 1941/42 wurden im privatrechtlichen Sektor 1687 Vorsorgeeinrichtungen gezählt, die ein Vermögen von rund 735 Mio Fr. besassen; Ende 1982 bestanden rund 17 000 private und 650 öffentliche Pensionskassen mit einem Vermögen von rund 100 Mrd. Fr. Die Angaben sind den Referaten von WALSER und BAUMANN (Zit. in 1197) entnommen. Letzterer schätzt, dass bei den Sammel- und Gemeinschaftsstiftungen Ende 1984 rund 60 000 Firmen-Vorsorgeeinrichtungen angeschlossen waren, die von der offiziellen Statistik nicht erfasst werden. Er nimmt aufgrund von Erhebungen der Lebensversicherer an, dass bei Inkrafttreten des BVG insgesamt 80 000 betriebliche Personalvorsorgeeinrichtungen vorhanden waren (S. 307 f.).

[1199] ZGB 89bis und einzelne der erwähnten Bestimmungen des OR sind seit ihrem Erlass in wenigen Punkten geändert worden. Sie gelten nunmehr in der Fassung gemäss Anhang zum BVG Z. 1 und 2.

[1199a] Vgl. hinten N 1204a.

[1200] Weiteres dazu bei RIEMER, Berufliche Vorsorge § 1, II; MAURER, SVR II S. 45 u. a. m.

Säule *allen Arbeitnehmern* die Fortsetzung der gewohnten Lebenshaltung in angemessener Weise zu ermöglichen; der Bund kann die Versicherung auch «für bestimmte Gruppen von Selbständigerwerbenden allgemein oder für einzelne Risiken obligatorisch» erklären (Abs. 3); die dritte Säule ist die Selbstvorsorge des Bürgers durch individuelles Sparen, Abschluss von Versicherungen usw., wobei der Bund diese Selbstvorsorge zusammen mit den Kantonen durch Massnahmen der Fiskal- und Eigentumspolitik fördert (Abs. 6).

c) Der Bund hat das für die erste Säule gesteckte Ziel mit der 8. AHV-Revision, etwa ab 1975, mehr oder weniger erreicht. Ende 1975 unterbreitete der Bundesrat der Bundesversammlung Botschaft und Entwurf zu einem Bundesgesetz über die berufliche Alters-, Hinterlassenen- und Invalidenvorsorge (BVG). Die Bundesversammlung nahm das BVG in der Schlussabstimmung vom 25. Juni 1982 an. Es trat am 1. Januar 1985 in Kraft. Der Bundesrat hat bereits verschiedene Ausführungsverordnungen erlassen: BVV 1 vom 29. Juni 1983 über die Beaufsichtigung und die Registrierung der Vorsorgeeinrichtungen; BVV 2 vom 18. April 1984, nämlich die Verordnung über die berufliche Alters-, Hinterlassenen- und Invalidenvorsorge; BVV 3 vom 13. November 1985, d. h. die Verordnung über die steuerliche Abzugsberechtigung für Beiträge an anerkannte Vorsorgeformen, mit der weitgehend bereits Massnahmen zur dritten Säule getroffen werden[1200a]; ferner die Verordnungen über die BVG-Beschwerdekommission vom 12. November 1984 und über die Errichtung der Stiftung Sicherheitsfonds (SFV 1) vom 17. Dezember 1984. Weitere Verordnungen werden folgen.

2. Grundzüge der Gesetzgebung über die berufliche Vorsorge

Die Gesetzgebung über die berufliche Vorsorge wird hier mit wenigen Strichen, teils in starker Vereinfachung, gezeichnet[1201], damit die Funktio-

---

[1200a] Arbeitnehmer und Selbständigerwerbende können Prämien, die sie für Vorsorgeformen i. S. von Art. 1 Abs. 2 BVV 3 bei Versicherungseinrichtungen oder Bankstiftungen einzahlen, bei den direkten Steuern bis zu einem bestimmten Betrag von ihrem Einkommen abziehen. Die entsprechend ausgestalteten Vorsorgepolicen der Lebensversicherer sind den gemischten Lebensversicherungen verwandt. Das Verfügungsrecht des VN ist jedoch starken Einschränkungen unterworfen (sog. gebundene Vorsorgeversicherungen).

[1201] Für Weiteres wird besonders verwiesen auf: RIEMER, Berufliche Vorsorge;

nen der Lebensversicherer im Rahmen der beruflichen Vorsorge verstanden werden können. Die Hinweise beschränken sich deshalb zur Hauptsache auf die privatrechtlichen Vorsorgeeinrichtungen, da die Bedeutung der Lebensversicherer für die öffentlich-rechtlichen Vorsorgeeinrichtungen, die vor allem die Beamten und Angestellten des Gemeinwesens erfassen, eher gering ist.

a) Obligatorisch versichert sind Arbeitnehmer, die das 17. Altersjahr vollendet haben und bei einem Arbeitgeber einen Jahreslohn von mehr als 17 280 Franken beziehen. Unterhalb dieses Grenzbetrages erreichen die AHV/IV-Renten wenigstens für den Normalfall das vorgegebene Leistungsziel. Die Altersrenten der Arbeitnehmer sollen etwa 60% des früheren Bruttoeinkommens erreichen, jedoch nur bis zu der oberen Grenze des Jahreslohnes von derzeit 51 840 Franken; BVG 7 und 8; BVV 2, 5. Der Teil des Jahreslohnes zwischen der unteren und der oberen Grenze wird *koordinierter Lohn* genannt. Der Bundesrat kann die erwähnten Grenzbeträge der einfachen Mindestrente der AHV anpassen; BVG 9; BVV 2, 5. Er bestimmt auch, welche Arbeitnehmer vom Obligatorium ausgenommen sind[1201a]. Selbständigerwerbende[1201b] können sich freiwillig versichern. Die Bestimmungen über die obligatorische Versicherung gelten nach BVG 4 II sinngemäss für die freiwillige Versicherung. Das BVG regelt diese jedoch mit mehreren Vorschriften in besonderer Weise, so z. B. in den Art. 44–47. Diese Vorschriften sind hier nicht weiter darzulegen.

b) Der Arbeitgeber ist verpflichtet, für seine Arbeitnehmer eine Vorsorgeeinrichtung – im folgenden mit VE abgekürzt – zu errichten und diese im vorgeschriebenen Register eintragen zu lassen. Dieser Vorsorgepflicht kann er aber auch genügen, indem er sich einer schon bestehenden VE *anschliesst*. Möglich ist dies bei Sammel- oder Gemeinschaftsstiftungen von Lebensversicherungsgesellschaften oder von Banken und ebenso bei Verbandsvorsorgestiftungen. Letztere werden vor allem von Wirtschaftsver-

---

WIRTH/SAAGER: Die zweite Säule (zit. in N 1197); SCHWARZENBACH, BVG/BVV (zit. in N 1197); SCHWEIZER/MANHART, SZS 1984 S. 177 f. (Übersicht).

[1201a] Vgl. zum Begriff des Arbeitnehmers nach UVG MAURER, Unfallversicherung S. 107 f. sowie hinten bei N 1215a.

[1201b] Nach BVG 3 kann der Bundesrat unter bestimmten Voraussetzungen auch Berufsgruppen von Selbständigerwerbenden der obligatorischen Versicherung unterstellen.

bänden errichtet[1202]. VE dürfen die obligatorische Versicherung durchführen, wenn sie im Sinne von BVG 48 registriert sind. Während der Einführungsphase werden die VE nur provisorisch registriert[1203]. Sie haben bis Ende 1989 Zeit, sich an das BVG anzupassen. Spätestens bis zu diesem Termin muss die definitive Registrierung erfolgen; BVG 93, BVV 1, 5 f., 8.

Die Aufsichtsbehörde führt das Register für die berufliche Vorsorge; BVG 48. Jeder Kanton hat eine Aufsichtsbehörde zu bezeichnen. Für Ausnahmefälle liegt die Aufsicht beim Bund[1203a], der auch die Oberaufsicht über die Aufsichtsbehörden ausübt; BVG 61. Registrierte VE müssen die Rechtsform einer Stiftung oder einer Genossenschaft[1204] haben oder eine Einrichtung des öffentlichen Rechts sein[1204a].

[1202] Z. B. der Gemeinschaftsstiftung des Schweiz. Gewerbeverbandes sind 38 Berufsverbände mit mehr als 10 000 Betrieben angeschlossen; BAUMANN (Referat, zit. in N 1197) S. 308. Vgl. zum Unterschied von Gemeinschafts- und Sammelstiftungen hinten N 1229.

[1203] Am 1.7.1985 waren 3681 VE provisorisch registriert. Dies sind nur etwa 20–30% aller bestehenden VE; SZS 1985 S. 325 f. Es ist zu erwarten, dass mit der Einführung des BVG ein Konzentrationsprozess ausgelöst wurde: Zahlreiche Arbeitgeber lassen ihre bereits bestehenden VE nicht registrieren, sondern schliessen sich für die Durchführung des Obligatoriums einer Sammel- oder Verbandsstiftung an. Die nichtregistrierten VE können sie für die Gewährung von zusätzlichen Leistungen einsetzen. Solche dürfen sie jedoch unter bestimmten Voraussetzungen auch durch registrierte VE entrichten lassen.

[1203a] BVV 1, 3 regelt die Aufsicht des Bundes näher. So ist z. B. das BSV zuständig bei VE mit nationalem und internationalem Charakter, sofern es sich nicht um VE handelt, die dem VAG unterstehen; im letzten Fall übt das BPV die Aufsicht aus (Art. 3 Abs. 4 BVV 1). Von nationalem Charakter sind z. B. BVG-Sammel- oder Gemeinschaftsstiftungen von Lebensversicherern und Banken, die ihre Geschäftstätigkeit in mehreren Kantonen ausüben.

[1204] Es gibt nur wenige VE in der Rechtsform der Genossenschaft. Die Stiftungen herrschen bei weitem vor. Bei ihnen werden die Versicherten und Anspruchsberechtigten Destinatäre genannt. Im Bereiche des BVG sollte jedoch zur Hauptsache die versicherungsrechtliche Terminologie verwendet werden, da die berufliche Vorsorge weitgehend durch Versicherung verwirklicht wird (vgl. hinten bei N 1216a): Versicherte, VN, Anspruchsberechtigte, Begünstigte usw. Als besondere Bezeichnungen kommen etwa in Frage: VE (statt Versicherer), Vorsorgefall (statt Versicherungsfall, wobei aber auch dieser Ausdruck verwendet wird).

[1204a] Das BVG baut somit zur Hauptsache auf den VE auf, die bereits mit OR 331 Abs. 1 vorgeschrieben und «genormt» worden waren; vgl. vorne bei N 1199a.

c) Eine besondere VE ist die *Auffangeinrichtung*[1204b] nach BVG 60. Sie dient u. a. der Sicherstellung des Obligatoriums: Sie entrichtet die gesetzlichen Leistungen, wenn ein Arbeitgeber seiner Vorsorgepflicht nicht nachkommt; BVG 12. Sie ist zwar eine privatrechtliche Stiftung, übt aber eine Aufgabe von öffentlichem Interesse aus. Demgegenüber ist der *Sicherheitsfonds* gemäss BVG 56 ff. eine öffentlich-rechtliche Stiftung. Zu seinen Aufgaben gehört es, die gesetzlichen Leistungen von zahlungsunfähigen VE sicherzustellen. Er hat überdies Zuschüsse an VE zu entrichten, die eine ungünstige Altersstruktur aufweisen – viele ältere und wenig jüngere Versicherte –, weshalb die Beiträge zu hoch wären. Sämtliche registrierte VE sind dem Sicherheitsfonds angeschlossen. Sie haben ihn zu finanzieren.

d) Entsprechend der AHV/IV deckt das BVG die Risiken Alter, Tod und Invalidität; BVV 2, 42. Die Arbeitnehmer geniessen für Tod und Invalidität bereits Versicherungsschutz ab 1. Januar nach Vollendung des 17. Altersjahres; ab 1. Januar nach Vollendung des 24. Altersjahres unterstehen sie auch für das Alter der obligatorischen Versicherung, so dass sie zur Leistung von entsprechenden Beiträgen verpflichtet werden können; BVG 7 und 66.

e) aa) Das BVG setzt für die versicherten Risiken Mindestleistungen fest. Diese werden in der Regel in Form von Renten entrichtet, so dass man Alters-, Hinterlassenen- und Invalidenrenten unterscheidet. Die Anspruchsvoraussetzungen sind mehr oder weniger auf jene der AHV/IV zugeschnitten. Die Risikorenten d. h. Renten für die Risiken Tod und Invalidität, werden jedoch nicht nach den Regeln der AHV/IV, sondern nach eigenen Regeln an die Teuerung angepasst; BVG 36.

bb) Wenn der Versicherte das AHV-Alter erreicht – zurückgelegtes 65. Altersjahr bei Männern und 62. Altersjahr bei Frauen –, hat er gemäss BVG 13 ff. Anspruch auf die *Altersrente*. Sie wird festgesetzt, indem sein *Altersguthaben* ermittelt und nach dem in BVV 2, 17 festgesetzten Mindestumwandlungssatz[1204c] von 7,2 Prozent in eine Rente umgerechnet wird. Wenn das Altersguthaben z. B. 100 000 Franken beträgt, ergibt sich

---

[1204b] Vgl. auch hinten N 1235a und zur Rechtsnatur von Auffangeinrichtung und Sicherheitsfonds RIEMER, Berufliche Vorsorge § 3 RZ 22.

[1204c] Vgl. auch hinten bei den N 1207a und 1235b. – Unter den in den Abs. 2 und 3 von Art. 17 BVV 2 genannten Voraussetzungen kann die VE mit Genehmigung der Aufsichtsbehörde auch einen tieferen Umwandlungssatz anwenden.

eine Jahresrente von 7 200 Franken. Es setzt sich aus den *Altersgutschriften* samt Zinsen und allfälligen Freizügigkeitsleistungen samt Zinsen zusammen. Die Altersgutschriften werden jedes Versicherungsjahr in Prozenten des koordinierten Lohnes berechnet, und zwar nach den Ansätzen, die BVG 16 für die verschiedenen Altersgruppen festlegt. Sie beginnen z. B. bei der Altersgruppe von 25-34 Jahren bei Männern und von 25-31 Jahren bei Frauen mit 7 Prozent und steigen bis zur letzten Altersgruppe von 55-65 Jahren bei Männern und von 52-62 Jahren bei Frauen auf 18 Prozent an. Entsprechend den jährlichen Gutschriften müssen die Beträge bereitgestellt und verzinst werden. Die VE kann die Beiträge der Beitragspflichtigen abweichend von den genannten Prozentzahlen erheben. Sie muss aber dafür sorgen, dass die jährliche Beitragssumme die festgesetzten Altergutschriften *gesamthaft* erreicht. Diese Beitragssumme muss dann nach den erwähnten, gesetzlich festgelegten Prozentzahlen auf die Versicherten verteilt werden. Somit kann die VE z. B. für die jüngeren Versicherten einen höheren und für die älteren einen niedrigeren Beitrag jährlich verlangen, als er den erwähnten Prozentzahlen entspricht[1204d]; die Gutschrift hat jedoch nach diesen Prozentzahlen zu erfolgen.

Die *Invalidenrente* wird nach dem gleichen Umwandlungssatz wie die Altersrente berechnet. Dabei wird das Altersguthaben folgendermassen ermittelt: Das Altersguthaben, das der Versicherte bis zum Beginn des Anspruchs auf die Invalidenrenten bereits erworben hat, dient als Grundbetrag; für die bis zum Rentenalter fehlenden Jahre wird die Summe der Altersgutschriften, ohne Zinsen, ausgerechnet und mit dem Grundbetrag zusammengezählt. Diese Altersgutschriften werden dabei auf dem koordinierten Lohn des Versicherten während seines letzten Versicherungsjahres in der VE berechnet. Künftige Lohnerhöhungen sind somit ausser acht zu lassen. Anspruch auf eine volle Invalidenrente hat der Versicherte, wenn er im Sinne der IV mindestens zu zwei Dritteln, und auf eine halbe Rente, wenn er mindestens zur Hälfte invalid ist.

Wenn der Versicherte stirbt, werden unter ähnlichen Voraussetzungen wie in der AHV *Witwen- und Waisenrenten* entrichtet. Zu ihrer Festsetzung muss zuerst die volle Invalidenrente ausgerechnet werden, auf die der Versicherte im Zeitpunkt des Todes Anspruch gehabt hätte. Die Witwen-

---

[1204d] Vgl. hinten bei N 1205c.

rente beträgt 60 Prozent und die Waisenrente 20 Prozent dieser Invalidenrente.

f) Den registrierten VE steht es frei, Risiken und Leistungen ausserhalb des Obligatoriums vorzusehen. So können sie z. B. Leistungen auch bei Krankheit oder auch zusätzlich zu den vorgeschriebenen Mindestleistungen gewähren. Letzteres kommt oft vor für höhere Angestellte und Beamte, soweit ihr Jahreseinkommen den oberen Grenzbetrag des koordinierten Lohnes übersteigt (vorne lit. a). Man unterscheidet daher die VE, die nur gerade die obligatorische Versicherung durchführen, von jenen, die das Obligatorium erfüllen und darüber hinaus eine zusätzliche Vorsorge vorsehen[1205].

Wenn die VE mehr als die Mindestleistungen[1205a] gewährt, so gelten für die zusätzliche Vorsorge lediglich die in BVG 49 II genannten Vorschriften des BVG. Für die zusätzliche Vorsorge kann der Arbeitgeber aber auch eine separate, nicht registrierte VE schaffen, die grundsätzlich nicht dem BVG untersteht. Diese Trennung von obligatorischer und freiwilliger Vorsorge nennt man Splitting[1205b].

g) Die VE werden zur Hauptsache durch Beiträge der Arbeitgeber und Arbeitnehmer finanziert. Prämienschuldner ist zwar der Arbeitgeber al-

---

[1205] Man kann sie z. B. BVG-VE mit zusätzlicher Vorsorge nennen. Es werden verschiedene Ausdrücke verwendet: VE für den obligatorischen und überobligatorischen oder ausserobligatorischen Bereich; BVG-Minimalkassen und umhüllende Kassen usw. Vgl. RIEMER, Berufliche Vorsorge § 1 RZ 40 ff.

[1205a] Man kann sich freilich fragen, ob darunter auch Leistungen für Risiken zu verstehen sind, die nicht unter das BVG fallen, z. B. solche für die Heilbehandlung oder den Erwerbsausfall bei Krankheit und Unfall. Bei verfassungskonformer Auslegung wäre die Frage wohl eher zu verneinen, da BV 34[quater] im Hinblick auf die berufliche Vorsorge nur die Risiken Alter, Invalidität und Tod im Auge hat. Somit wären die in BVG 49 II aufgezählten Vorschriften nicht anwendbar, wenn die Leistungen mit diesen Risiken nicht zusammenhängen. Diese Frage kann hier aber nicht weiter untersucht werden.

[1205b] Mit der VE, die nur die zusätzliche Vorsorge vorsieht, kann der Arbeitgeber der in BVG 51 vorgeschriebenen paritätischen Verwaltung ausweichen, und er unterliegt auch nicht den Vorschriften von BVV 2, 49 ff. über die Anlage des Vermögens. Wenn solche VE als Stiftungen errichtet sind, gelten für sie gleichwohl die wenigen in ZGB 89bis VI – Fassung gemäss Anhang zum BVG Z. 1 – aufgezählten Vorschriften. Vgl. zur paritätischen Verwaltung RIEMER, SZS 1985 S. 16 ff.

lein, BVG 66 II; er kann aber den Beitragsanteil des Arbeitnehmers an dessen Lohn abziehen, BVG 66 III[1205c].

Die Altersleistungen werden nach dem Anwartschaftsdeckungsverfahren finanziert. Somit wird für jeden Versicherten individuell vorgespart, was beträchtliche Deckungskapitalien entstehen lässt[1206]. Soweit die Leistung für Tod und Invalidität nicht durch das bereits vorhandene Altersguthaben des Versicherten finanziert werden kann, ist sie von der Versichertengemeinschaft durch eine Risikoprämie zu finanzieren[1207], die als Zuschlag zur Sparprämie erhoben wird. Man nennt dies die Risikoversicherung. Die öffentliche Hand gewährt keine Zuschüsse (Subventionen) an die VE.

h) Der Arbeitnehmer hat Anspruch auf eine *Freizügigkeitsleistung*, wenn sein Arbeitsverhältnis vor Eintritt des Versicherungsfalles gelöst wird, und er die VE verlässt; BVG 27 ff. Die Leistung entspricht dem von ihm gegenüber der VE erworbenen Altersguthaben[1207a] oder aber der Freizügigkeitsleistung gemäss den Art. 331a oder 331b OR, sofern diese höher ist. Sie wird in der Regel der neuen VE überwiesen, damit der Vorsorgeschutz aufrechterhalten bleibt. Wenn diese Möglichkeit nicht besteht, z. B. weil der Arbeitnehmer längere Zeit arbeitslos ist, wird der Vorsorgeschutz durch eine Freizügigkeitspolice[1208] oder z. B. durch Einzahlung der Leistung auf ein Freizügigkeitskonto einer Bank überwiesen. Unter den in BVG 30 umschriebenen Voraussetzungen darf die Leistung dem Anspruchsberechtigten bar ausbezahlt werden, z. B. wenn er die Schweiz endgültig verlässt oder wenn er eine selbständige Erwerbstätigkeit aufnimmt und deshalb der obligatorischen Versicherung nicht mehr untersteht. Die VE, der der Arbeitnehmer bisher angehörte, hat von sich aus zu prüfen, welche Art der Freizügigkeitsleistung zulässig ist. Wenn mehr als eine Möglichkeit gegeben ist – z. B. Police oder Bankkonto –, und die Art der Erfüllung nicht im Stiftungsreglement festgelegt ist, wird die VE dem Arbeitnehmer die Wahl lassen.

[1205c] Vgl. hinten bei N 1224 und vorne bei N 1204d.
[1206] Vgl. vorne lit. e, bb und bei N 1160 ff. Das gewaltige Vermögen der VE – vgl. vorne N 1198 – besteht zum weitaus grössten Teil aus diesen Deckungskapitalien.
[1207] Vgl. vorne lit. e, bb und bei N 1164.
[1207a] Vgl. vorne bei N 1204c.
[1208] Vgl. hinten bei N 1235.

i) Das BVG weist eine geradezu verwirrliche Vielfalt von Rechtsbeziehungen auf, die dogmatisch noch nicht durchwegs geklärt sind. Dazu lediglich folgendes[1209]:

aa) Wenn der Arbeitgeber die VE *selbst errichtet,* werden seine rechtlichen Beziehungen zur VE durch das *Errichtungsgeschäft* – bei Stiftungen ist eine öffentlich beurkundete Stiftungsurkunde erforderlich – und die darauf beruhenden Reglemente geregelt. Wenn er sich einer VE im Sinne von BVG 11 I *anschliesst,* z. B. der Sammel- oder Gemeinschaftsstiftung einer Lebensversicherungsgesellschaft, so geschieht dies durch den *Anschlussvertrag.* Errichtungsgeschäft und Anschlussvertrag regeln die verschiedenen Pflichten des Arbeitgebers gegenüber der VE, z. B. die Beitrags- und die Mitwirkungspflichten.

bb) Zwischen Arbeitnehmer und VE wird die obligatorische Versicherung gemäss BVG 10 I von Gesetzes wegen (ex lege) «mit dem Antritt des Arbeitsverhältnisses»[1209a] begründet, und zwar unabhängig von Willenserklärungen. Sie entstünde auch dann, wenn der Arbeitnehmer eine Willenserklärung abgeben würde, dass er nicht versichert sein wolle[1210]. In-

---

[1209] Weiteres bei RIEMER, Berufliche Vorsorge § 4.

[1209a] Damit beginnt auch der Versicherungsschutz für die Risiken Tod und Invalidität nach BVG 7 I. Die Umschreibung «Antritt des Arbeitsverhältnisses» ist jener von UVG 3 I nachgebildet. Diese Bestimmung wird man bei der Auslegung von BVG 10 I heranziehen; vgl. MAURER, Unfallversicherung bei N 247. – Das Ende der obligatorischen Versicherung regeln die Abs. 2 und 3 von BVG 10, auf die verwiesen sei.

[1210] Im Bereiche der obligatorischen Versicherung bildet zwar ein Arbeitsvertrag oder im öffentlichen Dienstverhältnis ein entsprechender Verwaltungsakt die Voraussetzung für die *Entstehung* des Versicherungsverhältnisses, nicht aber ein sog. *Vorsorgevertrag.* Hingegen kann der Arbeitnehmer mit der VE besondere Vereinbarungen zur *Ausgestaltung* der obligatorischen Versicherung treffen, sofern sie nicht gegen zwingendes Recht verstossen. Solche besonderen Vereinbarungen könnte man als Vorsorgevertrag bezeichnen. Ein solcher ist jedoch *erforderlich,* wenn zwischen Arbeitnehmer und *privater* VE eine Vorsorge *ausserhalb* des Obligatoriums vereinbart werden soll (vgl. vorne bei N 1205). Wenn die VE nicht der ordentlichen Aufsicht nach VAG untersteht, ist das VVG auf diesen Vorsorgevertrag gemäss VVG 101 I Z. 2 nicht anwendbar. Er fällt jedoch unter den Begriff des Versicherungsvertrages, auf den das OR anwendbar ist; vgl. vorne bei N 350. – Die Begründung des Versicherungsverhältnisses ist ähnlich wie im UVG ausgestaltet. Auch hier muss der Arbeitnehmer z. B. mit der privaten Unfallversicherung nach UVG 68 keinen Vertrag abschliessen, um versichert zu sein. Er wird dem bestehen-

haltlich wird das Versicherungsverhältnis durch die BVG-Gesetzgebung und die anwendbaren Reglemente bestimmt[1210a].

cc) Zwischen einem Lebensversicherer nach VAG und der VE können unterschiedliche Rechtsbeziehungen bestehen. Wenn der Lebensversicherer selbst eine Sammel- oder Gemeinschaftsstiftung als VE errichtet, sind die Stiftungsurkunde und die gestützt auf sie erlassenen Reglemente massgebend. Überdies deckt er die versicherten Risiken dieser VE durch Kollektivversicherungsvertrag gemäss VVG ab. Letzteres gilt auch, wenn der Lebensversicherer Risiken einer firmeneigenen VE ganz oder teilweise versichert[1211].

dd) Zwischen dem Lebensversicherer und dem gegenüber der VE Anspruchsberechtigten (Arbeitnehmer oder seine Hinterlassenen) bestehen keine direkten Rechtsbeziehungen. Der Anspruchsberechtigte besitzt nach VVG 87 auch dann kein selbständiges Forderungsrecht gegenüber dem Lebensversicherer, wenn dieser durch Kollektivversicherungsvertrag die Risiken einer firmeneigenen VE im obligatorischen Bereich ganz oder teilweise deckt[1212]; denn nach dieser Bestimmung ist das selbständige Forderungsrecht auf die kollektive Unfall- und Krankenversicherung beschränkt.

ee) Zwischen dem Arbeitnehmer und der Auffangeinrichtung entsteht das Versicherungsverhältnis von Gesetzes wegen, nämlich dann, wenn der Arbeitgeber seiner Pflicht zum Anschluss an eine VE nicht nachkommt.

k) Für die Rechtspflege[1213] sieht das BVG zwei verschiedene Rechtswege vor:

den Kollektivversicherungsvertrag seines Arbeitgebers von Gesetzes wegen angeschlossen.

[1210a] Die Frage ist noch nicht geklärt, ob das Rechtsverhältnis zwischen der VE und dem Versicherten nach BVG öffentlich-rechtlich sei oder nicht. Sicher ist, dass das BVG den VE keine hoheitliche Gewalt einräumt, weshalb sie nicht durch Verfügungen über Rechte und Pflichten entscheiden können. Nach BVG 60/74 IIc besitzt nur gerade die Auffangeinrichtung als VE hoheitliche Gewalt; vgl. hinten bei N 1215.

[1211] Vgl. Weiteres hinten Z. 3.

[1212] Vgl. vorne bei N 774. Direkte Rechtsbeziehungen zwischen den Anspruchsberechtigten können jedoch aus besonderen Rechtsgründen entstehen, so bei der Freizügigkeitspolice (vgl. hinten bei N 1235) oder wenn die VE eine entsprechende Begünstigung festlegt.

[1213] Vgl. besonders SCHWARZENBACH-HANHART, SZS 1983 S. 169 ff. und RIEMER, Berufliche Vorsorge § 6.

aa) Für Streitigkeiten zwischen VE, Arbeitgebern und Anspruchsberechtigten muss jeder Kanton ein Gericht als letzte kantonale Instanz bezeichnen; BVG 73. Dessen Entscheide können durch Verwaltungsgerichtsbeschwerde beim Eidg. Versicherungsgericht in Luzern angefochten werden[1214].

bb) Die Aufsichtsbehörden (BVG 61 ff.), der Sicherheitsfonds (BVG 56 ff.) und die Auffangeinrichtung (BVG 60 ff.) sind mit hoheitlicher Gewalt[1215] ausgestattet. Sie können und müssen daher Rechte und Pflichten durch Verfügungen festlegen. Gemäss BVG 74 hat eine von der Verwaltung unabhängige Beschwerdekommission über Beschwerden gegen solche Verfügungen zu entscheiden. Ihre Entscheide sind nicht etwa beim EVG, sondern beim Bundesgericht durch Verwaltungsgerichtsbeschwerde anfechtbar. Einer einheitlichen Rechtsprechung ist es nicht förderlich, dass im Bereiche der beruflichen Vorsorge zwei verschiedene oberste Gerichte zuständig sind.

l) Das BVG ist insofern gleich wie das UVG konzipiert, als es eine obligatorische Versicherung für Arbeitnehmer und eine – viel weniger bedeutsame – freiwillige Versicherung für Selbständigerwerbende vorschreibt. In seinem Kern ist es aber eine Arbeitnehmerversicherung[1215a]. Es stimmt mit dem UVG auch darin überein, dass es Pflicht- oder Mindestleistungen[1215b] festlegt, die aufgrund besonderer Vereinbarungen durch zusätzliche Leistungen ergänzt werden können. Hingegen belässt das BVG den registrierten VE auch im obligatorischen Bereich einen bedeutend grösseren Gestaltungsspielraum[1216] als z. B. den Unfallversicherern nach UVG 68. Die «Regelungsdichte» ist beim BVG viel geringer als beim UVG.

[1214] Ansprüche auf Leistungen gemäss BVG sind somit stets durch Klage auf diesem Rechtsweg geltend zu machen. Die Frage, ob dies auch für alle zusätzlichen Leistungen gegen registrierte VE zutrifft, kann hier nicht erörtert werden; vgl. dazu bereits vorne N 1205a. – Viele Kantone haben das (Sozial-)Versicherungsgericht als letzte und einzige kantonale Instanz bezeichnet.

[1215] Vgl. vorne bei N 190 f.

[1215a] Vgl. vorne N 1201a und AT S. 40 zu Art. 10.

[1215b] Das BVG spricht in Art. 6 von «Mindestvorschriften» des Gesetzes und in Art. 49 II von «Mindestleistungen». «Mindestvorschriften» können auch ausserhalb des Leistungsrechts gelten. Vgl. eingehend zu den Mindestvorschriften SCHWARZENBACH, SZS 1985 S. 73 ff.

[1216] WALSER (Referat, zit. vorne in N 1197, S. 270) bezeichnet daher das BVG zutreffend als Rahmengesetz.

Die berufliche Vorsorge gemäss BVG wird zur Hauptsache mit dem Mittel der Versicherung verwirklicht. Das BVG betont dabei den Versicherungsgedanken wesentlich stärker als dies in der AHV/IV zutrifft. Es sieht z. B. keine staatliche Zuschüsse vor, da es die Last der Finanzierung ausschliesslich den beteiligten Arbeitgebern und Versicherten überbindet, und es ordnet auch die Leistungen nach der Art einer Versicherung[1216a].

3. Funktionen der Lebensversicherer in der beruflichen Vorsorge[1217]

a) Versicherungsverträge mit Vorsorgeeinrichtungen der Arbeitgeber

aa) Die VE kann gemäss BVG 67 II in Verbindung mit BVV 2, 43 die Risiken Alter, Tod und Invalidität selbst decken, wenn ihr mehr als hundert aktive Versicherte angehören; vorausgesetzt wird in jedem Fall, dass der Experte für berufliche Vorsorge nach BVG 53 II ihre finanzielle Sicherheit als ausreichend erachtet. Es handelt sich in der Regel um grössere VE mit einem genügenden Risikoausgleich[1218]. VE, die die Risiken im obligatorischen Bereich selbst decken, nennt man *autonome Kassen*.

bb) VE können die Risiken teilweise selbst decken und teilweise durch Lebensversicherer, die der ordentlichen Aufsicht gemäss VAG unterstellt sind, decken lassen[1218a]. Wenn sie dies tun, sind sie *teil- oder (synonym) halbautonome Kassen*.

Häufig behalten sie die für das Altersrisiko vorgeschriebene Deckung – d. h. die mit dem Vorsparen verbundene Versicherung – selbst und nehmen bei einem Lebensversicherer Rückdeckung für die Risiken Tod und Invalidität, also für die Risikoversicherung[1219].

cc) VE können jedoch alle Risiken durch einen Lebensversicherer ver-

---

[1216a] Vgl. zur Berücksichtigung des Versicherungsgedankens in der Sozialversicherung MAURER, SVR I S. 51 ff.

[1217] Wenn nichts anderes erwähnt ist, werden in den folgenden Ausführungen unter den VE die gemäss BVG 48 und 93 registrierten VE verstanden.

[1218] Die VE der öffentlichen Hand werden hier ausser acht gelassen. Für sie gelten wenige besondere Vorschriften über die Finanzierung, so BVV 2, 45. Vgl. zu den öffentlich-rechtlichen Pensionskassen PFITZMANN, SZS 1985 S. 233 ff., und SCHWARZENBACH, SZS 1986 (erscheint demnächst).

[1218a] Auch Versicherer, welche keine Bewilligung zum Betrieb der Lebensversicherung besitzen, können den VE unter bestimmten Voraussetzungen und in engen Grenzen Rückdeckung gewähren; vgl. vorne bei N 184 und VAG 15.

[1219] Vgl. vorne bei N 1207.

sichern lassen. Man kann sie *nichtautonome Kassen* nennen[1220]. Da sie gegenüber ihren Versicherten die Leistungen gemäss BVG selbst zu erbringen haben, sollte ihre Rückdeckung – diesen Ausdruck verwendet BVV 2, 43 – die Leistungspflicht nach BVG vollständig umfassen. Weder das BVG noch das VAG schreiben jedoch eine solche Kongruenz der Deckung vor. BVV 2, 44 geht davon aus, dass Deckungslücken bestehen können[1221]. Die VE hat sie selbst zu beheben. Erst wenn sie zahlungsunfähig ist, wird der Sicherheitsfonds leistungspflichtig. Deshalb sollte die VE auch dann über angemessene eigene, ungebundene Mittel verfügen, wenn sie die Deckung ganz einem privaten Versicherer überlässt.

dd) VE können zusätzlich zu ihren Pflichtleistungen Vorsorge betreiben. Die Lebensversicherer bieten zu jedem einzelnen Risiko solche Versicherungen an, wobei sich einige Vertragstypen bereits abzeichnen. Man kann solche Versicherungen – gleich wie in der Unfall- und in der Krankenversicherung – Zusatzversicherungen[1221a] nennen. Die Lebensversicherer besitzen die Möglichkeit, Zusatzversicherungen den individuellen Bedürfnissen der VE, der Versicherten und des Arbeitgebers anzupassen.

ee) aaa) Die Verträge, welche die Lebensversicherer mit den teil- und den nichtautonomen VE im obligatorischen Bereich abschliessen, sind ihrer Funktion nach Rückversicherungsverträge. Sie dienen nämlich der Risikoverteilung auf zwei oder mehrere Versicherer[1222]. Hingegen sind sie rechtlich nicht Rückversicherungsverträge im Sinne von VVG 101 I Z. 1, die nicht etwa dem VVG, sondern dem OR unterstehen. Der historische Ge-

---

[1220] Diese Lösung ist in der Regel unwirtschaftlich, da die VE die teilweise komplizierten administrativen Arbeiten gleichwohl selbst bewältigen muss. Der Arbeitgeber wird sich, statt eine VE ohne eigene Deckung zu betreiben, mit Vorteil einer Gemeinschafts- oder Sammelstiftung anschliessen.

[1221] Diese Bestimmung versteht unter Deckungslücke den Fall, dass die VE – auch unter Berücksichtigung der Rückdeckung – nicht über ausreichende finanzielle Mittel verfügt, um ihre rechtlichen Verpflichtungen erfüllen zu können. Vgl. zur wichtigsten Deckungslücke, nämlich zur Suspension des Vertrags wegen Prämienverzuges, hinten bei N 1225 f.

[1221a] Vgl. vorne bei N 970.

[1222] Auch die VE der einzelnen Arbeitgeber erfüllen den aufsichtsrechtlichen Versicherungsbegriff. Sie sind jedoch nach VAG 4 I lit. c von der Aufsicht ausgenommen. Vgl. vorne bei den N 134 und 157 sowie zur Rückversicherung hinten vor N 1500.

setzgeber hatte bei der Ausarbeitung des VVG nicht Verträge der Lebensversicherer mit den VE in seinem Blickfeld, weil es diese damals noch kaum gab. Vielmehr dachte er an die Versicherungsverträge, welche Rückversicherer mit Direktversicherern abschlossen, die unter das alte VAG fielen. Deshalb sind Verträge der Lebensversicherer mit VE als «gewöhnliche» Versicherungsverträge nach VVG zu bewerten[1222a]. Schon der dem VVG innewohnende Schutzzweck verlangt dies.

bbb) Verträge, welche die Lebensversicherer mit den VE abschliessen, sind beinahe immer Kollektiv-Lebensversicherungsverträge[1222b], da sie mehr als eine Person versichern. Ausnahmsweise kommen auch Einzelverträge[1223] vor, dies aber fast nur in der Zusatzversicherung. Vertragsparteien sind einerseits der Lebensversicherer und anderseits die VE als Versicherungsnehmerin.

ccc) Die VE schuldet als VN dem Lebensversicherer die Prämie. Sie kann ihrer Verpflichtung nur nachkommen, wenn der Arbeitgeber seinerseits ihr die Beiträge überweist, die er ihr schuldet[1224]. Falls die VE die Prämie nicht rechtzeitig bezahlt, wird sie vom Lebensversicherer nach VVG 20 f. gemahnt, und zwar selbst dann, wenn der Versicherungsvertrag nur eine Risikoversicherung für Tod und Invalidität einschliesst[1225]. Bleibt die Mahnung erfolglos, so ruht die Leistungspflicht des Versicherers: Die VE besitzt aus dem Versicherungsvertrag keinen Versicherungsschutz mehr. Sie wird, wenn ein Vorsorgefall eintritt, auch ihrerseits die Leistungen nur

---

[1222a] Dies gilt auch dann, wenn eine unter die vereinfachte Aufsicht fallende Versicherungseinrichtung gemäss VAG 6 als VE im Sinne von BVG 48 und 93 registriert ist und einem Lebensversicherer die Rückdeckung ganz oder teilweise überträgt. Die erwähnten Versicherungsverträge unterliegen hinsichtlich der Verjährung der besonderen Regelung von BVG 41; vgl. vorne N 1017a. Vgl. Weiteres hinten bei den N 1231 und 1508a.

[1222b] Diese Bezeichnung findet sich in BVG 71 II. In der Praxis nennt man diese Verträge auch Gruppenversicherungsverträge.

[1223] Vgl. zu dieser Unterscheidung vorne bei N 335 sowie zur Kollektiv-Lebensversicherung einlässlich ZULAUF, Personal-Gruppenversicherung, und VON WARTBURG, Lebensversicherung S. 119 ff.

[1224] Vgl. vorne bei N 1205c. – Das BVG verwendet – gleich wie die AHV/IV-Gesetzgebung – den Ausdruck Beitrag, während das VVG und das UVG von der Prämie sprechen.

[1225] Vgl. vorne § 28.

ungenügend oder gar nicht erbringen können. Wenn der Versicherungsvertrag das Altersrisiko einschliesst, greift bei Prämienverzug VVG 93 Platz, da die Alterssicherung mit einem Sparvorgang verbunden ist und ein Deckungskapital entstehen lässt[1225a]: Die Versicherung wird, sofern sie mindestens drei Jahre in Kraft war, in eine prämienfreie Versicherung umgewandelt, was mit einer entsprechenden Reduktion der Leistungen verbunden ist[1226]. Da durch Suspension und Umwandlung des Vertrages eine Deckungslücke[1227] entstehen kann, muss die VE die Aufsichtsbehörde im Sinne von BVV 2, 44 II unterrichten.

ddd) Die Lebensversicherer unterliegen von Gesetzes wegen keinem Kontrahierungszwang. Sie sind nicht verpflichtet, den Kollektiv-Lebensversicherungsvertrag nach BVG abzuschliessen, wenn eine VE Antrag stellt. Sie können somit Risikoselektion[1227a] betreiben und dadurch ungünstige Risiken, z. B. die VE eines mit finanziellen Schwierigkeiten kämpfenden Arbeitgebers, von sich fernhalten. Dadurch entsteht kein Versicherungsnotstand[1227b]: Der Arbeitgeber kann sich bei der Auffangeinrichtung nach BVG 60 anschliessen. Wenn er bereits eine VE gegründet hat und diese zahlungsunfähig wird, sind die versicherten Arbeitnehmer nach BVG 56 geschützt; der Sicherheitsfonds hat die Leistungen zu erbringen.

b) Sammelstiftungen

aa) Zahlreiche Lebensversicherer haben Sammelstiftungen errichten und provisorisch nach BVG 48 und 93 registrieren lassen. Die Arbeitgeber

---

[1225a] Auch die Todesfallversicherung kann diese Voraussetzung erfüllen und einen Rückkaufswert haben.

[1226] Vgl. vorne bei N 1173a. – Da die Art. 20 f. und 93 VVG halbzwingend im Sinne von VVG 98 sind, dürfen sie durch den Versicherungsvertrag zugunsten des VN, d. h. hier der VE, abgeändert, gemildert werden. Es kann eine Dauer von weniger als drei Jahren vorgesehen werden; vgl. auch vorne N 1168.

[1227] Vgl. zu diesem Begriff vorne N 1221. Von grosser Tragweite ist diese Deckungslücke, wenn die VE nur die Risiken Tod und Invalidität durch den Lebensversicherer decken lässt: Tritt während der Dauer der Suspension ein Vorsorgefall ein, so kann die VE keinerlei Leistungen erbringen, sofern sie nicht über ungebundene Mittel verfügt: Ein einziger Vorsorgefall hat dann möglicherweise ihre Zahlungsunfähigkeit zur Folge.

[1227a] Vgl. vorne bei N 273.

[1227b] Vgl. vorne nach N 100a.

können sich diesen Stiftungen durch einen Anschlussvertrag nach BVG 11 anschliessen[1228]. Heute herrscht ein Stiftungstypus vor[1229], bei dem das *Vorsorgewerk* des einzelnen Arbeitgebers mehr oder weniger individuell, mit eigenem Vorsorgeplan, Reglement, Kassenvorstand und mit eigener Rechnung ausgestaltet wird. Der Lebensversicherer ernennt den Stiftungsrat und ist daher gleichsam Herr der Stiftung. Arbeitnehmer und Arbeitgeber entsenden die gleiche Anzahl von Vertretern in den Kassenvorstand. Ein Reglement der Stiftung regelt, unter Berücksichtigung von BVG 51 über die paritätische Verwaltung, die Einzelheiten. Dem Kassenvorstand obliegt z. B. der Vollzug der Personalvorsorge gegenüber dem Personal. Dazu gehören etwa die Meldung von Mutationen betreffend das Personal und die Löhne, die Beibringung von Dokumenten im Vorsorgefall, Orientierung der Versicherten usw. Die Sammelstiftung führt in der Regel die obligatorische Versicherung nach BVG durch und ist auch für Zusatzversicherungen[1230] offen. Das Vorsorgewerk des angeschlossenen Arbeitgebers ist nicht rechts- und vermögensfähig. Es bildet rechts- und vermögensmässig einen Bestandteil der Sammelstiftung.

bb) Die beschriebene Sammelstiftung deckt in der Regel die Risiken nicht selbst. Sie schliesst entsprechende Versicherungsverträge mit dem Stifter, d. h. mit dem Lebensversicherer ab, der die Stiftung meistens auch durch sein Personal verwaltet. Es handelt sich bei ihnen um Versicherungsverträge nach VVG[1231]. Da diese Versicherungsverträge mit den Vorsorge-

---

[1228] Vgl. vorne N 1202. Daneben unterhalten Lebensversicherer weitere, nicht registrierte Sammelstiftungen, um für die berufliche Vorsorge ausserhalb des obligatorischen Bereichs «massgeschneiderte» Lösungen anbieten zu können. Dazu gehören die zahlreichen Bel-Etage-Versicherungen, die der Arbeitgeber für sein Kader abschliesst. Mit ihnen will er besonders Leistungen für die den koordinierten Lohn übersteigenden Lohnteile versichern.

[1229] Dieser gleiche Stiftungstypus wird von den einen Lebensversicherern als Gemeinschaftsstiftung und von den andern als Sammelstiftung bezeichnet. Beispiel: Die VITA nennt sie eine Gemeinschaftsstiftung und die Schweiz. Rentenanstalt Sammelstiftung. Auch Banken haben solche Sammelstiftungen errichtet.

[1230] Ein anderer Stiftungstypus sieht für die angeschlossenen Arbeitgeber einheitliche Vorsorgepläne, eine gemeinsame Rechnung, d. h. eine uniforme Lösung vor; vgl. RIEMER, Berufliche Vorsorge § 3 N 6–8 und BAUMANN (das in N 1197 zit. Referat) S. 305 f. Dieser Typus wird vorwiegend Gemeinschaftsstiftung genannt.

[1231] Vgl. vorne bei N 1222a und hinten N 1508a.

plänen und Reglementen der angeschlossenen Arbeitgeber deckungskonform sind oder doch sein sollten, gehen die Beiträge der Arbeitgeber durch die Stiftung hindurch und fliessen dem Versicherer als Prämien im Sinne der Versicherungsverträge zu. Insbesondere die Deckungskapitalien gehören zu seinem Vermögen. Sie müssen in seiner Bilanz ausgewiesen werden. Die Sammelstiftung ist wirtschaftlich eine Transferstelle, und zwar sowohl für die Beiträge als auch für die Leistungen. Sie verfügt deshalb in der Regel nur über ein geringes eigenes Vermögen.

cc) Wenn die geschilderte Sammelstiftung die Risiken durch einen Kollektivvertrag bei einem Lebensversicherer abdecken lässt, fällt sie nicht unter die Aufsicht gemäss VAG, sondern unter jene nach den Art. 61 ff. BVG[1232]. Hingegen ist der Lebensversicherer, der sie errichtet und unterhält, ohnehin der Aufsicht des VAG und damit jener des BPV unterworfen[1233]. Da er als Versicherer mit der Sammelstiftung als Versicherungsnehmerin die Versicherungsverträge abschliesst, fliessen die Prämien letztlich in sein Vermögen. Damit trägt er auch die Verantwortung für die Anlage der Deckungskapitalien. Deshalb ist er den strengen Vorschriften unterworfen, die hinsichtlich der Kapitalanlagen für die Lebensversicherer gelten und nicht den weniger strengen von Art. 53 ff. BVV 2, denen die registrierten VE unterstehen. Der Lebensversicherer besitzt somit weniger Spielraum in der Anlage der Kapitalien, die der beruflichen Vorsorge zuzurechnen sind, als die VE, die ihre Kapitalien selbst anlegt und verwaltet[1234].

[1232] Vgl. zur Zuständigkeit der Aufsichtsbehörden vorne N 1203a. – Wenn die Sammelstiftungen die Risiken selbst decken würden, wären sie Risikoträger. Sie müssten dann wohl unter die ordentliche Aufsicht nach VAG fallen, so dass die von ihnen mit den Arbeitgebern abgeschlossenen Anschlussverträge (vgl. bei N 1234a) nach VVG zu beurteilen wären.

[1233] Vgl. vorne § 5, besonders bei N 115.

[1234] Daraus können sich unbefriedigende Folgen in der Konkurrenz zwischen Sammelstiftungen der Banken und jenen der Lebensversicherer ergeben. Die Sammelstiftungen der Banken schliessen Kollektivverträge mit Lebensversicherern nur für die Risiken Tod, Invalidität und Langlebigkeit ab und führen den Sparprozess nach BVG autonom durch. Deshalb legen sie auch die Sparkapitalien an, was jedoch durch das Personal der Stifterin, d. h. der Bank, geschieht. Sie sind den largeren Vorschriften der Art. 53 ff. BVV 2 unterworfen als die Lebensversicherer, welche die Deckungskapitalien der eigenen Sammelstiftung anlegen und dafür den strengeren Vorschriften des VAG unterstehen. Deren Liberalisierung dürften de lege ferenda keine ernsthaften Bedenken entgegenstehen. Die Aufsichtsbehörde prüft

dd) Anschlussverträge sind privatrechtliche Verträge, welche die Arbeitgeber mit Sammelstiftungen abschliessen, um ihrer Versicherungspflicht nach BVG 11 nachzukommen. Hauptgegenstand solcher Vereinbarungen bilden gewöhnlich die Pflicht der Sammelstiftung, Kollektiv-Lebensversicherungsverträge für die nach BVG zu versichernden Arbeitnehmer abzuschliessen sowie die Pflicht des Arbeitgebers, die geschuldeten Beiträge direkt an den Versicherer der Sammelstiftung zu überweisen. Letztere errichtet gestützt hierauf eine eigene Rechnung für das sog. Vorsorgewerk des entsprechenden Arbeitgebers und schliesst für Rechnung dieses Vorsorgewerkes mit dem Versicherer die erwähnten Kollektivverträge ab[1234a]. Diese beurteilen sich nach VGG[1234b], während die Anschlussverträge als Innominatkontrakte oder allenfalls als einfache Aufträge i. S. von OR 394 ff. zu qualifizieren sind[1234c].

c) Freizügigkeitspolicen

aa) Wenn der Arbeitnehmer aus seiner bisherigen VE ausscheidet, weil sein Arbeitsverhältnis vor Eintritt des Versicherungsfalles gelöst wird, ist er Züger, und er hat Anspruch auf eine Freizügigkeitsleistung[1235]. Sie ist nach BVG 29 der neuen VE zu überweisen oder kann unter bestimmten Voraussetzungen bei der bisherigen VE belassen werden[1235a]. Wenn keine

zurzeit, ob die Vorschriften geändert werden sollen. – Die Banken haben vor allem deshalb eigene Sammelstiftungen errichtet, um über sie Kapitalien aus der beruflichen Vorsorge zwecks Anlage zu bekommen. Vgl. BAUMANN (Referat, zit. in N 1197) S. 313.

[1234a] Vgl. vorne bei den N 1228 ff.
[1234b] Vgl. vorne bei N 1231 und hinten N 1508a.
[1234c] Die Anschlussverträge sind in einem gewissen Sinne den Kollektiv-Verträgen verwandt, mit denen die Arbeitgeber ihre Versicherungspflicht gemäss VVG 59 II erfüllen, um ihre Arbeitnehmer bei privaten Unfallversicherern zu versichern.
[1235] Vgl. bereits vorne bei N 1208. – Einlässlicher zur Freizügigkeitsleistung RIEMER, Berufliche Vorsorge § 5 N 2–28; WIRTH/SAAGER, Die Zweite Säule, 1984, S. 55 f.; zur Freizügigkeitspolice VIRET, Privatversicherungsrecht S. 221 f. Vgl. ferner den historisch interessanten Aufsatz von WYSS, «Rascher Weg zur Freizügigkeit», SZS 1964 S. 115 ff.
[1235a] Art. 47 BVG gewährt dem Arbeitnehmer, der aus der obligatorischen Versicherung ausscheidet, nachdem er ihr während mindestens sechs Monaten unterstellt war, ein Wahlrecht: Er kann die Versicherung allenfalls bei der bisherigen VE oder auch bei der Auffangeinrichtung weiterführen; vgl. vorne bei N 1204b.

dieser Möglichkeiten besteht, kann der Vorsorgeschutz durch eine Freizügigkeitspolice oder in anderer gleichwertiger Form erhalten werden. Dies gilt sowohl für den obligatorischen Bereich, der in BVG 27 ff. geregelt wird, als auch für den überobligatorischen Bereich registrierter und nicht registrierter VE, den OR 331c Abs. 1 in der Fassung gemäss Anhang zum BVG Z. 2 ordnet.

bb) Wenn eine Freizügigkeitspolice errichtet wird, so ist die Freizügigkeitsleistung – sie besteht in der Regel aus dem Altersguthaben[1235b] – von der bisherigen VE dem in Frage kommenden Lebensversicherer zu überweisen[1236]. Sie dient als Einmalprämie zur Begründung des Lebensversicherungsvertrages, so dass der Züger keine weiteren Prämien zu bezahlen hat. Gedeckt werden die Risiken Alter, Invalidität und Tod, ähnlich etwa der gemischten Lebensversicherung[1236a]. Die Leistungen werden nach dem von der Aufsichtsbehörde genehmigten Tarif festgesetzt. Der Züger ist Versicherungsnehmer.

Schon am 1./2. Dezember 1966 wurde der Pool schweizerischer Lebens-Versicherungsgesellschaften für Freizügigkeitspolicen durch Abschluss des Poolvertrages gegründet[1237]. Seine Mitglieder, die Lebensversicherer, treten bei den Freizügigkeitspolicen als Mitversicherer auf: Sie sind nur im Rahmen ihrer vertraglich vereinbarten Quote leistungspflichtig. Vor allem die grossen autonomen VE – darunter auch jene der öffentlichen Hand, z. B. des Bundes, von Kantonen und Städten – pflegen ihre Züger dem Pool zur Errichtung der Freizügigkeitspolice zuzuweisen.

cc) Gemäss VVG 99 kann der Bundesrat durch Verordnung die Vertragsfreiheit wieder herstellen, die Art. 98 VVG[1237a] einschränkt, indem er bestimmte Vorschriften als halbzwingend erklärt. Halbzwingend bedeutet, dass diese Vorschriften nicht zuungunsten des Versicherungsnehmers oder des Anspruchsberechtigten abgeändert werden dürfen. Der Bundesrat hat

---

[1235b] Vgl. vorne bei N 1204c.
[1236] Die VE weist den Züger an jenen Lebensversicherer, bei welchem sie die Risiken teilweise oder ganz versichert; vgl. vorne bei den N 1218a und 1220. Vollautonome Kassen wenden sich in der Regel an den gleich zu erwähnenden Pool.
[1236a] Vgl. vorne bei N 1139a.
[1237] Seine Zentralstelle befindet sich an der Wengistrasse 7, 8026 in Zürich (Tel. 01/241 45 77).
[1237a] Vgl. vorne bei den N 271 f.

§ 42 Lebensversicherung

von seiner Kompetenz Gebrauch gemacht und bereits am 1. März 1966, d. h. lange vor Inkrafttreten des BVG, eine Verordnung über die Aufhebung von Beschränkungen der Vertragsfreiheit für Freizügigkeitspolicen erlassen. Art. 1 bestimmt, dass von den Vorschriften der Art. 76 I, 77 I und 90 II VVG abgewichen werden kann, «sofern der Lebensversicherungsvertrag in einer besondern Anforderungen entsprechenden Freizügigkeitspolice verurkundet ist».

Das EJPD hat dazu am 5. September 1970 und 12. Mai 1977 Ausführungsbestimmungen erlassen und sie seither in einzelnen Punkten geändert. Das BVG regelt die Freizügigkeit für den obligatorischen Bereich in besonderer Weise. In Art. 29 IV BVG wird daher der Bundesrat beauftragt, «die Errichtung, den Inhalt und die Rechtswirkungen der Freizügigkeitspolicen und anderer Formen des Vorsorgeschutzes» zu ordnen. Er hat bis jetzt lediglich die Übergangsverordnung vom 27. Februar 1985[1238] erlassen, wonach die bisher geltenden Bestimmungen des EJPD vorläufig weiterhin anwendbar sind.

Wohl die wichtigste Vorschrift des EJPD betrifft den Rückkauf[1239] der Versicherung nach VVG 90 II: Das Recht des Zügers, die Versicherung zurückzukaufen, wird stark eingeschränkt und besteht nur in bestimmten Fällen. Diese Einschränkung will verhindern, dass der Züger eine Barauszahlung erwirken und dadurch den Vorsorgeschutz aufheben kann, die nach BVG 30 nicht zulässig wäre. Der Rückkauf ist erlaubt, wenn die Summe einer neuen VE überwiesen wird, z. B. weil der Züger eine neue Anstellung als Arbeitnehmer findet und bei dieser VE versichert wird. Der Rückkauf ist überdies zulässig, wenn sich beim Züger ein Tatbestand verwirklicht, der die Barauszahlung gemäss BVG 30 oder OR 331c III erlauben würde. Dies trifft z. B. zu, wenn der Züger die Schweiz endgültig verlässt oder eine selbständige Erwerbstätigkeit aufnimmt und der obligatorischen Versicherung nicht mehr untersteht.

[1238] VO über die Aufrechterhaltung des BVG-Vorsorgeschutzes (SR 831.424). Sie gilt längstens bis Ende 1986, sofern der Bundesrat ihre Geltungsdauer nicht verlängert.
[1239] Vgl. zum Rückkauf vorne bei N 1168.

§ 43 UNFALLVERSICHERUNG[1240]

I. ÜBERBLICK

Versicherungsleistungen sind zu entrichten, nachdem der Versicherte einen Unfall erlitten hat. Vorausgesetzt wird freilich, dass der Unfall gedeckt, d. h. nicht durch Vertrag von der Versicherung ausgeschlossen ist. In der Unfallversicherung heben sich drei Rechtsgebiete wegen ihrer besonderen Bedeutung ab: der Unfallbegriff, die Ausschlüsse und die Versicherungsleistungen. Ihnen gelten vorab die folgenden Ausführungen.

II. UNFALLBEGRIFF

1. Allgemeines

a) Der Begriff des Unfalles wird nicht im VVG selbst umschrieben, sondern in den AVB, die eine Unfallversicherung regeln. Im Verlaufe der Zeit haben sich die Definitionen der verschiedenen Unfallversicherer stark angeglichen. Immerhin hat sich bis heute keine von ihnen vollständig durchgesetzt, so dass wenigstens in sprachlicher Hinsicht Abweichungen bestehen. Hingegen herrscht weitgehende Übereinstimmung über die Merkmale, die den Begriff des Unfalls eingrenzen[1241].

b) In zahlreichen AVB wird der Unfallbegriff wie folgt umschrieben: «Als Unfall im Sinne der Versicherung gilt jede Körperverletzung, die der Versicherte durch plötzlich auf ihn einwirkende äussere Gewalt unfreiwillig erleidet». Eine inhaltlich mit dieser Definition wohl übereinstimmende,

---

[1240] Näheres bei FARNER, Unfall- und Haftpflichtversicherung; OSWALD, Unterschiede zwischen sozialer und privater Unfallversicherung, SZS 1964 S. 169, 249; 1965 S. 1 ff.; ROSENSTIEHL, SJK, Karte 717; KOENIG, SJK, Ersatz- und Ergänzungskarte 717; MOSER/CHRISTINGER, Unfallversicherung, SJK, Ersatzkarte 128; MEYER, Medizinischer Leitfaden; BAUR/NIGST, Versicherungsmedizin, Kapitel «Die private Unfall- und Haftpflichtversicherung» (von Prof. Dr. med. P. RICKLIN) u. a. m.

[1241] BGE 87 II 381: Es wird hier mit Recht angenommen, dass der Unfallbegriff jedenfalls in der Privatversicherung ein einheitlicher ist ohne Rücksicht auf Nuancen eher stilistischer Art in den Definitionsversuchen der verschiedenen Policen.

sprachlich jedoch von ihr etwas abweichende andere Formulierung hat folgenden Wortlaut: «Unfall ist jede Körperschädigung, die der Versicherte durch ein plötzlich und gewaltsam auf ihn einwirkendes äusseres Ereignis unfreiwillig erleidet.» In dieser zweiten ist im Gegensatz zur ersten Definition ausdrücklich von einem Ereignis die Rede.

c) In der Sozialversicherung wird der Unfallbegriff wiederum etwas anders formuliert: «Als Unfall gilt die plötzliche, nicht beabsichtigte schädigende Einwirkung eines ungewöhnlichen äusseren Faktors auf den menschlichen Körper»; UVV 9 I[1242]. In dieser Definition fehlt das Merkmal der Gewaltsamkeit; an seiner Stelle steht das Merkmal «des ungewöhnlichen äusseren Faktors».

Die Beurteilung im Einzelfall führt trotz der verschiedenen Umschreibung in der Privat- und in der Sozialversicherung weitgehend zu den gleichen Ergebnissen. In den letzten Jahren ist übrigens eine deutliche Tendenz der Rechtsprechung zu erkennen, die Praxis der privaten Unfallversicherung an jene der Sozialversicherung anzugleichen[1243]; letztere ist durch das Eidg. Versicherungsgericht entwickelt worden. Deshalb pflegen die privaten Unfallversicherer die Judikatur und Literatur zum Sozialversicherungsrecht zu berücksichtigen, wenn sie Probleme hinsichtlich des Unfallbegriffs zu lösen haben.

d) Der Unfallbegriff ist in zahlreichen Vertragstypen bedeutsam, z. B. in folgenden: Einzel- und Kollektiv-, Reise-, Kinder-, Schüler-, Lehrer-Unfallversicherung; Touren-Unfallversicherung des Schweiz. Alpenclubs; Auto-Insassenversicherung; Abonnentenversicherung; Zusatzversicherungen zu UVG und BVG[1244]; Lebensversicherung, sofern bei Tod durch

---

[1242] Diese Definition gilt für alle Zweige der Sozialversicherung, insbesondere für die Unfallversicherung gemäss UVG und die Krankenversicherung nach KVG, für die IV und die MV. Soweit sich die privaten Unfallversicherer als Versicherungsträger in der erweiterten Unfallversicherung nach UVG betätigen, müssen sie ebenfalls diesen Unfallbegriff anwenden. Vgl. einlässlich zum Unfallbegriff MAURER, Unfallversicherung, 11. Kapitel A, sowie OSWALD, Unterschiede S. 173 ff. – Art. 4 AT formuliert den Begriff etwas ausführlicher.

[1243] Diese Entwicklung wird sich wohl noch verstärken, da private Unfallversicherer nun auch die Unfallversicherung nach UVG betreiben und somit nebeneinander die Unfallbegriffe des Sozial- und des Privatversicherungsrechts anzuwenden haben.

[1244] Vgl. vorne bei N 970 und bei N 1221a.

Unfall eine zusätzliche Leistung vereinbart ist (z. B. Zahlung der doppelten Versicherungssumme bei Unfalltod) usw.[1245].

e) Um dem Leser das Verständnis des Unfallbegriffs zu erleichtern, sei folgender Überblick vorausgeschickt: Es muss ein Ereignis – ein Vorfall – gegeben sein, das bestimmte Eigenschaften aufweist. Dieses Ereignis bewirkt eine gesundheitliche Schädigung des Versicherten, und zwar muss es für diese Schädigung adäquat kausal sein[1246]. Die gesundheitliche Schädigung löst nur dann die Leistungspflicht des Versicherers aus, wenn sie von einer gewissen Intensität ist, so dass sie ärztliche Behandlung erfordert; darüber hinaus kann sie ganze oder teilweise Arbeitsunfähigkeit während der Heilungsphase, ferner eine Invalidität oder gar den Tod des Versicherten zur Folge haben. Diese Auswirkungen müssen durch die gesundheitliche Schädigung ebenfalls adäquat verursacht sein. Für welche von ihnen Leistungen zu entrichten sind, hängt von der Gestaltung des Vertrages ab. Ereignis und Gesundheitsschädigung sind somit erforderlich, damit der Unfallbegriff erfüllt wird. Zudem ist eine doppelte Kausalität nötig, nämlich einerseits zwischen Ereignis und gesundheitlicher Schädigung und andererseits zwischen dieser und dem die Versicherungsleistung auslösenden Sachverhalt (Hospitalisation, ärztliche Behandlung, Arbeitsunfähigkeit usw.).

f) In der Unfallversicherung wird oft zwischen Betriebs- und Nichtbetriebsunfällen oder – synonym – zwischen Berufs- und Nichtberufsunfällen unterschieden. Die AVB definieren in der Regel den Begriff des Betriebsunfalles und fügen bei, dass alle andern Unfälle Nichtbetriebsunfälle seien. Die Versicherung – z. B. der Katalog der Ausschlüsse – kann für die beiden Kategorien verschieden ausgestaltet sein. Der Unfallbegriff selbst, d. h. seine Merkmale, ist jedoch bei Betriebs- und Nichtbetriebsunfällen identisch. Nicht selten erstreckt sich die Versicherung nur auf die eine von beiden Kategorien.

[1245] Auch ausserhalb der Personenversicherung wird der Unfallbegriff gelegentlich sinngemäss verwendet, z. B. in der Vollkaskoversicherung, wo Schäden am Fahrzeug, die «durch plötzliche gewaltsame äussere Einwirkungen» entstehen, versichert sind. – Der Unfallbegriff ist besonders deshalb von grösster Bedeutung, da die Kranken- und die Unfallversicherung als getrennte Zweige betrieben werden; vgl. vorne vor N 1127.

[1246] Vgl. hinten bei N 1255.

2. Merkmale des Unfallbegriffes[1247]

a) Äusserer Vorgang

Das Ereignis muss ein *äusserer Vorgang* sein. Dieser besteht meistens in einer Veränderung zwischen der Aussenwelt und dem menschlichen Körper: Jemand stürzt und bricht sich ein Bein; elektrischer Strom, radioaktive Strahlen, chemische Substanzen wirken auf den menschlichen Körper usw. Die Mundhöhle gilt dabei noch als «Aussenwelt»; wenn jemand ungeschickterweise beim Essen einen Knochen verschluckt, so dass dieser in der Speiseröhre steckenbleibt und durch den Arzt extrahiert werden muss, so ist ein äusserer Vorgang gegeben. Dieser kann auch in einer Eigenbewegung bestehen, so etwa, wenn jemand aus der Hocke aufsteht und dabei eine Meniskuseinklemmung erleidet. Ein Unfall durch Eigenbewegung wird nur bejaht, wenn im äusseren Ablauf der Bewegung etwas *Programmwidriges* passiert. Dies trifft im erwähnten Fall z. B. dann zu, wenn die Person beim Aufstehen aus der Hocke ausgleitet und dadurch die Meniskuseinklemmung bewirkt. Die durch Eigenbewegung verursachten Schädigungen werden auch etwa als *körpereigenes Trauma* bezeichnet. Ein solches ist aber, wie erwähnt, nur dann als Unfall zu bewerten, wenn beim Ablauf der Körperbewegung etwas Programmwidriges geschieht, m. a. W. wenn sie unkoordiniert ist. Die *unkoordinierte Bewegung* kann also zu einer körperlichen Schädigung führen und den Unfallbegriff erfüllen[1248].

Das *Ereignis* muss ein *äusseres* sein; die gesundheitliche *Schädigung* kann aber selbstverständlich auch im Innern des Körpers auftreten: Riss einer Sehne zufolge Stolperns; Lungen- oder Milzriss durch Verkehrsunfall usw.

b) Gewaltsame Einwirkung

Das Ereignis muss eine *gewaltsame Einwirkung* auf den Körper sein. Sie

---

[1247] Vgl. ausser der in N 1240 angegebenen Literatur MAURER, Zur Problematik des Unfallbegriffs – aus der Sicht der Privatassekuranz, ZUB 1970 S. 168 ff.

[1248] BGE 44 II 100: «Als äussere (und gewaltsame) Einwirkung gilt auch die aus einer Körperbewegung ungewollt hervorgehende nachteilige Veränderung in der Lage einzelner Körperteile zueinander.» Weitere Beispiele: Jemand verletzt sich wegen einer ungeschickten Bewegung mit seinem Fingernagel ein Auge; Zungenbiss beim Essen.

ist relativ zu verstehen: Schon eine geringfügige Gewalteinwirkung kann genügen; wenn z. B. ein Mückenstich eine Entzündung oder gar den Tod – wegen einer bestehenden Allergie – verursacht, ist sie gegeben. Wird hingegen eine Person in einer durch Malaria verseuchten Gegend durch die Anopheles-Stechmücke gestochen und mit dieser Krankheit angesteckt, so wird der Unfall verneint, da dies die normale Übertragung der Krankheit darstellt.

c) Plötzlichkeit

Die Einwirkung auf den menschlichen Körper muss plötzlich erfolgen. Auch dies ist relativ: Wenn z. B. Gas wegen eines Defektes in der Leitung die ganze Nacht ausströmt, so dass der schlafende Zimmerbewohner eine Gasvergiftung erleidet, wird die Plötzlichkeit noch bejaht, obwohl die Einwirkung einige Stunden gedauert hat. – Nur die *Einwirkung* muss plötzlich sein; die gesundheitlichen *Auswirkungen* können sich jedoch u. U. allmählich, vielleicht sogar mit jahrelanger Verzögerung, einstellen. So vermögen radioaktive Strahlen u. U. eine Leukämie zu erzeugen, die erst mehrere Jahre nach dem Strahlenunfall manifest wird; ebenso können posttraumatische Epilepsien erst mehrere Jahre nach einer unfallbedingten Hirnquetschung auftreten[1249].

d) Unfreiwilligkeit

Der Versicherte muss die gesundheitliche Schädigung unfreiwillig erleiden. Er darf sie also nicht absichtlich herbeigeführt haben[1250]. Damit wird im Unfallbegriff ein Merkmal aufgenommen, das in Art. 14 Abs. 1 VVG für alle Arten von Versicherungsfällen gilt: Diese dürfen vom Versicherten nicht beabsichtigt sein; sonst ist der Versicherer von seiner Leistungspflicht befreit[1251]. Daher sind Artefakte (= absichtliche Selbstverstümme-

---

[1249] Vgl. WEBER, SZS 1966 S. 27; MUMENTHALER, SZS 1971 S. 193: etwa 80% der Fälle manifestieren sich innerhalb von zwei Jahren. – Die antiepileptischen Medikamente sind meistens wirksam.

[1250] Nur wenn der Versicherte wirklich die Schädigung – Körperverletzung, Tod, Selbstverstümmelung usw. – will, ist sie beabsichtigt: Das Merkmal der Unfreiwilligkeit ist dann nicht gegeben; vgl. vorne N 882 und den Fall des «autoerotischen Betriebsunfalles» in BGE 87 II 379 ff.: Der Versicherte wollte masturbieren und sich nicht etwa durch Erdrosseln das Leben nehmen.

[1251] Vgl. vorne bei N 881.

lung) keine Unfälle. Auch der Suizid ist kein Unfall, da der Tod absichtlich herbeigeführt wird. Es fehlt an der Voraussetzung der Unfreiwilligkeit. Werden jedoch Artefakt oder Selbsttötung im Zustande der Urteilsunfähigkeit[1252] verübt, dann liegt keine Absicht im Rechtssinne vor. Das Unfallereignis ist hier zu bejahen.

Da der Anspruchsberechtigte nach Art. 8 ZGB den Unfall beweisen muss[1253], hätte er auch die Unfreiwilligkeit der Schädigung zu beweisen, denn sie ist ja Merkmal des Unfallbegriffes. Die Praxis hat jedoch hinsichtlich des Suizids und des Artefaktes die Beweislast im Ergebnis umgekehrt: Die Unfreiwilligkeit wird vermutet; der *Versicherer* muss also beweisen, dass Selbstmord oder Artefakt vorliegen, wenn er dies behauptet.

e) Körperschädigung

Ein Ereignis, das die geschilderten Merkmale aufweist, wird zum Unfall, wenn es eine Körperschädigung verursacht. Ereignis und Körperschädigung zusammen ergeben also den Unfall. Die Definitionen der AVB bezeichnen sie regelmässig als «Körperverletzung». Nach wörtlicher Auslegung ist somit der Unfallbegriff nicht erfüllt, wenn ein Ereignis primär überhaupt keine Verletzung des Körpers, sondern lediglich eine psychische Schädigung bewirkt, die dann ihrerseits wiederum körperliche Gesundheitsschäden zur Folge haben kann. Dazu ein Beispiel: Die Mutter sieht, dass ihr Kind von einem Lastwagen überfahren wird. Zufolge des Schreckereignisses erleidet sie eine Herzlähmung und den Tod. Das Ereignis hat bei ihr nicht primär eine Verletzung des Körpers, sondern einen Schrecken verursacht, der sich dann körperlich auswirkte, d. h. sogar zum Tod führte. Von aussen hat nichts Gewaltsames, sei es mechanisch, sei es chemisch, auf den Körper eingewirkt, sondern die Wirkung ist durch die Sinneswahrnehmung entstanden. Es ist fraglich, ob ein Unfall gemäss den Definitionen der AVB gegeben ist[1254]; denn keine gewaltsame Einwirkung auf den Kör-

---

[1252] Art. 18 ZGB: «Wer nicht urteilsfähig ist, vermag unter Vorbehalt der gesetzlichen Ausnahmen durch seine Handlungen keine rechtliche Wirkung herbeizuführen.»
[1253] Vgl. zu den Beweisanforderungen vorne bei N 818 und zur Beweislast U des Obergerichts Solothurn vom 7. 1. 1975 in SVA XIV No 84.
[1254] Das BGer hat zu dieser Frage m. W. bis heute nicht Stellung genommen.
– Viel häufiger sind andere psychische Erkrankungen: Der Versicherte erleidet

per hat dessen Verletzung verursacht. Wahrscheinlich verwenden die Versicherer in den AVB nicht den allgemeinen Ausdruck der Gesundheitsschädigung, sondern den engeren Ausdruck der Körperverletzung, um den rein psychischen Schäden, etwa nach Art der beschriebenen Schreckreaktion, nicht die Eigenschaft als Unfall zuzuerkennen; denn es ist schwierig zu bestimmen, welche Tatbestände, die primär nur psychische Schäden bewirken, als Unfallereignisse zu bewerten sind und welchen diese Eigenschaft aberkannt werden soll.

f) Kausalzusammenhang

aa) Zwischen dem Ereignis und der gesundheitlichen Schädigung muss der *adäquate* Kausalzusammenhang[1255] gegeben sein. Der erforderliche *natürliche* Kausalzusammenhang[1256] ist dann anzunehmen, wenn er im Sinne der Unfallmedizin bejaht wird, d. h. wenn die gesundheitliche Schädigung nach medizinischer Erfahrung durch das Unfallereignis verursacht worden ist. Dabei kann es oft schwierig zu beurteilen sein, was Ursache und was Wirkung ist. Dazu ein Beispiel: Ein Chauffeur öffnet die Türe des Lastwagens, stürzt vom Sitz hinab auf die Strasse; er ist tot. Wenn der Sturz einen Genickbruch und dadurch den Tod bewirkt hat, so ist ein Unfall gegeben, denn der Sturz bildet nach medizinischer Auffassung die Ursache des Todes. Wenn aber der Chauffeur beim Öffnen der Türe einen Herzschlag erleidet und deshalb stürzt, so ist der Tod nicht auf den Sturz, sondern auf den Herzschlag zurückzuführen: Der Tod ist die Ursache des Sturzes und nicht umgekehrt. Er ist aber nicht unfallbedingt[1257].

zunächst eine unfallbedingte Körperverletzung; als mittelbare Folgen treten dann im Verlaufe der Zeit psychische Störungen verschiedenster Art auf (z. B. Neurosen oder doch neurotische Mechanismen). Vgl. zu den Neurosen hinten bei den N 1261a ff.

[1255] Vgl. Näheres zu diesem Begriff vorne bei N 894 und bei OSWALD, Unterschiede S. 175 f.

[1256] Im Sinne der conditio sine qua non; vgl. vorne N 895 und MAURER, Unfallversicherung S. 458 ff.

[1257] Der Herztod kann aber u. U. die *Folge* eines Unfalles sein: Herztod nach einer massiven, unfallbedingten Brustwandverletzung (z. B. stumpfes Trauma, wenn der Lenker bei Frontalkollision gegen das Steuerrad gedrückt wird). Der medizinische Experte hat zu prüfen, ob der Herztod die ausschliessliche Folge der Gewalteinwirkung oder teils durch die Gewalteinwirkung, teils durch eine vorbeste-

bb) Der Unfall muss – entsprechend seiner Definition – eine Körperschädigung verursachen; neben den unfallbedingten gesundheitlichen Störungen sind jedoch oft krankhafte, unfallfremde Faktoren im Spiel. Es konkurrieren gesundheitliche Folgen des Unfalles und gesundheitliche Störungen aus einer vorbestehenden – also zur Zeit des Unfalles bereits vorhandenen – oder nachträglich auftretenden Krankheit oder aus einer krankhaften Veranlagung. Die unfallbedingten und die unfallfremden gesundheitlichen Störungen können völlig unabhängig nebeneinander bestehen, d. h. ohne sich gegenseitig zu beeinflussen; sie können sich aber gegenseitig auch verschlimmern[1258]. Dazu einige Beispiele: Der Unfall verschlimmert eine bereits vorbestehende Herzkrankheit oder eine Krankheit der Bandscheiben. Hier bilden der Unfall und die vorbestehende Krankheit je eine Teilursache des nach dem Unfall vorhandenen Krankheitsbildes; ein wegen eines Beinbruches arbeitsunfähiger Patient erkrankt an einer Grippe, und zwar so, dass sich die beiden Affektionen gegenseitig nicht beeinflussen; ein Zuckerkranker erleidet eine Schnittwunde, die wegen seiner vorbestehenden Krankheit viel mehr Zeit für die Heilung beansprucht als bei einem Gesunden[1259]. – Wenn der Unfall am nachträglichen Krankheitsbild eine adäquate, d. h. immerhin wesentliche Teilursache darstellt, wird der Unfallversicherer grundsätzlich leistungspflichtig. Die AVB sehen jedoch in der Regel eine Kürzung der Leistungen vor, da das VVG zu dieser Frage schweigt und auch das OR keine entsprechende Norm enthält[1260]. Der medizinische Gutachter hat dann – je nach der Formulie-

hende Herzkrankheit verursacht ist oder ob nur eine zufällige zeitliche Koinzidenz zwischen Unfall und Herztod besteht. Diese genügt nicht; die medizinische Kausalität darf nicht nach dem Satz beurteilt werden: post hoc, ergo propter hoc. Zur Frage der Unfallkausalität sind die medizinischen Werke über Unfallmedizin zu konsultieren. Vgl. vorne S. 36, «Medizinische Literatur».
[1258] Eingehend zum sog. unfallfremden Faktor OSWALD, Unterschiede S. 250 ff.
[1259] U der Cour de justice civile du Canton de Genève vom 29. 9. 1978 (SVA XIV No. 85) entscheidet in einem ähnlichen Fall, dass den beiden Faktoren (Unfall-Diabetes) eine gleichwertige Rolle zukomme; Kürzung um 50%.
[1260] Art. 44 Abs. 1 OR bestimmt, dass der Richter die Ersatzpflicht ermässigen oder gänzlich von ihr entbinden kann, wenn Umstände, für die der Geschädigte einstehen muss, «auf die Entstehung oder Verschlimmerung des Schadens eingewirkt» haben. Da die Leistung des Versicherers nicht auf einer Haftungsnorm beruht und daher nicht als vertraglicher oder ausservertraglicher Schadenersatz, sondern als eigentlicher Vertragsinhalt, als Erfüllung des Vertrages, zu verstehen ist

rung im Vertrag – zu prüfen, in welchem Masse unfallbedingte und unfallfremde Ursachen das nach dem Unfall bestehende Krankheitsbild prägen, z. B. ob die Invalidität überwiegend durch den Unfall oder überwiegend durch eine Krankheit bedingt ist. Je stärker das Gewicht der Unfallursache ist, desto geringer wird die Kürzung der Versicherungsleistungen ausfallen und umgekehrt[1261].

cc) Nach unfallbedingten Körperschädigungen entsteht beim Verunfallten, besonders wenn er versichert ist, ab und zu eine *Neurose*[1261a]. Diese ist eine psychische Fehlentwicklung, die zu wunderlichen Symptomen führen kann wie Zittern, gelegentlich sogar Lähmungen von Gliedmassen usw. Die Symptome haben keine fassbare organische Grundlage als Ursache, sondern sind psychisch bedingt. In der Regel bilden sich Neurosen nach Unfällen auf dem Nährboden von Konfliktsituationen wie schwerer, dauernder Streit in der Familie, Spannungen mit Vorgesetzten oder Mitarbeitern im Beruf, Auseinandersetzungen mit der Versicherung usw. Auch eine hereditäre Komponente ist anzunehmen. Neurosen können die Arbeitsfähigkeit schwer beeinträchtigen und gelegentlich sogar zu organischen Erkrankungen führen, z. B. zu solchen des Magen-Darm-Traktes.

Falls die Neurose einmal den Zustand von Chronizität erreicht hat, führt sie gelegentlich zu dauernder und vollständiger Arbeitsunfähigkeit, d. h. zu gänzlicher Invalidität. Wenn der Invalide von keinem der verschiedenen

(vgl. vorne bei N 977), kann Art. 44 Abs. 1 OR auf die besprochenen Fälle nicht direkt anwendbar sein (Art. 100 VVG), sondern höchstens analogieweise; letzteres wäre immerhin denkbar, wenn die AVB über die unfallfremden Faktoren keine eigenen Bestimmungen enthalten sollten.

[1261] Häufig wird folgende Klausel in Unfallversicherungsverträgen verwendet: «Mitwirkung von Krankheiten. Haben schon bestehende Krankheitszustände oder hinzugetretene Krankheiten, die nicht erst durch den Unfall hervorgerufen worden sind, die Unfallfolgen wesentlich erschwert, so wird nur ein verhältnismässiger Teil der Entschädigung geleistet, entsprechend dem vom ärztlichen Sachverständigen nach Billigkeit abzuschätzenden Anteil des Unfalles. Diese Einschränkung gilt jedoch nicht für die Versicherung der Heilungskosten». Sofern der medizinische Sachverständige von den Vertragsparteien nicht als Schiedsgutachter bezeichnet wird, sind seine Expertisen für sie nicht verbindlich; vgl. zum Schiedsgutachten vorne bei N 380. Weitere Klauseln bei OSWALD, Unterschiede S. 253 ff. Mit der Abgrenzung zwischen unfallbedingten und unfallfremden Gesundheitsschäden befasst sich vor allem die Unfallmedizin.

[1261a] Vgl. auch vorne bei N 997.

«Sicherungsnetze» – Unfallversicherung, IV, berufliche Vorsorge usw. – aufgefangen wird und die für die Existenz nötigen finanziellen Mittel bekommt, landet er bei der Fürsorge (Armengenössigkeit im herkömmlichen Sinn).

Die Unfallversicherer nach UVG spielen eine entscheidende Rolle, wenn es sich darum handelt, die Entstehung der Neurose zu verhindern, sobald die ersten Symptome erkennbar werden, und die bereits ausgebrochene Neurose so zu beeinflussen, dass sie nicht zu Chronizität und dauernder Arbeitsunfähigkeit führt. Die Unfallversicherer haben von Gesetzes wegen die Aufgabe, den Heilungsverlauf zu überwachen, und sie besitzen auch die Möglichkeit, die angemessenen Massnahmen zu treffen[1262]. Wichtigstes Ziel ist es, den Versicherten möglichst früh wieder an die Arbeit zu bringen; denn die Arbeit ist bei Neurosen wohl die beste Prophylaxe und Therapie. Dieses Ziel können die Unfallversicherer meistens erreichen, wenn sie eine angemessene Zusammenarbeit mit Arzt und Arbeitgeber organisieren.

Die Unfallversicherer besitzen nach UVG 23 ein wichtiges Mittel, um den Versicherten, der durch den Unfall an Neurose erkrankt, wieder an die Arbeit zu bringen: Sie können die bisherigen Leistungen, besonders das Taggeld, einstellen und ihm eine Kapitalabfindung gewähren, die höchstens dem dreifachen Betrag des versicherten Jahresverdienstes entspricht.

Die Abfindung kann, wenn sie genügend gross ist, bewirken, dass der Verunfallte wieder in den Arbeitsprozess eingegliedert wird, und zwar besonders aus zwei Gründen. Einmal erlaubt sie dem Verunfallten, gleichsam in Ehren an die Arbeit zurückzukehren, denn die Leistung des Unfallversicherers lässt die Umwelt erkennen, dass er weder ein Simulant noch ein Faulenzer ist, für den man ihn – zu Unrecht – gern hält. Sodann wird dem Verunfallten bewusst, dass die Abfindung – für ihn oft ein beträchtliches Kapital – dahinschmilzt, wenn er nicht arbeitet, da er jetzt weder Lohn noch Taggeld bekommt. Das Bewusstsein, dass er sein Kapital aufbraucht, wenn er nicht arbeitet, vermag oft seinen kranken Willen zu mobilisieren, vor allem wenn Arzt, Arbeitgeber und Versicherer ihn zweckmässig betreuen. Dies ist die stärkste therapeutische Wirkung. Die Abfindung kann als gesetzliches Mittel bezeichnet werden, mit dem das «Alles-oder-

---

[1262] Vgl. MAURER, Unfallversicherung S. 296 ff.

Nichts»-Prinzip ausgeschaltet wird: Der Versicherte bekommt weder eine Dauerrente noch werden ihm für die Zeit der durch seine Krankheit bedingten Arbeitsunfähigkeit sämtliche Leistungen entzogen; vielmehr wird ihm eine zeitlich begrenzte Rente als Abfindung gewährt. Mit ihr soll verhindert werden, dass eine sich entwickelnde oder bereits ausgebrochene Neurose sich weiter verschlimmert und schliesslich zu Vollinvalidität führt.

Erfolg und Misserfolg des Unfallversicherers schlagen meistens auf andere Leistungssysteme durch[1263]. Der Privatversicherer ist mit seiner Zusatzversicherung zur Unfallversicherung betroffen. Er kann weiter als Lebensversicherer über das Invaliditätsrisiko, als Zusatzversicherer in der beruflichen Vorsorge und ferner als Haftpflichtversicherer leistungspflichtig werden. Daneben wird unter bestimmten Voraussetzungen die IV eine Rente zu entrichten haben, wenn der Verunfallte wegen seiner Neurose schwer invalid wird. Es ist daher wichtig, dass die Unfallversicherer der Neurosefrage gegenüber offen sind, da nicht nur ihre eigene Leistungspflicht berührt wird.

III. AUS- UND EINSCHLÜSSE[1264]

In den AVB der Unfallversicherer kommen verschiedene Arten von Aus- und Einschlüssen vor, z. B. folgende:

[1263] Die Botschaft des Bundesrates zum UVG Z. 403.23 zu Art. 23 weist darauf hin, dass sich die bisherige Regelung in KUVG 82 betreffend die Abfindung bewährt habe und deshalb beibehalten werde. Bedauerlicherweise hat jedoch die SUVA ihre Neurosepraxis in den letzten Jahren radikal geändert und das Institut der Abfindung auf den Aussterbeetat gesetzt, wie die Zahlen in ihren Jahresberichten zeigen: Sie verfügte 1976 in 104 Fällen die Abfindungen, d. h. wie in früheren Jahren in über 100 Fällen; 1981 noch in 26 und 1984 nur noch in 9 Fällen. Diese Praxisänderung ist nicht durch neuere, gesicherte Erkenntnisse über die fehlende Wirksamkeit der Abfindungen gerechtfertigt. Sie dürfte jedoch im Zusammenhang mit der schwankenden und fragwürdigen Rechtsprechung des EVG der letzten Jahre stehen. Vgl. dazu die Kritik bei MAURER, Unfallversicherung, besonders bei den N 1042 ff., und zu den Abfindungen gemäss UVG 23 das 19. Kapitel, auf welches für alles weitere verwiesen sei.

[1264] Vgl. bereits vorne bei den N 532 und 535 ff. – Unter dem Konkurrenzdruck haben die Unfallversicherer Aus- und Einschlüsse innerhalb der gleichen Vertragstypen stark angeglichen. – Weiteres bei OSWALD, Unterschiede S. 184 ff. – Vgl. zu den Ausschlüssen der offenkundigen Trunkenheit, des Wagnisses und strafbarer Handlungen BGE 85 II 252 ff. sowie des Raufhandels BGE 104 II 281 (= SVA XIV No. 48).

a) Absolute und relative Ausschlüsse

Wenn bestimmte Gruppen von Unfällen ausgeschlossen werden und bei der betreffenden Gesellschaft auch nicht gegen Prämienzuschlag versichert werden können (z. B. Unfälle bei der Begehung eines Verbrechens), ist der Ausschluss absolut; wenn Gruppen von Unfällen in den AVB ausgeschlossen, aber gegen einen Prämienzuschlag versicherbar sind, ist der Ausschluss relativ (z. B. Unfälle bei der Benützung eines Motorrades als Lenker und Halter). Man bezeichnet die relativen Ausschlüsse auch als zuschlagspflichtige Risiken, die nur auf besondern Antrag versichert werden.

b) Echte Aus- und Einschlüsse

Um solche handelt es sich, wenn ein Vorfall, der die Merkmale des Unfallbegriffes erfüllt, von der Versicherung *aus*geschlossen ist, z. B. Unfälle zufolge kriegerischer Ereignisse; oder wenn ein *Nichtunfall* einem Unfall gleichgestellt und *ein*geschlossen wird, z. B. Riss einer Sehne, obwohl er nicht durch ein Ereignis verursacht ist, das die Merkmale des Unfallbegriffs erfüllt.

c) Unechte Aus- und Einschlüsse

Ein unechter Ausschluss ist z. B. gegeben, wenn ein Sachverhalt «ausgeschlossen» wird, der gar kein Unfall im rechtlichen Sinne ist; so findet sich in den AVB etwa folgende Formulierung: «Nicht als Unfälle gelten Krankheiten aller Art». Krankheiten sind ja ohnehin keine Unfälle. Als unechter Einschluss kann z. B. der «Tod durch Ertrinken» bezeichnet werden, denn unfreiwilliges «Ertrinken» erfüllt schon an sich die Merkmale des Unfallbegriffs[1265]; auch wenn «Ertrinken» nicht erwähnt würde, müsste es als Unfall anerkannt werden. Unechte Aus- und Einschlüsse dienen in der Regel lediglich der Klarstellung.

IV. LEISTUNGEN BEI UNFALL

1. Allgemeines

Man kann vielleicht von typischer und atypischer Leistungskombination sprechen. Jene besteht aus folgenden Leistungen: Versicherung der

---

[1265] MAURER, Unfallversicherung bei den N 373a ff.

Heilungskosten; während der Heilungsphase ein pauschaliertes, also vertraglich zum voraus bestimmtes Taggeld; bei Invalidität eine Invaliditätsentschädigung in Form eines Kapitals und bei Tod eine Todesfallsumme. Typisch ist ferner, dass die Invalidität nach der sog. Gliederskala festgesetzt wird. Atypische Leistungen sind alle übrigen Kombinationen, z. B. die UVG-Zusatzversicherung[1265a]: sie ist gegeben, wenn der private Unfallversicherer Leistungen ausrichtet, die jene nach UVG ergänzen, etwa wenn er die durch Taggeld und Rente nicht versicherten Lohnteile oder, bei Spitalbehandlung, die Mehrkosten der Privatabteilung deckt; atypisch ist es auch, wenn nicht ein pauschaliertes Taggeld, sondern der wirkliche Lohnausfall versichert wird[1266] oder die Invalidität nicht abstrakt nach der Gliederskala, sondern konkret nach der Erwerbsunfähigkeit versichert oder aber z. B. nur gerade eine Invaliditätsentschädigung allein und daneben keine andern Leistungen vereinbart werden usw.

2. Leistungen bei Todesfall

a) Wie bereits erwähnt, zahlt der Versicherer ein im Vertrag bestimmtes oder doch bestimmbares Kapital, wenn der Versicherte an den Folgen des Unfalles stirbt. Bestimmbar ist das Kapital z. B., wenn vereinbart ist, dass die Todesfallsumme dem tausendfachen, im Jahre vor dem Unfall erzielten, Taglohn entspreche[1267].

b) Nur ausnahmsweise werden anstelle eines Kapitals Renten vereinbart. Dies kommt z. B. bei UVG-Zusatzversicherungen[1267a] vor, indem der private Unfallversicherer zu den Hinterlassenenrenten nach UVG zusätzliche Renten entrichtet.

c) Ein Versicherter kann zufolge eines Unfalles invalid werden, die Invaliditätsentschädigung beziehen und später gleichwohl an den Folgen des Unfalles sterben[1268]. In den AVB findet sich daher häufig eine Bestim-

---

[1265a] Weiteres bei MAURER, Unfallversicherung nach N 1409.

[1266] Wird ein wirklicher Schaden gedeckt, liegt das Leistungsmodell der Schadensversicherung vor, wird jedoch die Leistung losgelöst von einem Schaden vereinbart, so ist das Leistungsmodell der Summenversicherung gegeben; vgl. darüber vorne bei den N 341 ff.

[1267] Vgl. BGE 97 II S. 74: Streitig war, was unter dem Begriff des Taglohnes zu verstehen sei. OSWALD, Versicherungsleistung, SVZ 44 (1976) S. 6.

[1267a] Vgl. vorne bei N 1265a.

[1268] Ein solcher Sachverhalt wird in BGE 100 II 42 ff. beurteilt.

mung etwa folgenden Inhalts: «Eine wegen des gleichen Unfalles bereits bezahlte Invaliditätsentschädigung gelangt von der Todesfallsumme in Abzug». Es wird demnach die Todesfallsumme nicht voll, sondern um die bereits ausbezahlte Invaliditätssumme gekürzt, entrichtet.

d) Die AVB bestimmen regelmässig, wer Anspruch auf die Todesfallsumme hat. Es handelt sich um eine Begünstigungsklausel, die durch Parteivereinbarung ab und zu geändert wird, um sie den persönlichen Verhältnissen des Versicherten anzupassen. Für die Begünstigung gelten im übrigen die gleichen gesetzlichen Bestimmungen wie für die Lebensversicherung[1269].

e) Neben der Todesfallsumme werden oft noch weitere Leistungen versichert: z. B. eine Bestattungsentschädigung; ferner Ersatz der Auslagen für die Bergung der Leichen, Doppelzahlung der Todesfallsumme an die Kinder, wenn durch den gleichen Unfall beide Eltern sterben usw.

3. Leistungen bei Invalidität

a) Wenn der Unfall die volle oder teilweise Invalidität des Versicherten zur Folge hat, wird in der Regel ein vertraglich bestimmtes oder doch bestimmbares Invaliditätskapital geschuldet. Art. 88 VVG knüpft die Leistungspflicht des Versicherers an die Voraussetzung, dass «die Erwerbsfähigkeit des Versicherten voraussichtlich bleibend beeinträchtigt» wird. Unter der Erwerbsfähigkeit ist jede Beeinträchtigung der körperlichen oder psychischen Integrität zu verstehen, ohne dass berücksichtigt wird, ob und wie sie sich beim Versicherten wirtschaftlich auswirkt. Es ist die Erwerbsunfähigkeit im abstrakten Sinn[1270]. Da das Gesetz von Erwerbsunfähigkeit spricht, lässt es zu, dass vertraglich auch die konkrete Bemessungsart vereinbart wird: z. B. die Beeinträchtigung im Beruf oder die Beeinträchtigung, wenn und soweit sie sich finanziell, wirtschaftlich auswirkt. Der Vertrag legt die Grundsätze fest, die für die Bemessung der Invalidität massgebend sind. Er enthält meistens die Gliedertaxe, die sogleich zu erklären sein wird.

b) Die *Gliedertaxe* regelt kasuistisch Tatbestände von Ganz- und Teilinvalidität. Als Ganzinvalidität gilt z. B. der Verlust beider Arme oder

---

[1269] Vgl. vorne bei den N 333 und 610 f. sowie N 1178.
[1270] U des BGer vom 7. 5. 1981, in SVA XIV No. 89 S. 422.

Hände, beider Beine oder Füsse, völlige Erblindung usw. Als Beispiele für Teilinvalidität, und zwar in Prozenten der Ganzinvalidität, seien erwähnt: Verlust eines Auges 30%, Verlust eines Fusses 40%. Beträgt die vereinbarte Versicherungssumme für Ganzinvalidität z. B. Fr. 100000.-, so beträgt der Versicherungsanspruch bei Verlust eines Auges Fr. 30000.- und bei Verlust des Fusses Fr. 40000.-. Für die in der Gliedertaxe nicht aufgeführten Fälle wird die Invalidität nach einer weitverbreiteten Klausel aufgrund ärztlicher Feststellung in Anlehnung an die Gliedertaxe festgesetzt. Die vollständige Gebrauchsunfähigkeit von Gliedern oder Organen wird dem Verlust gleicherachtet[1270a].

c) Die Gliedertaxe ist auf medizinisch-theoretischen Schätzungen, d. h. auf Durchschnittswerten, aufgebaut. Sie berücksichtigt nicht, ob und wie stark sich die Invalidität im Beruf des Invaliden auswirkt und ob er wegen seiner Invalidität einen Schaden erleidet, sei es in Form einer Erwerbseinbusse, sei es durch Mehrauslagen. Dies ist eine abstrakte Schätzung der Invalidität[1271]. Damit bildet die Gliedertaxe das Gegenstück zur Methode der Invaliditätsschätzung im Haftpflichtrecht: Hier wird die Invalidität ausschliesslich danach beurteilt, ob und in welchem Ausmasse sie für den Invaliden einen Schaden, also z. B. eine Erwerbseinbusse, zur Folge haben wird[1272]. Im Haftpflichtrecht wird somit die Invalidität konkret, d. h. in

---

[1270a] Wenn die AVB vorsehen, dass für die in der Gliedertaxe nicht erwähnten Schädigungen «die Ermittlung des Invaliditätsgrades aufgrund der bleibenden Beeinträchtigung in der Erwerbsfähigkeit erfolgt», so ist darunter die abstrakte Erwerbsunfähigkeit zu verstehen, ausser wenn unmissverständlich die konkrete Erwerbsunfähigkeit umschrieben wird; ähnlich das in N 1270 erwähnte Urteil. – Das System der Gliedertaxe diente dem Gesetzgeber als Vorbild für die Integritätsentschädigung nach UVG 24; vgl. Weiteres bei MAURER, Unfallversicherung, bei den N 1058 ff.

[1271] JAEGER, Komm. III S. 341 ff. N 79, OSWALD, Unterschiede S. 267 ff. und SVZ 44 (1976) S. 6, KOENIG S. 464 und SCHAER, Schadenausgleichsysteme RZ 130 ff.

[1272] Zur Verdeutlichung ein Beispiel: Wenn z. B. ein Berufsrichter durch Unfall seinen linken Zeigefinger verliert, wird diese (medizinische) Invalidität für ihn keine Verminderung des Einkommens zur Folge haben. Gleichwohl wird er aus der privaten Unfallversicherung – je nach der Ausgestaltung der Gliederskala – eine Invaliditätsentschädigung erhalten. Gegenüber einem haftpflichtigen Dritten, z. B. dem Automobilisten, wird er jedoch keinen Invaliditätsschaden geltend machen können, da der Verlust dieses Fingers keine Erwerbseinbusse bewirkt.

Berücksichtigung der finanziellen Auswirkungen, bemessen. Der medizinische Experte hat dabei die Aufgabe, den anatomisch-funktionellen Befund zu beschreiben und eine medizinisch-theoretische Schätzung zu geben, die aber lediglich einen ersten Anhaltspunkt dafür liefert, wie sich die Invalidität finanziell für den Betroffenen auswirken könnte. Bei der Gliedertaxe ist das Gewicht der medizinischen Schätzung bedeutend grösser als im Haftpflichtrecht, da der Rechtsanwender neben dem medizinischen nicht ein weiteres Element, nämlich die finanziellen Auswirkungen der Invalidität, berücksichtigen darf[1273].

d) Zu den Vor- und Nachteilen der konkreten und abstrakten Schätzungsmethoden kann hier nicht einlässlicher Stellung genommen, sondern lediglich auf folgendes hingewiesen werden. Die konkrete Schätzungsmethode nach Haftpflichtrecht hat vielleicht den Vorteil der Fallgerechtigkeit für sich, da sie die persönlichen Verhältnisse des Invaliden und die finanziellen Auswirkungen für ihn berücksichtigt; die abstrakte Schätzung nach Gliedertaxe ist dagegen viel einfacher in der praktischen Durchführung, da sie nur die medizinische, nicht aber die finanzielle Seite berücksichtigt, deren Abklärung oft aufwendig ist. Sie führt daher weniger häufig zu Auseinandersetzungen als die konkrete Schätzung. Im übrigen wird ihr Ergebnis im allgemeinen durchaus als gerecht empfunden, weil der Massstab für die Schätzung im Vertrag zum vornherein festgesetzt ist.

e) Durch Parteivereinbarung kann von der Gliederskala abgewichen werden. So pflegen der Zahnarzt oder der Chirurg die für ihn wichtigen Finger zu einem höheren Prozentsatz zu versichern als die Gliedertaxe angibt; beide müssten ihren Beruf möglicherweise aufgeben, wenn sie bestimmte Finger verlieren würden.

f) Seit einigen Jahren kann in der Unfallversicherung die *progressive Invaliditätsversicherung* abgeschlossen werden. Bei höheren Invaliditätsgra-

---

[1273] Vgl. zur Invaliditätsschätzung im Haftpflichtrecht und zur Rolle des medizinischen Experten besonders BGE 99 II 218 ff. und OFTINGER, Haftpflichtrecht I S. 194 ff.; zu den verschiedenen Methoden für die Schätzung der Arbeitsunfähigkeit und der Invalidität in der Sozialversicherung allgemein vgl. MAURER, SVR I S. 285 ff.; in der IV derselbe, SVR II S. 191 ff.; gemäss UVG derselbe, Unfallversicherung S. 350 ff. und 417 ff. – Da es bei der Gliederskala nur auf die medizinische Schätzung ankommt, kann der medizinische Experte ohne weiteres als Schiedsgutachter eingesetzt werden; vgl. dazu vorne bei N 380 und N 1261.

den wird eine überproportionale Summe entrichtet. Sie kommt in verschiedenen Variationen vor. Dazu ein Beispiel: Die Entschädigung wird festgesetzt für den 25% nicht übersteigenden Teil des Invaliditätsgrades aufgrund der einfachen Versicherungssumme; für den 25%, nicht aber 50% übersteigenden Teil des Invaliditätsgrades aufgrund der doppelten Versicherungssumme; für den 50% übersteigenden Teil des Invaliditätsgrades aufgrund der dreifachen Summe. Wenn z. B. für den Verlust des Beines ein Grad von 60% der Vollinvalidität vereinbart ist, werden dafür im Versicherungsfall nach den erwähnten Daten 105% (nämlich 25%+50%+30%) statt nur 60% der (einfachen) Versicherungssumme entrichtet, also sogar mehr als die ganze vereinbarte Versicherungssumme. Es werden auch höhere Progressionen versichert, z.B. statt Verdoppelung und Verdreifachung kann Verdreifachung und Verfünffachung vereinbart werden. Bei einem Invaliditätsgrad von 60% beträgt die Entschädigung dann 150% der (einfachen) Versicherungssumme (nämlich 25%+75%+50%); bei einer Invalidität von 100% sind nach der ersten Variante 225% und nach der zweiten 350% der Invaliditätssumme geschuldet. Wird diese z. B. vertraglich auf Fr. 100000.- festgesetzt, so würde bei völliger Erblindung (der Invaliditätsgrad ist 100%) nach der ersten Variante Fr. 225000.- und nach der zweiten Fr. 350000.- geschuldet.

Mit der progressiven Invaliditätsversicherung sollen die Fälle von schwerer Invalidität besonders gut versichert werden.

g) In der privaten Unfallversicherung kommen neben der Gliedertaxe auch andere Methoden zur Festsetzung des Invaliditätsgrades vor. So wird bei der UVG-Zusatzversicherung in der Regel der von der nach UVG bestimmte Invaliditätsgrad und damit auch die entsprechende Schätzungsmethode übernommen[1274].

h) Nach Art. 88 Abs. 1 VVG ist die Invaliditätsentschädigung grundsätzlich in Kapital- und nicht in Rentenform zu entrichten[1275, 1276]. Nur

---

[1274] Die vorne N 1132 erwähnte neue «LUK»-Versicherung gibt für die krankheits- und die unfallbedingte Invalidität eine einheitliche Definition; sie bezeichnet in Übereinstimmung mit der Sozialversicherung die Invalidität als Erwerbsunfähigkeit; diese wird nicht nach der Methode der abstrakten Schätzung (Gliederskala), sondern konkret bemessen.

[1275] Weiteres bei OSWALD, Unterschiede S. 272 ff.

[1276] Nach Art. 88 Abs. 1 VVG ist die Entschädigung auszurichten, d.h. sie ist fällig, «sobald die voraussichtlich dauernden Unfallfolgen feststehen». Damit

wenn der Versicherungsnehmer bei Abschluss des Vertrages ausdrücklich die Rentenform beantragt hat, ist sie zulässig. Freilich darf sie – entgegen dem zu engen gesetzlichen Wortlaut – auch nach Abschluss vereinbart werden. Die AVB enthalten für die Umrechnung des Kapitals in eine Rente eine sog. Rententafel. Häufig ist die Klausel anzutreffen, dass die Rente an die Stelle des Kapitals tritt, wenn der Versicherte im Zeitpunkt des Unfalles ein bestimmtes Alter, z. B. das 65. Altersjahr, vollendet habe[1277].

4. Heilungskosten[1278]

a) Die Versicherung der Heilungskosten umfasst in der Regel die Auslagen für Arzt, Zahnarzt, Spital, ärztlich angeordnete Badekuren, Prothesen, Arzneien usw. sowie normalerweise auch die Kosten des durch den Unfall bedingten Transportes und Rettungskosten.

b) Die meisten AVB begrenzen die Heilungskosten – je nach Vereinbarung – entweder zeitlich[1279] oder betraglich. Eine zeitliche Begrenzung liegt z. B. vor, wenn nur Heilungskosten übernommen werden, die innerhalb von fünf Jahren ab Unfalltag entstehen; die betragliche Begrenzung erfolgt z. B. dadurch, dass die durch den gleichen Unfall verursachten Kosten höchstens bis zum Betrage von Fr. 10000.– gedeckt sind.

c) In der Praxis stellt sich immer wieder die Frage, ob nur die Kosten der allgemeinen Spitalabteilung oder auch jene der Privatabteilung gedeckt seien, da diese meistens ungleich viel höher sind als jene. In bestimmten Verträgen wird ausdrücklich vereinbart, dass nur die Kosten der allgemei-

---

weicht VVG 88 I hinsichtlich der Fälligkeit von VVG 41 I ab; vgl. dazu vorne nach N 1001 f. sowie das in N 1270 zit. U des BGer. Vgl. ferner BGE 81 II 158. Stirbt der Versicherte, so fällt der Anspruch aus Invalidität in seinen Nachlass.

[1277] Es mag zweifelhaft erscheinen, ob diese Klausel gesetzeskonform ist, sofern im Versicherungsantrag keine entsprechende Frage gestellt wird; denn Art. 88 Abs. 1 VVG ist eine halbzwingende Bestimmung. Bei UVG-Zusatzversicherungen wird häufig anstelle eines Kapitals eine Zusatzrente vereinbart.

[1278] Vgl. zu den rechtlichen Beziehungen zwischen Arzt und Versicherer KIENTSCH, Mitwirkungspflicht des Arztes S. 16 ff., OSWALD, Unterschiede S. 263 ff. und zur Versicherung der Heilbehandlung nach UVG MAURER, Unfallversicherung, 15. Kapitel. – Die Versicherung der Heilungskosten ist Schadensversicherung; vgl. vorne bei den N 341 ff.

[1279] Vgl. zur zeitlichen Risikobegrenzung vorne bei N 1045.

nen Abteilung versichert seien[1280]. Die AVB schweigen sich zu dieser Frage vielfach aus. Im Zweifelsfalle ist anzunehmen, dass der Versicherte Anspruch darauf hat, sich zu Lasten des Unfallversicherers in der Privatabteilung pflegen und behandeln zu lassen.

d) Die AVB enthalten für verschiedene Tatbestände Komplementärklauseln[1280a], indem sie z. B. Kürzungen vorsehen: So sollen die Heilungskosten gesamthaft nur einmal vergütet werden, wenn auch ein anderer Versicherer für den betreffenden Fall Heilungskosten deckt. Deshalb kürzt der Unfallversicherer seine Leistungen nach der im Vertrag festgelegten Methode entsprechend. Weitere Klauseln regeln das Zusammentreffen mit Leistungen der Unfallversicherung nach UVG, der IV, der anerkannten Krankenkassen, MV usw.

5. Taggeld

a) Für die Zeit der ärztlichen Behandlung ist in der Regel ein Taggeld[1281] vereinbart. Bei voller Arbeitsunfähigkeit wird das volle Taggeld, bei teilweiser Arbeitsunfähigkeit der entsprechende Teil geschuldet. Der behandelnde Arzt attestiert Grad und Dauer der Arbeitsunfähigkeit, z. B. ob diese 100%, 50% oder 25% betrage. Die AVB regeln das Taggeld in verschiedenen Punkten. So bestimmen sie, ob es auch an Sonn- und Festtagen, während der Ferien usw. zu entrichten sei, ob es einer zeitlichen Beschränkung unterliege – z. B. höchstens für die Dauer von zwei Jahren ab Unfalltag – oder zeitlich unbegrenzt entrichtet werde usw.

b) Häufig ist nicht ein festes Taggeld – z. B. Fr. 50.– pro Tag – vereinbart, sondern es wird ein bestimmter Prozentsatz des ausfallenden Lohnes[1282] ersetzt.

c) Das Taggeld hat oft die Funktion, die unfallbedingte Erwerbseinbusse ganz oder teilweise auszugleichen. Neben ihm wird nicht selten auch ein *Spitaltaggeld* vereinbart. Der Unfallversicherer ersetzt dann nicht nur die

---

[1280] Lässt sich der Versicherte trotzdem in der Privatabteilung pflegen und behandeln, dann zahlt ihm der Unfallversicherer jenen Betrag, den er bei Hospitalisation in der allgemeinen Abteilung hätte entrichten müssen.

[1280a] Vgl. vorne § 37 IV.

[1281] In der älteren Terminologie heisst es Kurquote; vgl. z. B. JAEGER, Komm. III S. 342 N 80.

[1282] Im ersteren Falle ist das Leistungsmodell der Summen- und im zweiten jenes der Schadensversicherung gegeben; vgl. vorne bei den N 341 ff.

Kosten des Spitalaufenthaltes durch die Heilungskostenversicherung, sondern er gewährt – zusätzlich zum vereinbarten Taggeld – einen festen Betrag, der seiner Funktion nach weitere unfallbedingte Auslagen des Versicherten bei Spitalaufenthalt ausgleichen soll, z. B. Auslagen für Getränke, Telefongespräche u. a. m.

V. KOLLEKTIV-UNFALLVERSICHERUNG

Ist durch den gleichen Vertrag nur eine einzige Person gegen Unfall versichert, so handelt es sich um eine Einzel-Unfallversicherung, sind dagegen zwei oder mehrere Personen erfasst, liegt eine Kollektiv-Unfallversicherung vor[1283]. Die Unfallversicherer pflegen die beiden Vertragstypen in mehreren Punkten unterschiedlich auszugestalten. Im folgenden sollen lediglich einige Hinweise zur Kollektiv-Unfallversicherung gegeben werden.

1. Von grosser Bedeutung ist die Kollektiv-Unfallversicherung, die Arbeitgeber für ihr Personal abschliessen. Soweit sie die Versicherung nach UVG begründet, ist auf sie m. E. das UVG und nicht das VVG anwendbar[1284]. Hingegen gilt das VVG, wenn sie als Zusatzversicherung zum UVG vereinbart wird. Oft deckt der gleiche Vertrag die Haftpflicht des Arbeitgebers[1284a], falls dieser für Unfälle seiner Arbeitnehmer haftbar gemacht wird, welche gegen Unfall versichert sind. Die Leistungen aus der Unfallversicherung werden auf allfällige Haftpflichtansprüche angerechnet. Grosse Verbreitung haben in der Schweiz ferner die Abonnenten-Unfallversicherung[1285] und die Auto-Insassenversicherung erlangt.

2. Der Vertrag muss den Kreis der versicherten Personen umschreiben. Wesentlich ist, dass dabei Merkmale verwendet werden, die sowohl für die Versicherten als auch für den Versicherer Klarheit schaffen. Es finden sich etwa folgende Umschreibungen in den Verträgen: Versichert sind die Mitglieder eines bestimmten Vereins, z. B. des Alpenklubs, oder einer bestimmten Behörde, ferner die Schüler einer bestimmten Schule usw. Zu einzelnen Versicherungstypen noch folgendes:

[1283] Vgl. Näheres vorne bei N 334a.
[1284] Vgl. vorne N 757.
[1284a] Vgl. UVG 44 und MAURER, Unfallversicherung bei N 1467.
[1285] Vgl. vorne N 758.

a) *UVG-Zusatzversicherungen*[1285a]: Versichert werden entweder alle nach UVG obligatorisch Versicherten des versicherten Betriebes (Arbeitgebers) oder nur bestimmte Personengruppen der obligatorisch Versicherten. Letzteres trifft z. B. bei der Kaderversicherung zu: Es werden z. B. die Mitglieder der Direktion oder die Zeichnungsberechtigten des Betriebes oder Arbeitnehmer versichert, deren Lohn den nach UVG versicherten Höchstbetrag des versicherten Verdienstes an einem bestimmten Stichtag übersteigt.

b) *Abonnentenversicherung*[1286]: Versichert ist jeder Abonnent einer bestimmten Zeitschrift usw., der mit der Abonnentengebühr eine bestimmte Prämie entrichtet. Versicherungsleistungen und Prämien sind bescheiden. Der Versicherungsvertrag besteht zwischen Verlag und Versicherer. Dies ist beim *Prämiensystem* unbestritten. Nach ihm ist der Versicherer Risikoträger[1287]. Beim *Verwaltungskostensystem* gilt der Verlag als Risikoträger, da er Verluste trägt und Gewinne erzielen kann. Allein hinter ihm steht der Versicherer als Garant. Dafür verlangt dieser angemessene Sicherstellung und eine Provision. Da der Versicherer – wenigstens dem äusseren Anschein nach – nicht Risikoträger ist, spricht man vom Verwaltungskostensystem: Er reguliert zwar gegen Provision Schäden, kann aber die Versicherungsleistungen, die er den versicherten Abonnenten ausbezahlt, vom Verlag zurückverlangen. Gleichwohl ist der zwischen ihm und dem Verlag abgeschlossene Vertrag als Kollektivversicherungsvertrag zu bewerten, wobei die Abonnenten die Versicherten sind. Denn die Regelung der Finanzierung ist als blosse Modalität zur Gestaltung der Prämie zu verstehen. Der Vertrag ist nach VVG zu beurteilen. Die Versicherten besitzen im Rahmen von Art. 87 VVG ein direktes Klagerecht gegenüber dem Versicherer[1288].

c) *Auto-Insassenversicherung:* Es bestehen drei Möglichkeiten, den Kreis der Versicherten festzulegen: Es sind alle Insassen des deklarierten

---

[1285a] Vgl. vorne bei den N 970, 1265a und 1267a.

[1286] BRB über die Abonnenten – und die Käufer- und Kundenversicherung vom 22. 11. 1955 (SR 961.21).

[1287] Vgl. vorne nach N 393.

[1288] Im Ergebnis gleich JAEGER, Komm. IV (1. A.) S. 116 ff.; er stellt System und Geschichte der Abonnentenversicherung einlässlich dar. Weiteres bei FARNER, Unfall- und Haftpflichtversicherung S. 31; er nimmt an, dass mindestens ein Drittel der schweizerischen Bevölkerung durch die «Blättliversicherung» (= Abonnentenversicherung) gedeckt sei.

Fahrzeuges versichert; versichert sind die Insassen unter Ausschluss des Halters und des Lenkers; nur der Halter und der Lenker sind versichert.

3. Die Versicherten haben in der Kollektiv-Unfallversicherung gemäss Art. 87 VVG ein selbständiges Forderungsrecht gegenüber dem Versicherer. Sie sind im Versicherungsfall anspruchsberechtigt[1289].

§ 44 KRANKENVERSICHERUNG

1. Die Krankenversicherung betreiben zur Hauptsache die privaten und öffentlichen Krankenkassen, die vom Bundesrat gemäss den Bestimmungen des KVG anerkannt worden sind[1290]. Sie unterstehen diesem Gesetz und weder dem VAG[1291] noch dem VVG. Sie haben Anspruch auf Bundessubventionen. Die Aufsicht über sie wird durch das Bundesamt für Sozialversicherung ausgeübt, also nicht durch das BPV.

2. Zahlreiche Versicherungsgesellschaften betreiben ebenfalls die Krankenversicherung. Sie stehen mit den Krankenkassen in Konkurrenz, beziehen aber keine Bundessubventionen[1292]. Das VVG regelt den Krankenversicherungsvertrag nicht[1293], ist aber grundsätzlich gleichwohl auf ihn anwendbar. Das Schwergewicht der rechtlichen Ausgestaltung liegt in den AVB.

3. Im Gegensatz zum Unfallbegriff hat sich bis heute keine Definition des Krankheitsbegriffes durchzusetzen vermocht[1294]. Somit kann grundsätzlich nur gesagt werden, dass in der Krankenversicherung jene gesund-

---

[1289] Vgl. vorne bei N 761. Das selbständige Forderungsrecht besteht auch dann, wenn die Kollektiv-Unfallversicherung als Schadensversicherung vereinbart ist; vgl. vorne bei N 611a.

[1290] Näheres bei MAURER, SVR II S. 283 ff.

[1291] Vgl. jedoch vorne nach N 163.

[1292] Trotzdem hat sich dieser Zweig der Privatassekuranz in den letzten Jahren stark entwickelt.

[1293] Art. 87 VVG, in der Fassung vom 25.6.1971, bestimmt lediglich, dass dem Versicherten in der Kollektiv-Krankenversicherung ein selbständiges Forderungsrecht gegen den Versicherer zustehe; vgl. vorne bei N 330. Das KVG ist auf die Versicherungsgesellschaften nicht anwendbar.

[1294] MAURER, SVR I S. 276 ff.

heitlichen Störungen versichert sind, die nicht durch Unfall[1295] verursacht werden.

4. Wie in der Unfallversicherung sind auch in der Krankenversicherung die Einzel- und die Kollektivversicherung zu unterscheiden. Letztere schliessen häufig Arbeitgeber zugunsten ihres Personals ab.

5. Die Versicherungsleistungen umfassen, je nach Vereinbarung, z. B. Heilungskosten, Taggeld und Spitaltaggeld[1296]. Im Gegensatz zur Unfallversicherung werden in der Regel bei Tod und Invalidität weder Renten noch ein Kapital entrichtet[1297]. Statt eines festen Taggeldes wird, namentlich in der Kollektiv-Krankenversicherung, oft ein fester Prozentsatz des durch die Krankheit verursachten Lohnausfalles versichert. Der Arbeitgeber pflegt auf diese Art seine Pflicht gemäss Art. 324a und b OR abzugelten, wonach er den Lohn des Arbeitnehmers bei unverschuldeter Krankheit für eine beschränkte Zeit weiterzuzahlen hat[1298].

[1295] Vgl. zum Unfallbegriff vorne nach N 1247.

[1296] Die Leistungen können als Summen- oder als Schadensversicherung vereinbart sein; vgl. vorne bei den N 608 ff.

[1297] Vgl. die Ausnahme bei der vorne in N 1132 erwähnten LUK-Versicherung.

[1298] Für Weiteres sei verwiesen auf PETER BUCHER, Krankenversicherung, 2. A., Bern/Zürich 1980.

2. Abschnitt: Sachversicherung

§ 45 BESONDERHEITEN DER SACHVERSICHERUNG[1299]

I. SACHEN ALS VERSICHERTE GEGENSTÄNDE

1. Der Vertrag bezeichnet die Sachen, die versichert sind. Es kann sich um bewegliche oder unbewegliche Sachen handeln. Danach werden die Fahrhabe- (Mobiliar-) und die Gebäudeversicherung unterschieden. Bewegliche Sachen sind z.B. Maschinen, Waren, der Hausrat, Schmuckstücke usw. Die Versicherung kann sich auf die eigenen Sachen des Versicherungsnehmers beschränken oder auch solche von Drittpersonen einschliessen. Jenes ist die Eigenversicherung und dieses die Versicherung für fremde Rechnung, eine Untergruppe der Fremdversicherung[1300]. Sind mehrere Sachen versichert, so handelt es sich um eine Kollektivversicherung; eine Einzelversicherung liegt vor, wenn im Vertrag nur eine einzige Sache erfasst ist, z. B. ein Gebäude[1301].

2. Die Sachen können im Vertrag individuell oder nur nach der Gattung bezeichnet sein: Ein durch Fabriknummer, Typus usw. genau bestimmtes Auto wird – individuell – kaskoversichert. Der Hausrat, der sich in der Wohnung des Versicherungsnehmers befindet, wird gegen Feuer, Diebstahl usw. als Gattung, somit nicht jedes einzelne Möbelstück individuell, versichert. Die Gattung stellt insofern einfach den Gegensatz zu den individuell bestimmten Sachen dar[1302]. Ist die Gattung versichert, so bildet der Vertrag meistens Gruppen von gleichartigen Sachen, oder er fasst alle Sachen pauschal zusammen[1303]. Eingeschlossen sind auch die Ersatzgegenstände und Neuanschaffungen.

Sind die Sachen nicht individuell, sondern der Gattung nach bestimmt, so fallen gemäss Art. 66 VVG[1304] alle zur Zeit des Eintritts des befürchteten

---

[1299] Vgl. besonders SUTER, Sachversicherung; KOENIG S. 314 ff.

[1300] Vgl. vorne bei N 337 und § 33.

[1301] Vgl. vorne vor N 335.

[1302] Zum Begriff der Gattung im gemeinen Recht vgl. VON TUHR/PETER, Obligationenrecht I S. 53 f.

[1303] SUTER a. a. O. S. 55.

[1304] Einzelheiten bei JAEGER, Komm. II S. 455 ff. N 1 ff.

Ereignisses zur Gattung gehörenden Gegenstände unter die Versicherung. Es kommt also nicht auf den Zeitpunkt des Vertragsabschlusses, sondern auf jenen des Versicherungsfalles an.

II. VERSICHERTE GEFAHREN

1. Sachen können gegen die verschiedensten Gefahren versichert werden, gegen Feuer, Elementarereignisse, Diebstahl, gewaltsame Beschädigungen usw. Wie der Vertrag die erfassten Sachen bezeichnen muss, hat er auch die Gefahren festzulegen, für welche Versicherungsschutz besteht.

2. In der Sachversicherung entspricht es weitverbreiteter Übung, dass im gleichen Vertrag Sachen nicht nur gegen eine einzige Gefahr, z. B. nur gegen Feuer, sondern gleichzeitig gegen mehrere Gefahren, also gegen Feuer, Diebstahl, Wasserschaden usw. versichert werden. Man müsste für die gleichen Sachen, z. B. für den Hausrat, mehrere Verträge abschliessen, wenn im gleichen Vertrag nur gegen eine einzige Gefahr Versicherungsschutz geboten würde. Deckt der Vertrag nur Risiken einer Sparte, z. B. nur der Wasserschadenversicherung allein, so liegt eine *einfache* Versicherung[1305] vor. Deckt er aber Risiken von zwei oder mehr Sparten, z. B. solche der Wasserschaden-, Feuer- und Glasversicherung, so handelt es sich um eine *kombinierte* Versicherung[1306]. Mit der Sachversicherung werden im gleichen

---

[1305] Eine solche ist auch dann noch gegeben, wenn aus einer andern Sparte, als Nebenpunkt, ein eng begrenztes Risiko einbezogen wird, z. B. die Wasserschadenversicherung, die ein kleines Stück Haftpflichtversicherung einschliesst; vgl. hinten bei N 1368 und vorne bei N 1119. Sparte, Zweig und Branche werden als identische Ausdrücke verwendet; vgl. vorne bei N 1115.

[1306] Wenn der gleiche Vertrag Risiken von zwei oder mehr Sparten umfasst, handelt es sich rechtlich wohl eher um einen zusammengesetzten als um einen gemischten Vertrag; vgl. zu dieser Unterscheidung GUHL/MERZ/KUMMER, Obligationenrecht S. 296 f. In der Sprache der Versicherer nennt man die zusammengesetzten Versicherungsverträge kombinierte Versicherungsverträge oder – kurz – kombinierte Versicherungen oder auch kombinierte Policen; vgl. KOENIG S. 312, SUTER, Sachversicherung Z. 51.3 u. a. m. sowie hinten bei N 1359 und 1394. Die kombinierten Policen sind nicht nach einem einheitlichen Schema aufgebaut. Gelegentlich sind mehrere Sparten so zusammengefügt, dass man sie ohne wesentliche Änderung in einfache Verträge mit je einer separaten Police zerlegen könnte, da jede Sparte für sich isoliert, abgerundet, geregelt ist. Häufig findet sich jedoch die andere Lösung, dass verschiedene Bedingungen für alle erfassten Sparten gelten, also

Vertrag häufig auch bestimmte Risiken aus der Vermögensversicherung versichert. So deckt die Auto-Kaskoversicherung oft die Miete eines Ersatzwagens, falls das versicherte Fahrzeug wegen eines Versicherungsfalles nicht benützt werden kann.

III. SACH-, VERSICHERUNGS- UND ERSATZWERT SOWIE VERWANDTE BEGRIFFE

1. Allgemeines

a) Die Sachversicherung bildet einen Ausschnitt aus der Schadensversicherung. Nach VVG 48 kann Gegenstand der Schadensversicherung jedes wirtschaftliche Interesse sein, das jemand am Ausbleiben des befürchteten Ereignisses hat. Bei der Sachversicherung ist das wirtschaftliche Interesse der in Geld ausdrückbare Wert, den eine Sache für den Berechtigten aufweist. Die Beeinträchtigung dieses Wertes ist eine Vermögenseinbusse, d. h. ein Schaden[1307]. Grundlage für die Sachversicherung ist der Sachwert. Die Leistung des Sachversicherers im Versicherungsfall ist wenigstens dem Grundsatze nach auf den Sachwert begrenzt. Wenn die Sache nicht zerstört wird oder abhanden kommt, sondern lediglich eine Beschädigung erleidet, sind in der Regel die Aufwendungen für die Wiederherstellung der Sache zu ersetzen.

Nun gibt es aber zahlreiche Kriterien oder Möglichkeiten, den Wert einer Sache zu bestimmen. So kann man eine Sache nach dem Verkehrswert, Marktwert, Liebhaberwert (Affektionswert), Zeitwert, Neuwert usw. schätzen. Das VVG selbst verwendet verschiedene Bezeichnungen: Es spricht von Versicherungswert (Art. 49), Ersatzwert (Art. 62), «Wert der Sache», d. h. Sachwert (Art. 64). Häufig ist vom Schaden die Rede, z. B. in den Art. 67 ff. Damit bringt das Gesetz zum Ausdruck, dass die Schadens-

---

gleichsam einen allgemeinen Teil bilden. Die Frage, ob bei der kombinierten Versicherung «jeder Teil des Ganzen nach seiner Eigengesetzlichkeit zu beurteilen ist» (W. STAUFFER, SJZ 1963 S. 179 und BGE 104 II 48) kann nicht einheitlich beantwortet werden. Soweit keine zwingende gesetzliche Vorschrift vorliegt, muss somit jedes sich stellende rechtliche Problem durch Auslegung der kombinierten Police gelöst werden; vgl. bereits vorne N 825 und – zur Auslegung – bei den N 292 f.

[1307] Vgl. vorne N 626 und – zur Schadensversicherung – bei den N 1117 f.

versicherung und damit auch die Sachversicherung einen Schaden, d. h. eine Vermögenseinbusse, im Auge hat.

«Sachwert» erscheint als Sammelbegriff, der die verschiedenen aufgezählten Unterbegriffe umfasst. Er beinhaltet kein bestimmtes Merkmal, wie der Wert bestimmt werden muss.

b) Das VVG enthält nur wenige Bestimmungen über den Ersatzwert. Wesentlich ist z. B. Art. 63 VVG: Er stellt eine detaillierte Regelung für die Feuerversicherung auf[1308]. Er lässt sich analog auf andere Sachversicherungen anwenden, sofern Gesetz oder Vertrag nicht eine davon abweichende Lösung enthalten. Es wäre nicht sinnvoll, wenn z. B. der Wert des Hausrates bei einem Feuerschaden nach Art. 63 VVG, bei Diebstahl dagegen nicht nach dieser Bestimmung ermittelt würde, namentlich wenn beide Gefahren durch den gleichen Vertrag gedeckt sind. Freilich bestimmen nicht selten die Verträge selbst, wie der Wert der versicherten Sachen zu bemessen sei. Z. B. wird in der Kaskoversicherung durch eine Skala festgelegt, wie viele Prozente des Katalogpreises der Versicherer zu bezahlen hat, wenn ein Totalschaden im 1., 2. und jedem folgenden Betriebsjahr eintritt. Wenn in einem Versicherungsfall weder eine Vorschrift des VVG noch eine vertragliche Vereinbarung gilt, kann subsidiär auf Grundsätze gegriffen werden, die im Haftpflichtrecht bei der Ermittlung des Sachwertes – z. B. wegen Zerstörung, Beschädigung, Verlust von Sachen – anzuwenden sind[1309].

2. *Versicherungswert*

Versicherungswert ist gemäss Art. 49 VVG der Wert der Sache *zur Zeit des Vertragsabschlusses*. Bei Vertragsabschluss müssen die betreffenden Sachen geschätzt werden, damit die Versicherungssumme[1310] festgesetzt werden kann. Diese ist der oberste Betrag, den der Versicherer im Versicherungsfalle zu bezahlen hat. Die Schätzung sollte naturgemäss nach den gleichen Kriterien erfolgen, die auch im Versicherungsfall zu beachten sind. Mit dem Begriff des Versicherungswertes wird also lediglich der Zeitpunkt, in welchem der Wert der versicherten Sachen geschätzt wird, fixiert; das Kriterium für die Methode der Schätzung bleibt dabei offen.

[1308] Vgl. hinten bei den N 1353 ff.

[1309] Ähnlich OFTINGER, Haftpflichtrecht I S. 380. Vgl. jedoch hinten nach N 1413.

[1310] Vgl. vorne bei N 948.

3. *Ersatz-, Zeit- und Neuwert*

a) Unter Ersatzwert versteht Art. 62 VVG den Wert der versicherten Sache *zur Zeit des Versicherungsfalles*[1311]. Die Sachen können nach Vertragsabschluss an Wert gewinnen oder verlieren. Dies hängt von den verschiedensten Umständen ab. So wird z. B. ein neues Motorfahrzeug, das in Verkehr gesetzt wird, rasch an Wert verlieren, da es dann nicht mehr «fabrikneu», sondern bereits eine Occasion ist. Immerhin kann ein Motorfahrzeug mit dem Alter an Wert gewinnen, wenn es auf dem Markt als Oldtimer Eingang findet und damit einen marktmässigen Liebhaberpreis aufweist. Deshalb will Art. 62 VVG zum Ausdruck bringen, dass für die Festsetzung der Versicherungsleistung der Wert der Sache im Zeitpunkt des Versicherungsfalles und nicht zur Zeit des Vertragsabschlusses massgebend ist; denn der Versicherungsfall kann sich ja Jahre oder Jahrzehnte nach Vertragsabschluss ereignen, und der Sachwert dürfte sich während dieser Zeit verändert haben.

b) In zahlreichen AVB ist der Ausdruck *Zeitwert*[1311a] gebräuchlich, z. B. in der Kasko- und in der Hausratversicherung. Er will den Gegensatz zum Neuwert ausdrücken. Zeitwert bedeutet den Sachwert für den Zeitpunkt, für welchen die Schätzung erfolgt, also vor allem der Zeitpunkt des Versicherungsfalles. Demgegenüber ist der *Neuwert* jener Wert, den die Sachen hätten, wenn sie im Zeitpunkt, für welchen sie geschätzt werden – also z. B. für jenen des Versicherungsfalles – neu wären. Welches Kriterium für die Bemessung des Sachwertes gilt, muss aufgrund des betreffenden Vertrages und des Gesetzes ermittelt werden[1312]. In den AVB der Hausratversicherung (gegen Feuer, Diebstahl usw.) findet sich eine Bestimmung, wonach die Versicherung des Hausrates zum Neuwert abgeschlossen sei, sofern nicht die Versicherung zum Zeitwert (ausdrücklich) vereinbart werde[1313]. Wenn die versicherten Sachen verbrennen, muss der Versicherer

---

[1311] Entsprechend der Terminologie der Interessenlehre verwendet auch diese Bestimmung den Ausdruck des versicherten Interesses statt jenen der versicherten Sache.

[1311a] Vgl. auch hinten bei N 1378.

[1312] Vgl. vorne bei den N 275 ff. und 292 ff.

[1313] Die Versicherung des Neuwertes bildet heute die Regel, jene des Zeitwertes die (seltene) Ausnahme.

die Versicherungsleistung so bemessen, wie wenn alle Sachen zur Zeit des Brandes neu gewesen wären, sofern die Neuwertversicherung vereinbart ist; im andern Fall wird der Versicherer für gebrauchte Sachen normalerweise einen entsprechenden Abzug machen. – In der Kaskoversicherung findet sich schliesslich noch der Begriff des *Zeitwertzusatzes*[1314]: Im Versicherungsfall wird vom Zeitwert ausgegangen und dieser um den vertraglich festgelegten «Zusatz» erhöht, wobei der Neuwert höchstens erreicht, aber nie überschritten werden soll.

c) Die Doktrin bewertet[1315] die Neuwertversicherung als Vermögensversicherung, da ein Betrag versichert werde, der den Sachwert übersteige. Allein diese Konstruktion befriedigt nicht. Der Neuwert bedeutet doch wohl, dass sich die Parteien auf ein bestimmtes Kriterium geeinigt haben, nach welchem der Sachwert und die Versicherungsleistung im Versicherungsfall zu bestimmen sind; dies heisst vor allem, dass der Versicherer keinen Abzug «neu für alt» machen[1316] darf, sondern den Preis zu bezahlen hat, den die Anschaffung einer neuen Sache gleicher Art kostet. Der Versicherte will nämlich nach dem Schadenfall mit der Versicherungsleistung z. B. nicht gebrauchte, sondern neue Möbel kaufen können, auch wenn seine Möbel im Zeitpunkt des Versicherungsfalles nicht mehr neu waren. Der Neuwert ist also lediglich eines von vielen Kriterien, nach denen der Sachwert geschätzt und vereinbart werden kann.

[1314] Vgl. Weiteres hinten bei N 1381. Als Neuwert wird in der Kaskoversicherung etwa der Katalogpreis bezeichnet.

[1315] Nähere Begründung bei KOENIG S. 535; ders. in SVZ XXVI S. 97: «Zur Frage der Rechtsnatur der Neuwertversicherung»; BÄNNINGER, Die Neuwertversicherung in der Schweiz, Diss., Bern 1962; SUTER, SVZ XXVI S. 38. – Bei der Einführung der Neuwertversicherung in der Feuerversicherung musste beachtet werden, dass Art. 63 VVG in zwingender Weise Kriterien für die Bestimmung des Sachwertes aufstellt (z. B. Abzug «neu für alt»). Soweit die Neuwertversicherung Art. 63 VVG widersprach, hätte das EVA – heute BPV – sie nicht bewilligen dürfen. Es ist zu vermuten, dass deshalb die Auffassung entwickelt wurde, der den Zeitwert übersteigende Betrag, der für die Anschaffung einer neuen Sache erforderlich sei, müsse als Aufwand im Sinne der Vermögensversicherung verstanden werden. Bei einer zeitgemässen Auslegung von VVG 63/48 wäre es möglich gewesen, den Neuwert als zulässiges Kriterium für die Bestimmung des Sachwertes zuzulassen. Die unnatürliche Konstruktion über die Vermögensversicherung, die dem VVG ohnehin fremd ist, hätte sich dann erübrigt. Vgl. auch hinten bei den N 1404 ff.

[1316] Vgl. hinten bei N 1356.

4. Taxierte Police

Bei Vertragsabschluss schätzt der Antragsteller den Versicherungswert der Sachen, die er versichern will, damit er die Versicherungssumme[1317] festsetzen kann. Im Versicherungsfall hat er zu beweisen, welche Sachen durch diesen betroffen, z. B. gestohlen worden sind, welchen Ersatzwert diese Sachen hatten und – bei blosser Beschädigung – wie gross der Aufwand zur Wiederherstellung der Sache sei. Dieser Beweis ist oft schwierig, z. B. wenn die Sachen gar nicht mehr vorhanden sind, etwa bei Diebstahl. Deshalb räumt Art. 65 VVG den Parteien die Möglichkeit ein, bei Vertragsabschluss einen Ersatzwert zu vereinbaren. Die Vereinbarung kann auch nach Abschluss des Vertrages erfolgen. Man nennt sie taxierten Versicherungswert oder taxierte Police oder Taxe oder police agréée[1318]. Mit der Taxierung wird eine Umkehrung der Beweislast bewirkt, da mit ihr die Vermutung verbunden ist, der vereinbarte Wert entspreche auch im Schadenfall dem wirklichen Ersatzwert. Dem Versicherer steht nun der Beweis offen, dass dies nicht zutrifft, dass m. a. W. der Ersatzwert im Zeitpunkt des Versicherungsfalles geringer als der vereinbarte Wert sei. Bei langer Dauer der Versicherung ist es durchaus möglich, dass der Wert der versicherten Sachen grösser oder kleiner geworden ist. Hingegen hat der Versicherungsnehmer zu beweisen, dass überhaupt eine Taxe vereinbart worden ist. Eine solche muss sich aufgrund der Auslegung des Vertrages mit genügender Deutlichkeit ergeben. Im Zweifelsfalle ist anzunehmen, dass keine Taxierung vorliegt.

Taxierungen kommen ab und zu vor bei Gegenständen, die einen Sammler- oder Kunstwert aufweisen: Briefmarkensammlungen, Kunstgemälde usw. Der Versicherer wird dann in der Regel durch Experten die zu versichernden Sachen ansehen und schätzen lassen. Dadurch kann er gelegentlich auch der Prophylaxe dienen, nämlich die Gefahr eines Versicherungsbetruges mildern; die taxierte Police erleichtert diesen wesentlich[1319],

---

[1317] Vgl. vorne bei N 1310.
[1318] Eingehend JAEGER, Komm. II S. 445 ff.
[1319] Um Missbräuche zu vermeiden, erklärt Art. 65 Abs. 2 VVG die Vereinbarung über den Versicherungswert als ungültig, «wenn ein künftiger Ertrag oder Gewinn gegen Feuersgefahr versichert wird». Es wird also nicht die Taxierung der Sache selbst, sondern lediglich jene des Gewinnes oder Ertrages verboten, der aus

wenn der Versicherer die Sachen bei Vertragsabschluss nicht besichtigen und schätzen lässt.

IV. ÜBER- UND UNTERVERSICHERUNG

Bei der Über- und Unterversicherung geht es um die Frage, ob die Versicherungssumme höher oder niedriger als der gesamte Ersatzwert der versicherten Sachen sei: Ist sie niedriger als der Ersatzwert, dann reicht sie bei Totalschaden nicht aus (Unterversicherung); der Versicherungsnehmer wird nur eine ungenügende Versicherungsleistung bekommen. Er hat aber auch eine zu geringe Prämie bezahlt. Ist die Versicherungssumme dagegen höher als der Ersatzwert (Überversicherung), so kann der Berechtigte auch bei Totalschaden nicht die ganze Versicherungssumme, sondern nur den Ersatzwert der versicherten Sachen beanspruchen[1320]; er hat die Prämie für eine zu hohe Versicherungssumme bezahlt. Umgekehrt besteht für ihn bei der Überversicherung eine gewisse Versuchung, im Schadenfall ungerechtfertigte Ansprüche zu stellen, um sich dadurch zu bereichern, z. B. um bei Totalschaden die ganze Versicherungssumme zu bekommen.

1. Überversicherung

Die Art. 50–52 VVG regeln die Überversicherung. Es sind verschiedene Tatbestände auseinanderzuhalten:

a) Überversicherung schon zur Zeit des Vertragsabschlusses

aa) Ist der Versicherungsnehmer bei Vertragsabschluss *gutgläubig,* so gilt der Vertrag. Im Versicherungsfall kann er nur den Ersatzwert und nicht die zu hohe Versicherungssumme beanspruchen.

bb) Hat der Versicherungsnehmer den Vertrag in der Absicht abgeschlossen, sich einen rechtswidrigen Vermögensvorteil zu verschaffen, d. h. in *betrügerischer Absicht,* so ist der Versicherer nach Art. 51 VVG an den Vertrag nicht gebunden[1321]: Er muss im Versicherungsfall keine Lei-

---

der Beschädigung oder Zerstörung der versicherten Sache entstehen kann (z. B. die Taxierung des Betriebsausfalles, wenn das versicherte Geschäftshaus abbrennt).

[1320] Auch bei der Doppelversicherung sind die Versicherungssummen zusammen höher als der Ersatzwert; vgl. Näheres vorne bei N 1051.

[1321] Vgl. vorne N 499a.

stung erbringen und hat trotzdem Anspruch auf die vereinbarte Prämie. Freilich muss er beweisen, dass der Versicherungsnehmer bei Vertragsabschluss einen rechtswidrigen Vorteil angestrebt hat, also bösgläubig gewesen ist[1322].

b) Überversicherung erst nach Vertragsabschluss

Die Versicherungssumme kann zwar bei Vertragsabschluss dem Versicherungswert entsprechen, nach einiger Zeit aber zu hoch sein, weil sich die versicherten Sachen entwertet haben. Wenn die Sachen zum Zeitwert und nicht zum Neuwert versichert sind, kann dieser Fall leicht eintreten: Z. B. der Hausrat verliert rasch an Wert, wenn er einmal in Gebrauch genommen ist. Nach Art. 50 VVG besteht ein Recht jeder Partei auf Herabsetzung der Versicherungssumme[1323]. Die entsprechende Prämienreduktion gilt jedoch erst für die künftigen Versicherungsperioden[1324]. Massgebend ist der Zeitpunkt, in welchem die Vertragspartei die Herabsetzung verlangt hat. Der Versicherungsnehmer kann, wie bereits erwähnt, im Versicherungsfall nur den Ersatzwert und nicht die zu hohe Versicherungssumme beanspruchen.

c) Kontrollrecht der Kantone

Art. 52 VVG[1325] räumt den Kantonen ein gewisses Kontroll- und Weisungsrecht ein, wenn die Überversicherung die Feuerversicherung betrifft. Die zuständige kantonale Behörde ist befugt, die Versicherungssumme aufgrund einer amtlichen Schätzung auf den Betrag des Versicherungswertes herabzusetzen, wenn die Überversicherung nicht als gerechtfertigt erscheint. Die kantonale Behörde kann also hoheitlich in ein privatrechtliches Vertragsverhältnis eingreifen. Mit dieser Befugnis versucht der Gesetzgeber der Gefahr vorzubeugen, dass ein Versicherungsnehmer bei Überversicherung absichtlich Feuer legt, und zudem unrichtige Angaben über den entstandenen «Schaden» macht, um sich auch dadurch noch zu bereichern.

[1322] KOENIG S. 321.

[1323] Es handelt sich um das durch das VVG ausdrücklich eingeräumte Recht, den Vertrag wegen veränderter Umstände zu modifizieren; vgl. vorne bei N 502 und KOENIG S. 322.

[1324] Vgl. dazu vorne bei N 671.

[1325] Einlässlich zu dieser singulären Bestimmung JAEGER, Komm. II S. 85 ff.

2. Unterversicherung

a) Kürzung der Versicherungsleistung

aa) Wenn die Versicherungssumme den Ersatzwert nicht erreicht, besteht Unterversicherung; die Summe genügt nicht. Art. 69 Abs. 2 VVG regelt die Ersatzpflicht: Sofern keine gegenteilige Vereinbarung getroffen wurde, ist der Schaden «in dem Verhältnis zu ersetzen, in dem die Versicherungssumme zum Ersatzwert steht». Die Versicherungsleistung wird also gekürzt. Für die Kürzung wird eine Verhältniszahl benötigt: das Verhältnis der Versicherungssumme zum Ersatzwert der versicherten Sachen. In der Versicherungssprache wird diese Kürzungsmethode *Proportionalregel* genannt. Da die Prämie durch die Höhe der Versicherungssumme beeinflusst wird, hat der Versicherungsnehmer bei der Unterversicherung eine zu geringe Prämie entrichtet. Deshalb darf der Versicherer seine Leistungen entsprechend der Proportionalregel kürzen. In der Praxis verwendet er dafür folgende Formel:

$$\text{Entschädigung des Versicherers} = \frac{\text{Schaden} \times \text{Versicherungssumme}}{\text{Ersatzwert}}$$

Ausgegangen wird vom totalen Ersatzwert unmittelbar vor dem Versicherungsfall; sodann wird der Wert der noch vorhandenen versicherten Sachen nach dem Versicherungsfall ermittelt. Die Differenz ist der Schaden. Dazu ein Beispiel[1326]:

Versicherungssumme	Fr. 70 000.-
Ersatzwert aller versicherten Sachen vor dem Versicherungsfall	Fr. 100 000.-
Abzüglich Wert nach dem Versicherungsfall	Fr. 40 000.-
Schaden somit	Fr. 60 000.-

$$\text{Entschädigung des Versicherers} = \frac{60\,000 \times 70\,000}{100\,000} = \text{Fr. } 42\,000.-.$$

Obwohl also der Schaden Fr. 60 000.- beträgt, erhält der Versicherungsnehmer vom Versicherer nur Fr. 42 000.-. Hätte der Versicherungsnehmer ei-

---

[1326] SUTER, Sachversicherung S. 71. Wenn der Vertrag die Sachen in Gruppen zusammenfasst, wird die Proportionalregel auf jede einzelne Gruppe angewendet.

nen Totalschaden erlitten – im erwähnten Beispiel also Fr. 100000.– –, so bekäme er nach dieser Formel vom Versicherer Fr. 70000.–, d. h. genau die volle Versicherungssumme.

bb) Die Unterversicherung spielt in Zeiten der Teuerung eine beträchtliche Rolle: Die Preise der versicherten Sachen steigen; wird die Versicherungssumme nicht erhöht, so kann sie nach wenigen Jahren ungenügend sein, so dass der Versicherungsnehmer im Schadenfall bei der Neuanschaffung erhebliche Beträge selbst tragen muss. Deshalb wird er vorsorgen, indem er schon bei Abschluss der Versicherung eine reichlich hohe Versicherungssumme wählt und diese von Zeit zu Zeit durch Nachversicherungen hinaufsetzt oder eine Versicherung mit steigender Versicherungssumme abschliesst. Soweit der Versicherer dazu bereit ist, wird er nicht den Zeitwert, sondern den Neuwert versichern[1327].

b) Versicherung auf erstes Risiko und Teilwertversicherung

aa) Art. 69 Abs. 2 VVG ist keine zwingende Vorschrift[1328]. Durch Parteivereinbarung kann daher die Proportionalregel ausgeschaltet werden. Dies trifft bei der Versicherung auf erstes Risiko zu: Jeder versicherte Schaden wird auch dann *voll* ersetzt, wenn Unterversicherung besteht, aber ebenfalls nur bis zur Höhe der Versicherungssumme. Bei Totalschaden[1329] muss der Versicherungsnehmer, wenn die Versicherungssumme den Schaden nicht voll deckt, den überschiessenden Teil selbst tragen. Versicherung auf erstes Risiko wird etwa in Fällen abgeschlossen, wo die AVB nur eine redu-

---

[1327] Aufgrund besonderer Vereinbarung kann der VN in der Haushalt- und in der Gebäudeversicherung – in jenen Kantonen, in denen die Privatversicherer diese Sparte betreiben; vgl. hinten bei den N 1336 ff. – die Versicherung mit automatischer Summenanpassung abschliessen. Die Hausratversicherung ist dabei an den Hausratsindex gebunden, den die Sachversicherer zusammen mit dem BPV entwickelt haben. Die Gebäudeversicherung stellt auf den Zürcher Gesamt-Baukostenindex ab. Die Versicherungssumme wird in der Regel jährlich an die Teuerung angepasst, wenn die Prämie fällig wird. Auch die Prämie erfährt eine entsprechende Erhöhung. – Die Indexpolice schützt in der Haushaltversicherung dann nicht vor Unterversicherung, wenn Neuanschaffungen getätigt werden, welche durch die ursprüngliche Versicherungssumme nicht erfasst wurden. Vgl. Weiteres bei SUTER, Sachversicherung Z. 22.45.

[1328] Vgl. zu diesem Begriff vorne bei N 270.

[1329] Vgl. vorne bei N 507.

zierte Versicherungssumme vorsehen: Es wird z. B. im Rahmen der Hausratversicherung für Effekten von Gästen am Versicherungsort oder auch für Geldwerte nur eine Versicherungssumme von Fr. 3 000.– festgesetzt, unabhängig davon, wie hoch die Versicherungssumme für die übrigen versicherten Sachen vereinbart ist.

bb) Die Versicherung erfolgt in der Praxis normalerweise «zum vollen Wert»: Versicherungssumme und Sachwert (Versicherungswert) stimmen bei Vertragsschluss überein. Der Versicherte wäre voll gedeckt, wenn in diesem Zeitpunkt ein Totalschaden eintreten würde. Wenn aber im Verlaufe der Zeit eine Unterversicherung entsteht, wird die Leistung des Versicherers nach der Proportionalregel im Sinne von VVG 69 II gekürzt[1330]. Dieser sog. *Vollwertversicherung* steht die *Teilwertversicherung* gegenüber: Die Versicherungssumme soll zum vornherein nur einen Teil des Gesamtwertes der versicherten Sachen abdecken, z. B. nur die Hälfte oder ein Fünftel. Die Proportionalregel wird durch Vereinbarung ganz oder doch teilweise ausgeschaltet. Teilwertversicherungen werden z. B. abgeschlossen, wenn ein Totalschaden nicht zu erwarten ist, wie z. B. in der Diebstahlversicherung: Im Schadenfall wird der Schaden bis zur Höhe der Versicherungssumme voll vergütet; im Ergebnis wirken sich die Teilwertversicherung und die Versicherung auf erstes Risiko für den Versicherungsnehmer ähnlich aus: im einen und andern Fall ist die Proportionalregel ausgeschaltet und bei Totalschaden keine genügende Versicherungssumme vorhanden.

cc) In der Sachversicherung wird oft ein Selbstbehalt[1331] vereinbart; der Versicherungsnehmer hat dann z. B. 10% oder 20% des an sich versicherten Schadens selbst zu tragen. Zulässig ist auch eine Franchise[1332], die jedoch in der Sachversicherung eher selten sein dürfte. Bei Unterversicherung ist – im Rahmen der Vollwertversicherung – zuerst die Proportionalregel anzuwenden und die Entschädigung entsprechend zu kürzen; erst von der gekürzten Entschädigung wird der Selbstbehalt abgezogen[1333]. Dieser berechnet sich demnach weder von der Versicherungssumme noch von der ungekürzten Entschädigung.

[1330] Vgl. vorne bei 1326.
[1331] Vgl. vorne bei N 955.
[1332] Vgl. vorne vor N 957.
[1333] Ebenso JAEGER, Komm. II S. 511 N 17, und KOENIG S. 332 N 1.

§ 46 FEUERVERSICHERUNG[1334]

I. STAATLICHE UND PRIVATE FEUERVERSICHERUNG

1. Die moderne Feuerversicherung für Gebäude ist in der Schweiz staatlichen, und zwar kantonalen Ursprungs. Wohl die älteste Gebäudeversicherungsanstalt ist jene des Kantons Aargau von 1805[1335].

Die Gebäudeversicherung beruht vor allem auf zwei Überlegungen: Dank den Versicherungsleistungen kann ein abgebranntes Gebäude rasch wieder aufgebaut werden – die Finanzierung ist sichergestellt –, so dass sich das Problem der Obdachlosigkeit lösen lässt (soziale Komponente). Auf einem versicherten Gebäude bekommt der Eigentümer sodann eher ein Hypothekardarlehen (Realkredit) als auf einem nichtversicherten; brennt das Gebäude ab, so kann entweder das neuaufgebaute Gebäude wieder als Grundpfand dienen oder aber die Versicherungsleistungen werden zur Befriedigung des Gläubigers herangezogen. Dadurch vermag die Gebäudeversicherung mittelbar den Wohnungsbau und ebenso den Bau von Geschäftshäusern und Fabriken zu fördern (wirtschaftliche Komponente).

2. 18 Kantone bzw. Halbkantone haben staatliche Brandversicherungsanstalten[1336]. Die Grundlage bildet öffentliches kantonales Recht. Die Anstalten haben eine *Monopolstellung:* Nur sie, nicht aber die privaten Versicherungsgesellschaften, dürfen die Gebäude gegen Feuer versichern. Zudem besteht ein *Obligatorium:* Grundsätzlich müssen alle Gebäude versichert sein. Das Versicherungsverhältnis ist öffentlich-rechtlicher Natur und untersteht nicht dem VVG.

3. Den privaten Feuerversicherern bleibt als Haupttätigkeitsgebiet in den erwähnten Kantonen die Mobiliar- oder Fahrhabeversicherung offen[1337]. In den Kantonen Waadt und Nidwalden ist auch sie monopolisiert und den

---

[1334] Vgl. insbesondere SUTER, Sachversicherung Z. 30, und KOENIG § 34.

[1335] Vgl. vorne N 29 und P. KOCH, SVZ 1985 S. 310, besonders S. 313 [zit. in N 31].

[1336] Keine staatliche Brandversicherungsanstalt haben die Kantone Genf, Wallis, Tessin, Uri, Schwyz, Obwalden und Appenzell I.-Rh. In diesen Kantonen werden die Gebäude bei privaten Versicherungsgesellschaften gegen Feuer usw. versichert.

[1337] Die AVB der privaten Feuerversicherer sind in der Schweiz vereinheitlicht.

kantonalen Brandversicherungsanstalten übertragen. Der Kanton Glarus besitzt eine staatliche Mobiliarversicherungsanstalt, die kein Monopol hat und somit in Konkurrenz zu den privaten Feuerversicherern steht.

4. Die Mobiliarversicherung ist in einigen Kantonen obligatorisch, in andern fakultativ. So ist sie z. B. im Kanton Bern obligatorisch; die Bürger müssen die Versicherung jedoch bei privaten Versicherungsgesellschaften abschliessen. Der Versicherungsvertrag untersteht hier dem VVG; lediglich die Vorschriften über das Obligatorium sind kantonales öffentliches Recht.

5. Art. 48 Abs. 1 VAG enthält eine eigenartige Kompetenznorm. Die Kantone «können den Feuerversicherungseinrichtungen mässige Beiträge an den Brandschutz auferlegen und von ihnen zu diesem Zweck Angaben über die auf ihr Kantonsgebiet entfallenden Feuerversicherungssummen einholen». Diese Beiträge nennt man Löschsteuer. Sie wird naturgemäss auf die Versicherungsnehmer überwälzt[1338].

II. VERSICHERTE FEUERGEFAHR

1. Versicherte Gefahr ist das Feuer oder der Brand. Das VVG definiert diese Begriffe nicht. Ihre Umschreibung erfolgt durch Rechtsprechung und Wissenschaft.

a) Als Brand gilt nur das *Schadenfeuer,* nicht aber das *Nutzfeuer.* Letzteres ist das gewollte, für bestimmte Zwecke verwendete Feuer, das seinen ordnungsgemässen Herd hat (Feuer im Kochherd, an der Zigarette usw.). Brand im Sinne der Feuerversicherung ist das Schadenfeuer, das die Fähigkeit hat, sich ausserhalb seines Herdes aus eigener Kraft fortzuentwickeln[1339]. Nutzfeuer kann zum Schadenfeuer werden, z. B. wenn die brennende Zigarette im Papierkorb einen Zimmerbrand verursacht.

b) Verschiedene Schäden werden durch die AVB von der Versicherung

---

[1338] Es dürfte sich nicht um einen Beitrag im Sinne des Verwaltungsrechts, sondern um eine Steuer, und zwar um eine Zwecksteuer, handeln; vgl. zu diesem Begriff MAURER, SVR I S. 376 f., besonders bei N 852. Vgl. zur Höhe der Steuer U des BGer vom 10. 7. 1981, teilweise pbl. in SVZ 1982 S. 141 ff.

[1339] KOENIG S. 337 und ähnlich PRÖLSS-MARTIN, deutsches VVG zu § 82 N 2 sowie SUTER, Sachversicherung Z. 30.111; vgl. auch die interessanten, teilweise jedoch überholten Ausführungen von JAEGER, Komm. II N 4 ff. zu Art. 63.

ausgeschlossen[1340], z. B. Schäden an den elektrischen Anlagen selbst, die zufolge Kurzschlusses entstehen[1341]. Nicht versichert sind regelmässig *Sengschäden*[1342], sofern sie sich nicht zu einem eigentlichen Feuer entwickeln.

c) Es ist grundsätzlich unerheblich, aus welcher Ursache ein Schadenfeuer entsteht, ob durch menschliche Unvorsichtigkeit[1343], durch Blitzschlag usw.

d) Art. 63 Abs. 2 VVG bestimmt in zwingender Weise folgendes: «Als Feuerschaden ist auch derjenige Schaden anzusehen, der durch Löschen des Feuers oder durch notwendiges Ausräumen eintritt und in der Vernichtung, Beschädigung oder in dem Abhandenkommen der Sache besteht». Der Brand ist für Schäden dieser Art in der Regel die adäquate, mittelbare Ursache[1344].

2. Durch die AVB der Feuerversicherer werden in der Schweiz – ohne dass das Gesetz dies vorschreibt – weitere Gefahren versichert, die nicht unter den Begriff des Schadenfeuers fallen:

a) Schäden infolge *Blitzschlages,* bei welchem sich der Blitz nicht entzündet («kalter Blitz», der z. B. «Trümmerschäden» an den Fenstern verursacht).

b) Schäden zufolge von *Explosionen*[1345], z. B. wegen Berstens einer Gasleitung, ohne dass daraus ein Schadenfeuer entsteht (wiederum «Trümmerschaden»).

[1340] Vgl. zu den Ausschlüssen vorne bei N 533 und bei den N 1264 ff.

[1341] Die daraus allenfalls entstehenden Feuerschäden sind jedoch gedeckt.

[1342] Die Feuerversicherer übernehmen oft den ersten Sengschaden eines Kunden aus Kulanzgründen.

[1343] Bei absichtlicher oder grobfahrlässiger Verursachung eines Schadenfeuers gelten die Bestimmungen von Art. 14 VVG; vgl. vorne § 36.

[1344] Vgl. zur Kausalität vorne bei den N 893 ff. – Wenn nicht der Sachwert selbst zu ersetzen ist, liegt keine Sachversicherung, sondern eine Vermögensversicherung vor; dies trifft z. B. für das erwähnte «Ausräumen», d. h. für die Kosten der Wegschaffung des Brandschuttes usw. zu.

[1345] Die AVB bestimmen ausdrücklich, dass ein Überschallknall nicht als Explosion gilt. – Einzelheiten bei SUTER, Sachversicherung S. 115 ff. – Eigentliche Feuerschäden, die aus Blitzschlag, Explosion und durch abstürzende Flugzeuge entstehen, sind ohnehin versichert; mit der Erwähnung von Blitzschlag usw. in den AVB der Feuerversicherer kann deshalb nur der Schaden gemeint sein, der nicht durch Feuer verursacht wird.

Sachversicherung

c) Schäden durch *abstürzende Flugzeuge* an versicherten Gebäuden und Mobilien, auch wenn kein Schadenfeuer ausbricht.

d) *Elementarschaden* wie Hochwasser, Hagel, Sturmwind[1346], Lawinen usw., sofern die gegen Feuer versicherten Sachen durch solche Ereignisse betroffen werden[1347, 1347a].

III. GEGENSTAND DER FEUERVERSICHERUNG UND VERSICHERUNGSORT

1. a) Gegenstand der Feuerversicherung sind alle beweglichen und unbeweglichen Sachen, die überhaupt verbrennen oder durch Brand zumindest beschädigt werden können; aufgrund besonderer Vereinbarung werden auch Wertpapiere und Bargeld – sie gehören zu den beweglichen Sachen – versichert[1348].

b) Die Feuerversicherung ist eine Sachversicherung, da sie zerstörte Sachwerte ersetzt. Auf besonderen Antrag wird mit ihr oft eine *Vermögensversicherung* verbunden: z.B. die Versicherung für Mietzinsverlust, wenn der Eigentümer sein Gebäude wegen eines Brandes nicht mehr vermieten kann und dadurch einen Ausfall an Mietzinseinnahmen erleidet. Sie wird nicht mehr als Sachversicherung angesehen, da es nicht um den Wert der beschädigten oder zerstörten Sachen selbst geht, sondern um eine

---

[1346] Er wird in den AVB definiert als «Wind von mindestens 75 km/h, der in der Umgebung der versicherten Sachen Bäume umwirft oder Gebäude abdeckt».

[1347] Auch die kantonalen Brandversicherungsanstalten versichern Elementarschaden. – Die privaten Feuerversicherer haben 1953 die Elementarschäden in die Feuerversicherung eingeschlossen und zu diesem Zweck den Schweizer Elementarschaden-Pool gegründet; Näheres bei SUTER, Sachversicherung S. 119 ff. und 282 f.

[1347a] U des BGer vom 24.1.1975, in SVA XIV No. 56: Ein Elementarschaden liegt nur vor, wenn der Schaden ausschliesslich oder vorwiegend auf plötzlich auftretende geologische, physikalische oder klimatische Ereignisse zurückzuführen ist. Dies traf hier nicht zu. Die Ausbeutung des Steinbruches durch Sprengungen der Felswände hatte das natürliche Gleichgewicht gestört, weshalb sie die vorwiegende Ursache des Felsabbruches bildete; die Naturkräfte – Regen usw. – hatten diesen lediglich noch ausgelöst («... avaient joué un rôle de simple catalyseur»).

[1348] In der Hausratversicherung sind Geldwerte gegen Feuerschaden bis zu einem bestimmten Betrag bereits durch die AVB gedeckt; es handelt sich um eine Versicherung auf erstes Risiko; vgl. vorne bei den N 1328 f.

Belastung des Vermögens durch Mindereinnahmen, was für die Vermögensversicherung[1349] charakteristisch ist. Immerhin ist diese Belastung durch die Zerstörung, Beschädigung oder den Verlust der versicherten Sache selbst verursacht worden.

2. a) Versichert sind in der Regel Sachen, die sich an einem bestimmten Ort befinden, z. B. der Hausrat in einer bestimmten Wohnung. In den vertraglich festgelegten zeitlichen und räumlichen Grenzen gilt die Versicherung auch, wenn diese Sachen vorübergehend den Standort wechseln, z. B. weil sie für eine gewisse Zeit ins Ferienhaus oder auf die Reise mitgenommen werden[1350]. Man nennt dies die *Aussenversicherung*[1351].

b) Für Sachen, die mehr oder weniger regelmässig in Zirkulation sind, kann durch besondere Vereinbarung eine *Zirkulationsversicherung* abgeschlossen werden. Man denke z. B. an Musterkoffer von Reisevertretern.

c) Einen eigenen Versicherungszweig bildet die *Auto-Kaskoversicherung*[1352]: Motorfahrzeuge sind naturgemäss oft in Zirkulation. Die Auto-Kaskoversicherung könnte insofern ebenfalls als Zirkulationsversicherung bezeichnet werden. Sie schliesst nicht nur das Brandrisiko, sondern weitere Risiken, wie Beschädigungen durch Kollision (Vollkasko), ferner Diebstahl usw. ein.

IV. ERSATZLEISTUNG

1. Der Feuerversicherer hat, wie jeder Sachversicherer, den Ersatzwert[1353] gemäss Art. 62 VVG zu ersetzen. Art. 63 VVG enthält eine Reihe von Bestimmungen, wie der Ersatzwert in der Feuerversicherung zu bemessen ist. Diese Bestimmungen sind nach Art. 98 VVG absolut zwingend,

---

[1349] Vgl. eingehend zur Feuer-Betriebsunterbrechungs- und zur Feuer-Mietertragsversicherung SUTER, Sachversicherung Z. 36 und 38 sowie zur Vermögensversicherung hinten bei N 1403. – Haftpflichtrechtlich spricht man etwa von mittelbarem Schaden, vgl. OFTINGER, Haftpflichtrecht I S. 59 f.

[1350] Bei persönlichen Effekten, eingeschlossen Schmucksachen, kommt dies beim heutigen Tourismus häufig vor.

[1351] SUTER, Sachversicherung Z. 23.2.

[1352] Vgl. hinten bei den N 1376a ff. – Dies gilt auch für die Flugzeug-Kaskoversicherung.

[1353] Vgl. vorne bei N 1311.

dürfen also durch Parteiabrede nicht abgeändert werden[1354]. Zu Art. 63 VVG einige Einzelheiten:

a) Für Waren und Naturerzeugnisse ist nach Z. 1 der Marktpreis zur Zeit des Versicherungsfalles zu ersetzen. Dies ist der Preis, den der Versicherungsnehmer auslegen müsste, um sich Güter gleicher Art und gleicher Qualität wieder zu beschaffen[1355] (Wiederbeschaffungspreis).

b) Für Gebrauchsgegenstände (Hausrat, Arbeitsgeräte usw.) gilt gemäss Z. 3 als Ersatzwert grundsätzlich der Preis, der für die Anschaffung *neuer* Sachen ausgelegt werden müsste (Neuanschaffungspreis). Es besteht jedoch eine wichtige Einschränkung: Der Versicherer soll einen Abzug machen, wenn diese Gegenstände durch Abnutzung oder aus andern Gründen[1356] (z. B. wegen Änderung der Mode) eine Wertverminderung erlitten haben. Dies ist der «Abzug neu für alt» gemäss der Alltagssprache der Versicherer. Die Wertverminderung ist dabei «in billige Berücksichtigung zu ziehen», wie Z. 3 es ausdrückt. Es soll also der Grundsatz der Billigkeit beachtet werden.

c) Bei Gebäuden gilt nach Z. 2 als Ersatzwert der ortsübliche Bauwert: der Preis, den die Wiederherstellung eines gleichen Gebäudes kostet. Auch hier ist jedoch ein «Abzug neu für alt» vorgesehen, um der «seit der Erbauung eingetretenen baulichen Wertverminderung» Rechnung zu tragen. Wenn das Gebäude nicht wieder aufgebaut wird, darf nach Z. 2 der Ersatzwert den Verkehrswert nicht übersteigen. Wenn also der Verkehrswert z. B. wegen einer Krise auf dem Immobilienmarkt tief ist, kann nur dieser tiefe und nicht der allenfalls höhere Bauwert beansprucht werden. Es soll kein Anreiz zu Brandstiftungen geboten werden[1357].

[1354] Vgl. vorne bei N 270 und die Bemerkung vorne N 1315.

[1355] Eingehend JAEGER, Komm. II S. 384 N 53 ff.

[1356] Wenn z. B. Möbelstücke oder Bücher auch nur wenige Tage gebraucht worden sind, können sie nur mehr zu einem «Occasionspreis» verkauft werden, der wesentlich tiefer als der Neupreis ist. Deshalb hat das VVG für den Hausrat usw. nicht den Marktpreis, sondern den Neuanschaffungspreis als Grundlage genommen und die Korrektur mit dem «Abzug neu für alt» vorgesehen. Vgl. Einzelheiten zu den Abzügen wegen Alters und Abnützung bei JAEGER, Komm. II S. 417 N 120 ff. – Bei der Neuwertversicherung entfällt der «Abzug neu für alt»; vgl. vorne bei N 1316.

[1357] KOENIG S. 349 und SUTER, Sachversicherung Z. 22.23. – Weiteres zu Z. 2 und zur sog. Wiederaufbauklausel bei GRETENER, Ersatzwert S. 13 ff., 26 ff. und 69 ff.

2. Die Regeln der Art. 50–53 und 71 VVG betreffend Über-, Unter- und Doppelversicherung[1358] gelten auch für die Feuerversicherung.

§ 47 DIEBSTAHL-, WASSERSCHADEN- UND GLASVERSICHERUNG

I. ALLGEMEINES

1. Die Diebstahl- und die Wasserschadenversicherung knüpfen an die versicherte Gefahr an, indem sie Sachen gegen die Gefahren des Diebstahls und der Beschädigung durch Wasser versichern. Die Glasversicherung geht demgegenüber von der versicherten Sache aus: vom Glas, das bei Bruch aus den verschiedensten Ursachen versichert wird.

2. Jede der drei Versicherungen kann als *einfache Versicherung* abgeschlossen werden; dies bedeutet, dass im gleichen Vertrag nur eine der drei Sparten versichert ist, wie z. B. bei der Diebstahlversicherung für Banken. Häufiger sind Kombinationen der verschiedensten Art, z. B. folgende *kombinierte* Versicherungen[1359]: In der Hausratversicherung[1360] werden in der Regel alle drei Sparten, zusammen mit der Feuerversicherung, kombiniert; in der Geschäftspolice wird neben den erwähnten die Betriebsunterbrechungs-Versicherung einbezogen; in der Auto-Kaskoversicherung[1361] bilden die Risiken Feuer-, Diebstahl- und Glasversicherung die Teilkaskoversicherung; in der Skiversicherung werden Diebstahl und Bruch der Ski, gelegentlich auch die Haftpflicht des Eigentümers, gedeckt, wenn er durch Skifahren einen Schaden verursacht; in der Transportversicherung ist

---

[1358] Vgl. vorne bei den N 1320 ff., 1326 und 1051.

[1359] Vgl. zu diesem Begriff vorne N 1306.

[1360] Die «Allgemeinen Bedingungen für Versicherung von Hausrat und Gebäuden gegen Feuer-, Diebstahl-, Wasser- und Glasbruchschaden» sind in der Schweiz vereinheitlicht; bei zahlreichen Gesellschaften kann durch den gleichen Vertrag auch die Privat-Haftpflichtversicherung mitgedeckt werden. Man spricht dann von der «Haushaltpolice». Die Begriffe «Hausrat»- und «Haushalt»-Versicherung werden bald als synonym (auswechselbar), bald in dem Sinne verwendet, dass die Haushaltversicherung den Oberbegriff und die Hausratversicherung den Unterbegriff bildet.

[1361] Vgl. hinten nach N 1376a.

Diebstahl und Glasbruch in der Regel mitgedeckt. Deckungsumfang und Ausschlüsse betreffend die gleiche Sparte weisen von Gesellschaft zu Gesellschaft und auch zwischen der einfachen und der kombinierten Versicherung bisweilen erhebliche Unterschiede auf, soweit die AVB nicht vereinheitlicht sind. Im folgenden sollen nur wenige Eigenheiten und Gemeinsamkeiten herausgestellt werden[1362].

II. DIEBSTAHLVERSICHERUNG[1363]

1. In der Diebstahlversicherung werden drei Tatbestände unterschieden:

a) Der versicherungsrechtliche Tatbestand des *Einbruches* ist gegeben, wenn der Täter gewaltsam in ein Gebäude oder in einen Raum eines Gebäudes eindringt oder darin Behältnisse gewaltsam aufbricht (z. B. der Kassenschrankknacker) oder wenn er falsche Schlüssel verwendet oder die richtigen Schlüssel sich gewaltsam aneignet, jeweilen mit dem Ziel zu stehlen.

b) *Beraubung* ist Diebstahl unter Androhung oder Anwendung von Gewalt gegen Personen sowie Diebstahl bei Unfähigkeit einer Person zum Widerstand infolge von Hinschied, Ohnmacht oder Unfall.

c) *Einfacher*[1364] Diebstahl ist jeder Diebstahl, bei welchem die unter lit. a und b genannten Voraussetzungen fehlen, also wenn der Täter z. B. in eine nicht verschlossene fremde Wohnung eintritt und Sachen entwendet, die gerade herumliegen, oder wenn der Hotelgast Silberbesteck mitlaufen lässt, das er beim Essen benutzt hat oder wenn Wäsche, die auf dem Vorplatz hängt, gestohlen wird.

2. Die soeben beschriebenen Tatbestände sind auseinanderzuhalten, wenn das *Risiko* oder wenn die *Leistungen* unterschiedlich geregelt sind. So wird der einfache Diebstahl nicht immer in die Versicherung einge-

---

[1362] Für alles Weitere wird auf SUTER, Sachversicherung, verwiesen.

[1363] H. R. SUTER, Allgemeine Bedingungen der Diebstahl-Versicherung, 2. A., Bern 1978.

[1364] Die Begriffe Einbruch, Beraubung und einfacher Diebstahl stammen aus dem Strafrecht, sind aber als versicherungsrechtliche Begriffe zu verstehen; ihre Merkmale und Inhalte sind durch Auslegung der betreffenden Versicherungsverträge zu ermitteln. – Der Panzerschrank konnte mit einem Kniff ohne Benützung eines Schlüssels geöffnet werden; dafür bestand hier Deckung: U der Cour de justice civile du Canton de Genève vom 8. 12. 1978, in SVA XIV No. 105.

§ 47 Diebstahl-, Wasserschaden- und Glasversicherung

schlossen; bei Beraubung muss gegen bestimmte Kategorien von Personen Gewalt angewendet worden sein, z. B. gegenüber dem Versicherungsnehmer selbst oder gegen seine mit ihm im gleichen Haushalt lebenden Familienangehörigen. Dies sind Fragen des Risikoumfanges (der Deckung). Die Versicherungsleistungen sind z. B. in den AVB der Hausratversicherung unterschiedlich geregelt: Bei Einbruchdiebstahl beträgt die Leistung für Geldwerte höchstens Fr. 3 000.– und für Schmucksachen in der Regel höchstens Fr. 10 000.–.[1365] Mit dieser tiefen Ansetzung der Versicherungssumme wird dem Umstand Rechnung getragen, dass sich nur selten zuverlässig abklären lässt, ob überhaupt und in welchem Masse Geld usw. gestohlen worden ist.

3. Der Anspruchsberechtigte hat im Schadenfall die Pflicht, unverzüglich die Polizei zu benachrichtigen und jedenfalls eine amtliche Untersuchung zu veranlassen. Diese Obliegenheit dient in erster Linie der Aufklärung des Falles; sie hat darüber hinaus eine psychologische Wirkung: Der Versicherte wird eher davon abgehalten, dem Versicherer einen Diebstahl zu melden, wenn er die Sache z. B. bloss verloren oder verlegt hat, weshalb ihm kein Anspruch auf Entschädigung zusteht.

4. Die Diebstahlversicherung ist als einfache Versicherung[1366] ausgestaltet worden für Banken, Bijouterien sowie für Reisegepäck[1367].

III. WASSERSCHADENVERSICHERUNG

1. Gebäude und Fahrhabe (bewegliche Sachen) können durch Wasser beschädigt werden. Die Wasserschadenversicherung deckt solche Schäden, soweit sie aus bestimmten Ursachen entstehen: z. B. wenn Wasser aus den Leitungsanlagen (Wasserleitungen) eines Gebäudes fliesst, das im Vertrag bezeichnet ist; ferner wenn Regen-, Schnee und Schmelzwasser vom Dach, aus Dachrinnen, Ablaufrohren oder durch das Dach selbst ins Innere des

---

[1365] Es handelt sich um eine Versicherung auf erstes Risiko. Eine Kürzung der Leistungen im Versicherungsfall wegen Unterversicherung ist daher nicht zulässig; vgl. vorne bei N 1328 f.

[1366] Vgl. zu diesem Begriff vorne vor N 1359.

[1367] Der VN sollte vor Antritt der Reise stets prüfen, ob die Versicherung in allen Ländern gilt, die er bereisen will. Ist ein Land durch die AVB nicht gedeckt, kann er es meistens durch einen Prämienzuschlag in die Versicherung einschliessen.

Gebäudes eingedrungen ist; wenn ein Rückstau aus Abwasserkanalisation oder Grundwasser im Innern des Gebäudes Schäden verursacht. Verschiedene Ausschlüsse engen die Deckung ein; es werden z. B. Schäden an Kälteanlagen (Kühlschränke usw.), verursacht durch künstlich erzeugten Frost, ausgeschlossen.

2. Die Wasserschadenversicherung schliesst in der Regel ein kleines Stück Haftpflichtversicherung[1368] ein: Wird der Versicherungsnehmer gegenüber einem Dritten wegen eines Wasserschadens haftbar, so ist seine Haftpflicht mit einer auf wenige tausend Franken beschränkten Versicherungssumme gedeckt. Wenn der Mieter einer Wohnung fahrlässig Wasser aus einer Leitung auslaufen lässt und dadurch den Nachbarn der tiefer gelegenen Wohnung schädigt und dafür haftbar wird, so ist diese Haftpflicht durch die Wasserschadenversicherung gedeckt.

3. Die Wasserschadenversicherung kann sowohl vom Eigentümer eines Gebäudes oder einer Wohnung als auch von einem Mieter abgeschlossen werden[1369]. Es ist in der Regel rationeller, dies nicht durch Einzelversicherung, sondern z. B. im Rahmen einer Gebäude- oder einer Hausratversicherung durch kombinierten Vertrag, zu tun.

IV. GLASVERSICHERUNG

1. Gebäude und Wohnungen sowie das Mobiliar weisen Verglasungen der verschiedensten Art auf, z. B. Fenster und Vorfenster, Glastüren, Schaufenster, Reklametafeln usw. Daneben gibt es auch Glas von besonderer Bedeutung, wie etwa Wappenscheiben, Glasmalereien, Kirchenfenster.

2. Die Glasversicherung deckt die Gefahr des Glasbruches, gleichgültig aus welcher Ursache dieser erfolgt, z. B. durch menschliche Gewaltanwendung oder ohne solche. Es gilt das Prinzip der Universalität. Hingegen schliesst auch die Glasversicherung bestimmte Gefahren aus, z. B. Schäden, die beim Einsetzen oder Anschrauben auftreten – man denke an Vorfenster.

3. Die Glasversicherung wird als einfache Versicherung[1370], oder, in

---

[1368] Vgl. vorne N 1305.

[1369] Schliessen sowohl Eigentümer als auch Mieter für die gleichen Sachen eine Wasserschadenversicherung ab, so liegt u. U. Doppelversicherung und somit eine Prämienverschleuderung vor; vgl. vorne bei N 1051.

[1370] Vgl. vorne bei N 1359.

Verbindung mit andern Sparten, durch kombinierten Vertrag, abgeschlossen.

Erwähnt seien noch die Teilkaskoversicherung[1371] für Autos – sie deckt u. a. Schutzscheiben, Lampen und andere Verglasungen gegen Bruch – und die Hausratversicherung[1372].

4. Eine Eigenheit der Glasversicherung besteht darin, dass sich der Versicherer in den AVB vorbehält, bei Glasbruch seine Leistung in natura, als Naturalleistung[1373], zu erbringen, und zwar Material und Arbeit; er erteilt m. a. W. dem Handwerker den Auftrag, die Reparatur auszuführen und das notwendige Material zu beschaffen[1374].

§ 48 MOTORFAHRZEUG-KASKO- UND -REPARATURVERSICHERUNG

I. ÜBERBLICK

1. Die Kaskoversicherung versichert Transportmittel, also Motorfahrzeuge, Schiffe, Flugzeuge u. a. m. gegen verschiedenartige Gefahren. Sie wird leistungspflichtig, wenn das versicherte Transportmittel selbst z. B. beschädigt, zerstört oder auch gestohlen wird. Sie ist somit Sachversicherung. Sie verbindet diese, wenn auch in engen Grenzen, oft mit einer Vermögensversicherung[1374a]. In ihrem Kernbereich deckt sie Schäden, die durch äussere Gewalteinwirkung, in einem übertragenen Sinn also unfallmässig, durch Kollision, Feuer, Elementarschaden usw., entstehen; daneben erstreckt sie sich aber auch auf den Verlust durch Diebstahl. Anders dagegen die in der Schweiz vor einigen Jahren neu auf den Markt gebrachte Auto-Reparaturkostenversicherung[1375]: sie versichert nur die nicht unfallbedingten Reparaturen. In entfernter Analogie zur Personenversicherung

---

[1371] Vgl. hinten nach N 1376a.
[1372] Näheres vorne N 1360.
[1373] Vgl. zu diesem Begriff vorne bei den N 937 ff.
[1374] Auch in der Wasserschaden-Versicherung kann der Versicherer die Handwerker mit der Reparatur beauftragen.
[1374a] Vgl. hinten bei N 1382.
[1375] Die Helvetia-Unfall hat diesen Versicherungszweig in der Schweiz eingeführt; vgl. NZZ vom 23. 6. 1976 S. 19. Nur sie betreibt ihn.

kann man etwa sagen, die Kaskoversicherung sei die Unfallversicherung und die Reparaturversicherung sei die Krankenversicherung für das Transportmittel.

Die folgenden Ausführungen beschränken sich auf die Auto-Kasko- und die Auto-Reparaturversicherung.

2. Die Auto-Kaskoversicherung wird als einfache Versicherung, d. h. für sich allein, oder aber kombiniert[1376] mit der Motorfahrzeug-Haftpflichtversicherung und allenfalls mit der Insassenversicherung abgeschlossen. Von der Haftpflichtversicherung ist sie ihrer Natur nach völlig verschieden. Sie leistet, wenn das Fahrzeug selbst durch den Versicherungsfall betroffen, also beschädigt, zerstört oder gestohlen wird. Die Haftpflichtversicherung deckt dagegen die Haftpflicht des Halters und bestimmter anderer Personen, z. B. des Lenkers, wenn sie mit dem Fahrzeug Dritte, z. B. einen Fussgänger oder andere Motorfahrzeughalter, schädigen und für den angerichteten Schaden ersatzpflichtig werden. Die Haftpflichtversicherung ist nach Art. 63 SVG obligatorisch. Die Kaskoversicherung ist demgegenüber fakultativ; kein Halter ist deshalb gesetzlich verpflichtet, sie abzuschliessen.

3. Die AVB für die Auto-Kaskoversicherung sind in der Schweiz nicht vereinheitlicht. Sie können daher von Gesellschaft zu Gesellschaft hinsichtlich Deckungsumfang und Leistungen erhebliche Unterschiede aufweisen. Zahlreiche Kaskoversicherer haben ihre AVB jedoch auf den Vertragstypus ausgerichtet, der im folgenden kurz skizziert wird.

II. AUTO-KASKOVERSICHERUNG[1376a]

Auseinanderzuhalten sind die Teil- und die Vollkaskoversicherung.

1. Teilkasko

Sie deckt in der Regel die Risiken Diebstahl, Feuer, Elementargewalt (besonders wichtig: Hagelschläge), Schneerutschschäden (v. a. Dachlawinen), Glasschäden (Schutzscheiben, Lampen usw.), Tierschäden, d. h. Schäden, die entstehen, wenn ein Tier, z. B. Wild, auf einer öffentlichen

---

[1376] Vgl. vorne N 1306.

[1376a] Vgl. MÜLLER, Haftpflichtversicherung, Teil III Z. 24, mit Einzelheiten zur Kaskoversicherung.

Strasse mit dem Fahrzeug kollidiert, so dass dieses beschädigt oder zerstört wird.

2. *Vollkaskoversicherung*

Sie deckt zunächst alle Risiken der Teilkaskoversicherung und zusätzlich das Kollisionsrisiko[1377], das «gewaltsame Beschädigung» genannt wird: «Schäden durch plötzliche gewaltsame äussere Einwirkung», durch Kollision mit einem andern Fahrzeug, mit einer Mauer usw. Dieses Kollisionsrisiko ist bei weitem das schwerste, in der Kaskoversicherung gedeckte, Risiko. Es wirkt sich entsprechend in der Prämie aus.

3. *Ausschlüsse*

Schäden aus verschiedenen Ursachen sind von der Versicherung ausgeschlossen; die AVB nennen sie «nicht versicherte Schäden»; z. B. Betriebs- und Abnützungsschäden (Federbrüche usw.), Schäden wegen Ölmangels und wegen Fehlens oder Einfrierens des Kühlwassers, Schäden, verursacht durch einen Lenker, der keinen gültigen Führerausweis besitzt, sofern der Versicherungsnehmer dies hätte erkennen können.

4. *Leistungen*

a) Der Kaskoversicherer bezahlt bei Teilschaden die Rechnungen für die erforderlichen Reparaturen und bei Totalschaden grundsätzlich den Ersatzwert gemäss Art. 62 VVG, d. h. den Wert zur Zeit des Versicherungsfalles oder – was dasselbe bedeutet – den Zeitwert[1378]. Die AVB enthalten normalerweise eine Klausel, wonach der Zeitwert mangels Einigung nach den «Tabellen und Richtlinien» für die Ermittlung des Zeit- und Verkehrswertes gebrauchter Motorfahrzeuge und Anhänger, ausgearbeitet vom Verband der freiberuflichen Fahrzeug-Sachverständigen (VFFS), bestimmt wird[1379]. Diese Richtlinien legen tabellarisch die Abzüge, gestaffelt nach Betriebsjahren, fest («Abzug neu für alt»)[1380]. Häufig wird die Kaskoversicherung jedoch mit Zeitwertzusatz[1381] abgeschlossen. In den AVB ist die-

---

[1377] Zur besseren Einprägung: Vollkasko = Teilkasko plus Kollisionsrisiko.
[1378] Vgl. vorne bei N 1311a.
[1379] Diese «Richtlinien» spielen in der Praxis zur Motorfahrzeug-Kasko- und -Haftpflichtversicherung eine bedeutende Rolle.
[1380] Vgl. vorne bei N 1356.
[1381] In der Praxis und teilweise auch in der Literatur wird oft der Ausdruck Neu-

ser für das 1., 2. usw. Betriebsjahr angegeben. Er beträgt z. B. im 2. Betriebsjahr 95–90% des Katalogpreises, wobei Bruchteile eines Jahres verhältnismässig angerechnet werden. Der Zeitwertzusatz darf nicht höher als der Preis sein, den der Versicherungsnehmer selbst bezahlt hat. Es soll also kein Anreiz geschaffen werden, den Versicherungsfall absichtlich herbeizuführen, um dadurch einen vielleicht beträchtlichen Gewinn zu erzielen. Bei Diebstahl gilt, dass die Entschädigung geschuldet ist, wenn das gestohlene Fahrzeug innert 30 Tagen nicht gefunden wird. Die Überreste oder das – nach einem Diebstahl – wieder aufgefundene Auto gehen in das Eigentum des Versicherers über, da dieser dafür die Versicherungsleistung erbracht hat. Ein Selbstbehalt gilt nur für die Voll–, nicht aber für die Teilkaskoversicherung.

b) Der Kaskoversicherer erbringt verschiedene zusätzliche Leistungen, einzelne davon jedoch nur aufgrund besonderer Vereinbarung. So ersetzt er in engen Grenzen die Auslagen, die dem Lenker und den Insassen des versicherten Fahrzeuges für Übernachten und die Rückfahrt mit der Bahn entstehen, wenn sich der Versicherungsfall im Ausland ereignet, ferner die Kosten des Rücktransportes des Fahrzeuges. Auf besondere Vereinbarung wird auch die Miete eines Ersatzfahrzeuges bis zu einem bestimmten Höchstbetrag versichert, ferner die durch den Versicherungsfall beschädigten Reiseeffekten der Insassen usw.

Die soeben erwähnten Leistungen decken also durchwegs Auslagen, die durch den Versicherungsfall entstanden sind[1382].

III. AUTO-REPARATURVERSICHERUNG

Sie bietet Schutz für die finanziellen Folgen von Reparaturen, die nicht unfallbedingt sind. Dabei übernimmt sie die Material- und die Arbeitskosten. Versichert sind Teile, die in den AVB abschliessend aufgezählt werden. Da die Reparaturanfälligkeit mit zunehmender Kilometerzahl wächst, werden die Materialkosten ab einem Kilometerstand von 50 000

---

wertzusatz verwendet. Er ist unzutreffend. Es wird nicht der Neuwert, z. B. der Katalogpreis, und darüber hinaus ein weiterer Betrag bezahlt – was für gebrauchte Autos nicht sinnvoll wäre –, sondern der Zeitwert und ein zusätzlicher Betrag.

[1382] Sie sind nicht der Sach- sondern der Vermögensversicherung zuzurechnen; vgl. hinten N 1412.

nicht mehr zu 100 Prozent, sondern nach einer absteigenden Skala ersetzt, die bei 100 000 km mit 40 Prozent endet[1383].

§ 49 TRANSPORTVERSICHERUNG[1384]

I. ENTWICKLUNG DER TRANSPORTVERSICHERUNG

1. a) Die Transportversicherung ist als Seeversicherung entstanden[1385]: Der Untergang eines Transportschiffes konnte sowohl den Eigentümer des Schiffes als auch den Eigentümer der Ladung finanziell ruinieren. Ab dem 14. Jahrhundert wurden in verschiedenen Ländern mit hochentwickelter Schiffahrt (Portugal, Niederlande, England usw.) gesetzliche Bestimmungen über die Seeversicherung erlassen.

b) Mit der Industrialisierung und vor allem seit dem Aufkommen der Eisenbahn ist auch die Versicherung von Landtransporten eingeführt worden. In jüngerer Zeit entstand zudem die Versicherung von Luftfracht.

c) Die Schweiz ist ein Land, das ungezählte Waren exportiert und importiert. Transporte führen oft durch verschiedene Länder. Für den gleichen Transport von Waren werden nicht selten mehrere Transportmittel eingesetzt: Camion, Eisenbahn, Schiff und Flugzeug. Neben dem Export/Import spielt im Zeitalter des Tourismus die Versicherung von Reisegepäck eine gewisse Rolle. Die Transportversicherung ist für die Schweiz insgesamt von beträchtlicher Bedeutung.

2. Das VVG enthält nur wenige Sonderbestimmungen über die Transportversicherung. Erwähnt seien folgende: Nach Art. 98 Abs. 2 sind die halbzwingenden Bestimmungen des Gesetzes für die Transportversicherung dispositives Recht[1386]; von ihnen kann in den AVB und durch Vereinbarungen im einzelnen Vertrage somit auch zuungunsten des Versicherungsnehmers abgewichen werden. Nach Art. 97 Abs. 2 sind sogar einzelne, besonders aufgeführte, sonst absolutzwingende Bestimmungen des

---

[1383] Seit März 1986 gelten neue AVB.
[1384] Näheres bei MEIER, Transportversicherung, und KOENIG § 36.
[1385] Vgl. vorne bei N 25; zur Geschichte einlässlicher MEIER, Transportversicherung S. 15 ff.
[1386] Vgl. vorne bei N 270.

Gesetzes nicht zwingend. Diese Regelung hat ihren besonderen Grund: Die Transportversicherung soll sich wegen ihrer internationalen Bedeutung möglichst frei entfalten können. Deshalb ist ihr Inhalt vorwiegend durch die AVB festzulegen[1387].

II. BEGRIFF UND ARTEN

1. a) Den Begriff der Transportversicherung definiert nicht das VVG; Doktrin und Rechtsprechung haben ihn umschrieben. Danach ist die Transportversicherung eine Versicherung gegen die Gefahren, denen die transportierten Güter und – eher ausnahmsweise – auch das Transportmittel selbst anlässlich des Transportes ausgesetzt sind[1388].

b) Für die Transportversicherung gilt das Prinzip der *Universalität der versicherten Gefahren*[1389]: Die Transportgüter sind grundsätzlich gegen alle Gefahren versichert, d.h. gegen Feuer, Abhandenkommen (wegen Diebstahls und aus andern Gründen), Elementarereignisse usw. Dem erwähnten Prinzip steht das Prinzip der *Spezialität der versicherten Gefahren* gegenüber: Eine Sache ist nur gegen die Gefahren versichert, welche im Vertrag ausdrücklich aufgezählt sind. Es bildet z.B. in der Feuer- und in der Kaskoversicherung die Regel. Beim Prinzip der Universalität sind die Ausschlussklauseln[1390] besonders wichtig.

2. Es gibt mehrere Kriterien für die Einteilung der Transportversicherung. So ist die See- und die Binnenversicherung (marine- und non-marine-insurance) zu unterscheiden; ferner die Güterversicherung und die Versicherung der Transportmittel selbst.

a) Die Güterversicherung umfasst hauptsächlich die Warenversicherung (Waren aller Art), die Reisegepäckversicherung und die Valorenversicherung[1391] (spezielle Versicherung für den Transport von Gold, Geld und andern besonders wertvollen Sachen).

[1387] Zur Vereinheitlichung der AVB vgl. hinten N 1391.

[1388] Ähnlich KOENIG S. 357, in Anlehnung an GIERKE, und JAEGER, Komm. II S. 430.

[1389] Nach § 129 Abs. 1 deutsches VVG «trägt der Versicherer alle Gefahren, denen die Güter während der Dauer der Versicherung ausgesetzt sind»; Näheres bei PRÖLSS-MARTIN, deutsches VVG zu § 129, N 1 ff.

[1390] Vgl. zu den Ausschlüssen vorne bei N 532 ff.

[1391] Die AVB für die Waren- und die Valorenversicherung sind in der Schweiz vereinheitlicht; MEIER, Transportversicherung S. 10, und vorne N 285 f.

b) Zur Versicherung der Transportmittel gehört in den meisten Ländern die Schiffs-Kaskoversicherung[1392]. Hingegen sind die Motorfahrzeug- und die Flugzeug-Kaskoversicherung in der Schweiz und in vielen andern Ländern aus der Transportversicherung herausgelöst und als selbständige Zweige ausgebaut worden[1393].

3. Die Transportversicherung ist eine Sachversicherung: Die transportierten Güter oder das Transportmittel selbst sind gegen Beschädigung, Diebstahl usw. versichert. Von ihr sind die Haftpflicht und die Haftpflichtversicherung zu unterscheiden, wenn die Transportgüter oder die Transportmittel Drittpersonen schädigen, so dass der Absender oder Empfänger der Ware oder auch der Halter des Transportmittels oder andere Personen für den Schaden des Dritten haftbar werden. Dazu ein Beispiel: Es ist radioaktives Material (z. B. Isotopen für ein Krankenhaus) zu transportieren. Wegen ungenügender Verpackung werden fremde Güter, etwa Filme, die mit dem gleichen Transport befördert werden, unbrauchbar, oder das Transportmittel selbst wird radioaktiv. Somit hat die transportierte Ware Drittpersonen oder auch den Eigentümer des Transportmittels geschädigt. In diesem Beispiel haftet z. B. der Absender der Isotopen. Die Transportversicherung deckt grundsätzlich nur Beschädigungen am Transportgut selbst; durch besondere Klauseln wird jedoch öfters auch die Haftung in eng begrenztem Rahmen versichert, die entsteht, wenn durch Transportgut oder Transportmittel Drittpersonen geschädigt werden. Es liegt dann eine kombinierte Versicherung[1394] vor, indem der Sachversicherung im gleichen Vertrag eine Haftpflichtversicherung angegliedert wird. Auch andere Vermögensversicherungen werden mit ihr verbunden, z. B. die Versicherung der Kosten, die dem Versicherungsnehmer entstehen, wenn er versucht, einen unmittelbar drohenden Versicherungsfall zu verhüten[1395].

III. VERSICHERTE UND NICHTVERSICHERTE TRANSPORTGEFAHREN

1. Nach dem erwähnten Prinzip der Universalität deckt die Transportversicherung die versicherten Sachen gegen Verlust, Zerstörung und Be-

---

[1392] § 129 Abs. 2 deutsches VVG bestimmt dies ausdrücklich.
[1393] Vgl. vorne § 48.
[1394] Vgl. vorne N 1306.
[1395] MEIER, Transportversicherung S. 47.

schädigungen unabhängig von der Ursache des Schadens. Daher besteht Versicherungsschutz z. B. nicht etwa nur, wenn die Sachen während des Transportes gestohlen werden, sondern auch wenn sie aus unabgeklärter Ursache abhanden kommen.

2. Von der Versicherung *ausgeschlossen*[1396] sind in der Regel vor allem folgende Gefahren:

a) *Politische und soziale Risiken*[1397]: Beschädigung und Verlust durch Krieg und Bürgerkrieg (Kriegsklausel); durch Verfügungen von hoher Hand (Beschlagnahmung der Ware durch Behörden usw.); Streik.

b) Schäden durch *inneren Verderb* (Lebensmittel verfaulen usw.).

c) Schäden zufolge *Verschuldens,* auch leichter Fahrlässigkeit[1398], des Absenders. Beispiel: Wegen ungeeigneter Verpackung werden die Waren verdorben (z. B. Schokolade nimmt das Aroma des Verpackungsmaterials an).

3. a) Nach den in der Schweiz geltenden AVB müssen Transportweg («versicherte Reise»), Bestimmungsort, verwendete Transportmittel wie Schiff, Flugzeug usw. vom Versicherungsnehmer zum voraus angegeben werden[1399]. Dies ist aber z. B. in der Reisegepäckversicherung naturgemäss nicht erforderlich, jedenfalls wenn sie als Ticketversicherung an Bahnhöfen, Flughäfen usw. abgeschlossen wird.

b) Das Aufenthaltsrisiko, z. B. die Gefahren bei einer Zwischenlagerung unterwegs, sind in beschränktem Umfange mitversichert.

c) Wird eine ganz andere als die vereinbarte Route gewählt, so gilt die Versicherung nicht. Hingegen sind blosse Abweichungen von der Route zwischen Versand- und Empfangsort – sie werden in der Versicherungssprache als Deviationen bezeichnet – in gewissem Rahmen versichert.

[1396] Einzelheiten bei MEIER, Transportversicherung S. 55 ff.
[1397] BAUMBERGER, Ausschluss.
[1398] Nach Art. 14 Abs. 4 VVG hat der Versicherer bei bloss leichter Fahrlässigkeit des VN oder Anspruchsberechtigten die volle Leistung zu erbringen. Die Bestimmung ist halbzwingend im Sinne von Art. 98 VVG, welcher aber auf die Transportversicherung nicht anwendbar ist. Somit kann der Transportversicherer seine Leistungspflicht auch bei bloss leichtem Verschulden wegbedingen.
[1399] MEIER, Transportversicherung S. 83.

IV. VERSICHERTE SCHÄDEN

1. Da die Transportversicherung eine Sachversicherung ist, wäre nach Art. 62 VVG grundsätzlich der Ersatzwert zu leisten, d. h. der Wert der versicherten Sache im Zeitpunkt des Versicherungsfalles. Art. 64 Abs. 1 VVG weicht für die Warentransportversicherung von dieser Regelung ab: Massgebend für den Wert der Sache ist nicht der Zeitpunkt des Versicherungsfalles – weil er oft, z. B. bei Abhandenkommen der Ware, gar nicht ermittelt werden könnte –, sondern der Wert, den die Ware gehabt hätte, wenn sie unbeschädigt und rechtzeitig am Bestimmungsort eingetroffen wäre. Bei Währungs- und Preisschwankungen kann die Differenz der beiden Werte gross sein.

2. Die Versicherung deckt in der Regel sowohl den Total- als auch den Teilschaden[1400]. Sie wird gelegentlich auf den Fall des Totalschadens beschränkt. Für die Teilschäden enthalten die AVB einzelne Sonderbestimmungen, so über die Art des Ersatzes und der Berechnung[1401].

V. GENERALPOLICE

Durch den Vertrag kann ein einziger Transport gedeckt sein. Man nennt ihn Einzelpolice. Durch den gleichen Vertrag lassen sich jedoch auch mehrere Transporte des gleichen Versicherungsnehmers während einer bestimmten Zeit, z. B. während eines Jahres, versichern. Ein solcher Vertrag heisst Generalpolice[1402]. Er muss die Güter bestimmen, für welche er gilt, ferner die Modalitäten regeln, ob z. B. der Versicherungsnehmer jeden Transport zum voraus anzumelden hat oder ob er sie lediglich in seinen Geschäftsbüchern eintragen muss (sog. Pauschalpolice).

[1400] Vgl. zu diesen Begriffen vorne N 819 und bei N 823.
[1401] MEIER, Transportversicherung S. 47.
[1402] Näheres bei MEIER a. a. O. S. 25 ff.

3. Abschnitt: Vermögensversicherung

§ 50 BEGRIFF UND UNTERARTEN DER VERMÖGENS- VERSICHERUNG

I. ZUM BEGRIFF

1. a) In der Vermögensversicherung sind – stark vereinfacht ausgedrückt – weder Personen mit Leben und Gesundheit noch Sachen gegen Beschädigung, Zerstörung usw. versichert, sondern das Vermögen bestimmter Personen als solches fällt unter den Versicherungsschutz, und zwar wenn es aus genau umschriebenen Gründen eine Einbusse erleidet. Diese Einbusse kann z. B. darin bestehen, dass der Träger des Vermögens Auslagen hat oder mit Schulden, d. h. durch Ansprüche Dritter, belastet wird; oder er erleidet einen Ertragsausfall[1403].

b) Wie schon erwähnt wurde, unterscheidet das VVG lediglich die Personen- und die Schadensversicherung[1404]. Die Vermögensversicherung ist ihm fremd. Es ist systematisch daher auch nicht auf die von der Wissenschaft entwickelte Trilogie Personen-, Sach- und Vermögensversicherung ausgerichtet[1405]. Hingegen enthält es in seinem Abschnitt über die Schadensversicherung Bestimmungen sowohl zur Sach- als auch zur Vermögensversicherung[1406]. Zur *Sach*versicherung wird man z. B. Art. 63 I rechnen, der für die Feuerversicherung den Ersatzwert der durch den Versiche-

---

[1403] Vgl. bereits vorne bei den N 309a f.

[1404] Dabei verwendet das VVG für diese Unterscheidung verschiedene Kriterien. Bei der Personenversicherung ist der Gegenstand Kriterium, der der versicherten Gefahr ausgesetzt ist, nämlich eine Person; bei der Schadensversicherung wird hingegen die Art der Versicherungsleistung zum Merkmal erhoben: Wenn die Leistung einen Schaden ausgleicht, gehört sie zur Schadensversicherung, wenn sie dagegen unabhängig vom Schaden entrichtet wird, handelt es sich um Personenversicherung. In der Schadensversicherung bildet nach VVG das wirtschaftliche Interesse (Interessentheorie) die Grundlage, vgl. dazu N 626.

[1405] Vgl. vorne bei den N 312 ff. und bei N 1116.

[1406] Die Schadensversicherung des VVG umfasst die wissenschaftlich unterschiedene Sach- und Vermögensversicherung. Auch letztere ist somit eine Unterart der Schadensversicherung.

rungsfall betroffenen Waren regelt. Die wichtigste *Vermögens*versicherung ist die Haftpflichtversicherung; Art. 59 erwähnt sie ausdrücklich.

c) Die genannte Trilogie bietet verschiedene Abgrenzungsschwierigkeiten. Soweit diese Schwierigkeiten die Abgrenzung der Vermögensversicherung gegen die Personen- und die Sachversicherung betreffen, sollen hier einige Hinweise folgen.

2. Wenn eine Person Versicherungsschutz gegen Gefahren geniesst, die Leib und Leben betreffen, wie z. B. für Krankheit, Unfall, Tod und Invalidität, können die Leistungen entweder einen Schaden ausgleichen, z. B. die Kosten der Heilung decken, oder – losgelöst von einem Schaden – an Tod, Invalidität, Arbeitsunfähigkeit usw. anknüpfen. Im ersteren Fall handelt es sich im Sinne des VVG um eine Schadensversicherung und im letzteren Fall um das vom VVG nicht geregelte Leistungsmodell der Summenversicherung[1407]. Bei der erwähnten Schadensversicherung ist eine Unterart der Vermögensversicherung gegeben: Geschützt wird nämlich das Vermögen gegen Belastungen z. B. durch Auslagen – für die Heilbehandlung usw.[1407a] – oder durch Mindereinnahmen, besonders wegen Erwerbseinbusse. Die Vermögensversicherung kann somit auch dann gegeben sein, wenn eine Person für Leib und Leben Versicherungsschutz geniesst. Krankheit, Unfall usw. sind hier ebenfalls Voraussetzungen für die Leistungen. Da mit diesen Leistungen aber das Vermögen gegen Einbussen geschützt wird, ist dies im Rahmen der erwähnten wissenschaftlichen Trilogie bereits eine Vermögensversicherung.

3. a) Die Abgrenzung der Vermögens- gegen die Sachversicherung wirft ebenfalls Probleme auf. Doch ist sie von weniger grosser Tragweite, da beide Versicherungsarten zur Schadensversicherung gehören[1408]; daher sind z. B. die Bestimmungen über die Subrogation und die Doppelversicherung grundsätzlich auch auf die Vermögensversicherung anzuwenden. Zur Abgrenzung lediglich folgendes:

b) aa) In der Sachversicherung sind Sachen gegen bestimmte Gefahren

---

[1407] Vgl. vorne N 311 ff. und 608 ff.

[1407a] Vgl. hinten bei N 1421.

[1408] Immerhin sind einige Bestimmungen des VVG auf die Sachversicherung zugeschnitten, z. B. Art. 72 VVG. Es ist jeweilen zu prüfen, ob ihnen hinsichtlich der Vermögensversicherung ein anderer Sinngehalt zukommt oder ob sie hier gar nicht anwendbar sind; vgl. vorne bei N 1096.

versichert, gegen Feuer, Wasser, Diebstahl usw. Der Versicherer entschädigt grundsätzlich den Sachwert[1409], und zwar nach Art. 62 VVG den Ersatzwert, d. h. den Wert der Sache zur Zeit des Versicherungsfalles.

Die Sachversicherung ist grundsätzlich auf den Wertverlust beschränkt, den der Versicherungsfall hinsichtlich der versicherten Sache verursacht[1410]. Durch Zerstörung, Beschädigung und Diebstahl der versicherten Sache können jedoch Auslagen verschiedenster Art entstehen. Dazu einige Beispiele: Die Kosten aus der Abschleppung des beschädigten Fahrzeuges oder – bei Totalschaden – aus der Beseitigung oder Verwertung der Überreste; die Reparaturkosten; die Kosten aus der Wiederherstellung vernichteter Geschäftsbücher, Pläne usw. Wenn solche Kosten versichert sind, handelt es sich bereits um die Vermögensversicherung. Sie setzen zwar voraus, dass der Versicherungsfall bei der versicherten Sache einen Wertverlust verursacht hat (Totalschaden oder Teilschaden); sie sind aber nicht mehr diesem selbst zuzurechnen[1411, 1412].

bb) Die Doktrin nimmt an, dass sich der Sachversicherer auf Ersatz des *Sachschadens* beschränke und den durch die Beschädigung oder Zerstörung der versicherten Sache verursachten Ausfall an Gewinn nicht erfasse[1413]; der letztere gehört unbestritten bereits zur Vermögensversicherung. Allein der Begriff «Sachschaden» ist in diesem Zusammenhang verwirrlich. Er hat im Haftpflichtrecht seinen festen Platz, und zwar als besondere Art des Schadens. Zum Sachschaden gehört im Haftpflichtrecht aber auch der entgangene Gewinn, sofern er die adäquate Folge der Zerstörung oder Beschädigung einer Sache ist[1414]. Wenn jemand fahrlässig ein Hotel in

---

[1409] Vgl. vorne bei den N 1307 f.

[1410] Er wird auch als Substanzschaden bezeichnet, so von KOENIG S. 316. – Da der Neuwert ein Kriterium für die Bestimmung des Sachwertes ist, stellt die Neuwertversicherung keine Vermögens-, sondern eine Sachversicherung dar; vgl. vorne N 1315.

[1411] Es wird somit ähnlich wie in der Personenversicherung überlegt: Wenn die Person z. B. einen Unfall erleidet, so sind die versicherten Heilungskosten und Erwerbsausfälle nicht mehr der Personenversicherung sondern ebenfalls der Vermögensversicherung zuzuordnen.

[1412] In der Auto-Kaskoversicherung gehören sowohl die Reparaturkosten als auch die vorne bei N 1382 genannten Nebenleistungen zur Vermögensversicherung.

[1413] So z. B. KOENIG S. 491.

[1414] OFTINGER, Haftpflichtrecht I S. 255.

Brand steckt, hat er nach den haftpflichtrechtlichen Regeln nicht nur den Sachwert des Hotels, sondern auch noch den entgangenen Gewinn zu ersetzen. Da zur Sachversicherung nur der Ersatz des Sachwertes, nicht aber der des entgangenen Gewinnes gehört, sollte man den haftpflichtrechtlichen Begriff des Sachschadens in der Sachversicherung meiden.

c) Da die Vermögensversicherung nicht bestimmte Sachen – mit ihrem Sachwert – versichert, sind ihr die Begriffe Versicherungs- und Ersatzwert fremd[1415]. Das Vermögen als solches kann grundsätzlich in unbeschränkter Höhe, z. B. durch Forderungen Dritter – zu denken ist etwa an die Haftpflicht –, belastet werden. Wenn der Vermögensversicherer trotzdem eine Versicherungssumme[1416] festsetzt, so hat diese an sich keinen Zusammenhang mit einem Sachwert. Sie bildet vielmehr lediglich die obere Grenze, bis zu welcher er Leistungen erbringt, um das Vermögen des Versicherten zu schützen. Da die Vermögensversicherung in keinem Zusammenhang mit dem Sachwert steht, gelten für sie die Bestimmungen betreffend die Über- und Unterversicherung nicht[1417]; diese setzen nämlich einen Sachwert (Ersatzwert) voraus. Hingegen sind die Bestimmungen über die Doppelversicherung[1418] analog anzuwenden, wenn mehrere Haftpflichtversicherer für den gleichen Haftpflichtigen Deckung gewähren.

II. UNTERARTEN DER VERMÖGENSVERSICHERUNG

Die Vermögensversicherung lässt sich nach verschiedenen Kriterien einteilen. Im Vordergrund steht die Einteilung in Passiven- und Aktivenversicherung: Jene ist gegeben, wenn die Versicherung das Vermögen versichert gegen Einbussen durch Forderungen Dritter oder durch Auslagen (Kosten) und diese, wenn Vermögensverluste und Ertragsausfälle versichert sind. Bei der Passivenversicherung pflegt man entsprechend die Aufwand- und die Kostenversicherung zu unterscheiden. Die Aktivenver-

---

[1415] Vgl. vorne bei den N 1310 f.; OSWALD, Versicherungsleistung, SVZ 1976 S. 8. Hingegen knüpft die Vermögensversicherung, vor allem die Haftpflichtversicherung, oft an bestimmte Sachen an: z. B. die Haus-Haftpflichtversicherung an ein bestimmtes Haus, die Motorfahrzeug-Haftpflichtversicherung an ein bestimmtes Motorfahrzeug; vgl. vorne bei den N 615 und 646.
[1416] Vgl. vorne bei den N 948 und 1310.
[1417] Vgl. vorne bei den N 1320 ff.
[1418] Vgl. vorne bei den N 1051 ff.

sicherung wird in die Vermögensverlust-Versicherung und in die Gewinn- oder Ertragsausfall-Versicherung unterteilt[1419].

1. Aufwand- und Kostenversicherungen[1420]

a) Das wichtigste Beispiel einer *Aufwandversicherung* ist die Haftpflichtversicherung. Der Versicherte wird gegen Haftpflichtansprüche geschützt, die Geschädigte ihm gegenüber geltend machen und die sein Vermögen belasten. Die Haftpflichtversicherung schützt gegen diese Belastung, d. h. gegen einen Aufwand. Auch die Rückversicherung kann man zur Aufwandversicherung zählen. Der Rückversicherer hat nach Massgabe des Rückversicherungsvertrages einzustehen, wenn das Vermögen des Erstversicherers dadurch belastet wird, dass dieser Versicherungsleistungen zu erbringen hat, die einen bestimmten Umfang überschreiten. Diesen Mehraufwand des Erstversicherers hat der Rückversicherer zu decken. Der Erstversicherer versichert sich also beim Rückversicherer gegen einen Aufwand.

b) Zur Kostenversicherung wird z. B. die Heilungskostenversicherung[1421] gezählt, da sie Kosten deckt, die dem Versicherten im Zusammenhang mit gesundheitlichen Störungen entstehen. Auch die Aufräumungskostenversicherung lässt sich als Kostenversicherung bezeichnen; sie deckt die Kosten, die dem Versicherten aus der Aufräumung z. B. der Brandstätte und der Abfuhr des Brandschuttes erwachsen. Endlich kann auch die Rechtsschutzversicherung[1422] der Kostenversicherung zugezählt werden, soweit sie Kosten deckt, die dem Versicherten aus der Verfolgung seiner Rechte entstehen (Anwalts-, Gerichtskosten usw.)[1423].

[1419] Vgl. Näheres zu diesen Einteilungen bei KOENIG S. 486 ff. Im deutschen Versicherungsrecht werden teilweise andere Kriterien verwendet, die hier nicht dargestellt werden sollen; vgl. KARSTEN, Rechtsbegriff der Versicherung S. 57 ff.

[1420] Diese in der Praxis übliche Unterscheidung ist problematisch und könnte aufgegeben werden. Ein Aufwand ist wohl nötig, um – etwa wie in der Haftpflichtversicherung – Forderungen Dritter zu begleichen, aber ebenso, wenn der Versicherte Kosten, Auslagen zu bezahlen hat, z. B. Heilungskosten. Ein klares Kriterium, das die Begriffe Aufwand und Kosten zu unterscheiden vermöchte, scheint es nicht zu geben. Deswegen herrscht grosse Unsicherheit, welche Versicherungszweige der Aufwand- und welche der Kostenversicherung zuzurechnen sind.

[1421] Vgl. vorne bei N 1407a.

[1422] KOENIG S. 487 sieht sie als Aufwandversicherung an, obwohl sie, ähnlich den beiden soeben erwähnten Versicherungen, ebenfalls Kosten versichert.

[1423] Vgl. zur Rechtsschutzversicherung vorne N 939.

2. Vermögensverlust- und Ertragsausfall-Versicherung[1423a]

a) Vermögensverluste werden z. B. durch die Kautions- und die Garantieversicherungen gedeckt. Diese ersetzen die Kaution oder Bürgschaft, welche ein Beamter oder Angestellter bisweilen zu stellen hat. Sie leisten, wenn der Behörde oder dem Arbeitgeber aus Veruntreuungen, Unterschlagungen usw. Vermögensverluste entstehen.

b) Wohl häufiger sind Verträge, die Betriebs- und Ertragsausfälle versichern: z. B. die Hagelversicherung. Sie ersetzt nicht den Sachwert der zerstörten oder beschädigten Bodenerzeugnisse (Reben usw.), sondern den durch den Hagelschlag bewirkten Ausfall an Erträgnissen. Dies gilt in ähnlicher Weise für die Mietzinsverlust-Versicherung. Sie wird in der Hausratversicherung[1424] aufgrund besonderer Vereinbarung eingeschlossen und ersetzt die Verluste an Mietzinseinnahmen, die entstehen, wenn versicherte Räume wegen eines Schadenfeuers vorübergehend nicht mehr vermietet werden können. Von erheblicher wirtschaftlicher Bedeutung ist ferner die Betriebsunterbrechungs-Versicherung. Wenn ein industrielles oder gewerbliches Unternehmen den Betrieb nach einem Brand vorübergehend nicht weiterführen kann, ersetzt diese Versicherung – je nach Vereinbarung – den ausfallenden Nettobetriebsgewinn oder den Bruttogewinn[1425].

Im folgenden ist von allen Vermögensversicherungen nur die Haftpflichtversicherung etwas einlässlicher zu schildern. Dabei wird eine Unterform, die Motorfahrzeug-Haftpflichtversicherung, wegen ihrer Bedeutung für den Alltag noch besonders darzustellen sein. Nur grob skizziert wird schliesslich die Rückversicherung. Für alle andern Spielarten der Vermögensversicherung wird auf die Literatur verwiesen.

[1423a] Vgl. bereits vorne bei N 310.
[1424] Vgl. vorne N 1360.
[1425] Einzelheiten bei SUTER, Sachversicherung Z. 36, sowie STEINER PETER, Die Betriebsunterbrechungs-Versicherung in der Schweiz, Diss., Zürich 1970. – Die Betriebsunterbrechungs-Versicherung knüpft an ein Ereignis an, das durch die Feuerversicherungs-Police gedeckt wird (Feuer, Elementarschaden usw.). Sie ersetzt aber nicht etwa den Sachwert, z. B. den Wert der verbrannten Maschinen, sondern eben den Ertragsausfall. Deshalb ist sie – entgegen KOENIG S. 487 – keine Aufwand-, sondern eine Ertragsausfall-Versicherung.

§ 51 HAFTPFLICHTVERSICHERUNG[1426]

I. ALLGEMEINES

1. Die Haftpflichtversicherung knüpft an das materielle Haftpflichtrecht[1427] an. Das materielle Haftpflichtrecht regelt die Frage: Unter welchen Voraussetzungen ist eine Person verpflichtet, den einer andern Person entstandenen Schaden zu ersetzen und ihr allenfalls eine Genugtuung zu bezahlen? Haftpflicht ist daher die Pflicht, einem andern gestützt auf eine gesetzliche Haftungsnorm Schadenersatz oder eine Genugtuung zu leisten. Haftpflichtbestimmungen finden sich sowohl im gemeinen Recht – im OR und im ZGB – als auch in zahlreichen Spezialgesetzen, im SVG, Kernenergiegesetz, Rohrleitungsgesetz, Jagdgesetz[1428] usw. Im SVG wird z. B. die Frage geregelt, unter welchen Voraussetzungen der Motorfahrzeughalter den Schaden eines Dritten, z. B. des Fussgängers, aus einem Verkehrsunfall zu ersetzen hat; oder Art. 58 OR bestimmt, unter welchen Voraussetzungen der Eigentümer eines Gebäudes haftet, wenn ein Dritter wegen des Gebäudes Schaden erleidet (er stürzt z. B. über eine mangelhafte Treppe hinunter).

2. Zu unterscheiden sind zwei Hauptgruppen von Haftungen: Die ausservertragliche und die vertragliche Haftung. Vertragliche Haftung ist gegeben, wenn eine Vertragspartei den Vertrag verletzt und dadurch dem Partner einen Schaden zufügt[1429]. Dazu ein Beispiel: Der Vermieter instal-

---

[1426] BREHM, Le contrat d'assurance RC; FARNER, Unfall- und Haftpflichtversicherung S. 61 ff.; KOENIG §§ 49/50; MÜLLER O., Haftpflichtversicherung; OSWALD, Versicherungsleistung, SVZ 1976 S. 9 f.; SCHAER, Schadenausgleichsysteme RZ 1 ff. und 544 ff.; STARK/SCHRANER, Haftpflichtversicherung, SJK No. 440 Ergänzungskarte.

[1427] Auswahl aus der umfangreichen Literatur zum Haftpflichtrecht: DESCHENAUX/TERCIER, La responsabilité civile; KELLER A., Haftpflicht im Privatrecht; derselbe, Haftpflichtrecht; KELLER/LANDMANN, Haftpflichtrecht, 2. A., Zürich 1980; MAURER, SVR I S. 391 ff.; OFTINGER, Haftpflichtrecht; SCHAER, Schadenausgleichsysteme; STARK, Haftpflichtrecht.

[1428] KELLER, Haftpflichtrecht, S. 82 ff., stellt die Texte der wichtigeren Haftpflichtbestimmungen zusammen.

[1429] Die Folgen der Vertragsverletzung werden grundsätzlich im Gesetz geregelt,

liert in der vermieteten Wohnung schuldhafterweise einen defekten Gasbadeofen. Durch ausströmendes Gas wird der Mieter getötet. Der Vermieter hat den Vertrag verletzt, da er die Mietsache schuldhafterweise in einen Zustand schwerer Gefahr für den Mieter versetzt hat[1430]. Die ausservertragliche Haftung besteht darin, dass eine Person nicht wegen der Verletzung eines Vertrages, sondern direkt gestützt auf eine gesetzliche Haftungsnorm, z. B. Art. 41, 55, 56, 58 OR, Art. 58 SVG usw., haftet.

3. Der Haftpflichtige schuldet dem Geschädigten Schadenersatz und allenfalls Genugtuung. Somit kann seine finanzielle Existenz, sein Vermögen gefährdet sein. Gegen diese Gefahr will er sich schützen, indem er zum voraus eine Haftpflichtversicherung abschliesst. Es sind zwei Dinge zu unterscheiden: Die Haftpflicht des Versicherten gemäss materiellem Haftpflichtrecht auf der einen Seite und der Haftpflichtversicherungsvertrag, der zum Schutze seines Vermögens gegen Haftpflichtverbindlichkeiten abgeschlossen wird, auf der andern Seite. Der Versicherungsanspruch besteht hauptsächlich darin, dass der haftpflichtig gewordene Versicherte einen Anspruch gegen seinen Versicherer hat, von seiner Haftpflicht, d. h. von seiner Schadenersatzpflicht, befreit zu werden[1431] (Befreiungsanspruch). Der Haftpflichtversicherer hat daher in jedem Versicherungsfall abzuklären, ob der Versicherte für den Schaden eines andern haftbar ist. Nur im Rahmen seiner Haftpflicht hat der Versicherte einen Befreiungsanspruch. Denn der Versicherer «deckt» – wie man zu sagen pflegt – die Haftpflicht seines Versicherten ab.

II. VERSICHERTE HAFTPFLICHTGEFAHR

1. In der Haftpflichtversicherung versichert sich eine Person gegen die Gefahr, haftpflichtig zu werden, d. h. gegen die Gefahr, den Schaden eines

---

z. B. in OR 97 ff. Somit beruht auch die vertragliche Haftung in der Regel auf gesetzlichen Haftungsnormen. Eine vertragliche Haftung, die nicht auf einer gesetzlichen Haftungsnorm beruht, würde vorliegen, wenn sich eine Partei vertraglich verpflichtet, den Schaden der andern Partei auch dann zu ersetzen, wenn sie nach Gesetz dazu – z. B. mangels Verschuldens – nicht verpflichtet wäre. Sie wird in der Haftpflichtversicherung regelmässig ausgeschlossen.

[1430] In diesem Beispiel haftet der Vermieter aus Vertrag und daneben auch noch ausservertraglich gemäss Art. 58 OR; es besteht Anspruchskonkurrenz; OFTINGER, Haftpflichtrecht I S. 482 ff.

[1431] Vgl. dazu hinten bei N 1449.

andern gestützt auf eine gesetzliche Haftungsnorm ersetzen zu müssen oder eine Genugtuung zu schulden. Wie gliedern nun die Versicherungsgesellschaften die Haftpflichtversicherung? Nach schweizerischer Praxis werden Gruppen von Haftungsmöglichkeiten oder -tatbeständen gebildet. Bei Abschluss einer Haftpflichtversicherung muss daher stets gefragt werden, für welche Haftungsmöglichkeiten oder Haftungstatbestände sich eine Person versichern will. Dabei werden zwei Hauptgruppen von Haftpflichtversicherungen unterschieden: Einmal die Motorfahrzeug-Haftpflichtversicherung; sie ist als besonderer Zweig ausgebildet worden[1432]. Sodann die Allgemeine Haftpflichtversicherung[1433], die in viele Untergruppen zerfällt. Sie umfasst Haftungstatbestände nach ZGB, OR und zahlreichen Spezialgesetzen. Es seien folgende Untergruppen erwähnt[1434]:

a) *Privat-Haftpflichtversicherung:* Die Haftung als Privatperson, d. h. die Haftpflicht, die nicht aus einer beruflichen Tätigkeit entsteht, sondern die Haftung als Familienvorstand gemäss Art. 333 ZGB, als Halter von Haustieren (Art. 56 OR) usw.

b) *Berufs-Haftpflichtversicherung*[1435]: z. B. die Haftung des Arztes, Rechtsanwalts, Architekten aus der Ausübung des Berufs. Dazu einige Beispiele. Es werden haftbar: der Arzt, weil er einen Kunstfehler begeht, so dass sein Patient stirbt; der Anwalt, weil er im Prozess eine Frist, z. B. zur Einreichung einer Berufung, verpasst; der Architekt, weil er im Neubau versehentlich kein Badezimmer einbaut, was teure bauliche Korrekturen bedingt.

c) *Betriebs-Haftpflichtversicherung*[1436]: Der Inhaber eines Betriebes

---

[1432] Vgl. hinten § 52.

[1433] Die Zusammenfassung aller Zweige der «Nicht-Motorfahrzeug-Haftpflichtversicherung» in einer Gruppe unter der Bezeichnung der Allgemeinen Haftpflichtversicherung ist in der Praxis nicht durchwegs üblich. Auch die Gliederung innerhalb dieser Gruppe variiert von Gesellschaft zu Gesellschaft.

[1434] Einzelheiten bei MÜLLER, Haftpflichtversicherung, Teil II.

[1435] MÜLLER, Haftpflichtversicherung, Teil II Z. 3. Für das deutsche Recht: TEICHLER MAXIMILIAN, Berufshaftpflichtversicherungen, Frankfurt a. M., Bern, New York, 1985.

[1436] Die UDK (heute HMV; vgl. N 46) hat für diese Sparte einige technische Grundlagen vereinheitlicht (Statistik, AVB usw.); vgl. einlässlich STEINER, Aktuelle Probleme der Betriebs-Haftpflichtversicherung, SVZ 1966/1968, auch als Sonderabdruck erschienen, und ferner FARNER a. a. O. S. 67 ff. Eingehende Darstel-

(Industrie, Gewerbe, Handel usw.) versichert sich für den Fall, dass er aus der Führung des Betriebs haftbar wird.

d) *Gebäude-Haftpflichtversicherung:* Der Eigentümer eines Hauses kann nach Art. 58 OR haftbar werden, wenn eine Drittperson wegen eines Mangels des Hauses verunfallt: z. B. ein Gast stürzt, weil die Treppe vereist und nicht gesandet ist. Für diese Haftpflicht versichert sich der Gebäudeeigentümer.

2. Die Haftpflichtversicherungsverträge umschreiben in der Regel nach der Enumerationsmethode (also nicht generell), für welche Haftungsmöglichkeiten und in welcher Eigenschaft dem Versicherten[1437] Versicherungsschutz gewährt wird (Privat-, Berufs-Haftpflicht usw.). Meistens enthalten die Verträge in den AVB jedoch Ausschlussklauseln, die nach der Regel von Art. 33 VVG[1438] auszulegen sind. Erwähnt seien etwa folgende Ausschlussklauseln: Die Obhuts- und die Bearbeitungsklauseln schliessen Schäden an Sachen Dritter, die der Versicherte in seiner Obhut hat (verwahrt, gebraucht usw.) oder bearbeitet (z. B. als Handwerker) von der Versicherung aus; die Vertragserfüllungs- oder Gewährleistungsklauseln schliessen Ansprüche auf Erfüllung von Verträgen oder Ersatzansprüche wegen Nichterfüllung oder schlechter Erfüllung von Verträgen aus (z. B. bei Kauf- oder Werkverträgen). Die genannten Klauseln sollen vor allem Ansprüche aus Schäden oder Mängeln an der Sache ausschliessen, die der Versicherte verwahrt, bearbeitet oder geliefert hat. Hingegen sind die sog. Mangelfolgeschäden gedeckt. Wenn mangelhafte Sachen Menschen gesundheitlich schädigen oder andere Sachen beschädigen, so sind die daraus entstehenden Haftpflichtansprüche gedeckt. Dazu ein Beispiel. Der Versicherte liefert einen mangelhaften Boiler, der explodiert. Die durch die Explosion verursachten Schädigungen an Menschen und Sachen sind Mangelfolgeschäden und fallen unter den Versicherungsschutz, nicht aber die Nachlieferung eines neuen, mangelfreien

---

lung bei MÜLLER, Haftpflichtversicherung, Teil II Z. 1; hier werden auch die besonderen Regelungen für die verschiedenen Vertragstypen – Bau-, Motorfahrzeug- und Gastwirtschaftsgewerbe sowie Gemeinden – herausgearbeitet.

[1437] Er würde bei einer Generalklausel Prämien für Haftungsgefahren bezahlen, denen er gar nicht ausgesetzt ist: Der Nichtautomobilist würde z. B. Prämien auch für den Automobilisten entrichten.

[1438] Vgl. vorne bei den N 535 f. und 293 ff.

Boilers[1439, 1440]. – Nach der Verwandtenausschlussklausel ist die Haftpflicht des Versicherten nicht gedeckt, wenn nahe Verwandte gegen ihn Haftpflichtansprüche stellen. Sie würden dies in der Regel auch nicht tun, wenn keine Haftpflichtversicherung bestünde.

III. VERSICHERTE PERSONEN

1. Jeder Versicherungsvertrag muss den *Kreis der versicherten Personen*[1441] umschreiben. Was heisst «versicherte Person» in der Haftpflichtversicherung? Dies ist jene Person, die Versicherungsschutz geniesst, wenn sie haftpflichtig wird oder wenn der Geschädigte ihre Haftpflicht behauptet und geltend macht. Regelmässig ist der Versicherungsnehmer selbst versicherte Person. Neben ihm sind meistens weitere Personen versichert[1442]. Wenn z. B. ein Familienvater eine Privat-Haftpflichtversicherung abgeschlossen hat, so sind auch seine minderjährigen Kinder und seine Ehegattin versichert. Wenn der minderjährige Sohn mit seinem Flobertgewehr einen Dritten verletzt, kann er nach Art. 41 OR für den Schaden haftbar werden, sofern er urteilsfähig ist; zugleich ist u. U. auch der Vater aus Art. 333 ZGB ersatzpflichtig. Vater und Sohn sind durch die erwähnte Versicherung für diese Haftpflicht geschützt.

2. Eine besondere, und zwar zwingende, Bestimmung findet sich in Art. 59 VVG: Wenn ein gewerblicher Betrieb gegen Haftpflicht versichert ist, dann muss dieser Vertrag auch die Haftpflicht der Vertreter des Versicherungsnehmers decken; ebenfalls die Haftpflicht jener Personen, die mit der Leitung und Beaufsichtigung des Betriebs betraut sind. Man nennt dies die Versicherung der Repräsentantenhaftpflicht. Die Versicherer sind noch

---

[1439] Weiteres zu diesen Ausschlussklauseln bei BREHM, Le contrat d'assurance RC, No. 221–302; B. JAEGER, SVZ 1969 (37) S. 133 und 163; MÜLLER, Haftpflichtversicherung, Teil II Z. 153; STARK/SCHRANER, SJK No. 440 Ergänzungskarte u. a. m.

[1440] Die meisten Gesellschaften haben die Obhuts- und Bearbeitungsklausel in der Privat-Haftpflichtversicherung in jüngster Zeit zugunsten der Versicherten wesentlich eingeschränkt.

[1441] Vgl. vorne bei N 319.

[1442] Es liegt dann eine Fremdversicherung, und zwar die Versicherung für fremde Rechnung vor; der versicherte Haftpflichtige ist in der Regel gegenüber dem Haftpflichtversicherer anspruchsberechtigt; vgl. vorne bei N 791.

weiter gegangen, indem sie in der Regel die Haftpflicht aller Arbeitnehmer des versicherten Betriebes decken, die aus betrieblicher Tätigkeit Dritten gegenüber haftbar werden[1443].

IV. GEGENSTAND DER HAFTPFLICHTVERSICHERUNG

1. Der versicherten Gefahr ausgesetzt ist das Vermögen des Versicherten[1444]. Wird nämlich der Versicherte aus einem Ereignis[1445] haftpflichtig, dann belasten die Schadenersatzforderungen des Geschädigten sein Vermögen. Gegen diese Belastung schützt ihn die Haftpflichtversicherung.

2. Welche Arten von Schadenersatzansprüchen fallen unter die Versicherung?

a) Bei der ausservertraglichen Haftung sind in der Regel Haftpflichtansprüche aus Personen- und aus Sachschaden gedeckt.

b) Bei der vertraglichen Haftung, besonders in der Berufshaftpflicht, kommt es vor, dass weder ein Schaden aus Körperverletzung noch ein Sachschaden, aber gleichwohl ein Schaden, d. h. eine Vermögenseinbusse, verursacht wird: z. B. ist der Architekt haftbar aus Vertrag, wenn er die Pläne unrichtig zeichnet, so dass der Balkon des Hauses gegen Norden statt gegen Süden gebaut ist. Er hat zwar keine Körperverletzung und keine Sachbeschädigung, aber trotzdem einen Schaden verursacht. Solche Schäden werden in der Versicherungspraxis als *«reine Vermögensschäden»* oder als «sonstiger» oder «übriger» Schaden bezeichnet[1446]. Bei der Haftpflicht des Anwalts ist es ähnlich: Wenn er den Prozess seines Klienten aus Unsorgfalt verliert, wird er für den Schaden haftbar. Auch dies ist ein «rei-

---

[1443] Einlässlich zu VVG 59 BREHM a. a. O. No. 41 ff. – Über gewisse Einschränkungen der Deckung vgl. OSWALD, Regressrecht, SZS 1972 S. 39 f.

[1444] Vgl. vorne bei N 1403.

[1445] Vgl. zum Begriff des Versicherungsfalles in der Haftpflichtversicherung vorne bei den N 803 ff.

[1446] Jeder Schaden ist «Vermögensschaden», d. h. eine Vermögenseinbusse, und somit auch der Schaden aus Körperverletzung und Sachbeschädigung; der Ausdruck «reiner Vermögensschaden» ist daher verwirrlich; er lässt sich aber kaum mehr aus der Alltagssprache der Haftpflichtversicherer verbannen. Vgl. die zutreffenden Bemerkungen von OFTINGER, Haftpflichtrecht I S. 61 N 38.

ner Vermögensschaden», da weder eine Körperschädigung noch eine Sachbeschädigung eingetreten ist[1447].

Die Haftpflichtversicherer tragen diesem Umstand Rechnung; in bestimmten Sparten, so namentlich in der Architekten-, Ingenieur- und Anwaltshaftpflicht, pflegen sie die «reinen Vermögensschäden» zu versichern[1448].

V. VERSICHERUNGSANSPRUCH IN DER HAFTPFLICHTVERSICHERUNG

1. Wenn der Versicherte haftpflichtig wird, entsteht sein Versicherungsanspruch, vorausgesetzt, dass er gerade für die betreffende Art von Haftpflicht gedeckt ist. Worin besteht nun der Versicherungsanspruch? Dies soll anhand eines Beispiels erklärt werden. X hat sich in seiner Eigenschaft als Eigentümer eines Hauses gegen Haftpflicht versichert (Gebäude-Haftpflichtversicherung). Wenn eine Drittperson, z. B. der Ausläufer eines Lieferanten, auf einer mangelhaft unterhaltenen Treppe dieses Hauses stürzt und sich ein Bein bricht, wird X für den Schaden aus diesem Beinbruch (z. B. Heilungskosten, Lohnausfall) haftbar, also ersatzpflichtig. Sein Anspruch aus dem Haftpflicht-Versicherungsvertrag besteht nun darin, dass der Versicherer ihn von dieser Schadenersatzforderung des Ausläufers befreit, indem er sie begleicht. Man nennt dies den *Befreiungsanspruch.*

Es könnte aber auch sein, dass X dem Ausläufer aus eigener Tasche einen bestimmten Betrag bezahlt, d. h. dass er die Ersatzforderung ganz oder teilweise selbst tilgt. Dadurch verwandelt sich sein Befreiungsanspruch in einen *Zahlungsanspruch*[1449] gegenüber dem Versicherer: Er kann verlangen, dass der Haftpflichtversicherer ihm den ausgelegten Betrag

---

[1447] Verschiedene gesetzliche Haftungsnormen, z. B. SVG 58 I, beschränken die Ersatzpflicht auf Personen- und Sachschäden. Der Haftpflichtige muss somit den «reinen Vermögensschaden» nicht ersetzen. BGE 106 II S. 75 ff. hält dies im Hinblick auf SVG 58 I fest. Vgl. den Überblick bei KELLER, Haftpflicht im Privatrecht S. 44.

[1448] BREHM a. a. O. No. 226; OSWALD, SVZ 1976 S. 10 f.

[1449] KELLER, SJZ 1974 S. 9 oben, JAEGER, Komm. II S. 262 f., und bereits BGE 61 II 197 ff.; KOENIG S. 511 f. scheint unter dem Befreiungsanspruch etwas anderes zu verstehen; er lehnt diesen Begriff ab. – Vgl. zum Befreiungsversprechen VON TUHR/ESCHER, Obligationenrecht II S. 381.

erstattet[1450]. Der Anspruch aus der Haftpflichtversicherung ist also entweder ein Befreiungs- oder ein Zahlungsanspruch. Daraus erhellt, dass der Haftpflichtige und nicht etwa der Geschädigte aus dem Versicherungsvertrag anspruchsberechtigt ist.

2. Nach den meisten Verträgen hat der Versicherer eine zusätzliche Verpflichtung: Er muss unbegründete Ansprüche des Geschädigten abwehren. Dies ist die *Rechtsschutzfunktion des Haftpflichtversicherers*[1451]. Letzterer pflegt daher an der Stelle des Versicherten mit dem Geschädigten zu verhandeln und gegebenenfalls Vergleiche abzuschliessen. Überdies führt er mit dem Geschädigten im Namen des Versicherten den Haftpflichtprozess und trägt die damit verbundenen Kosten. Der Haftpflichtversicherer hat dabei die *Prozessherrschaft:* Er entscheidet über die Aufnahme und Durchführung des Prozesses, er bestellt den Anwalt, instruiert ihn, er entscheidet, ob während des Prozesses ein Vergleich abgeschlossen werden soll usw.

Die rechtliche Natur der Rechtsschutzverpflichtung ist umstritten: Handelt es sich um eine Haupt- oder nur um eine Nebenpflicht aus dem Versicherungsvertrag[1452]? Im letzteren Falle würde die Hauptverpflichtung des Versicherers ausschliesslich darin bestehen, den Befreiungs- oder Zahlungsanspruch des Versicherten zu befriedigen[1453]. Allein die Gewährung des Rechtsschutzes ist ebenso eine Versicherungsleistung und damit eine Hauptverpflichtung wie die Befreiung vom Ersatzanspruch. Prozess- und Anwaltskosten belasten das Vermögen des Versicherten nicht weniger als die Ersatzforderung des Dritten. Wenn der Haftpflichtversicherer sie übernimmt, schützt er daher das Vermögen des Versicherten ebenso wie durch die Befriedigung des Geschädigten. Die beiden Leistungen stehen auf der

---

[1450] Ob der Versicherte einen Zahlungsanspruch besitzt, hängt von den Versicherungsbedingungen ab. In den AVB der meisten Haftpflichtversicherer wird festgelegt, dass der Versicherte ohne vorgängige Zustimmung der Gesellschaft nicht berechtigt sei, Haftpflichtansprüche des Geschädigten anzuerkennen oder abzufinden. Oft wird noch besonders bestimmt, dass er den Befreiungsanspruch auch nicht an den Geschädigten oder an Dritte abtreten dürfe.

[1451] In den AVB wird sie etwa wie folgt umschrieben: «Die Versicherung umfasst die Befriedigung begründeter und die *Abwehr unbegründeter Ansprüche*».

[1452] Zum Begriff der Haupt- und Nebenverpflichtung vgl. vorne bei den N 421 f.

[1453] Vgl. zur Verjährung von Ansprüchen aus der Haftpflichtversicherung vorne bei den N 1027 ff.

gleichen Stufe[1454]. Die Rechtschutzverpflichtung ist nicht notwendig mit der Haftpflichtversicherung verbunden. Somit handelt es sich um eine kombinierte Versicherung[1455], wenn der gleiche Vertrag die Haftpflichtversicherung und die Rechtsschutzversicherung miteinander verbindet.

VI. RECHTSSTELLUNG DES GESCHÄDIGTEN

1. Der Geschädigte, der Haftpflichtansprüche gemäss den Haftungsnormen des OR und des ZGB sowie zahlreicher Spezialgesetze hat, kann nur den Haftpflichtigen selbst, nicht aber dessen Haftpflichtversicherer gerichtlich belangen. Er besitzt kein direktes Klagerecht gegen den Haftpflichtversicherer[1456]. Dieser ist daher nicht verpflichtet, an den Geschädigten selbst zu leisten. Vielmehr könnte er den für die Tilgung der Haftpflichtforderung notwendigen Betrag seinem Versicherten, also dem Haftpflichtigen, zur Verfügung stellen. Es bestünde dann aber die Gefahr, dass der Haftpflichtige den Betrag nicht an den Geschädigten weiterleiten, sondern selbst ausgeben würde. Daher bestimmt Art. 60 Abs. 1 Satz 2 VVG, dass der Haftpflichtversicherer *berechtigt* – aber nicht verpflichtet – ist, «die Ersatzleistung direkt an den geschädigten Dritten auszurichten»[1457].

2. Einreden aus dem VVG oder aus dem Versicherungsvertrag, die der Haftpflichtversicherer gegenüber dem Versicherten erheben kann, darf er auch dem Geschädigten gegenüber geltend machen, sofern dieser mit ihm verhandeln will. Es handelt sich z. B. um folgende Einrede: Seine Lei-

---

[1454] Gl. M. BREHM a. a. O. No. 379 ff. und 403 ff. mit einlässlicher Begründung. M. E. unzutreffend KOENIG S. 511 f. Der Versicherungsfall ist auch dann eingetreten, wenn der Geschädigte zu Unrecht eine Haftpflicht des Versicherten behauptet und ihn deshalb gerichtlich belangt.

[1455] Vgl. vorne N 1306 und zur Rechtsschutzversicherung N 939.

[1456] Ein direktes Klagerecht gegen den Haftpflichtversicherer wird dem Geschädigten eingeräumt z. B. in Art. 65 SVG und Art. 37 Rohrleitungsgesetz. Vgl. hinten bei N 1475 und vorne bei N 384.

[1457] In der Praxis bildet diese Erledigungsart die Regel. Nur selten verlangt der versicherte Haftpflichtige, dass die Entschädigung ihm selbst ausbezahlt wird. Dann behauptet er etwa, er habe gegenüber dem Geschädigten aus irgendeinem Grunde eine Forderung, die er mit seiner Haftpflichtschuld verrechnen wolle. – Der Versicherer ist nach Art. 60 Abs. 2 VVG für jede Handlung, durch die er den geschädigten Dritten «in seinem Recht verkürzt, verantwortlich». Weiteres zu VVG 60 bei BREHM a. a. O. No. 563 ff. und MÜLLER, Haftpflichtversicherung, Teil I Z. 154.

stungspflicht habe im Zeitpunkt des Eintritts des Versicherungsfalles geruht, da die Mahnung zur Bezahlung der Prämie ohne Erfolg geblieben sei (Art. 20 VVG)[1458]; der versicherte Haftpflichtige hat in diesem Falle keinen Versicherungsschutz, er muss daher die Schadenersatzforderung aus seiner eigenen Tasche begleichen. Weitere Einreden kann der Haftpflichtversicherer aus Art. 14 VVG erheben: Wenn der versicherte Haftpflichtige den Schaden des Dritten absichtlich oder grobfahrlässig herbeigeführt hat, kann der Versicherer seine Leistungen verweigern oder kürzen[1459]. Dies bedeutet, dass der Zahlungs- oder Befreiungsanspruch des Versicherten nicht oder nur in reduziertem Umfange besteht. Weitere Einreden kann der Versicherer z. B. wegen Verletzung der Anzeigepflicht im Versicherungsfall[1460] erheben.

3. Obwohl Art. 60 Abs. 1 VVG dem Geschädigten kein direktes Klagerecht einräumt, gewährt er ihm doch einen gewissen Schutz, nämlich ein *gesetzliches Pfandrecht*. Dieses erstreckt sich auf den Befreiungsanspruch[1461] des Versicherungsnehmers. Ohne dieses gesetzliche Pfandrecht würde der Befreiungsanspruch bei Konkurs des Versicherungsnehmers in die Konkursmasse fallen. Der Geschädigte müsste dann seine Schadenersatzforderung gegen die Konkursmasse geltend machen und sich mit der Konkursdividende begnügen. Da ihm nun aber Art. 60 Abs. 1 VVG ein gesetzliches Pfandrecht am Befreiungsanspruch einräumt, fällt dieser nicht in die Konkursmasse. Vielmehr ist der Haftpflichtversicherer *verpflichtet,* den Geschädigten im Rahmen des Befreiungsanspruches direkt zu befrie-

---

[1458] Vgl. vorne bei den N 682 ff.

[1459] Vgl. bereits vorne § 36. Wenn der Versicherte z. B. eine Fensterscheibe des Nachbarn absichtlich einschlägt und daher schadenersatzpflichtig wird, kann der Versicherer jede Zahlung aus der Privat-Haftpflichtversicherung ablehnen. Hat der Versicherte die Scheibe grobfahrlässig eingeschlagen, so wird der Versicherer nicht die ganze Haftpflichtforderung des Geschädigten begleichen, sondern seine Ersatzleistung kürzen. Den Kürzungsbetrag wird der Versicherte selbst an den Geschädigten bezahlen müssen.

[1460] Vgl. vorne bei N 848.

[1461] Vgl. zu diesem Begriff vorne bei N 1450. – Art. 60 Abs. 1 VVG spricht vom «Ersatzanspruch, der dem VN aus der Versicherung gegen die Folgen gesetzlicher Haftpflicht zusteht». Entgegen dem zu engen Wortlaut von Art. 60 Abs. 1 VVG besteht das gesetzliche Pfandrecht m. E. auch dann, wenn nicht der VN sondern ein anderer Versicherter haftpflichtig und anspruchsberechtigt ist.

digen oder den Betrag der Konkursverwaltung zuhanden des Geschädigten zu überweisen. – Zur Begründung dieses Pfandrechts des Geschädigten bedarf es keiner Pfandbestellung; das Pfandrecht entsteht vielmehr von Gesetzes wegen[1462].

§ 52 MOTORFAHRZEUG-HAFTPFLICHTVERSICHERUNG[1463]

I. ALLGEMEINES

1. Die Halter von Motorfahrzeugen haften nach den Bestimmungen des SVG grundsätzlich kausal. Dies bedeutet, dass sie auch dann ersatzpflichtig werden, wenn sie kein Verschulden trifft, sofern durch den Betrieb ihres Fahrzeuges ein Mensch getötet oder verletzt wird oder Sachschaden entsteht (Art. 58 SVG). In Ausnahmefällen gilt lediglich Verschuldenshaftung[1464]. Unter bestimmten Voraussetzungen befreit (entlastet) das SVG den Halter von seiner Haftpflicht[1465]. In andern Fällen ermässigt (reduziert) es sie (z. B. bei Selbstverschulden des Geschädigten). Dies sind Fragen des materiellen Haftpflichtrechts.

[1462] Näheres bei BREHM, a. a. O. No. 574 ff.; JAEGER, Komm. II. S. 305 ff., und KOENIG S. 514 ff.

[1463] *Literatur* (in Auswahl): BREHM, Le contrat d'assurance RC; BUSSY/RUSCONI, Code suisse de la circulation routière, 2. A., Lausanne 1984; DESCHENAUX/TERCIER, La responsabilité civile, 2. A., Bern 1982; GEISSELER R., Haftpflicht und Versicherung im revidierten SVG, Diss. Fribourg 1980; HEUSSER R., Das direkte Forderungsrecht des Geschädigten gegen den Haftpflichtversicherer, Zürcher Diss., 1979; KOENIG § 50; MÜLLER, Haftpflichtversicherung, Teil III; OFTINGER, Haftpflichtrecht II/2 § 23a; OSWALD H., Fragen der Haftpflicht und der Versicherung gemäss SVG, SZS 1967 S. 165 ff.; derselbe, Versicherungsleistung und Schadenersatz, SVZ 44 (1976) S. 3 ff.; SCHLEGEL/GIGER, Strassenverkehrsgesetz, 3. A., Zürich 1974.

[1464] Z. B. gemäss Art. 61 Abs. 2 SVG: Für Sachschaden eines Halters haftet ein anderer Halter nur, wenn der Geschädigte beweist, dass der Schaden verursacht wurde durch das Verschulden des beklagten Halters oder einer Person, für die er verantwortlich ist. Sind jedoch diese Personen vorübergehend urteilsunfähig, besteht Kausalhaftung; ebenso bei fehlerhafter Beschaffenheit des Fahrzeuges.

[1465] Z. B. Ausschluss der Haftung gemäss Art. 59 Abs. 1 SVG bei Schuldlosigkeit des Halters und der Personen, für die er verantwortlich ist, sofern der Schaden durch grobes Verschulden des Geschädigten oder eines Dritten verursacht wird.

2. Nun enthält das SVG auch über die Haftpflichtversicherung einige Bestimmungen, die in verschiedenen Punkten von jenen des VVG abweichen[1466]. Die besondere Ordnung der Haftpflichtversicherung gemäss SVG verfolgt in erster Linie ein sozialpolitisches Ziel: Die Strassenbenützer sollen gegen die finanziellen Folgen von Verkehrsunfällen geschützt werden, indem sie ihre Haftpflichtansprüche gegen einen solventen Schuldner, den Haftpflichtversicherer, geltend machen können. Erst in zweiter Linie will sie auch das Vermögen des Halters selbst und anderer haftpflichtiger Personen schützen[1467], wenn es durch Haftpflichtforderungen des Geschädigten belastet wird.

Im folgenden werden lediglich einige der wichtigsten Regeln dargestellt.

II. OBLIGATORIUM

Das Motorfahrzeug darf gemäss Art. 10 Abs. 1 SVG nur in Verkehr gebracht werden, wenn die Behörde den Fahrzeugausweis ausgestellt hat. Nun bestimmt Art. 63 SVG in Verbindung mit Art. 11 SVG, dass die Behörde den Fahrzeugausweis[1468] erst dann erteilen darf, wenn die vorgeschriebene Haftpflichtversicherung abgeschlossen worden ist. Der Bewerber muss sich daher von einer Versicherungsgesellschaft bestätigen lassen, dass dies der Fall ist (Versicherungsbescheinigung oder -nachweis[1469] gemäss Art. 68 SVG). Andererseits hat der Versicherer der Behörde Meldung zu erstatten, wenn die Versicherung aussetzt oder aufhört[1470]. Die Behörde hat dann den Fahrzeugausweis und die Kontrollschilder einzuziehen. Gegenüber dem Geschädigten sind Aussetzen oder Aufhören der Versiche-

---

[1466] Die Einzelheiten werden in der VO vom 20.11.1959 über Haftpflicht und Versicherung im Strassenverkehr (VVV) geregelt; vgl. zwei weitere VO hinten nach N 1482a.

[1467] Der Hauptzweck der Haftpflichtversicherung besteht an sich darin, den Haftpflichtigen (Schädiger) und nicht den Geschädigten zu schützen; vgl. vorne vor N 1431.

[1468] Er ist nicht etwa mit dem Führerausweis gemäss Art. 14 SVG zu verwechseln. Dieser wird dem Bewerber gestützt auf eine Prüfung erteilt. Grundsätzlich darf niemand ein Motorfahrzeug lenken, ohne den Führerausweis zu besitzen.

[1469] Vgl. zur Rechtsnatur dieser Bescheinigung BREHM a.a.O. No. 103 ff.

[1470] Z.B. «Ruhen» der Versicherung wegen «Prämienverzugs»; vgl. vorne § 28, N 693 ff. und Art. 20 Abs. 3 VVG.

rung erst wirksam, wenn Fahrzeugausweis und Schilder eingezogen sind, «spätestens jedoch 60 Tage nach Eingang der Meldung des Versicherers»; Art. 68 Abs. 2 SVG. Wenn der Haftpflichtversicherer wegen dieser Sonderregelung Ansprüche des Geschädigten befriedigen muss, obwohl der Vertrag zur Zeit des schädigenden Ereignisses schon sistiert oder aufgehoben war, hat er ein Rückgriffsrecht gegenüber dem Versicherungsnehmer oder Versicherten. Für diese bestand in jenem Zeitpunkt rechtlich kein Versicherungsschutz, also keine Deckung, mehr. Der Versicherer hat somit dem Geschädigten kraft der besonderen Regelung in Art. 68 Abs. 2 SVG trotz fehlender Deckung zu leisten. Dies ist eine Vorleistungspflicht, denn der Versicherer kann die bezahlten Beträge nachher vom Versicherungsnehmer oder Versicherten zurückfordern, Art. 65 Abs. 3 SVG[1471]. – Wenn der Halter die Versicherung ruhen lassen will – um Prämien zu sparen –, kann er jederzeit die Kontrollschilder bei der zuständigen Behörde hinterlegen; Art. 68 Abs. 3 SVG und Art. 8 VVV. Von dieser Möglichkeit macht er z. B. Gebrauch, wenn er sein Fahrzeug im Winter oder während eines längeren Auslandaufenthaltes nicht benützen will.

Die Versicherung hat nach Art. 63 Abs. 2 SVG die gesetzliche Haftpflicht des Halters und jener Personen zu decken, für die er nach SVG verantwortlich ist. Zu diesen Personen gehört namentlich der Lenker[1472], der nicht zugleich Halter ist und deshalb nach gemeinem Recht (z. B. Art. 41 OR) haftet.

Bestimmte Ansprüche können gemäss Art. 63 Abs. 3 SVG von der Versicherung ausgeschlossen werden, so namentlich «Ansprüche aus Sachschäden des Ehegatten des Halters, seiner Verwandten in auf- und absteigender Linie sowie seiner mit ihm in gemeinsamem Haushalt lebenden Geschwister» (*Verwandtenausschlussklausel*[1473]). Wenn also z. B. die Uhr der

---

[1471] Dies hängt mit dem direkten Klagerecht des Geschädigten gegen den Haftpflichtversicherer und mit dessen Einredeverbot zusammen; vgl. hinten Z. III und IV.

[1472] Beispiel: Der Halter lässt seinen Freund auf einer Fahrt lenken, und dieser verursacht einen Verkehrsunfall.

[1473] Abs. 3 lit. b in der Fassung vom 20. 3. 1975; bis zu dieser Revision konnten auch die Personenschäden von der Versicherung ausgeschlossen werden. OSWALD, ZBJV 1975 S. 217 ff. – Diese Ausschlüsse sind dem Geschädigten gegenüber ebenfalls wirksam; sie fallen nicht unter das Einredeverbot, das hinten unter Z. IV dargestellt wird.

Ehefrau des Halters bei einer Fahrt beschädigt wird, so besitzt die Frau zwar Ansprüche nach SVG gegen ihren Ehemann, den Halter; die Haftpflichtversicherung muss diese Ansprüche aber nicht decken und hat daher der Ehefrau keine Entschädigung zu leisten.

Nach Art. 64 SVG bestimmt der Bundesrat «die Beträge, die als Ersatzansprüche der Geschädigten aus Personen- und Sachschaden von der Haftpflichtversicherung gedeckt werden müssen». Der Bundesrat hat m. a. W. die Mindestversicherungssumme durch Verordnung festzulegen[1474].

III. DIREKTES FORDERUNGSRECHT DES GESCHÄDIGTEN

1. Das VVG gewährt dem Geschädigten gegenüber dem Haftpflichtversicherer kein direktes Klagerecht. Der Geschädigte kann also nur den Haftpflichtigen, nicht aber seinen Haftpflichtversicherer gerichtlich belangen. Gleichwohl ist dieser nach Art. 60 Abs. 1 Satz 2 VVG berechtigt, seine Leistungen dem Geschädigten direkt zu entrichten. Er kann aber diesem sämtliche Einreden, die ihm aus dem VVG oder dem Versicherungsvertrag gegenüber dem Versicherungsnehmer oder Anspruchsberechtigten zustehen, entgegenhalten[1475].

2. Art. 65 SVG enthält für Strassenverkehrsunfälle eine Sonderregelung. Er gewährt dem Geschädigten «im Rahmen der vertraglichen Versicherungsdeckung ein Forderungsrecht unmittelbar gegen den Versicherer». Somit kann der Geschädigte nicht nur die Haftpflichtigen – z. B. den Halter und den Lenker, der nicht Halter ist –, sondern auch den Haftpflichtversicherer einklagen. Er darf frei wählen, ob er alle Haftpflichtigen und ihre Haftpflichtversicherer oder nur einzelne von ihnen ins Recht fassen will. Trotzdem ist der Geschädigte nicht Anspruchsberechtigter aus dem Versicherungsvertrag. Der Anspruch aus dem Versicherungsvertrag besteht ungeachtet des direkten Forderungsrechts – wie bei jeder Haftpflichtversiche-

---

[1474] Gemäss Art. 3 Abs. 1 VVV beträgt die Mindestversicherung «1 Million Franken je Unfallereignis für Personen- und Sachschäden zusammen». Für bestimmte Motorfahrzeugarten sind nach Abs. 2 erhöhte Versicherungssummen vorgeschrieben, z. B. für «Motorwagen und Anhängerzüge, mit denen Personen befördert werden». OSWALD a. a. O. S. 222 f. und MÜLLER, Haftpflichtversicherung Teil II Z. 236.

[1475] Vgl. vorne bei N 1458 f.

rung – im Befreiungs- oder im Zahlungsanspruch des versicherten Haftpflichtigen[1476]. Der Geschädigte kann gegen den Haftpflichtversicherer nur jene Ansprüche stellen, die er gegenüber dem Haftpflichtigen selbst besitzt. Denn der Haftpflichtversicherer deckt ja nur die Haftpflicht des versicherten Halters oder Lenkers ab. Die in der Praxis oft vertretene Meinung, er müsse in einem Verkehrsunfall dem Geschädigten auch dann etwas bezahlen, wenn Halter und Lenker nicht haftbar seien, oder er müsse mehr bezahlen als diese schulden, ist daher unrichtig.

IV. EINREDEVERBOT

1. Das direkte Forderungsrecht ist gemäss Art. 65 Abs. 2 SVG mit einem Einredeverbot des Versicherers gekoppelt: «Einreden aus dem Versicherungsvertrag oder aus dem Bundesgesetz über den Versicherungsvertrag können dem Geschädigten nicht entgegengehalten werden»[1476a]. Solche Einreden können an sich den Befreiungs- oder Zahlungsanspruch des Halters oder Lenkers reduzieren oder ganz ausschliessen[1477]. Da der Haftpflichtversicherer sie dem Geschädigten nicht entgegenhalten darf, hat er diesem unter Umständen einen Betrag zu bezahlen, den er nach Versicherungsvertrag oder VVG nicht schuldet. Den Mehrbetrag kann er vom Versicherungsnehmer oder Versicherten – z. B. vom Lenker, der nicht Halter ist – zurückfordern. Dies ist das Rückgriffs- oder Regressrecht des Haftpflichtversicherers, das ihm durch Art. 65 Abs. 3 SVG eingeräumt wird[1478].

[1476] Vgl. vorne bei N 1449. – Da der Geschädigte nicht Anspruchsberechtigter im Sinne des VVG ist, hat er auch nicht die Obliegenheiten zu erfüllen, die das VVG dem Anspruchsberechtigten überbindet; vgl. vorne bei den N 328 und 702.

[1476a] Hingegen können Einreden, die sich aus dem SVG selbst ergeben, dem Geschädigten entgegengehalten werden. Es handelt sich z. B. um Ausschlüsse, die Art. 63 Abs. 3 SVG umschreibt: Ansprüche des Halters gegen die Personen, für die er nach diesem Gesetz verantwortlich ist; Ansprüche gemäss der Verwandtenausschlussklausel (vgl. vorne bei N 1473) usw. Der Haftpflichtversicherer kann solche Ansprüche auch gegenüber dem Geschädigten ablehnen.

[1477] Vgl. vorne bei N 1449.

[1478] Das direkte Klagerecht z. B. gemäss Art. 37 Rohrleitungsgesetz ist gleich ausgestaltet wie jenes nach Art. 65 SVG: Es ist mit dem Einredeverbot und mit dem Regressrecht des Haftpflichtversicherers verbunden. Demgegenüber ist das direkte Klagerecht in der Kollektiv-Unfall- und -Krankenversicherung gemäss Art. 87 VVG anders konstruiert: Es verleiht dem Versicherten lediglich die Aktivlegitima-

Die Verbindung von Einredeverbot und Rückgriffsrecht soll nun an Beispielen gezeigt werden.

2. a) Nach den AVB besteht kein Versicherungsschutz[1479], wenn der Fahrzeugführer, der den erforderlichen Führerausweis nicht besitzt, das Motorfahrzeug lenkt und dabei einen Dritten schädigt. Hat der Geschädigte z. B. einen Schadenersatzanspruch von Fr. 5 000.-, so muss der Haftpflichtversicherer ihm diesen Betrag bezahlen. Er darf dem Geschädigten gegenüber die vertragliche Einrede nicht erheben, es bestehe keine Deckung, der Vertrag schliesse das erwähnte Risiko von der Versicherung aus. Sobald der Versicherer den Betrag bezahlt hat, kann er die Fr. 5000.- vom Lenker regressweise gemäss Art. 65 Abs. 3 SVG zurückfordern, da dieser nach Vertrag keinen Versicherungsschutz (Befreiungs- oder Zahlungsanspruch) besitzt.

b) Nach den AVB hat der Versicherungsnehmer einen Selbstbehalt von Fr. 600.- zu tragen, wenn der *Lenker* des Fahrzeuges im Zeitpunkt des Unfalles das 25. Altersjahr noch nicht vollendet hat (jugendlicher Lenker[1479a]). Der Haftpflichtversicherer kann auch diese Einrede dem Geschädigten nicht entgegenhalten. Er muss dessen Schadenersatzanspruch begleichen, wie wenn kein Selbstbehalt bestünde. Nach der Begleichung kann er jedoch die Fr. 600.- vom Versicherungsnehmer zurückfordern.

c) Wenn der Lenker einen Unfall durch grobe Fahrlässigkeit verursacht – er fährt z. B. bei Rotlicht über eine Kreuzung und verletzt einen Radfahrer –, so kann der Haftpflichtversicherer gemäss Art. 14 Abs. 2 VVG den Versicherungsanspruch, d. h. den Befreiungs- oder Zahlungsanspruch des versicherten Haftpflichtigen, kürzen. Da es sich um eine Einrede aus dem VVG handelt, darf er die Schadenersatzforderung des Geschädigten nicht herabsetzen. Der Kürzungsbetrag muss ihm jedoch vom Lenker erstattet werden. Beträgt die Schadenersatzforderung des Geschädigten Fr. 20000.-, so hat der Haftpflichtversicherer diesen Betrag voll auszubezahlen. Bei einem Kürzungssatz wegen groben Verschuldens von 25% ist er be-

---

tion im Prozess gegen den Versicherer, ist jedoch nicht mit Einredeverbot und Regressrecht verbunden; vgl. vorne bei N 760.

[1479] Dies ist ein Ausschluss; vgl. dazu vorne bei den N 531a und 1264.
[1479a] Vgl. hinten bei N 1487.

rechtigt, den Kürzungsbetrag von Fr. 5 000.- vom Lenker zurückzufordern[1480].

V. AUFSICHTSRECHTLICHE SONDERSTELLUNG DER MOTORFAHRZEUG-HAFTPFLICHTVERSICHERUNG

1. Allgemeines

a) Das Eidg. Justiz- und Polizeidepartement setzte 1971 eine Studiengruppe ein mit dem Auftrag, die langfristigen Fragen der Motorfahrzeug-Haftpflichtversicherung zu prüfen. Die Studiengruppe machte in ihrem Bericht vom 1. Oktober 1974 zahlreiche Vorschläge. So regte sie an, es sei eine ständige Konsultativkommission einzusetzen, welche die Tarifgestaltung und Prämienfestsetzung zuhanden der Bundesbehörden zu begutachten habe usw. Die Empfehlungen der Studiengruppe wurden im neuen Versicherungsaufsichtsgesetz übernommen[1481].

b) Die Art. 37 und 38 VAG enthalten besondere Bestimmungen über die Prämientarife und eine von der Aufsichtsbehörde zu bestimmende zentrale Bearbeitungsstelle, welche für die Erstellung der *Gemeinschaftsstatistik*[1482] zuständig ist. Art. 45 VAG schreibt in Abs. 1 für die obligatorische Motorfahrzeug-Haftpflichtversicherung eine Konsultativkommission[1482a] vor und legt in Abs. 3 deren Aufgaben fest. Die VO des Bundesrates über die Motorfahrzeug-Haftpflichtversicherung (VMHV) und die VO des EJPD über die individuelle Nachkalkulation in der Motorfahrzeug-Haftpflichtversicherung (VINK), beide vom 5. Juni 1979, regeln zahlreiche technische Einzelheiten über die Tarife.

[1480] Vgl. ferner vorne bei N 929 zur Frage, ob der Haftpflichtversicherer gegen den schuldlosen Halter regressieren dürfe, wenn der Schaden durch grobes Verschulden des Lenkers, der nicht mit dem Halter identisch ist, verursacht wird.

[1481] Botschaft zum VAG, BBl 1976 II S. 890. - Ein Volksbegehren des VPOD zur Einführung einer Haftpflichtversicherung für Motorfahrzeuge und Fahrräder durch den Bund wurde in der Volksabstimmung vom 26. 9. 1976 mit 939 379 Nein gegen 301 760 Ja, und zwar von allen Ständen, verworfen. Bei einer Annahme des Begehrens hätte der Bund die Haftpflichtversicherung unter Ausschluss der Versicherungsgesellschaften (Monopol) oder in Konkurrenz mit ihnen betreiben können.

[1482] Vgl. vorne bei N 76 und in den Jahresberichten des BPV den Abschnitt über die Gemeinschaftsstatistik.

[1482a] Vgl. vorne bei N 118.

c) VAG 37 bestimmt in den Abs. 1 und 2, dass die von der Aufsichtsbehörde genehmigten Prämientarife einheitlich und für alle Versicherer verbindlich sind[1483]. Dies gilt auch für die Einteilung in Risikoklassen, die Prämienstufensysteme und allfällige Selbstbehalte. Die Vereinheitlichung der Prämienordnung setzt die weitgehende inhaltliche Vereinheitlichung der AVB voraus, jedenfalls was den Deckungsumfang betrifft. Heute bestehen nur noch geringfügige, eher stilistische als inhaltliche Abweichungen in den AVB der verschiedenen Versicherer. Diese Abweichungen hängen zumindest teilweise damit zusammen, dass die Haftpflichtversicherung oft im gleichen Vertrag mit der nicht vereinheitlichten Kasko- oder Insassenversicherung vereinbart wird (kombinierte Police). Die «gemeinsamen Bestimmungen» lassen sich daher nicht vollständig vereinheitlichen.

d) Die in VAG 38 vorgeschriebene zentrale Bearbeitungsstelle setzt sich aus Fachleuten der Versicherer zusammen. Sie erhält von den Versicherern jene Angaben, die für die Erstellung der Gemeinschaftsstatistik erforderlich sind. VMHV 5 legt fest, über welche Punkte die Gemeinschaftsstatistik Aufschluss geben muss. Sobald die Gemeinschaftsstatistik für das abgelaufene Jahr vorliegt, prüfen die Versicherer, ob die Prämientarife für das folgende Jahr unverändert bleiben oder in welchen Punkten sie geändert werden sollen. Ihre Vorschläge – z. B. auf Erhöhung oder Herabsetzung der Prämien für einzelne Risikoklassen – unterbreiten sie der Konsultativkommission. Diese begutachtet die Vorschläge zuhanden des BPV. Das BPV[1483a] hält in einer Verfügung fest, welchen vorgeschlagenen Tarifen oder welchen Änderungen von Tarifen es seine Genehmigung erteilt oder verweigert. Der Erlass der Verfügung muss gemäss VAG 46 III im Bundesblatt mitgeteilt werden. Die Versicherten und ebenso die Versicherer können sie durch Beschwerde beim EJPD anfechten. Gegen dessen Beschwerdeentscheid ist die Verwaltungsgerichtsbeschwerde an das Bundesgericht zulässig[1483b].

e) Es kann sich hier nicht darum handeln, die ziemlich komplizierte Tarifordnung mit ihren zahlreichen technischen Einzelheiten zu schildern. Im folgenden werden lediglich einige wichtigere Grundbegriffe und Regeln dargestellt.

[1483] Vgl. bereits vorne bei N 233a.
[1483a] Vgl. zu seiner Zuständigkeit vorne bei N 228.
[1483b] Vgl. zur Beschwerdebefugnis (Aktivlegitimation) vorne bei N 230.

2. Tarifierung und Prämien[1484]

a) VAG 37 V stellt den Grundsatz auf, dass die Prämien, die sich aus dem Prämientarif[1485] ergeben, risiko- und kostengerecht sein müssen. Dies wird durch eine starke Gliederung der Tarife erreicht. Vorgeschrieben werden in VMHV 1–4 die Bildung von Risikoklassen, die verschiedene Tarifpositionen enthalten können, Leistungsvarianten sowie Prämienstufensysteme[1486] und Selbstbehalte. Dazu folgendes:

aa) Den Risikoklassen liegen *objektive Gefahrenmomente*[1486a] wie Art, Hubraum, Gewicht oder Verwendungszweck des Fahrzeuges zugrunde. So bilden z. B. die Personenwagen mit mehreren Tarifpositionen eine Klasse, ebenfalls Personenwagen zur gewerbsmässigen Personenbeförderung (Taxi usw.), ferner Motorwagen zum Sachentransport. Bei letzteren wird zwischen Fahrzeugen des Werkverkehrs und jenen des Transportgewerbes unterschieden. Die objektiven Gefahrenmomente sind beim Abschluss des Versicherungsvertrages bekannt, so dass die Risikoklasse ohne weiteres bestimmt werden kann.

bb) Um *Leistungsvarianten* handelt es sich z. B., wenn nicht die gesetzlich vorgeschriebene Mindestversicherungssumme – für Personenwagen 1 Mio. Franken –, sondern die betraglich unbeschränkte Deckung (Illimité-Deckung)[1486b] oder ein von der Norm abweichender Selbstbehalt vereinbart werden.

cc) *Subjektive Gefahrenmomente* sind nach VMHV 4 zu berücksichtigen. Es sind dies Umstände, die mit der Person des Lenkers zusammenhängen «wie Unfallhäufigkeit, Alter oder Lenkererfahrung». Alter und Lenkererfahrung werden im Schadenfall doppelt erfasst, nämlich sowohl durch Selbstbehalte als auch durch das Prämienstufensystem. Die beiden Sachverhalte sind getrennt zu erklären.

[1484] Für Weiteres wird auf MÜLLER, Haftpflichtversicherung, Teil III Z. 238, verwiesen.

[1485] Vgl. allgemein zu den Prämientarifen vorne bei N 91.

[1486] Das System ist jenem verwandt, das UVG 92 für die obligatorische Unfallversicherung vorschreibt. Auch hier werden Klassen und Stufen vorgeschrieben, die risikogerechte Prämien ermöglichen sollen; vgl. MAURER, Unfallversicherung bei N 1485 f.

[1486a] Es handelt sich um Gefahrstatsachen; vgl. vorne bei den N 539 ff.

[1486b] Vgl. vorne bei N 951.

Jugendliche Lenker, die zurzeit des Schadenfalls noch nicht 25 Jahre alt sind, haben pro Schadenfall einen *Selbstbehalt* von Fr. 600.– zu tragen[1487], und Lenker, die zurzeit des Schadenfalles zwar schon mindestens 25 Jahre alt, aber noch nicht zwei Jahre im Besitze eines schweizerischen Führerausweises sind (sog. Neulenker) einen Selbstbehalt von Fr. 300.–. Durch Vereinbarung können die Selbstbehalte gegen Mehrprämie je nach Tarifklasse herabgesetzt oder wegbedungen werden. Die Selbstbehalte wurden eingeführt, weil die erwähnten jugendlichen Lenker und die Neulenker ein stark erhöhtes Risiko darstellen: Diese Lenker verursachen überdurchschnittlich viele und schwere Verkehrsunfälle.

Die Unfallhäufigkeit wird mit den *Prämienstufensystemen* berücksichtigt, da mit ihnen die Prämien nach dem Schadenverlauf abgestuft werden. Das Prämienstufensystem A gilt für gewöhnliche Personenwagen (ohne Mietwagen und Taxi usw.) und Motorräder[1488]. Es enthält die Prämienstufen 0–21, d. h. 22 Stufen. Der Neuhalter beginnt bei Stufe 9, so dass er die *Grundprämie*[1489] zu bezahlen hat. Nach jedem schadenfreien Jahr steigt er in die nächsttiefere bis zur untersten Stufe ab. Massgebend sind Beobachtungsperioden, die 12 Monate umfassen und drei Monate vor Fälligkeit der Jahresprämie enden. Wenn in einer solchen Beobachtungsperiode kein Schaden eingetreten ist, hat der Versicherungsnehmer ab folgendem Versicherungsjahr jeweils eine geringere Prämie zu bezahlen. Falls er z. B. die Stufe 0 erreicht, muss er nur noch 45 Prozent der Grundprämie entrichten. Bei jedem Schadenfall steigt er andererseits um drei Stufen bis zur obersten Stufe hinauf, so dass er ab dem nächsten Versicherungsjahr eine grössere Prämie bezahlen muss. Bei der obersten Stufe (21) wird er 270 Prozent der Grundprämie[1490] bezahlen müssen. Keine Rückstufung erfolgt, wenn der

---

[1487] Vgl. bereits vorne bei N 1479a.

[1488] Das Prämienstufensystem B umfasst die übrigen Personenwagen und die meisten Nutzfahrzeuge, z. B. Last- und Lieferwagen. Es weist 20 Stufen auf. Seine Unterschiede zum System A werden hier nicht weiter dargelegt. Das Prämiensystem Z kennt keine Prämienstufen. Es gilt nur für wenige Spezialfahrzeuge mit geringer Prämie, die fest vereinbart wird.

[1489] Vgl. hinten bei N 1490a.

[1490] Das Prämienstufensystem wird auch Bonus/Malus-System genannt (VMHV 4). Bonus (= gut) bedeutet gleichsam eine Belohnung durch Prämiensenkung für schadenfreies Fahren und Malus (= schlecht) eine Prämienerhöhung, weil der Lenker einen Unfall verursacht hat. Von Malus spricht man freilich mei-

Unfall nicht auf ein Verschulden des Versicherten zurückzuführen ist («reine» Kausalhaftung; Strolchenfahrt ohne Verschulden des Halters), und auch dann nicht, wenn der Versicherungsnehmer dem Versicherer die von diesem geleistete Entschädigung innert einer bestimmten Frist erstattet.

Prämienstufensysteme und Selbstbehalte verfolgen ein doppeltes Ziel: Einerseits streben sie für den einzelnen Versicherungsnehmer die Verfeinerung der nach objektiven Gefahrenmomenten risikogerecht ermittelten Grundprämie an und andererseits dienen sie der Unfallverhütung: Der Lenker wird eher zur Vorsicht angehalten, wenn er weiss, dass für ihn der Schadenfall finanzielle Folgen hat, während schadenfreies Fahren eine Prämienermässigung bewirkt; dadurch soll sein Gefühl für Selbstverantwortung gestärkt werden.

b) Art. 1 Abs. 1 VMHV bestimmt, dass die Prämientarife die *Grundprämie*[1490a] nennen müssen. Im Prämienstufensystem bildet sie die Bemessungsgrundlage. Der Versicherungsnehmer, der sich in der Stufe 9 befindet, muss als Prämie 100 Prozent und in der Stufe 0 45 Prozent dieser Grundprämie bezahlen. Die Prämien, die vom Versicherten zu entrichten sind – dies hängt von der Risikoklasse und von der für sie geltenden Stufe ab –, werden in VMHV 1 I als *Nettoprämie*[1490a] bezeichnet. Einige Hinweise sollen nun zeigen, wie die Prämientarife aufgestellt werden.

aa) Die Versicherer haben nach Art. 6 VMHV ein Kalkulationsschema zu erarbeiten, um die Grundprämien zu errechnen. Sie setzen als Schadenbedarf – dies sind die durch die Schadenfälle ausgelösten Zahlungen und Rückstellungen – und als Belastung durch das Prämienstufensystem – das Prämienvolumen ist kleiner, als wenn alle Versicherten die Grundprämie bezahlen würden – je das gewogene Mittel ein, das sich aus der Gemeinschaftsstatistik für das abgelaufene Jahr ergibt. Sie haben zudem den Prämienanteil für Verwaltungskosten und Gewinn im Kalkulationsschema aufzunehmen. Zu berücksichtigen haben sie auch die voraussichtlich zu erwartende Änderung im Schadenbedarf und in der Belastung durch das Prämienstufensystem. Solche Änderungen können sich z. B. ergeben, wenn die Teuerung ansteigt oder wenn von neuen Massnahmen zur Unfall-

---

stens erst ab Stufe 10 aufwärts; vgl. den vor N 1481 erwähnten Bericht der Studiengruppe S. 25 ff.

[1490a] Vgl. zur Unterscheidung von Grund- und Nettoprämie auch hinten N 1491a.

verhütung ein Erfolg erwartet wird. Diese vorausschauende Tarifierung wird *prospektive Tarifierung* genannt.

bb) VAG 37 II verlangt zusätzlich eine sog. *gemeinsame Nachkalkulation,* die in den Art. 8–10 VMHV näher geregelt wird. Die Versicherer haben für das abgelaufene Jahr gemeinsam eine *Jahressaldorechnung* zu erstellen und dabei die in VMHV 8 II aufgeführten Posten – z. B. die verdiente Nettoprämie und den Schadenaufwand – zu bilden. Die Jahressaldorechnung ist für die folgenden drei Abrechnungsgruppen getrennt zu führen: Personenwagen, Motorräder, übrige Motorfahrzeuge einschliesslich Taxi und Mietwagen. Die Differenzen zwischen den Einnahmen und den Ausgaben werden *Tarifausgleichskonten* zugewiesen. Die Salden dieser Konten können bei der Berechnung der Prämie für das kommende Jahr angerechnet oder ganz oder teilweise auf den Konten vorgetragen werden. Der Zweck besteht darin, eine gleichmässige Prämienentwicklung zu erreichen, d. h. grössere Prämienausschläge nach oben oder unten zu vermeiden. Wenn ein Aktivsaldo vorhanden ist, kann u. U. von einer Erhöhung der Prämie abgesehen werden, obwohl sie sich aus der prospektiven Tarifierung aufdrängen würde. Diese gemeinsame Nachkalkulation bezeichnet man auch als *retrospektive Tarifierung,* da die prospektive Tarifierung durch das Ergebnis aus früheren Jahren korrigiert wird.

cc) Die Grundprämien sind, da sie aus der Gemeinschaftsstatistik errechnet werden, für alle Versicherer gleich hoch. Deshalb ist es möglich, dass der eine Versicherer einen höheren Gewinn erzielt, als er z. B. im Kalkulationsschema eingesetzt worden war, während ein anderer Versicherer einen Verlust aufweist. Dies hängt von verschiedenen Umständen ab: z. B. vom Risikoverlauf, indem die Versicherten eines Versicherers in einem Jahr überdurchschnittlich viele oder schwere Schäden verursachen und ferner von der Qualität des Schadendienstes. VAG 37 III bestimmt daher, dass jeder Versicherer eine *individuelle Nachkalkulation* vornimmt. Diese wird in den Art. 11–14 VMHV und in der VINK näher geregelt, wobei letzterer ein Schema für die Berechnung als Anhang angefügt ist. VMHV 11 II umschreibt den Vorgang wie folgt: «Mit der individuellen Nachkalkulation wird die Abweichung des Ergebnisses der einzelnen Versicherungseinrichtung vom Ergebnis der gemeinsamen Nachkalkulation ermittelt». Jeder Versicherer muss die Salden aus der individuellen Nachkalkulation auf ein *individuelles Ausgleichskonto* überweisen. Wenn dieses genügend dotiert ist und weitere hier nicht zu erwähnende Voraussetzungen erfüllt sind, muss der Versicherer seinen Versicherten Gewinnanteile ausrichten. Vom gesamten Gewinn, den er dem Konto entnehmen will, muss er mindestens drei Viertel den Versicherten vergüten und darf höchstens ein Viertel für sich beanspruchen.

Die Vereinheitlichung der Grundprämie hat zur Folge, dass eine Konkurrenz der Versicherer hinsichtlich der Prämien ausgeschaltet ist. Mit der individuellen Nachkalkulation wird dagegen ein gewisses Minimum an Konkurrenz[1490b] ermöglicht: Versicherer, die Gewinne auszahlen können, stehen im Wettbewerb naturgemäss besser da als Versicherer, die dazu nicht in der Lage sind.

c) Die Art. 15–18 VMHV enthalten Bestimmungen über versicherungstechnisch notwendige Rückstellungen. Art. 16 umschreibt die notwendigen Prämienüberträge und Art. 17 die Schadenrückstellungen (Schadenreserve)[1491], wie sie ähnlich auch in andern Versicherungszweigen erforderlich sind. Eine Besonderheit regelt Art. 18, indem er für die Motorfahrzeug-Haftpflichtversicherung die «Schwankungs-, Unkosten- und Sicherheitsrückstellungen» – nach den Anfangsbuchstaben SUS genannt – verlangt. Die SUS dienen vor allem dazu, Mittel für unvoraussehbare Entwicklungen, Katastrophenfälle usw. bereitzuhalten. Ihre Höhe wird vom BPV festgelegt. Sie ist im Rahmen der Jahressaldorechnung zu bestimmen und zu verwenden. Es handelt sich um kollektive Rückstellungen, sozusagen um einen für die ganze Branche geäufneten Schwankungsfonds. Dieser wird mit den Prämien der Motorfahrzeug-Halter finanziert.

d) Die Prämie, die der einzelne Versicherte zu entrichten hat, heisst nach VMHV 1 I Nettoprämie[1491a]. Sie kann mehr oder weniger stark von der

---

[1490b] Da auch die Motorfahrzeug-Haftpflichtversicherer keinem Kontrahierungszwang unterworfen sind, könnten sie versucht sein, Risikoselektion zu betreiben (vgl. vorne bei N 273), um ein überdurchschnittlich gutes Ergebnis bei der individuellen Nachkalkulation zu erzielen. Aufgrund interner Absprachen sehen sie weitgehend von der Risikoselektion ab. Es wäre dem Ruf der Assekuranz abträglich, wenn ein Versicherungsnotstand entstünde, indem zahlreiche Personen, die im Besitze des Führerausweises sind, keinen Haftpflichtversicherer finden, obschon sie ein Motorfahrzeug anschaffen möchten.

[1491] Vgl. zu diesem Begriff vorne bei den N 85 ff. und vor N 88.

[1491a] In der Versicherungspraxis versteht man unter Nettoprämie eine von dieser Umschreibung abweichende Unterart der Prämie; vgl. vorne bei den N 91b und 96.

Bruttoprämie abweichen[1491b]. Die Nettoprämie wird durch Zuschläge erhöht, die in verschiedenen Gesetzen festgelegt sind. So ist nach dem BG über einen Beitrag für die Unfallverhütung im Strassenverkehr vom 25. Juni 1976 und der auf ihm beruhenden VO vom 13. Dezember 1976[1492] ein Unfallverhütungsbeitrag von 0,75 Prozent zu erheben. Der schweizerische Fonds für Unfallverhütung im Strassenverkehr, eine öffentliche Anstalt mit Sitz in Bern, verwaltet die Mittel und entscheidet über deren Verwendung. Er koordiniert die Massnahmen zur Unfallverhütung von Unfällen im Strassenverkehr. Einen weiteren Beitrag schreiben SVG 76a und VVV 54a für die Deckung von Schäden vor, die durch unbekannte und durch nichtversicherte Motorfahrzeuge verursacht werden[1493]. Der Zuschlag zur Nettoprämie wird jährlich festgesetzt. Die Motorfahrzeug-Haftpflichtversicherer haben ihn zu bestimmen und dem BPV zur Genehmigung vorzulegen. Er beträgt derzeit weniger als 1 Prozent. Schliesslich wird eine Stempelabgabe von 1,25 Prozent erhoben, die Art. 24 BG über die Stempelabgaben vom 27. Juni 1973[1494] vorschreibt.

§ 53 RÜCKVERSICHERUNG[1495]

I. ALLGEMEINES

1. Der Versicherer, der den Vertrag mit dem Publikum abschliesst, wird als Erst- oder Direktversicherer bezeichnet. Wenn er einen Teil seines Geschäftes an den Rückversicherer abgibt, handelt er als Zedent; der das Risiko übernehmende Rückversicherer ist der Zessionar. Denjenigen Teil des

---

[1491b] Vgl. vorne bei N 1490a.
[1492] SR 741.81 und 741.811.
[1493] MÜLLER, Haftpflichtversicherung, Teil III Z. 239.3.
[1494] SR 641.10.
[1495] Vgl. bereits vorne bei N 317. *Literatur* zur Rückversicherung (in Auswahl): KLAUS GERATHEWOHL, Rückversicherung. Grundlagen und Praxis, Karlsruhe, 2 Bände, 1976/79; MARCEL GROSSMANN, Rückversicherung – eine Einführung, Bern/Frankfurt a. M. 1977; GRUSS, Versicherungswirtschaft, S. 73 ff.; HANGARTNER, Rückversicherungsmarkt; KOENIG S. 538 ff.; CHR. PFEIFFER, Einführung in die Rückversicherung, 2. A. 1975, Wiesbaden; SUTER, Sachversicherung, S. 268 ff.

Risikos, den der Erstversicherer selbst trägt, nennt man Eigenbehalt[1496], denjenigen Teil, den er weitergibt, Zession oder – bei Schadenexzedenten – auch Layer oder zweites Risiko. Der Rückversicherer, der einen Teil des übernommenen Geschäftes an einen andern Rückversicherer weitergibt, ist der Retrozedent, jener, der eine solche Retrozession übernimmt, der Retrozessionar.

2. Dank der Rückversicherung können kleinere, noch wenig finanzkräftige Gesellschaften Versicherungsverträge mit beträchtlichen Versicherungssummen abschliessen[1497], ohne selbst allzu grosse Risiken einzugehen. Finanzstarke Versicherungsunternehmen vermögen an sich auch grosse Risiken zu tragen. Trotzdem pflegen sie sich rückzuversichern, um starke Schwankungen im Geschäftsgang zu vermeiden und sich von aussergewöhnlichen Risiken und besonders hohen Verpflichtungen zu entlasten.

3. Würde der Rückversicherer seine Verpflichtungen in grossen Schadenfällen nicht erfüllen, so könnte dies u. U. den finanziellen Zusammenbruch des Erstversicherers zur Folge haben[1498]. Die Rückversicherung ist daher eine ausgesprochene Vertrauenssache. Der Umstand, dass die schweizerische Assekuranz auf dem internationalen Rückversicherungsmarkt eine starke Stellung einnimmt[1499], ist weitgehend durch die stabilen

---

[1496] Gleichbedeutende Ausdrücke: Plein, Maximum, Priorität usw.

[1497] Mit dem Instrument der Rückversicherung kann ein Risiko auf ungezählte Versicherungsgesellschaften, die ihren Sitz in den verschiedensten Ländern haben, verteilt werden. Dadurch wird es möglich, z. B. ein Atomkraftwerk mit einer Versicherungssumme von einigen Mrd. Fr. gegen Feuer, radioaktive Verseuchung usw. zu versichern.

[1498] Der Rückversicherungsvertrag muss so gestaltet sein, dass er genau die Risiken umfasst, die auch der Erstversicherer trägt (Kongruenz der Deckung). Diese Voraussetzung ist dann nicht unbedingt erfüllt, wenn er die Risiken selbständig umschreibt oder wenn der Vertrag in einer andern Sprache abgefasst ist. Vgl. zur Schicksals- und Irrtumsklausel hinten bei N 1513a.

[1499] Die Schweiz. Rückversicherungs-Gesellschaft ist eine der grössten Rückversicherungsgesellschaften der Welt. Die Zahl der professionellen privaten Rückversicherer – dies sind jene Gesellschaften, die *nur* das Rückversicherungsgeschäft betreiben – beläuft sich in der freien Welt auf etwa 240; gegen 3 000 Erstversicherer betreiben in mehr oder weniger grossem Umfang auch Rückversicherung. Insgesamt gibt es in der freien Welt etwa 13 000 Versicherungsgesellschaften; vgl. «Rück-Fragen», beantwortet von der Schweiz. Rückversicherungs-Gesellschaft.

politischen und wirtschaftlichen Verhältnisse und besonders auch durch die gesunde Währung in der Schweiz bedingt.

II. TECHNIK DER RÜCKVERSICHERUNG

1. Formen

Bei der Rückversicherung geht es darum, das versicherte Risiko in einem bestimmten Verhältnis auf Erst- und Rückversicherer zu verteilen[1499a]. Dies kann auf verschiedene Weise, d. h. durch verschiedene Formen, geschehen. Gegenüber dem Versicherungsnehmer oder Anspruchsberechtigten ist jedoch ausschliesslich der Erstversicherer leistungspflichtig. Einige Hauptformen[1500] seien hier erwähnt:

a) Beim *Schadenexzedentenvertrag* hat der Erstversicherer im Schadenfall die Leistungen bis zu einem bestimmten Höchstbetrag (= Priorität, Eigenbehalt) selbst zu tragen. Leistungen, die diesen Betrag übersteigen, gehen voll zu Lasten des Rückversicherers[1501]. Auch dieser pflegt sich im Vertrag eine oberste Grenze für seine Leistungen auszubedingen. Die Schadenzahlungen, die der Erstversicherer zu tragen hat, nennt man in der Praxis «Erstes Risiko»; die Schadenzahlungen, die den Eigenbehalt des Erstversicherers übersteigen und vom Rückversicherer bis zur vereinbarten Höhe zu übernehmen sind, werden «Zweites Risiko» genannt. Die Rückversicherungsdeckung bezieht sich in der Regel auf das einzelne Schadenereignis (Einzelschaden-Exzedent), sie kann aber auch den gesamten Schadenaufwand einer Rechnungsperiode, z. B. eines Jahres, betreffen[1502] (Jahresschaden-Exzedentenvertrag oder – synonym – «Stop Loss»-Vertrag).

[1499a] Vgl. zur Risikoverteilung bereits vorne vor N 318.
[1500] Näheres bei HANGARTNER, Rückversicherungsmarkt S. 14 ff.
[1501] Beispiel: Der Motorfahrzeug-Haftpflichtversicherer vereinbart mit seinem Rückversicherer einen Eigenbehalt von Fr. 100 000.– pro Schadenfall. Hat er in einem Schadenfall Fr. 300 000.– an den Geschädigten zu leisten, so muss er Fr. 100 000.– selbst tragen, Fr. 200 000.– kann er jedoch vom Rückversicherer zurückfordern. Sind im Schadenfall jedoch nur Fr. 50 000.– zu leisten, so hat der Erstversicherer sie vollständig zu übernehmen, da sie im Rahmen seines Eigenbehaltes liegen.
[1502] Der Rückversicherer hat dann nur zu leisten, wenn die gesamte Schadenbelastung des Erstversicherers während des ganzen Jahres einen bestimmten Betrag übersteigt.

b) Beim *Summenexzedentenvertrag* wird von der Versicherungssumme[1503] ausgegangen, die der Erstversicherer mit dem Versicherungsnehmer vereinbart hat. Es wird sodann der Eigenbehalt des Erstversicherers vertraglich bestimmt. Nun wird die Anteilsquote (Prozentsatz) des Rückversicherers an jedem Risiko individuell aufgrund des Betrages errechnet, um den die Versicherungssumme den Eigenbehalt des Erstversicherers überschreitet (Exzedent). Nur wenn die Versicherungssumme den Eigenbehalt überhaupt übersteigt, wird der Rückversicherer im Schadenfall proportional leistungspflichtig; der Erstversicherer behält also Risiken bis zu einer bestimmten Versicherungssumme für sich[1504].

c) Bei der *Quoten-Rückversicherung* übernimmt der Rückversicherer einen festen, einheitlichen Prozentsatz aller Geschäfte, die im Rückversicherungsvertrag umschrieben werden. Wird z. B. eine Quote von 50% vereinbart, dann muss er in jedem einzelnen Schadenfall 50% der Leistungen tragen, die der Erstversicherer an den Versicherten oder Geschädigten zu erbringen hat. Dafür wird der Rückversicherer auch 50% der vom Erstversicherer eingenommenen Prämie beanspruchen.

Zwischen den genannten Formen sind zahlreiche Kombinationen möglich und gebräuchlich. So wird z. B. die Quoten-Rückversicherung mit der Summenexzedenten- oder mit der Schadenexzedenten-Rückversicherung kombiniert.

2. Fakultative und obligatorische Rückversicherung

Bei der fakultativen Rückversicherung steht es dem Erstversicherer aufgrund des Rückversicherungsvertrages frei, ob er ein Risiko rückversichern will oder nicht, und auch der Rückversicherer kann frei entscheiden,

---

[1503] Vgl. zu diesem Begriff vorne bei N 948.

[1504] Dazu ein Beispiel: Betragen die Versicherungssumme 1 Mio. Fr. und der Eigenbehalt des Erstversicherers Fr. 100000.–, dann beläuft sich der Exzedent auf Fr. 900000.– oder 90%. Der Rückversicherer hat in jedem Versicherungsfall, der vom Erstversicherer zu regulieren ist und der unter diesen Rückversicherungsvertrag fällt, 90% der Leistungen zu übernehmen. Hat der Erstversicherer z. B. Fr. 50000.– zu leisten, so wird der Rückversicherer ihm Fr. 45000.– daran zu bezahlen haben; leistet der Erstversicherer 1 Mio. Fr., so wird er vom Rückversicherer Fr. 900000.– erhalten. Der Anteil des Rückversicherers wird prozentual bestimmt. – Auch der Pool – vgl. vorne bei N 47 – stellt eine Form der Rückversicherung dar; vgl. HANGARTNER a. a. O. S. 15, und SUTER, Sachversicherung Z. 61.

ob er ein ihm einzeln angebotenes Risiko übernehmen will oder nicht[1505]. Beim obligatorischen Vertrag dagegen ist der Erstversicherer verpflichtet, die im Vertrag bestimmten Risiken dem Rückversicherer abzugeben, und dieser ist verpflichtet, diese Risiken bis zur vereinbarten Höhe zu übernehmen.

3. Rückversicherungsprovision

Der Erstversicherer hat viel grössere Verwaltungskosten[1506] als der Rückversicherer. Ihm obliegen z. B. die Akquisition, die oft kostspielige Schadenregulierung und der Verkehr mit dem Versicherungsnehmer (Anpassung der Verträge an veränderte Umstände usw.). Deshalb gibt der Rückversicherer dem Erstversicherer bei der proportionalen Rückversicherung als anteilige Deckung an diese Kosten eine Rückversicherungsprovision. Sie wird vertraglich in Prozenten der Rückversicherungsprämie bestimmt. Wenn der Erstversicherer seine Rückversicherung abschliesst, spielt die Höhe der angebotenen Provision bei der Wahl des Rückversicherers nicht selten eine Rolle.

III. RECHTLICHES

1. Versicherungseinrichtungen, die in der Schweiz oder von der Schweiz aus im Rückversicherungsgeschäft tätig sind, unterstehen gemäss VAG 3 I der Aufsicht. Ausgenommen von der Aufsicht sind nach VAG 4 I lit. a ausländische Versicherungseinrichtungen, die in der Schweiz nur das Rückversicherungsgeschäft betreiben. Wenn sie daneben auch noch der Direktversicherung obliegen, sind sie für ihre ganze Geschäftstätigkeit in der Schweiz der Aufsicht unterstellt[1507].

2. Der Rückversicherungsvertrag ist rechtlich ein Versicherungsvertrag, da er alle Merkmale eines solchen aufweist[1508]. Gemäss ausdrücklicher Bestimmung in Art. 101 Z. 1 VVG ist jedoch das VVG nicht auf ihn anwendbar. Es besteht kein Grund, Versicherungsgesellschaften, die Rückversicherungsverträge abschliessen, spezialgesetzlich zu schützen, da sie fach-

---

[1505] HANGARTNER a. a. O. S. 12 f.; GRUSS a. a. O. S. 78. – Es geht hier immer nur um einzelne Risiken, während die obligatorische Rückversicherung einen ganzen Bestand an Risiken umfasst.
[1506] Vgl. vorne bei N 56.
[1507] Vgl. zur Aufsicht die §§ 5–7 und bei N 154.
[1508] Vgl. vorne bei den N 350 f.

kundig sind oder sein sollten[1508a]. Somit gilt das gemeine Recht. Da das OR den Rückversicherungsvertrag nicht regelt, handelt es sich um einen Innominatkontrakt. Rechte und Pflichten bestimmen sich hauptsächlich durch die Parteivereinbarung, d. h. in der Regel durch den geschriebenen Vertrag, und überdies durch die von der Praxis entwickelten Usancen, also durch Gewohnheitsrecht[1509].

3. Wenn der Erstversicherer seinem Versicherten gegenüber leistungspflichtig wird, ist sein Vermögen mit einer Schuld belastet. Der Rückversicherer hat ihm, je nach Ausgestaltung des Rückversicherungsvertrages, diese Schuld ganz oder teilweise abzunehmen; er schützt also das Vermögen des Erstversicherers, weshalb die Rückversicherung der Vermögensversicherung[1510] zuzuordnen ist.

4. Der Rückversicherungsvertrag begründet nur Rechte und Pflichten zwischen den Vertragsparteien, also entweder zwischen dem Erstversicherer und dem Rückversicherer oder – bei Retrozessionen – zwischen Rückversicherern. Die vertraglichen Leistungen bestehen in der Bezahlung einer

---

[1508a] Der Vertrag, den Lebensversicherer mit Vorsorgeeinrichtungen (VE) gemäss BVG abschliessen, ist seiner Funktion nach ein Rückversicherungsvertrag. Da jedoch der Gesetzgeber die Schaffung von VE durch die privaten Arbeitgeber stark erleichtern wollte, nahm er in Kauf, dass zahlreiche VE von Personen verwaltet werden, die auf dem Gebiete des Versicherungswesens nicht fachkundig sind. Er hatte daher nicht die Absicht, die Versicherungsverträge zwischen den VE und den dem VAG unterstellten Versicherern als Rückversicherungsverträge zu qualifizieren. Dadurch hätte er nämlich den VE den Schutz entzogen, den das VVG der schwächeren Vertragspartei, hier der VE, gewähren will. Es ist daher nicht zufällig, dass die Art. 67 und 68 BVG sowie Art. 43 BVV 2 zwar von Versicherungsverträgen, Rückdeckung usw. sprechen, aber den Ausdruck Rückversicherung vermeiden. Sie sollten nicht der Meinung Vorschub leisten, dass die fraglichen Versicherungsverträge als Rückversicherungsverträge zu qualifizieren und daher dem OR zu unterstellen seien. BGE 91 I 374 ff., der einen Vertrag zwischen einem ausländischen Versicherer und der Fürsorgestiftung eines schweizerischen Berufsverbandes noch als Rückversicherungsvertrag beurteilte, kann im Hinblick auf das BVG nicht massgebend sein, da er unter dem früheren Recht erging. Vgl. bereits vorne bei den N 1222a, 1231 und 183a.

[1509] BGE 107 II 199 f. (= SVA XIV No. 81).

[1510] Sie ist somit eine Schadensversicherung, sofern man auf die Terminologie des VVG abstellt; BGE 91 I 379. Dies gilt unabhängig davon, ob der Versicherungsvertrag des Erstversicherers eine Personen-, Sach- oder Vermögensversicherung ist. Vgl. zu diesen Einteilungen vorne bei N 1403 ff.

Prämie auf der einen Seite und in der Gegenleistung des Rückversicherers im Versicherungsfalle auf der andern Seite. Der Versicherungsnehmer des Erstversicherers ist am Rückversicherungsvertrag in keiner Weise beteiligt; er hat daher auch keinen Anspruch gegenüber dem Rückversicherer auf Erfüllung des Versicherungsvertrages, den er, der Versicherungsnehmer, mit dem Erstversicherer abgeschlossen hat[1511]. Er weiss in der Regel nicht einmal, ob und bei welcher Gesellschaft sein Versicherer Rückversicherungsdeckung besitzt. Er hat auch kein Pfandrecht am Anspruch des Erstversicherers gegenüber dem Rückversicherer etwa in Analogie zu Art. 60 Abs. 1 VVG[1512]. Im Konkursfalle des Erstversicherers kann sich der Versicherungsnehmer oder Anspruchsberechtigte nur an diesen und nicht an den Rückversicherer halten. Der Anspruch des Erstversicherers gegen den Rückversicherer fällt in die Konkursmasse[1513].

5. In der Regel enthält der Rückversicherungsvertrag eine Klausel, wonach der Erstversicherer im Versicherungsfall das ausschliessliche Recht besitzt, den Schadenfall zu regulieren, Ansprüche anzuerkennen oder abzulehnen, Prozesse zu führen usw. Der Rückversicherer darf also dem Erstversicherer keine Weisungen hinsichtlich der Behandlung des Versicherungsfalles erteilen, sondern er ist bei der Erfüllung seiner Vertragspflichten an das gebunden, was der Erstversicherer mit dem Anspruchsteller hinsichtlich des Versicherungsfalles vereinbart. Man nennt dies die *Folgepflicht des Rückversicherers*. Sie wird jedoch, wie der Vertrag als solcher, vom Grundsatz von Treu und Glauben beherrscht; ihn hat der Erstversicherer zu beachten, wenn er Zahlungen an den Anspruchsteller erbringt, die er vom Rückversicherer ganz oder teilweise zurückfordern kann.

Wegen der Mannigfaltigkeit des Rückversicherungsgeschäftes lässt sich der Deckungsumfang nicht immer absolut eindeutig umschreiben. Deshalb findet sich in den meisten Rückversicherungsverträgen die sog. *Schicksalsklausel*. Mit ihr wird der Rückversicherer automatisch an die Deckung des Erstversicherers gebunden. Häufig ist auch die *Irrtumsklau-*

[1511] Auch die andern Anspruchsberechtigten, so die Versicherten, die nicht zugleich VN sind, und die Begünstigten, haben keinen Anspruch gegenüber dem Rückversicherer. BGE 107 II 202.

[1512] Vgl. vorne bei N 1461.

[1513] Gl. M. JAEGER, Komm. III S. 516, und KOENIG S. 540.

Vermögensversicherung

sel[1513a] anzutreffen. Danach sind Irrtümer und Fehler, die im gegenseitigen Geschäftsverkehr entdeckt werden, sofort richtigzustellen, ohne dass die Haftung der einen oder andern Partei dadurch tangiert wird.

Rückversicherungsverträge enthalten regelmässig eine *Schiedsgerichtsklausel*. Danach werden Streitigkeiten zwischen den Vertragsparteien nicht vor den ordentlichen Gerichten ausgetragen, sondern einem (fachkundigen) Schiedsgericht zur Entscheidung vorgelegt[1514].

[1513a] Vgl. vorne N 1498.

[1514] Keine Schiedsklausel enthielt anscheinend der in BGE 107 II 196 ff. zu beurteilende Rückversicherungsvertrag, weshalb das BGer sich eingehend mit einem solchen zu befassen hatte.

SACHREGISTER

Die Zahlen verweisen auf die Seiten bzw. bei N auf die Fussnoten. Die arabischen Zahlen in *Kursivschrift* bedeuten, dass an der betreffenden Stelle etwas einlässlichere Ausführungen zum Stichwort zu finden sind. Die Umlaute ä, ö und ü werden alphabetisch als ae, oe und ue eingereiht.

Besondere Abkürzungen

H	Haftpflicht	s. d.	siehe daselbst
H-V	Haftpflichtversicherung	U-V	Unfallversicherung
Koll.	Kollektiv	V	Versicherung(s)
M	Motorfahrzeug	VE	Vorsorgeeinrichtung(en)
MH-V	Motorfahrzeug-Haftpflicht-versicherung	Ver	Versicherer
		V-ER	Versicherungseinrichtungen
L-V	Lebensversicherung	VV	Versicherungsvertrag
Scha-V	Schadensversicherung		

Ablehnung des V-Antrages 199
Abonnenten-V 76, 231, N 758, 455, *474*
Abschlussagent *191 f.*, 208 f., 409
Abschlussprovision 54
Absicht 267, *329 f.*, 338
Abtretung des V-Anspruchs 205, *371 f.*, N 1081, 430
Abwehr unbegründeter Ansprüche, H-V, N 1451
Abwicklungsgewinn und -verlust 71
Adäquanz s. Kausalzusammenhang
Änderung des VV 219 f., 221 f.
Äquivalenzprinzip *195*
ärztliche Untersuchung bei Abschluss des VV, L-V, 198, 200, *416 f.*
ärztlicher Dienst der V-Gesellschaften 53
Agenten s. V-Agenten
Agenturvertrag 54, 188
Aggravation 366
AHV s. Sozialversicherung
AIDA 59

«alles oder nichts»-Prinzip N 554, N 999, *463 f.*
Amtsgewalt s. hoheitliche Gewalt
Annahme des V-Antrages *199*, 203
Anpassungsklausel, s. auch Tarifänderungsklausel, 99, N 210, *222*
Anspruch s. V-Anspruch
Anspruchsberechtigter, s. auch V-Anspruch, V-Leistungen
– Anwaltskosten *178*
– Begriff *157, 361*
– Forderungsrecht, direktes s. d.
– in der H-V 157, 520
– in der L-V 157, *426 f.*, 443
– Obliegenheiten 281, 284, *319 f.*, 325, *361*
– und Begünstigung 158, 337, 361, *426 f.*
– V für fremde Rechnung *304 f.*
Anspruchskonkurrenz 395, 400
Anspruchsteller 158
Antiselektion 77
Antrag s. V-Antrag

Sachregister

Antragsteller s. V-Antrag
Anwalt s. Rechtsanwalt
Anwartschaftsdeckungsverfahren *63*, N 1160
Anzeigepflicht bei Vertragsabschluss, s. auch Obliegenheiten, *233 ff., 241*
- Altersangabe, unrichtige, L-V, 417
- Auslegung der Antragsfragen 235, 237
- culpa in contrahendo *239 f.*, N 719
- erhebliche Gefahrstatsachen *234, 241*
- Kausalzusammenhang s. d.
- Koll. VV *239*
- Rechtsnatur *239*
- Träger 233, 235
- Verletzung und ihre Folgen *215*
- - durch V-Agenten N *416*
- - Nichteintritt der Folgen *237 f.*
- - Rücktritt vom Vertrag 215, 236, N 566
- - Verschulden *239*, N 677
- - Verzicht auf Geltendmachung *238*
- V für fremde Rechnung 305
- Zweck *241*
Anzeigepflicht im V-Fall, s. auch Obliegenheiten, 308, *319 f.*
- Koll. VV *319*, 321
- Träger 319
- Verletzung *320*, N 1059
- - Absicht *321*
- - Verschulden 320
Arbeitgeber, s. auch Personal-VE
- öffentliche und private *94*
- Verschulden in V-Fällen *336*
- Weiterzahlung des Lohnes bei Krankheit 476
Arbeitsunfähigkeit, U-V 472
Arbeitsvertrag 54, 188
- Revision des OR N 330
- V-Agenten 54 f., *188 f.*
Arrest des V-Anspruches *265 f.*

Artefakt 458
ASDA 59
Atomkraftwerke, Risiko 67
Aufhebungsvertrag *213*, N 509, 219, N 678
Aufsicht über die V-ER, s. auch V. Gesellschaften, V-Bedingungen, *78 ff.*
- Äquivalenzprinzip 195
- Aufsichtsbeschwerde s. d.
- Aufsichtsinstanzen *82 ff.*
- ausländische V-Gesellschaften *49*, 55, N *150*, N *186*
- Bewilligung s. d.
- Bundesamt für Privatversicherungswesen (BPV)
- - früher Eidg. Versicherungsamt (EVA) N 115
- Direktversicherer 93
- Genossenschaften und Aktiengesellschaften *187*
- Geschäftsplan s. d.
- Geschichte 49 f.
- Insolvenz von V-Gesellschaften N 187
- Kaution *79*, 113
- Kautionsgesetz
- - und vereinfachte Aufsicht N 170
- - Zweck 79
- Kompetenzen der Aufsichtsinstanzen *80 ff., 105 ff. 124 f.*
- - BVG/VAG 81
- - UVG/VAG *80*
- Konsumentenschutz N 187, N 291
- Konsultativkommission, eidg. *83 f.*
- Konzession N 180
- Kreis der zu schützenden Personen *86*
- L-V-Gesellschaften *79, 408*
- materielle Staatsaufsicht 105
- mehrfache Aufsicht *80 f.*
- MH-V *530 ff.*

Aufsicht (Fortsetzung)
- öffentliches Recht 106
- ordentliche Aufsicht 98, 103, 132
- Ordnungsbussen s. unten Zwangsmassnahmen
- Planmässigkeit s. d.
- Polizei, Begriff *84*
- präventives und repressives Handeln 108, 111
- Preisüberwachung und Aufsicht N 192
- Rechtfertigung N *187*
- Rechtsgrundsätze, allgemeine *106*
- Rechtsnatur *105*
- Rechtspflege *123 ff.*
- Rück-V N 151, *93,* N 317
- Sanktion s. unten Zwangsmassnahmen
- Sicherstellungsgesetz 79
- Spartentrennung *102 f., 408*
- Straftatbestände *110 f.*
- - Berufsverbot 110
- - Generalprävention 111
- - Wirkung auf Verträge 120
- Strafverfügungen *129 f.*
- System der Aufsicht *85 f.*
- Terminologie des VAG *100*
- Übersicht über die Aufsichtsgesetzgebung *78 ff.*
- Übertragung des V-Bestandes s. V-Bestand
- Übervorteilung N 187, 195
- und VV *119 ff.*
- unlauterer Wettbewerb N 192, N *291 f.*
- VAG als Schutzgesetz *86,* 91, 106, 121, 138
- vereinfachte Aufsicht N 83a, *97 f.,* 103, N 210, 132
- verfassungsrechtliche Grundlage *84 f.*
- Verfügungen der Aufsichtsinstanzen 109, *123 ff., 126 f.*

Aufsicht (Fortsetzung)
- - Adressaten *126*
- - Aussenwirkung *127 f.*
- - Einzel- und Sammelverfügungen *127,* N 242
- - zur Sozialversicherung 128
- Versicherte, Sammelbezeichnung im VAG 86, N 128, N 187
- Versicherungsbegriff *87 ff.*
- Versicherungsbestand, Übertragung s. d.
- versicherungsfremdes Geschäft s. Spartentrennung
- V-ER, s. auch Versicherungsgesellschaften, Personalvorsorgeeinrichtungen
- - aufsichtspflichtige *92 ff.*
- - Ausnahmen von der Aufsichtspflicht *93 f.,* 96
- - öffentliche und private *91 f.*
- - Rechtsformen N 145
- Vorlagepflicht 107, 143 f.
- - Versicherungsmaterialien 107
- Weisungen der Aufsichtsinstanzen *126 f.,* 128
- Wirkung der Aufsicht auf VV s. Nichtigkeit
- Zwangsmassnahmen *107 f.*
- - Entzug der Bewilligung *113 f.*
- - Mahnung 108
- - Ordnungsbussen *108 f.,* 129
- - - Adressatenkreis 109
- - - Höhe *109*
- - Strafverfügungen *129*
- Zweck der Aufsicht *86 f.,* 91, 104 f., N *187*
- - Zweckartikel 86
Aufsichtsbeschwerde (-anzeige) 107, *172 f.,* N 453
Aufwand-V 512
Ausfall- oder Delcrederehaftung 386

547

Sachregister

Ausgleichskasse, s. auch Sozialversicherung, 59
Ausland, V-Schutz im 164 f.
ausländische Ver s. Aufsicht, V-Gesellschaften
Auslegung gesetzlicher Bestimmungen
- gesetzesähnliche Auslegung von VV 147
- Grundsätze und Methoden *140 ff.*
- Materialien N *281*
- objektiv-historische Methode 141
- objektiv-zeitgemässe Methode *141 f.*
- Rechtsfortbildung N 282
Auslegung von Verträgen *144 ff.*
- Ausschlussklauseln N 293, 205, *230 f.*
- Fragen im V-Antrag 237
- gesetzesähnliche Auslegung 147
- Interessenlehre s. d.
- mehrdeutige und unvollständige Verträge *146,* N 297
- Ungewöhnlichkeitsregel N 297a, N 302a, N 442
- Unklarheitenregel *145 f., 230 f.*
- Vertrauensgrundsatz *145, 217,* 235
Auslegungsregeln, gesetzliche *230, 428 ff.*
Ausschlüsse von der V *229 f.,* 501
- Arten 229, 357, *465 f., 517*
- H-V *517*
- politische und soziale Risiken N 947, 506
- relative und absolute 229, 465
- Transport-V *465*
- U-V *465 f.*
Aussendienst 55
Aussenseiter N 46
Aussen-V N 1056, 493
Aussenwirkung von Verfügungen 127 f.
Auto-Insassen-V s. Insassen-V
Auto-Kasko-V s. Motorfahrzeug-Kasko-V

Automaten-V N 435, N 440
Autopsie N 845, N *992*
Auto-Reparatur-V 499, 502

Beaufsichtigung s. Aufsicht
Bedürfnisklausel 101
Befreiungsanspruch s. H-V, V-Anspruch
befürchtetes Ereignis s. V-Fall
Begriff
- als Denkform N 3, N 130
- ausfüllungsbedürftiger Rechtsbegriff N 798
- funktionsbestimmter Rechtsbegriff N 133
- und Typus N 3, N 130, *168,* 406 f.
Begünstigter 156, 428
Begünstigung *156 f., 426 ff.*
- Begriff und Rechtsnatur 156, *158 f., 426 ff.*
- Beweis N *1185*
- Bezeichnung des Begünstigten *159, 428 ff.*
- Erbrecht 159, 427
- Forderungsrecht, direktes *300 ff.,* 427
- Geltung gegenüber Gläubigern N 1191
- gesetzliche Auslegungsregeln *428 f.*
- neue Begünstigung *431*
- unwiderrufliche *159, 431 f.*
- widerrufliche 159, *430 f.*
Begünstigungsklausel N 1186, *430,* 467
Beobachter, schweizerischer N 370
Beratungsstelle für Unfallverhütung N 7
Beraubung 496
Bereicherung, ungerechtfertigte N 497
Berichtigungsrecht, *202 f.*
berufliche Vorsorge, s. auch L-V, *433 ff.*
- Altersguthaben 438
- Altersgutschriften 439
- Altersrente 438

berufliche Vorsorge (Fortsetzung)
- Anschluss an VE 436, 442, 451
- Anwartschaftsdeckungsverfahren 441
- anwendbares Recht *133*
- Auffangeinrichtung 438, 443
- Drei-Säulen-Prinzip *434*
- Entwicklung *433 ff.*
- Finanzierung 440, 445
- Forderungsrecht, direktes, s. d. N 774
- freiwillige V 436, 444
- Freizügigkeitsleistung 441, *451 f.*
- Freizügigkeitspolice N 1168, 441, *451 f.*
- Gemeinschaftsstiftung N 1229
- Grundzüge der Gesetzgebung *435 ff.*
- Invalidenrente 439
- Lebens-V
- - Funktion 445
- - VV mit VE 445 f.
- - - Rechtsnatur 447, N 1508a
- - Vorsorgewerk 449
- - Zusatz-V 446
- Lohn, koordinierter 436
- Mindestleistungen 440, 444
- obligatorische V 436, 444
- Prämienschuldner 440 f.
- - Verzug 447 f.
- Rechtsbeziehungen *442 f.*
- Rechtspflege 443 f.
- Risiken, versicherte 438
- Risiko-V 441
- Sammelstiftung 448 ff.
- Sicherheitsfonds 438, 444
- Verjährung N *1017a*
- Versicherungsverhältnis *169,* N 1210
- Verzug des Prämienschuldners N 697a
- Vorsorgeeinrichtung 436 f., 440, 445 f.
- - Aufsichtsbehörden 437, 444
- Vorsorgevertrag 166, N 1210

berufliche Vorsorge (Fortsetzung)
- - Anspruch auf V-Leistungen nach Beendigung des VV 224
- - Entstehung *201*
- Witwen- und Waisenrenten 439
- zusätzliche Vorsorge 440
Berufshaftpflicht-V 516
Berufsunfall 456
Beschwerde s. Rechtsschutz
Betreibungsort *117 f.*
Betriebshaftpflicht-V 516
Betriebsunfall *456*
Betriebsunterbrechungs-V 513
betrügerische Anspruchsbegründung s. V-Anspruch
Beweis im V-Fall *314, 362,* N *1185*
Bewilligung 85, 101
- Bedürfnisklausel 101
- Entzug *102,* 113
- - Rücktritt vom VV 114
- Konzession N 180
- Monopol N 180, 489
- Polizeierlaubnis 101
- Polizeiverbot mit Erlaubnisvorbehalt 85
- Regal N 180
- Verzicht auf sie 113
- - kein Rücktritt vom VV 114
Bewilligungspflicht, s. auch Aufsicht, 101
- V-Bedingungen *143 f.*
- V-Gesellschaften *92 ff.*
Bindungsfristen bei Abschluss des VV *198*
Binnen-V 504
Blitzschlag, Feuer-V, 491
Bonus, MH-V, N 1490
Branchen 56, *405 ff.*
- Aussenseiter N 46
- Haftpflicht- und Motorfahrzeug-Ver, Vereinigung 56

549

Sachregister

Branchen (Fortsetzung)
- Kranken- und Unfallversicherer, private, Vereinigung der 57
- Lebens-Ver, private, Vereinigung der 56
- Maschinen-V-Vereinigung 57
- Pool s. d.
- Sach-V-Verband, Schweiz. 57
- Transport-V-Verein 57
- UDK N 46
- Verbände 56
- V-Arten *153, 405 f.*
- V-Bedingungen, s. d., *406*
- Waren- und Valorenkonvention, Schweiz. 57

Brandverhütungsdienst N 600
Brandversicherungsanstalten, kantonale 48, 489, N 1347
Bringschuld N 674
Broker 189
Bundesamt für Privatversicherungswesen N 115

Clausula rebus sic stantibus *217 f.,* 315
- bei Handänderung *262*
Comité européen des assurances (CEA) 58
courtier N 408a
culpa in contrahendo *240,* N 719

Deckung *164 f.,* 241
- Ausschlüsse s. d.
- Begriff 164
- Deckungszusage, vorläufige 192, *208 ff.*
- Gefahr, versicherte 164
- Personen, versicherte 164
- räumlicher Geltungsbereich 164
- subsidiäre Deckung 185
- V-Fall *308 ff.*
- V-Schutz 164, *206 f.,* 208, *210 f.*

Deckung (Fortsetzung)
- zeitlicher Geltungsbereich 165, *206 f., 210 f., 309 ff.*
Deckungskapital *420 ff.*
Deckungslücke N 345, *359,* 448
Deckungssumme s. V-Summe
Deliberationsfrist N 833, 368
Diebstahl-V *495 f.*
- Beraubung 496 f.
- Einbruch 496
- einfacher D. 496
- Obliegenheiten im V-Fall 497
Dienstleistungen *316, 346 ff.*
Diplomprüfungen für V-Fachleute 58
Direktversicherer *154,* 186, 349, 537
dispositives Recht 138
Dissens *196*
dolus eventualis *329*
Doppel-V *383 ff.*
- Begriff 383, N 1320
- in der H-V *387 ff.*
- in der Personen-V *254,* 384
- in der Scha-V *393,* 495
- in der Vermögens-V *495,* 511
- rechtliche Folgen *385*
- Subsidiärklausel 387
- V-Fall *386*
- - Ausfallhaftung 386
- - Leistungspflicht pro parte N 1060
Drei-Säulen-Prinzip 85, N 1126, *434 f.*
Durchschnittsprämie, s. auch Prämie, 45

Eidg. Justiz- und Polizeidepartement 83
Eidg. Versicherungsamt N 115
Eigen-V *161 f.,* 477
Einbruchdiebstahl-V 496
einfacher Diebstahl 496
einfache V 478, *495,* 498
Einlösungsklausel *207 f.*
Einredeverbot s. MH-V

Einsprache s. Rechtsschutz
Einschlüsse, U-V, *464 f.*
Einzel-V *159*
Elementarschaden-V, s. auch Pool, 492
Entschädigungsvereinbarung, s. auch Vergleich, *370*
Epidemien-V 254, N 647
Erbrecht und Begünstigung 159, 427
Ereignis, befürchtetes, s. V-Fall
Erfüllungsort N 128, *117,* N 674, 369
Erlebensfall-V N 319, N 520, *414*
Ermessensleistung N 12a
Ersatzwert 481, 511
- Kosten der Wiederherstellung 510
Erstversicherer s. Direktversicherer
Ertragsausfall-V *152,* 263, *513*
Erwerbseinbusse, s. auch Schaden, 416
Erwerbsunfähigkeit N 1146, N 1274
essentiale negotii N *430,* 228, *255,* 268
Europäisches Zentrum für Bildung im Versicherungswesen 58
Explosion, Feuer-V, 491

Fälligkeit
- der Prämie *270 f.*
- des V-Anspruches *368*
Fahrlässigkeit
- grobe 267, *330 f., 338 f.,* 419
- leichte 331, 341
- Urteilsfähigkeit s. d.
- V-Fall s. d.
Familienangehörige 341
Familienausgleichskasse N 160
Ferien-Kasko-V 207, 210, 270
Feuer-V *489 ff.*
- Abzug «neu für alt» 482, *494,* 501
- Ausräumungsschäden 491
- Aussen-V 493
- Auto-Kasko-V 493
- Doppel-V 495
- Ersatzwert *493 ff.*
- Fahrhabe-V 489

Feuer-V (Fortsetzung)
- Feuergefahr, versicherte und nichtversicherte, 490 f.
- - Blitzschlag, Elementarschaden, Explosion, abstürzende Flugzeuge 491 f.
- Gerichtsstand 117
- Hausrat-V s. d.
- Löschsteuer 490
- Mobiliar-V 489
- Monopolanstalten, staatliche 489
- Nutzfeuer 490
- Obligatorium 489
- Sach- und Vermögens-V N 1344, 492
- Schadenfeuer 490
- Sengschäden 491
- staatliche und private Feuer-V *489 f.*
- Über- und Unter-V 495
- Wiederaufbauklausel N 1357
- Zirkulations-V 493
- Zweck der Feuer-V 489
finale V *299, 410*
Finanzierung
- Ausgaben 60
- der V *60 f.*
- Einnahmen 60
- Gewinn 60
- Kapitalanlagen 60
- Regresseinnahmen 61
- Reserve und Rückstellungen 61, 70 ff.
- Verwaltungskosten *60*
Finanzierungssysteme *61 ff.*
- Anwartschaftsdeckungsverfahren 63, N 1160
- aufsichtsrechtlich vorgeschriebenes 62
- Kapitaldeckungsverfahren *62,* 420
- Perennität *62*
- Rentendeckungsverfahren *62 f.*
- - Rentenumlageverfahren N 66
- Umlageverfahren 61

551

Sachregister

Finanzierungsverfahren
s. Finanzierungssysteme
Flugzeuge, abstürzende, Feuer-V, 492
Fonds für Unfallverhütung im
　Strassenverkehr 537
foenus nauticum, Seedarlehen 47
Folgepflicht des Rückversicherers 543
Forderungsrecht
- Begünstigung s. d.
- des Anspruchsberechtigten 157, 361
- direktes N *330, 296 ff.*, 299, N 842,
　427, 475
- Fremd-V *230 ff.*, 361
- Gruppen-V *299 f.*
- H-V 522, 527
- Koll. V 157, 299
- V für fremde Rechnung 306
Franchise *351 f.*
Freizügigkeitspolice s. berufliche
　Vorsorge
Fremd-V *161 f.*
- Abgrenzung gegen Koll.-V N *338*,
　293 f.
- Begriff *161, 293 ff.*
- Einzel-V *296*
- Forderungsrecht, direktes, des
　Versicherten *297 f., 299 f.*
- Gruppen-V 298, 301, 433 ff.
- Kranken- und U-V *295 ff.*, 298
- Prämienschuldner *294 f.*
- V auf fremdes Leben *162, 298, 300*
- V für fremde Rechnung s. d.
- Vertragspartei *294*
- Zustimmungsprinzip *300*
Fristen
- Verwirkungsfristen s. d.
- Versäumnis *290*
Führungsklausel in der Mit-V 186

Gattung 477
Gebäude-V 489
Gebäude-H-V 517

Gebot der Menschlichkeit 246, *345*
Gefahr
- als Vertragsbestandteil *228*
- Anzeigepflicht s. d.
- Auslegungsgrundsätze *230 f.*
- Ausschlüsse s. d.
- Begriff *148, 225 f.*
- Deckung 164 f.
- Einschränkung durch VV *230*
- künftiges Ereignis *226*
- Merkmale 148
- Risikobeurteilung 77, 149, N 437
- Rückwärts-V s. d.
- und Prämie, Relation 44
- und Risiko *149*
- Ungewissheit der Verwirklichung
　N *138, 149,* 225
- Verschulden *226*
- Versicherte *148, 225 f.*, 478
- V-Fall s. d.
- Vorwärts-V *226*
- zufälliges Ereignis *225*
- zuschlagspflichtige N *532*
Gefahrengemeinschaft *41 f.*, 47, 73,
　N 425
Gefahrensatz N 899
Gefahrsdeklaration s. Anzeigepflicht
　bei Vertragsabschluss
Gefahrserhöhung, wesentliche, s. auch
　Obliegenheiten, *241 ff.*
- Anzeige durch den VN *243 ff.*, 247
- durch Hilfspersonen *244*
- folgenlose *245 f.*
- Handänderung *261*
- Kausalzusammenhang mit V-Fall
　246
- Koll.-V 247
- L-V N *584*, 418
- mit Zutun des VN *243 f.*
- ohne Zutun des VN *244 f.*
- Rücktritt vom Vertrag *215, 243 ff.*,
　247

Gefahrserhöhung (Fortsetzung)
- Verzicht auf Rücktritt *246*
- wandelbare Gefahrstatsachen *241*
Gefahrstatsachen *231 ff.*
- Anzeigepflicht bei Vertragsabschluss s. d.
- Auslegung der Antragsfragen *235*
- Begriff *232*
- erhebliche *234*
- Fragen nach *233*
- Gefahrserhöhung s. d.
- Gefahrsverminderung s. d.
- objektive *232*, 532
- Risiko *232*
- subjektive *232*, 532
- unwandelbare *233*
- Vereinbarung N *572*
- Versicherungsschutz, gewünschter *241*
- wandelbare *233*, 238, 241, 247
Gefahrsverminderung *247 ff.*
- Folgen *248 f.*, *251*
- Gesundheitsdienst in der L-V N 600
- keine gesetzliche Pflicht zur G. *248*, 328
- Obliegenheiten zur G. *250*, *334 f.*
- und Prävention *40*, *248 f.*
- und Präventivmedizin N 6
- und Schadenminderungspflicht N 601
- und schuldhafte Herbeiführung des V-Falles N 878, *334*
- und V *249 f.*
Gefahrtragungstheorie *195*
Gegenseitigkeit, V auf *48*
Gegenstand, versicherter *150 f.*, *252 ff.*
- Handänderung *258 f.*
- Interesse als G. *256 f.*, N 626
- Personen-V *150 f.*
- Sach-V *151*
- Scha-V *150 f.*
- Vermögens-V *153*

Gegenstand (Fortsetzung)
- – H-V *151*
- versicherter G., Begriff *150*, 255
- Versicherungsarten *150 f.*, *252 ff.*
- vertragliche Umschreibung *255*
- Wegfall der versicherten Gefahr *255*
Geldleistungen s. V-Leistungen
Geldleistungstheorie *195*
Geltungsbereich des VV *164*
- des VVG *131 f.*, *134 f.*
Gemeinschaftsstatistik 67, 530
gemischte L-V *414*, 420
gemischter Vertrag N 1306
Generalagent, Der, 59
Generalbevollmächtigter ausländischer V-Gesellschaften 55
Genossenschaft, s. auch V-Genossenschaft
- Gewinn N 57
Geschäftsbedingungen, allgemeine, s. V-Bedingungen
Geschäftsplan N *19*, N 141, *102*
Gerichtsstand *117 f.*, *175 f.*
Gesellschaft für Versicherungsrecht, Schweiz. 59
Gesetz der grossen Zahl N 11, N 20a, 48, 65, 67
Gesetzesauslegung, s. Auslegung
Gesetzeslücken s. Lücken
Gestaltungsrecht *213 f.*, 221, 316
Gewinnbeteiligung s. L-V
Gewinnfonds in der L-V 416
Gilden 48
Glas-V 498 f.
Gliedertaxe, U-V, *467 f.*, 469
Grundbegriffe, versicherungsrechtliche *148 ff.*
Gruppen-V, s. Koll. V
Güter-V *504*
Gutachten, s. auch Schiedsgutachten, *364*, N 1261

553

Sachregister

Haftpflicht *514*, 524
- ausservertragliche und vertragliche *514 f.*
- Gefahrensatz N 899
- Schadenersatz und Genugtuung 515

Haftpflicht-V, s. auch MH-V, *377 f.*, *514 ff.*
- Anspruchsberechtigter 157, 520
- Auschlussklauseln *517 f.*
- – Obhuts- und Bearbeitungsklausel *517*, N 1440
- – Vertragserfüllungs- oder Gewährleistungsklausel *517*
- – Verwandtenausschlussklausel 518
- Begriff *151*, 515
- Doppel-V *387 ff.*
- Gefahr, versicherte *515 ff.*
- Gegenstand 519
- Geschädigter, Rechtsstellung 342, *522 f.*
- – Anwaltskosten *178*
- – Einreden aus dem VV 342, *522 f.*, 528
- – Klagerecht 522, 527
- – Pfandrecht, gesetzliches, am Befreiungsanspruch 523
- – Zahlungsrecht, direktes, des Ver 522
- Handänderung N 615, 263
- Mangelfolgeschaden 517
- MH-V, s. d., *524 ff.*
- Neurose *462 ff.*
- Person, versicherte 154 ff., 518 f.
- Prozessherrschaft 521
- Rechtsschutzfunktion 316, *521 f.*
- Regressrecht des H-Ver, s. auch Regress, *401 f.*
- Repräsentanten-H-V N 783, 518
- Schadenersatzansprüche, versicherte 519
- – «reine» Vermögensschäden *519 f.*
- Schadenminderungspflicht, s. d.

Haftpflicht-V (Fortsetzung)
- Scha-V *153*, *N 608*, *508 f.*
- Veränderungsverbot s. d.
- Verjährung des H-V-Anspruchs, s. Verjährung
- Verknüpfung der H-V mit einer Sache *254*, 498, N 1415
- Vermögens-V *151 f.*
- Versicherungsanspruch 157, 342, 520 f.
- – Befreiungsanspruch N 787, *342 f.*, 515, *520*
- – Zahlungsanspruch N 787, *520*
- Versicherungsfall *309 ff.*
- – Zeitpunkt des Eintrittes 311
- – – Folgeereignistheorie N 807
- – – Kausalereignistheorie N 806
- – – Schadenereignistheorie *310*
- – – Verstosstheorie *310 f.*
- Versicherungsverhältnisse *344*
- Untergruppen der H-V *516 ff.*

Haftungsnormen N 715, N 718

Handänderung *258 ff.*
- Begriff 258
- Gefahrserhöhung 261
- H-V N 615, 263
- kombinierte V *264*, *N 654 f.*
- Konkurs des VN 259
- Prämienschuldner 260
- Vertragsschicksal 218, *259 ff.*

Handelskammer 58

Hauptverpflichtung
- im V-Fall 318
- im VV *194*, 280, 347 f.

Hausgenossen 341

Haushaltpolice N 1360

häusliche Gemeinschaft N 921

Hausratversicherung, s. auch Koll. V
- automatische Summenanpassung N 1327
- Sachen, versicherte N 325, 160
- Sachverständigenverfahren N 381

Sachregister

Hausratversicherung (Fortsetzung)
- und Haushaltpolice N 1360
- vereinheitlichte AVB N *1360*
- V auf erstes Risiko *487,* N 1348
- V für fremde Rechnung 302

Havarie grosse 47
Heilungskosten
- Doppel-V N 1054
- Komplementärklauseln *472,* N 1054
- Kosten-V *512*
- Kumulation 152, 254, *390 ff.*
- Scha-V *254*
- Subsidiärklauseln N 962
- - U-V N 343, N 1054, *471 f.*

Hilfsperson N 577
- schuldhafte Herbeiführung des V-Falles 341 f.
- Verletzung von Obliegenheiten *290 f.*

Hinterlegung, gerichtliche 362
hoheitliche Gewalt
- berufliche Vorsorge 444
- der Aufsichtsbehörde 106
- der V-Gesellschaften 171, N 866
- des U-Ver nach UVG N *360*
- Eingriff der Kantone in VV 485

Identische Schadensposten 399
illimité-Deckung, MH-V, 350
Indemnitätstheorie N 978
Individual-V N 16
Industrialisierung und V 49
Inhaberklausel 205
Inkassoprovision 54
Innendienst der V-Gesellschaft 55
Insassen-V 161, *265,* N 934, 474
Insolvenz der V-Gesellschaft und Aufsicht N 187
Institut für V-Wirtschaft 58
Interesse
- Auslegung des VVG *257 f.*
- versichertes *257,* N 646
- wirtschaftliches N *626,* 479, N 1404

Interessenlehre *256 f.,* N 1404
Internationales Privatrecht (IPR) *135 ff.*
Invalidität, U-V 467
Invaliditätsschätzung *467 ff.*
Invaliditäts-V 412
IPR 135 ff.
Irrtum s. Willensmängel
Irrtumsklausel, Rück-V 543

Justiz- und Polizeidepartement, Eidg. 83 f.
Judikatur *179 f.*

Käufer-V N 758
Kantone, Kontrollrecht wegen Über-V 485
Kapitaldeckungsverfahren *62 f., 420 f.,* s. auch Finanzierungssysteme
Kapital-V, L-V, 415
Kartellgesetz und Aufsicht N 192
Kasko-V, s. auch M-Kasko-V, N 1352, *499 ff.,* 505
Kausalereignistheorie N 806
kausale V *299, 410*
Kausalzusammenhang *331 ff.*
- adäquater *332 f.,* 460
- Anzeigepflichtverletzung und V-Fall 237
- Begriff *332 f.*
- bei Verletzung von Obliegenheiten *250, 287 f.*
- Gefahrserhöhung und V-Fall *246,* 250
- im V-Fall *313 f., 331 ff.*
- natürlicher *332,* 460
- Unfall und K. 456, *460 f.*
- - Teilursachen *333,* 461
- Unterlassung als Ursache *333*

Kaution der V-Gesellschaften *79,* 113
Klagerecht s. Forderungsrecht

555

Sachregister

Kollektiv-V, s. auch berufliche Vorsorge, L-V, Personal-VE
- Anspruchsberechtigter, s. auch Forderungsrecht, 157 f.
- Anzeigepflicht bei Vertragsabschluss 239
- Arten 160, 296
- Begriff 160 f., 417
- Bestimmbarkeit der Personen und Sachen 160
- Fremd-V 161, N 338, 294
- Gefahrserhöhung 247, 294
- Grundsatz der Unteilbarkeit 161, 294
- Gruppen-V 160, 298, 417
- Koll.-Kranken-, U- und H-V 160 f., N 749, N 751, 295 f.
- - L-V, s. Gruppen-V
kombinierte V 255, 264, N 825, 478 f., 495, 499 f., 505, 531
Kommission (= Provision) 54 f.
Kompetenzstücke 259
komplementäre V, s. auch Zusatz-V, 357 f., 359
Konkurs
- des Ver 115, 212, 386
- des VN und Schicksal des VV 259, 430, 523
Konsens 196
Konsensualvertrag N 431
Konsultativkommission 83 f.
Konsumentenschutz und Aufsicht N 187
Kontrahierungszwang 139, N 444, 448, N 1490b
Konzession N 180
Koordinationsnorm N 1077, 394
- Ausgleichsanspruch 394
- Wahlrecht 394
Korrespondenz-V N 149
Kosten-V, s. auch Heilungskosten, N 939, 379, 394, 512
Kraftloserklärung der Police 205

Krankenkassen, anerkannte, s. auch Sozial-V, U-V nach UVG, 57
- anwendbares Recht 133
- Aufsicht über 95 ff.
- im alten Rom 47
- Subsidiärklauseln N 961
- und Genossenschaftsrecht N 405a
- und private V-Gesellschaften N 1133, 475
- Unfalldeckung N 1127
- Ver nach UVG 97
- Versicherungsverhältnis, s. d.
- - Entstehung 200
- - Ansprüche nach Erlöschen des V. N 518d
Krankenversicherer, private 57, 475 f.
Krankenversicherung N 584, 475 f.
- Kündigung im V-Fall N 834
- und U-V in der gleichen Police 411
- V-Leistungen 476
Krankheit 461, 475
Kulanzzahlung 316, 370
Kumulation, s. auch Überentschädigung, 390 ff.
- Auslegung von Art. 96 VVG 392
- Doppel-V 254
- Heilungskosten 152, 254
- mehrfache Ansprüche 390 ff.
- Scha-V 393 f.
- Subsidiärklauseln, s. d.
- Summen-V 390 f.
- Vereinbarungen 392
Kündigung, s. auch Rücktritt, 213 ff., 269, 271
- bei Entzug der Bewilligung 114
- bei Teilschaden 214, 315 ff.
- - durch den Ver 262, 317
- - durch den VN 317
- bei Übertragung des V-Bestandes N 203
- bei Verzicht auf die Bewilligung 114
- in der L-V 214, 419

556

Lebenserwartung N 74, 68
Lebensversicherung, s. auch berufliche Vorsorge, Koll.-V, Person, versicherte, V-Anspruch *412 ff.*
- ärztliche Untersuchung *416 f.*
- Altersangabe, unrichtige, bei Vertragsabschluss *417 f.*
- Aufsicht 79, *408*
- Begünstigung s. d. *426 ff.*
- beitragsfreie V N 1170
- Beleihung *425*
- Deckungskapital *420,* 422
- Erlebensfall-V s. d.
- Familienvorsorge 414, *432 f.*
- finale und kausale V 299, 410
- Formen und Typen *413 f.*
- Gefahrserhöhung, wesentliche N *584,* 418
- gemischte V s. d.
- Gesundheitsdienst N 600
- Gewinnbeteiligung *415 f.,* 425
- Gewinnfonds 416
- Gläubiger des VN 432
- Gruppen-V, s. auch Koll.-V, 160, 417
- Herbeiführung des V-Falles, schuldhafte *418 f.*
- Kapital- und Renten-V 415
- Kollektiv-L-V, s. auch Koll.-V, 160, 417, *433 ff.*
- Konkurs des L-V *115*
- Kündigungsrecht, besonderes 214, *419*
- Obliegenheiten, s. d., N 703
- Policenbeleihung *425 f.*
- Prämie s. d. *420 ff.*
- Rechtsnatur der L-V *420*
- Risikoselektion, s. d., 417
- Risiko-V s. d.
- Rückkauf 205, *422 f.*
- Selbstmordklausel N 524, N 917, *419*
- Sparprämie s. Prämie
- Spartentrennung *103*

Lebensversicherung (Fortsetzung)
- Sparvorgang *63,* 77, 299, 414
- Summen- und Schadens-V s. d.
- Terme-fixe-V *414*
- Teuerung s. d.
- Todesfall-V *413*
- Überschussbeteiligung *415 f.,* 425
- Umwandlung N 493, *221, 423 ff.*
- Unteilbarkeit der Prämie, s. d., 271 f.
- Unverfallbarkeit *424*
- Vereinigung der L-Ver 56
- V auf fremdes Leben s. Fremd-V
- Zusatz-V, s. d., N 1131, *415*
- Zwangsvollstreckung 432
Leichenöffnung s. Autopsie
Leistungspflicht des Ver N 796, *360*
Leistungsversprechen, bedingtes *196*
Lex Rhodia de jactu 47
Literatur *179 f.*
Löschsteuer 490
Lohn, koordinierter 436
Lohnausfall 392, 472
Lücken des VVG *134, 140, 206,* N 640, 297, 323, 337, 354
Luftfahrt-V s. Pool

Mahnung
- bei Säumnis des Prämienschuldners *273 ff.,* 280, 447 f.
- bei Säumnis des Ver 371
Makler 189
Maschinen-Ver 57
medizinisch-theoretische Invaliditätsschätzung *468*
Mehrauslagen s. Schaden
Mindereinnahmen s. Schaden
Mit-V *185 f.*
Mitwirkungspflichten N 704, 363 f.
Mobiliar-V 489 f.
Monopol N 180, 489
Monopolträger N 285, 489
Mortalitätsgewinn, L-V, 416

557

Sachregister

Motorfahrzeug-Haftpflicht-
versicherung, s. auch H-V, Statistik,
524 ff.
- Aufsicht *50, 530 ff.*
- ausländisches M *185*
- Ausschlussklausel 526
- Bearbeitungsstelle, zentrale 531
- Bonus/Malus-System N 1490
- Bruttoprämie 537
- Deckungszusage, vorläufige,
 s. Deckung
- Einredeverbot 343, 352, N 1473,
 528 f.
- Ersatzfahrzeug 264
- Familienangehörige, Deckung
 N *934*
- Forderungsrecht, direktes, des
 Geschädigten 343, 352, *527 f.*
- Fremd-V 303
- Gemeinschaftsstatistik 67, *530 f.*
- Grundprämie *533 f.*, 536
- Haftpflicht 524
- Halterwechsel *212, 263 f.*
- Handänderung *263*
- Klagerecht, direktes, s. auch
 Forderungsrecht, *527 f.*
- Kollektiv-V 160
- kombinierte V s. d.
- Konsultativkommission, eidg. *83 f.*
- Kündigung bei Teilschaden N 834
- Nettoprämie 534, 536
- Obligatorium 500, *525 f.*
- Personen, versicherte s. d.
- Prämie, s. d., *532 ff.*
- Prämienstufensystem N 101, *533 f.*
- Prämientarif, s. d., *532 ff.*
- Prolongationsklausel, s. d., 210 f.
- Regressrecht des H-Ver 264, 277,
 343 f., 352 f., 401 f., 526, 528 ff.
- Selbstbehalt und Franchise *352 f.,
 529,* 533
- SUS 536

Motofahrzeug-Haftpflicht-
versicherung (Fortsetzung)
- Suspension und Erlöschen des VV
 276 f., 525
- Tarife und Prämien *532 ff.*
- - Jahressaldorechnung 535
- - Nachkalkulation 535
- - prospektive und retrospektive
 Tarifierung 535
- unbekannte und nichtversicherte
 Schädiger 537
- V-Fall: grobes Verschulden des
 Versicherten *343 f.*
- - Kürzung oder Ablehnung der
 Leistungen N 910, *343 f., 529*
- - Regress des Ver *343,* 529
- Versicherungsnachweis *210*
- V-Summe N 1474
- Volksbegehren des VPOD N 1481
- Zweck der MH-V 525
Motorfahrzeug-Kaskoversicherung,
 s. auch Totalschaden, N 850 f., 493
- Ferienkasko-V 207
- Kausalzusammenhang, s. d., 313
- kombinierte V., s. d., 500, *264*
- Leistungen 479, 480, 501
- Obliegenheiten 365
- Teilkasko-V *499 f.*
- Vollkasko-V *501*
- - Unfallbegriff N 1245
Motorfahrzeug-Reparaturversicherung
 499, *502 f.*
Motorradfahrer 265

Nachtrag zur Police 201
Nach-V 487
Naturalersatz 316
Naturalleistungen N 139, N 827, *346 f.,*
 379, 394, 499
Nebenverpflichtungen, s. Obliegen-
 heiten, *194,* 280
«neu für alt»-Abzug 482, 494, 501

558

Neurose *462 ff.*
Neuwert-V 481
Nichtbetriebsunfall 456
Nichtigkeit von Verträgen, s. auch VV, Vertragsauflösung, *118, 120 f.*
- aufsichtsrechtliche Wirkung auf VV *119 ff., 122*
- - Ausschluss der N 120
- bei strafbaren Handlungen 120 f.
- Teilnichtigkeit *227*
- wegen Anzeigepflichtverletzung 236
- Wegfall der Gefahr vor Abschluss des VV N 528
Nuklear-V s. Pool
Nutzfeuer 490

Obduktion s. Autopsie
Obhutsklausel 517, N 1440
Obliegenheiten *280 ff.*
- Arten *281 ff.,* 363
- Begriff 194, *280 f.*
- bei Gefahrserhöhung N 706
- bei Vertragsabschluss N 707
- des Anspruchsberechtigten 281, 284, N *794, 363 f.*
- des VN 281
- gesetzliche 239, 282, 385
- im V-Fall 282, 285, *318 ff.,* 363, 365, 497
- in der L-V N 703
- in der V für fremde Rechnung N 794
- Rechtsnatur *282 f.*
- Schadenminderungspflicht s. d.
- Verbindlichkeitstheorie *283 ff.*
- Veränderungsverbot *322 ff.*
- Verletzung von O. *287 ff.,* 363
- - durch Hilfspersonen *290 f.*
- - Kausalität 287 f., 289
- - Kürzung der V-Leistungen *285 ff., 320 f.*
- - Schadenersatz *284 f.,* 286
- - unverschuldete N 719, *287 f.,* 320

Obliegenheiten (Fortsetzung)
- - vereinbarte Rechtsnachteile 286, *288 f., 365 f.*
- vertragliche O. 244, *282,* N 719
- Voraussetzungstheorie *283 ff.*
- vorvertragliche O. 239
Obligatorium
- berufliche Vorsorge 436, 444
- Feuer-V 489 f.
- MH-V 500, *524 f.*
- M-Kasko 500
- U-V nach UVG 444
Ombudsmann der Privat-V 58, *173 f.*
Ordnungsbussen *108 f.,* 129
Organ und Hilfsperson N 577
Organisation der V-Gesellschaft 43, 53
- Agenturen 54
- ausländische V-Gesellschaften 55
- Aussendienst 55
- Geschäftsstellen *53 f.*
- Hauptsitz 52
- Innendienst 55
- Regional- und Subdirektionen 54

Parteien des VV, s. VN, Ver
Pauschalreservierung 71
Pauschale V 477
Pensionskassen, s. berufliche Vorsorge, Personalvorsorgeeinrichtungen
Perennität *62 f.*
Personalvorsorgeeinrichtungen, s. auch berufliche Vorsorge
- als V 37, 103 f.
- Anzeigepflicht im V-Fall *319*
- autonome 445
- Bewilligungspflicht 94, *103,* 123
- Forderungsrecht, direktes, s. d., *443*
- Gruppen-V 160, 298, 417
- Rück-V 104
Personenschaden 519

Sachregister

Personenversicherung *150 ff., 408 ff.*
- Abgrenzung gegen die Vermögens-V *508 f.*
- – gegen die Scha-V *152 f., 508 f.*
- Gegenstand *150*
- Kosten-V, s. auch Heilungskosten, 512
- Regelung im VVG 412, 508
- Subsidiärklausel s. d.
- Summen-V s. d.
- und Sozialversicherung *409 f., 411*
Personen, versicherte *154 ff.*
- Begriff 154
- H-V 155, 518
- MH-V *526 f.*
- Sach-V 156
- und Begünstigter *156 f.*
- und VN 155
- U-V *155*
Pfändung
- der versicherten Sachen *265 f.*
- des L-V-Anspruches *432 f.*
Pfandrecht *266 f., 523*
Planmässigkeit, Merkmal der V, *45,* N 141, 167
Plansicherungstheorie, V-Begriff N 132
Police s. V-Police
Policenbeleihung, L-V, *425 f.*
Polizei, Begriff 84
Polizeierlaubnis, s. auch Bewilligung, 85, *101*
Polizeiverbot mit Erlaubnisvorbehalt 85
Pool, Schweizer 57
- Elementarschaden-Pool 67
- für Freizügigkeitspolicen 57, *452*
- Luftfahrtpool 57, N 397
- Nuklear-Pool 57, N 397, N 399
Präklusivfristen s. Verwirkungsfristen
Prämie *73 ff., 268*
- Änderung 269 f.
- Bruttoprämie 74, 537

Prämie (Fortsetzung)
- Deckungskapital *420 ff.*
- Doppel-V 385
- Durchschnittsprämie 45, 76
- essentiale negotii 268
- Fälligkeit *270 f.*
- Folgeprämie 270, 275
- Grundprämie 533, 536
- Handänderung 260
- Individual-Prämie 75
- Kündigung bei Teilschaden 214, *317 f.*
- Mahnverfahren *373 f.*
- – in der L-V 424
- – in der MH-V *276 f.,* N 1470
- – Ruhen der V *274 f., 525*
- – Vertragsschicksal *275 f.*
- Merkmal des VV *168*
- MH-V *532 ff.*
- Nachfrist 271
- Nettoprämie *73,* 536
- Prämienschuldner *268 f.*
- – Koll-U- und Kranken-V 296
- – V für fremde Rechnung 268, *301 ff.*
- Prämienstufensystem N 101, *533 f.*
- Reduktion wegen Gefahrsverminderung 248, N 668
- risikogerechte Prämie 76
- Risikomerkmal 44, N 542
- Risikoprämie *74,* 420
- Risikoselektion s. d.
- Schadendurchschnitt s. Statistik
- Schadenfrequenz 74, 76
- Selbstbehalt s. d.
- Sicherheits- und Gewinnzuschlag 74
- Sparprämie *63,* 77, *413, 420*
- Tarifprämie 74
- typisch für die V 43
- und Risiko, Relation *44, 74 f.*
- und V-Leistungen, Relation *45,* 74

Prämie (Fortsetzung)
- Unteilbarkeit, Grundsatz *271 f.,*
  N 690
- - Empfehlung des SSV auf Verzicht
  N 676a
- verdiente und nicht verdiente Prämie
  72, 213
- Verjährung 379
- Verrechnung 269
- Vertragsauflösung bei Handänderung *218*
- Verzug 260, *272 ff., 424,* 447 f., *525*
- - Kritik an der gesetzlichen
  Regelung *278 f.*
- Zahlungspflicht *268 ff.*
- Zahlungsunfähigkeit des Prämienschuldners 259, *290,* 306
- Zusammensetzung der Prämie *73 f.,
  420, 534 f.*
- Zuschläge 73, 77
Prämienanpassungsklausel s. Tarifanpassungsklausel
Prämienstufensystem N 101, *533 ff.*
Prämientarif, s. auch MH-V, Tarifänderungsklausel, *73 f.*
- Äquivalenzprinzip *195,* N *425*
- Anfechtung durch Beschwerde
  N *228,* 531
- Einheitstarif N 192, *107,* N 286, 531
- Gefahrenmomente, objektive und
  subjektive 532
- Leistungsvarianten 532
- MH-V s. d.
- Prämienstufensystem *533 f.*
- Preisüberwachung N 192
- Prüfung durch BPV *106*
- Statistik 66
- Tarifänderungsklausel s. d.
- Versicherungsperiode 270
Prämienübertrag 72
praesumptio iuris s. Vermutung
Praetendentenstreit 362

Prävention s. Gefahrsverminderung
präventives Handeln s. Aufsicht
Präventivmedizin N6
Preisüberwachung s. Aufsicht N 192
Privatassekuranz
- Begriff 37
- Organisationen und Institutionen
  52 ff.
- typische Züge:
- - Relation Prämie/Leistungen *45*
- - Relation Prämie/Risiko *44*
- - V-Technik und Planmässigkeit 45
- - VV *44*
- und Privat-V 38
- und Sozialversicherung 166
- Zweig der Privatwirtschaft N 2
Privatautonomie s. Vertragsfreiheit
Privat-H-V 516
Privatversicherung, s. Privatassekuranz, 38
Produktion 55
Prognose s. Statistik
progressive Invaliditäts-V *469 f.*
Prolongationsklausel *210 f.,* 214,
  N 668a, 275
Prophylaxe s. Gefahrsverminderung
Proportionalregel *486,* 488
Provision 54 f.
Prozesse, s. auch Rechtsschutz,
  Schiedsverfahren
- Gerichtsstand *117,* 175
- in der Privat-V *175 f.*
- Statistik N 80, N 373
Prozessherrschaft des H-Ver 521
Prozessstatistik 68, N 373

Quittung, s. auch Vergleich, 369
- Saldoquittung N 361, *369 f.*
Quotenvorrecht *398 f.,* 401

Realkredit *267*
Rechtsanwalt *177 f.*

561

Sachregister

Rechtsanwalt (Fortsetzung)
- vorprozessuale Anwaltskosten N 385

Rechtsbegriff s. Begriff

Rechtsgrundsätze, allgemeine 106, N 859

Rechtsnachteil wegen Verletzung von Obliegenheiten 244, *287 ff.*

Rechtsöffnung *206*

Rechtspflege s. Rechtsschutz

Rechtspflichten *282 f.*

Rechtsschutz *170 ff.*
- Anwaltskosten *178*
- Aufsichtsbeschwerde *172 f.*
- berufliche Vorsorge *443 f.*
- Beschwerde und Verwaltungsgerichtsbeschwerde *123 f., 126,* 172
- – Berechtigung zur *125*
- – gegen Verfügungen der Aufsichtsinstanzen *123 f.*
- Einsprache gegen Verfügungen N *360,* N 365b
- Ermessensspielraum 170
- in der Privat-V 170
- geschäftsinterne Überprüfung *172*
- Ombudsmann der Privat-V 58, *173 f.*
- Rechtsanwalt *177 f.,* N 385
- Schieds- und Vermittlungsverfahren *176 f.*
- Strafverfügungen *129*
- unentgeltliche Rechtspflege *175*
- Verfügungen und Weisungen 126 f., *171*
- – Adressaten *126 f.*
- – Aussenwirkung 127 f.
- – Einzel- und Sammelverfügungen *127*
- Zivilprozess s. Prozess

Rechtsschutzfunktion des H-Ver *316, 379, 388, 521*
- Prozessherrschaft des Ver *521*

Rechtsschutzversicherung 103, *347 f., 388*

Rechtswahl im IPR *135 f.*

Redistribution von Einkommen und Vermögen 46

Regal und Monopol N 180

Regiebetrieb 54

Regress, s. auch Kumulation
- Anspruchskonkurrenz 395, 400
- – Aussen- und Innenverhältnis 395 f.
- bei Summen-V *392 f.*
- bei vertraglicher Haftung *400*
- Beschränkung des Regresses *402 f.*
- des H-Ver *401 f.*
- des Personen-Ver 400
- des Sach-Ver *397*
- des Scha-Ver *397*
- Einnahmen 61
- identische Schadensposten 399
- Interessenkollision 404
- Quotenvorrecht *398 f.,* 401
- Sozialversicherung *403 f.*
- Vereitelung des Regressrechts 402

Reisegepäck-V *504*

Reise-U- und Kranken-V 207

Rentenumlageverfahren N *66*

Rentenversicherung *415*

Repräsentanten-H-V N 783, 518

Repräsentativ-Statistik 69

repressives Handeln der Aufsichtsbehörden 108, 111

Reserven, s. auch Finanzierung, *70 ff.*
- Abwicklungsgewinn und Verlust *71*
- freie und gebundene 70
- gesetzliche und statutarische 70
- offene und stille 70
- Pauschalreservierung 71
- Prämienübertrag 72
- Rückstellungen 70 ff.
- Schadenreserve 70 f.
- Schwankungs- und Solvabilitätsrückstellung in der AHV, N 64
- – in der Privat-V 71

Sachregister

Reserven (Fortsetzung)
- Schwankungs-, Unkosten- und Sicherheitsrückstellungen (SUS) 536
- Verbindlichkeiten, technische 70, N 85

Retrozession, Rück-V 154, 538
Rettungspflicht s. Schadenminderungspflicht
richterliches Prüfungsrecht, akzessorisches, N 110
Risiko s. auch Gefahr und Prämie
- Beurteilung *232, 241*
- gutes und schlechtes R. 77, *149*, N 437
- und Prämie 44
- politisches R. N 947
- zeitliche Befristung *381*

Risikoannahme 46
Risikoausgleich *42 f.*, N 75
Risikogemeinschaft *41 f.*, 47
Risikoprämie *74*, 420
Risikomerkmal 44, N 542
Risikoselektion *76 f.*, *139*, 417, 448
Risikoträger *185*
Risikoversicherung 63, 299, *412 f.*, N *1139*
Rückdeckung N 345, 446
Rückfälle 375
Rückkauf, L-V, 205, *422*
Rückstellungen s. Reserven
Rücktritt vom Vertrag, s. auch Kündigung, *213 ff.*, 271, 276
- bei Anzeigepflichtverletzung 215, *236, 320 f.*
- bei Entzug der Bewilligung 114, 122
- bei Handänderung *261 f.*
- bei Übertragung des V-Bestandes N *203*
- betrügerische Anspruchsbegründung, s. V-Anspruch, N 853
- Doppel-V *385*

Rücktritt vom Vertrag (Fortsetzung)
- Verletzung des Veränderungsverbotes *323*
- wegen Gefahrserhöhung 215
- – Verzicht *246 f.*
- Zeitpunkt des Dahinfallens des VV *216*

Rückversicherung 349, *537 ff.*
- Aufsicht, s. d., 541
- Begriff *154*, N 317, *512*
- berufliche Vorsorge N *1508a*
- Erst- oder Direktversicher 154, 186 f., 349, 537
- fakultative und obligatorische R. 540 f.
- Folgepflicht des Rückversicherers 543
- Irrtumsklausel 543
- professionelle Rückversicherer 154
- Quoten-Rück-V 540
- Rechtsnatur des Rück-VV 541 f., N 1510
- Retrozession 154, 538
- Risikoausgleich N 12, N 75
- Risikoverteilung 539
- Rück-V-Provision 541
- Schadenexedentenvertrag 539
- Schiedsgerichtsklausel 544
- Schicksalsklausel 543
- Summenexedentenvertrag 540
- VV, anwendbares Recht, *133, 446,* 541
- Vertragsparteien *186 f.,* 542
- Vorsorge, berufliche 446
- Zedent 537
- Zessionar 537

Rückwärtsversicherung N 518a, 226, N 525

Sachen, versicherte, s. Sach-V
Sachleistungen 316, 346, 499
Sachschaden *510 f.,* 519
Sachversicherung 151, *477 ff.*

Sachversicherung (Fortsetzung)
- Abgrenzung gegen die Vermögens-V *153, 254, 509 f.*
- Aussen-V N 1056, 493
- Begriff 151, 254, 477 ff.
- Eigen-V 477
- Ersatzwert 481, 493
- Feuer-V, s. d., *489 ff.*
- Gefahren, versicherte, 478
- Gegenstand *151*
- Glas-V *498 f.*
- Handänderung *260*
- Haushalt-V N 1327, N *1360*
- Hausrat-V s. d.
- Kasko-V s. d.
- kombinierte V *478 f.*, 492
- Nach-V 487
- «neu für alt»-Abzug *482*
- Neuwert *481 f.*
- Pauschal-V 477
- Pfändung der versicherten Sachen 265 f.
- Proportionalregel 486, 488
- Reparatur-V 499, *502 f.*
- Sachen, versicherte, 254, *477 f.*
- - individuell oder nach Gattung versichert 477
- Sachwert *479 f.* 509 f.
- Selbstbehalt, s. d., 488
- taxierte Police *483*
- Teilwert-V *488*
- Teuerung 487, N 1327
- Totalschaden s. d.
- Transport-V, s. d., *503 ff.*
- Über- und Unter-V, s. d., *484 ff.*, 486 ff.
- V auf erstes Risiko *487 f.*
- V für fremde Rechnung 477
- Versicherungssumme 351
- V-Wert 480, 511
- Vollwert-V 488
- Wasserschaden-V *497 f.*

Sachversicherung (Fortsetzung)
- Zeitwert 481, 501
- Zeitwert-Zusatz 482, 501
Sachversicherungsverband 57
Sachverständigenverfahren N 177, 366
Sachwert *479 f.,* 509 f.
Saldoquittung s. Quittung
Schaden
- Anwaltskosten als Schaden *178*
- Personenschaden 519
- - Erwerbseinbusse 416
- - Mehrauslagen 39, 252
- - Mindereinnahmen 39, 252
- Sachschaden *510 f.,* 519
- Vermögenseinbusse 39, 162
- Vermögensschaden, «reiner», *519 ff.*
Schadenanzeige 364
Schadendurchschnitt s. Statistik
Schadenereignis s. V-Fall
Schadenereignistheorie, H-V, *310*
Schadenersatz
- Anzeigepflichtverletzung bei Vertragsabschluss N 566
- culpa in contrahendo 240, N 719
- und H-V 515, 519
- Verletzung von Obliegenheiten *283 ff.*
Schadenfall s. V-Fall
Schadenfeuer 490
Schadenfrequenz s. Statistik
Schadenminderungspflicht N *601,* 285, 308, 323, *324 ff.*
- Abgrenzung zur Gefahrsverminderung N 863
- - schuldhafte Herbeiführung des V-Falles 334
- Folgen der Verletzung 288, *326*
- Grundsatz und Inhalt *324 f.*
- Kosten der Massnahmen *326*
- und Veränderungsverbot 323
- Weisungen des Ver *325*
Schadenregulierung 185, 312

Schadenreserve, s. auch Reserven, *70 f.*
Schadensermittlung in der Schadens-V 366
Schadensversicherung, s. auch Personen, versicherte, 153, *252 f.*
- Abgrenzung gegen die Personen-V 152 f., *163, 252 f.,* N 1118, *509 f.*
- - Summen-V *152, 162 f., 253 f., 346,* N 1118, *416,* 509
- Kumulation von Leistungen *393 f.*
- Schadensermittlung 366
- schliesst Sach- und Vermögens-V ein *153,* N 608, N 1406
Schicksalsklausel, Rück-V, 543
Schiedsgutachten *177*
Schiedsverfahren *176 f.*
- Konkordat über die Schiedsgerichtsbarkeit N 378
- Schiedsgerichtsklausel in der Rück-V 544
- Vermittlungsverfahren 176
Schreib- und Kanzleifehler *204*
Schreckereignis *459*
Schuldanerkennung *206*
Schutzgesetz, s. Aufsicht und Versicherungsvertragsgesetz
Schutzgilden 48
Schutzimpfungen N 6
Schwankungsrückstellungen s. Reserven
Schweiz. Versicherungsverband (SVV)
- Richtlinien zur Erledigung von V-Fällen N 555
- Unteilbarkeit der Prämie, Empfehlung auf Verzicht N 676a
Seedarlehen, foenus nauticum 47
Seeversicherung 47, 503
Sektion s. Autopsie
Sekuritätsbedürfnis 39
Selbsthalt *351 f.,* 488, 533
Selbstmord N *524,* 331, N 911, N 917, *419,* 529

Selbstverantwortung 39
Selbstverschuldensprinzip N 741
Selbstversicherung N *339*
Sengschäden 491
Sicherheitsreserve 71, 536
Sicherungsbedürfnis 39
Sicherungsfonds 212
Simulation *366,* 463
Sistierung s. VV
Solidarität 395
- und Partialobligation *186,* N 1060, N 1091
- und V *43*
Sonderbelastungen, finanzielle, und V 40
Sozialpolitik und V *41*
Sozialversicherung, s. auch Aufsicht, berufliche Vorsorge, Krankenkassen, U-V nach UVG
- Abtretung und Verpfändung von V-Ansprüchen N 1014
- Ausgleichskasse als V? 59
- Entstehung in der Schweiz *51*
- Kerngebiet N 9
- Koordinationsnormen N 1077, 394
- Naturalleistungen N *944,* 394
- Regressrecht *403 f.*
- Relation Prämie und Risiko/ V-Leistungen N 18
- risikogerechte Prämie N 100
- Übertragung des V-Bestandes 116
- und private Personen-V *409*
- Unfallbegriff *455 f.*
- Schweiz. Zeitschrift für Sozialversicherung 59
- U-V nach UVG s. d.
- Unterschiede zur Privat-V 166
- Versicherungsverhältnis, Entstehung 166, *200*
- Versicherungsträger N 393
Spätfolgen *369,* 375, 377
Sparen und V 40

Sachregister

Sparprämie s. Prämie
Sparten s. Branchen, Versicherungszweige
Spartentrennung *102 f.*, 408
Sparvorgang s. L-V
Spezialität der versicherten Gefahren, Prinzip 504
Spital, Allgemeine und Privatabteilung 471
Spitaltaggeld 472
Sprinkleranlagen N 601
Statistik *64 ff.*
- Gemeinschaftsstatistik 67, *530*
- Gesetz der grossen Zahl *42*, 65, 67
- Gesetzmässigkeit oder Regelmässigkeit, statistische *42*
- internationale statistische Vergleiche 67
- Kriterien 68
- Lebenserwartung N 74, 68
- Material, statistisches *65 f.*, 67
- Prämientarif s. d.
- Prognose *64*, 67 ff., 73
- Prozessstatistik N 80, N 373
- Repräsentativstatistik 69
- Schadendurchschnitt *74, 76*, 232
- Schadenfrequenz *74, 76*
- Trend *64*
- Wahrscheinlichkeitsrechnung 48, 65
- Zufallsschwankungen 65, 66
Sterbevereine 47
Straftatbestände s. Aufsicht
Subrogation s. Regress
Subsidiärklauseln *353 ff.*, 387
Suizid s. Selbstmord
Summenversicherung
- Begriff *152, 162 f.*, N 520, *509*
- Kumulation s. d.
- und Personen-V 152, 163, *253 f.*
- und Scha-V 152, 162, *253 f.*, 346, 405, 509

Suspension s. VV
Synallagma N *420, 196*

Taggeld-V, U-V *472 f.*
Tarif s. Prämientarif
Tarifänderungsklausel, s. auch Anpassungsklausel, 214, *221*, N 518, *269 f.*
Tatbestand, versicherter, s. Gefahr
taxierte Police *483*
Teilnichtigkeit des VV, s. auch Nichtigkeit, *227*
Teilschaden
- Begriff *315*
- Kündigung bei T. 214, *315 ff.*
- Transport-V 507
- Teilwertversicherung 487 f.
Terme-fixe-V 414
Teuerung
- und L-V N 1144
- und Sach-V 487, N 1327
Todesfallversicherung *413*
Totalschaden
- Begriff N *819 f.*, 480
- Teilwert-V 487
- Transport-V 507
- Vertragsaufhebung *218*, 315
Transportmittel, V 505
Transportversicherung *503 ff.*
- Ausschlüsse 506
- - innerer Verderb 506
- - leichtes Verschulden 506
- - politische und soziale Risiken 506
- Begriff 504
- Einteilungen 504 f.
- Flugzeugkasko-V 505
- Generalpolice 507
- M-Kasko-V, s. d., *499 f.*
- Schiffskasko-V 505
- Spezialität der versicherten Gefahren 504
- Transportmittel, V 505

Sachregister

Transportversicherung (Fortsetzung)
- Transportversicherungsverein 57
- Universalität der versicherten Gefahren, Prinzip 504 f.

Trend s. Statistik

Treu und Glauben, Grundsatz, s. auch das Gesetzesregister zu Art. 2 ZGB, 217, 220, 243, N 605, 276, *301, 326,* 363

Typus
- und Begriff als Denkformen N 3, N 130
- Vertragstypen 407

UDK N 46

Überentschädigung, s. auch Überversicherung, 254, *353 f., 359, 383, 386, N 1078,* 400

Überschallknall N 1345

Überschussbeteiligung, s. L-V, Gewinnbeteiligung

Übertragung des V-Bestandes, s. V-Bestand

Überversicherung, s. auch Überentschädigung, 359, *484 ff.*
- bei und nach Vertragsabschluss *484 ff.*
- betrügerische Absicht 484
- in der Feuer-V *495*
- in der Vermögens-V 511
- Kontrollrecht der Kantone 485

Übervorteilung N 187, 195

Umlageverfahren *61 f.*

Umstände, veränderte, s. clausula rebus sic stantibus

Umverteilung von Einkommen und Vermögen 46

Umwandlung einer L-V *342 ff.*

Unfallbegriff, s. U-V, 454 ff.

Unfallverhütung s. Gefahrsverminderung

Unfallversicherung, s. auch U-V nach UVG, *454 ff.*

Unfallversicherung (Fortsetzung)
- Aus- und Einschlüsse *464 ff.*
- Begünstigung N 1178
- Berufs- und Nichtberufsunfälle 456
- Betriebs- und Nichtbetriebsunfälle 456
- Beweispflicht 314
- Forderungsrecht, selbständiges *296 f.,* 475
- fremder Personen, s. Fremd-V und Koll.-V
- Gliedertaxe *467 f.,* 469
- Kausalzusammenhang, s. d., 313
- Koll.-U-V, s. auch Koll.-V, *295 f.,* 473 ff.
- - Abonnenten-V., s. d., *474*
- - Autoinsassen-V. s. Insassen-V
- - Komplementär-V, s. d., *472*
- - Krankheit, unfallfremde *461*
- - Motorradfahrer 265
- - Neurose *462 ff.*
- - Obligatorium 444
- - «Privilegierung» der Unfälle *410 f.*
- - Unfall *454 f.*
- - - absichtliche Herbeiführung *458*
- - - Begriff *454 f.*
- - - Beweis *459*
- - - gewaltsame Einwirkung *457*
- - - Kausalzusammenhang 456, *460 ff.*
- - - körpereigenes Trauma *457*
- - - Körperschädigung *459 f.*
- - - Merkmale *457 ff.*
- - - Mitwirkung von Krankheiten 461 f.
- - - Obliegenheiten im V-Fall, s. d., N 733
- - - Plötzlichkeit *458*
- - - Schreckereignis *459*
- - - unkoordinierte Bewegung *457*
- - - Unfreiwilligkeit *458*
- - - - Suizid *459*
- Versicherung auf fremdes Leben

567

Unfallversicherung (Fortsetzung)
- - Zustimmung des Versicherten *298,* 300
- - Versicherungsleistungen *465 ff.*
- - Allgemeines 465
- - Begünstigung N 1178
- - Heilungskosten, s. d., *471*
- - Invalidität *467 ff.*
- - Kapital- oder Rentenzahlung 466, *470 f.*
- - progressive Invaliditäts-V *469 f.*
- - Spitaltaggeld *472 f.*
- - Summen- und Schadens-V N 1266
- - Taggeld *472 f.*
- - Todesfall *298, 466 f.*
- Zusatz-V s. d.
Unfallversicherung nach UVG
- Anspruch auf V-Leistungen nach Beendigung des V-Verhältnisses *223 f.*
- Bewilligung für den Ver 123
- Einsprache gegen Verfügungen N 360, N 365b
- freiwillige V 223, 278
- hoheitliche Gewalt des Ver N 360
- Kürzung und Verweigerung von V-Leistungen N 908
- Kumulation N 1077
- Neurose *462 f.*
- - Zweck der Abfindung 463
- Obligatorium N 16a
- Prämientarif, Anfechtung N 228
- Regress 404
- Unfallbegriff *455*
- unfallfremder Faktor N 816
- Unfallmeldung, verspätete N 715
- Verdienst, versicherter N 950
- Verfügung des U-Ver *171*
- Versicherer 97
- Versicherungsverhältnis *200*
- - Rechtsnatur N 348, 201
- Versicherungsvertrag N 16a

Unfallversicherung nach UVG (Fortsetzung)
- - Erlöschen von Gesetzes wegen N 485
- - Rechtsnatur N *348,* 201, N *757*
- VVG nicht anwendbar 134
- Verzug des Prämienschuldners 277 f.
- Wagnis N 932
- Zusatz-V s. d.
Ungewöhnlichkeitsregel N 297a, N 442
Unklarheitenregel s. Auslegung von Verträgen
unlauterer Wettbewerb und Aufsicht N 192, N 291a
Unteilbarkeit, Grundsatz
- bei Abschluss und Aufhebung von Koll.-VV *161,* 294
- der Prämie *271 f.*
Untersuchung, ärztliche, *364 f., 416 f.*
Unterversicherung *486 f.*
- Feuer-V 495
- Kürzung nach Proportionalregel 486
- Vermögens-V 511
Unverbindlichkeit, versicherungsrechtliche *217,* N 553, 367
Unverfallbarkeit, L-V, *424*
Urteilsfähigkeit N 739, *331,* 335

Valorenversicherung 399
Veränderungsverbot *322 ff.*
Verbände, s. auch Branchen, Pool
- Arbeitgeberorganisationen 58
- Handels- und Industrievereine 58
Verbandsversicherung N 158
Verbindlichkeit, technische 70, N 85
Verbindlichkeitstheorie *283 ff.*
Verfügungen s. Aufsicht, Rechtsschutz
Verfügungen von Todes wegen und Begünstigung 427
Vergleich, s. auch Quittung
- aussergerichtlicher *171,* N *361,* 369 f., N 1034

568

Vergleich (Fortsetzung)
- gerichtlicher N 362a
Verhältnismässigkeit, Grundsatz *106,*
  122, N 554, 285 f., N 999
Verhütung von Unfällen und Krankheiten s. Gefahrsverminderung
Verjährung, s. auch Verwirkung, N 554, *373 ff.*
- Beginn *308,* 374
- des V-Anspruches 223, *373 ff.*
- - Beginn *374*
- - H-V *376 ff.*
- - U-V *374 f.*
- Prämienforderung 379
- Unterbrechung 379
- Verwirkung und Verjährung *380 f.*
- Verzichtserklärung N *379*
Vermittlungsagent s. V-Agenten
Vermittlungsverfahren *176 f.*
Vermögenseinbusse s. Schaden
Vermögensschaden, «reiner» 519
Vermögensverlust-V 513
Vermögensversicherung *151 ff.*
- Abgrenzung gegen die Personen-V *152 f., 252 ff., N 1404, 509 f.*
- - Sach-V *254,* 492, *509 f.*
- - Scha-V N *1404*
- Begriff *151 ff., 252 f.*
- Doppel-V, s. d., 511
- H-V als Vermögens-V *151,* N 608, 509
- Handänderung *263 f.*
- Über- und Unter-V 511
- Unterarten 511 f.
- Verknüpfung mit einer Sache *254 f.,* 492, N 1415
- V-Summe 511
Vermutung, gesetzliche *203,* N 486, 234, *276*
Verpfändung des V-Anspruches *205, 371 f.,* 430
Verrechnung *269,* 306

Verschulden s. Absicht, Fahrlässigkeit, V-Fall
Versicherer, s. auch Aufsicht, V-Gesellschaft, Personal-VE
- als Vertragsparteien *153, 184 f.*
- Erst- oder Direktversicherer 154
- Rechtsnatur seiner Leistungspflicht 195
- Rückversicherer 154, *537 ff.*
- Terminologie *100,* 154, N 393
Versichertengemeinschaft *41 f.,* 47
Versicherter, s. Person, versicherte
Versicherung, s. auch Privatassekuranz, Sozialversicherung
- auf erstes Risiko *487 f.*
- auf fremdes Leben, s. Fremd-V
- auf Gegenseitigkeit 48
- Begriff *88 f.,* 100, *167*
- berufliche Vorsorge 445
- Charakteristika *37 ff., 43*
- Denkformen des Begriffs und des Typus für die V N 3, N 130, N 353
- Eigen-V *161,* 477
- einfache V 478, 495, 498
- Einzel-V *159,* 477
- finale V *299,* 410
- Finanzierung s. d.
- Finanzierungssysteme, s. d., *61 ff.*
- freiwillige V nach UVG 223, 278
- Fremd-V s. d.
- für eigene Rechnung 302
- Gesetz der grossen Zahl 42, 48, 65, 67
- kausale V *299,* 410
- Koll.-V s. d.
- kombinierte V s. d.
- Kriterien für die Einteilung der V 256
- Mitversicherung 185
- obligatorische V s. Obligatorium
- öffentlich-rechtliche V 37, N 16a, 48, 166

Sachregister

Versicherung (Fortsetzung)
- Organisation, s. d., 43, 53
- privatrechtliche V 37, 44, 166
- Privat- und Sozialversicherung, Unterschiede 41, 166
- Privatversicherung *38,* 44 ff.
- Rechtsanspruch als Merkmal 43
- Risikoausgleich 42 f., N 75
- Solidarität *43*
- Statistik s. d.
- typische Züge der V *38 ff., 43*
- - «Idealtypus», technischer, N 20a
- U-V nach UVG s. d.
- VAG und V-Begriff 88
- V und Prophylaxe 40
- V und Sicherungsbedürfnis 39
- V und Sparen 40
- V und Vorsorge 37 ff., *39 ff.,* 346
- V und VE, s. auch berufliche Vorsorge, Personal-VE, 37
- V und Volkswirtschaft *46*
- Versicherungstheorien N 1
- Zünfte als Vorläufer der V 48
- Zustimmung des Versicherten 300
Versicherung für fremde Rechnung 162, *301 ff.,* 477
- Anzeigepflicht bei Vertragsabschluss 305
- Begriff *301 f.*
- Forderungsrecht, direktes *304 ff.*
- Prämienschuldner 301, 303
- Rechtsverhältnisse zwischen den Beteiligten *303 ff.*
- Sach- und Vermögens-V 301, 477
- Verrechnung 306
- Zulässigkeit 302
- Zustimmung des Dritten *305 f.*
Versicherungsagenten *188 ff.*
- Abschlussagent 191 ff., 208 f., 409
- Begriff und Arten 188 f.
- Bestellung des Agenten 190
- Broker und Makler 189

Versicherungsagenten (Fortsetzung)
- Haftung aus Vertragsverletzung 193
- - bei Schädigung des Kunden N 409
- - Bindung des Ver bei unrichtiger Aufklärung und Belehrung durch den Agenten 192 f.
- Vermittlungsagent *192 ff.,* 209, N 552, 409
- Versicherungsantrag s. d.
- Vertragsverhältnis 54, *188 f.*
- Vertretungsbefugnis *189 ff., 193*
Versicherungsamt, Eidg. N 115
Versicherungsanspruch, s. auch Anspruchsberechtigter, V-Leistungen, *157 f.,* 361
- Abklärung *363 f.*
- - Mitwirkungspflicht des Anspruchsberechtigten *363 f.*
- Abtretung s. d.
- Anspruchsbegründung *362 f.,* 365
- Auskunftspflicht *363 f.*
- Begünstigung s. d.
- Belege 364
- betrügerische Anspruchsbegründung N 737, 294, N *853, 363, 366 ff.*
- Beweis s. d.
- Entstehung 157, *361 ff.*
- Erfüllungsort 117
- Erlöschen *373 ff.*
- Fälligkeit N 383, 361, *368*
- Gerichtsstand *117 f., 175 ff.*
- komplementäre Leistungen *357 ff., 472*
- Kürzung
- - grobes Verschulden bei Herbeiführung des V-Falles, s. V-Fall
- - Überversicherung s. d.
- - unfallfremde Krankheit (U-V) 461
- - Verletzung von Obliegenheiten *284, 320, 326*
- Kumulation, s. d., *390 ff.*
- mehrfache Ansprüche *382, 390 ff.*

570

Versicherungsanspruch (Fortsetzung)
- - Doppel-V, s. d., *393 ff.*
- Merkmale der V 43
- nach Beendigung des VV 222
- Nichterfüllung 371
- Pfändung und Arrest an den versicherten Sachen *265 f.*
- Prätendentenstreit, 362
- Saldoquittung 361, *369 f.*
- Selbstbehalt und Franchise *351 f.*
- Subsidiärklausel *353 ff.*, 387
- Überentschädigung s. d.
- Verjährung s. d.
- Verletzung der
- - Anzeigepflicht im V-Fall 320, N 1059
- - Schadenminderungspflicht 288, *326*
- - (des) Veränderungsverbotes *322 ff.*
- Verpfändung *371 f.*, 425
- Verzug *371*
- Zusatz-Leistungen, s. Zusatz-V, *357*
- Zwangsvollstreckung N 1009, *431 f.*
Versicherungsantrag *197 f.*
- Abschlussagenten *191 f.*, 208
- ärztliche Untersuchung 198, 200
- Annahme und Ablehnung *198 f.*, 201, *203, 206*
- Anzeigepflicht bei Vertragsabschluss s. d.
- Auslegung der Antragsfragen *237*
- AVB, Aushändigung 198
- Bindungsfristen *198*
- Formlosigkeit 197
- Stellvertretung *235*
- Vermittlungsagent *192 f.*
- Sozialversicherung s. d.
- U-V nach UVG s. d.
Versicherungsarten, s. auch Branchen, 153, 405 f.
Versicherungsbedingungen *142 ff.*
- Abänderung durch V-Agenten 194

Versicherungsbedingungen (Fortsetzung)
- Allgemeine Geschäftsbedingungen 142
- Auslegung s. d.
- AVB 142 f., 198, *406 f.*
- besondere 142
- Bewilligungspflicht 107, *143,* N 288a
- - keine Bindung des Richters an den Genehmigungsentscheid des BPV *144*
- - Wirkung auf VV *119 ff.*
- Branchen s. d.
- Rechtsnatur 143
- Revision N 283, *220*
- Terminologie 255
- vereinheitlichte *143,* 406, N 1360, 500
- V-Sprache, schwierige, 231
Versicherungsbegriff 87 ff.
Versicherungsbestand
- freiwillige Übertragung *111*
- Übertragung in der Sozialversicherung 116
- zwangsweise Übertragung 116
Versicherungsbranchen, s. Branchen, *405 ff.*
Versicherungseinrichtungen, s. auch Personalvorsorgeeinrichtung, Ver, V-Gesellschaft
- Privatassekuranz 38
- Terminologie 100, 154
Versicherungsdeckung s. Deckung
Versicherungsfachprüfung 58
Versicherungsfall N 519, N *521, 307 ff.*
- Abklärung *363 ff.*
- - Auskunftspflicht des Anspruchsberechtigten *364*
- - Belege 364
- - Mitwirkungspflicht des Anspruchsberechtigen *363 f.*
- Anzeigepflicht s. d.
- befürchtetes Ereignis *149 f.*, N 795

Versicherungsfall (Fortsetzung)
- Begriff N 138, *307*
- Beweispflicht *314*
- gedeckter, 307 f.
- Hauptpflichten aus dem V-Fall 318
- in der H-V *309 f.*
- – Schadenereignistheorie *310*
- – Verstosstheorie *310 f.*
- Kausalzusammenhang *313 f.*
- Kündigung bei Teilschaden *315 ff.*
- Obliegenheiten s. d.
- «ohne Folge»-Fälle *312*
- Schadenregulierung 312
- schuldhafte Herbeiführung des V-Falles *327 ff., 418 f.*
- – Absicht *226, 267, 329 f.,* 338
- – Beweis *335*
- – dolus eventualis *329 f.*
- – durch andere Anspruchsberechtigte 337
- – durch den VN *336*
- – durch Drittpersonen *341 f.*
- – durch Versicherte *337*
- – Folgen *327 ff., 336 ff., 341 f.*
- – Gebote der Menschlichkeit 345
- – Gefahrsverminderung *334*
- – grobe Fahrlässigkeit 267, *330 f., 338 f.*
- – in der H-V *342 f.*
- – in der L-V *418 f.*
- – in der MH-V N *910, 343, 529*
- – Kausalzusammenhang *331 f.*
- – leichte Fahrlässigkeit 327, *331,* 341
- – Prophylaxe und Kürzung N 878
- – Rechtfertigungsgründe für Kürzung und Ausschluss der Leistungen *328 f.*
- – Schadenminderungspflicht 334
- – Urteilsfähigkeit, s. d., *331*
- – Vereinbarungen 340
- – Verzicht auf Rechtsnachteile 314
- Verjährung, s. d., 308, *373*

Versicherungsfall (Fortsetzung)
- Vertragsschicksal nach dem V-Fall *314 ff.*
versicherungsfremdes Geschäft (Spartentrennung) 102 f., 408
Versicherungsgenossenschaft 187 f., N 406
Versicherungsgesellschaften, s. auch Aufsicht, Personal-VE, V-ER
- Aktiengesellschaften und Genossenschaften 52, 60, N 145, N 158, 187
- Aufsicht s. d.
- ausländische 49, 55, N *186, 117*
- Begriff *100*
- Bewilligungspflicht, s. d., *92 ff.,* 101
- Gerichtsstand *117,* 175 f.
- Gesellschaftsarzt N 37
- Kaution 79, 113
- Organisation 43, *52 ff.*
- Rechtsverhältnis zwischen V-Gesellschaft und VN 119 ff, *194,* 360
- Straftatbestände, s. Aufsicht, *110 ff.*
- Tätigkeit im Ausland 51, N 186
- Übernahme von Anwaltskosten *178,* N 385
- Versicherungsgewinn, unerwünschter, s. auch Überversicherung, N *1078*
- Versicherungsinspektoren, Verband 59
- Versicherungskurier 59
- Versicherungsverband, Schweiz., SVV 57
Versicherungsjahre N 672
Versicherungsleistungen, s. auch V-Anspruch, *346 ff.*
- Äquivalenzprinzip *195*
- Bestimmbarkeit 43
- Bindung an einen Schaden 346
- Dienst- oder Sachleistungen N *139,* 316, *346 f.,* 348
- Erfüllungsort s. d.
- Ermessensleistungen N *12a*

Versicherungsleistungen (Fortsetzung)
- freiwillige 316, 370
- Geldleistungen *346 f., 348*
- in der H-V, s. d., V-Anspruch
- in der L-V, s. d.
- in der Sach-V, s. d.
- in der U-V, s. d.
- komplementäre oder ergänzende Leistungen, s. auch Zusatz-V, *357 ff.*
- Leistungsversprechen, bedingtes *196*
- – und Haften des Ver 360
- Leistungsvoraussetzungen 309
- – negative *327*
- – sekundäre N 796
- Naturalleistungen und Naturalersatz s. d.
- Rechtsanspruch 43
- Rechtsnatur *194 f., 359 f.*
- Rechtsschutz s. d.
- Selbstbehalt und Franchise *351 ff.*
- Subsidiärklauseln *353 ff.,* 387
- Synallagma N 420, *196*
- typisch für die V 43
- und Prämie s. d.
- Vertragsfreiheit, s. d.
- zeitliche Begrenzung *380 f.*
- Zusatzleistungen, s. Zusatz-V, *357 ff., 359*

Versicherungsmarkt 37
Versicherungsmaterialien, Vorlagepflicht *107*
Versicherungsnachweis 210
Versicherungsnehmer *183 f.*
- Begriff 153, *183,* 361
- beschränkte Handlungsfähigkeit 183
- Konkurs und Zwangsvollstreckung 259, 430 f.
- Obliegenheiten s. d.
- öffentliche Verwaltung als VN *184*

Versicherungsnotstand 77, 448
Versicherungsperiode 270, 317
Versicherungspolice *201 ff.*

Versicherungspolice (Fortsetzung)
- Beleihung, L-V, *425*
- Berichtigungsrecht *202 f.*
- Deckungszusage, vorläufige 208 f.
- Einlösungsklausel *207 f.*
- Ersatzpolice 205
- Gebühren *202*
- Inhaberklausel 205
- Kraftloserklärung 205
- Nachtrag 201
- Rechtsnatur *201 f., 204 f.*
- Schreib- und Kanzleifehler 204
- Schuldanerkennung 206
- Wertpapier 205
- Willensmängel *203 f.*

Versicherungsschutz s. Deckung
Versicherungssumme *349 ff.*
- bei Über- und Unter-V *484 ff.*
- H-V *350*
- illimité-Deckung 350
- nach Eintritt des V-Falles 318
- Sach-V *351*
- Vermögens-V *511*

Versicherungstaxe, Sach-V, 483
Versicherungstechnik *45 f.*
Versicherungsträger *43, 184*
Versicherungsverband, Schweiz., 57
Versicherungsverhältnis
- Begriff *165 f.*
- Entstehung
- – in der beruflichen Vorsorge *201*
- – in der Kranken-V nach KVG *200*
- – in der U-V nach UVG *200*
- Kern des VV 130
- Sozialversicherung 166
- vertragliche Regelung 166

Versicherungsvertrag, s. auch V-Antrag, Aufsicht
- Abschluss *194 ff., 197 ff.*
- Änderung *219 ff.*
- – durch einseitige Parteierklärung *221*

573

Sachregister

Versicherungsvertrag (Fortsetzung)
- - durch Vereinbarung *219*
- Äquivalenzprinzip s. d.
- Allgemeines *130*
- Anzeigepflicht bei Abschluss s. d.
- atypische VV *168 f.*
- Auflösung s. Vertragsauflösung
- Aufsicht und VV *119 ff.*
- Auslegungsgrundsätze s. Auslegung
- Ausschlüsse, s. d., *229 f.,* 501
- ausserhalb des VVG *132 ff.*
- - berufliche Vorsorge *133,* 224
- - Rückversicherung, s. d. 133
- - Sozialversicherung *133*
- - subsidiäre Anwendung des VVG 134
- - UVG *134*
- Beginn der vertraglichen Wirkungen *206 ff.*
- Begriff *167 f.*
- bei Genossenschaften *187*
- Dauer und Ende *210 ff., 308 ff., N 810*
- Deckung *164 f.*
- Einlösungsklausel *207 f.*
- Erneuerung *210 f.*
- Gefahr und Gefahrstatsachen s. d.
- Gefahrsdeklaration, s. Anzeigepflicht bei Vertragsabschluss, *233 ff.,* 241
- Gefahrtragungstheorie *195 f.*
- Geldleistungstheorie *195 f.,* N 974a
- Gesetzeslücken s. Lücken
- Haftung des Ver *360,* N 1260
- Handänderung, s. d., *258 ff.*
- Haupt- und Nebenverpflichtungen *194, 280, 347*
- IPR 135 ff.
- kombinierter VV *264, 478 f.*
- Kündigung, s. d. *213 ff.*
- - bei Teilschaden *214*
- Merkmale (fragliche)

Versicherungsvertrag (Fortsetzung)
- - Entgeltlichkeit *168*
- - Gesetz der grossen Zahl *167*
- - Planmässigkeit N 19, *167*
- Nichterfüllung des VV *371*
- Nichtigkeit s. d.
- öffentlich-rechtliche VV N *348*
- Prolongationsklausel *210 f.*
- Rechtsnatur *130, 194*
- Sistierung s. Suspension
- Suspension N *445, 275 f.*
- typisch für die Privat-V 44
- Typus VV *168*
- UVG N 16a, 134
- Unverbindlichkeit, versicherungsrechtliche, *217, 363*
- Vertragsfreiheit s. d.
- Vertragsparteien s. d.
- Verzug des Prämienschuldners, s. Verzug, *272 ff.*
- zusammengesetzte VV N *1306*

Versicherungsvertragsgesetz (VVG) *130 ff.,* N 252a
- Aufbau *139 f.,* 153, 405, *508 f.*
- Auslegung s. d.
- Einteilung in Personen- und Scha-V 405
- Entstehungsgeschichte *130 f.*
- Geltungsbereich
- - örtlicher 134 f.
- - sachlicher 131 f.
- Gesetzeslücken, s. Lücken
- Kontrahierungszwang s. d.
- Personen-V *412*
- Privatautonomie s. Vertragsfreiheit
- Revisionsbedürftigkeit N 249
- Rück-V s. d.
- Schutzgedanke 86, *138,* 140, 231
- subsidiäre Geltung des OR *134,* 137, 196
- Vertragsfreiheit s. d.

574

Versicherungsvertragsgesetz (VVG)
 (Fortsetzung)
– zwingende Bestimmungen *137 f.,*
 N 538
– – absolutzwingende 137
– – relativzwingende *138,* 452
– – dispositives Recht 138
Versicherungswert *480 f.,* 511
Versicherungszeitschrift, schweizerische 59
Versicherungszweige, s. auch Branchen, 56, *405 f.*
Verstosstheorie *310*
Vertrag, s. VV
Vertrag zugunsten Dritter *295*
Vertrag zulasten Dritter N 714
Vertragsabschluss *196 f.*
– Pflichten 239, 282
Vertragsauflösung *211 f.*
– Anspruch auf V-Leistungen nach Beendigung des VV *222 f.*
– Aufhebungsvertrag *213,* N 509, 219, N 678
– bei Tod des VN *217 f.,* 314
– bei Totalschaden 218, *314*
– clausula rebus sic stantibus *217 f., 262,* 315
– einseitige Parteierklärung *213 f.,* N 566
– – Kündigung s. d.
– – Rücktritt s. d.
– – Nichtigkeit s. d.
– Parteivereinbarung *213*
– Prämienverzug 212
– Prämienzahlungspflicht 218 f.
– von Gesetzes wegen *212 f.*
– vorzeitige 211 f.
Vertragserfüllungsklausel 517
Vertragsfreiheit *137 f.,* 222, *228,* 311, 346
Vertragsparteien *153 f., 183 f.*
– Fremd-V 294, 304

Vertragsparteien (Fortsetzung)
– Pflichten 153
Vertragsstrafe N 720
Vertragsversicherung N 16
Vertrauensgrundsatz s. Auslegung von Verträgen
Verwaltungsakt 200
Verwaltungskosten 60
Verwandtenausschlussklausel 518, 526
Verwirkungsfristen, s. auch Verjährung, N 553, 366, *380 f.*
– Folgen der Nichtbeachtung 289
– gesetzliche und vereinbarte 289
– und Verjährungsfristen 380
– Verletzung der Anzeigepflicht im V-Fall N 737, 321, 365
Verzug
– des Prämienschuldners 212, *272 ff.,* 280, 447 f.
– des Ver N *383,* 371
– Vertragsschicksal 275 f.
Verzugszinsen N 383, *273,* 371
Volkswirtschaft und V 46
Vollschaden s. Totalschaden
Vollwertversicherung *488*
Voraussetzungstheorie *283 ff.*
Vorauszahlung, L-V, *426*
Vorbeugung s. Gefahrsverminderung
vorläufige Deckungszusage 192, *208 ff.*
Vorsorge, s. auch *berufliche* Vorsorge
– durch Sparen 40
– Geschichte 49
– und V 39 ff.
Vorsorgeeinrichtungen s. Personal-VE
Vorsorgeklausel N 532
Vorsorgeuntersuchung N 6
Vorsorgevertrag, s. auch berufliche Vorsorge, 166, *201,* 224, N 1210
Vorvertrag 209
vorvertragliche Pflichten (culpa in contrahendo) *240,* N 719
Vorwärts-V *226*

Sachregister

Wahrscheinlichkeitsrechnung, s. auch Statistik, 48, 65
Waren- und Valorenversicherung 57, *504*
Wasserschaden-V 497
Wiederaufbauklausel N 1357
Willensäusserung *196,* 200, 260
Willensmangel *122, 196 f., 203 f.,* N 559

Zahlungsanspruch, H-V, N 787, *520*
Zahlungsart N 674
Zahlungsunfähigkeit des
- Prämienschuldners 259, 290, 306
- Versicherers 115, 212, 386
s. auch Konkurs
Zeitschrift für Sozialversicherung, Schweiz. 59
Zeitwert *481,* 501
Zeitwertzusatz-V *482,* 501
Zinsen s. Verzugszinsen
Zirkulations-V 493
Zünfte als Vorläufer der V 48
ZÜRICH LUK N 1132, N 1274, N 1297

zusammengesetzter oder gemischter Vertrag N 1306
Zusatzversicherung 357, 464
- in der L-V 408, 415, 446
- zur beruflichen Vorsorge 444, 446, 455, 464
- zur Kranken-V 409
- zur U-V 408
- zur U-V nach UVG 269, *278, 357,* N 1077, 404, 455, 464, 470, *474*
zuschlagspflichtige Sonderrrisiken, s. auch Ausschlüsse, N *532,* N 567
Zustimmungsprinzip in der
- Fremd-V *298*
- V auf fremdes Leben *300*
- V für fremde Rechnung *306*
Zwangsmassnahmen s. Aufsicht
Zwangsvollstreckung, L-V, s. auch Konkurs, 431 ff.
Zweige der V, s. Branchen
zwingende Gesetzesvorschriften s. Versicherungsvertragsgesetz

GESETZESREGISTER

Für die genauen Titel der gesetzlichen Erlasse wird auf das Abkürzungs- und das Quellenverzeichnis, S. 25 und S. 30, verwiesen. Die Zahlen in der Kolonne rechts geben die Seiten bzw. bei N die Fussnoten an.

	Überblick	Seite
I.	*Bundesverfassung (BV)*	579

II. *Gesetzgebung über die Privatversicherung*

1. a)	Versicherungsaufsichtsgesetz (VAG) von 1978	580
b)	a. Aufsichtsgesetz (a. VAG) von 1885	581
c)	BRB über die Inkraftsetzung des VAG und die Weitergeltung von Bundesrecht von 1978	581
2.	Kautionsgesetz (KG) von 1919	581
3.	Sicherstellungsgesetz (SSG) von 1930	582
4.	Versicherungsvertragsgesetz (VVG) von 1908	582
5.	BG über den Strassenverkehr (SVG) von 1958	587
6.	Aufsichtsverordnung (AVO) von 1931	587
7.	VO über die vereinfachte Aufsicht von 1973	587
8. a)	VO über Haftpflicht und Versicherungen im Strassenverkehr (VVV) von 1959	587
b)	VO über die Motorfahrzeug-Haftpflichtversicherung (VMHV) von 1979	588
c)	VO des EJPD über die individuelle Nachkalkulation in der Motorfahrzeug-Haftpflichtversicherung (VINK) von 1979	588
d)	BG über einen Beitrag für die Unfallverhütung im Strassenverkehr von 1976	588
e)	VO über einen Beitrag für die Unfallverhütung im Strassenverkehr von 1976	588
9.	VO über die Abgrenzung der Versicherungsaufsichtspflicht von 1976	588
10.	VO über den Betrieb versicherungsfremder Geschäfte durch die privaten Versicherungseinrichtungen von 1979	588
11.	VO über den Anwerbebetrieb der Lebensversicherungsgesellschaften in der Schweiz von 1973	588

Gesetzesregister

		Seite
12.	VO über die Aufhebung von Beschränkungen der Vertragsfreiheit für Freizügigkeitspolicen von 1966	589
13.	BRB über die Abonnenten- und die Käufer- und Kundenversicherung von 1955	589
14.	BRB über die Rechtsschutzversicherung von 1945	589
15.	VO des BGer betreffend die Pfändung, Arrestierung und Verwertung von Versicherungsansprüchen nach dem VVG von 1910	589
16.	a) Verwaltungsorganisationsgesetz von 1978	589
	b) VO über die Aufgaben der Departemente, Gruppen und Ämter von 1979	589
	c) BRB über die Zuständigkeit der Departemente und der ihnen unterstellten Amtsstellen zur selbständigen Erledigung von Geschäften (Delegationsverordnung) von 1914	589
17.	BB betreffend die Zusammenstellung der in Versicherungsstreitsachen in der Schweiz ergehenden Zivilurteile von 1888	589

III. *Gesetzgebung über das Privatrecht*

1.	Zivilgesetzbuch (ZGB) von 1907	590
2.	Obligationenrecht (OR) von 1911	590

IV. *Gesetzgebung über die Sozialversicherung*

1.	a) BG über die AHV (AHVG) von 1946	592
	b) VO über die AHV (AHVV) von 1947	592
2.	a) BG über die berufliche Alters-, Hinterlassenen- und Invalidenvorsorge (BVG) von 1982	592
	b) VO über die Beaufsichtigung und Registrierung der Vorsorgeeinrichtungen (BVV 1) von 1983	593
	c) VO zum BVG (BVV 2) von 1984	593
	d) VO über die steuerliche Abzugsberechtigung für Beiträge an anerkannte Vorsorgeformen (BVV 3) von 1985	593
3.	BG über die IV (IVG) von 1959	593
4.	BG über Ergänzungsleistungen zur AHV und IV (ELG) von 1965	593
5.	a) BG über die Unfallversicherung (UVG) von 1981	593
	b) VO über die Unfallversicherung (UVV) von 1982	594

		Seite
6.	a) BG über die Kranken- und Unfallversicherung (KUVG) von 1911*	594
	b) BG über die Krankenversicherung (KVG) von 1981*	595
	c) VO III über die Krankenversicherung von 1965	595
7.	BG über die Militärversicherung (MVG) von 1949	595
8.	BG über die obligatorische Arbeitslosenversicherung und die Insolvenzentschädigung (AVIG) von 1982	595

V. *Gesetzgebung über die Rechtspflege*

1. BG über das Verwaltungsverfahren (VwVG) von 1968 — 595
2. BG über die Organisation der Bundesrechtspflege (OG) von 1943 — 595

VI. *Weitere Erlasse, die für die Privatversicherung bedeutsam sind*

1. a) Schweiz. Strafgesetzbuch (StGB) von 1937 — 596
   b) BG über das Verwaltungsstrafrecht (VStrR) von 1974 — 596
2. BG betreffend Schuldbetreibung und Konkurs (SchKG) von 1889 — 596
3. BG über die Stempelabgaben (StG) von 1973 — 596
4. BG über Berufsbildung (BBG) von 1978 — 596
5. Kernenergiehaftpflichtgesetz (KHG) von 1983 — 596
6. Rohrleitungsgesetz von 1963 — 596
7. BG über den unlauteren Wettbewerb (UWG), Entwurf des BR von 1983 — 596
8. BG (Entwurf) über die Förderung der Konsumenteninformation von 1984 — 597
9. BG (Entwurf) über Änderung von Erlassen im Bereiche des Vertrags- und Wettbewerbsrechts von 1984 — 597
10. BG (Entwurf) über das internationale Privatrecht (IPR-Gesetz) von 1982 — 597

I. Bundesverfassung (BV)

Art. 31	N 121	– Abs. 3	435
– Abs. 1	84	– Abs. 6	435
Art. 34 Abs. 2	49, 78, 84, 85, N 145, 130	Art. 34 sexies	181
Art. 34 bis	85	Art. 37 bis	85
Art. 34 quater	85, N 122, 434, N 1205a	Art. 59	117
– Abs. 1	434	Art. 64	130
– Abs. 2	434	Art. 102 Z. 5	82

* Vgl. dazu vorne S. 26*).

II. Gesetzgebung über die Privatversicherung

1a) Versicherungsaufsichtsgesetz (VAG) von 1978

Allgemeines:	38, N 1a, 50, 79, N 107, 80, 81, N 111, N 114, 84, N 118, 85, N 122, N 129, 88, N 133, N 134, N 139, N 140, N 143, N 168, N 176, N 186, N 188, 123, 132, N 288a, N 291a, 167, N 352, 173, N 393, N 939, 348, N 1210, 443, 446, 450, N 1232, N 1234, 475, N 1481, N 1508a		
Art. 1	86, N 124, N 127, N 187, 224	Art. 8	N 19, N 141, 101, 102, 121, 124, N 1174
Art. 2	166, 201, 224	– Abs. 1	
– Abs. 2	98	– lit. g	N 85, 425
Art. 3	91, N 150	Art. 9	101, N 180, N 1174
– Abs. 1	87, 541	Art. 10	101, 102, 111, 113, 114, 115
Art. 4	93, N 154, N 155, N 160, 96, 98, 100, 132, N 252, N 252a, 133	Art. 11	N 145, 101, N 181, 124, 187
– Abs. 1	96	– Abs. 1	52
– lit. a	93, 541	– Satz 2	N 33a
– lit. b	46, 93, N 155, 168	Art. 12	101, 102
– lit. c	50, 94, N 158, N 159, 133, N 1222	Art. 13	101, 102, 408, 409
		– Abs. 1–3	103
– lit. c bis	50	Art. 14	101
– lit. c ter	50	– Abs. 2	55, 118
– lit. d–g	95	Art. 15	101, 104, N 1218a
– Abs. 2	96, N 172, 124	Art. 16	101, 409
– lit. a	96	Art. 17	83
– lit. b	96	– Abs. 1	N 186, 105
– lit. c	97	– Abs. 2	224
Art. 5	93, N 154, N 155, 95, N 160, 96, 98, 100	Art. 18	83, N 186
		Art. 19	83, 102, 127, N 1174
– Abs. 3	125	Art. 20	N 120, 106, 124, N 228
Art. 6	82, 93, N 171, 132, N 1222a	Art. 22	107
		Art. 23	107
– Abs. 1		Art. 26	116, N 211a, 118, N 1003
– lit. a	98	Art. 27	N 128, 112, 116, 117, 118, N 215, 369
– lit. b	98		
– lit. c	98, 99	Art. 28	116, 117, 118, N 215, 175
– lit. d	98, 99	– Abs. 1	117, 119
– Abs. 2	99	– Abs. 3	117
Art. 7	82, 101, N 179, N 180, 110, 122, 124, N 1115	Art. 29	116, 118, N 215
		Art. 30	116, 117, 118, N 215, 119

Art. 31	N 169, 99, N 215	– Abs. 1	
Art. 32	N 85, N 169, 99	– lit. a	82, N 114, 125
Art. 33	N 83a, N 169, 99	– lit. f	82
Art. 34	N 169, 99	Art. 43	82, N 126, N 1174
Art. 35	N 169, 99	– Abs. 1	83, 124
Art. 36	N 169, 99, N 210, 127, N 283, 222, N 518	– Abs. 2	83, N 234, 128, N 241, N 242
Art. 37	67, 107, 127, 530, 532	Art. 44	80, N 126
– Abs. 1	N 286, 531	Art. 45	83, N 118, 530
– Abs. 2	531, 535	– Abs. 3	84, 530
– Abs. 3	535	Art. 46	124, N 228
– Abs. 5	104	– Abs. 3	126, 531
Art. 38	107, 530, 531	Art. 47	122, 172
Art. 39	111, N 202, 116	Art. 48 Abs. 1	490
– Abs. 2	112	Art. 49	108, N 197, 113, 120, N 221, 129, N 244
Art. 40	108, N 202, 113, 116, 121, 124	– Abs. 1	108, 109
– Abs. 1	111, 113, 115, 119, 122	– Abs. 2	108, 129
– Abs. 2	113	Art. 50	109, 110, 120, 121
– Abs. 3	113	– Z. 1	N 179, 110, 111
Art. 41	N 202, 116	Art. 51	N 202
– Abs. 1–4	114	Art. 53	99
Art. 42	82, N 202, 125		

Anhang zum neuen Versicherungsaufsichtsgesetz

– Z. 2	79	– Z. 3	N 250, N 271
– Abs. 1	N 250		

1b) Altes Aufsichtsgesetz (a. VAG) von 1885

Allgemeines: N 30, 50, 80, 89, N 155, 97, N 180, N 221, N 945, 447
Art. 3   49

1c) BRB über die Inkraftsetzung des VAG und die Weitergeltung des Bundesrechtes von 1978

Allgemeines: 80

2) Kautionsgesetz (KG) von 1919

Allgemeines: 79
Art. 1 Abs. 3   N 170   Art. 2   113

Art. 9	115, 116	Art. 18	N 202
Art. 16	115, 116	Art. 19	N 197

3) Sicherstellungsgesetz (SSG) von 1930

Allgemeines:	79	Art. 27	115
Art. 1	N 206	Art. 29	115
Art. 18	115	Art. 31	N 197
Art. 22	212	Art. 39	212

4) Versicherungsvertragsgesetz (VVG) von 1908

Allgemeines:	N 1a, 49, 50, 86, N 133, N 138a, N 187, 130, 133, 135, 136, 139, 141, N 282, 142, N 291a, N 344, N 347, N 349, 167, N 352, 168, 169, N 354, 171, N 371, 181, 183, 184, 186, 187, 196, 197, 207, N 486, 213, 216, 224, N 519, N 520, N 555, N 608, N 609a, N 614, N 620, 284, 291, 292, 295, N 753, N 757, N 795, N 820, N 913, 348, 354, 360, 382, 391, 405, N 1118, 406, N 1133, 420, N 1170, N 1224, 449, N 1232, 451, 454, 461, 473, N 1323, 489, 490, N 1356, 504, N 1404, N 1406, 525, 528, N 1476, N 1508a, N 1510
Art. 1	139, 180, 198, 208
– Abs. 1	198
– Abs. 2–3	198, 200
– Abs. 4	198, 206, N 707
Art. 2	139, 180, 199, 208, N 512
– Abs. 1	199, 219
Art. 3	139, 180, N 443
– Abs. 1	198
– Abs. 2	198
Art. 4	139, 180, 233, N 572, N 707, 287, 288, 417
– Abs. 1	233, 234
– Abs. 2	234, 241, N 729
– Abs. 3	234
Art. 5	139, 180, N 541, 233
– Abs. 1	235, N 737
– Abs. 2	N 551, 305
Art. 6	139, 180, 215, N 541, 233, 236, N 554, N 566, 243, N 719, 287, 288, N 729, N 773, 418
Art. 7	139, 160, 161, 180, 233, 236, 239, N 589, N 693, 294
Art. 8	139, 180, 233, 236, N 693
– Z. 1	237
– Z. 2	237
– Z. 3	237, 238
– Z. 4	237, N 559
– Z. 5	237, 238
– Z. 6	237, 238
Art. 9	139, 180, 226, 227, N 528, 228, N 529, 307, N 810
– Abs. 2	263
Art. 10	139, 180, N 472, 226, N 528, 228, N 529
– Abs. 2	N 528
– Abs. 3	N 501, 227, N 528
Art. 11	139, 154, 180, N 703
– Abs. 1	201, 202

– Satz 2	N 450	Art. 20	139, 180, 260, 268, 273,
– Satz 3	N 454		274, 277, 278, N 697a,
– Abs. 2	202		280, 290, 424, 447,
Art. 12	139, 180, 204, N 461		N 1226, 523
– Abs. 1	202, 203	– Abs. 1	273, 279
– Abs. 2	203	– Abs. 2	N 682
Art. 13	139, 180	– Abs. 3	165, N 445, 205, 274,
– Abs. 1	205		277, 278, N 1470
Art. 14	139, 149, 158, 180,	– Abs. 4	N 682, N 1173
	N 606, 267, N 741, 307,	Art. 21	139, 180, 268, 273, 275,
	N 863, 327, 329, N 879,		277
	331, N 889, 332, N 900,	– Abs. 1	212, 276, 277
	334, 335, N 908, 337,	– Abs. 2	N 685, 275
	339, N 919, 343, 344,	Art. 22	139, 180, 268, N 674
	345, N 976, N 1343,	Art. 23	139, 180, 248, 268,
	523		N 668
– Abs. 1	N 524, N 778, 329, 331,	Art. 24	139, 180, 268, 271, N 835
	336, 338, N 911, 340,	Art. 25	139, 180, N 493, 219,
	342, 343, 418, 458		N 566, 268, N 677,
– Abs. 2	336, N 911, 340, 343,		N 835
	419, 529	– Abs. 1	215, 271, 286
– Abs. 3	336, 341, N 921, N 1107	– Abs. 2	272
– Abs. 4	331, 341, N 1107, N 1398	– Abs. 3	272, N 677
Art. 15	139, 180, 345, N 932,	– Abs. 4	272, N 677
	N 976	– Abs. 5	272
Art. 16	139, 162, 180, 293,	Art. 26	139, 180, N 677, N 698
	N 745, N 755, 301, 302,	Art. 27	139, 180, N 566, N 674,
	305		286
– Abs. 1	302	Art. 28	139, 180, 241, 242, 243,
– Abs. 2	302		244, 261, N 773
Art. 17	139, 162, 180, 293,	– Abs. 1	215, 243, 245, N 585
	N 755, N 765, 301 302	– Abs. 2	N 572
– Abs. 1	305	– Abs. 3	244
– Abs. 2	N 330, 304, 306	Art. 29	117, 139, 180, N 606,
– Abs. 3	306		280, N 919
Art. 18	139, 180, 268, 280	– Abs. 1	250
– Abs. 2	268, 306	– Abs. 2	N 501, 250, 334, N 904
– Abs. 3	269	Art. 30	139, 180, N 501, 241,
Art. 19	139, 180, 268		243, 244, 280, N 706,
– Abs. 1	270		418
– Abs. 2	208, 270, N 673	– Abs. 1	244, 245
– Abs. 3	270, 271	– Abs. 2	N 494, 245

Art. 31	139, 161, 180, 241, 247, N 589, 294	– Abs. 1	N 383, N 979, 366, 368, N 1276
Art. 32	139, 180, 241, 245	– Abs. 2	N 979, 368
– Z. 1	246, 250, N 604	Art. 42	139, 161, 180, 214, 315, N 825, N 829
– Z. 2-3	246		
– Z. 4	243, 245, 246, 247	– Abs. 1	247, 269, 316, N 827, 318
Art. 33	139, N 292, 148, 180, 229, 230, N 534, 231, N 536, N 538, N 810, 327, 341, 357, 358, 517	– Abs. 2	317, 318
		– Abs. 3	317, 318
		– Abs. 4	318
		Art. 43	139, 180
Art. 34	139, 180, 190, N 409, 191, N 412, 209	Art. 44	139, 180
		– Abs. 3	
– Abs. 1	190, 191, 193	– Satz 2	192
– Abs. 2	194	Art. 45	139, 180, N 606, 280, N 713, 365
Art. 35	139, N 283, 180, 220		
Art. 36	114, 139, 180, N 494, N 1166	– Abs. 1	239, 244, 288, N 732, N 733, 289, N 904, 335
– Abs. 1	119, 122	– Abs. 2	274, 290
– Abs. 2-3	114	– Abs. 3	245, N 640, 274, 289, 290, 321, 365, N 1044
Art. 37	139, 180, N 1166		
– Abs. 1	212	Art. 46	139, 180, N 800
Art. 38	139, 149, 158, 180, 280, 282, N 706, N 713, 289, 290, N 794, 307, N 796, 308, 320, 363, 364, 368, 377	– lit. a	N 211a, N 1003
		– Abs. 1	380
		– Satz 1	308, 373, N 1017a, 374, 376, 377, 378, 379, N 1040
		– Abs. 2	380, 381
– Abs. 1	N 698, 319	Art. 47	139, 180, 211
– Abs. 2	285, N 717, 287, N 730, 320, 323	Art. 48	139, 153, 180, 253, 257, 479, N 1315
– Abs. 3	N 499a, 319, 321, N 853, N 856	Art. 49	139, 153, 180, 253, 257, 479, 480
Art. 39	139, 180, N 713, 361, 363, 365, 368	Art. 50	139, 153, 180, 195, 253, 484, 485, 495
– Abs. 1	363, 364	– Abs. 2	N 634, N 668
– Abs. 2	364	Art. 51	139, 153, 180, N 501, 253, 484, 495
– Z. 2	365		
Art. 40	139, 161, 180, N 499a, 271, N 737, 294, N 853, N 856, 361, 363, 366, 367	Art. 52	139, 148, 153, 180, 253, 484, 485, 495
		Art. 53	139, 153, 180, 217, N 501, 253, 254, 257, 282, N 963, 387, 388, 393, 495
Art. 41	139, 180, 361, 368, N 1002		

– Abs. 1	383, 385	– Z. 3	494
– Abs. 2–3	386	– Abs. 1	508
Art. 54	139, 153, 180, N 494,	– Abs. 2	491
	218, N 508, 253, 258,	Art. 64	139, 153, 180, 253, 479
	259, 262, 263, N 647,	– Abs. 1	507
	264, 265, 266, 388	Art. 65	139, 153, 180, 253, 483
– Abs. 1	258, N 632, 260, N 639	– Abs. 2	N 1319
– Abs. 2	259, 260, 264	Art. 66	139, 153, 180, 253, 477
– Abs. 3	N 501, 259, 262	Art. 67	139, 153, 180, N 518e,
– Z. 2	N 640		253, N 989, 366, 479
– Abs. 4	259, 262	– Abs. 2	366
– Z. 1	261	Art. 68	139, 153, 180, 253,
– Z.2	260, N 639		N 794, 322, 323
Art. 55	139, 151, 153, 180, 253	– Abs. 1	322
– Abs. 1	259	– Abs. 2	N 499a, 286, 323
Art. 56	139, 151, 153, 180, 253,	Art. 69	139, 153, 180, 253
	265	– Abs. 1	350
Art. 57	139, 153, 180, 253, 267	– Abs. 2	486, 487, 488
– Abs. 1	266, 267	Art. 70	139, 153, 180, 253, 326,
– Abs. 2	156, 267		350, N 952
Art. 58	139, 153, 180, 253	Art. 71	139, 153, 180, 253, 254,
Art. 59	139, 153, 180, 253,		N 963, 387, 388, 393,
	N 783, 509, 518, N 1443		495
– Abs. 2	N 1234c	– Abs. 1	386, 389
Art. 60	139, 153, 180, 253,	– Abs. 2	386
	N 1457	– Abs. 3	387
– Abs. 1	342, 523, N 1461, 543	Art. 72	139, 153, 163, N 343,
– Satz 2	522, 527		180, 253, N 611, 254,
– Abs. 2	N 1457		N 1055, N 1071, 393,
Art. 61	139, 153, 180, 253,		395, 397, N 1096, 399,
	N 713, 288, N 794, 307,		400, 403, 404, N 1408
	308, 325, 326, 334	– Abs. 1	393, 397
– Abs. 1	325	– Abs. 2	402
– Satz 2	325	– Abs. 3	402, N 1107, N 1108
– Abs. 2	285, 323, 326	Art. 73	139, 150, 153, 180, 205,
Art. 62	139, 153, 180, 253, 257,		253, 412, 425
	479, 481, 493, 501, 507,	– Abs. 1	N 1191
	510	– Satz 2	372
Art. 63	139, 153, 180, 253, 480,	– Abs. 2	205
	N 1315, 493, 494	Art. 74	139, 153, 162, 180, 412
– Z. 1	494	– Abs. 1	298, 300, 301, N 779
– Z. 2	494, N 1357	– Abs. 3	N 773, 418

Gesetzesregister

Art. 75	139, 153, 180, 412, 418	– Satz 1	368
– Abs. 1	418	Art. 89	139, 153, 180, 214, 412, 419
Art. 76	139, 153, 180, 253, 412, 426, N 1182	– Abs. 2	214
– Abs. 1	159, 428, 453	Art. 90	139, 153, 180, N 493, 412, N 1135
– Abs. 2	428		
Art. 77	139, 153, 180, 253, 412	– Abs. 1	221, 423
– Abs. 1	430, 453	– Abs. 2	422, N 1168, 457
– Abs. 2	159, 431	Art. 91	139, 153, 180, 412, 424
Art. 78	139, 153, 159, 180, 253, 412, 427	– Abs. 2	423, N 1169a
		– Abs. 3	425
Art. 79	139, 153, 180, 253, 412	Art. 92	139, 153, 180, 412, 425
– Abs. 1	430, 432	– Abs. 2–3	425
– Abs. 2	431	Art. 93	139, 153, 180, N 682, N 703, 412, 424, N 1173, 448, N 1226
Art. 80	139, 153, 180, 253, 412, 432, N 1192, N 1195		
Art. 81	139, 153, 180, 253, 412, 432	Art. 94	139, 153, 180, 412, 425
		Art. 95	139, 153, 180, 412
Art. 82	139, 153, 180, 253, 412, N 1193	Art. 96	N 271a, 139, N 281, 149, 153, 163, N 342, N 343, 180, N 611, 307, N 962, N 1077, 392, N 1079, 393, N 1096, 401, 404, 412
Art. 83	139, 153, 180, 253, 412, 428		
– Abs. 1	429		
– Abs. 2	429		
– Abs. 3	N 1180, 429	Art. 97	138, 139, 180, N 443, 211, N 524, 228, N 538, 320, 325, 387
Art. 84	139, 153, 180, 253, 412, 428, 430		
– Abs. 1–4	430	– Abs. 1	137
Art. 85	139, 153, 180, 253, 412, 427, N 1180	– Abs. 2	138, 503
		Art. 98	138, 139, 180, 193, N 443, N 512, N 524, N 538, N 677, 274, 318, 320, 325, 380, 392, N 1226, 452, 493, N 1398
Art. 86	139, 153, 180, 412, N 1196		
– Abs. 1	432		
Art. 87	139, 153, 156, N 327, 157, N 330, 180, 254, N 755, 296, 297, N 765, 299, 300, N 842, N 1134, 443, 474, 475, N 1293, N 1478	– Abs. 1	138, 341, N 1168
		– Abs. 2	138, 503
		Art. 99	N 268, 138, 139, 180, 452
		Art. 100	N 246, 137, 139, 140, N 276, 180, 196, 206, 290, 379, N 1260
Art. 88	139, 153, 156, 180, 412, 467		
– Abs. 1	470, N 1276, N 1277	Art. 101	100, 131, 139, 180

– Z. 1	541	– Abs. 2	134
– Abs. 1	134	Art. 102	139, 180
– Z. 1	446	Art. 103	139, 180
– Z. 2	132, 166, N 518, N 1210	Art. 104	139

5) BG über den Strassenverkehr (SVG) von 1958

Allgemeines:	139, 383, 392, 514, N 1463		
Art. 10 Abs. 1	525	– Abs. 2	352, 528
Art. 11	525	– Abs. 3	264, 277, 343. 344, 352,
Art. 14	N 1468		526, 528, 529
Art. 58	344, 515, 524	Art. 67	212, 263, 264, N 655
– Abs. 1	N 1447	– Abs. 1–4	263
– Abs. 2–3	342	Art. 68	525
Art. 59 Abs. 1	N 1465	– Abs. 1	210
Art. 61 Abs. 2	N 1464	– Abs. 2	210, 276, 526
Art. 63	134, 155, 160, 210,	– Abs. 3	277, 526
	N 953, N 1035, 500, 525	Art. 76 lit. a	537
– Abs. 2	155, 303, 304, 344, 526	– Abs. 4	N 972
– Abs. 3	526, N 1476a	Art. 78	265
– lit. b	N 1473	Art. 83	N 1027, N 1035
Art. 64	527	– Abs. 1	N 1018
Art. 65	N 1456, 527, N 1478	Art. 84	117
– Abs. 1	165, 343		

6) Aufsichtsverordnung (AVO) von 1931

Allgemeines:	79		
Art. 6 Abs. 2	82	Art. 54 lit. b	103
Art. 11 Abs. 2	82	– lit. c	104
Art. 47	55	– lit. d	N 193

7) VO über die vereinfachte Aufsicht von 1973

Allgemeines: 79, 97

8a) VO über Haftpflicht und Versicherungen im Strassenverkehr (VVV) von 1959

Allgemeines:	N 1466	Art. 46	185
Art. 3	210	Art. 54 lit. a	537
– Abs. 1	N 1474	Art. 55–59	265
Art. 8	526	Art. 76 lit. b	82

Gesetzesregister

8b) VO über Motorfahrzeug-Haftpflichtversicherung (VMHV) von 1979

Allgemeines:	80, 107, 530		
Art. 1	532	Art. 10	535
– Abs. 1	534, 536	Art. 11	535
Art. 2	532	– Abs. 2	535
Art. 3	532	Art. 12	535
Art. 4	N 957, 532, N 1490	Art. 13	535
Art. 5	531	Art. 14	535
Art. 6	534	Art. 15	536
Art. 7	82	Art. 16	536
Art. 8	535	Art. 17	536
– Abs. 2	535	Art. 18	536
Art. 9	535	Art. 23	82

8c) VO des EJPD über die individuelle Nachkalkulation in der Motorfahrzeug-Haftpflichtversicherung (VINK) von 1979

Allgemeines: 530, 535

8d) BG über einen Beitrag für die Unfallverhütung im Strassenverkehr von 1976

Allgemeines: 537

8e) VO über einen Beitrag für die Unfallverhütung im Strassenverkehr von 1976

Allgemeines: 537

9) VO über die Abgrenzung der Versicherungsaufsichtspflicht von 1976

Allgemeines: 79, 92 Art. 3 Abs. 2 N 150

10) VO über den Betrieb versicherungsfremder Geschäfte durch die privaten Versicherungseinrichtungen von 1979

Allgemeines: 79, 102 Art. 4 102

11) VO über den Anwerbebetrieb der Lebensversicherungsgesellschaften in der Schweiz von 1973

Art. 2 Abs. 2 N 221

12) VO über die Aufhebung von Beschränkungen der Vertragsfreiheit
für Freizügigkeitspolicen von 1966

Art. 1   453

13) BRB über die Abonnenten- und die Käufer- und die Kundenversicherung
von 1955

Allgemeines: 80, 296, N 758, N 1286

14) BRB über die Rechtsschutzversicherung von 1945

Allgemeines: 80

15) VO des BGer betreffend die Pfändung, Arrestierung und Verwertung
von Versicherungsansprüchen nach dem VVG von 1910

Allgemeines: N 1009
Art. 2   266   Art. 3   266

16a) Verwaltungsorganisationsgesetz von 1978

Allgemeines: 82

16b) VO über die Aufgaben der Departemente, Gruppen und Ämter von 1979

Art. 6   82   Art. 7   82, N 115

16c) BRB über die Zuständigkeit der Departemente und der ihnen unterstellten
Amtsstellen zur selbständigen Erledigung von Geschäften
(Delegationsordnung) von 1914

Art. 20   82, N 116

17) BB betreffend die Zusammenstellung der in Versicherungsstreitsachen
in der Schweiz ergehenden Zivilurteile von 1888

Allgemeines: 179

III. Gesetzgebung über das Privatrecht

1) Zivilgesetzbuch (ZGB) von 1907

Allgemeines:	130, 514, 522	Art. 17	N 391
Art. 1	N 259, N 267, N 275,	Art. 18	N 391, N 1252
	N 299, 217, N 503	Art. 19	183, N 391
– Abs. 2	134, 140, 354, 395	Art. 20–22	N 391
– Abs. 3	140, 354	Art. 23	117, N 391
Art. 2	N 267, N 293, N 444,	Art. 24–26	N 391
	217, N 503, N 509, 220,	Art. 89 bis	N 256, N 1197, 434,
	243, 301, 320, N 865,		N 1199
	N 900, 341, 363, N 1015,	– Abs. 6	N 1205b
	N 1033	Art. 260	429
– Abs. 1	145	Art. 279	N 391
– Abs. 2	N 214	Art. 331 Abs. 2	341
Art. 3	134, N 267	Art. 332 Abs. 2	304
Art. 4–7	N 267	Art. 333	516, 518
Art. 8	N 267, 314, N 818, 335,	Art. 392 Z. 2	300
	362, 363, 459	Art. 407	183, N 391
Art. 9	N 267	Art. 410	N 391
Art. 10	N 267	Art. 476	428
Art. 11	N 391	Art. 529	428
Art. 12	183, N 391	Art. 656	259
Art. 13–15	N 391	Art. 822	267
Art. 16	N 391, 331	Art. 900	372

2) Obligationenrecht (OR) von 1911

Allgemeines:	N 40, 130, 133, 134, N 260, 137, 140, N 317, N 330, 166, 168, 169,		
	198, N 518, N 760, N 1210, 446, 461, 514, 522, N 1508a		
Art. 1	N 297a, 196	Art. 23	122, N 267, N 362a, 197,
Art. 6	219		203, N 461, N 559
Art. 10 Abs. 1	206, 207	Art. 32	189, 190
Art. 18	N 559	Art. 38	189
– Abs. 1	N 292	Art. 41	N 715, N 718, 344, 396,
Art. 19 Abs. 1	137		397, 515, 518, 526
– Abs. 2	340	– Abs. 1	N 893
Art. 20	118	Art. 44 Abs. 1	324, N 1260
– Abs. 1	119, 120, 340	Art. 50	395, N 1089
– Abs. 2	227	– Abs. 2	400
Art. 22 Abs. 1	209	Art. 51	395, N 1089, N 1104c, 403

– Abs. 1	395, 400	Art. 130	N 1017a, N 1040
– Abs. 2	395, 396, 397, 399, 400, N 1104, N 1104e, 402	– Abs. 1	374
		Art. 131–140	N 1017a, N 1040
Art. 55	N 409, N 715, N 718, 291, N 740, 341, 403, 515	Art. 141	N 1017a
		– Abs. 1	N 1040
Art. 56	397, 515, 516	Art. 142	N 1017a, N 1040
Art. 58	514, 515, N 1430, 517	Art. 143 Abs. 2	260
Art. 60	N 1027	Art. 151	143
Art. 62	215, N 497	Art. 164	N 644
– Abs. 2	N 497	Art. 165	372
Art. 67	N 554	Art. 175	111, N 644
Art. 68	361, 373	Art. 176	111
Art. 74	117	Art. 201	N 709
– Abs. 1	369	Art. 259 Abs. 2	N 644
– Abs. 2 Z.1	117	Art. 319	54, 94, 189
– Abs. 3	117	Art. 324a	476
Art. 75	N 673, 368, N 1002	Art. 324b	476
Art. 88	369, N 1004	Art. 331	434, N 1204a
Art. 90	N 466, 369	Art. 331a	441
Art. 96	362	Art. 331b	441
Art. 97	N 409, 193, N 418, 283, N 732, N 857, 360, N 1429	Art. 331c	
		Abs. 1	452
		– Abs. 3	453
Art. 101	N 409, N 577, 290, 291, N 741, 400	Art. 338 Abs. 1	N 504
		Art. 339d	434
Art. 102	272, 371	Art. 361–362	N 272
– Abs. 1	N 383, 274	Art. 394	189, 451
Art. 103	N 383, 273	Art. 412	189
Art. 104	273, 274, N 685, 371	Art. 418a	54, N 222, N 407, 189
Art. 106	273, 371	Art. 418g	N 41a
Art. 107	273	Art. 419	303
Art. 108 Z. 1	274	Art. 487	N 782, 384
Art. 112	N 660, 295, 300, 426	Art. 488	N 782
Art. 114	N 1040	Art. 671–672	70
Art. 115	213, N 1040	Art. 841 Abs. 1	187
Art. 116–119	N 1040	Art. 848	187
Art. 120	373, N 1040	Art. 859 Abs. 3	N 57
Art. 121–126	N 1040	Art. 893 Abs. 2	187
Art. 127	373, N 1040	Art. 965	204
Art. 128	N 1017, N 1040	Art. 981	205
Art. 129	N 1017a, N 1040		

IV. Gesetzgebung über die Sozialversicherung

1a) BG über die AHV (AHVG) von 1946

Allgemeines:	51, N 31e, N 1224	Art. 48 ter	403
Art. 18 Abs. 1	N877	Art. 53	59
Art. 20 Abs. 1	N 1014	Art. 73	N 118

1b) VO über die AHV (AHVV) von 1947

Art. 177   N118

2a) BG über die berufliche Alters-, Hinterlassenen- und Invalidenvorsorge (BVG) von 1982

Allgemeines: 50, N 31a, 51, N 31e, N 158, 100, 133, 166, 169, 201, N 518e, N 774, 319, 382, N 1197, N 1198, 435, N 1203a, N 1204, N 1204a, N 1205, 443, N 1214, N 1216, 446, N 1224, N 1234, 455

Art. 1	453	Art. 47	436, N 1235a
Art. 3	N 1201b	Art. 48	81, 94, N 174, 127, 437,
Art. 4 Abs. 2	436		N 1217, N 1222a, 448
Art. 6	N 1215b	Art. 49 Abs. 2	440, N 1205a, N 1215b
Art. 7	436, 438	Art. 51	N 1205b, 449
– Abs. 1	N 1209a	Art. 53 Abs. 2	445
Art. 8	436	Art. 56	438, 444, 448
Art. 9	436	Art. 60	438, N 1210a, 444, 448
Art. 10	N 1209a	Art. 61	437, 444, 450
– Abs. 1	442, N 1209a	– Abs. 3	81
Art. 11	449, 451	Art. 66	438
– Abs. 1	442	– Abs. 2-3	441
Art. 12	438	Art. 67	103, 116, 123, 224,
Art. 13	438		N 697a, N 1508a
Art. 16	439	– Abs. 1	298
Art. 27	441, 452	– Abs. 2	445
Art. 29	451	Art. 68	N 1508a
– Abs. 4	453	Art. 71 Abs. 2	N 1222b
Art. 30	441, 453	Art. 73	444
Art. 34 Abs. 2	N 1077	– Abs. 3	119
Art. 36	438	Art. 74	444
Art. 39	N 1014	– Abs. 2 lit. c	N 1210a
Art. 41	N 1017a, N 1222a	Art. 91	N 173
Art. 44–46	436	Art. 93	437, N 1217, N 1222a, 448

Anhang zum BVG

- Z. 1   N 256, N 1199, N 1205b   - Z. 3   N 1017a
- Z. 2   N 1199, 452

2b) VO über die Beaufsichtigung und Registrierung der Vorsorgeeinrichtungen (BVV1) von 1983

Allgemeines:	435	- Abs. 5	82, N 174
Art. 3	81, N 1203a	Art. 5	437
- Abs. 4	81	Art. 8	437

2c) VO zum BVG (BVV2) von 1984

Allgemeines:	435	Art. 43	N 345, 445, 446, N 1508a
Art. 5	436	Art. 44	N 345, 446
Art. 17	438	- Abs. 2	448
- Abs. 2-3	N 1204c	Art. 45	N 1218
Art. 24-25	N 1077	Art. 49	N 1205b
Art. 42	103, 438	Art. 53	450, N 1234

2d) VO über die steuerliche Abzugsberechtigung für Beiträge an anerkannte Vorsorgeformen (BVV3) von 1985

Allgemeines: 435   Art. 1 Abs. 2   N 1200a

3) BG über die IV (IVG) von 1959

Allgemeines:	51, N 31e, 447, N 1224		
Art. 7	N 877	Art. 52	403

4) BG über Ergänzungsleistungen zur AHV und IV (ELG) von 1965

Allgemeines: 51, N 31e

5a) BG über die Unfallversicherung (UVG) von 1981

Allgemeines: N 16a, 51, N 31e, N 96, 81, 100, N 195, N 199, 123, N 258, 166, N 348, 168, 200, 201, 204, 265, 278, N 765, N 818, 347, 357, 358, N 992, 382, N 1077, 391, N 1086, N 1113, 409, 410, 420, N 1163, N 1201a, N 1224, 455, N 1242, N 1243, 466, N 1273, 470, 472, 473, 474

Gesetzesregister

Art. 3 Abs. 1	N 1209a	Art. 51	N 1026
Art. 5 Abs. 2	223	Art. 59 Abs. 2	N 757, N 908
Art. 15 Abs. 2	N 950	Art. 68	N 7, N 64a, 97, 116, 127,
Art. 20 Abs. 2	N 972		134, 213, 223, 249,
Art. 23	463, N 1263		N 1210, 444
Art. 24	N 1270a	– Abs. 1 lit. a	80, 110, N 228
Art. 31 Abs. 4	N 972	Art. 72	N 64a
Art. 36 Abs. 1	N 816	Art. 79	80
Art. 37	N 871, N 877, N 908	Art. 81–87	249
– Abs. 2	N 912	Art. 88	N 7, 249
Art. 38	N 908	Art. 90 Abs. 1	
– Abs. 2	N 912	Satz 2	N 85
Art. 41	403, 404	– Abs. 2	N 66
Art. 44	N 1284a	– Abs. 4	N 83a
– Abs. 1	N 1108	Art. 92	N 91, N 228, N 1486
Art. 45	N 841a	Art. 99	N 360, N 757
Art. 46		Art. 105	N 360, N 365b
Abs. 1–3	N 715	– Abs. 1	N 757
Art. 50 Abs. 1	N 1014	Art. 107	119
– Abs. 2		Art. 119	N 485
Satz 2	N 932		

Anhang zum UVG

– Z. 7   265

5b) VO über die Unfallversicherung (UVV) von 1982

Art. 9 Abs. 1	455	Art. 110	81
Art. 17	N 950	Art. 113	N 91
Art. 22 Abs. 1	N 950	Art. 117 Abs. 2	277
Art. 49	N 971	Art. 137	N 486
Art. 50	N 881, N 971	– Abs. 1 lit. a	N 486
Art. 90 Abs. 2	110	– Abs. 4	278
Art. 104 Abs. 1	80, 81	Art. 141 lit. e	N 271a
– Abs. 3	80	Art. 147	N 485
– Abs. 4	81		

6a) BG über die Kranken- und Unfallversicherung (KUVG) von 1911*

Allgemeines:	51, 141		
Art. 82	N 1263	Art. 98 Abs. 3	N 888

* Vgl. dazu vorne S. 26*⁾

6b) BG über die Krankenversicherung (KVG) von 1981*

Allgemeines: N 28, 51, 57, 93, 96, 133, 166, N 405a, 200, N 518d, N 940, 354, N 1133, N 1170, N 1242, 475, N 1293

Art. 22 bis		Art. 26	N 1077
Abs. 7	N 1088	Art. 33	N 147

6c) VO III über die Krankenversicherung von 1965

Allgemeines: 96   Art. 14 Abs. 2 96, N 1127

7) BG über die Militärversicherung (MVG) von 1949

Art. 7   N 877

8) BG über die obligatorische Arbeitslosenversicherung und die Insolvenzentschädigung (AVIG) von 1982

Allgemeines: 133

V. Gesetzgebung über die Rechtspflege

1) BG über das Verwaltungsverfahren (VwVG) von 1968

Allgemeines:	123, N 225, 124	Art. 48	N 236
Art. 5	128	– lit. a	125
Art. 29	N 117, 108	Art. 51	126
Art. 36	126	– lit. a	126
Art. 39	126	– lit. b	126
Art. 40 Abs. 1	111	Art. 70 Abs. 1	126
Art. 41	126	Art. 71	173
Art. 42	106, 111	Art. 79	N 229

2) BG über die Organisation der Bundesrechtspflege (OG) von 1943

Allgemeines:	123, 124	Art. 103 lit. a	N 203, 125, N 236
Art. 97 Abs. 2	126	Art. 128	N 228, 128
Art. 98 lit. a	N 229	Art. 129	
Art. 99 lit. b	N 228	Abs. 1 lit. b	N 228

---

* Vgl. dazu vorne S. 26*⁾

VI. Weitere Erlasse, die für die Privatversicherung bedeutsam sind

1a) Schweiz. Strafgesetzbuch (StGB) von 1937

Art. 9 Abs. 2	N 199	Art. 101	N 199
Art. 48 Abs. 1	110	Art. 292	122
Art. 54	N 200		

1b) BG über das Verwaltungsstrafrecht (VStrR) von 1974

Allgemeines:	108	Art. 67	129
Art. 2–5	129	Art. 70	129
Art. 6	109, 129	Art. 72	129
Art. 7–13	129	– Abs. 3	129
Art. 62	129	Art. 73	129

2) BG betreffend Schuldbetreibung und Konkurs (SchKG) von 1889

Art. 15 Abs. 2	N 1009	Art. 82 Abs. 1	206
Art. 46	117	Art. 92	259, 432
Art. 80	129	Art. 285	N 1193

3) BG über die Stempelabgaben (StG) von 1973

Art. 24   537

4) BG über die Berufsbildung (BBG) von 1978

Allgemeines: 58   Art. 55   N 50

5) Kernenergiehaftpflichtgesetz (KHG) von 1983

Allgemeines: 514

6) Rohrleitungsgesetz von 1963

Allgemeines: 514   Art. 37   N 1456

7) BG über den unlauteren Wettbewerb (UWG), Entwurf des BR von 1983

Art. 8   N 291, N 291a

8) BG (Entwurf) über die Förderung der Konsumenteninformation von 1984

Allgemeines: N 291

9) BG (Entwurf) über die Änderung von Erlassen im Bereiche
des Vertrags- und   Wettbewerbsrechtes von 1984

Allgemeines: N 291

10) BG (Entwurf) über das Internationale Privatrecht (IPR-Gesetz) von 1982

Allgemeines: 135, N 261a   Art. 113–114   136